박윤선 성경주석

개역개정판

# 구약주석
# 잠언

A Commentary on THE BOOK OF PROVERBS

# 구약주석
# 잠언

초판　1쇄　1972년 12월　7일 발행
개정판 1쇄　2011년　4월　7일 발행
개역개정판　2024년　3월 18일 발행

| | |
|---|---|
| 지은이 | 박윤선 |
| 펴낸곳 | 도서출판 영음사 |
| 주　소 | 서울특별시 강남구 광평로 56길 8-13, 1406호 |
| 전　화 | 02-3412-0901 |
| 팩　스 | 02-3412-1409 |
| 이메일 | biblecomen@daum.net |
| 등　록 | 2008년 4월 21일 제2021-000311호 |

디자인　디자인집(02-521-1474)

ISBN 978-89-7304-183-1(03230)

※ 신저작권법에 의하여 보호받는 저작물이므로 무단 전재와 무단 복제를 금합니다.
※ 책 값은 뒷표지에 있습니다.
※ 잘못된 책은 구입처에서 교환하여 드립니다.

박윤선 성경주석

개역개정판

# 구약주석
# 잠언

A Commentary on THE BOOK OF PROVERBS

박윤선 지음

도서출판 **영음사**

"여호와를 경외하는 것이 지식의 근본이거늘
미련한 자는 지혜와 훈계를 멸시하느니라."
(잠 1:7)


יִרְאַת יְהוָה רֵאשִׁית דָּעַת חָכְמָה וּמוּסָר אֱוִילִים בָּזוּ

## 머리말

이 잠언 주석을 저술하는 동안 필자의 생활 환경에 여러 변화를 겪었다. 필자가 절실한 바람으로 도미하였기 때문이다. 그곳에 머물렀던 것이 잠언 주석 집필에 크게 도움이 되었다. 10개월 동안 그 나라에 머물면서 잠언 말씀을 사색하는 동안 그 사회와 도덕의 특이한 점들을 보고 들으면서 여러 가지 느낀 점이 많았다. 그뿐 아니라 한국에서는 구할 수 없는 참고서들을 사용할 수 있어서 기뻤다. 무엇보다도 모교인 웨스트민스터 신학교 도서관을 사용하게 된 것에 대하여 하나님께 감사하며, 또한 여러 가지로 편의를 도모하여 주신 도서관장 쿠쉬키 목사(Rev. Arthur W. Kuschke Jr.)에게도 감사하여 마지않는다.

이 주석은 칼빈주의 원리를 기준으로 저술되었다. 특히 이 주석에는 동양 도덕을 다루는 주역(周易)과 도덕경(道德經)을 많이 인용하였고, 또 그것을 비판하여 성경에 있는 잠언의 탁월함을 드러냈다.

이 주석의 "내용분해"는 제9장까지만 하였다. 나머지 부분은 문맥상 서로 관련이 없는 독립적인 잠언들로 채워져 있기 때문이다.

이 주석을 집필하기 위하여 미국에 머무는 동안 경제적으로 도와주신 재미 형제들에게 감사하며, 또한 이 주석 사업을 위하여 계속 기도하여 주시고 협력해 주시는 모든 성도들에게 감사하여 마지않는다.

끝으로 이 주석에 오탈자로 인하여 글 뜻이 달라진 것이 있으면 독자들께서 양해하시고 용서하시기를 바란다.

박윤선

# 구약주석
# 잠언

A Commentary on THE BOOK OF PROVERBS

## 잠언 주석
# 목차

**서론**
- I. 잠언의 저자   15
- II. 잠언의 저작 시기   16
- III. 잠언의 정경성   17
- IV. 잠언에 나타난 내세 사상   18
- V. 이스라엘의 잠언과 애굽의 지혜문   21
- VI. 잠언의 도덕과 동양의 윤리   23

**해석**
- 제1장   33
- 제2장   48
- 제3장   58
- 제4장   72
- 제5장   85
- 제6장   101
- 제7장   115
- 제8장   126

| | |
|---|---:|
| 제9장 | 143 |
| 제10장 | 150 |
| 제11장 | 162 |
| 제12장 | 176 |
| 제13장 | 190 |
| 제14장 | 209 |
| 제15장 | 246 |
| 제16장 | 275 |
| 제17장 | 299 |
| 제18장 | 325 |
| 제19장 | 343 |
| 제20장 | 373 |
| 제21장 | 399 |
| 제22장 | 428 |
| 제23장 | 445 |
| 제24장 | 462 |
| 제25장 | 477 |
| 제26장 | 494 |
| 제27장 | 509 |
| 제28장 | 522 |
| 제29장 | 549 |
| 제30장 | 573 |
| 제31장 | 588 |

## 참고문헌

| | |
|---|---:|
| 참고문헌 | 596 |

## 설교

- **설교_** 여호와를 신앙함에 대하여(3:5-10) — 60
- **설교_** 네 가지 덕행(4:20-27) — 81
- **설교_** 주는 자가 복이 있다(11:24-26) — 170
- **설교_** 신자여! 소처럼 일 하자(14:4) — 212
- **설교_** 의인이 받는 축복(14:32) — 241
- **설교_** 부모를 순종치 않음에 대하여(15:5) — 249
- **설교_** 확신은 어디서 오는가?(15:7) — 252
- **설교_** 정직한 자의 기도(15:8) — 254
- **설교_** 더욱 행복한 생활(15:16-17) — 261
- **설교_** 두 가지 대조(15:18-19) — 263
- **설교_** 위로 향한 생명길(15:24) — 268
- **설교_** 하나님 기준으로 살자(16:1-4) — 277
- **설교_** 노동과 인생(19:15) — 360
- **설교_** 나와 진리(23:22-23) — 454
- **설교_** 자기의 분수를 지켜라(25:27-28) — 492
- **설교_** 미련한 교역자(26:6-10) — 498
- **설교_** 인간의 타성과 그 불신앙(26:13-16) — 503
- **설교_** 자랑하지 말자(27:1-2) — 509
- **설교_** 교회 봉사의 원리(27:17-22) — 518
- **설교_** 담대하자(28:1) — 522
- **설교_** 회개에 대하여(28:13-14) — 537
- **설교_** 신자의 처세(29:25-26) — 570
- **설교_** 부모에게 순종하는 것에 대하여(30:17) — 580

**특별참고**
1. "스올"에 대하여 90
2. 하나님을 아는 지혜와 정치 133
3. 유물사관의 오류 527

# 서론

## I. 잠언의 저자

잠언 대부분의 저자가 솔로몬이라는 사실은 글의 내용이 잘 밝혀 준다.

### 1. 솔로몬

1:1-9, 18, 10:1-24, 22, 25:1-29, 27 세 부분에서 그 첫머리마다 각각 "솔로몬의 잠언"이란 말로 시작되었다. 그러므로 이 부분 모두 솔로몬의 저술임이 분명하다.

### 2. 기타 저자들

1) 지혜로운 자. 24:23-34 첫머리에 "지혜로운 자들의 말씀"이라고 하였는데, 여기서 "지혜로운 자"(חֲכָמִים)라는 말은 복수 명사다. 그러므로 이들은 솔로몬 이외의 다른 사람들이다.

2) 아굴. 30:1-33은 아굴의 글이다. 1절에 "야게의 아들 아굴의 잠언"이라고 하였다.

3) 르무엘. 31:1-31은 "르무엘 왕"의 말씀이다. 그가 그의 어머니에게서 들은 잠언을 기록한 것이다.

이와 같은 여러 저자의 내력에 대하여 자세히 알 길은 없다. 그러나 그들이 하나님의 영감을 받아서 기록하였기 때문에 그 저서들이 정경에 포함되었다.

## II. 잠언의 저작 시기

크로포드 토이(Crawford Toy)는 잠언이 포로 시대 이후의 산물이라고 잘못 추측한다. 그는 말하기를, 잠언에는 이스라엘의 국가적 색채가 뚜렷하지 않고 도리어 유대 민족의 분산시대, 곧 그들이 이방 세계에 흩어져 살던 시대의 성격을 많이 보여 준다고 한다.[1] 예를 들면 그는 잠언에 기록된 일부일처주의가 포로 시대 이후의 풍속에 속한다고 말한다.[2]

그러나 이와 같은 그의 관찰은 잘못된 것이다. 일부일처주의는 구약 계시의 초기부터 제시된 표준이었다(창 2:24; 마 19:4-8). 다만 포로 시대 전의 성도들이 일부일처주의를 어긴 경우가 많다. 그것은 하나님의 표준을 어긴 죄악이다. 하나님의 영감을 받은 잠언의 저작자가 일부일처주의를 표준으로 말한 것은 자연스러운 일이다. 토이는 잠언에 포로 시대 전의 유대 사회의 색채가 없다고 주장한다. 하지만 그것은 잠언의 내용을 깊이 보지 못한 데서 비롯된 것이다. 잠언에 여러 차례 나온 대로, "네 선조가 세운 옛 지계석을

---

1) C. Toy, The International Critical Commentary, Proverbs, Introduction, 21-22.
2) Ibid., 22.

옮기지 말지니라"고 한 것(잠 22:28; 23:10)은 어디까지나 유대 사회의 법규를 말한다(신 19:14; 27:17).

그러므로 우리는 기존의 전통대로, 잠언은 왕정 시대(솔로몬 시대)에 기록되었다고 간주한다.

## III. 잠언의 정경성

잠언의 정경성은 무엇보다도 신약에 인용된 사실에 근거하고 성립된다.

### 1. 예수님께서 잠언의 사상을 나타내신 사실

누가복음 14:7-9을 보면, 연회에 청함을 받은 자는 높은 자리를 택하지 말라는 교훈이 있다. 이것은 잠언 25:6-7에 있는 말씀과 흡사하다. 그리고 예수님께서는 주기도문에서 일용할 양식을 구하라고 가르치셨는데(마 6:11), 이 말씀은 잠언 30:8의 내용과 흡사하다. 또한 예수님께서 누가복음 7:35에 말씀하신 대로, "지혜는 자기의 모든 자녀로 인하여 옳다 함을 얻느니라"고 하신 것은 잠언에 종종 나오는 지혜와 그 자녀간의 관계를 연상하게 한다.

### 2. 신약의 저자들이 잠언을 인용한 사실

1) 바울은 로마서 12:20에 잠언 25:21 이하를 인용했다. 또한 그는 그리스도를 "지혜"라는 의미로 말한 적도 있다(고전 1:24, 30). 이러한 말씀은 잠언의 지혜와 관련된 것이다. 특별히 잠언 8:22-31은 그리스도를 예언한 것으로 여겨진다.

2) 히브리서 저자는 12:5-6에 잠언 3:11-12을 인용하였다.

3) 야고보는 4:6에 잠언 3:34을 인용하였다.

4) 베드로는 베드로전서 2:17에 잠언 24:21을 반영하였고, 베드로전서

4:8에는 잠언 10:12을, 베드로전서 4:18에는 잠언 11:31을 각각 반영하였다. 그리고 베드로후서 2:22에는 잠언 26:11을 인용하였다.

## IV. 잠언에 나타난 내세 사상

잠언은 주로 현세의 실생활 문제를 다루었다. 그러므로 거기에 내세에 관한 말씀이 직접적으로 나타나지 않는 것이 자연스럽다. 그러나 저자가 내세를 믿는 사람이었으므로 그의 믿음이 글에 많이 반영되었다.

1. "악인은 그의 환난에 엎드러져도 의인은 그의 죽음에도 소망이 있느니라"(14:32).

여기서 "그의 죽음에도 소망이 있느니라"고 한 것은 무슨 뜻인가? 이 말씀에 대하여는 대부분의 학자들, 심지어 독일의 비평가 다데(Dathe)까지도 내세를 가리키는 것이라고 하였다. 곧 "이 말씀은 내세의 생명에 대한 구약 성도의 신앙을 놀랍게 증언한다."라고 하였다.[3]

그리고 독일 주석가 헤르만 슈트라크(Hermann Strack)도 14:32에 대하여 다음과 같이 해석하였다. 곧 "경건한 성도는 하나님을 의지하여 집을 반석 위에 세운 것과 같이 든든하다. 홍수같이 소탕하는 재앙도 그를 망하게 하지 못한다. 그는 큰 환난, 심지어 죽음에도 소망을 가진다. 잠언에는 영생에 대한 구절이 많다. 예를 들면 4:18, 5:6, 10:2, 28, 11:4, 7, 12:28, 24:14 등이다."라고 하였다.[4]

---

3) Charles Bridges, A Commentary on Proverbs (London: The Banner of Truth Trust, 1968), 193.
4) D. H. Strack, Kurzgefasster Kommentar zu den Heiligen Schriften, Die Sprüche Salomos (1888), s. 348-349.

2. "지혜로운 자는 위로 향한 생명 길로 말미암음으로 그 아래에 있는 스올을 떠나게 되느니라"(15:24).

이 말씀에 대하여 브리지스(Charles Bridges)는 "이것은 구약 시대에 비췬 또 하나의 영생의 빛이다."라고 하였다.[5]

델리취(Delitzsch)도 15:24이 내세의 생명 길을 가리킨다고 하였다. 그는 말하기를 "이 말씀은 새롭고 위대한 영생 사상이다. 12:28 역시 영생을 가르친다."라고 하였다.[6]

### 3. 내세의 생명에 대하여 간접적으로 가르치는 말씀들

잠언에는 "여호와"라는 단어가 많이 나온다. 그리고 여호와만이 의인(신자)의 구원이 되신다는 사상이 잠언의 주장이기도 하다(10:27; 14:27; 18:10). 잠언은 인간의 화복(禍福)이 하나님께만 달려 있다고 주장한다(3:6). 그러므로 인간의 영혼이 영구히 잘되는 여부가 그에게 있다는 것이다(3:21-22). 이것이 구약 전체의 사상이다.

"영생"이란 사람이 영원히 복되게 생존하는 것을 뜻하는데, 이것은 하나님께 있는 것이지, 사람이 자력으로 성취할 수 없다. 즉 하나님을 나의 하나님으로 모시는 것만이 우리의 영생이다. 예수님께서 아브라함의 경우를 들어 영생을 논하실 때 하나님이 아브라함의 하나님이신 사실을 근거로 말씀하셨다. 누가복음 20:37-38에 있는 "아브라함의 하나님"이라는 말씀은 아브라함이 살아 있다는 뜻이다. 그러므로 "하나님은 죽은 자의 하나님이 아니요"라고 하셨다. 여기서 "죽은 자"라는 말은 영적으로 죽었다는 의미이다. 예수님께서는 다른 구절(마 8:22)에서도 "죽은 자"라는 말을 사용하셨는데, 곧

---

5) Charles Bridges, A Commentary on Proverbs (London: The Banner of Truth Trust, 1968), 214: "Another beam of light and immortality here shines upon the Old Testament dispensation."
6) Keil & Delitzsch, Commentaries on the Old Testament, Proverbs I (Grand Rapids: Eerdmans, 1950), 329.

부친을 장사한 후에 그를 따르겠다는 자에게 "죽은 자들이 그들의 죽은 자들을 장사하게 하고 너는 나를 따르라"고 하신 말씀이다. 그러므로 "죽음"이란 비존재를 말하는 것이 아니고 저주 아래 있는 자를 말하는 것이다. 그렇다면 하나님은 누구의 하나님이신가? 그는 저주 아래 있지 않은 자, 곧 "산 자"의 하나님이시다. 이렇게 생각하면 또 다른 문제가 생긴다. 그것은 아브라함이 언제부터 "산 자"가 되었을까 하는 것이다. 두말할 것 없이 그가 하나님의 계약 당사자가 되었을 때이다. 다시 말해 하나님께서 그의 하나님이 되어 주셨을 때 그는 산 자가 되었다. 하나님께서 어떤 사람의 하나님이 되어 주신다는 계약은 일시적인 것이 아니라 영원한 것이다. 하나님은 계약으로 사람을 영원히 살려 주시고, 또 그가 그 영원한 계약의 효력을 얻게 하신다. 그러므로 영생하는 생명은 하나님 자신이다. 누가복음 20:38 하반절에 "하나님에게는 모든 사람이 살았느니라"(πάντες γὰρ αὐτῷ ζῶσι)고 한 말씀이 이것을 뒷받침한다. 이 문구를 바르게 번역하면 다음과 같다. 곧 "왜냐하면 모든 사람이 그에게서 살기 때문"이다. 다시 말하면 하나님이 아브라함의 하나님이시라는 것은 곧 아브라함이 살았다는 뜻이라고 하는데, 이것은 모든 사람이 하나님으로 말미암아 살아나기 때문이다. 이같이 예수님은 하나님이 바로 생명이시며 부활이시라는 사실을 역설하시고, 하나님을 소유하는 것이 바로 부활을 소유하는 것이라고 말씀하신다.

 사는 문제(내세의 복된 삶과 부활까지도)에 관하여 우리는 하나님만 계시면 충분하다. 그러므로 구약에서는 내세라는 말 대신에 하나님이라는 말을 많이 사용한다. 이러한 표현이 도리어 구약 계시의 진리를 이룬다. 곧 사람들로 하여금 하나님 외에 다른 데서 복된 생명을 찾지 않도록 하기 위하여 하나님 중심 사상으로 기록되었다. 현세에서 하나님을 모시기만 하면 영생(사람이 세상을 떠난 후에 영원히 사는 것과 내세의 부활)은 그 안에 완전히 포함되어 있는 것이다. 하나님 중심주의의 영생론은 이교 철학자들의 영혼불멸론과 다르다. 소크라테스는 그가 임종할 때에 깊이 생각하며 영혼의 영생을 네 가지로 논증하였다. 그중 하나는 영혼의 단순성(분해되지 않고 용해되지 않는 성질)으로 영혼의 영생을 논한 것이다. 플라톤도 그와 같이 논증하였다. 그러나 그들의 사상은 인간의 자율적 영생을 논한 것이므로 잘못된 것이다. 그들은 인간의 죽음이 징벌이라는 사실을 몰랐던 것이다. 더욱이 그들은 인간의 참된 생명이 하나님께만 있다는 것을 몰랐다. 성경은 영원히 죽지 않는 것이 하나님께만 있다고 한다(딤전 6:16).

그렇다면 잠언에 나오는 "여호와"라는 성호 자체가 영생(또는 내세의 생명)을 말하는 것이다. 그를 모신 신자들은 영생에 참여한 자들이다.

## V. 이스라엘의 잠언과 애굽의 지혜문

애굽의 아메네모페 파라오의 지혜문에는 지혜로운 말들이 많이 기록되었다.[7] 그래서 잠언에 있는 많은 말씀이 이 애굽 지혜문의 영향을 받았다고 단언하는 학자들이 있다. 폰 라트(G. von Rad)는 애굽에서의 요셉의 행적이 애굽의 지혜문 사상을 반영한 소설이라고 하면서 마치 고대 이스라엘이 애굽의 지혜문을 존중한 것처럼 말한다.[8]

그는 또한 "애굽의 그 지혜문이 그 당시의 문학에 널리 영향을 준 것이 현저하다면, 이스라엘에서는 그렇지 않았다고 할 수 없다."라고 하였다.[9] 그는 잠언에서 몇 구절을 예로 들며 그 말씀들이 요셉의 행적과 관련된 것이라고

---

7) W. O. E. Oesterley, The Wisdom of Egypt and the Old Testament (New York: The Macmillan Co., 1927).
8) Von Rad, Supplements To Vetus Testamentum (Leiden, 1953), 120 : "Die Josephsge- schichte ist durch und durch novelistisch, ihr Erzahlungsstof ermangelt durchaus solcher genuiner Bindungen anlokale Haftpunkte."
9) Ibid., 126 : "Wenn in Ägypten der Einfluss der Weisheit auf das weite Feld der Literatur ein bedeutender war, so müsste man sich wundern, wenn in Israel die Dinge anders gelaufen wären."

주장한다. 그 구절들을 소개하면 다음과 같다.

① 잠언 22:29의 "네가 자기의 일에 능숙한 사람을 보았느냐 이러한 사람은 왕 앞에 설 것이요 천한 자 앞에 서지 아니하리라"고 한 말씀과 ② 잠언 19:21의 "사람의 마음에는 많은 계획이 있어도 오직 여호와의 뜻만이 완전히 서리라"고 한 말씀을 인용하며, 애굽의 지혜문(Amenemope, 29:16)에 있는 "사람의 생각하는 것이 다르다"라는 문구와 비교하였다.[10] 이와 같은 폰 라트(G. von Rad) 이론의 요점은, 애굽의 지혜문이 요셉의 역사에도 반영되었고 잠언의 어떤 구절에도 반영되었다는 것이다. 곧 이스라엘의 지혜 사상은 애굽 지혜문의 영향을 받았다는 것이다. 그는 다음과 같이 결론짓는다. 곧 "총괄적으로 말하면 요셉의 역사는 지혜 교육에 목적을 둔 이야기이다. 그 이야기는 애굽에서 나온 교육 이념과 기본적인 신학 사상에 종속되어 있다." 라고 하였다.[11]

그러나 폰 라트(G. von Rad)는 구약 종교의 독특성을 무시한 것이다. 잠언 저자는 하나님이 보내신 성령의 감동을 받아 지혜를 말했다(왕상 3:12; 4:29-34). 네덜란드의 유명한 구약학자인 알더스(G. Ch. Aalders)는 애굽의 지혜문과 잠언의 몇 가지 유사점을 연구한 뒤 다음과 같이 말하였다. "이 두 책은 각각 독립되어 있다. 어떤 사상과 표현 방식에 유사한 점이 있다 해도, 그것은 역사적 관련성에서 나타난 결과가 아니라 인류의 단일성에서 설명되는 것이다."라고 하였다.[12] 다시 말하면 인류는 어느 민족이나 공통된 심리와 성격을 지니고 있으므로 같은 문제에서는 서로 다른 민족이라 할지라도 어느

---

10) Ibid., 125.
11) Ibid., 127.
12) G. Ch. Aalders, Bijbelsche Spreuken En De Onderwijzing Van Amen-em-ope (1934), 35-36 : "Beide boeken zijn volkomen onafhankelijk vanelkaar ontstaan. Toch is er onmiskenbaar zekere overeenkomst tuschen beide in bepaalde gedachten en zelfs in enkele zegswijzen. ...Een verschijsel dat zich zelfs wel dáár laat constateeren waar geen historisch verband tusschen bepaalde volken aanwijsbaar is, en dan zijn grond vindt in de eenheid van denmenschelijken geest."

정도 유사한 말을 할 수 있다는 것이다. 동양의 격언에 "일의 계획은 사람이 하고 성사는 하나님께 있다"라는 말이 있다. 이 말은 기독교가 우리나라에 들어오기 이전부터 내려온 말이다. 그런데 이 말은 잠언 19:21의 내용과 유사하다. 애굽의 지혜문과 성경의 잠언은 근본 사상이 서로 다르다. 애굽의 지혜문은 다신론에 근거하지만, 잠언은 유일신론에 근거하기 때문이다.

## VI. 잠언의 도덕과 동양의 윤리

잠언이 가르치는 도덕과 동양 윤리에는 표면적으로 서로 유사한 것이 많다. 특별히 유교 경전에서 그 유사점들이 발견된다. 이 점에 대하여 강조하고 싶은 것은, 둘은 본질적으로 서로 다르다는 것이다. 곧 잠언의 도덕은 신본주의인 반면에 동양 윤리는 인본주의이다. 우선 잠언의 도덕과 유교의 도덕 사이에 있는 유사점들을 지적해 보면 다음과 같다.

### 1. 선악 보응의 불가항력적 전제

잠언은 옳지 않게 행하는 자가 화를 받고 옳게 행하는 자는 복을 받는다고 말한다. 구체적으로 예를 들면 게으른 자는 궁핍해진다는 말씀(6:9-11), 창기에 빠지는 자는 패망한다는 말씀(7:6-23), 징계를 버리는 자는 잘못된다는 말씀(10:17), 교만한 자는 욕을 당한다는 말씀(11:2), 악한 자는 그 악으로 인하여 넘어진다는 말씀(11:5), 악으로 선을 갚는 자는 늘 재앙을 받는다는 말씀(17:13), 속이는 말로 재물을 모으는 것은 죽음을 구하는 것이라는 말씀(21:6) 등이다. 그런데 이 점에 관해서 우리가 명심할 것은, 이런 보응이 거스를 수 없는 도덕적 법칙으로 이루어진다는 것이다. 도덕적 법칙은 일반 계시(자연 계시)에 속한 것이며, 이 또한 하나님이 직접 주장하시는 것이다. 따라서 신자들은 이 법칙을 보고 하나님을 믿는 일에 더욱 힘을 얻어야 한다

(22:19). 하나님을 모르는 자들도 이 법칙을 깨닫기는 한다. 그 이유는 이 법칙이 영적인 구원과 관계된 특별 계시에 속하지 않고, 현세와 관계된 일반 계시에 속하기 때문이다. 그런데 이 법칙을 알면서도 그들은 그 법칙의 주재자이신 하나님을 모르고, 그것의 근원을 뜻도 없고 마음도 없는 비인격적인 세력에게로 돌린다. 예를 들면 동양의 주역 철학 같은 것이다.

오늘날에는 사람들이 주역을 거의 연구하지 않는다. 그래서 현대인의 마음에는 주역 사상이 없다고 생각하기 쉽다. 그러나 주역 사상은 동양 사람들에게 마음 깊이 뿌리박혀 있는 동시에 그들의 생활까지도 여러 방면에서 지배하고 있다. 요컨대 동양 사람들은 주역 사상의 영향을 받아서 근본적으로 그러한 기질을 가지고 있다.

이렇게 된 원인은, 상고 시대부터 동양 사람들은 주역 사상이 만연한 문화 속에서 살았기 때문이다. 이러한 기질은 특히 그들의 생활 습관에 많이 나타나는 기회주의, 운명론적 처세, 이기주의 등을 보면 알 수 있다. 그뿐만 아니라 그들 사회에 성행하는 점술도 비진리인 주역 사상이 타락해서 나타난 것이다. 그러므로 기독교 신자로서 동양 사람들의 습성과 처세 원리를 바로 파악하고 이를 바로잡기 위하여 주역 사상을 연구하고 또한 비판해야 한다. 기독교 신자가 그렇게 함으로써, 자신이 믿는 복음을 사람들에게 전할 때 복음이 얼마나 귀한 것인지를 절실히 느끼게 될 것이다. 누구든지 동양 사람들의 사상을 바르게 알지 못하고서는 그들의 오류도 알 수 없으므로 그것을 바로잡기 위한 지식이 부족하다고 할 수 있다.

주역에 대한 공안국(孔安國)의 주석에 의하면, 복희씨(伏羲氏) 왕 때에 용마(龍馬)가 그림을 지고 나왔는데 왕이 그것을 보고 팔괘(八卦)를 그렸다고 하며,[13] 또 우(禹) 임금 때에 거북이가 글을 지고 나왔는데 그가 그것을 가지

---

13) 『新譯三經 3 周易』(玄岩社, 1970), 17쪽.

고 주역 사상을 세우는 데 사용하였다고 한다. 그러나 우리는 이런 것들을 일종의 신화라고 생각한다. 어쨌든 동양의 고대 현인이 하늘의 이치에 순종하여 나타냈다는 것이 주역 사상이라고 한다. 그러므로 주자(朱子)는 말하기를 "주역의 괘에 획을 그은 것은 사람의 조작으로 생겨난 것이 아니고 자연적으로 되어 있는 것을 성인(聖人)이 찾아낸 것뿐이다."라고 하였다. 그리고 소자(邵子)도 말하기를 "획을 긋기 전에 (자연계에) 역(易)이 있었다. 이것은 참된 말이며 헛되지 아니하다."라고 하였다. 그러나 그들이 자연을 바로 보았느냐, 하는 것이 문제다. 그러므로 이것은 반드시 비판되어야 한다. 주역은 육십사괘(六十四卦)로 되었다.

괘(卦)라는 것은 천지 만물에 대하여 헤아린다는 의미에서 그은 여섯 가지 줄을 의미하는데, 선의 중앙이 끊긴 것을 음획(陰畫)이라 하고 끊기지 않은 것을 양획(陽畫)이라고 한다. 양획은 광대함, 현명함, 강건함, 충실함, 부귀, 남자, 군자 등을 표상한다고 하고, 음획은 음침하고 어두움, 우매함, 유약함, 공허함, 가난하고 천함, 여자, 소인 등의 표상이라고 한다.

주역의 철학은 우주를 소위 태극에서 나온 음양이란 세력의 이기적 운행의 산물로 본 것이다. 이것은 유출설(流出說)이고, 이기적(理氣的) 운명론이다. 그리고 주역은 만물의 상(相)을 음양의 배합이라고 하며, 그것을 괘(卦) "자리"로 그렸다. 그러나 이것은 진리라고 할 수 없다.

주역에는 도덕이나 처세에 대한 교훈으로 잠언의 교훈과 유사한 것이 많다. 대표적으로 다음의 몇 가지를 예로 들겠다. 건괘(乾卦)에서 "높은 용이 위태하다"라는 말, 곧 지위가 높아져서 교만하면 위태하다는 말. 곤괘(坤卦)에서 "주머니 주둥이를 동여매면 재앙도 없고 영예도 없다"는 말, 곧 함부로 재능을 자랑하지 않고 근신하면 유익하다는 것. 겸괘(謙卦)에서 "높은 산이 땅속에 있는 것이 겸손이다."라는 말, 곧 지위가 높은 자가 도리어 땅속까지 낮아지는 것이 겸손이라는 것. 복괘(福卦)에서 "이따금 과오를 저지르지만 그

때마다 바른 길로 돌아오기를 반복한다."라는 말과 같은 것들이다.

이러한 처세 교훈들은 어느 정도 옳다. 이 밖에도 주역에는 처세 교훈들이 많다. 그러나 주역은 옳게 처세하면 잘되는 원인이 하나님께 있다는 것을 말하지 못하고 그것을 단지 이치와 기운의 운행에 돌린다. 이것은 "범사에 하나님을 인정하는"(참조. 잠 3:6) 잠언의 처세와 다르다. 범사에 마음도 뜻도 없는 이치를 의지하는 자와 살아 계신 하나님을 믿는 자는 다르다. 그 차이는 바로 죽음과 생명의 차이이다.

주역의 사상은 주로 다음과 같은 착오를 포함한다. ① 괘를 그을 때 사물을 관상(觀相)하고 음과 양의 이치에만 따르는데, 그것으로 어떻게 삼라만상을 정확히 관상할 수 있겠는가? 그것은 독단이다. 자기 마음도 모르는 인간이 어떻게 삼라만상을 관상할 수 있겠는가? ② 주역은 일종의 처세 철학으로써 중정(中正)을 그 골자로 한다. 그러나 이것은 사랑을 본위로 한 윤리가 아니라, 입신양명을 목표로 한 진보적 이기주의를 가르친다. ③ 주역의 처세법은 만유를 주재하시며, 또한 만유에 내재하시는 하나님을 제외하고, 순전히 이치와 기운에만 인간을 복속시켜서 인간으로 하여금 우주에 대한 정복력을 가지지 못하게 한다. ④ 주역의 처세 철학은 사람의 죄악 문제를 하나님과 마주 대하여 취급하지 않는다. 처세의 최대 문제는 인간이 하나님 앞에서 범한 죄악의 문제이다. 그러나 주역의 철학은 사람들의 개과천선(改過遷善)을 위주로 하기보다 전략적인 피신과 출세 영달을 가르친다.

## 2. 잠언의 현세적 성격과 동양 사상

잠언의 교훈은 주로 현세에서의 삶을 다룬다. 하지만 그것은 하나님의 백성이 현실의 삶에서 성화되게 하기 위한 것일 뿐 세속주의(secularism)가 아니다. 그것은 인간의 현세 생활도 하나님 중심이어야 한다는 것을 보여 준다. 하나님은 하늘의 주님만이 아니라 우리의 현세의 삶을 통하여 홀로 영광을 받으셔야 한다. 진리를 아는 지혜로운 사람은 이 땅 위의 모든 일에서 그를 인정하고 그에게 순종한다(3:6). 하나님은 복잡한 현실 사회를 외면하지 않으신다. 그의 눈은 어디서나 악인과 선인을 감찰하시며(15:9), 빈부의 문제, 각 개인의 원수 문제까지도 친히 주장하신다(16:7; 22:2; 24:17-18). 잠언은 우리의 현실 생활이 바로 하나님을 섬기는 기회라는 것을 잘 보여 준다. 잠언은 우리의 실제 삶의 어느 면에서든지 하나님의 주권을 인정하라고 가르친다.

하나님의 말씀은 현세 이상의 것(내세)도 보여 주지만 현세를 하나님을 섬기는 유일하고 좋은 기회로 제시한다. 특별히 잠언이 그러하다. 이와 같은 현세관은 특히 동양 사람들에게 경종을 울린다. 동양 사람들 중에는 현세를 도피하고 외면하는 자들이 많다. 그것은 불교의 영향이라고 할 수 있다. 불교는 물아동체론(物我同體論)에 근거하고 가족 윤리, 사회 윤리를 건설하려고 한다. 그러나 그 철학이 너모두 염세주의가 농후하기 때문에 염세 사상을 전한다.

이 점에서 불교의 염세주의 사상을 검토하면 다음과 같다.

### 1) 존재론적 염세주의

불교의 염세주의는 존재론적이다. 다시 말하면 인간이 깨닫는 모든 존재는 허무하다는 것이다. 따라서 사람의 번뇌와 고통은 존재 때문이며 존재에서 해방되는 것이 곧 열반이라고 한다. 그런데 사람이 존재에서 벗어나는 것은 쉬운 일이 아니라고 한다. 그 이유는 사람이 죽으면 또다시 윤회의 원리에 따라 다른 것으로 태어나기 때문이라고 한다. 그러므로 소위 윤회의 삶에서 해탈하기 위하여 많은 불교도들은 현실을 등지고 참선 공부에 힘쓴다.

불교가 이와 같은 윤회의 삶에 대하여 얼마나 많이 말하는지를 불경(佛經)에서 찾아 볼 수 있다. 예를 들면 비유 경전이라는 책에 다음과 같은 이야기가 있다. 석가모니의 제자 중 한 사람이 어떤 곳에 갔는데 그곳에 아름다운 처녀가 있었다. 그가 그 처녀에게 묻기를 "그대는 전생에 무엇을 하였기에 이토록 미인이 되었는가?"라고 하였다. 그러자 그 여자가 대답하기를 "나는 전생에 불타의 정자가 밤중에 어두워진 것을 보고 불을 켜 주었다. 그것 때문에 이 세상에 미인으로 태어났다."라고 하였다. 현재를 사는 사람들도 과거의 많은 윤회를 거쳐 지금의 사람이 되었다고 하는 것이 불교의 사상이다. 그래서 현재 살고 있는 한 사람의 과거의 윤회의 횟수는 거의 무한하다고 본다. 지금까지 한 사람이 윤회해 온몸의 뼈를 모아서 쌓는다면 세계에 가득할 것이라고도 한다. 그리고 그 어미에게서 먹은 젖을 모아 놓는다면 네 개의 큰 바다보다도 많을 것이라고 한다. 그리고 부모였던 자가 다시 그의 후손으로 태어나기도 한다고 하니, 조상이 다시 후손이 되기도 하는 것이다. 불교에서 육식을 하지 않는 이유도 자기 조상이 그 짐승일 수 있기 때문이라고 한다(『입능가경』의 말).

그렇다면 윤회는 얼마나 두려운 벌인가? 불교의 교훈에 의하면, 사람의 잡념 한 가지가 좋지 못한 업보를 받아 후세에 다시 한 몸으로 태어난다고 한다. 하루에도 수만 가지 잡념이 오가는데 그것이 모두 후세에 업보를 받아 몸으로 태어난다는 것이다. 『죄복보응경』에 말하기를, 사람이 이 세상에서 부자가 되는 것은 전생에 구제를 많이 한 까닭이고, 사람의 얼굴이 좋은 이유는 전생에 욕된 일을 잘 참은 까닭이며, 사람이 이 세상에서 그 음성이 맑고 좋은 이유는 전생에 염불을 많이 한 까닭이고, 사람이 이 세상에서 그 얼굴이 추하고 더러운 이유는 전생에 얼굴을 찡그리고 화를 많이 낸 까닭이며, 사람이 이 세상에서 벙어리가 된 것은 전생에 사람들을 비방한 까닭이고, 사람이 이 세상에서 큰 뱀이 된 것은 전생에 권모술수로 다른 사람들을 많이 농락한 까닭이며, 사람이 이 세상에서 질병에 걸려 있는 것은 전생에 남들을 때리기 좋아한 연고라고 한다. 그리고 『업보차별경』에 말하기를, 사람이 이 세상에서 단명하게 되는 것은 전생에 살생을 많이 한 까닭이며, 사람이 이 세상에서 생활이 곤란한 것은 저 세상에서 도적질을 많이 한 까닭이라고 한다.

이 모든 윤회설이 극히 상상적이고 기괴하다는 것은 독자들이 더욱 밝히 증언할 수 있을 것이다.

2) 지식론적 염세주의

불교에서는 삼라만상을 하나의 신기루(mirage)로 간주해야 한다고 한다. 기신론에 말하기를 "일체 모든 법이 오직 망상 하나를 의지하여 차별이 있느니라. 만일 망상 하나만 없앤다면 일체 경계선이라는 것이 없어질 것이라"고 하였다. 인생의 눈에 보이는 모든 것은 여름날의 신기루 같다는 이 사상은 『랑카바타라』경에서 많이 강조되고 있다(pp. 90-96). 그러므로 불교도는 이같이 허망한 세계관에서 벗어나기 위하여 참선 공부에 힘쓴다.

불교의 교훈에 의하면, 참선 공부로 마음의 신기루를 면하고 본연에 돌아간 것을 가리켜 집으로 돌아간 상태라고 한다. 이같이 된 것은 형이상학적인 사색으로 얻어지는 것이 아니라고 한다. 곧 그것은 인간의 심리적 진전이 아니라는 것이다. 참선 공부의 논리적, 심리적 사색은 도리어 견성(見性, 자기 본래의 성품을 깨달아 부처가 됨)에 방해가 된다고 한다. 그러면서도 참선하는 자에게 불성(佛性, 부처의 본성)은 그의 밖에 있는 것이 아니라 자신에게 알려진다고 한다. 이것을 보면 불교는 전적으로 자율주의에 속한다. 이 점에서 기독교와 정반대되는 사실이 드러난다. 참선 공부의 중요한 점은 정신 통일로 잡념을 물리치는 훈련이다. 그 방법 중 하나는 머리와 몸의 자세를 똑바로 하고 고요히 앉아서, 전신의 힘을 아랫배에 집중시키고 호흡을 고르게 하는 것이라고 한다. 이것을 보면 불교에서는 사람이 자기 힘으로 정신을 통일시키는 것이 그 종교의 목적에 도달하는 것이다. 정신을 통일시킨다는 것은 곧 멸상(滅相, 현재의 상태가 쇠멸하여 과거의 상태로 돌아가는 모양)주의에 도달하는 것이다. 불교는 멸상을 인간의 이상적인 마음 상태로 본다. 멸상주의는 긍정이나 부정을 다 피하는 정신 상태라고 생각된다. 『금강경』에서 이러한 멸상주의를 알아볼 수 있다. 구제 문제에 관하여 『금강경』은 다음과 같이 말한다. "다시 수보리야! 보살은 응당히 이렇게 보시할 것이고 상(相)에 주하지 아니할 것이다"(『금강경』 제4 묘행무주분). 석가모니의 이와 같은 말은 성경의 마태복음 6:3-4의 말씀과 비교할 만하다. 마태복음에서는 "너는 구제할 때에 오른손이 하는 것을 왼손이 모르게 하여 네 구제함을 은밀하게 하라 은밀한 중에 보시는 너의 아버지께서 갚으시리라"고 한다. 그러나 이 둘은 서로 다르다. 『금강경』의 말은 사람이 자기의 견성을 위한 자율주의인 반면, 마태복음의 말씀은 하나님을 섬기기 위한 것이다. 그렇다면 참선 공부는 무엇을 목표로 하는 것인가? 그것은 인간의 직관으로 열반(Nirvana)에 도달하기 위한 것이다. 열반은 무엇인가? 린센(Linssen)은 말하기를 "그것은 자아 사색 발전의 타는 불을 멸절시키는 것이다."라고 하였고,[14] 또한 "열반은 인간을 비인간화하는 것이 아니라 풍부한 인간 성취를 확보한다."라고 하였다.[15] 동양에서 참선으로 유명했던 육조 대사라는 이가 있다. 그는 당나라 사람으로서 그 이름은 혜능(Huineng; 惠能 A.D. 638-713)이다. 그가 남긴 설법집(說法集)을 『법보단경』(Tan Ching)이라고 한다. 육조의 사상을 『법보단경』에서 뽑으면 주로 멸상주의에 불과하다. 예를 들면, ① "미도 여이고 각도 여이며 진도 제하고 망도 제하여 불성을 본다"고 한 말,[16] ② "만일 법신을 찾고자 할진대 모든 법상을 여이어 마음을 씻을 지니라"고 한 말,[17] ③ 여승이 불경을 붙잡고 글자를 물을 때에 그가 대답하기를 "모든 부처의 묘한 이치는 문자에 관계된

---

14) "Nirvana is the extinction of the flame of the 'I process'."
15) Robert Linssen, Living Zen (New York; Grove Press, 1960), 139 : "That is the way we believe that nirvana does not bring about the dehumanization of the human, but confirms the Plentitude of its accomplishment."
16) 金呑虛, 『六祖法寶壇經』(佛書普及社), 108쪽 : "離迷離覺常生般若除眞除妄卽見佛性"
17) 같은 책, 121쪽 : "若欲當來覓法身離諸法相心中洗"

것이 아니니라"고 한 말,[18] ④ "세상 사람이 밖으로 미하여 상에 착하고 안으로 미하여 공에 착하거니와, 만일 능히 상에서 상을 여이고 공에서 공을 여이면 곧 안과 밖으로 미하지 않음이니라"고 한 말,[19] ⑤ "생각이 없으매 생각이 곧 바르고 생각이 있으매 생각이 사특하여지느니라"고 한 말,[20] ⑥ "닦음을 일으킴이 다 망동이요 주함을 지킴이 진정이 아니라"고 한 말,[21] ⑦ "네가 허공이 모양이 있음을 보았느냐 안 보았느냐 지상이라는 중이 대답하기를, 허공은 형상이 없으니 무슨 모양이 있으리이까 하였다. 그가 말하기를, 너의 본성이 오히려 허공과 같아서 마침내 한 물건도 가히 볼 게 없음이 이 이름이 정견이요 마침내 한 물건도 가히 알게 없음이 이 이름이 참 지식이라"는 말,[22] ⑧ "네가 자기의 본심을 보고 밖의 법상에 착하지 말라"고 한 말,[23] ⑨ 지성이라는 중이 도통하기 위하여 늘 앉아 있어서 눕지도 않는 것을 표준으로 삼을 때에 대답하기를 "마음을 머물고 고요히 보는 것은 병이라, 참선이 아니요 늘 앉아서 몸을 구속하는 것이 이치에 무슨 유익이 있느냐"라고 한 말 등이다.[24]

여기에 소개된 육조 대사(六祖大師)의 논리는 인간의 개념에 의한 지식을 모두 착각으로 돌린다. 그는 깨친 마음(인간의 마음 자체)만을 인정하였다. 이와 같은 지식 행위는 결국 인간의 마음을 진리 판단의 권위로 여기는 잘못이다. 인간의 마음은 만물보다 거짓되고 심히 부패하였다(렘 17:9). 오직 하나님의 말씀만이 진리 판단의 유일한 권위이다.

---

18) 같은 책, 124쪽 : "諸佛妙理非關文字."
19) 같은 책, 134쪽 : "世人外迷着相內迷着空若能於卽是內外不迷"
20) 같은 책, 138쪽 : "無念念卽正有念念成邪."
21) 같은 책, 148쪽 : "起修皆妄動守住匪眞精."
22) 같은 책, 151쪽 : "彼曰汝見虛空有相貌否對曰虛空無形有何相貌彼曰汝之本性猶如虛空了無物可見是名正見了無一物可知是名眞知."
23) 같은 책, 155쪽 : "汝觀自本心莫着外法相"
24) 같은 책, 184쪽 : "住心觀靜是病非禪長坐拘身理何益."

3) 기독교와 불교의 차이점

① 불교는 만물의 창조자가 있다는 것을 부인하지만 기독교는 그것을 주장한다. 불교도는 말하기를, 하나님이 만물을 창조할 필요를 느꼈다면 그런 하나님은 절대자가 아니라고 한다. 그러나 이것은 기독교를 오해한 말이다. 하나님께서 만물을 창조하신 것은 자신의 어떤 부족함을 채우시기 위해서가 아니다. 그는 만물이 없어도 스스로 충분하시고 만족하시는 분이다. 그가 만물을 창조하신 목적은 인류를 위하심이다.

② 불교는 구속자와 구속의 도리를 믿지 않고 자아를 발견하는 것을 종교의 목적으로 삼는다. 반면에 기독교는 전적으로 인간을 죄인으로 여기고 그 죄 가운데서 하나님이 주신 방법으로만 구원을 받는다고 믿는 타율주의이다.

③ 불교도는 기독교에 대하여 비평하기를 기독교의 구원론은 영적 제국주의에 불과하다고 한다. 기독교가 하나님의 권위로 인간의 구원을 이루기 때문이라는 것이다. 불교도들이 말한 대로, 불교는 사람들의 마음을 모든 잘못된 사상에서 평화롭게 해방시키기를 원한다고 한다. 그러나 그것은 잘못된 말이다. 인간 스스로의 힘으로는 자기 자신을 구원하지 못하는 것이 분명하기 때문에 도리어 권위에 순종하는 것을 기뻐해야 한다. 이것이 신앙이다. 또한 예수님께서 유월절 음식을 잡수실 때에 "이것을 행하여 나를 기념하라"고 하신 말씀에 대하여 불교도는 다음과 같이 비평한다. "진정한 성자라면 모든 시대의 사람들에게 자기를 기념해 달라고 할 수 있겠는가? 기념이란 것은 인간의 영적 발전을 방해한다." 그러나 이것은 인간이 피조물이며 죄인이라는 사실과 예수님은 하나님이시고 또한 진리 자체이심을 알지 못하는 무식함에서 나온 말이다. 인간은 예수님을 기억할수록 진리를 깨닫고 자유와 구원을 얻는다.

# 제 1 장

## ✤ 내용분해

1. 머리말(1-7절)
2. 악한 친구와 짝하지 말라고 경계함(8-19절)
3. 지혜의 호소에 대한 부주의를 탄식함(20-33절)

## ✤ 해석

**1-7절.** 이 부분은 잠언 전체의 머리말이라고 할 수 있다. 여기에서 이 책에 관한 두 가지 사실이 밝혀진다. 곧 이 책의 저자와(1절) 목적에 관한 것이다(2-7절).

**1 다윗의 아들 이스라엘 왕 솔로몬의 잠언이라.** 우리는 여기서 이 책의 저자 솔로몬에 대한 자세한 진술을 볼 수 있다. 곧 "다윗의 아들"이라는 말과 "이스라엘 왕"이란 말이다. 이같이 성경은 역사성을 지니고 있다. 솔로몬은 특별히 기도를 통하여 하나님의 지혜를 받았다(참조. 대하 1:7-12; 왕상 3:28; 4:34; 시

72:1). 이것을 보면 다른 사람들도 같은 방법으로 신령한 지혜를 받을 수 있다는 것을 알 수 있다(약 1:5). 이 점에서 한 가지 명심할 것은, 솔로몬의 지혜의 말씀이 하나님 말씀의 권위를 가졌다는 것이다(잠 16:10).

"잠언"(מָשָׁל)으로 번역된 히브리어는 일반적인 공리(公理)를 가리키는 짧은 글귀를 의미한다(Delitzsch). 그것이 어떤 때에는 간단한 비유로 나타나기도 하고, 어떤 때에는 두 가지 서로 반대되는 병행구로 나타나기도 한다.

**2 이는 지혜와 훈계를 알게 하며 명철의 말씀을 깨닫게 하며.** "지혜"(חָכְמָה)는 어원적으로 든든함(to be firm)을 의미하며, 사물의 존재와 본질에 대한 공리라고 할 수 있는 지식을 말한다. "훈계"(מוּסָר)는 훈련(discipline)을 의미하고, "명철"(בִּינָה)은 선악에 대한 분별력을 가리킨다(Delitzsch). 이 세 가지 말은 모두 다 하나님 중심으로 사리를 취급하는 것을 뜻한다. 이 점에서 이 세 가지가 크게 다르지 않다. 잠언에서 말하는 "지혜"는 세속적인 지혜를 가리키지 않고 믿는 자로 하여금 구원에 이르게 하는 영적 지혜를 가리킨다(딤후 3:15-17; 딛 2:11-12). 사람의 육신을 유익하게 하는 것도 지혜인데, 하물며 그의 영혼을 유익하게 하는 것은 얼마나 더 오묘한 지혜이겠는가? 우리의 구주 예수 그리스도는 이런 의미에서 "지혜"라는 명칭도 얻으셨다(눅 7:35; 고전 1:30). 그는 솔로몬보다 더 크신 분이다(마 12:42). 잠언에는 물론 이 세상일을 바르게 가르치는 지혜가 많이 기록되어 있다. 대표적으로 6:1-11, 11:14, 14:28, 34, 20:18, 28:23-27에 있는 말씀들이다. 이와 같은 것이 기록된 목적은, 신자로서 이 세상일을 바르게 해야 영적인 생명에도 간접적으로 유익을 얻기 때문이다. 예를 들어 태만하면 그 영혼도 해를 받는다. 신자는 이 세상일에도 지혜롭게 행해야 한다. 그러므로 잠언에서 가르친 이 세상일에 관한 지혜도 결국 영적 생활(하나님을 믿고 섬기는 것)이 잘되는 것에 목적을 둔 것이다.

신구약 성경은 신자들이 무엇보다도 먼저 이러한 영적 지혜를 받아야 할 것을 강조한다. 고린도전서 12:8-11에서 여러 가지 은사를 말하는데, 첫 번째로 지혜의 은사가 기록되어 있다. 그 지혜는 일반적인 지혜가 아니라 하나님을 중심으로 하는 신령한 지혜를 말한다. 야고보서 3:17에도 오직 위로부터 난 지혜는 무엇보다 성결하다고 한다. 다시 말하면 하나님이 주신 지혜는 성결, 곧 하나님을 믿고 순종하는 것에 관한 것이다.

**3 지혜롭게, 공의롭게, 정의롭게, 정직하게 행할 일에 대하여 훈계를 받게 하며.** 여기서 "지혜롭게"라는 말이 먼저 나온 것을 보면 신령한 지혜는 의와 공평과 정직의 근원이기도 하다. 곧 사람이 신령한 지혜를 받으면 하나님 앞에서 의롭고 공평하고 정직하게 행하게 된다.

"공의롭게, 정의롭게, 정직하게"라는 것은 단지 사회적인 정의를 말하는 것이 아니라 하나님을 믿는 종교 윤리적 행위, 곧 경건을 가리킨다. 그러므로 잠언에서 가르치는 "지혜"란 기계적인 과학 지식보다 하나님 중심의 종교 윤리를 중점으로 한다. 현대인들은 종교 윤리적인 진리를 등한히 하고 기계 문명과 과학 문명을 중요하게 여긴다. 그리고 의리를 떠나 행위의 표준이 없는 짐승의 자리로 타락한다. 그런 사람들은 하나님의 진리를 파악하는 지혜보다 권모술수를 일삼는 간교함을 생활 철학으로 갖게 되어 결국 멸망으로 달음질하고 말 것이다.

"훈계를 받게 하며." 이것은 하나님 말씀의 권위에 대한 사람들의 당연한 순종을 강조하는 말씀이다. 이것은 극단적인 자율주의로 흐르며 무조건적, 무제한적 자유를 원하는 현대인들이 듣기 싫어하는 말이다. 그들은 훈계를 받으려 하지 않는다. 이와 같은 태도는 ① 자기들이 절대적으로 선하고 완전하다는 생각에서 비롯되는 것이고, ② 자기들이 하나님과 다를 것 없다는 교만함에서 나온 것이다. 그들의 이와 같은 교만은 사실상 미련한 것이다. 자기들이 왜 죄인이라는 것을 모르는가?(참조. 롬 3:10) 자신의 미래도 모르면서 왜 스스로 하나님인 것처럼 절대 자유자로 자처하는가? 그 이유는 자신의 생명이 안개와 같다는 것을 모르기 때문이다(참조. 약 4:13-16).

**4-6** 어리석은 자를 슬기롭게 하며 젊은 자에게 지식과 근신함을 주기 위한 것이니 지혜 있는 자는 듣고 학식이 더할 것이요 명철한 자는 지략을 얻을 것이라 잠언과 비유와 지혜 있는 자의 말과 그 오묘한 말을 깨달으리라. 여기서는 잠언 교훈의 목적을 보여 준다. 그것은 다음과 같다.

1) "어리석은 자"(פְּתָאיִם). 곧 하나님을 모르는 자들을 "슬기롭게" 만드는 것. 마음에 줏대가 없고 하나님을 모르는 자는 외부의 영향을 받아서 이리저리 휩쓸리기 쉽다. 그러므로 그들에게 하나님의 지혜를 가르쳐서 옳고 그름을 바르게 분별하고 굳게 서도록 하는 것이 필요하다.

2) "젊은 자에게 지식과 근신함을 주기 위한 것." 젊은 자는 경험이 없기 때문에 매사에 비교적 조심하지 않고 달려든다. 그러므로 젊은 자들은 하나님의 지혜를 받아서 성숙한 사람처럼 굳게 서는 것이 필요하다. 시편 119:100에 말하기를 "주의 법도들을 지키므로 나의 명철함이 노인보다 나으니이다"라고 하였다.

3) "지혜 있는 자는 듣고 학식이 더하게" 함. 하나님의 지혜는 누구에게나 필요하기 때문에 이미 지혜를 받은 자에게도 당연히 필요하다. 그 이유는, 지혜 있는 자에게는 그것이 없는 자보다 더 무거운 책임이 있어서 더 많은 지혜가 요구되기 때문이다. 그러므로 그는 하나님의 지혜를 계속 배워야 한다. 하나님은 있는 자에게 더 주신다(참조. 마 25:29).

**7** 여호와를 경외하는 것이 지식의 근본이거늘 미련한 자는 지혜와 훈계를 멸시하느니라. 이것은 잠언 전체의 요절이라고 할 만큼 중요한 말씀이다. "여호와를 경외"한다는 것은 구약 시대에 여호와를 믿는 신앙을 말한다. 이것은 단지 하나님에 대한 공포심이 아니라 그에 대한 사랑을 가지고 두려워하는 것을 의미한다. "지식의 근본"(רֵאשִׁית דַּעַת)이라는 말의 뜻은 지식의 전제, 혹은 선두, 혹은 기초라는 의미이다. 다시 말하면 모든 참된 지혜는 하나님을 경외하는

기초 위에서만 성립된다는 것이다.

"지혜와 훈계를 멸시하느니라." 이것은 하나님을 아는 지혜를 무시한다는 뜻이다. 잠언의 저자가 말하는 지혜와 지식은 모두 다 하나님 중심의 영적 지혜이다(참조. 전 12:13). 아무리 과학적 지식을 많이 가진 사람이라 할지라도 그가 하나님을 모른다면 미련한 자일 수밖에 없다(참조. 시 14:1; 렘 8:9). 하나님 경외하기를 소홀히 하고 기계 발달을 우선으로 삼는 현대인은 점점 기계의 노예가 되어 가고 있다. 기계 문명이 발달한 나라에서는 사람들이 필요한 정신적 여유를 가지기 어렵고, 먹고살기 위해서는 기계를 따라다닐 수밖에 없게 되었다. 그들은 기계적으로 움직이는 직장 운영에 보조를 맞추기 위하여 기계화되어 가고 있다. 또한 그들은 계속적으로 기계의 노예로 긴장(tension)되어 있다.

**8-9** 내 아들아 네 아비의 훈계를 들으며 네 어미의 법을 떠나지 말라 이는 네 머리의 아름다운 관이요 네 목의 금 사슬이니라. 여기서 말하는 "아비의 훈계"는 무엇이며 "어미의 법"은 무엇인가? 이 두 가지는 가정에서 부모가 신앙으로 하나님의 진리를 자녀들에게 가르치는 장면을 보여 준다고 할 수 있다. 그와 동시에 이 두 가지 표현은, 하나님의 교훈이 부모의 교훈과 마찬가지로 권위 있게, 또는 사랑으로 하나님의 백성에게 다가온다고 말하는 것이기도 하다. 그러므로 이 책에 기록된 모든 말씀을 읽는 자는 부모에게 교훈을 받는다는 마음으로 순종하는 태도로 받아야 한다. 하나님의 말씀을 전하는 영적 권위를 가진 종들이 하나님의 백성을 가르칠 때, 그들을 자녀처럼 여긴 사실이 신약에도 많이 나타나 있다. 예수님은 제자들을 향하여 "얘들아"라고 하셨고(요 21:5), 자기의 교훈은 "지혜"이며 그것을 받는 자들을 그 "자녀"라고도 하셨다(눅 7:35). 이것을 보면 신구약의 사상은 혈연으로 된 가족보다 영적 가족을 더 중요시한다. 동일한 하나님의 말씀을 믿고 연합한 자들이 하나의 참된 가족을 이룬다. 그러므로 예수님은 말씀하시기를 "누구든지 하나님의 뜻대로 행

하는 자가 내 형제요 자매요 어머니이니라"고 하셨다(막 3:35). 바울은 디모데와 디도를 가리켜서 "아들"이라고 하였는데 그것도 이런 의미에서 한 말이다(딤전 1:2; 딤후 1:2; 딛 1:4).

"들으며…떠나지 말라." 이 말씀은 순종을 강조하는 것이다. 이런 말씀이 현대의 자율주의자들에게는 받아들여지지 않을 것이다. 그들은 자유만 주장하고 순종은 기뻐하지 않는다. 그러나 그것은 모순이다. 종교 윤리적 법칙에 대하여는 거부권을 행사하면서 왜 과학적 법칙에는 순종하는가? 과학적 법칙이 있다면 종교 윤리에도 법칙이 있다. 이 법칙은 인류의 순종을 요구한다. 진리에 순종하지 않는 자는 멸망한다(참조. 고후 13:8).

"아름다운 관"은 영광을 의미하고, "목의 금 사슬"은 높이는 것을 의미한다(참조. 단 5:7). 하나님의 말씀은 사실상 그것을 지키는 자들을 영화롭게 한다. 다니엘이 높아진 것도 그 때문이었고(단 2:46; 6:25-27), 요셉이 높아진 것도 그 때문이었다(창 39:8-10; 41:39-43). 하나님의 말씀을 지키는 자는 가장 먼저 그의 영혼이 잘된다(참조. 요 14:21, 23; 행 20:32; 벧전 1:8-9; 22-23; 요삼 1:2-4). 신자들이 하나님의 말씀을 지킬 때에 그들의 영과 육이 잘된다. 그러나 이러한 사실을 인식하지 못하는 자들도 많다. 그들은 고요히 이렇게 생각해 보아야 한다. '내가 하나님의 말씀을 지키지 않았다면 지금 어떻게 되었을까?' 하는 자문이다. 그러면 '내가 하나님의 말씀을 지키지 않았다면 이미 망하였을 것이다.'라고 깨닫게 될 것이다.

**10 내 아들아 악한 자가 너를 꾈지라도 따르지 말라.** "내 아들아." 이것은 솔로몬이 자기의 친자식들을 가르치는 처지에서 한 말씀일 것이다. 그러나 동시에 모든 인류(혹은 영적 자녀들)에게 한 말이기도 하다. 잠언은 단지 가정교육만을 목표로 한 것이 아니다. 하나님의 대언자로서 모든 인류를 위한 것이다. 그들을 가리켜 "내 아들아"라고 부른 것은 그가 모든 사람의 자비로운 보호자와 아버지처럼 느꼈기 때문이다(Delitzsch). 여기서 그는 그 "아들"(사람들)에

게 악한 자를 따라가지 말라고 강조한다. 여기서 "악한 자"(חַטָּאִים)라는 말은 범죄하는 것이 습관화된 극악한 자들을 가리키는 강조이다. 그렇다면 어떤 자들이 극악한 자인가? 그들은 그다음 구절(11-14절)에서 지적한 대로 악행을 부끄러워하지 않으며, 불의를 주장하는 일에 매우 뻔뻔하고 담대하다. 그들은 마귀의 대리자이므로 그들의 악행이 악마의 성격을 지녔다.

"따르지 말라." 사람은 자기가 옳은 길을 갈 때에 그러지 못한 사람을 불쌍히 여겨 가까이해야 한다. 다른 사람들과 섞여 살면서 그들을 옳은 길로 인도해야 하지 않겠는가? 바울도 사람들을 복음으로 구원하기 위해 대화의 기회를 얻으려고 여러 사람에게 여러 모양이 되지 않았는가?(고전 9:19-23) 그러나 이와 같은 처신은 복음과 윤리 문제에서 본질적인 것까지 양보한다는 의미가 아니다. 바울과 다른 사도들도 극악한 자들과의 교제를 제한하였고(행 8:18-23; 고후 6:14-18; 요이 1:10-11), 구약의 성도들도 그러하였다(시 1:1). 더욱이 신앙의 지조가 굳게 서지 못한 자들은 극악한 자를 멀리해야 한다. 본문은 그것을 염두에 둔 것이다.

**11-14** 그들이 네게 말하기를 우리와 함께 가자 우리가 가만히 엎드렸다가 사람의 피를 흘리자 죄 없는 자를 까닭 없이 숨어 기다리다가 스올 같이 그들을 산 채로 삼키며 무덤에 내려가는 자들 같이 통으로 삼키자 우리가 온갖 보화를 얻으며 빼앗은 것으로 우리 집을 채우리니 너는 우리와 함께 제비를 뽑고 우리가 함께 전대 하나만 두자 할지라도. 이 부분에서는 10절에서 말한 "악한 자"(극도로 악한 자)의 행동 성격을 진술한다. 그것은 마귀의 것과 같은 것들이다. ① 죄 없는 자를 까닭 없이 해치려는 자(11절)의 주장은 악마적이다. "처음부터 살인한 자"(요 8:44) 곧 마귀가 죄 없는 아담과 하와를 유혹하여 범죄하게 하였다. ② 마귀와 같이 잔인하다. 그들은 말하기를 "스올 같이 그들을 산 채로 삼키며 무덤에 내려가는 자들 같이 통으로 삼키자"라고 한다(잠 1:12). 사람을 삼키려고 활동하는 자는 마귀이다(계 9:1, 11). ③ 사람에게 거짓된 행복을 약속하는 것은 마귀의 속임수다(잠 1:13). 마

귀는 일찍이 하와를 유혹하며 말하기를 "너희가 그것(선악을 알게 하는 나무의 실과)을 먹는 날에는 너희 눈이 밝아져 하나님과 같이 되어 선악을 알 줄 하나님이 아심이니라"고 하였다(창 3:5). 마귀는 예수님을 시험하면서도 말하기를 "만일 내게 엎드려 경배하면 이 모든 것(만국과 그 영광)을 네게 주리라"고 하였다(마 4:9).

"너는 우리와 함께 제비를 뽑고"(잠 1:14상). 여기서 "제비를 뽑고"(גּוֹרָלְךָ)라는 말은 "당신의 제비를 던져 넣으라."라고 수정해서 번역해야 한다. 이것은 자기들과 운명을 같이하자고 유인하는 말이다(Toy). 빌데부어(D. G. Wildeboer)도 이같이 해석하였다. 곧 그러한 악행을 힘을 합쳐 모험하자는 뜻이라고 하였다.[25]

"우리가 함께 전대 하나만 두자"(14하). 이것은 탈취한 재물을 공동 소유로 만들고 공동으로 사용하자는 뜻이다. 이것은 그들이 유혹하는 말이다. 이것은 현대의 공산주의의 주장과 같다. 공산주의는 이런 주장을 내세워 놓고 인류의 자유를 빼앗는다. 자유는 생명같이 귀하므로 그것을 빼앗긴 인생은 행복하지 않다.

**15-16** 내 아들아 그들과 함께 길에 다니지 말라 네 발을 금하여 그 길을 밟지 말라 대저 그 발은 악으로 달려가며 피를 흘리는 데 빠름이니라. "내 아들아." 이 말에 대하여는 8-9절에 있는 같은 말 해석을 참조하라.

"그들과 함께 길에 다니지 말라." 이 말씀은 그들의 범죄 행위에 동참하지 말라는 것이다. 이 말씀 역시 그들과 더불어 일상적으로 교제하는 것까지도 가급적 피해야 함을 가르친다. 그 이유는, 그들은 악을 기뻐하며 열심히 행하기 때문이다. "그 발은 악으로 달려가며"라는 말씀이 그 뜻이다. 그들은

---

25) K. Marti, Hand-Commmentar, Die Sprüche (Freiburg I.B., Leipzig und Tübingen, 1899). s. 4 : "Das schlechte Werk soll auf gemeinschaftliches Risiko unternomen werden."

부득이하게 죄를 범하는 것이 아니라 악을 행하려고 달음질한다. 그것은 악을 기뻐하며 기탄없이 행하는 것이다. 그런 자들은 죄악으로 굳어져 있어서 그 자신이 죄악 자체와 같다고 할 정도로 타락한 것이다. 그러므로 그런 자들과 사귀는 자는 그들의 악행을 제지할 수 없고, 도리어 그들의 악으로 말려들게 된다. 누구든지 그들과 사귀는 것은 위험하므로 그들을 피해야 한다. 피하는 것도 죄를 이기는 방법이다. 실제로 요셉은 이 방법으로 죄를 이긴 적이 있다(창 39:10). 바울은 디모데에게 탐심을 피하라 하였고(딤전 6:11), 청년의 정욕을 피하라고도 하였다(딤후 2:22). 그리고 고린도 교인들에게 우상 숭배하는 일을 피하라고 하였다(고전 10:14). 고린도전서 10:13에 말하기를, 하나님은 우리가 시험을 당할 즈음에 또한 피할 길을 주신다고 하였다.

**17　새가 보는 데서 그물을 치면 헛일이겠거늘.** 이 구절에 대한 해석은 두 가지로 나뉜다. ① 새가 볼 때에 그물을 치는 것은 헛된 일인 것 같지만 새들이 어리석어서 그 그물에 걸린다는 것이다. ② 새들은 그물을 치는 것을 보고 피할 줄 안다는 것이다. 이 해석이 옳다. 악인들은 물질에 눈이 어두워서 새보다도 지혜롭지 못하다. 그들은 남의 것을 탈취하는 행동이 자멸을 초래하는 것인 줄 모르고 그런 악행을 감행한다(Nowack, Strack, Schultens).

**18-19　그들이 가만히 엎드림은 자기의 피를 흘릴 뿐이요 숨어 기다림은 자기의 생명을 해할 뿐이니 이익을 탐하는 모든 자의 길은 다 이러하여 자기의 생명을 잃게 하느니라.** 이 부분은 남을 해하려는 자들은 결국 자기 자신을 해친다는 중요한 진리를 가르친다. 하나님은 살아 계셔서 공의로 심판하시기 때문에, 극도로 악해진 자들이 결국 해를 당하도록 간섭하신다. 시편 9:15에 "이방 나라들은 자기가 판 웅덩이에 빠짐이여 자기가 숨긴 그물에 자기 발이 걸렸도다"라고 하였다. 이러한 처사는 악인으로 하여금 하나님을 알게 하시는 하나님의 심판이다. 그런 의미에서 시편 9:16은 이어서 말하기를 "여호와께서 자기를 알게 하사 심판을 행하셨음이여 악인은 자기가 손으로 행한 일에 스스로 얽혔도다"라고

하였다(참조. 시 7:15-16). 성경에 기록된 대로 아합 왕과 이세벨은 죄 없는 나봇의 피를 흘린 결과로 그들 자신이 망하였고(왕상 21:4-24), 하만은 모르드개를 죽이려고 흉계를 꾸몄으나 결국 자기가 도리어 죽임을 당하고 말았다(에 7:9). 가룟 유다는 자기 선생을 팔고 자살의 화를 취했다(마 27:3-5). 사람이 극도로 악하게 남을 해할 때에는 자기 자신이 현저하게 하나님의 벌을 받는다. 이러한 사실은 불신자들도 깨닫는다. 옛글에 말하기를 "네게서 난 것이 네게로 돌아간다."라고 하였다.[26]

**20-21 지혜가 길거리에서 부르며 광장에서 소리를 높이며 시끄러운 길목에서 소리를 지르며 성문 어귀와 성중에서 그 소리를 발하여 이르되.** 20절부터 32절까지는 하나님의 지혜에 반역하는 사람들의 불순종을 탄식한다. 특히 여기서는 하나님의 지혜를 인격처럼 여기며 그것을 발언자로 내세워 말한다. 그러므로 여기서 "지혜"는 하나님의 아들에 대한 대명사라고도 할 수 있다(참조. 눅 7:35). 그렇다면 "지혜가 길거리에서 부르며 광장에서 소리를 높이며"라는 말은 무슨 뜻인가? 그것은 하나님의 자연 계시를 통하여, 또는 하나님의 아들로 말미암아 하나님을 알게 하는 하나님의 아들의 활동을 말한다. 이 계시는 어떤 구석에 국한된 감춰진 것이 아니라, 온 세계와 우주에 광명정대하게 드러난 것이다. 이런 의미에서 이 구절에 "길거리", "광장", "시끄러운 길목", "성문 어귀", "성중"이라는 말 등이 사용되고 있다. 이런 표현들은 계시의 보편성을 강조하는 것이다. 시편 19:3-4("언어도 없고 말씀도 없으며 들리는 소리도 없으나 그의 소리가 온 땅에 통하고 그의 말씀이 세상 끝까지 이르도다 하나님이 해를 위하여 하늘에 장막을 베푸셨도다")의 가르침도 그와 같다. 그럼에도 불구하고 인류가 하나님을 모르는 원인은 그들 자신의 부패와 죄악 때문이다(롬 1:18-23). 그러므로 그들이 하나님을 알기 위해서는 지식으로 연구할 것이 아니라,

---

26) 『孟子』, "出乎爾者反乎爾."

먼저 성경 말씀을 믿고 순종하며 죄를 회개해야 한다. 회개하지 않는 한 그들은 하나님을 모르는 어리석은 자이며, 스스로 아는 체하는 거만한 자(잠 1:22)일 수밖에 없다. 배우지 못해서 무식한 사람이라도 죄를 회개하면 하나님을 알게 되고, 천하의 모든 책을 다 읽은 학자라도 죄를 회개하지 않으면 하나님을 알 수 없다. 하나님을 아는 지식은 감각적(과학적) 지식이 아니라 종교적이고 윤리적인 지식이다. 그것은 사람이 하나님의 말씀대로 죄악을 아프게 느끼고 회개할 때에 열리는 지식이다. 감각적(과학적) 지식은 기계적인 것이므로 물질 문제에 관해서만 유용하다. 그런 면에서는 짐승이 사람보다 우수할 때가 있다. 예를 들면 군견이 적을 색출할 때에는 사람보다 나을 때가 있다. 1971년 봄에 캘리포니아에서 지진이 있었다. 그 지진이 있기 전에 쥐들이 미리 알고 다른 지방으로 이동하였다고 한다. 그렇다고 해서 쥐가 사람보다 가치 있다고 해야 할까? 감각적인 지식을 기준으로 사람이나 짐승의 가치를 논해서는 안 된다. 사람은 종교 윤리적인 지식의 가능성 때문에 가치 있는 존재가 된다. 그가 죄를 회개하면 이 방면의 지식이 열린다. 이것은 고차원적인 지식이며 하나님을 아는 지식이다. 이런 지식이 없는 자는 그가 아무리 감각적 지식을 많이 소유했다 할지라도 하등 동물의 수준을 벗어나지 못한다.

**22** 너희 어리석은 자들은 어리석음을 좋아하며 거만한 자들은 거만을 기뻐하며 미련한 자들은 지식을 미워하니 어느 때까지 하겠느냐. 여기서는 하나님의 지혜의 부르심에 응하지 않는 자들의 성격을 보여 준다. 그것은 세 가지로 나타난다. ① "어리석은 자"(פְּתָיִם). 이것은 단순한 자라는 뜻이다. 단순한 자가 때에 따라서는 간사한 자나 외식하는 자보다는 하나님의 말씀을 받을 소망이 있다. 그러나 그들도 위태로운 처지에 놓여 있다. 그 이유는 그들이 시비를 분별할 줄 모르고 일정한 견해가 없기 때문이다. 그들은 악한 움직임에 휩쓸리기 쉽다. 본문은 이같이 잘못 휩쓸린 자들을 가리킨다. ② "거만한 자"(לֵצִים). 이런 자들은

극도로 악하여 하나님의 지혜를 멸시한다. ③ "미련한자"(כסילים). 이것은 앞에 기록된 어리석은 자와 달라서, 악으로 굳어졌고 도덕적으로 우매한 자이다.

이와 같은 세 가지 유형의 사람들은 거의 소망이 없는 자들이다. 그들의 죄악은 심판을 받아 마땅하다. 그들이 어리석음을 좋아한다는 것은, 그들에게 자기들의 범죄를 후회하는 마음이 전혀 없다는 것을 보여 준다. 그들이야말로 "악을 선하다 하며 선을 악하다 하며 흑암으로 광명을 삼으며 광명으로 흑암을 삼으며 쓴 것으로 단 것을 삼으며 단 것으로 쓴 것을 삼는 자들"이다(사 5:20). 그들은 마지못하여 죄를 범하는 자들이 아니라 범죄로 완악해진 자들이다. 그럼에도 불구하고 하나님의 지혜는 그런 자들까지 권면한다(잠 1:23상). 그 권면은 일시적인 것이 아니라, 하나님의 오래 참으시는 성품으로 오랜 시일 동안 계속되었다. 본문의 "어느 때까지"라는 말씀이 그것을 보여 준다. 이같이 하나님께서 오래 참으시면서 권면하시는 것을 끝까지 배척하는 죄인들은 마침내 심판을 받게 된다. 그들은 심판을 받아도 불평할 수 없다(참조. 롬 2:4-5).

**23** 나의 책망을 듣고 돌이키라 보라 내가 나의 영을 너희에게 부어 주며 내 말을 너희에게 보이리라. 여기서는 하나님께서 회개하는 자들에게 축복을 약속하신다. 그들이 과거에 오랫동안 죄를 범하였을지라도 하나님의 책망을 듣고 회개하면, 하나님은 그들에게 풍부한 은혜를 주시겠다고 하신다. "내가 나의 영을 너희에게 부어주며"라는 말씀이 그 뜻이다. 우리가 하나님께 받는 선물 중에서도 그의 성령을 받는 것보다 큰 은혜는 없다. 예수님께서도 기도하는 자가 받을 은혜 중 성령이 제일이라는 의미로 말씀하시기를 "너희가 악할지라도 좋은 것을 자식에게 줄 줄 알거든 하물며 너희 하늘 아버지께서 구하는 자에게 성령을 주시지 않겠느냐"고 하셨다(눅 11:13). 하나님이 우리에게 성령을 주시는 것은 우리가 그 말씀을 깨닫게 하시기 위해서다. 말씀의 은혜를 받는 것이 곧 성령을 받는 것이다. 그러므로 "내 말을 너희에게 보이리라"(잠 1:23)

고 하였다.

진리(말씀) 없는 신의 역사는 성령의 역사가 아니다. 성령은 진리(말씀)의 영이시다(요 14:17). 그가 역사하실 때에 나타나는 말씀의 역사는 우리의 심령을 찌르고 쪼갠다. 히브리서 4:12-13에 말하기를 "하나님의 말씀은 살아있고 활력이 있어 좌우에 날선 어떤 검보다도 예리하여 혼과 영과 및 관절과 골수를 찔러 쪼개기까지 하며 또 마음의 생각과 뜻을 판단하나니 지으신 것이 하나도 그 앞에 나타나지 않음이 없고 우리의 결산을 받으실 이의 눈 앞에 만물이 벌거벗은 것 같이 드러나느니라"고 하였다. 이것은 성령으로 깨닫게 하시는 하나님 말씀의 역사를 가리킨다(참조. 고후 7:11). 루터(Luther)가 성령의 역사로 로마서 1:17 말씀을 깨달을 때 그것이 그의 심령에 우레처럼 강하게 임하였다. 주님의 모든 위대한 종들도 다 우리 같은 죄인이었으나 이같이 하나님의 말씀을 밝히 깨닫고 새로운 삶을 살게 되었다. 하나님의 말씀을 참으로 깨닫는 것은, 성경에 대한 역사적 연구로 얻는 지식이라기보다는 성령으로 말미암아 심령에 믿어지는 것이다. 이 은혜를 받은 자가 죄를 회개하고 ("돌이킴", 잠 1:23), 또한 회개를 많이 할수록 이 은혜를 더욱 많이 받는다.

**24-25** **내가 불렀으나 너희가 듣기 싫어하였고 내가 손을 폈으나 돌아보는 자가 없었고 도리어 나의 모든 교훈을 멸시하며 나의 책망을 받지 아니하였은즉.** 여기서는 하나님의 지혜가 간절하게, 또는 열렬하게 권면함에도 불구하고 그들이 응하지 않았다고 탄식한다. 그들은 하나님의 말씀을 사랑해야 하는데도 불구하고 도리어 미워하였다(잠 1:22, 24-25, 29-30). 그들의 태도는 이처럼 극히 반역하는 마음에서 나온 것이다. 그들이 이같이 반역하는 원인은 무엇인가? 그것은 ① 육의 눈으로 볼 수 없는 하나님을 부인하는 불신앙이다. 그들은 눈에 보이는 것은 인정하면서 보이지 않는 것은 인정하지 않는 미련한 자들이다. 그러나 보이지 않는 것이 도리어 중요하다. 고린도후서 4:18에 말하기를 "우리가 주목하는 것은 보이는 것이 아니요 보이지 않는 것이니 보이는 것은 잠

간이요 보이지 않는 것은 영원함이라"고 하였다. ② 자신의 죄악을 정당화하려는 불의한 심리이다(롬 1:18). 그들은 남을 해하면 자기에게 유익이 돌아올 것이라 생각하지만(잠 1:11-14), 하나님의 말씀은 그와 반대로 가르친다(잠 1:15-19). 그들이 이같이 하나님의 말씀 앞에서 회개하지 않는 한, 자신들의 불의를 정당화하는 주장을 세우려고 한다. 그러한 주장은 하나님의 말씀을 무시하는 것이며, 언제든지 회개하지 않는 자의 태도는 진리를 무시하는 것이다. ③ 자유주의이다. 그들은 자신이 하고 싶은 대로 하기를 원한다. 그들은 자기가 아닌 다른 권위를 인정하려고 할 때 불안을 느낀다. 그들은 인간이 절대자라고 생각하는 어리석은 자들이다(잠 1:23). 내일 일을 모르는 안개와 같은 인생이(약 4:14) 어떻게 절대적 자유자가 될 수 있겠는가?

**26-32** 너희가 재앙을 만날 때에 내가 웃을 것이며 너희에게 두려움이 임할 때에 내가 비웃으리라 너희의 두려움이 광풍 같이 임하겠고 너희의 재앙이 폭풍 같이 이르겠고 너희에게 근심과 슬픔이 임하리니 그 때에 너희가 나를 부르리라 그래도 내가 대답하지 아니하겠고 부지런히 나를 찾으리라 그래도 나를 만나지 못하리니 대저 너희가 지식을 미워하며 여호와 경외하기를 즐거워하지 아니하며 나의 교훈을 받지 아니하고 나의 모든 책망을 업신여겼음이니라 그러므로 자기 행위의 열매를 먹으며 자기 꾀에 배부르리라 어리석은 자의 퇴보는 자기를 죽이며 미련한 자의 안일은 자기를 멸망시키려니와. 여기서는 하나님의 지혜의 부르심에 끝까지 반역하는 자들이 받을 심판에 대하여 말한다. 이제 그들이 재앙을 받는 날에는 하나님께서 그들을 전적으로 외면하실 것이라고 하신다. "내가 웃을 것이며"(26절), "내가 대답하지 아니하겠고"(28절)라는 말씀들이 그런 의미이다. 하나님의 이와 같은 태도는 심판의 성격을 띤다. 그의 심판은 언제나 그의 사랑과 긍휼의 동의를 받고 실행되기 때문에, 그 심판을 받는 자는 어떠한 긍휼도 받지 못한다. 그러므로 심판은 털끝만큼도 횡포의 요소가 없으며 자연스럽다. 심판 때에 죄인이 멸망하는 것은 마치 빛 앞에서 어두움이 물러가는 것과 같은 원리이다.

"자기 행위의 열매를 먹으며 자기 꾀에 배부르리라 어리석은 자의 퇴보는 자기를 죽이며 미련한 자의 안일은 자기를 멸망시키려니와"(31-32절)라는 말씀은 이와 같은 심판의 성격을 보여 준다. 곧 그들이 받은 멸망은 매우 자연스러워서 털끝만큼의 유감도 없는 멸망이다.

"어리석은 자의 퇴보"라는 말은 그들이 하나님의 사랑을 등지고 떠나간 것을 의미한다. 그들의 이와 같은 행동이 결국 그들 자신을 망하게 한다.

"미련한 자의 안일은 자기를 멸망시키려니와." 이것은 그들이 불의한 수단으로 재물을 모아 평안히 살아온 것이 화근이 되어 멸망하게 된다는 뜻이다. 이러한 그들의 멸망은 그들 스스로 만든 셈이다. 그러므로 그들에게 임하는 하나님의 심판은 매우 타당한 것이어서 횡포의 요소를 조금도 지니지 않는다. 그들이 당하는 재앙은 결국 발뒤꿈치로 송곳을 차는 것 같은 행동의 결과이다.

**33** 오직 내 말을 듣는 자는 평안히 살며 재앙의 두려움이 없이 안전하리라. 여기서 "나(내)"는 신약 시대의 예수 그리스도를 가리킨다. 그리스도의 말씀을 믿고 지키는 자의 영혼은 그분 안에서 안전을 보장받는다(마 7:24-25; 롬 8:1).

# 제 2 장

## ✤ 내용분해

1. 지혜를 얻는 방법(1-9절)
2. 지혜의 유익(10-22절)
   1) 악인들에게서 건져 줌(10-15절)
   2) 악한 여자들에게서 건져 줌(16-19절)
   3) 선한 자의 길로 인도함(20-22절)

## ✤ 해석

**1-3** 내 아들아 네가 만일 나의 말을 받으며 나의 계명을 네게 간직하며 네 귀를 지혜에 기울이며 네 마음을 명철에 두며 지식을 불러 구하며 명철을 얻으려고 소리를 높이며. 여기서는 사람이 지혜를 구할 때에 취해야 할 태도를 구체적으로 말해 준다. 곧 정신적으로는 "마음"(לֵב, 심장), 곧 뜨거운 사랑으로 구해야 하며, 외적 행동으로는 귀를 기울이고 소리를 높여서 구해야 한다는 것이다.

"귀를 기울인다"는 것과 "소리를 높인다"는 것은 기도하는 것을 의미한다(사 51:4; 55:3). 브리지스(Charles Bridges)는 이 점에 대하여 다음과 같이 해설하였다. "이 세상 지혜는 학문으로 얻을 수 있다. 그러나 하늘의 지혜는 기도로 얻는다. 학문은 성경학자를 만들어 낼 수 있으나 기도는 신령한 기독교 신자를 만들어 준다…성경 말씀을 깨닫기 위해서는 하나님의 은혜와 영감을 구해야 한다. 모든 성경 구절을 잘 깨달으려면 우리의 기도가 필요하다. 다윗은 하나님의 말씀을 깨닫기 위하여 기도하였고(시 119:18) 솔로몬도 그러하였다(왕상 3:9-12). 성숙한 기독교 신자일수록 신령한 지혜를 얻기 위하여 기도한다(엡 1:17-19)."라고 하였다.[27]

욥은 신령한 지혜가 하나님으로부터 온다는 의미에서 다음과 같이 말하였다. "그런즉 지혜는 어디서 오며 명철이 머무는 곳은 어디인고 모든 생물의 눈에 숨겨졌고 공중의 새에게 가려졌으며 멸망과 사망도 이르기를 우리가 귀로 그 소문은 들었다 하느니라 하나님이 그 길을 아시며 있는 곳을 아시나니 이는 그가 땅 끝까지 감찰하시며 온 천하를 살피시며 바람의 무게를 정하시며 물의 분량을 정하시며 비 내리는 법칙을 정하시고 비구름의 길과 우레의 법칙을 만드셨음이라 그 때에 그가 보시고 선포하시며 굳게 세우시며 탐구하셨고 또 사람에게 말씀하셨도다 보라 주를 경외함이 지혜요 악을 떠남이 명철이니라"(욥 28:20-28). 그러므로 이 지혜를 구하는 자는 홀로 하나님 앞에 나아가서 구해야 한다. 우리는 다른 사람들과 함께 성경을 읽을 때가 있다. 그러나 때로는 성경의 진리를 탐구하기 위하여 은밀한 곳에서 하나님만 찾아야 한다. 누구든 성경을 바르게 알지 못하면 성경에 근거한다고 주장하면서 자기도 모르게 그릇된 길을 가게 된다.

**4** 은을 구하는 것 같이 그것을 구하며 감추어진 보배를 찾는 것 같이 그것을 찾으면.

---

27) Charles Bridges, A Commentary on Proverbs (London: The Banner of Truth Trust, 1968), 14-15.

여기서는 사람이 하나님의 지혜를 구할 때 보배를 찾듯이 그것을 귀히 여기며 찾아야 한다고 말씀한다. 사람이 보배를 구할 때는 그것을 얻기까지 많은 희생을 아끼지 않는다(욥 28:1-11). 하물며 은금보다 귀한 하나님의 말씀(욥 28:12-19)을 알고자 하는 자가 그것을 무성의하게 찾는다면, 살아 계신 하나님께서 그의 귀한 말씀을 깨닫게 하시겠는가? 하나님의 말씀을 연구한다는 것은 살아 계신 하나님의 가르치심을 받는 거룩한 일이다. 이같이 거룩한 일을 무성의하게 하는 자는 하나님의 도우심을 받을 수 없다. 마태복음 7:6에 "거룩한 것을 개에게 주지 말며 너희 진주를 돼지 앞에 던지지 말라 그들이 그것을 발로 밟고 돌이켜 너희를 찢어 상하게 할까 염려하라"고 하였다. 하나님의 거룩한 것(그의 말씀, 그의 복음, 그의 능력)을 은이나 금보다도 못하게 여기는 것은 망령된 생각이다. 우리를 구원에 이르게 하는 하나님의 지혜(딤후 3:15; 고전 1:30)는 은이나 금에 비할 수 없이 귀하다(벧전 1:18-19). 그럼에도 불구하고 본문(잠 2:4)에서 "은을 구하는 것같이"라고 말씀한 것은 하나님의 지혜의 귀중함을 모르고 은(세상 보배)을 귀하게 여기며 사는 인간들에게 최대의 성의와 열심을 가지고 하나님의 지혜(하나님을 아는 지혜)를 찾으라고 말하는 것이다.

**5 여호와 경외하기를 깨달으며 하나님을 알게 되리니.** 여기서는 "지혜"(2절)가 무엇인지 밝히는 동시에 성의 있게 찾는 자는 그것을 깨닫게 된다는 사실도 보장한다. 잠언에서 많이 언급하는 지혜는 다른 것이 아니라 하나님 경외(혹은 아는 것)이다. 하나님을 알고 경외하는 것이 왜 지혜인가? 그 이유를 여러 가지로 말할 수 있다. 그중 몇 가지만 들면, ① 하나님을 안다는 것은 실수 없는 지식이기 때문이다. 우리가 하나님을 알게 되는 것은 성령으로 말미암는 것이다(참조. 고전 2:6-16; 고전 12:3). 성령으로 말미암은 지식은 실수와 과오가 없다. ② 하나님을 아는 것은 지식의 근본이기 때문이다(잠 1:7). 이 세상 만물을 연구하여 아는 과학적 지식도 놀랍지만 만물의 창조주를 아는 것은 더

욱 놀라운 것이다. 그것은 특별한 지혜이다. ③ 사람이 하나님을 알고 경외할 때에 죄악을 떠나게 되기 때문이다(잠 3:7). 사람이 죄악을 범하는 것은 죽음으로 들어가는 어리석은 행동이므로(시 14:1, 4), 그것을 떠나는 것이 지혜이다(참조. 겔 18:30-32). ④ 사람이 하나님을 아는 것으로 영생을 얻기 때문이다(요 17:3). 사람으로 하여금 구원에 이르게 하는 것은 특별한 의미의 지혜이다(딤후 3:15).

현대인들은 과학을 만능으로 여기면서 하나님 경외하는 것을 하찮게 여긴다. 그것은 지혜로운 것 같지만 어리석은 행동이다. 따라서 오늘날의 세상은 그 어디에나 죄악과 불안이 가득하며 멸망 직전에 놓여 있다.

**6** 대저 여호와는 지혜를 주시며 지식과 명철을 그 입에서 내심이며. 여기서 "대저"(כִּי)라는 이유 접속사가 나와서 신자(신령한 지혜를 탐구하는 자)가 지혜를 깨닫게 되는 이유를 해설한다. 그것은 여호와께서 바로 지혜의 공급자라는 것이다. 그에게 나타나는 것은 지혜와 진리뿐이다. (사람이 보기에) 하나님의 미련해 보이는 것까지도 사람보다 지혜롭다(고전 1:25). 그에게서 지혜와 진리가 풍성히 나타난다는 의미에서, 성경은 그를 가리켜 "빛"이라고 말씀한다(사 60:20). 그러므로 하나님을 두려워하는 자만이 하나님의 비밀(지혜)을 많이 깨닫는다(시 25:4; 잠 3:32; 암 3:7). 다윗은 하나님의 지혜를 많이 깨닫고 말하기를 "하나님이여 주의 생각이 내게 어찌 그리 보배로우신지요 그 수가 어찌 그리 많은지요 내가 세려고 할지라도 그 수가 모래보다 많도소이다"라고 하였다(시 139:17-18). 그뿐인가? 하나님께서 아직까지 나타내시지 않은 지혜는 또한 무한한 비밀로 되어 있다. 그러므로 로마서 11:33-34에 말하기를 "깊도다 하나님의 지혜와 지식의 풍성함이여, 그의 판단은 헤아리지 못할 것이며 그의 길은 찾지 못할 것이로다 누가 주의 마음을 알았느냐 누가 그의 모사가 되었느냐"라고 하였고, 신명기 29:29에는 말하기를, 감추어진 일은 우리 하나님 여호와께 속하였다고 하였다.

**7-9** 그는 정직한 자를 위하여 완전한 지혜를 예비하시며 행실이 온전한 자에게 방패가 되시나니 대저 그는 정의의 길을 보호하시며 그의 성도들의 길을 보전하려 하심이니라 그런즉 네가 공의와 정의와 정직 곧 모든 선한 길을 깨달을 것이라. 여기서는 하나님의 지혜를 깨달을 자의 자격에 대하여 말한다. 하나님의 지혜를 깨달을 수 있는 사람은 진실하고 성실하게 그것을 실행하는 자이다. 여기서 "정직한 자"라는 말이 그러한 자격을 의미한다. 하나님께서는 거짓된 자와 외식하는 자에게는 그의 말씀의 깊이를 알려 주시지 않는다. 하나님의 말씀을 알 뿐 아니라 그대로 행하는 자(행하지 못했을 때는 원통히 회개하는 자)가 진리에 대하여 공평한(정직한) 자이다. 성도는 참으로 진리에 순종하는 만큼 진리를 깨닫는다. 무디(Moody)는 말하기를 "순종은 진리를 깨닫게 하는 학교이다."라고 하였다.

**10-12** 곧 지혜가 네 마음에 들어가며 지식이 네 영혼을 즐겁게 할 것이요 근신이 너를 지키며 명철이 너를 보호하여 악한 자의 길과 패역을 말하는 자에게서 건져 내리라. 이 말씀은 하나님의 지혜, 곧 진리를 깨닫는 자의 생활이 얼마나 행복한지를 보여 준다.

1) 하나님의 진리를 깨닫는 자는 심령 속 깊은 곳에 평안을 지니게 된다(10절). 하나님의 진리를 깨닫는 것은 지적 수준에서 멈추는 것이 아니라 그 심령 속에 변화를 일으킨다. 곧 그 심령 속에 즐거움이 생긴다(고전 13:6). 이것이 이 세상 지식과 다른 점이다. 그 이유는 살아 계신 하나님께서 그 말씀을 가지고 역사하시기 때문이다.

2) 하나님의 진리를 깨달은 자는 그 말씀을 지킴으로써 보호받는다(잠 2:11-12). "근신이 너를 지키며 명철이 너를 보호하여"라는 말씀(11절)이 바로 이런 뜻을 보여 준다. 다시 말하면 하나님의 말씀을 진정으로 깨달은 자는 악한 사람들의 길에 참여하지 않는다(12절). 하나님의 말씀을 깨달은 자가 그 깨달은 대로 실천하며 살고자 하여 진리에 헌신하면 하나님의 능력까

지 공급받는다. 헌신은 성화의 인도자이다. 하나님께 헌신하지 않은 자는 성화될 수 없다. 하나님의 수중에 있는 자만이 성화의 은혜를 받는다. 그러므로 바울은 신자의 성화를 권면하면서 먼저 그의 헌신을 요구하였다. 로마서 12:1-2 말씀이 그와 같은 논리를 보여 준다. 거기서 말하기를 "그러므로 형제들아 내가 하나님의 모든 자비하심으로 너희를 권하노니 너희 몸을 하나님이 기뻐하시는 거룩한 산 제물로 드리라 이는 너희가 드릴 영적 예배니라 너희는 이 세대를 본받지 말고 오직 마음을 새롭게 함으로 변화를 받아 하나님의 선하시고 기뻐하시고 온전하신 뜻이 무엇인지 분별하도록 하라"고 하였다. 이 말씀에 따르면, 헌신이 있은 후에 변화가 온다. 한 가지 비유를 들면, 물고기가 소금 속에 묻히면 썩지 않는 것처럼, 신자가 헌신하여 하나님의 보호하심을 받을 때에 죄악의 침해를 피한다.

**13-15** 이 무리는 정직한 길을 떠나 어두운 길로 행하며 행악하기를 기뻐하며 악인의 패역을 즐거워하나니 그 길은 구부러지고 그 행위는 패역하니라. 이 말씀은 신자가 깊이 사귀지 말아야 할 무리의 행위를 자세히 표현한 구절이다.

1) 그들은 어두운 길로 행한다(13절). 여기서 "어두운 길"은 정직한 길과 반대되는 길이므로(앞에 있는 문구 참조) 속이는 행위를 가리킨다. 그들의 생활은 떳떳하지 않고 정직하지 않으며 언제나 음흉하다(욥 24:13-16; 요 3:19-20). 이것은 마귀의 행동 원리이다. 마귀는 거짓말쟁이고 거짓의 아비다(요 8:44). 이 길을 가는 자는 자기 자신도 속고 남도 속인다(딤후 3:13). 생명의 길은 그들에게 가려져 있다(고후 4:3-4). 그 이유는, 자기 자신이 늘 속고 살며, 또한 남들을 속이기 때문에 하나님의 말씀에 대해서도 그것을 거짓말로 여기며 잘못 취급한다. 거짓에 속한 자들은 참말도 거짓으로 오해한다. 그러므로 그들은 끝까지 복음을 진지하게 받지 않게 되어 결국 멸망한다(고후 4:3).

2) 그들은 악을 기뻐하며 패역하다(14-15절). 악을 기뻐한다는 것은 마지 못하여 죄를 범하는 것과 다르다. 그것은 완악해진 범죄 심리이다. 그것은 후

회하거나 꺼리지 않고 악을 행하는 마귀의 심리이다(참조. 롬 1:32). 사람이 이렇게까지 타락하는 것은 단번에 이루어지지 않는다. 그가 양심의 가책을 무시하는 것이 습관화되면 마침내 악을 행하는 것에 철면피가 된다. 인간이 양심의 가책을 한두 번이라도 무시하는 것은 비인간화되고 타락할 수 있는 위험한 일이다.

인간이 자기 심령을 살과 같이(겔 36:26) 부드럽게 보존하려면 늘 회개하는 심리를 가져야 한다. ① 의를 행하고도 스스로 의롭다고 생각하지 않고 도리어 자기의 부족함을 느끼고 회개해야 하며, ② 과오를 범하였을 때에는 원통히 여기며 깊이 회개해야 한다.

**16-19** 지혜가 또 너를 음녀에게서, 말로 호리는 이방 계집에게서 구원하리니 그는 젊은 시절의 짝을 버리며 그의 하나님의 언약을 잊어버린 자라 그의 집은 사망으로, 그의 길은 스올로 기울어졌나니 누구든지 그에게로 가는 자는 돌아오지 못하며 또 생명 길을 얻지 못하느니라. 여기서는 하나님의 지혜를 받은 자가 음녀의 유혹에서 벗어난다고 말한다. 어떤 학설에서는 여기에 언급된 "음녀"라는 말이 이단을 가리키는 비유라고 한다. 그러나 많은 주석가들이 그러한 해석에 반대한다. "음녀"(אִשָּׁה זָרָה)라는 말의 히브리어는 "이방 여자"라는 뜻을 가진다. 어떤 학자들은 "이방 계집"(נָכְרִיָּה)이라는 말이 다시 나오는 것을 볼 때 그 당시의 창녀들이 가나안 여자들이었을 것이라고 주장하지만 이 학설은 자연스럽지 않다. 그 당시에는 유대인 여자로서 창녀가 된 경우도 있었다(왕상 3:16). 음녀의 험악함에 대한 진술이 이 부분(16-19절)에서 두 가지로 나타났다.

1) 그들은 말로 사람을 호린다(16절). 잠언 5:3-4에 "음녀의 입술은 꿀을 떨어뜨리며 그의 입은 기름보다 미끄러우나 나중은 쑥 같이 쓰고 두 날 가진 칼 같이 날카로우며"라고 하였다. 그들은 감언이설로 사람을 유혹하여 사지로 끌고 간다. 그것이 "호리는" 것이다. 그들의 말이 호리는 말이라는 것을 인식하는 자는 거기에 미혹되지 않는다. 그들의 말을 따라가면 결국 멸망한다

는 것을 인식할 때에 그것을 결사적으로 물리치게 된다. 음녀의 미혹을 잘 이긴 요셉의 행동은 현재의 꿀과 같은 것이 장래에는 두 날을 가진 칼같이 된다는 것을 인식한 마음에서 나온 것이다. 그의 행동은 이지와 의지의 결단으로 나타났다. 그가 그 여자의 요청을 거절한 것(창 39:8), 그가 그 여자와 함께 있지도 않은 것(창 39:10), 그가 도망하여 나간 것(창 39:13) 모두 그의 결단성 있는 의지적 행동이다.

2) 정조가 없다(잠 2:17). 이것 역시 음녀의 험악한 성품이다. 그가 자기 남편을 버린 것은 하나님을 두려워하지 않고 언약을 저버리는(말 2:14) 철면피와 같은 행위이다. 하나님을 두려워하지 않는 자는 남녀 사이에서도 범죄하기 마련이다. 음녀를 따라간 자는 결국 멸망하게 된다(잠 2:18-19; 참조. 엡 5:5; 계 21:8; 22:15). 이같이 무서운 종말을 내다보는 사람은 음녀의 유혹에 끌려가지 않을 것이다. 전도서 7:26에 말하기를 "마음은 올무와 그물 같고 손은 포승 같은 여인은 사망보다 더 쓰다는 사실을 내가 알아내었도다 그러므로 하나님을 기쁘게 하는 자는 그 여인을 피하려니와 죄인은 그 여인에게 붙잡히리로다"라고 하였다. 음녀는 이처럼 위험하기 때문에 심지어 하나님을 몰랐던 동양의 철학자들도 이를 경계하며 가르쳤다. 공자는 말하기를 "사람이 젊었을 때에 색을 경계해야 한다."라고 하였고,[28] 명심보감에는 "색을 피하기를 원수 피하듯 하라"고 하였다.[29]

**20** **지혜가 너를 선한 자의 길로 행하게 하며 또 의인의 길을 지키게 하리니.** 부패한 인간이 선한 길을 가는 것은 매우 어렵다. 그러나 하나님의 지혜를 심령 속에 깊이 받은 자(10절)는 그 길을 갈 수 있다. 이러한 자에게는 그 길만이 기쁜 길이다(시 1:1-2). 그 이유는 하나님의 지혜(그의 말씀)는 그것을 진실하게

---

28) 『論語』, 季氏 第十六, 7쪽 : "少之時...戒之在色."
29) 『明心寶鑑』, 正己篇, 14쪽 : "避色如避讐."

받아들인 자에게 개념이나 문자, 제도에 그치는 것이 아니라 하나님의 능력으로 역사하기 때문이다(살전 1:5). 그러므로 욥은 말하기를 "내가 그의 입술의 명령을 어기지 아니하고 정한 음식보다 그의 입의 말씀을 귀히 여겼도다"라고 하였다(참조. 욥 23:12; 31:5-40). 이와 달리 모든 이교의 도덕은 외부적으로 사람을 제재하는 것뿐이다. 예를 들면 유교의 도덕은 예의로 사람들을 제재하였다. 이러한 사실은 유교의 명심보감이 잘 보여 준다. 거기서 말하기를 "사람의 성품은 물과 같다. 물이 한번 기울어지면 돌이킬 수 없듯이 성품이 한번 놓아지면 돌아오지 않으므로 물을 제어하려는 이가 제방으로 제어하듯이 성품을 제어하려는 이는 반드시 예법으로 제어해야 한다."라고 하였다.[30] 인간의 성품이 외부적인 제재로 올바르게 인도함을 받는 것도 중요하지만, 하나님의 성령과 능력으로 그 마음과 인격 내면이 변화를 받는 것은 더욱 귀하다. 이러한 변화는 그리스도인들만 받을 수 있다.

**21-22 대저 정직한 자는 땅에 거하며 완전한 자는 땅에 남아 있으리라 그러나 악인은 땅에서 끊어지겠고 간사한 자는 땅에서 뽑히리라.** 의인들이 땅에서 일시 동안 박해를 받아 생명과 재산을 빼앗기는 일이 있다. 그러나 하나님께서는 마침내 그들의 원한을 풀어 주신다. 세상 끝날에 새 땅에 들어갈 자들도 그들이다(벧후 3:13). 악인들이 땅에서 세력을 펴는 일도 있기는 하지만(참조. 시 17:14; 73:3-12), 성경은 결국 그들이 땅에서도 죗값을 받아서 망한다고 가르친다(시 37:35-36). 그들의 멸망은 하루아침에 이루어지기 때문에 우리의 눈에는 잘 보이지 않는다. 그러나 오랜 세월을 통하여 나타난 역사는 비교적 명백하게 보여준다. 하나의 예를 들자면, 극도로 악하였던 가나안 민족들이 그 땅에서 마침내 멸절되었다. 그러므로 성경에는 악인들이 땅에서 번성한다는 말씀이 있는가 하면, 그들이 멸망한다는 말씀도 있다. 그들이 일시 동안 번성하는 것

---

30) 『明心寶鑑』, 戒性篇, 1쪽 : "人性如水 水一傾不可復性一從則不可反 制水者必以堤防 制性者必以禮法."

은 의인들을 연단하시기 위한 하나님의 경륜이며, 그들이 멸망하는 것은 그들이 받을 몫을 받은 것이다. 그러므로 시편 37:1-10에 말하기를 "악을 행하는 자들 때문에 불평하지 말며 불의를 행하는 자들을 시기하지 말지어다 그들은 풀과 같이 속히 베임을 당할 것이며 푸른 채소 같이 쇠잔할 것임이로다 여호와를 의뢰하고 선을 행하라 땅에 머무는 동안 그의 성실을 먹을 거리로 삼을지어다 또 여호와를 기뻐하라 그가 네 마음의 소원을 네게 이루어 주시리로다 네 길을 여호와께 맡기라 그를 의지하면 그가 이루시고 네 의를 빛 같이 나타내시며 네 공의를 정오의 빛 같이 하시리로다 여호와 앞에 잠잠하고 참고 기다리라 자기 길이 형통하며 악한 꾀를 이루는 자 때문에 불평하지 말지어다 분을 그치고 노를 버리며 불평하지 말라 오히려 악을 만들 뿐이라 진실로 악을 행하는 자들은 끊어질 것이나 여호와를 소망하는 자들은 땅을 차지하리로다 잠시 후에는 악인이 없어지리니 네가 그 곳을 자세히 살필지라도 없으리로다"라고 하였다.

# 제 3 장

## ↓ 내용분해

1. 지혜의 교훈을 지킴으로 행복해짐(1-4절)
2. 하나님을 의지하는 것이 하나님의 지도를 받는 길임(5-6절)
3. 하나님을 경외하는 것이 건강해지는 길임(7-8절)
4. 재물을 가지고 하나님을 섬기는 것이 부요해지는 길임(9-10절)
5. 고난을 잘 견디는 것이 고난으로 유익을 받는 길이 됨(11-12절)
6. 지혜를 얻은 자의 행복(13-20절)
7. 지혜의 지도를 받는 자의 길은 평탄함(21-26절)
8. 누구든지 힘써 선을 행하면 복을 받음(27-35절)

## ↓ 해석

**1-4** 내 아들아 나의 법을 잊어버리지 말고 네 마음으로 나의 명령을 지키라 그리하면 그것이 네가 장수하여 많은 해를 누리게 하며 평강을 더하게 하리라 인자와 진리가 네게서 떠나

지 말게 하고 그것을 네 목에 매며 네 마음판에 새기라 그리하면 네가 하나님과 사람 앞에서 은총과 귀중히 여김을 받으리라. 여기서는 저자가 사람들에게 하나님의 말씀("명령")을 지키라고 말한다. "하나님의 명령"이라는 말은 다시 "인자와 진리"라는 말로 바뀌어 표현된다(3절). 하나님의 말씀은 무엇이든지 하나님의 사랑을 전해 주기 위한 것이며 또한 절대적인 진리이다.

여기서 "잊어버리지 말고", "마음으로…지키라", "마음판에 새기라"고 한 말씀들은 하나님의 말씀을 마음속에 생각으로만 지니고 실행하지 않아도 된다는 뜻이 아니다. 이것은 도리어 실행을 강조하는 말씀이다. 누구든지 하나님의 말씀을 마음에 깊이 새길수록 그것을 실행에 옮긴다. 신앙생활에서 외식하는 자들은 사실상 하나님께 마음을 드리지 않는 자들이다(사 29:13; 막 7:6). 하나님은 우리 중심의 진실함을 원하신다(시 51:6).

하나님의 말씀은 우리가 진실한 마음을 가지고 실행할 가치가 있다. 그 이유는, 1) 그것이 종교적 권위를 가지기 때문이다. 종교적 권위란 신적 권위를 말한다. 그것이 우리에게 임할 때에는 우리의 보이지 않는 심령에 근거하여 역사한다. 더욱이 그 권위는 심령 내부에서 우리의 순종을 일으킨다. 참된 사람은 자기가 순종할 만한 권위를 찾기 때문이다. 그는 자기보다 큰 자를 믿고 살기 원하는 의존심을 가지고 있다. 자기 병을 고칠 능력이 없는 병자가 권위 있는 의사를 의뢰하지 않을 수 있겠는가? 본문의 "내 아들아"라는 말씀은 그러한 권위로 임한다. 이것은 하나님의 지혜를 대언하는 자가 그 말씀을 받을 처지에 있는 자들(곧 지혜의 제자들)을 불러서 가르치려는 권위(authority)이다. 이것은 신적 권위의 모습을 보여 준다.

2) 하나님의 말씀은 그것을 지키는 자에게 장수의 유익을 주기 때문에 그것은 우리의 마음을 다하여 지킬 만한 가치가 있다. 사람들이 하나님을 신뢰하고 그의 말씀을 지키기만 하면 심령에 평안을 누리고 질병에 걸리지도 않을 것이다. 많은 질병이 하나님을 신뢰하지 않는 데서 생긴다. 불신앙의 심

리 속에는 의심, 염려, 미움, 시기, 불안이 판을 친다. 이런 것들은 사람의 생명에 해롭다. 위장병의 대부분은 염려와 걱정 때문에 생긴다. 나는 하나님의 말씀을 지킴으로써 불면증을 이긴다. 어떤 때에는 잠이 오지 않아서 애를 쓰다가도 침상에 앉아서 "주님! 제가 하나님 외에 다른 것을 더 중요시하여 그것을 너무 깊이 생각하느라 잠을 이루지 못하나이다. 제가 하나님보다 다른 것을 더 사모하였으니 이는 우상을 섬긴 죄와 같습니다. 용서하옵소서. 이제는 하나님 제일주의로 살겠나이다"라고 기도하고 다시 누우면 잠이 든다. 훌륭한 신앙인 조지 뮬러(George Muller)는 자기가 장수하게 된 비결이 성경 말씀을 사랑했기 때문이라는 의미로 말하였다. 하나님 아버지와 늘 동행하신 예수님은 질병에 걸리신 일이 없으셨다. 그러나 세상에는 예외적으로 특별한 경우가 있으므로 그러한 것은 별도로 취급되어야 한다. ① 신자들이 의를 위하여 핍박을 받아서 순교하는 것. ② 하나님께서 어떤 신자들을 연단시키기 위하여 그들이 질병으로 고생하게 하시는 것. ③ 어떤 때에 하나님께서 의인들을 일찍 데려가시는 것(사 57:1-2)과 같은 일들이다.

**5-10** 너는 마음을 다하여 여호와를 신뢰하고 네 명철을 의지하지 말라 너는 범사에 그를 인정하라 그리하면 네 길을 지도하시리라 스스로 지혜롭게 여기지 말지어다 여호와를 경외하며 악을 떠날지어다 이것이 네 몸에 양약이 되어 네 골수를 윤택하게 하리라 네 재물과 네 소산물의 처음 익은 열매로 여호와를 공경하라 그리하면 네 창고가 가득히 차고 네 포도즙 틀에 새 포도즙이 넘치리라. 여기서는 사람이 하나님과 반드시 맺어야 할 올바른 관계를 보여 준다. 이 말씀에 대한 해석은 다음의 설교로 대신한다.

### 설교 ▶ 여호와를 신앙함에 대하여 (5-10절)

사람은 연약하다. 욥기 4:19에 말하기를 "하루살이 앞에서라도 무너질 자"라고 하였다. '하루살이'라는 벌레는 아라비아에 있는 곤충인데, 물속에 알을 낳는다고 한다. 그런데 사람이 모르고 그 알이 들어 있는 물을 마시면 죽는다고 한다. 실제로 사람은 작은 벌레나 눈에 보이지 않는 세균 때문에 죽기도 한다. 이같이 연약한 인생은 하나님을 신앙해야 한다. 본문에서 신앙을 세 가지로 말하였다. 곧 "신뢰"(5절), "인정"(6절), "경외"(7절)이다.

### 1. 마음을 다하여 하나님을 신뢰할 것(5절)

마음을 다한다는 것이 무엇인가? 이것은 마음 어디에서도 다른 것을 의지하지 않는 독점적인 신뢰를 말한다. 이런 신뢰를 가리켜 어린아이와 같은 신뢰(Childish confidence)라고 한다. 하나님은 이러한 신뢰를 기뻐하신다. 그러므로 주기도문 앞부분에서 "하늘에 계신 우리 아버지여"라고 하였다. 그것은 신자가 하나님을 믿을 때 어린아이의 마음과 같이 단순한 신뢰로 믿어야 한다는 것을 보여 준다. 우리는 그리스도(하나님)를 그렇게 전적으로 믿어야 한다. 그 이유는 그가 우리에게 자기 자신을 주셨기 때문이다. 그가 우리를 위하여 피 흘려 죽으셨고, 또한 다시 살아나신 몸으로 하늘에 올라가셨다. 그것은 그가 우리를 도와주시기 위함이다. 그러므로 신약성경은 그가 자기를 우리에게 주셨다고 말씀한다(요 3:16).

하나님을 전심으로 믿지 않는 것은 하나님을 하나님으로 대접하지 않는 것이다. 우리가 주님을 전적으로 믿으려면 우리 자신의 명철을 믿지 말아야 한다. 그러므로 본문에서 "네 명철을 의지하지 말라"고 당부한다. 사람은 자기의 명철을 의지하는 만큼 하나님을 믿지 않게 된다. 사람의 명철에는 교만이 섞여 있다(고전 8:1). "교만은 패망의 선봉"이다(잠 16:18). 그럼에도 불구하고 사람들은 자기를 향한 애착 때문에 자기의 명철을 믿는다.

### 2. 범사에 여호와를 인정할 것(6절)

"범사에 그를 인정하라"는 것은 구체적으로 무엇을 의미하는가? 그것은 잠언 16:1-4 말씀이 잘 보여 준다. ① 성공은 하나님께 있다고 생각하는 것이고(1절), ② 하나님의 기준으로 자아를 판단하며 자기를 늘 죄인으로 여기는 것이고(2절), ③ 모든 일에 주님의 능력을 의뢰하는 것이고(3절), ④ 다른 사람들에 대한 판단을 바르게 하는 것이다(4절). 우리는 다른 사람들도 모두 다 하나님의 손안에 있다는 것을 알아야 한다.

### 3. 하나님을 두려워하며 죄를 떠날 것(7절)

죄는 신앙을 대적한다. 사람이 죄를 가지고 있는 동안 양심은 병들고 신앙은 힘을 잃는다. 믿음은 착한 양심에만 건재한다. 바울은 "깨끗한 양심에 믿음의 비밀을 가진 자"를 언급하였다(딤전 3:9). 또한 "믿음과 착한 양심을 가지라 어떤 이들은 이 양심을 버렸고 그 믿음에 관하여는 파선하였느니라"고 말하였다(딤전 1:19). 사람이 깨끗한 양심으로 주님을 경외할 때에 몸도 건강해진다고 한다(잠 3:8). 느헤미야 8:10에도 말하기를 "여호와로 인하여 기뻐하는 것이 너희의 힘이니라"고 하였다. 신앙생활은 "여호와로 인하여 기뻐하는 것"으로도 표현된다. 하나님을 신뢰하는 우리의 심리를 말하자면, 경외 속에 기쁨이 있고 기쁨 속에 경외도 있다.

### 4. 하나님께 물질을 바칠 것(9-10절)

물질을 하나님께 바치는 것은 신앙생활의 중요한 행위이다. 이것은 구약시대에나 신약 시대에나 하나님을 섬길 때 반드시 수반되어야 하는 일이다. 출애굽기 34:20에 말하기를 "빈 손으로 내 얼굴을 보지 말지니라" 하였고, 신명기 16:16에는 "빈손으로 여호와를 뵈옵지 말고"라고 하였다. 노력의 대가인 물질이 귀하다면 그것을 하나님에게 바쳐야 한다. 하나님께서는 즐겨 내는 자를 사랑하신다고 하였다(고후 9:7). 우리는 하나님께 우리의 생명을 바쳐야 한다. 하물며 우리에게 있는 물질을 못 바친다면 어떻게 신자라고 할 수 있겠는가?

**11-12** 내 아들아 여호와의 징계를 경히 여기지 말라 그 꾸지람을 싫어하지 말라 대저 여호와께서 그 사랑하시는 자를 징계하시기를 마치 아비가 그 기뻐하는 아들을 징계함 같이 하시느니라. 여기서는 하나님의 징계와 꾸지람을 받는 것이 유익하다고 한다. 이 점에서는 다윗이 모범적으로 하나님의 말씀대로 행하였다. 그는 사울의 집 족속인 시므이가 저주할 때에도 하나님께서 그렇게 하게 하셨다고 말하며 달게 받았다(삼하 16:5-14). 공자도 말하기를 "내 잘못을 말해 주는 자가 내 스승이라"고 하였다. 물론 이 말의 가치가 성경 말씀 수준에 미칠 수는 없다. 여기(잠언)에서는 꾸지람이나 징계를 받는 자가 그것이 하나님에게서 온 줄 알고 달게 받아야 한다는 것이므로, 그 순종의 동기가 지극히 고상하며 그 순종의 결과로 하나님의 축복을 받게 된다. 욥기 5:17-19에 말하기를 "볼지어다 하나님께 징계 받는 자에게는 복이 있나니 그런즉 너는 전능자의 징계를 업신여기지 말지니라 하나님은 아프게 하시다가 싸매시며 상하게 하시다가 그의 손으로 고치시나니 여섯 가지 환난에서 너를 구원하시며 일곱 가지 환난이라도 그 재앙이 네게 미치지 않게 하시며"라고 하였다. 히브리서 12:8에 말하기를 "징계는 다 받는 것이거늘 너희에게 없으면 사생자요 친아들이 아니니라"고 하였다. 그러므로 우리가 징계를 받을 때에는 그것을 부끄러워하지 말고 도리어 기꺼이 받아들이는 마음으로 순종해야 한다. 히브리서 12:9-13은 이어서 말하기를 "또 우리 육신의 아버지가 우리를 징계하여도 공경하였거든 하물며 모든 영의 아버지께 더욱 복종하며 살려 하지 않겠느냐 그들은 잠시 자기의 뜻대로 우리를 징계하였거니와 오직 하나님은 우리의 유익을 위하여 그의 거룩하심에 참여하게 하시느니라 무릇 징계가 당시에는 즐거워 보이지 않고 슬퍼 보이나 후에 그로 말미암아 연단 받은 자들은 의와 평강의 열매를 맺느니라 그러므로 피곤한 손과 연약한 무릎을 일으

켜 세우고 너희 발을 위하여 곧은 길을 만들어 저는 다리로 하여금 어그러지지 않고 고침을 받게 하라"고 하였다 (참조. 호 6:1-3).

**13-18** 지혜를 얻은 자와 명철을 얻은 자는 복이 있나니 이는 지혜를 얻는 것이 은을 얻는 것보다 낫고 그 이익이 정금보다 나음이니라 지혜는 진주보다 귀하니 네가 사모하는 모든 것으로도 이에 비교할 수 없도다 그의 오른손에는 장수가 있고 그의 왼손에는 부귀가 있나니 그 길은 즐거운 길이요 그의 지름길은 다 평강이니라 지혜는 그 얻은 자에게 생명 나무라 지혜를 가진 자는 복되도다. 이 부분에서는 하나님을 아는 지혜의 가치를 논한다. ① 그것이 이 세상 은금 보화보다 낫다(14-15절). 은금 보화는 현세에서만 어느 정도 유익이 있고, 하나님 제일주의로 사는 자에 한하여만 그러하다. 그렇지 못한 자는 그것 때문에 결국 해를 받는다. 곧 그 은금 보화 때문에 하나님을 믿지 않는 것이 가장 큰 불행이다. 욥은 말하기를 "네 보화를 티끌로 여기고 오빌의 금을 계곡의 돌로 여기라 그리하면 전능자가 네 보화가 되시며 네게 고귀한 은이 되시리니"라고 하였다 (욥 22:24-25). 진정한 신자는 이 세상에서도 하나님 제일주의로 살기 때문에, 은금을 사용하면서도 그것의 노예가 되지 않고 하나님을 위하여 사용한다. ② 하나님을 아는 지혜는 내세의 생명을 보장한다(16-18절). "장수", "부귀", "즐거운 길", "평강", "생명나무"라는 말들이 모두 다 이 사실을 보장한다.

"장수"라는 말로 현세의 생명이 길 것을 말해 주면서 영원한 생명을 생각하게 한다. 사람이 천하를 소유하여도 내세에 구원을 얻지 못한다고 하면 그것은 헛된 일이다(마 16:26). 그러므로 신구약 성경에 약속된 행복은 현세의 것보다는 주로 내세의 복된 생명에 관한 것이다. 사도 바울은 말하기를 "만일 그리스도 안에서 우리가 바라는 것이 다만 이 세상의 삶뿐이면 모든 사람 가운데 우리가 더욱 불쌍한 자이리라"고 하였다 (참조. 고전 15:19; 롬 8:18; 고후 4:17-18).

"부귀"라는 말은 얼핏 보면 사람이 이 세상에서 잘되는 것을 가리키는 것 같다. 그러나 진정한 의미의 부귀는 내세의 축복을 말한다. 본래 하나님께서 사람을 창조하시고 만물을 소유하는 부귀를 주셨는데(창 1:28-31), 인간이 범죄하여 그것을 잃어버렸다(창 3:18). 그러나 그리스도께서 오셔서 그의 죄를 대속하시고 마침내 만물을 은혜로 주셨다(롬 8:32). 다시 말하면 구원을 받은 자는 세상의 상속자가 되도록 축복을 받았다(롬 4:13). 그러므로 고린도전서 3:21에 말하기를 "만물이 다 너희 것임이라"고 하였다. 이런 의미에서 바울은 계속하여 말하기를 "바울이나 아볼로나 게바나 세계나 생명이나 사망이나 지금 것이나 장래 것이나 다 너희의 것이요"라고 하였다(고전 3:22). 그러므로 진정한 의미의 부귀는 내세에 속한 것이다.

"즐거운 길"과 "평강"도 참된 것은 내세의 구원에 속한 것이다. 이런 의미에서 본문은 지혜를 가리켜 "생명나무"라고 하였다. 생명나무는 영생의 근원을 비유한다(창 3:22-24).

**19-20  여호와께서는 지혜로 땅에 터를 놓으셨으며 명철로 하늘을 견고히 세우셨고 그의 지식으로 깊은 바다를 갈라지게 하셨으며 공중에서 이슬이 내리게 하셨느니라.** 여기서는 하나님의 지혜의 위대하심에 대하여 말한다. 하나님의 지혜는 천지를 창조하신 지혜이다. 그것은 사람으로서는 상상조차 하기 어려운 놀라운 것이다. 사람의 지혜는 과학적 지식, 곧 기존에 있는 물질을 어느 정도 활용하는 정도에 그친다. 그러나 하나님의 지혜는 그것(물질)을 존재하게 하신 오묘한 것으로, 인간이 감히 헤아릴 수 없다. 본문에서 "땅에 터를 놓으셨"다(אֶרֶץ-יָסַד)는 말은 땅을 창설하셨다는 의미이고, "견고히 세우셨"다(כּוּן)는 말은 시설하셨다는 의미이다. 이는 천지를 존재하게 하셨다는 의미로, 창조를 의미한다. 이것은 인간에게는 불가능한 일이다. 그럼에도 불구하고 대부분의 현대인들은 과학적 지식만 중시하고, 천지를 창조하시는 하나님의 지혜에 대하여는 찬송하지 않는다. 이는 마치 돼지가 도토리나무 아래에서 그 열매를 주워 먹으면서도 도토리나무를 쳐다볼 줄 모르는 것과 마찬가지이다. 그러

므로 하나님께 영광을 돌리지 않는 과학 활동은 어떤 면에서 하나님을 반역하는 범죄 행위이다.

우리는 천지 창조의 지혜가 하나님께만 있다는 것을 알 뿐 우리 자신이 그것을 배우거나 알 수는 없다. 그러므로 우리가 그 지혜의 혜택을 입으려면 하나님을 경외하는 길뿐이다. 그 지혜만이 우리를 구원할 수 있다. 시편 121:1-2에 말하기를 "내가 산을 향하여 눈을 들리라 나의 도움이 어디서 올까 나의 도움은 천지를 지으신 여호와에게서로다"라고 하였다. 잠언 3:20에도 하나님의 능력을 찬송하여 말하기를 "깊은 바다를 갈라지게 하셨으며 공중에서 이슬이 내리게 하셨느니라"고 하였다. 지구 위에 깊은 바다가 있기 때문에 지구의 온도가 조절된다. 이것은 모든 생물을 사랑하시는 하나님의 자비로 말미암은 것이다. 그리고 "공중에서 이슬이 내리게 하신다"는 말씀은 비와 이슬의 혜택을 말하는 것이다. 이런 것은 오직 생물의 서식지로 정하신 지역에서 일어나는 일들이다. 이것도 하나님의 자비와 지혜를 보여 준다. 생명체가 없는 달에는 비와 이슬이 없다.

**21** **내 아들아 완전한 지혜와 근신을 지키고 이것들이 네 눈 앞에서 떠나지 말게 하라.** 여기서부터 26절까지는 하나님을 경외하는 자(지혜와 근신을 지키는 자)가 받을 유익에 대하여 말해 준다. 그 지혜를 지키는 정도는 이 구절에 밝히 말씀한 대로 그것이 "눈 앞에서 떠나지 말게 하라"는 것이다. 이는 신자가 하나님을 떠나지 않고 눈앞에서 뵈는 것처럼 늘 모시고 따라가야 할 것을 가리킨다. 신자들 중에는 주님을 믿으면서도 신앙생활을 종종 중단하는 자들이 많다. 그렇게 하면 믿음의 능력을 경험하지 못한다. 그러므로 예수님께서도 그 제자들에게 "너희가 내 말에 거하면 참으로 내 제자가 되고"라고 하셨다(요 8:31). 그리고 자신과 신자의 관계를 포도나무와 가지의 관계로 비유하시면서 "내 안에 거하라"고 강조하셨다. 여기서 "거하라"라는 말은 머물러 있으라는 뜻이며, 그 비유 가운데 이와 같은 말이 일곱 번이나 나온다(요 15:1-7).

신앙생활의 진정성은 그것을 지속하는 것으로 증명된다. 그러므로 예수님은 신자들에게 기도를 장려하실 때, 항상 기도하고 낙심하지 말아야 한다고 하셨다(눅 18:1). 우리에게 구원을 주는 복된 일은 한번 해 보는 것으로 다 되는 것이 아니다. 끝까지 해야 한다(마 24:13). 그러므로 사도 바울은 말하기를 "우리 주 예수 그리스도를 변함 없이 사랑하는 모든 자에게 은혜가 있을지어다"라고 하였다(엡 6:24).

**22-26** 그리하면 그것이 네 영혼의 생명이 되며 네 목에 장식이 되리니 네가 네 길을 평안히 행하겠고 네 발이 거치지 아니하겠으며 네가 누울 때에 두려워하지 아니하겠고 네가 누운즉 네 잠이 달리로다 너는 갑작스러운 두려움도 악인에게 닥치는 멸망도 두려워하지 말라 대저 여호와는 네가 의지할 이시니라 네 발을 지켜 걸리지 않게 하시리라. 이 말씀은 진실한 신자(지혜와 근신을 지키는 자, 21절)가 받을 축복이 어떠한지 보여 준다.

1) 그의 영혼이 생명을 얻는다(22상). 우리의 영혼은 오직 하나님의 말씀(하나님을 경외하게 하는 지혜)으로만 생명을 얻으며 구원을 받는다(딤후 3:15). 사도 바울은 말하기를 "지금 내가 여러분을 주와 및 그 은혜의 말씀에 부탁하노니 그 말씀이 여러분을 능히 든든히 세우사 거룩하게 하심을 입은 모든 자 가운데 기업이 있게 하시리라"고 하였다(행 20:32). 그리고 베드로도 말하기를 "너희가 거듭난 것은 썩어질 씨로 된 것이 아니요 썩지 아니할 씨로 된 것이니 살아 있고 항상 있는 하나님의 말씀으로 되었느니라"고 하였다(벧전 1:23). 하나님의 말씀이 구원의 역사를 가져오는 까닭은 성령께서 그것을 사용하시기 때문이다(살전 1:5).

우리는 영혼의 생명을 육신의 생명보다 중요시해야 한다. 그것은 예수님께서 강조하신 것이다. 그는 말씀하시기를 "몸은 죽여도 영혼은 능히 죽이지 못하는 자들을 두려워하지 말고 오직 몸과 영혼을 능히 지옥에 멸하실 수 있는 이를 두려워하라"고 하셨다(마 10:28). 그는 어리석은 부자 비유에서도 육신이 잘사는 것보다 영혼의 구원을 중요시하셨고(눅 12:16-21), 부자와 나

사로에 관한 말씀에서도 그렇게 말씀하셨다(눅 16:19-31). 현대인 중에는 육신의 생활에만 집중하고 영혼의 구원에 대하여는 생각조차 하지 않는 자들이 많다. 이 점에서 그들은 멸망 직전에 처하였던 노아 시대의 사람들과 같다(마 24:38-39).

2) 하나님을 경외하는 자는 아름다워진다(잠 3:22하). "네 목에 장식이 되리니"라는 말씀은 아름다워진다는 뜻이다. 죄인이 회개하고 주님께로 돌아와서 구원을 받으면 사실상 새로 지음받은 사람이 된다(고후 5:17). 이런 의미에서 시편 149:4에 말하기를 "여호와께서는 자기 백성을 기뻐하시며 겸손한 자를 구원으로 아름답게 하심이로다"라고 하였다(참조. 시 16:3). 그러므로 성경은 완전히 구원받은 교회(성도들)를 가리켜 빛나고 깨끗한 세마포를 입은 신부라고 비유하였다(계 19:7-8). 물론 성도의 아름다움(아름다운 장식)은 육체의 아름다움을 말하는 것이 아니라, 성결의 아름다움, 곧 영적인 아름다움을 말한다(참조. 롬 10:15; 잠 31:30). 범죄한 후 성결의 아름다움을 상실한 아담과 하와는 자기들의 몸을 부끄럽게 여겨 무화과 나뭇잎을 엮어서 치마처럼 몸에 둘렀다(창 3:7). 신자들은 그리스도 안에서 성결의 아름다움을 회복하여 받는다. 전도서 8:1에 "사람의 지혜(하나님을 경외하는 지혜)는 그의 얼굴에 광채가 나게 하나니"라고 한 것도 이런 의미의 아름다움을 가리킨다. 다니엘과 그의 세 친구는 신앙으로 시련을 통과한 후 얼굴이 아름다워졌다(단 1:8-15). 어떤 불량한 아들을 가진 어머니는 그의 아들이 집을 떠나 먼 나라로 간 뒤에 오랫동안 그 아들을 위하여 기도하였다. 그 후에 아들을 찾아가서 만났을 때 아들이 말하기를 "어머니의 얼굴이 아름다워졌습니다"라고 하였다고 한다.

3) 모든 일에 평안을 누린다(잠 3:23). 하나님을 경외하는 자도 하나님의 뜻에 따라 환난을 당한다(욥 5:17). 그러나 하나님께서는 그를 다시 평안하게 해 주실 능력이 있으시다(욥 5:18-26). 아우구스티누스(Augustine)가 어떤 곳

을 향하여 가다가 길을 잘못 들어서 다른 방향으로 갔다. 그러나 나중에 그것이 하나님의 보호하시는 섭리 때문이었다는 것을 알게 되었다. 그를 죽이려는 자들이 그가 가려는 길에 매복해 있었던 것이다.

4) 평안히 자게 된다(24절). 신자가 평안히 잘 수 있는 것은 그가 하나님의 보호를 실감하기 때문이다(시 127:2). 그러므로 베드로도 쇠사슬에 묶인 몸으로 감옥에 갇혀 두 병정 사이에서 감시를 받으면서도 깊은 잠을 잤던 것이다(행 12:6). 순교자 리들리(Ridley)는 순교하기 전날 밤에 그를 찾아와서 위로하는 동생에게 말하기를 "집으로 돌아가라. 나는 평안히 잠을 자야겠다"라고 하였다고 한다.

5) 하나님을 경외하는 자는 하나님께서 악인들을 벌하시기 위하여 보내시는 환난 앞에서 두려워하지 않는다(잠 3:25). 하나님을 경외하는 자는 일찍이 심판에 대한 경고를 받는다(잠 3:32하). 그뿐만 아니라 그는 악인을 멸하시는 심판 때문에 해를 받지 않는다는 하나님의 약속을 받고 있다(시 91:1-3; 잠 14:26; 사 26:1-20). 그러므로 그는 악인을 멸하는 환난 앞에서 신앙으로 두려워하지 않을 수 있다. 노아는 악인들이 벌을 받는 홍수 가운데서도 하나님께 안전을 보장받았고, 롯은 소돔을 멸망시키는 재앙 가운데에서 그러했다(벧후 2:5-9). 그러므로 루터(Luther)도 그를 위협하는 원수들에게 포위되어 있을 때에 "내 주는 강한 성이요"라는 찬송을 지어서 불렀다. 특별히 신자들은 장차 적그리스도의 무리를 멸망시키는 심판 앞에서 두려워하지 말고 도리어 소망을 가져야 한다(눅 21:28; 살후 1:7-10).

**27-31** 네 손이 선을 베풀 힘이 있거든 마땅히 받을 자에게 베풀기를 아끼지 말며 네게 있거든 이웃에게 이르기를 갔다가 다시 오라 내일 주겠노라 하지 말며 네 이웃이 네 곁에서 평안히 살거든 그를 해하려고 꾀하지 말며 사람이 네게 악을 행하지 아니하였거든 까닭 없이 더불어 다투지 말며 포학한 자를 부러워하지 말며 그의 어떤 행위도 따르지 말라. 여기서는 하나님을 경외하는 자가 마땅히 해야 할 몇 가지 일을 진술한다.

1) 불쌍한 자를 기쁜 마음으로 신속히 도와주어야 한다(27-28절). "마땅히 받을 자"는 궁지에 빠진 자이므로, 여유가 있는 자는 마땅히 그를 도와주어야 한다. 그 이유는 하나님께서 그가 여유 있게 하신 목적이 다른 사람을 도와주게 하시려는 것이기 때문이다.

"내일 주겠노라 하지 말며." 시급한 도움이 필요한 사람을 돕지 않고 연기하는 것은 잔인한 행동이다. 그 이유는, 도움을 청하는 자는 현재 매우 비참한 처지에 빠져 있기 때문이다. 그러므로 품꾼의 삯을 즉시 주지 않고 연기하는 것도 큰 죄악이다(약 5:4). 성경은 우리에게 가르치기를, 선을 행할 때 부득이하게 하지 말고 준비하고 있다가 행하라고 말씀한다(딛 3:1; 참조. 딤전 6:18).

2) 까닭 없이 남을 해치지 말아야 한다(29-30절). 세상 사람들은 공연히 남을 해치는 일이 많다. 얼핏 생각하면 신자들은 이런 죄를 범하지 않을 것 같다. 하지만 신앙이 약하여 하나님을 경외하는 지혜가 부족한 자들은 간혹 부주의하여 까닭 없이 남에게 해를 끼치며, 또 남을 오해하여 대적하는 태도를 취하기도 한다. 이런 일들은 다 하나님 앞에서 죄악이다. 심지어 잘 믿는 신자도 때로는 시험을 받아 탐심에 끌려서 남을 해롭게 하기도 한다. 우리는 다윗의 삶에서도 이와 같은 죄를 발견할 수 있다. 그는 얼마나 위대한 신자였는가? 그럼에도 불구하고 그는 우리아의 아내를 매우 악한 방법으로 빼앗았다(삼하 11:2-27). 그러므로 고린도전서 10:12에 말하기를 "그런즉 선 줄로 생각하는 자는 넘어질까 조심하라"고 하였다.

3) 포학한 자를 부러워하지 말아야 한다(잠 3:31). 이 세상에서는 포학한 자들이 잠시 형통하기도 한다. 그러므로 곤고한 처지에 있는 신자들은 자기들의 궁핍한 처지 때문에 시험을 받기 쉽다. 그러나 포학한 자들에게는 마침내 하나님의 심판을 받는 때가 온다. 그러므로 성도는 그들을 부러워할 이유가 없다. 이 점에 관하여는 시편 37:1-28을 자세히 읽으라.

**32-35** 대저 패역한 자는 여호와께서 미워하시나 정직한 자에게는 그의 교통하심이 있으며 악인의 집에는 여호와의 저주가 있거니와 의인의 집에는 복이 있느니라 진실로 그는 거만한 자를 비웃으시며 겸손한 자에게 은혜를 베푸시나니 지혜로운 자는 영광을 기업으로 받거니와 미련한 자의 영달함은 수치가 되느니라. 이 부분에서는 앞(27-31절)에서 말한 네 가지를 행하게 되는 원인을 말해 준다. 그것은 ① 그에게는 하나님의 교통하심이 있기 때문이며(32절), ② 그의 집에는 복이 있기 때문이며(33절), ③ 그에게는 하나님의 은혜가 있기 때문이며(34절), ④ 그에게는 영광의 기업이 있기 때문이다(35절).

# 제 4 장

### ✤ 내용분해

1. 하나님을 경외하는 지혜를 얻으라고 함(1-13절)
2. 악한 자들과 짝하지 말라고 함(14-19절)
3. 지혜를 받아 열매를 맺으라고 함(20-27절)

### ✤ 해석

**1-5절.** 이 부분에서 저작자는 제자들에게 지혜를 얻도록 노력하라고 다시 부탁한다. 그는 자기 자신도 아버지에게 지혜를 얻도록 노력하라는 부탁을 받은 적이 있다고 한다(3-9절). 자신의 경험을 가지고 남을 가르칠 때는 더욱 효과가 나타난다.

**1-2** 아들들아 아비의 훈계를 들으며 명철을 얻기에 주의하라 내가 선한 도리를 너희에게 전하노니 내 법을 떠나지 말라. "아들들아." 스승이 제자에게 "아들"이라고 말할 이유도 있다. 예수님도 제자들에게 "애들아"라고 하신 적이 있다(참조. 막

10:24; 요 21:5; 눅 7:35). 제자들을 가리켜 "아들들"이라고 부른 선생에게는 교훈의 권위가 있다. 실제로 잠언의 저작자인 솔로몬에게는 하나님의 대언자로서의 권위가 있었다(왕상 3:12, 28; 4:29-34). 자기 제자들을 가리켜 "아들들"이라고 한 것에서 우리가 취해야 할 또 한 가지 뜻이 있다. 그것은 교훈하는 자의 사랑이다. 사실상 교훈하는 자의 권위는 교훈을 받는 자의 영혼에 대한 사랑으로 성립되기도 한다. 자식에 대한 부모의 권위도 어떤 면에서는 사랑으로 성립된다. 진정한 스승의 권위도 마찬가지이다(살전 2:7-8).

일설에 의하면, 여기서 솔로몬이 "아들들아"라고 한 것은 자기의 자식들을 염두에 두고 말한 것이라고 한다. 이 해석도 일리는 있다. 그렇게 직접적으로 자식들을 상대하며 가르쳤던 교훈 역시 모든 인류를 대상으로 할 수 있다. 그 이유는 솔로몬이 대언한 하나님의 말씀은 특수성을 띠는 동시에 보편성을 갖기 때문이다. 그것이 계시의 특성이다.

"내가 선한 도리를 너희에게 전하노니." 이 말씀 앞부분에 있는 히브리 원문에는 "왜냐하면"(כִּי)이라는 말이 있다. 이것은 앞에 있는 말씀(1절)의 이유를 보여 준다. 곧 솔로몬의 교훈을 우리가 청종해야 할 이유는 그의 교훈이 선하기 때문이다. 선하다는 것은 성경이 말하는 신본주의의 선을 가리킨다. 참된 선은 하나님을 떠나서 존재할 수 없다. 여호와를 경외하는 것(믿음)이 곧 악을 떠나는 것이고, 선이다(잠 3:7하). 우리는 선을 하나님 위에 놓지 말고 선의 근원이 하나님이심을 알아야 한다(마 19:17). 즉 어떤 말이 선하기 때문에 하나님의 말씀인 것이 아니라, 하나님이 말씀하셨기 때문에 선하다고 해야 한다. 하나님이 말씀하신 것 중 어떤 것은 우리에게 선해 보이지 않는 것도 있지만 그 또한 선한 것으로 믿어야 한다. 그 이유는 하나님께서 말씀하신 것이기 때문이다. 선의 기준은 하나님이지 사람이 아니다. 선은 하나님의 권위에서 비롯되는 것이다. 그러므로 진정한 의미에서 선을 소유한다는 것은 생명의 근원이신 하나님을 모시는 것과 같다. 따라서 우리는 주리고 목마른 것같이 하나님을 사모해야 한다(마 5:6; 사 42:1).

동양의 옛글에도 가르치기를 "착한 것이면 작다고 안 하지 말고, 악한 것이면 작아도 하지 말라"고 하였다.[31] 그리고 "착한 것을 보거든 목마를 때 물을 본 것처럼 주저하지 말고, 악한 것을 듣거든 귀머거리같이 하라"고 하였다.[32] 옛글의 이러한 교훈에서는 선에 대한 개념이 인본주의이므로 성경에서 말씀하는 것처럼 참되지는 못하지만, 선을 반드시 행해야 한다는 양심의 소리는 어느 정도 지니고 있다.

"내 법을 떠나지 말라." 이 말씀에 대하여는 잠언 3:21의 해석을 참조하라.

**3 나도 내 아버지에게 아들이었으며 내 어머니 보기에 유약한 외아들이었노라.** 이 말은 인생의 경험이 미숙한 젊은이에게는 많은 교훈이 필요하다는 것이다. "유약한 외아들"이라는 말이 그러한 의미를 보여 준다(대상 29:1). 젊은이는 누구를 막론하고 경험이 적다. 인생이 무엇인지 아는 일에는 학문보다 경험이 더욱 생생한 지식을 준다. 특별히 학문과 경험을 겸비한 스승의 교훈은 권위가 있다. 그러므로 젊은이들은 부모와 같은 스승의 말씀을 언제든 받아야 한다. 그러나 솔로몬의 아들 르호보암은 노인의 말을 듣지 않고 도리어 어린 사람들의 말을 듣다가 나라를 남북으로 분단시키는 화를 가져왔다(왕상 12:6-20).

오늘날 자유주의로 치우치며 망동하는 현대의 청년들은 마치 부모 없이 난 자처럼 자기 마음대로 행동하면서 올바른 전통까지 무시하려고 한다. 이것은 망령된 행동이다. 왜 옳은 전통이 없겠는가? 어떻게 사람이 자기 개인을 절대화할 수 있겠는가? 현재의 '나'는 과거를 살아온 부모의 자녀이므로 둘 사이에는 끊을 수 없는 인연이 있다. 과거의 유산을 파괴한다는 것은 결

---

31) 『明心寶鑑』, 繼善篇, 2쪽 : "勿以善小而不爲勿以惡小而爲之."
32) 『明心寶鑑』, 繼善篇, 4쪽 : "見善如渴聞惡如聾."

국 현재의 생명도 멸절시킨다는 것이다. 그러므로 현대를 살고 있는 '나'는 과거의 유산인 전통에서 배워야 한다. 우리는 우리 아버지의 자녀이며, 우리 어머니 보기에 유약한 외아들이다.

본문에 "외아들"(יָחִיד)이라고 번역된 히브리어는 독특하다는 의미도 가진다. 70인역(LXX)은 이것을 "사랑받는 자"(ἀγαπώμενος)라고 번역하였다. 솔로몬은 외아들이 아니다(대상 3:5).

**4-5** 아버지가 내게 가르쳐 이르기를 내 말을 네 마음에 두라 내 명령을 지키라 그리하면 살리라 지혜를 얻으며 명철을 얻으라 내 입의 말을 잊지 말며 어기지 말라. 여기서 "내 말", "내 명령"이라는 말(4절)은 "지혜", "명철" 등과(5절) 같은 뜻으로, 하나님을 경외하는 도(道)를 가리킨다. 그리고 "마음"(לֵב)은 그의 인격에서 심장으로 표현되는 애정의 기관이다. 즉 하나님을 경외하는 지혜가 거기에 있다면 그것은 그 인격을 움직일 힘이 된다.

"지키라." 이것은 그다음에 나오는 "얻으라", "잊지 말라", "어기지 말라"(5절)는 말씀으로 다시 강조된다. 하나님의 말씀을 일시 동안 순종한 것으로는 인정받을 만한 신앙이라고 할 수 없다. 진실한 신앙은 지속적인 순종으로만 증명된다. 그리고 하나님께서 약속하시는 축복은 진실한 신자에게만 그 능력을 발휘한다. 하나님은 우리 중심의 진실을 원하신다(시 51:6).

"그리하면 살리라." 이 말은 살아 계신 하나님께서 생명의 복을 그에게 주셔서 그가 살게 된다는 뜻일 뿐, 하나님의 명령 자체가 그를 살린다는 것은 아니다. 참으로 살게 하시는 분은 하나님이시다. 인격이 없는 율법이나 명령이 아니다. 생명의 주재자는 오직 하나님뿐이다(삼상 2:6). 그러므로 본문의 말씀은 "너희는 여호와를 찾으라 그리하면 살리라"고 한 말씀(암 5:6)과 같다. 하나님의 명령을 지키는 자는 하나님을 모신다는 의미로 행해야 한다. 이것이 이교도의 수도 생활과 다른 점이다. 이교에서는 수도하는 자가 어떤 규율을 지키는 것으로 연단을 받아서 스스로 나아지는 목표에 도달한다고 주장한다. 그것은 참된 구원이 아니다.

**6-9** 지혜를 버리지 말라 그가 너를 보호하리라 그를 사랑하라 그가 너를 지키리라 지혜가 제일이니 지혜를 얻으라 네가 얻은 모든 것을 가지고 명철을 얻을지니라 그를 높이라 그리하면 그가 너를 높이 들리라 만일 그를 품으면 그가 너를 영화롭게 하리라 그가 아름다운 관을 네 머리에 두겠고 영화로운 면류관을 네게 주리라 하셨느니라. 지혜를 교훈하는 자는 여기서 지혜로 말미암아 받을 축복을 말해 준다. 여기서는 지혜를 인격처럼 여기면서 그것이 그리스도의 살아 역사하시는 것으로 나타남을 말하여 준다. 다시 말하면, 여호와를 경외하는 지혜를 소유한 자에게는 그리스도께서 친히 은혜를 베푸신다는 것이다. 그러한 역사가 여기에 몇 가지로 진술되었다. ① 그 은혜를 소유한 자를 보호하심(6상), ② 그를 지키심(6하), ③ 그를 높이심(8상), ④ 그를 영화롭게 하심(8하-9절) 등이다. 여기서 우리가 명심할 것이 있다. 여기 기록된 네 가지 축복을 받을 자는 먼저 하나님의 지혜에 대하여 특별한 태도를 취해야 한다는 점이다. 곧 그것을 버리지 않고, 사랑하고, 그것을 높이고, 그것을 품는 것 등이다. 이러한 태도는 7절의 내용과 같이 취해진 것이다. 곧 지혜를 제일로 여기며 모든 소유를 내놓고 그것을 취하는 것이다. 이것은 하나님, 또는 그리스도에 대한 신자의 태도와 같다. 이것을 보아도 여기서는 지혜라는 말이 그리스도를 가리키는 것이 분명하다. 예수님도 제자들에게 "누구든지 자기의 모든 소유를 버리지 아니하면 능히 내 제자가 되지 못하리라"고 하셨다(참조. 눅 14:33; 마 13:44-46; 눅 14:25-33). 예수님께서 친히 자기를 가리켜 "지혜"라고 하신 적도 있고(눅 7:35), 바울도 예수님을 가리켜 "지혜"라는 의미로 말하였다(고전 1:30; 골 2:3). 특히 잠언 8:22 이하에서 "지혜"라는 말이 인격화(personification)된 점에서 바빙크(H. Bavinck)는 지혜가 곧 신약의 그리스도라고 확언하였다. 우리가 모든 소유를 다 내어놓고 찾아야 할 분은 그리스도밖에 없다. 그리스도만이 절대자이시고 우리의 모든 것보다 귀하시므로, 우리는 지극한 희생과 신앙과 사랑으로 그를 따

라야 한다. 그렇게 하기 전까지 우리는 그를 모시는 축복을 받지 못한다. 이것이 그가 살아 계신다는 증거이다. 우리가 그를 귀히 여기지 않고 형식적으로 찾아도 언제든지 그를 만날 수 있다면, 그를 살아 계신 심판주라고 할 수 없다. 그는 교만한 자(그를 소홀히 여기는 자)를 물리치시고, 겸손한 자에게 은혜를 주신다(약 4:6).

성경의 윤리는 진정한 덕을 하나님과 분리시키지 않는다. 사람이 진정한 덕을 소유하려면 그리스도(하나님)를 모셔야 한다. 하나님으로부터 분리된 덕은 생명 없는 인간 조작에 불과하다. 그러한 덕 개념은 이원론이지 진리가 아니다. 기독교 신자에게는 진리, 지혜, 의, 성결, 구속이 그리스도 안에 있다(요 14:6; 고전 1:30; 빌 3:9). 그러므로 이러한 것을 찾는 자는 살아 계신 그리스도를 찾아야 한다. 바울은 의를 얻기 위하여 모든 것을 버리고 그리스도를 찾았다(빌 3:7-9).

**10-13절.** 이 부분에서는 또다시 여호와를 경외하는 지혜를 소유한 자가 누릴 수 있는 축복을 보여 준다. ① 생명이 길어짐(10절), ② 그의 모든 활동에 실족함이 없음(11-12), ③ 생명을 얻음(13절) 등이다. 하나님의 지혜대로 사는 자는 하나님이 함께하시기 때문에 이와 같은 축복을 받는다.

**10** 내 아들아 들으라 내 말을 받으라 그리하면 네 생명의 해가 길리라. 스승과 제자의 관계를 부자(父子)관계로 생각한 것에 대하여는 앞에 있는(3절) 같은 말 해석을 참조하라.

"받으라"(קָח)는 말은 믿으라는 의미이다. 교훈을 받는 것은 교훈하는 자를 신뢰할 때에만 가능하다. 그것은 납득하기 어려운 말까지 그대로 믿는 행동이다. 그것은 하나님의 대언자적 권위 앞에서만 취할 수 있는 행동이다. 이같이 하나님의 말씀을 무조건적으로 받아들이는 마음에서만 신령한 생명이 약동한다. 하나님의 말씀을 그대로 받지 않고 비판만 일삼는 현대주의 신학자들에게는 그러한 일들이 일어나지 않는다.

"생명의 해가 길리라." 이 약속은 신약에 있는 영생의 약속과 같은 것이다. 영생은 하나님의 말씀을 받는 자들에게 주시는 하나님의 선물이다(요 12:49-50). 하나님의 말씀은 영생을 주는 생명의 양식이다(참조. 마 4:4; 요 6:63; 벧전 1:23-24).

**11-12** 내가 지혜로운 길을 네게 가르쳤으며 정직한 길로 너를 인도하였은즉 다닐 때에 네 걸음이 곤고하지 아니하겠고 달려갈 때에 실족하지 아니하리라. 이 말씀에서 "지혜로운 길"과 "정직한 길"은 서로 다른 것이 아니다. 이 둘은 같은 것이다. 곧 정직한 길(정직하게 행하는 것)이 지혜로운 길(지혜롭게 행하는 것)이다. 그 이유는, 사람이 무엇이든 옳게(거짓 없이) 행하면 혹시 처음에는 좁고 험한 길 같아도 결국에는 형통하게 되기 때문이다. 정직은 가장 유력한 정책이다(Honesty is the best policy). 상인들도 남을 속이지 않고 끝까지 진실하게 좋은 상품을 공급할 때, 그의 사업이 성공한다. 일시적으로 좋은 상품을 공급하다가 얼마 후에 좋지 못한 상품으로 교체하면, 수요자에게 불신임을 당하여 실패하게 된다. 그러므로 남을 속이는 것은 지혜가 아니라 어리석음이다. 물론 본문에서는 "정직한 길"이라는 말이 어떤 업무에만 국한하여 사용된 것이 아니다. 보다 근본적인 의미에서 이것은 인생의 문제와 관련된다. 인간은 누구든지 알 수 있도록 계시된 하나님을 무시하지 말고(참조. 롬 1:18), 양심적으로 솔직하게 시인하고 믿어야 한다. 그것이 근본적으로 중요한 정직이고 지혜이다. 이런 지혜(정직)를 소유한 자는 모든 다른 일에도 지혜롭게(정직하게) 행한다. 여호와를 경외하는 것이 지혜의 근본이다(잠 1:7).

"곤고하지 아니하겠고…실족하지 아니하리라." 곤고하지 않으며 실족하지 않게 되는 것은 그 길 자체에서 얻는 혜택이 아니다. 그와 같은 혜택을 주시는 분은 하나님뿐이다. 앞에서 말한 "정직한 길"은 때로는 좁고 험한 길일 수 있다. 그래서 그 길로 가는 자가 곤고하게 될 것 같다. 그러나 진실하게 끝까지 그 길을 가는 자에게는 하나님이 함께하여 주신다(시 23:1-6). 옳은 일은 끝까지 해야 열매를 거둔다(갈 6:9; 마 24:13). 그다음 절(잠 4:13)의 "훈계를 굳게 잡아 놓치지 말고 지키라"는 말씀이 이것을 뒷받침해 준다.

**13** 훈계를 굳게 잡아 놓치지 말고 지키라 이것이 네 생명이니라. 악은 한 번만 행해도 삽시간에 큰일을 그릇되게 만든다. 그러나 의는 끝까지 행해야 하나님의 축복을 받는다. 그러나 의를 행하는 것이 괴로운 것은 아니다. 의를 행하는 것 자체가 이미 상급이고 기쁨이다. 그 이유는 의롭게 행하는 중에 하나님이 함께하시기 때문이다. 반면에 악을 행할 때에는 이기주의와 미움과 마귀가 함께한다. 거기는 불안, 비애, 멸망이 따른다.

"네 생명이니라." 하나님의 말씀은 하늘의 생명을 전하기 때문에 그것이 우리에게 생명이 된다. 여기서 "생명"이라는 말은 내세의 생명까지 포함한 하나님의 생명력을 가리킨다. 반면 이교는 생명 문제를 거론조차 못한다. 공자는 사후의 일에 대하여 질문을 받았을 때에 대답하기를 "우리가 현세의 생명에 대해서도 모르는데, 어떻게 죽은 후의 일을 알 수 있겠는가?"라고 하였다.

**14-17** 사악한 자의 길에 들어가지 말며 악인의 길로 다니지 말지어다 그의 길을 피하고 지나가지 말며 돌이켜 떠나갈지어다 그들은 악을 행하지 못하면 자지 못하며 사람을 넘어뜨리지 못하면 잠이 오지 아니하며 불의의 떡을 먹으며 강포의 술을 마심이니라. "사악한 자"(רְשָׁעִים)라는 말의 히브리어는 "악인"(the wicked)을 의미한다. 그들은 사실상 더할 수 없이 악으로 굳어진 자들이다(16-17절). 신자가 그들에게 하나님의 말씀을 전하기 위해서 접촉할 수는 있으나 그들에게 합류하거나 그들과 동화되어서는 안 된다. 본문에서는 그것을 금하고 있다(참조. 시 1:1). 순진한 십대(teenager) 대다수는 부모보다 친구들을 더 좋아한다. 간혹 불량한 친구를 따라다니다가 돌이키지 못하면 평생 잘못되기 쉽다. 청년들 중에도 그렇게 되는 자들이 많다. 그러므로 본문의 교훈은 절대적으로 옳다. 십대 소년들을 바르게 인도하는 중요한 비결은 그들 중에서 악한 지도자를 적발하

여 단속하고 선한 지도자를 세우는, 주도면밀한 사회 교육이다. 이것은 본문의 진리를 아는 진실한 기독교 신자들의 노력으로만 실행될 수 있다. 오늘날 우리 사회에서는 청소년 운동을 위한 여러 사업이 진행되고 있다. 그러나 하나님께서는 조금 더 효과적으로 이러한 운동을 전개하여 많은 생명을 구원하기 원하신다. 누가 이 일을 위하여 헌신하며 희생 봉사하겠는가?

**18** 의인의 길은 돋는 햇살 같아서 크게 빛나 한낮의 광명에 이르거니와. 빛은 그리스도께로부터 오며, "착함과 의로움과 진실함"을 비유한다(엡 5:9). 이것은 남을 해롭게 하는 일(잠 4:14-17)과는 정반대이다. 이 빛을 소유하는 자는 생명에 이르게 된다(엡 5:14). 그리스도의 빛은 생명이다(요 1:4; 요일 1:5-7; 2:8-11).

본문에서 신자의 길은 돋는 햇살 같아서 크게 빛난다고 한 말에 주목해야 한다. 이 말은 그의 성결이 장성한 것을 보여 준다. 그의 성결은 일시에 완성되는 것이 아니라 점차적으로 완전을 향하여 장성한다. ① 신자의 성결이 단번에 완전해진다는 것은 사실이 아니다. 요한1서 1:8에서 "만일 우리가 죄가 없다고 말하면 스스로 속이고 또 진리가 우리 속에 있지 아니할 것이요"라고 말하였다. 우리는 이 세상에 있는 동안 불완전하기 때문에 교만해지면 안 된다. ② 신자가 성결 면에서 장성하는 것은 그가 생명을 보유했다는 증거이다. 생명은 장성하게 되어 있다(참조. 엡 4:13; 벧후 3:18). 우리의 신앙생활이 나아지는 것은 물론 하나님께서 그것을 실현시키신다. 그가 우리로 하여금 그의 말씀을 달게 먹게 하심으로써 우리를 장성하게 하신다(참조. 벧전 2:1-2; 히 5:11-14).

**19** 악인의 길은 어둠 같아서 그가 걸려 넘어져도 그것이 무엇인지 깨닫지 못하느니라. 성경에 의하면 하나님을 모르는 것이 어두움이고, 하나님을 알게 하는 이는 빛으로 비유된다(참조. 요 1:4-5; 3:18-21; 8:12). 천하의 모든 사실을 다 아는 과학자라 할지라도 하나님을 모른다면, 그는 어두움에 속한 자이다. 어리석은 자는 "하나님이 없다"고 한다(시 14:1). 이같이 어두움에 속한 자의 길이

"어두움" 같다는 것은 그의 장래가 암담하여 소망이 없고 멸망뿐이라는 뜻이다. 하나님을 모르는 자의 일생에는 진정한 기쁨이 없다. 그의 육신이 많은 재물로 호의호식한다 해도 그의 심령은 늘 불안에 사로잡혀 있고, 결국 무저갱(끝이 없는 구멍)에 떨어진다. 미국의 어느 부자는 영국에 피신하여 살면서 개 한 마리를 데리고 산다고 한다. 그리고 또 어떤 부자는 늘 숨어 다니며 산다고 한다. 이들은 하나님을 믿지 않고 재물만 믿으며 늘 어두움의 불안 속에서 떨고 있다(참조. 렘 13:15-16). 어두움에 속한 자는 자기가 불행한 원인조차 깨닫지 못한다. 예수님께서 바리새인들에게 말씀하시기를 "너희가 맹인이 되었더라면 죄가 없으려니와 본다고 하니 너희 죄가 그대로 있느니라"고 하셨다(요 9:41). 이 구절에서 "맹인이 되었더라면"이라는 말씀은 "맹인이라는 것을 알았다면"이라는 뜻과 같다. 그들은 자기들이 맹인인 줄도 모르는 맹인이었다. 그들이 그렇게 된 것은 진정한 의미에서 하나님을 몰랐기 때문이다.

**20-27** 내 아들아 내 말에 주의하며 내가 말하는 것에 네 귀를 기울이라 그것을 네 눈에서 떠나게 하지 말며 네 마음 속에 지키라 그것은 얻는 자에게 생명이 되며 그의 온 육체의 건강이 됨이니라 모든 지킬 만한 것 중에 더욱 네 마음을 지키라 생명의 근원이 이에서 남이니라 구부러진 말을 네 입에서 버리며 비뚤어진 말을 네 입술에서 멀리 하라 네 눈은 바로 보며 네 눈꺼풀은 네 앞을 곧게 살펴 네 발이 행할 길을 평탄하게 하며 네 모든 길을 든든히 하라 좌로나 우로나 치우치지 말고 네 발을 악에서 떠나게 하라. 이 말씀에 대한 해석은 다음의 설교로 대신한다.

### 설교▶ 네 가지 덕행(20-27절)

첫째로, 하나님의 말씀을 귀로 듣는 것이 중요하다(20절). 믿음은 들음에서 난다고 하였다(롬 10:17). 하나님의 말씀을 올바르게 깨닫는 것은 어렵다. 그러므로 하나님께서는 특별한 사람을 쓰신다. 우리는 하나님께서 세우신 사람의 말을 들어야 한다. 둘째로, 하나님의 기록된 말씀을 눈으로 보고 읽으며 상고하는 것이 중요하다. 잠언 4:21의 "눈에서 떠나게 하지 말며"라는 말씀이 그 뜻이다. 그렇게 할 때 우리의 믿음이 견고해진다(행 17:11-12). 셋째로, 우리는 하나님의 말씀을 마음속에 지켜야 한다(21하). 하나님의 말씀을 마음속에 지키는 것은 하나님의 말씀을 사모하고 사랑하며 간직하는 것이다. 이같이 주님의 말씀을 사랑하는 자는 다른 사람들이 그것을 지키지 않을 때에 눈물을 흘린다(시 119:136). 하나님의 말씀, 곧 지혜를 배운 자의 생활은 다음과 같다.

### 1. 마음을 지킨다(23절)

여기서 "마음"(לֵב)이라는 히브리어는 심장(heart)을 의미한다. 우리가 이 점에서 생각할 문제는 사랑과 관련된다. 곧 우리가 우리의 심장을 가지고 무엇을 사랑하는가 하는 것이 인생의 근본 문제이다. 사람이 사랑을 잘못 행하면 망한다. 마태복음 6:24에 말하기를 "한 사람이 두 주인을 섬기지 못할 것이니 혹 이를 미워하고 저를 사랑하거나 혹 이를 중히 여기고 저를 경히 여김이라 너희가 하나님과 재물을 겸하여 섬기지 못하느니라"고 하였다. 그런데도 사람들은 하나님을 사랑하지 않고 다른 것을 사랑한다. 예레미야 17:9에서 말하기를 "만물보다 거짓되고 심히 부패한 것은 마음"이라고 하였다. 그러므로 소망은 오직 밖에서 오는 힘이다. 곧 예수 그리스도께서 그 사람의 마음속에 들어오셔야 하나님을 사랑하는 자가 된다. 따라서 우리는 마음 문을 열고 그리스도를 전적으로 믿어야 한다.

### 2. 입을 지킨다(24절)

본문에 말하기를 "구부러진 말을 네 입에서 버리며 비뚤어진 말을 네 입술에서 멀리 하라"고 하였다. 여기서 "구부러진 말"이라는 말은 "패역"으로 번역되어야 한다. 그것은 그다음에 나오는 "비뚤어진 말"과 같은 것이다. 이것은 사랑으로 말하지 않고 미움으로 말하는 것이다. 미움으로 하는 말에는 여러 가지가 있다. ① 일구이언. 곧 신실하지 못한 말이다. ② 가짜 직언(롬 1:31). 이것은 무자비한 말이다. ③ 음해하는 말. 로마서 1:29에 말하기를 "수군수군하지 말라"고 하였다. ④ 한담. 이것은 남의 일에 참견하는 말이다. 잠언 26:17에 말하기를 "길로 지나가다가 자기와 상관없는 다툼을 간섭하는 자는 개의 귀를 잡는 자와 같으니라"고 하였다. ⑤ 다문 입술. 이것은 할 말을 하지 않는 것을 말한다. 이사야 56:10-11에 말하기를 "이스라엘의 파수꾼들은 맹인이요 다 무지하며 벙어리 개들이라 짖지 못하며 다 꿈꾸는 자들이요 누워 있는 자들이요 잠자기를 좋아하는 자들이니 이 개들은 탐욕이 심하여 족한 줄을 알지 못하는 자들이요"라고 하였다. ⑥ 자랑하는 말. 시편 12:3에 말하기를 "여호와께서 모든 아첨하는 입술과 자랑하는 혀를 끊으시리니"라고 하였다. 여기에 여러 가지로 열거한 것처럼 사람이 패역하게 말하면 상대방에게 유익을 주지 못할 뿐 아니라 자기의 영혼을 악독하게 만든다. 잠언 3:32에 말하기를 "패역한 자는 여호와께서 미워하시나"라고 하였고, 잠언 17:20에는 "마음이 굽은 자는 복을 얻지 못하고 혀가 패역한 자는 재앙에 빠지느니라"고 하였다. 하나님은 패역한 자를 "주의 거스르심"으로 대적하신다 (시 18:26). 잠언 22:5에 말하기를 "패역한 자의 길에는 가시와 올무가 있거니와"라고 하였다.

### 3. 눈을 지킨다(25절)

본문에 말하기를 "네 눈은 바로 보며 네 눈꺼풀은 네 앞을 곧게 살펴"라고 하였다. 여기서 "바로 보며 앞을 곧게 살피라"고 한 것은 단순하게 옳은 길을 가라는 말씀이다. 다시 말해 이것은 영혼의 눈이 하나님만 바라보고 단순하게 앞으로 전진하라는 말씀이다. 쟁기를 잡고 뒤를 돌아보는 자는 하나님의 나라에 합당하지 않다고 하신 예수님의 말씀(눅 9:62)이 이와 같은 뜻이다. 하와가 하나님만 바라보았다면 선악과를 쳐다보지 않았을 것이고(창 2:16-17; 3:6), 롯의 아내가 천사의 인도만 받았다면 뒤를 돌아보지 않았을 것이다(창 19:17, 26). 하나님만 바라보지 않는 사람을 가리켜 잠언 17:24에 말하기를 "미련한 자는 눈을 땅 끝에 두느니라"고 하였다. 이런 사람은 심령이 어두워져서 하나님 한 분을 단순하게 붙잡지 못하기 때문에 확신을 갖지 못하고 두리번거린다. 그뿐만 아니라 잠언 6:13은 그런 사람이 눈짓을 한다고 하였다. 그런 사람은 하나님에게 대하여 확신을 가지지 못하고, 또한 공명정대하지 못하기 때문에 눈짓을 하게 된다.

### 4. 발을 지킨다(26절)

본문에 말하기를 "네 발이 행할 길을 평탄하게 하며 네 모든 길을 든든히 하라"고 하였다. 여기서 "평탄케 한다"(פלס)라는 말의 히브리어는 "측량하라"는 말이다. 이 말은 우리가 무엇을 행하려고 할 때에 그것이 위태하지 않은지 깊이 생각해 보라는 말씀이다. 이 세상은 죄악으로 가득하고 위태하기 때문에 우리는 모든 행동을 조심해야 한다. 언제나 하나님을 두려워하는 마음으로 조심해서 행동해야 한다. 사람은 발로 땅을 밟고 머리를 위로 향하여 서서 다닌다. 이것은 그가 발로 밟듯이 세상을 이기고 하나님을 쳐다보며 그를 두려워해야 함을 보여 준다. 잠언 19:2에 말하기를 "발이 급한 사람은 잘못 가느니라"라고 하였다.

## 제 5 장

### ✟ 내용분해

1. 지혜에 순종하라는 권면(1-2절)
2. 창기에게 유혹받는 생활의 위험성(3-14절)
3. 창기에게 빠지지 않는 비결(15-23절)
   1) 자기 아내를 사랑할 것(15-20절)
   2) 하나님을 두려워할 것(21절절)
   3) 악인의 장래는 위태하다는 것을 알 것(22-23절)

### ✟ 해석

**1-2** 내 아들아 내 지혜에 주의하며 내 명철에 네 귀를 기울여서 근신을 지키며 네 입술로 지식을 지키도록 하라. 여기서 말하는 "지혜, 명철, 근신, 지식" 등은 잠언에서 하나님을 중심으로 하는 영적 진리를 말한다. 즉 머리로 깨달아 파악할 수 있는 것이 아니라 성령의 조명(照明)하심으로만 받을 수 있는 것이다. 이것을 파

악하는 자는 하나님을 두려워하게 된다(잠 2:5). 우리는 이 두 구절에서 두 가지를 명심해야 한다. ① 하나님을 아는 지혜에 대한 저자의 지극한 강조. 저자는 거듭거듭 제자들에게 이 지혜를 받으라고 한다. 그는 모든 것이 다 헛되지만 여호와를 경외하는 것만은 영원한 가치를 가진다고 말한다(잠 3:13-18; 전 12:13-14). 공자는 "아침에 도를 깨달으면 저녁에 죽어도 좋다"고 하였다.[33] 그가 생각한 "도"는 물론 잠언의 "지혜"(하나님을 알고 경외하는 것)와는 다른 것이다. 그는 참하나님을 모른 도덕 철학자였다. 그러나 그도 인간의 가치가 물질생활에 있지 않고 인생의 문제를 근본적으로 해결하는 것에 있다고 생각한 것만은 사실이다. ② 자녀 교육에 대한 적극적 강조. 저작자는 "내 아들아"라고 거듭거듭 말하면서(잠 1:10; 2:1; 3:1; 4:1, 10; 5:1; 6:1; 7:1) 가정교육을 강조한다. 물론 "내 아들아"라는 말은 보편적인 모든 인류를 일컫기도 한다. 그 이유는, 잠언의 말씀은 하나님의 계시이므로 솔로몬(저자) 가정에 국한되지 않기 때문이다. 그러나 "내 아들아"라는 말이 저자의 가정에 있었던 아들들을 상대로 한 것이라는 사실은 무시할 수 없다. 솔로몬은 자녀 교육에 적극적으로 힘썼다. 그와 같이 자녀 교육에 힘쓰는 것이 성경적이다(참조. 출 12:26; 신 6:7; 시 78:4; 엡 6:4; 딤후 1:5; 3:15).

유교의 옛글에도 자녀 교육을 강조하여 말하기를. "안으로 훌륭한 부형이 없고 밖으로 엄한 스승과 벗이 없는 사람이 능히 바로 되는 것은 드물다." 하였고,[34] 또 말하기를 "남자가 가르침을 받지 못하면 자라서 반드시 실패하고 어리석게 될 것이요, 여자가 가르침을 받지 못하면 자라서 반드시 거칠어진다."라고 하였다.[35] 기독교의 성경이 강조한 가정 교육은 하나님을 중심으

---

[33] 『論語』, 里仁, 八: "朝聞道夕死可矣."
[34] 『明心寶鑑』, 訓子篇, 5쪽: "內無賢父兄外無嚴師友而能有成者鮮矣."
[35] 같은 책, 訓子篇, 6쪽: "男子失敎長必頑愚女子失敎長必麤疎."

로 하는 진리로서 구원에 이르게 하지만, 유교의 가정 교육은 단지 인본주의적인 예의에 불과하다. 그러나 사람을 바로잡는 데에는 어릴 때의 가정 교육이 가장 중요하다는 점에서는 서로 일치한다.

오늘날 영국과 미국에 히피(종교 신앙도 버리고 도덕도 버린 자들) 청소년들이 많아진 원인은, ① 그들의 부모가 직장 생활에 매여 자녀들을 따뜻하게 대하는 시간이 적었기 때문이다. 즉 자녀들이 기성세대에 대하여 반항심을 가지게 된 것이 원인 중 하나라고 볼 수 있다. 그들은 자유로운 방종을 일삼고 본능적으로 살아가려고 한다. ② 또 다른 원인은 사회생활에 대한 그들의 불만 때문이기도 하다. 서양의 기계화된 문화 시설과 경제 제도는 결국 사람들을 기계의 노예로 만들어 버렸다. 그들은 누구를 물론하고 기계에 보조를 맞추기 위하여 마음에 조금도 여유가 없는 긴장(tension) 속에서 지내며, 경제적 압박 아래에서 떨고 있다. 그래서 히피들은 그것으로부터 이탈하기 위하여 자연주의를 추구한다. 그러나 그것은 참된 해결 방법이 아니다. 그들은 이제라도 기독교 신앙으로 돌아와야 해결을 받을 수 있다. 그러나 그들은 가정에서 참된 신앙 교육을 받지 못하였기 때문에 하나님을 모른다. 서양의 기독교는 거의 다 신(新)신학으로 타락하였으므로 은혜로운 기독교와는 거리가 멀다. 그 교회의 지도자들이 성경의 초자연주의를 버렸기 때문에, 그들의 교훈은 일종의 인도주의(人道主義) 교양 강좌에 불과해졌다. 이것은 맛을 잃은 소금이다. 그런 교훈을 받은 부모들은 물질주의를 이길 영적 능력이 없고, 자녀들을 기독교 신앙으로 인도할 힘도 없다.

성경은 인류 사회의 기본을 가정에 둔다. 그러나 공산주의는 가정 제도를 없애 버린다. 그뿐만 아니라 세속적인 자유주의도 지나친 개인주의를 조장하기 때문에 자녀들에 대한 부모의 권위를 약화시킨다. 그렇게 된 가정에서는 권위 있는 교육이 이루어질 수 없다. 그러나 그리스도의 복음으로 말미암은 자유는 부모의 권위를 세워 준다. 성경이 말하는 대로 사람의 자유는 하나님과 사람을 기쁨으로 섬기기 위한 것이지, 결코 방종하기 위한 것이 아니다(참조, 갈 5:13).

**3-4** 대저 음녀의 입술은 꿀을 떨어뜨리며 그의 입은 기름보다 미끄러우나 나중은 쑥 같이 쓰고 두 날 가진 칼 같이 날카로우며. 유대인들의 해석에 의하면 여기서 말하는 "음녀"는 이단을 비유하고, 교부 오리게네스(Origen)에 의하면 "어리석음"(우매함)을 비유한다. 그러나 이런 해석들이 반드시 옳다고 하기는 어렵다. "음녀"는 문자 그대로 창녀를 의미한다.

"꿀을 떨어뜨린다"는 것은 쾌락을 제공하는 간교한 말의 매력을 비유한다. "기름보다 미끄럽다"는 것은 아부하는 말의 능란함을 가리킨다. 이 두 가지는 그 매력으로 사람들을 유인하여 멸망으로 이끄는 것이다. 죄악은 모두 다 이렇게 매력 있게 사람들을 멸망으로 인도한다. 이 세상이 역시 그러하다. 그럼에도 불구하고 사람들은 이 세상을 사랑한다. 존 번연(John Bunyan)은 이 세상을 가리켜 호리는 땅(Enchant land)이라고 하였고, 물거품(Madam Bubble)이라고도 하였다. 이 세상은 겉으로는 좋아 보여도 사실상 물거품과 같아서 믿을 수 없다. 그것을 따라가는 자는 실패하게 마련이다. 인도의 어떤 곳에 가면 좋은 샘터가 있다고 한다. 그런데 그 샘터의 주변은 모두 수렁이기 때문에, 목마른 사람들이 그 샘 가까이에 갔다가 수렁에 빠져 죽는 일이 많다고 한다. 그것은 매력 있게 사람들을 호리어 멸망으로 빠지게 만드는 음녀와 같다.

"나중은 쑥같이 쓰고 두 날 가진 칼같이 날카로우며." 이것은 잠시 후에 변절한다는 의미이다. 꿀같이 달던 것이 쑥같이 써지는 것은 변절이다. 언제든지 자극성 있는 쾌락은 일시적이고, 그 뒤에는 부끄러움, 비애, 불쾌함, 파산이 따라온다. 특히 유흥에 속하는 쾌락(주색 등으로 말미암는 것)이 그러하다. 사람은 언제나 중독성 있는 쾌락을 멀리해야 한다. 무엇보다 먼저 자기 몸 안에 있는 정욕부터 제어해야 한다. 그 이유는, 그것이 외부에서 오는 미혹의 대상이 되기 때문이다. 그가 미혹되어 요동할 때에는 언제나 망령된 행동을 하게 된다. 그가 성적 쾌락에 끌렸다면 그의 심령은 이미 어두워졌으며, 하나님의 진리를 떠났으며, 절제하지도 못한다. 사람은 아무것에도 미혹되지 말고 하나님의 창조 질서를 바로 따르는 정상적인 마음으로 살아야 바르게 살 수 있다. 범죄하여 부패해진 아담의 자손인 인류가 그렇게 살려면, 하나님의 아들 예수 그리스도의 구속하심을 받아서 그의 말씀의 제재를 받아야 한다. 그러므로 우리는 무엇보다 먼저 자기 자신을 쳐서 복종시켜야 되며(고전 9:27), 땅에 있는 지체(肢體)를 죽여야 한다(골 3:5).

**5** **그의 발은 사지로 내려가며 그의 걸음은 스올로 나아가나니.** 여기서도 계속하여 "음녀"의 미혹이 얼마나 무서운 결과를 가져오는지에 대하여 진술한다. 그것은 사람을 멸망(사망과 음부)으로 끌고 간다. ① "사지"는 영적 사망을 가리킨다. 그 이유는, 여기서 "사지로 내려간다"는 말이 범죄가 발생할 당시에 일어나는 일을 가리키기 때문이다. 음녀에게 미혹되어 쾌락을 일삼는 자는 하나님을 떠난다. 그것이 죽음이다. 디모데전서 5:6에 말하기를 "향락을 좋아하는 자는 살았으나 죽었느니라"고 하였다. ② "스올"(שְׁאוֹל)은 영원한 멸망을 가리킨다. 회개하지 않는 죄인과 하나님 사이에는 건널 수 없는 구렁이 있다. 하나님을 영원히 떠난 곳이 음부, 곧 스올(שְׁאוֹל)이다(눅 16:26). 쾌락에 빠졌던 부자는 음부로 갔다(눅 16:19-26). 쾌락주의는 이처럼 두려운 죄악이다. 그것은 사람들로 하여금 하나님을 멀리 떠나게 만든다. 쾌락을 좋아하는 자는 거기에 미혹되어 하나님보다 쾌락을 더 사랑한다(딤후 3:4).

*****

{ 특별참고 }
## "스올"(שְׁאוֹל)에 대하여

히브리어 "스올"에 해당하는 헬라어 "하데스"(ᾅδης)라는 말이 신약에서는 언제나 회개하지 않은 자들이 사후에 가는 흉한 곳을 의미한다(눅 16:23; 행 2:27). 구약에서는 "음부"란 말로 육신의 주검 상태, 곧 무덤을 의미하기도 하지만, 회개하지 않은 영혼들이 가는 곳을 가리키기도 하였다. 그러나 어떤 때에는 선한 사람이나 악한 사람이 다 갈 수 있는 곳인 것처럼 표현되기도 했다(창 37:35; 사 14:9-10). 문제는 어떻게 악인과 선인이 사후에 다 같은 곳으로 가게 되느냐는 것이다. 그것은 신약 사상에는 물론 구약 사상에도 부합하지 않는다(시 16:10; 17:15; 눅 16:22-23). 따라서 이 문제는 다음과 같이 해결할 수 있다. 의인이나 악인이 다 함께 가는 곳으로 표현된 스올의 의미는, ① 단지 무덤을 의미하거나 ② 사후 세계를 가리키면서도 그 세계의 성격에 대하여는 아직 길흉화복(吉凶禍福)을 포함시키지 않은 것으로서, 그저 내세의 개념일 뿐이다(창 37:35). 로레인 뵈트너(L. Boettner)도 같은 의미로 말하기를 "구약에서 어떤 때에는 의인이나 악인이 다 스올에 간다고 하였는데, 그때에는 '스올'이란 말이 반드시 상이나 벌에 대한 개념을 가진다고 할 수 없다"라고 하였다. 그렇다면 본문(잠 5:5하)에서는 스올(음부)이 무슨 뜻으로 사용되었는가? 여기서는 회개하지 않은 죄인의 영혼이 별세한 후에 가는 흉한 곳을 가리킨다.

**6 그는 생명의 평탄한 길을 찾지 못하며 자기 길이 든든하지 못하여도 그것을 깨닫지 못하느니라.** 이 구절은 히브리 원문대로 번역되지 못했다. 이 구절의 원문

(אֹרַח חַיִּים פֶּן־תְּפַלֵּס נָעוּ מַעְגְּלֹתֶיהָ לֹא תֵדָע)을 바르게 번역하면 다음과 같다. "너는 생명의 평탄한 길을 찾지 못한다. 그(여자)의 길이 변하는데 너는 그것을 알지 못한다."이다. 곧 남자를 미혹하는 여자의 수단이 여러 가지로 변하기 때문에 (7:21), 거기에 끌린 자는 그것을 예측할 수가 없다. 따라서 그(한번 미혹된 남자)는 계속 거기에 이끌려 생명의 길을 찾아볼 마음의 여유가 없어진다.

앞에서 말한 것처럼 음녀의 미혹은 사람을 끝없는 멸망의 미궁 속으로 끌고 간다. 그러므로 지혜로운 자는 처음부터 음녀를 피한다. 옛날 헬라의 어떤 섬에는 음녀들이 고운 음성으로 노래를 불러서 바다로 지나가는 선인들을 미혹하여 망하게 만들었다고 한다. 그래서 어떤 배의 선원들은 그곳을 지나갈 때에 솜으로 귀를 막았다고 한다. 독사도 술사가 미혹하는 피리 소리에 끌려가지 않기 위하여 귀를 막는다고 한다(시 58:4-5). 그러나 사람들 중에는 음녀에게 끌려가면 멸망하는 것을 모르는 것처럼 미혹을 받는 자들이 있다.

**7-8** 그런즉 아들들아 나에게 들으며 내 입의 말을 버리지 말고 네 길을 그에게서 멀리하라 그의 집 문에도 가까이 가지 말라. 여기서 "멀리하라", "가까이 가지 말라"고 한 말씀들은 반복하여 강조하는 표현이다. 다시 말해 이것은 문자 그대로 실행되어야 한다는 의미에서 강조하는 말씀이다. 성적 유혹은 매력적이기 때문에 누구든지 피해야만 이길 수 있다. 사도 바울도 말하기를 "너는 청년의 정욕을 피하"라고 하였고(딤후 2:22), "음행을 피하라 사람이 범하는 죄마다 몸 밖에 있거니와 음행하는 자는 자기 몸에 죄를 범하느니라"고 하였다(고전 6:18). 요셉도 음녀의 유혹을 피하여 이겼다(창 39:10-12).

서구 문명의 선진국들은 지나친 자유주의로 흘러가며 하나님의 말씀을 떠나 성(性) 문제를 난잡스러운 수준에 이르기까지 개방한다. 그래서 나체 댄스, 나체 영화 등도 개방되어 있다. 사람들이 그런 것을 마음대로 본다고 해서 그 사회에는 성 문제에 대한 호기심이 줄어들거나 성범죄가 적어질까? 그렇지 않다. 그런 것들을 보기 때문에 도리어 그 방면에 더 열중하게 된다. 사실상 그런 것들은 일종의 최음술(催淫術, 성욕을 촉진하는 것)로 사용되는 것이다. 다시 말하면, 그런 것들은 인간으로 하여금 그 속에 잠재해 있는 정욕을 발작시키고 발달시켜서 최대한의 성적 쾌락을 누리게 하는 것이다. 이런 움직임은 인류에게 매우 해롭다. 정욕은 유혹성이 강하므로 발달시키지 않아도 강력하게 인간의 심리를 지배한다. 인간의 고상한 차원에 속한 일들(예컨대 참된 신앙과 의리)이 그것 때문에 파괴되고 쇠퇴한다. 그러므로 인간은 그것을 등한히 여겨야 하며 제재하여야 한다(고전 7:29). 하나님의 말씀은 "땅에 있는 지체를 죽이라"고 한다(골 3:5).

타락한 아담의 후손은 정욕을 쳐서 복종시켜야만 성 문제에서 하나님의 창조 질서와 조화를 이루게 될 것이다. 바울은 창조 질서에 조화되는 것을 가리켜 "순리"라고 하였다(참조. 롬 1:26; 롬 1:24-27). 정욕을 쳐서 복종시키지 않고 정욕을 발달시키는 것은 하나님을 거스르는 악한 행동이다. 그러므로 성경은 인간의 정욕을 제재하는 것을 중요하게 다룬다. 잠언 5:8에 "그의 집 문에도 가까이 가지 말라"고 한 말씀이 그런 의미이다. 이 밖에 "악은 어떤 모양이라도 버리라" 하였고(살전 5:22), 기독교 신자로서 죄인들에게 복음을 전하기는 해도 그들의 죄는 극도로 싫어하라는 말씀도 있다(참조. 유 1:23; 시 1:1). 하나님을 진정으로 알지 못한 동양 옛글에도 말하기를 "군자는 음란한 풍악과 사특한 예를 마음에 접하지 아니한다" 하였고,[36] "예가 아니거든 보지 말며, 듣지 말며, 말하지 말며, 동하지 말라."라고 하였다.[37]

또한 유교에서는 임산부에게 보고 듣는 것을 조심해야 한다고 가르쳤다. 곧 "눈으로 사특한 빛을 보지 말고, 귀로 음란한 소리를 듣지 말고, 밤이면

---

36) 『原本小學集註』卷之三 (鄕民社), 89쪽 : "君子淫樂慝禮不接心術."
37) 같은 책 卷之三, 87쪽 : "非禮勿視, 非禮勿聽, 非禮勿言, 非禮勿動."

눈을 감고 시를 외우며, 바른 일을 말할지니라"고 하였다.[38] 이것도 일리 있는 말이다. 그러나 기독교의 성경은 특정한 사람만이 아니라 누구든지 하나님 앞에서 성결하게 살아야 한다고 가르친다. 사람은 외부에서 오는 것을 듣고 보는 것으로 인격에 심각한 영향을 받는다. 그러므로 보고 듣는 것을 조절해야 한다. 옛날 유학자들의 말을 액면 그대로 받아들일 수는 없지만, 그들에게도 윤리 도덕의 표면 문제에서는 하나님이 주신 양심과 경험에 의한 일반은총이 있었다고 생각한다. 물론 근본적으로 그들이 아는 것은 하나님의 말씀과 다른 것이다. 그들이 말한 예의는 인본주의에 근거한 것이고, 성경의 예의는 신본주의에 근거한다. 이같이 진리의 근본 문제에서 그들은 기독교와 반대된다. 이 점에서는 기독교 신자가 그들과 타협할 수 없다.

**9-14절.** 이 부분에서는 창기에게 빠진 자가 어떻게 불행해지는지 보여 준다. ① 존영을 상실한다(9상). ② 청춘 시절을 낭비하게 된다(9하). ③ 재산과 수입을 상실한다(10절). ④ 건강을 해친다(11절). ⑤ 양심의 고통을 당한다(12-14절) 등이다.

**9** 두렵건대 네 존영이 남에게 잃어버리게 되며 네 수한이 잔인한 자에게 빼앗기게 될까 하노라. 여기서 "존영"이라는 말은 명예를 가리킨다. 그러나 그다음에 나오는 "수한"이라는 말과 연결하여 "존귀로운 수한"이라는 해석도 있다. 그러나 문법상으로는 첫 번째 해석이 자연스럽다.

하나님의 말씀이 장려하는 명예는 사람 앞에서 받는 칭찬이 아니라 하나님께서 높여 주시는 것이다. 하나님은 누구든지 사람에게 칭찬 받는 것을 미워하신다. "사람 중에 높임을 받는 그것은 하나님 앞에 미움을 받는 것이니라"(눅 16:15)고 하였다. 그러므로 "좋은 이름이 좋은 기름보다 낫"다(전 7:1)

---

38) 같은 책 卷之一, 17쪽: "目不視邪色耳不聽淫聲夜則令瞽誦詩道正事."

는 것은, 사람이 하나님의 칭찬을 받는 것이 무엇보다 귀하다는 의미이다. 진정한 칭찬은 하나님께로부터 오는 것이다(롬 2:29).

그러나 음란을 따르는 자가 명예에 손상을 받는 것은 하나님의 직접적인 벌로 그렇게 되는 것이다. 다윗은 음란한 죄로 영구히 명예에 손상을 받았다. 그는 자기의 죄를 감추기 위하여 왕권을 남용하기까지 했지만, 결국 그의 죄상은 온 세상에 낱낱이 알려졌다(삼하 11:2-12:15). 그뿐만 아니라 하나님은 유대 왕들의 족보에도 그의 이 죄악을 기록하여 대대로 전하게 하셨다. 바로 마태복음 1:6에 "다윗은 우리야의 아내에게서 솔로몬을 낳고"라고 한 문구이다. 사람은 자기의 음행을 애써 감추려고 하지만, 하나님은 그것을 온 천하에 드러내신다. 그는 야곱의 아들 유다의 음행도 드러내셨다. 곧 "유다는 다말에게서 베레스와 세라를 낳고"라고 한 문구이다(마 1:3). 다말은 그의 며느리였다(참조. 창 38:1-30). 그 족보가 하필 이 두 사람(다윗과 유다)에게 이르러서는 그들의 음행 사건을 기억시킨다. 하나님께서는 사람들(특히 택한 백성)의 음행을 극도로 미워하시기 때문에 그것의 은밀한 것도 다 드러내신다.

"네 수한이 잔인한 자에게 빼앗기게 될까 하노라." 여기서 "수한"(שְׁנֹה)이라는 말은 세월을 의미한다. 그러므로 이 말이 목숨을 가리킨다고 생각할 필요는 없다. 이것은 창기의 집에 다니는 자가 그의 청춘 시절을 낭비하는 것을 탄식하는 것이다. 하나님께서 인류에게 청춘의 좋은 시절을 주신 목적은, 그들이 창조주 하나님을 섬기게 하려는 것이다(전 12:1-8). 이런 목적을 가진 매우 귀중한 시간이기 때문에, 사도 바울은 "세월을 아끼라 때가 악하니라"고 하였다(엡 5:16-17). 이같이 시간은 귀한 것인데도 불구하고 화류계에 다니는 자는 시간을 "잔인한 자"에게 준다. 여기서 "빼앗기게"(תֵּתֵן)라고 번역된 말은 "주게"라고 번역되어야 한다.

"잔인한 자"(אַכְזָרִי)라는 말을 해석할 때 주석가들은 여러 가지로 추측한다. 그러나 나는 이 말이 "남"(אֲחֵרִים)이라는 말이나, "타인"(נָכְרִי)이라는 말이나(잠 5:10상), "외인"(נָכְרִי)이라는 말과 함께(10하) "음녀", 곧 창기를 가리킨다고 생각한다. 이런 명칭들이 모두 다 창기의 성격을 드러낸다. 창기의 집에 다니는 자는 그곳에 있는 음녀를 좋은 친구인 것처럼, 또는 사랑하는 짝인 것처럼 착각한다. 그러나 하나님의 말씀은 이 네 가지 명칭(잔인한 자, 남, 타인, 외인)으로 창기의 소름 끼치는 성격을 보여 준다. 누구든지 창기의 정체를 알면 그들을 가까이할 수 없다. 그는 잔인하며, 사실상 누구라도 그와 합하여 한 몸이 될 수 없는 이질적인 "남"이고, 또 언제든지 진정으로 서로 융화될 수 없는 "타인", 곧 생소한 자이고, "외인"이다. 간단히 말해서 창기는 살인마이고 약탈자이다. 그는 소름이 끼칠 만큼 끔찍한 자이다. 누구든지 그의 실체를 인식한다면 결사적으로 그를 피하여 도망할 것이다. 그럼에도 불구하고 청년들이 창녀와 함께 명예, 시간, 재산, 건강 등을 소모하는 것은 참으로 어리석은 일이다.

**10** 두렵건대 타인이 네 재물로 충족하게 되며 네 수고한 것이 외인의 집에 있게 될까 하노라. 여기서 "타인"(זָרִים)이라는 말의 히브리어는 낯선 이방 사람(stranger)을 의미한다. 잠언의 저자는 창기들을 이런 명칭으로 불러서 그녀의 위험성(안심하고 사귈 수 없는 존재)을 지적한다. "외인"(נָכְרִי)이라는 명칭도 외국인을 의미하는 것으로서 언제나 이질적이기 때문에 누구에게나 마음을 주지 않는 자를 가리킨다. 그러므로 창기를 사랑하는 짝으로 착각하고 그에게 재물을 쏟는 사람은 어리석은 자이다. 그녀는 늘 외국인처럼 다른 소원을 가지고 남자들의 재물을 빼앗는다(앞에 있는 9절 해석 참조).

사람은 자기의 모든 소유를 하나님께 바쳐야 한다. 그 이유는, 그를 창조하시고, 또 그를 구원하시는 분은 하나님이시기 때문이다. 그러므로 하나님의 아들(하나님)이신 예수님께서 말씀하시기를 "누구든지 자기의 모든 소유를 버리지 아니하면 능히 내 제자가 되지 못하리라"고 하셨다(참조. 눅 14:33; 눅 21:1-4). 모든 소유를 버린다는 것은 모든 것을 하나님께 바친다는 것을 의미하기도 한다. 우리가 재물을 하나님께 바치는 것은 사실상 그것을 하늘에 저축하는 것이므로, 썩을 것(재물)을 썩지 않는 보화로 바꾸는 방법이라고 할 수 있다(마 6:20, 19:21).

그러나 창기에게 재물을 주는 자는 그 재물로 마땅히 섬겨야 할 하나님을 섬기지 않고 그것으로 자기 정욕을 섬기는 것이다. 즉 그는 헤롯과 같은 자이다. 헤롯은 헤로디아의 딸이 자기 생일에 춤추는 것을 보고 그녀에게 자기 나라의 절반이라도 주겠다고 하였다(막 6:21-29). 그와 같이 성적 쾌락에 빠진 자는 쾌락을 하나님보다 더 사랑하는 큰 죄인이다(딤후 3:4).

**11** **두렵건대 마지막에 이르러 네 몸, 네 육체가 쇠약할 때에 네가 한탄하여.** 사람의 몸은 음란을 위하여 지음받지 않고 하나님을 위하여 지음받았다(고전 6:13). 또한 사람의 몸은 하나님의 성전이므로(고전 3:16; 6:19) 음행하는 자는 성전을 더럽히는 것이다(고전 6:18-20). 이 성전을 더럽히는 자는 반드시 보응을 받는다(롬 1:27; 고전 3:17). 창기의 집에 드나드는 자가 무서운 성병에 걸려서 육신이 쇠약해지는 것은 오늘날에도 일어나는 일이다.

"네가 한탄하여." 사람들은 육체에 고난을 받아야 자기를 반성하는 법이다. 그들이 범죄하면서 악을 선이라고 하며 목이 곧았으나 고난을 당할 때에는 그 기세가 꺾인다. 그러므로 고난은 그들을 겸손하게 만드는 양약이다. 고난은 이 세상 사람들에게 절대적으로 필요한 것이다. 시편 119:67에 말하기를 "고난 당하기 전에는 내가 그릇 행하였더니 이제는 주의 말씀을 지키나이다" 하였고, 시편 119:71에는 말하기를 "고난 당한 것이 내게 유익이라 이로 말미암아 내가 주의 율례들을 배우게 되었나이다"라고 하였다.

**12-14** **말하기를 내가 어찌하여 훈계를 싫어하며 내 마음이 꾸지람을 가벼이 여기고 내 선생의 목소리를 청종하지 아니하며 나를 가르치는 이에게 귀를 기울이지 아니하였던고 많은 무리들이 모인 중에서 큰 악에 빠지게 되었노라 하게 될까 염려하노라.** 여기에 표현된 그의 아픈 탄식은 그가 일찍이 지도자의 교훈과 꾸지람을 싫어했던 유감

스러운 사실 때문이다. 여기서 "훈계", "꾸지람", "선생의 목소리", "가르치는 이"라는 말은 지도자의 교훈을 여러 가지 다른 표현으로 바꾸어 말하면서 강조, 또는 역설하는 것이다. 청년들에게는 지식뿐 아니라 특별히 경험 있는 지도자의 교훈이 필요하다. 그 이유는 청년에게는 인생의 경험이 아직 적기 때문이다. 권위 있고 생명 있는 교훈은 지식과 경험을 겸비한 자의 훈계이다. 그럼에도 불구하고 오늘날의 청년들은 소위 "자유"를 주장하면서 선배들의 교훈을 무시하는 경향이 있다. 그것은 마치 깊은 물을 건너려는 자가 기성세대가 건너간 다리를 파괴하는 어리석은 행동과 같다. 배우기를 좋아하며 올바른 지도에 잘 순종하는 자만이 다른 사람들을 지도할 수 있는 인격을 소유한다. 워싱턴(Washington)의 지도자 자격은 그로 하여금 순종을 배우게 한 그의 모친 덕분에 형성되었다고 한다. 순종은 제사보다 낫고(삼상 15:22), 이적(異蹟)보다도 낫다(Luther).

"많은 무리들이 모인 중에서 큰 악에 빠지게 되었노라"(잠 5:14)고 한 것은, 그가 이스라엘 성회에 속하여 살면서도 파렴치하게 많은 죄를 범하였다는 뜻이다. 그가 선생들의 가르침을 받는 환경에 있었다는 사실이 (12-13절) 이 해석을 지지해 준다. 진리를 많이 배우고도 그 진리를 거스르는 자는 더욱 많은 벌을 받는다(눅 12:47-48).

**15-17** 너는 네 우물에서 물을 마시며 네 샘에서 흐르는 물을 마시라 어찌하여 네 샘물을 집 밖으로 넘치게 하며 네 도랑물을 거리로 흘러가게 하겠느냐 그 물이 네게만 있게 하고 타인과 더불어 그것을 나누지 말라. 이 부분에서는 사람마다 자기 아내의 사랑을 즐기라는 의미에서 "네 샘에서 흐르는 물을 마시라"고 비유로 말씀한다. 그리고 "네 샘물을 집 밖으로 넘치게" 하지 말라는 것은 아내를 버리지 말라는 비유이다. 자기 아내를 사랑하고 버리지 않는 자가 음녀의 집에 가지 않는다. 성경은 이혼을 엄격하게 금한다. 그러나 동양의 유교 도덕은 그렇지 못하다. 공자가 가르치기를 "아내를 버릴 조건이 있으니 그녀가 부모를 순종하지 않을 경

우, 자식이 없는 경우, 음란한 경우, 시기하는 경우, 악한 질병이 있는 경우, 말이 많은 경우, 도적질하는 경우이다"라고 하였다.[39] 이것을 보면, 유교의 도덕이 남자로 하여금 자기 아내를 얼마나 자유롭게 버리게 하는지를 짐작할 수 있다. 이런 조건 밑에서는 옳지 못한 남자들이 얼마든지 핑계를 대며 자기 아내를 버릴 될 것이다. 특히 "말이 많으면 버리라"는 조항에서는 남자들이 얼마든지 주관적으로 아내를 버릴 조건을 찾을 것이다. 이같이 방종하는 사상을 받은 사회는 창기의 제도가 발달하게 마련이고, 첩을 두는 죄악이 왕성할 수밖에 없다.

**18-20** 네 샘으로 복되게 하라 네가 젊어서 취한 아내를 즐거워하라 그는 사랑스러운 암사슴 같고 아름다운 암노루 같으니 너는 그의 품을 항상 족하게 여기며 그의 사랑을 항상 연모하라 내 아들아 어찌하여 음녀를 연모하겠으며 어찌하여 이방 계집의 가슴을 안겠느냐. 여기서 "샘"이라는 말은 아내를 비유한다. 남자가 "젊어서 취한 아내"는 하나님이 주신 아내이기 때문에 그에게 복이 된다(말 2:14).

"그는 사랑스러운 암사슴 같고 아름다운 암노루 같으니." 이 말씀은 젊어서 취한 아내가 반드시 육신의 외모도 아름답다는 의미가 아니다(참조. 잠 31:30). 이것은 그녀의 덕이 아름다움을 비유한다. 창기는 외모가 아무리 아름다워도 그 마음에 악독한 잔인성이 있다. 그러므로 창기를 "잔인한 자"라고 하였다(5:9). 이런 의미에서 창기는 사나운 짐승과 같다. 그러나 젊어서 취한 아내는 순진한 마음으로 늘 사랑하는 대상이므로 그녀의 마음은 남편에게 "암사슴"과 "암노루"처럼 속이는 마음 없이 온유하고 사랑스럽다.

누구든지 자기 아내에게 불만이 있으면, 다음 몇 가지 조항으로 자신을 복종시켜야 한다. ① 아내는 하나님께서 주셨다(말 2:14). 무엇이든 하나님이 주신 것은 유익하다. ② 자신이 친히 아내를 선택하였다. 사람은 자기가 선택

---

39) 『原本小學集註』(鄕民社), 67쪽 : "婦有七去, 不順父母去, 無子去, 淫去妬去, 有惡疾去, 多言去, 盜去."

한 행위에 대하여 마음으로 책임을 져야 한다. ③ 아내의 사랑을 받기만 하려고 하지 말고 도리어 아내를 사랑하는 데 힘써야 한다. 하나님 앞에서 사는 사람은 자기가 남의 사랑을 받을 때보다 남을 사랑할 때에 더욱 기쁨이 넘친다. 그 이유는 그가 늘 주님의 무한한 사랑으로 만족하며 주님을 기쁘시게 하려고 힘쓰기 때문이다. 워필드(B. B. Warfield) 박사는 결혼식을 마치고 신부와 함께 마차를 타고 돌아가던 중 말이 놀라서 갑자기 높이 뛰는 바람에 그의 부인이 마차에서 떨어져 중상을 입었다. 그 일 이후로 그의 부인은 평생을 반신불수로 지냈으나 남편의 사랑을 많이 받았다고 한다. 워필드가 신학교 교수 생활을 하면서 출근할 때마다 아내를 손수레에 태워 직접 자기 손으로 밀고 함께 다니면서 그를 위로하였기 때문이다.

**21-23** 대저 사람의 길은 여호와의 눈 앞에 있나니 그가 그 사람의 모든 길을 평탄하게 하시느니라 악인은 자기의 악에 걸리며 그 죄의 줄에 매이나니 그는 훈계를 받지 아니함으로 말미암아 죽겠고 심히 미련함으로 말미암아 혼미하게 되느니라. 여기서는 아내를 버리고 창기에게 가는 자가 하나님의 징계를 받는다고 말한다. 그 이유는, 살아 계신 하나님께서 악인의 모든 행위를 감찰(평탄케 하신다는 말의 개역)하시기 때문이다. 하나님은 악인의 은밀한 행위도 다 아신다. 이사야 18:4에 말하기를 "내가 나의 처소에서 조용히 감찰함이 쬐이는 일광 같고"라고 하였고, 예레미야 23:23-24에는 말하기를 "여호와의 말씀이니라 나는 가까운 데에 있는 하나님이요 먼 데에 있는 하나님은 아니냐 여호와의 말씀이니라 사람이 내게 보이지 아니하려고 누가 자신을 은밀한 곳에 숨길 수 있겠느냐 여호와가 말하노라 나는 천지에 충만하지 아니하냐"라고 하였다. 동양의 철학자들은 하나님을 진정으로 알지 못하였다. 그러나 그들의 어떤 말은 하나님이 주신 양심과 경험에 의한 결론이다. 물론 그것이 성경 말씀의 수준에는 미치지 못하지만 하나님의 일반은총에 속한다. 그들 중 어떤 사람이 말하기를 "사람의 사사로운 말도 하늘이 들으실 때에는 우레와 같고 어두운 방에서 속이는 마

음이라도 신의 눈은 번개와 같다"라고 하였다.[40]

"악인은 자기의 악에 걸리며"(잠 5:22상). 하나님은 자신의 살아 계심을 드러내시기 위하여 심판을 뚜렷하게 드러내신다. 그것은 악인이 자기가 행한 악한 일 때문에 멸망하는 것이다. 악인은 성공을 목표로 하여 악을 행하지만 결국 자신의 멸망을 자초한다. 시편 9:15-16에 말하기를 "이방 나라들은 자기가 판 웅덩이에 빠짐이여 자기가 숨긴 그물에 자기 발이 걸렸도다 여호와께서 자기를 알게 하사 심판을 행하셨음이여 악인은 자기가 손으로 행한 일에 스스로 얽혔도다"라고 하였다. 동양의 옛글에도 말하기를 "네게서 나간 것이 네게로 돌아온다"라고 하였다.[41] 이 말을 한 철학자 역시 어두움에 속하여 하나님을 몰랐지만 인류 사회에 나타난 불가항적 사건, 곧 악인이 벌(하나님의 심판)을 받는 것에 대하여는 그의 양심과 경험으로 어느 정도 깨달은 것이다.

---

40) 『明心寶鑑』, 天命篇, 3쪽 : "人間私語天聽若雷 暗室欺心神目如電."
41) 『孟子』, "出乎爾者反乎爾."

# 제 6 장

## ⚜ 내용분해

1. 보증을 금함(1-5절)
2. 나태하지 말라고 함(6-11절)
3. 불량한 사람의 행동을 경계함(12-15절)
4. 하나님께서 미워하시는 악행들(16-19절)
5. 음행을 경계함(20-35절)

## ⚜ 해석

**1-5** 내 아들아 네가 만일 이웃을 위하여 담보하며 타인을 위하여 보증하였으면 네 입의 말로 네가 얽혔으며 네 입의 말로 인하여 잡히게 되었느니라 내 아들아 네가 네 이웃의 손에 빠졌은즉 이같이 하라 너는 곧 가서 겸손히 네 이웃에게 간구하여 스스로 구원하되 네 눈을 잠들게 하지 말며 눈꺼풀을 감기게 하지 말고 노루가 사냥꾼의 손에서 벗어나는 것 같이, 새가 그물 치는 자의 손에서 벗어나는 것 같이 스스로 구원하라. 이 부분은 해석하기 어렵

다. 우리가 남을 돕는 일 가운데 한 가지는, 그 사람이 경제적으로 곤란할 때에 그를 위하여 보증인이 되어 주는 것 아니겠는가? 그런데 왜 본문은 보증하는 것이 잘못된 일인 것처럼 그것을 취소하라고 하는 것일까? 여기서는 사고가 생길 때에 실제로 책임질 것을 각오하지 못한 보증인(혹은 속아서 보증인이 된 것)이나 책임을 이행할 경제적 능력이 없는 보증인에게 경고하는 것이다. 여기서 저자는 보증인이 책임져야 문제를 몇 차례나 거듭 말하며 강조하였다. 곧 "네 입의 말로 네가 얽혔으며"라고 한 말씀, "네 입의 말로 인하여 잡히게 되었느니라"(2절)라는 말씀, "네 이웃의 손에 빠졌은즉"(3절)이라는 말씀이다. 이와 같은 강조는 만약의 경우를 각오하지 못한 보증인의 책임을 지적하기 위한 것이다.

만일 누구든지 책임 의식 없이(확실한 책임감 없이) 남의 보증인이 되었다면, 그는 채권자나 보증 혜택을 입은 자에게 애걸해서라도 그 보증을 취소하라는 것이 본문의 교훈이다. 이것은 경제적인 모험을 경계한 것이다. 누구든지 경제적인 부담을 이행할 능력 없이 어떤 금전 거래의 책임을 지는 것은 그릇된 모험이다. 더욱이 기독교 신자는 이런 모험을 하지 말아야 한다. 기독교 신자가 이런 모험으로 남의 보증인이 되는 것은 본인과 상대방 모두를 실패하게 하고, 더 나아가 하나님을 욕되게 한다.

오늘날 우리 사회에도 신자나 불신자를 막론하고 이와 같은 경제 모험을 하다가 실패한 사람들이 많다. 경제적인 능력 없이 자기 힘으로 갚을 수 없을 만큼 거액을 빌려서 큰 사업에 착수하는 것도 이와 유사한 모험이다. 그가 남의 돈을 빌릴 때에 채권자에게 주는 차용 증서는 보증의 성질을 가진다. 더욱이 기독교 신자가 이런 방식으로 큰 사업을 경영하는 것은 매우 위태롭다. 그 이유는 ① 그런 모험을 하는 것은 자기의 힘으로 미래의 일을 이룰 수 있는 것처럼 장담하는 교만이며(약 4:13-17), ② 하나님을 시험하는 죄가 되기 쉽기 때문이다. 곧 경제 모험을 시작해 놓고 난제가 생길 때에 하나님께 그것을 해결해 달라고 부탁하는 것은 하나님을 시험하는 죄악이다. 그러므로 경제 모험을 금하는 잠언의 말씀은 사람들의 재정 거래에서 절대적으로 필요한 경고이다. 우리의 일상생활 전반에 걸쳐 하나님의 말씀에 순종하는 것만이 안전을 보장받는 평탄한 길이다.

여기서 한 가지 기억할 것은, 특별한 각오를 가지고 중대한 일에 보증이 되었던 유다와(창 43:8-9; 44:32-33) 약한 형제를 도와준 바울의 경우이다(몬 1:18). 이들은 참된 사랑으로 그와 같은 책임을 졌다. 이런 보증 행위에서도 가장 완전하신 분은 예수 그리스도뿐이다. 그는 우리를 위하여 자신이 속죄의 희생이 되어 주셔서 죄인으로서는 상상도 못할 고난을 당하셨다. 그는 십자가 위에서 죽으셨을 뿐 아니라 다시 사셔서 영원토록 우리의 대언자가 되셨다(참조. 히 7:22; 요일 2:1-2).

**6 게으른 자여 개미에게 가서 그가 하는 것을 보고 지혜를 얻으라.** 이 구절부터 11절까지는 게으름을 경계한다. 성경에는 사람에게 다른 생물을 모본으로 하여 배우라는 교훈이 많이 있는데, 그중 한두 가지 예를 들면, 예수님의 말씀 중에서 "공중의 새를 보라"(마 6:26), "뱀같이 지혜롭고 비둘기같이 순결하라"(마 10:16)고 하신 말씀이다. 하나님이 지으신 만물도 그의 지혜가 표현된 것이므로 거기에서 찾을 수 있는 교훈이 있다. 그러므로 "개미에게 가서…지혜를 얻으라"고 한 말씀은 개미의 생활로 나타내신 하나님의 자연 계시의 엄격한 책망이다. 게으른 자들에게 개미에게 배우라고 하신 말씀은 그들이 곤충인 개미만도 못하다는 꾸지람이다. 게으른 자는 무책임하고, 무질서하고, 의를 행하려고 노력하지도 않는다. 그들에게서는 몸과 마음이 함께 썩는 냄새가 풍길 뿐이다.

**7-8 개미는 두령도 없고 감독자도 없고 통치자도 없으되 먹을 것을 여름 동안에 예비하며 추수 때에 양식을 모으느니라.** 여기서는 개미에게 배울 것 두 가지를 말한다. ① 개미는 감독하는 자가 없어도 자발적으로 부지런히 일한다(7절). 그것은

공동생활을 위하여 기꺼이 상부상조의 정신으로 끊임없이 일하는 것이다. 그러나 사람들 중에는 게을러서 감독의 명령을 거스르며 무책임하게 시간을 낭비하는 자들이 있다. 그러므로 그들의 게으름은 용서를 받을 만한 약점이 아니라 벌을 받을 만한 반역죄이다. 다시 말해 게으름은 큰 죄악이다(마 25:26). 예레미야 48:10에 말하기를 "여호와의 일을 게을리 하는 자는 저주를 받을 것이요"라고 하였다. ② 개미는 장래를 위하여 미리 준비한다(잠 6:8). 팔레스타인 지방에서는 여름이 추수하는 때이다. 이 시기에 개미는 겨울철에 먹을 것을 모아들인다.

그러나 게으른 자들은 생각부터 게을러서 현세만 생각하고 내세까지 생각할 여지가 없다. 그는 현세에서 이럭저럭 살아갈 뿐, 인생으로서 마땅히 추구해야 할 내세에 대하여는 도무지 생각해 보지도 않는다. 그가 비록 세상일에는 게으르지 않다 하더라도 인생의 문제, 곧 생명, 죽음, 죄에 대하여는 진지한 마음을 가지려 하지 않는다. 이같이 중요한 문제 앞에서 정신을 차릴 줄 모르는 것은 혼수상태에 빠진 게으름이다. 이런 자는 사실상 영적으로 잠자는 자이다. 게으른 자는 잠자기를 즐긴다고 하였다(9-10절). 현세의 생활만 알고 내세를 위하여 준비할 줄 모르는 자는 모두 다 잠자는 자이고, 게으른 자이다.

**9 게으른 자여 네가 어느 때까지 누워 있겠느냐 네가 어느 때에 잠이 깨어 일어나겠느냐.** 여기서 탄식하는 것은 게으른 자가 일하지 않고 세월을 허송하기 때문이다. 동시에 이것은 언제든지 어두운 행동 습관에 사로잡혀서 각성하지 않는 자를 책망하는 것이다. 사람이 범죄하는 것과 죄악에 머물러 있는 것도 그의 심령 속에 깊이 뿌리박힌 타성 때문이다. 그는 잠자는 자 같아서 각성하지도 않고 결단을 내리기 싫어하며 새로워지는 것도 원하지 않는다. 성경 말씀의 다른 부분에서도 잠잔다는 것으로 이 세상과 죄악에 함몰되는 자의 생활을 비유하였다(참조. 롬 13:11-14; 고전 16:13; 엡 5:7-14; 살전 5:4-8). 이같이 죄

악으로 마비된 자에게는 책망이 필요하다. 그런 자도 책망을 받으면 깨달을 수 있다(엡 5:13-14). 그 책망은 혈기에 속한 것이 아니라, 성령에 속하여 권위와 사랑과 지혜에서 나오는 것이라야 효과가 있다. 본문(잠 6:9)은 이런 책망을 말하고 있다. 하나님이 그의 성령으로 책망하실 때에는, 아무것도 할 수 없는 죄인들이 회개하고 새로워질 수 있다. 스가랴 4:6에 말하기를 "이는 힘으로 되지 아니하며 능력으로 되지 아니하고 오직 나의 영으로 되느니라"고 하였다. 그러나 성령의 역사가 없는 이교도들은 이와 같은 소망을 알지도 못하였다. 공자는 자기 제자 재여(宰予)가 낮잠 자는 것을 보고 말하기를 "썩은 나무는 아로새길 수 없고 분토로 만든 담은 고칠 수 없다."라고 하였다.[42]

**10-11** 좀더 자자, 좀더 졸자, 손을 모으고 좀더 누워 있자 하면 네 빈궁이 강도 같이 오며 네 곤핍이 군사 같이 이르리라. 게으른 자는 "좀 더"라고 하며 약간만 지연시키는 것처럼 말한다. 하지만 우리는 이런 말에서 몇 가지 내용을 알 수 있다. ① 그런 말은 그의 속임수이다. 그는 "좀 더"(מְעַט) 자겠다고 하지만 그것은 잠깐만 더 자려는 것이 아니라 그런 말로 잠을 길게 연장하는 것이다. 범죄자는 대체로 단번에 큰일을 저지르는 것이 아니라 조금씩 악한 방향으로 가다가 마침내 큰 사고를 낸다. ② 그런 말은 필요한 잠을 자기 위한 것이 아니라 쾌락을 위해 준비하는 것이다. 그는 잠자는 것으로 힘을 비축하여 쾌락을 일삼는다. 그렇게 시간과 정력과 재산을 낭비하기 때문에 그에게 찾아오는 가난(빈궁)을 막을 길이 없다. 그러므로 "네 빈궁이 강도같이 오며 네 곤핍이 군사같이 이르리라"고 하였다(11절). ③ 그런 말은 선한 활동을 싫어하는 태도이다. 그는 선을 위한 노력과 고난의 가치를 모르는 자이다. 하나님은 사람다운 삶은 노력과 수고로 성취된다는 의미로 말씀하셨다. 즉 "네가 흙으로 돌아갈 때까지 얼굴에 땀을 흘려야 먹을 것을 먹으리니"라고 하신 말씀이다(창

---

42) 『論語』, 公冶長 第五, 10쪽 : "朽木不可雕也糞土之牆不可朽也".

3:19). 그리고 하나님의 아들 예수 그리스도도 "내일 일을 위하여 염려하지 말라 내일 일은 내일이 염려할 것이요 한 날의 괴로움은 그 날로 족하니라"고 하셨다(마 6:34). 이 말씀은 그날그날의 책임을 다하기 위해 괴로움을 겪는 자의 장래를 하나님께서 맡으셨으니 염려하지 말라는 의미이다(참조. 시 68:19).

**12-15** 불량하고 악한 자는 구부러진 말을 하고 다니며 눈짓을 하며 발로 뜻을 보이며 손가락질을 하며 그의 마음에 패역을 품으며 항상 악을 꾀하여 다툼을 일으키는 자라 그러므로 그의 재앙이 갑자기 내려 당장에 멸망하여 살릴 길이 없으리라. 여기서 "불량하고 악한 자"(בְּלִיַּעַל אִישׁ אָדָם)라는 말은 하나님으로부터 멀리 떠난 배교자(적그리스도)를 말하는 것이다. 그는 적그리스도 무리에 속하여 회개할 소망이 없는 자이다. 사람들 중에는 이런 자들이 있다. 그는 악독이 충만하여 몸의 모든 지체(입, 눈, 발, 손)를 통하여 나타날 뿐(12-13절) 아니라, 마음속으로도 진리를 반역(패역)하는 악한 생각을 한다(14절). 다시 말하면, 그의 악은 어쩌다가 외모에 나타나는 것이 아니라 마음속에서부터 계획적으로 나온 것이다. 이것은 연약하여 부득이 범죄하는 보통 사람들의 악과 다르다. 그뿐만 아니라 그가 "다툼을 일으키는" 것도(14절) 하나님의 자녀와는 정반대되는 행동이다. 하나님의 자녀는 화목에 힘쓰는 것이 특징인(마 5:9) 반면, 적그리스도의 무리는 싸우기를 좋아하는 것이 특징이다.

"그의 재앙이 갑자기 내려." 그는 회개할 기회를 이미 오래전에 무시해 버리고 악으로 굳어진 자이다. 그러므로 하나님께서는 그에게 회개하라는 권면도 하시지 않고 내버려 두셨다. 그는 뻔뻔스럽게 범죄하면서 자기를 벌할 신이 없는 줄 안다. 그러나 예상 밖으로 갑자기 그를 벌하시는 하나님의 손길이 나타난다. 그러므로 여기서 "그의 재앙이 갑자기 내려"라는 말은 재앙 자체의 갑작스러운 특징을 말하는 것이 아니다. 이 말씀은 완악한 적그리스도의 성격을 가진 자가 특별한 방식으로 패망하는 것을 가리킨다. 곧 자기를 벌할 신은 없다고 믿어 온 그의 뻔뻔한 심리에 놀랄 만한 의외의 사태로 임하는 벌이다.

성경에 기록된 대로 적그리스도의 성격을 가진 악인들(완악하게 범죄하는 자들)은 이같이 의외의 벌을 받아(자기들을 벌할 신이 없다는 생각과 반대로 하나님의 심판이 임하여) 패망한다. 적그리스도의 성격을 가졌다고 할 수 있는 완악한 바로의 무리(출 14:4, 23)는 하나님의 벌을 두려워하지 않고 자신들도 이스라엘 백성처럼 할 수 있다고 여기며 뻔뻔하게 홍해를 건너려다가 모두 수장되고 말았다(출 14:27-28). 히브리서 11:29에 말하기를 "믿음으로 그들은 홍해를 육지 같이 건넜으나 애굽 사람들은 이것을 시험하다가 빠져 죽었으며"라고 하였다. 그들이 "이것을 시험하였다"는 것은, 그들이 하나님을 의지하는 믿음 없이도 이스라엘처럼 홍해를 육지같이 건널 수 있을 것 같아서 시험적으로 건너 보았다는 것이다. 그러나 그들은 실패하였고 하나님의 살아 계심을 체험하면서 갑자기 패망하고 말았다. 완악하고 악한 나발(삼상 25:3)은 하나님의 기름부음 받은 종 다윗을 멸시한 결과(삼상 25:5-11), 그의 몸이 돌과 같이 되어 죽었다(삼상 25:36-38). 또한 완악하고 교만하였던 느부갓네살은 바벨론 도성을 자랑하던 순간에 하나님께로부터 그의 패망이 선포되었고(단 4:28-33), 바벨론 왕 벨사살은 노골적으로 하나님을 무시하고 예루살렘 성전의 그릇으로 술을 마시며 우상을 찬양하던 순간 그의 멸망이 선고되었다(단 5:1-5). 적그리스도의 성격을 가지고 완악하게 범죄하던 헤롯 안디파도 연설하다가 하나님의 벌을 받아 죽었다(행 12:1-2; 20-23).

**16-19** 여호와께서 미워하시는 것 곧 그의 마음에 싫어하시는 것이 예닐곱 가지이니 곧 교만한 눈과 거짓된 혀와 무죄한 자의 피를 흘리는 손과 악한 계교를 꾀하는 마음과 빨리 악으로 달려가는 발과 거짓을 말하는 망령된 증인과 및 형제 사이를 이간하는 자이니라. 이 부분은 앞에서(12-15절) 말한 완악한 악인들이 패망하는 원인을 보여 준다. 곧 그들이 범하는 죄악을 하나님께서 미워하시기 때문에 그들이 패망한다는

것이다. 이 부분에(16-19절) 진술된 대로 하나님께서 미워하시는 죄목은 눈, 입, 손, 발, 마음의 죄악과 분쟁을 포함하며, 그것은 12-15절에 열거된, 완악한 악인들의 죄목과 같다.

16-19절에 기록된 죄목들은 마귀의 죄악 성격을 지니고 있다. 곧 교만은 마귀가 하나님을 거역한 행동이었고(딤후 2:25-26; 유 1:6), 거짓말과 살인도 마귀에게서 시작되었다(요 8:44). 그리고 마음에서부터 악을 계획하는 것은(잠 6:18) 연약하여 범죄하는 것과 다르다. 그것은 마귀처럼 심각하게 악화된 자의 행동이다. 가급적 악을 많이 행하려고 빨리 달음질하는 것도(18하) 그런 것이다. "형제 사이를 이간하는" 것도 마귀의 성질이다(딤전 5:13; 계 12:10). 마귀의 성질을 본받아 범죄하는 자는 완악한 죄인이다. 앞에 있는 12-15절 해석을 참조하라.

하나님께서는 여기 진술된 죄악들 외에 다른 죄악들도 미워하신다. 그러나 이 죄악들을 더욱 미워하시기 때문에 잠언 저자는 "여호와께서 미워하시는 것 곧 그의 마음에 싫어하시는 것"이라고 반복했다. 우리 주님(하나님과 그리스도)께서는 이 죄악들을 미워하실 뿐 아니라 마음속에서부터 그것들을 싫어하신다. "그의 마음에 싫어하시는 것"은 그분 자신이 본질적으로 그런 죄악들과 정반대이시기 때문이다. 그는 교만의 반대로 겸손의 근원이시고(마 11:29), 거짓과 반대로 진리의 근원이시며(요 14:6), 남을 억울하게 살해하는 것과 반대로 사랑의 근원이시고(요일 4:8), 악독(악한 계교를 꾀하는 마음)과 반대로 선의 근원이시고(시 25:8; 34:8; 73:1; 86:5; 100:5; 119:68; 145:9; 렘 33:11), 악한 열심(악을 향해 달려가는 것)과 반대로 구원의 열심이시고(사 9:7하), 분쟁과 반대로 화평의 근원이시다(사 9:6; 엡 2:14). 인간은 오직 본질적으로 절대 완전하신 하나님을 믿을 때에만 앞에 기록된 여러 가지 덕을 인간의 수준에서 소유할 수 있다. 이는 마치 작은 물방울이 태양의 빛을 받아 일곱 가지 색깔로 아름답게 나타나는 것과 같다.

신자는 특히 하나님이 미워하시는 죄악들을 중심에서부터 미워해야만 하나님과 사귈 수 있다. 하나님은 죄악을 미워하는 자와 함께하여 주신다(참조. 시 5:4). 그럼에도 불구하고 현대의 타락한 기독교 신자들은 이 부분에(잠 6:16-19) 기록된 죄악을 가까이하고 있다.

**20-21** 내 아들아 네 아비의 명령을 지키며 네 어미의 법을 떠나지 말고 그것을 항상 네 마음에 새기며 네 목에 매라. 잠언 저자가 그의 제자를 "아들"이라고 부른 것에 대하여는 앞에 있는 4:3의 같은 말 해석을 참조하라. 잠언 저자의 명령이나 법은 하나님의 말씀과 같은 권위를 가진다. 그것은 성령의 감동으로 된 계시의 말씀이다. 이같이 귀중한 말씀은 마땅히 "마음"( לֵב "애정의 원천이 되는 심령")에 깊이 간직해야 한다. 다시 말하면 신자는 그것을 생명과 같이 뜨겁게 사랑해야 한다. 그리고 그것은 늘 외부적인 지각으로도 기억되어야 한다. "네 목에 매라"고 한 말씀이 그 뜻이다.

**22** 그것이 네가 다닐 때에 너를 인도하며 네가 잘 때에 너를 보호하며 네가 깰 때에 너와 더불어 말하리니. 이 구절의 표현은 시적인 것으로서 글의 뜻을 강조한다. 곧 사람이 삶의 어떤 분야에서든지 하나님의 말씀을 지킬 때에 그 말씀의 역사가 반드시 나타난다는 뜻이다. 하나님의 말씀은 생명 없는 규칙이 아니며, 무미건조한 이론이 아니다. 살아서 역사하는 성령의 검이고(엡 6:17), 영혼의 양식이다(벧전 2:2). 다시 말하면 그것은 모든 것을 밝히 해부하는 진리의 칼인 동시에(히 4:12), 죽은 자를 살려 주는 영(성령께서 사용하시는 말씀)이기도 하다(요 6:63). 이같이 그 말씀은 살아 계신 성령에 의하여 절대적으로 정확한 심판도 하고 구원도 한다. 그 역사는 살아 움직이는 것과 같다. 그러므로 본문에는 하나님의 말씀이 인격적으로 살아서 활동하는 것처럼 진술된다. 따라서 하나님의 말씀을 지키는 자는 진리와 함께 기뻐한다(고전 13:6).

바빙크(H. Bavinck)는 다음과 같이 말하였다. "사람의 말은…그 사람과 그 말의 시간적, 혹은 장소적 거리에 따라 그것의 효력이 좌우된다…그러나 하나님의 말씀은 그렇지 않다. 하나님의 말씀은 언제나 그의 말씀이다. 언제나 그 말씀과 함께 임하신다. 그는 언제나 그의 전지전능하신 능력을 가지고 그 말씀과 함께하신다…하나님의 말씀은 하나님 자신에게서 분리되지 않으며 그리스도나 성령에게서도 분리되지 않는다. 성경 전체가 성령으로 영감되었고 계속해서 성령으로 말미암아 보관되며 능력을 지니므로 거기서 섭취하여 전파되는 부분적인 말씀 역시 그러하다."라고 하였다.[43] 교회 역사상 위대했던 지도자들 모두 다 살아 역사하는 하나님의 말씀을 체험한 자들이었다. ① 하나님의 말씀은 사람들에게 임할 때에도 생명 있게 임한다. 어떤 이에게는 그것이 큰 소리로 외치는 것처럼 역사하였고(계 10:3), 어떤 이에게는 그것이 고요하게 역사하면서도 그의 심혼 골수를 녹이는 것 같은 감화를 주었다(살전 1:5). 예레미야의 중심은 하나님의 말씀으로 말미암아 불붙는 것 같았다(렘 20:9; 눅 24:32). ② 하나님의 말씀은 그것의 성취를 통하여 생명의 역사를 이룬다. 그것은 믿는 자들에게 약속하신 내용대로 정확히 성취된다. 이같이 정확한 약속 성취는 지각이 있는 인격과 같은 인상을 준다. 그분의 성취 사역은 결코 우연히 일어나는 일이 아니고 맹목적인 사건도 아니다. 그것은 전지전능하게 살아 역사하시는 하나님의 임재를 실감하게 한다.

**23** 대저 명령은 등불이요 법은 빛이요 훈계의 책망은 곧 생명의 길이라. 여기서 "대저"(כִּי)라는 말은 앞에 있는 말씀(20-22절)의 이유를 보여 준다. 곧 하나님의 말씀은 어두운 데서 행하는 자에게 등불과 같고 또 생명의 길이므로 그것을 지켜야 한다는 것이다(20절). 이 세상에는 범죄하기 위하여 율법(하나님의 명령, 법, 책망)을 훼방하는 사람들이 많다. 그들은 말하기를, 이 세상에는 변치 않는 도덕률이 없다고 한다. 그러나 이런 말은 상식에서도 벗어나는 것이다. 물질의 성질도 변치 않는 것이 허다하다. 하물며 도덕률에서도 참

---

43) H. Bavinck, Gereformeerde Dogmatiek Ⅳ (Kampen: Kok, 1911), 502-503.

된 것(하나님의 계시로 된 것)은 변하지 않는다. 오늘날의 소위 상황 윤리에서는 참된 도덕 법칙(하나님의 계시로 된 것)의 불변성도 부인한다. 그러한 상황 윤리는 주관주의이다. 그것은 인간을 고정된 자로 보지 않고 존재의 가능성(a possibility of being)으로만 본다. 상황 윤리는 현재를 마지막으로 보고 현재에서 하나님의 음성을 듣고 오직 사랑만을 동기로 하여 행동할 것을 가르친다고 한다. 따라서 이것은 종말관적 윤리이다. 이것은 존속하는 객관적 규범이나 율법을 상대하지 않는다. 기존의 기독교 윤리를 인간 적대(anti-humanist)적 그릇된 윤리라고 비난한다. 이와 같은 소위 새 윤리는 율법보다 인격을 우선적으로 취급한다. 그러나 이것은 잘못된 주장이다. 사랑은 율법을 완성하는데(롬 13:9-10), 왜 사랑과 율법을 대립시키는가? 사람이 인간의 명령이나 책망은 듣기 싫어할 수 있다. 그러나 하나님의 명령과 책망은 영원히 변치 않을 완전한 진리로 알고 언제나 기쁘게 받아야 한다. 그것은 빛이고, 또한 생명길이다. 캄캄한 밤중에 길을 가는 자는 등불을 반갑게 여기며 그것을 의지한다. 그와 같이 우리는 하나님의 말씀을 반갑게 여기고 신뢰해야 한다. 더욱이 그 말씀은 생명의 길이므로 기쁨과 사랑과 믿음으로 그것을 받아들여야 한다. 욥은 말하기를 "내가 그의 입술의 명령을 어기지 아니하고 정한 음식보다 그의 입의 말씀을 귀히 여겼도다"라고 하였다(욥 23:12).

현대인은 일정한 전통으로서의 하나님 말씀은 있을 수 없다는 그릇된 주장을 한다. 오늘날 상황 윤리(situation ethics)를 주장하는 자들의 사상이 그러하다. 그들은 말하기를, 계속해서 변화하는 세상을 향해 옛날의 전통(성경의 말씀)을 그대로 따르라고 할 수 없다고 한다. 이것이 전통을 싫어하는 현대의 사조다. 그러나 이와 같은 주장은 시대의 변천과 함께 신앙의 근거도 변천되어야 한다는 모순이다. 어떤 것이 일정한 형태로 머물지 못하고 늘 변한다는 것은 그릇된 생각이다. 그것은 진리가 아니다.

**24-26** 이것이 너를 지켜 악한 여인에게, 이방 여인의 혀로 호리는 말에 빠지지 않게 하

**리라 네 마음에 그의 아름다움을 탐하지 말며 그 눈꺼풀에 홀리지 말라 음녀로 말미암아 사람이 한 조각 떡만 남게 됨이며 음란한 여인은 귀한 생명을 사냥함이니라.** 이 부분은 계속해서 하나님의 법과 명령(23절)에 대해 말씀한다. 법과 명령은 인간의 범죄를 제재하는 것이다. 현대인들은 법률상으로 아직 방임주의로는 타락하지 않았다. 그러나 도덕에서는 고정된 윤리의 노선을 떠나려고 한다. 서양 사회는 윤리 문제에서 개인의 행동을 개인에게 방임하려는 경향을 보인다. 그 사회에서는 누가 무슨 짓을 하든지 남에게 직접 해를 끼치지 않는 한, 그의 행동에 간섭하지 않는다. 물론 거기에는 남의 자유를 존중하는 장점이 있다. 그러나 그와 같이 지나친 자유주의 때문에 사회의 풍습이 문란해지며 간접적으로 국가와 민족도 손해를 입는다. 예를 들면 어떤 나라에는 나체로 사는 마을도 있다고 한다. 참으로 괴상망측한 풍습이다. 인류의 자유를 존중한다는 구실로 그처럼 괴이한 풍습까지 방임하는 것은 옳지 않다. 인간은 하나님이 아니기 때문에 제재를 받아야 하며, 자유도 제한을 받아야 한다. 인간에게는 종교 윤리적인 법, 훈계, 책망(23절)이 절대적으로 필요하다. 그뿐만 아니라 사람은 순종을 배워야 한다. 미국 사람들이 진정한 자유와 행복을 누렸던 때는 복음에 순종하던 시대였다. 그와 같이 행복했던 시대의 미국의 시조는 자기 모친에게 순종을 배웠다고 말한 조지 워싱턴(George Washington)이다.

사람은 하나님의 말씀(법, 훈계, 책망)에 순종할 때에만 성결해질 수 있다(잠 6:23-24). 그 말씀이 청년으로 하여금 창기(이방 계집)에게 빠지지 않게 해 준다(시 119:9). 그에 대한 방법은 다음과 같다.

1) 하나님의 말씀이 그로 하여금 죄를 알게 해 준다(엡 5:11-14). 사람이 하나님의 말씀에 의지하지 않으면 어떻게 죄악을 식별할 수 있겠는가? 궁극적인 정죄는 사람이 할 수 없고, 오직 창조주이시고 입법자이신 하나님만이 하실 수 있다. 사람이 사람을 제재하려고 할 때에는 상대방에게 "너는 무슨 상관이냐?"라는 반항을 받을 수밖에 없다. 그러나 아무도 창조주께 반항할

수는 없다(단 4:35). 이사야 45:9에 말하기를 "질그릇 조각 중 한 조각 같은 자가 자기를 지으신 이와 더불어 다툴진대 화 있을진저 진흙이 토기장이에게 너는 무엇을 만드느냐 또는 네가 만든 것이 그는 손이 없다 말할 수 있겠느냐"라고 하였다.

2) 하나님의 말씀이 그를 새롭게 하여 준다(엡 5:26; 요 15:3). 누구든지 하나님의 말씀을 양심적으로 진실하게 연구하면 하나님의 은혜로 그것을 믿게 되고, 그것을 믿을 때에 성령으로 말미암아 새로워질 수 있다. 시편 19:7-11에 말하기를 "여호와의 율법은 완전하여 영혼을 소성시키며 여호와의 증거는 확실하여 우둔한 자를 지혜롭게 하며 여호와의 교훈은 정직하여 마음을 기쁘게 하고 여호와의 계명은 순결하여 눈을 밝게 하시도다 여호와를 경외하는 도는 정결하여 영원까지 이르고 여호와의 법도 진실하여 다 의로우니 금 곧 많은 순금보다 더 사모할 것이며 꿀과 송이꿀보다 더 달도다 또 주의 종이 이것으로 경고를 받고 이것을 지킴으로 상이 크니이다"라고 하였다.

"그의 아름다움을 탐하지 말며 그 눈꺼풀에 홀리지 말라"(잠 6:25). 여기서 "눈꺼풀"이란 그 여자의 음란한 눈짓을 표현한 말이다(참조. 창 39:7; 사 3:16; 벧후 2:14).

"음녀로 말미암아 사람이 한 조각 떡만 남게 됨이며 음란한 여인은 귀한 생명을 사냥함이니라"(26절). 히브리 원문에는 이 문구 앞에 "왜냐하면"(כִּי)이라는 말이 있어서 이 문구가 앞에 있는 말씀의 이유임을 보여 준다. 청년들이 성적인 쾌락을 탐하지 말아야 하는 이유는, 그들이 음녀에게 유혹되면 마침내 파산하고 생명까지 잃게 되기 때문이다(26하).

인간은 현재의 쾌락을 누리려고 생명과 재산을 희생시키면 안 된다. 인생을 가치 있게 하는 것 중에서 향락은 거의 없어도 무방하다. 사람이 성적 쾌락에 빠질수록 그의 심령이 마비되어 고상한 비전(vision)이 없어지고, 신앙과 도덕에서는 물론이고 육체의 생활도 파산하고 만다. 그러므로 쾌락을 장려하는 것은 어리석고 악하다. 그것은 멸망을 자초하는 것이다(참조. 시 49:50).

**27-35** 사람이 불을 품에 품고서야 어찌 그의 옷이 타지 아니하겠으며 사람이 숯불을 밟고서야 어찌 그의 발이 데지 아니하겠느냐 남의 아내와 통간하는 자도 이와 같을 것이라 그를 만지는 자마다 벌을 면하지 못하리라 도둑이 만일 주릴 때에 배를 채우려고 도둑질하면 사람이 그를 멸시하지는 아니하려니와 들키면 칠 배를 갚아야 하리니 심지어 자기 집에 있는 것을 다 내주게 되리라 여인과 간음하는 자는 무지한 자라 이것을 행하는 자는 자기의 영혼을 망하게 하며 상함과 능욕을 받고 부끄러움을 씻을 수 없게 되나니 남편이 투기로 분노하여 원수 갚는 날에 용서하지 아니하고 어떤 보상도 받지 아니하며 많은 선물을 줄지라도 듣지 아니하리라. 이 말씀은 유부녀와 통간하는 것이 무서운 죄악임을 지적한다. 그 죄악이 위험한 이유가 몇 가지로 진술되어 있다. ① 그 죄악에 대한 벌은 반드시 임하며, 그것은 마치 사람이 숯불을 밟으면 반드시 데는 것과 같다(27절). ② 남의 아내를 만지는 것도 위험하다(29절). ③ 그 죄악은 도둑질한 죄보다 더 크다(30-32절). ④ 상함과 부끄러움을 당한다(33절). ⑤ 그 남편이 무제한적으로 복수한다(34-35절).

이 점에서 이스라엘의 임금 다윗의 경우를 생각해 볼 수 있다. 그는 자기에게 충성하던 신하 우리아의 아내를 취하였다(삼하 11:2-27). 훗날 그는 그 죗값으로 많은 환난을 당했는데, 그것은 그런 죄를 반드시 벌하시는 하나님의 처사였다(살전 4:2-6) 다윗의 범죄에 대하여 하나님께서는, ① 선지자 나단을 통해 그를 책망하시고 그에게 재앙이 임할 것을 예언하게 하셨으며(삼하 12:1-15), ② 그 예언대로 다윗의 집에는 그의 자녀들 사이에 패륜의 죄악이 있었고, 그로 인해 그는 큰 환난을 당하였다(삼하 13:1-39). 또한 그의 아들 압살롬의 반란은 그에게 큰 환난이었다(삼하14:1-18:33). 다윗에게는 그의 음행죄가 영구한 오점이었다(참조. 왕상 15:5; 마 1:6).

## 제7장

### ⚜ 내용분해

1. 지혜를 지키라고 함(1-4절)
2. 그것을 지킨 효과(5절)
3. 음녀를 따라가는 어리석은 소년(6-9절)
4. 창기의 행동 습관(10-12절)
5. 창기의 호리는 말(13-21절)
6. 창기를 따라간 소년의 종말(22-23절)
7. 창기를 따라가지 말라는 마지막 부탁(24-27절)

### ⚜ 해석

**1-4** 내 아들아 내 말을 지키며 내 계명을 간직하라 내 계명을 지켜 살며 내 법을 네 눈동자처럼 지키라 이것을 네 손가락에 매며 이것을 네 마음판에 새기라 지혜에게 너는 내 누이라 하며 명철에게 너는 내 친족이라 하라. "내 아들아." 이 말에 대하여는 앞에 있

는 4:3 해석을 참조하라. 잠언 저자는 그의 제자들에게 하나님의 지혜를 지키라고 하면서 그것을 지키는 방법을 다음과 같이 몇 가지로 밝히 말하였다. ① 그 지혜대로 생활하라(2상). 하나님의 말씀을 지킨다는 것은 그것을 암기하는 것이 아니라 생명의 양식처럼 사랑하며 순종하는 것이다. 누구든지 사랑하는 사람의 말에는 잘 순종한다. ② 눈동자처럼 지키라(2하). 눈동자는 매우 귀하면서도 연하여 조심스럽게 보호해야 한다. 그래서 먼지도 들어가지 못하게 하기 위하여 눈썹과 눈꺼풀이 지키고 있다. 우리가 하나님의 말씀을 지키는 일도 잠시만 부주의해도 잘 지켜지지 않고 말씀에서 이탈하기 쉽다. ③ 그 말씀을 손가락에 매라(3상). 이것은 비유의 말씀이다. 즉 손으로 행하는 모든 일에 말씀을 실현하라는 뜻이다. 그것은 우리를 살리는 말씀이므로 계속 행해도 피곤하지 않다. ④ 그 말씀을 마음판에 새기라(3하-4). "마음"(לֵב)이라는 말은 심장을 의미하는 것으로, 애정의 원천이다. 우리는 하나님의 말씀을 억지로 지키지 말고, 애정으로 뜨겁게, 기쁨으로 지켜야 한다. 그것은 하나님의 말씀을 "내 누이"같이, 또는 "내 친족"같이 기뻐하는 즐거운 경건이다.

앞의 진술을 통해 우리는 하나님의 말씀을 지키는 생활이 얼마나 단순한 것인지 알 수 있다. 그 말씀을 "지키라", 그대로 "살라", "눈동자처럼" 집중하며 간직하라, 그것을 "손가락에 매라", "마음판에 새기라", 그것을 "내 누이라…친족이라 하라"는 표현들은 신자로 하여금 그것만 사랑하라고 하는 권면이다. 그것은 하나에 집중하는 생활이다. 예수님도 하나님을 사랑하는 생활이 단순하고 진실해야 한다고 역설하셨다. 그는 말씀하시기를 "한 사람이 두 주인을 섬기지 못할 것이니 혹 이를 미워하고 저를 사랑하거나 혹 이를 중히 여기고 저를 경히 여김이라 너희가 하나님과 재물을 겸하여 섬기지 못하느니라"라고 하셨다(마 6:24). 하나님을 몰랐던 동양의 철학자 노자도 인생이 단순해야 잘된다고 강조했다. 그는 말하기를 "기운을 하나에 집중시키고 온유함을 이루어서 능히 젖먹이처럼 순수해야 한다"라고 하였다.[44] 노자의 이 말은 사람이 하나님의 말씀에만 집중해야 한다는 잠언의 내용과 똑같은 것은 아니다. 여기서 그의 말을 인용한 것은 다만 그가 인생은 단순하게 살아야 한다고 한 점을 참고하는 것뿐이다.

**5  그리하면 이것이 너를 지켜서 음녀에게, 말로 호리는 이방 여인에게 빠지지 않게 하리라.** 잠언 저자는 청년들에게 창기("이방 계집")에게 다니지 말라고 여러 번 경계한다. 그 이유는, 청년은 특히 정욕의 시험을 많이 받기 때문이다. 사도 바울도 청년 디모데에게 말하기를 "너는 청년의 정욕을 피하"라고 하였다(딤후 2:22). 청년이 정욕을 피하는 비결은 하나님의 말씀을 배우는 것이다(시 119:9). 그 이유는, 1) 인간은 하나님의 말씀으로만 선악을 분별하게 되기 때문이다(시 19:11-12). 이것은 구덩이에 빠질 수밖에 없는 소경의 눈을 밝게 해 주는 것과 같은 역할을 한다.

2) 그가 하나님의 말씀에서 얻는 기쁨 때문에 정욕을 따라가지 않게 되기 때문이다. 사람이 하나님의 말씀대로 사는 즐거움은 이 세상 즐거움에 비할 바가 아니다. 시편 4:7에 말하기를 "주께서 내 마음에 두신 기쁨은 그들의 곡식과 새 포도주가 풍성할 때보다 더하니이다"라고 하였다. 다윗은 말하기를, 하나님의 말씀이 "꿀과 송이꿀보다 더 달도다 또 주의 종이 이것으로 경고를 받고 이것을 지킴으로 상이 크니이다"라고 하였다(시 19:10-11). 누구든지 이 세상의 거짓된 쾌락에 이끌리지 않으려면 하나님 말씀의 참된 즐거움에 사로잡혀야 한다. 그러므로 사도 바울도 세상의 향락 중 하나인 술 취하는 것을 금하면서 "성령으로 충만함을 받으라"고 하였다(엡 5:18).

3) 그뿐만 아니라 하나님의 말씀을 즐거워하는 자에게는 살아 계신 하나님이 함께해 주시기 때문에 그는 정욕을 이길 수 있다. 이 점에 대하여 어떤

---

44)  老子, 『道德經』, 第10章: "專氣致柔能嬰兒乎."

사람들은 "그와 같은 영적 즐거움을 누린다는 것은 신앙 수준이 높은 특별한 지도자들에게만 있을 수 있다"고 할 것이다. 그러나 실상은 그렇지 않다. 하나님의 말씀이 주는 기쁨은 도리어 무식하고 아이 같은 단순한 자들이 누릴 수 있다. 마태복음 11:25, 고린도전서 1:26-29, 잠언 6:24에 대한 해석을 참조하라.

교회 역사를 보면 주님의 교회를 해롭게 한 자들은 주로 지도자층에 많이 있었다. 그들 중 다수가 올바른 훈련을 받지 못하여 은혜로운 하나님의 말씀에 붙들리지 않고, 인간적인 수단과 정치적인 술책으로 하나님의 자녀들을 잘못 지도하였던 것이다. 오늘날 우리 한국 교회에도 그런 자들이 대다수이다. 이런 사실을 볼 때 교역자라고 해서 반드시 은혜 체험이 있는 것은 아니다.

**6 내가 내 집 들창으로, 살창으로 내다 보다가.** 자기 집의 창문 틈으로 내다보았다는 것은 극히 은밀한 관찰을 말한다. 창녀에게로 가는 청년은 다른 사람들에게 자기 행위를 감추기 위해 은밀히 다닌다. 그러나 결국에는 그것이 드러나고 만다. 악인은 자기의 음란한 행위를 비밀리에 계속할 수 있을 거라고 착각한다. 그러나 이 세상에서도 음란한 행위는 가려지지 않고 반드시 드러난다. 그 이유는, ① 그 죄에 빠진 자는 그 행동이 상습화되어 결국 사람들에게 발각되기 때문이다. 사람이 경사진 얼음판 위에 발을 디디면 그 아래까지 미끄러져 내려가게 마련이다. 그와 같이 유혹성이 강한 성적 죄악을 사랑하는 자는 거기서 헤어나기 힘들다. 그러므로 잠언 저자는 많은 말씀으로 이 죄악의 위험성을 지적하며 경계한다. ② 그뿐만 아니라 하나님은 사람들의 음행을 극히 미워하시기 때문에 그 범죄자의 불의를 조만간 반드시 드러내신다. 디모데전서 5:24-25에 말하기를 "어떤 사람들의 죄는 밝히 드러나 먼저 심판에 나아가고 어떤 사람들의 죄는 그 뒤를 따르나니 이같이 선행도 밝히 드러나고 그렇지 아니한 것도 숨길 수 없느니라"고 하였다(참조. 눅 12:2-3). 다

윗은 그의 음행 사건을 자기의 왕권으로 감추려 하였지만, 하나님께서는 그것을 밝히 드러내셨다(참조. 삼하 11:2-12:15; 마 1:6).

**7-9 어리석은 자 중에, 젊은이 가운데에 한 지혜 없는 자를 보았노라 그가 거리를 지나 음녀의 골목 모퉁이로 가까이 하여 그의 집쪽으로 가는데 저물 때, 황혼 때, 깊은 밤 흑암 중에라.** 잠언 저자가 창살 틈으로 내다볼 때에 발견한 것은 하나의 "어리석은 자"라고 한다. 여기서 "어리석은 자"(פְּתָאיִם)라는 말은 방종하는 자를 가리킨다. 그는 자기가 가는 길이 위험한 줄 모르고 마음을 열어 놓고 마구 다닌다. 따라서 이 말이 "어리석은 자"라는 말로 의역될 수 있다. 그가 "어리석은 자"인 이유는 다음과 같다. ① 그는 젊은이(혹은 청년)이기 때문이다. 여기서 "젊은이"(בָּנִים)로 번역된 히브리어는 "청년"(youth)을 의미한다. 청년은 인생이 시작되는 때이다. 그는 일생에 반드시 있는 파란곡절을 경험하지 못하였다. 특히 그는 죄악이 얼마나 쓴 열매를 가져오는지에 대하여 잘 알지 못한다. 따라서 그는 어리석음을 면할 수 없다. ② 그가 음녀의 집으로 가기 때문이다. 음녀의 집은 "사망으로…스올로 기울어졌나니 누구든지 그에게로 가는 자는 돌아오지 못하며 또 생명 길을 얻지 못하느니라"고 하였다(잠 2:18-19). ③ 그가 어두운 때를 자기의 좋은 기회로 택하기 때문이다(참조. 욥 24:15). 악을 행하는 자는 빛을 미워하여 빛으로 오지 않는다. 그 이유는 자신의 행위가 드러날 것을 두려워하기 때문이다(참조. 요 3:20). 어두움 때문에 자기의 죄가 가려진다는 생각은 어리석은 것이다. 범죄하는 자의 주위 사람들은 그의 죄를 모를 수 있지만 하나님은 범죄자 위에서 모든 것을 다 살피신다. 시편 139:11-12에 말하기를 "내가 혹시 말하기를 흑암이 반드시 나를 덮고 나를 두른 빛은 밤이 되리라 할지라도 주에게서는 흑암이 숨기지 못하며 밤이 낮과 같이 비추이나니 주에게는 흑암과 빛이 같음이니이다"라고 하였다.

옛글에 말하기를 "문밖에 나설 때에는 마치 큰 손님이라도 뵈올 듯이 하고 방 안으로 들 때에는 늘 사람이 있는 것처럼 하라"고 하였다.⁴⁵⁾ 이런 말은 사람만 두려워하고 하나님을 경외하는 것에는 이르지 못한 얕은 생각이다. 하나님을 경외하는 것이 참된 지혜이다(욥 28:28; 잠 1:7).

**10-12** 그 때에 기생의 옷을 입은 간교한 여인이 그를 맞으니 이 여인은 떠들며 완악하며 그의 발이 집에 머물지 아니하여 어떤 때에는 거리, 어떤 때에는 광장 또 모퉁이마다 서서 사람을 기다리는 자라. 여기서는 창녀의 일반적인 행동을 진술하였다.

1) 그녀는 간교하다. 곧 호리는 매력이 있다(10절; 참조. 23:27). 사사기 16:4-17에서 삼손을 미혹한 들릴라의 행동이 창기의 간교함을 대표한다. 그것은 그녀가 삼손을 패망하게 하려는 속셈을 품고도 삼손을 극진히 사랑하는 모양을 나타낸다(삿 16:15, 19). 이와 같은 간교함은 사람을 호리고 취하게 만든다. 그러므로 요한계시록 17:2은 그것을 비유하여 "그 음행의 포도주"라고 하였다. 그녀의 호림에 넘어간 자는 결국 자기의 장래가 그 음행으로 인하여 비참하여질 것도 모르고 그녀에게 빠져 버린다. 그러므로 지혜로운 자는 처음부터 이성의 유혹에 마음에서부터 방어진을 친다. 다윗이 음행에 빠진 원인은 밧세바의 아름다움에 깊이 주목하여 자기 마음에 유혹을 받았기 때문이다(삼하 11:2). 그와 반대로 욥은 말하기를 "내가 내 눈과 약속하였나니 어찌 처녀에게 주목하랴 그리하면 위에 계신 하나님께서 내리시는 분깃이 무엇이겠으며 높은 곳의 전능자께서 주시는 기업이 무엇이겠느냐 불의한 자에게는 환난이 아니겠느냐 행악자에게는 불행이 아니겠느냐 그가 내 길을 살피지 아니하시느냐 내 걸음을 다 세지 아니하시느냐"라고 하였다(욥 31:1-4).

2) 그녀는 떠들며 완패하고 두루 돌아다닌다(잠 7:11-12). 이것도 그녀의 무서운 성격인데, 사람들을 유인하여 재산을 갈취하기 위해서 큰 음성으로, 또는 파렴치하게 선전하며 돌아다니는 것이다. 여자의 덕은 고요하고(고전

---

45) 『明心寶鑑』, 遵禮篇, 5쪽: "出門如見大賓 入室如有人."

14:34; 딤전 2:11-12; 벧전 3:4) 부끄러움을 아는 것이다(딤전 2:9). 그래야 사랑스러운 암사슴같이(잠 5:19) 여성답다고 할 수 있다. 그러나 창녀들은 이와 반대로 떠들며 파렴치하게 돌아다닌다. 그들은 삼킬 자를 찾으려고 두루 다니며 거리나 골목에서 엿본다(7:12). 그들의 정체가 이렇다는 것을 아는 자는 그들을 생각만 해도 소름 끼치는 공포를 느낄 것이다. 그럼에도 불구하고 창녀들을 따라가는 자는 어리석기 그지없다. 비유컨대 그는 사자나 호랑이와 동거하려는 자와 같다.

**13-21절.** 이 부분에서는 소년(청년)을 호리는 창기의 언행을 진술한다. 그것은 모두 외식으로 구성된다.

**13** 그 여인이 그를 붙잡고 그에게 입맞추며 부끄러움을 모르는 얼굴로 그에게 말하되. 입을 맞추는 것은 서로 가까운 관계를 가진 자들 사이에서 할 수 있는 일이다. 다시 말해 그것은 사랑의 표현이다. 그러나 창기가 청년에게 입 맞추는 것은 참된 사랑이 아니라 그를 유혹하기 위한 수단이다. 그것은 조만간 무서운 정체를 드러낸다. 이와 같은 창기의 행동에 만족과 기쁨을 느끼는 자는 참으로 어리석은 자이다(7절). 그가 그녀의 입맞춤에서 소름 끼치는 공포를 느꼈다면 거기서 탈출하였을 것이다.

"부끄러움을 모르는 얼굴로 그에게 말하되." 이 말은 그녀가 외식하면서도 전혀 양심에 가책을 못 느낀다는 뜻이다. 사람이 범죄로 인한 양심의 가책을 스스로 억압하면 나중에는 그 양심이 마비되는 비참한 자리에 빠지게 된다. 그것이 화인 맞은 양심이다. 디모데전서 4:2에 거짓 스승을 가리켜서도 말하기를, 그들은 "자기 양심이 화인을 맞아서 외식함으로 거짓말하는 자들이라"고 하였다. 그런 양심은 죽은 양심이며, 양심이 죽은 자는 어떤 의미에서 비인간화(dehumanized)되고 마귀화(demonized)된 자이다. 창기들은 외식 행위가 습성화되어 양심의 그림자도 없는, 마귀화된 자이다. 그러므로 그녀에게 붙들린 청년이 이제라도 그녀의 마귀화된 무서운 실체를 깨닫는다면, 소름 끼치는 느낌을 가지고 자발적으로 그녀를 뿌리치고 떠날 것이다.

**14-15** **내가 화목제를 드려 서원한 것을 오늘 갚았노라 이러므로 내가 너를 맞으려고 나와 네 얼굴을 찾다가 너를 만났도다.** 창기의 이 말도 부끄러움을 모르는 생활 태도를 드러낸다. 그녀는 종교적으로도 파렴치한 생각을 가진다. 즉 그녀는 두 가지로 그의 종교적 뻔뻔함을 보여 준다. ① 그녀는 창기의 신분 그대로 있으면서 어떻게 하나님 앞에 나아가 제물을 드렸을까? 그녀는 신명기 23:18의 말씀을 무시한 것일까? 거기서 말하기를 "창기가 번 돈과 개 같은 자의 소득은 어떤 서원하는 일로든지 네 하나님 여호와의 전에 가져오지 말라 이 둘은 다 네 하나님 여호와께 가증한 것임이니라"고 하였다. 따라서 그녀는 실생활에서 하나님의 말씀을 지키지 않으면서 이따금 종교 의식을 수행하는 것으로 만족하였다. 이것은 모든 외식하는 종교인의 표본이다. 그들은 하나님 앞에서 창기와 같은 자들로 간주될 만하다. ② 그녀의 종교적 뻔뻔함은 자기가 하나님께 서원을 갚은 경건 때문에 그 청년을 만나게 되었다고 한 말로 거듭 증명된다(잠 7:15). 그녀는 자기의 음란한 직업도 하나님이 도와주신다고 잘못 생각한다. 악인들은 이같이 거룩한 종교를 악용하여 자신들의 이익을 도모한다. 그들은 종교의 그늘 밑에서 죄악된 세력을 키우는 데 주저하지 않는다. 압살롬은 왕인 아버지 다윗에게 반역의 음모를 실행할 속셈으로 헤브론에 가면서, 하나님을 섬기러 간다고 하였다(삼하 15:7-9).

현대의 교회는 거짓 교사들의 불신앙으로 말미암아 타락하고 있다. 그들은 하나님을 섬긴다고 하면서 성경의 초자연주의(supernaturalism)를 버리고 자연주의(naturalism)를 따르고 있다. 따라서 그들이 지도하는 교회는 하나님에 대한 신앙이 빠진 인본주의 수양 단체가 되어 가고 있다.

**16-17** **내 침상에는 요와 애굽의 무늬 있는 이불을 폈고 몰약과 침향과 계피를 뿌렸노라.** 계시 운동의 계몽 시대에는 이스라엘에 상징적 계시가 필요하였으므로 하나

님께서 이스라엘에게 의복 만드는 재료에도 단일성과 순수성을 강조하셨다(레 19:19). 그러나 여기 기록된 창기의 침상 단장은 순수하지 않다. 여기서 말하는 "무늬 있는 이불"은 꽃무늬가 있는 요를 가리킨다. 그것은 아름답지만 구약 시대 이스라엘에게는 허락되지 않았던 것이다. 얼룩진 것은 이방의 풍습을 비유하기도 하였다(렘 12:9). 이러한 사실은 특별히 "애굽의 무늬 있는 이불"이라는 말로도 증명된다. 이방의 풍습은 음란한 것이다. 그러므로 잠언 저자는 창기를 가리켜 "이방 여인"이라고도 하였다(잠 7:5). 이 점에서 순결한 부부의 침상을 '푸르다'고 한 아가의 말씀을 대조해 볼 만하다. 푸른색은 하늘의 빛깔로 성결을 상징한다(아 1:16). 창기는 청년을 유혹하기 위하여 그로 하여금 아름답게 준비된 자기의 침상과 침구를 연상하게 만든다. 그와 같은 것은 더욱더 죄를 유발하는 악한 계획적 선전이다.

지혜 있는 자(하나님을 경외하는 자)는 무엇에든지 겉모양의 매력에 끌리지 않는다. 그러나 어리석은 자는 그것에 끌려간다. 그 원인은 그가 입김보다도 가벼운 인간으로서(시 62:9), 그의 속마음에 신앙이 없고 공허하기 때문이다. 사람의 마음에 예수 그리스도가 계시지 않고 비어 있으면 무엇에든지 유혹을 받게 마련이다. 누가복음 11:23-26에 예수님은 말씀하시기를 "나와 함께 하지 아니하는 자는 나를 반대하는 자요 나와 함께 모으지 아니하는 자는 헤치는 자니라 더러운 귀신이 사람에게서 나갔을 때에 물 없는 곳으로 다니며 쉬기를 구하되 얻지 못하고 이에 이르되 내가 나온 내 집으로 돌아가리라 하고 가서 보니 그 집이 청소되고 수리되었거늘 이에 가서 저보다 더 악한 귀신 일곱을 데리고 들어가서 거하니 그 사람의 나중 형편이 전보다 더 심하게 되느니라"고 하셨다.

**18-20** 오라 우리가 아침까지 흡족하게 서로 사랑하며 사랑함으로 희락하자 남편은 집을 떠나 먼 길을 갔는데 은 주머니를 가졌은즉 보름 날에나 집에 돌아오리라 하여. "남편"(ישִׁיאִ)(19절)이라는 말의 히브리어는 "그 사람"이라는 말이다. 그녀가 자

기 남편을 "나의 남편"이라고 하지 않고 "그 사람"이라고 부른 것만 보아도 마음으로는 그를 떠난 것이 분명하다. 그녀의 이런 심리는, 한 사람의 이성을 일시 동안 사랑하다가 배척하는 악한 것이다. 이것은 현대의 타락한 청년 남녀가 잠시 동거하다가 헤어지는 소위 우애결혼(Companion Marriage)과 같은 것이라고 하겠다. 이것은 일남일녀의 부부 제도를 정하신 하나님의 법을 범하는 죄악이다. 성경에 말하기를 "그에게는 영이 충만하였으나 오직 하나를 만들지 아니하셨느냐 어찌하여 하나만 만드셨느냐 이는 경건한 자손을 얻고자 하심이라"고 하였다(말 2:15). 우애결혼이란 것은 남녀가 결혼식도 없이 시험적으로 살아 보다가 헤어지는 것을 말한다. 많은 남자들이 이런 수단으로 많은 여성을 더럽히는 것이 현대의 타락한 풍조이다. 이같이 악한 풍습은 하나님의 법을 어긴 것이므로 사회적으로도 비참한 결과를 빚어낸다. 그뿐만 아니라 이런 죄악으로 인하여 많은 사생아가 생기게 된다. 이들의 불행은 남녀의 무책임한 성적 결합의 산물이다. 오늘날 남녀의 결혼 전 성생활은 정식으로 부부가 되지 않은 채로 불륜한 행동을 취하는 것이며, 제7계명을 범하는 죄악이다. 결혼은 하나님과 사회 공동체 앞에서 일남일녀의 결합을 법적으로 선서하는 공신력을 가져야 한다. 그렇게 성립된 부부가 경건한 자손을 얻어 하나님의 축복을 받는다(말 2:15).

**21-22상.** 여러 가지 고운 말로 유혹하며 입술의 호리는 말로 꾀므로 젊은이가 곧 그를 따랐으니. 앞에 있는 5절 해석을 참조하라. 많은 지도자들이 이 말씀을 옛날부터 가르쳐 왔다. 곧 성적으로 호리는 유혹에 대하여는 누구든지 처음부터 거절하고 양보(yield)하지 않아야 한다는 것이다. 유혹의 첫 단계에서 양보한 다음에는 그것을 이겨 낼 장사가 없다. 그 이유는, 유혹성이 강한 성적 매력은 처음 단계보다 그다음 단계가 더욱 강하기 때문이다. 사람이 성적 유혹에 빠지기 시작하면 그 자신의 힘으로 인격을 제재하지 못할 만큼 마취되어 망령된 행동을 하게 된다. 브리지스(Charles Bridges)는 말하기를 "시험을 두려

워하지 않는 자는 넘어지는 것이 공정한 심판이다. 넘어질 위험을 피하려는 자는 먼저 죄악의 시험을 피해야 한다. 만일 그의 조심성의 경계선이 무너지면 죄악의 낙을 상상해 보는 그의 마음 문이 열린다. 그렇게 자신의 의지로 시험에 양보하면 멸망의 구덩이로 들어간다. 사람들이 그와 같이 자기 자신의 힘을 믿다가 신앙에서 타락한다"라고 하였다.[46] 그러므로 사도 바울은 말하기를 "그런즉 선 줄로 생각하는 자는 넘어질까 조심하라"고 하였다(고전 10:12).

**22하-23** 소가 도수장으로 가는 것 같고 미련한 자가 벌을 받으려고 쇠사슬에 매이러 가는 것과 같도다 필경은 화살이 그 간을 뚫게 되리라 새가 빨리 그물로 들어가되 그의 생명을 잃어버릴 줄을 알지 못함과 같으니라. 이것은 창기를 따라간 자가 받을 필연적 멸망에 대한 말씀이다. 그가 당할 멸망을 피할 수 없다는 의미에서 여기에 그 진리가 4중으로 강조된다. ① 그 멸망은 소가 도수장에 가서 당하는 죽음처럼 확실하다(22상). ② 미련한 자가 쇠사슬에 매인 후에는 벌을 받을 것이 확실하다(22하). ③ 살이 간을 뚫는 것 같은 환난을 반드시 당한다(23상). ④ 새가 그물로 들어가면 결국 생명을 잃는 것처럼 그의 멸망도 확실하다(23하).

**24-27** 이제 아들들아 내 말을 듣고 내 입의 말에 주의하라 네 마음이 음녀의 길로 치우치지 말며 그 길에 미혹되지 말지어다 대저 그가 많은 사람을 상하여 엎드러지게 하였나니 그에게 죽은 자가 허다하니라 그의 집은 스올의 길이라 사망의 방으로 내려가느니라. 여기서는 저자가 결론적으로 다시 그의 제자들에게 자기가 가르치는 지혜(여호와를 경외함)에 순종하고, 그것을 지키라고 부탁한다. 그 이유는 역사적으로 음녀를 따라갔다가 멸망한 자가 허다하기(26절) 때문이다.

---

46) Charles Bridges, A Commentary on Proverbs (London: The Banner of Truth Trust, 1968), 70.

# 제 8 장

## ✣ 내용분해

1. 지혜가 외치는 장소(1-3절)
2. 사람들에게 지혜를 들으라고 함(4-5절)
3. 지혜의 내용(6-9절)
4. 지혜는 금은보화보다 귀함(10-11절)
5. 지혜의 거처(12-14절)
6. 사람들이 이 지혜로 말미암아 받는 혜택(15-21절)
7. 만물 창조에 참여한 지혜(22-31절)
8. 지혜의 필요성(32-36절)

## ✣ 해석

**1-3** 지혜가 부르지 아니하느냐 명철이 소리를 높이지 아니하느냐 그가 길 가의 높은 곳과 네거리에 서며 성문 곁과 문 어귀와 여러 출입하는 문에서 불러 이르되. 여기서 말한

"지혜"는 육에 속한 지혜(과학)가 아니라 영적 지혜, 곧 하나님을 알고 경외하는 지혜를 가리킨다. "지혜가 부르지 아니하느냐"라고 한 문구에서, "아니하느냐"(הֲלֹא)라는 질문 형태의 표현이 중요하다. 이것은 일종의 탄식을 내포한 것으로 인류의 불신앙을 이상하게 여기는 것이다. 곧 인류가 하나님을 알게 하는 지혜는 온 우주에 가득 찼는데, 그들이 어찌하여 하나님을 모르느냐는 탄식이다.

"길가", "네거리", "성문 곁", "문 어귀", "여러 출입하는 문"이라는 표현은 사람들이 많이 지나다니는 곳을 대표하는 말이다. 곧 사람들이 하나님을 알게 하는 지혜는 우주 만물 어디에나 계시되어 있다는 뜻이다. 성경에는 이런 의미의 말씀이 많다. 시편 19:1-4에서 다윗이 말하기를 "하늘이 하나님의 영광을 선포하고 궁창이 그의 손으로 하신 일을 나타내는도다 날은 날에게 말하고 밤은 밤에게 지식을 전하니 언어도 없고 말씀도 없으며 들리는 소리도 없으나 그의 소리가 온 땅에 통하고 그의 말씀이 세상 끝까지 이르도다"라고 했는데, 바울은 이것을 지혜가 하나님을 알게 하기 위하여 전파하는 것이라고 해석하였다(롬 10:18). 또한 다윗은 시편 139:17-18에서도 하나님을 알게 하는 지혜가 우주 만물에 무수히 나타난 사실을 찬송하는 의미에서 다음과 같이 말했다. "하나님이여 주의 생각이 내게 어찌 그리 보배로우신지요 그 수가 어찌 그리 많은지요 내가 세려고 할지라도 그 수가 모래보다 많도소이다." 이같이 구약 시대에도 널리, 그리고 무수히 하나님을 알게 하는 사상을 전파하시는 분은 사실상 로고스(λόγος), 곧 말씀이신 그리스도였다. 그가 이같이 계시자로서 인류에게 하나님 아버지를 알리셨으나 이 사실을 깨닫는 사람들은 적었다. 그러므로 요한복음 1:5에 말하기를 "빛이 어둠에 비치되 어둠이 깨닫지 못하더라"고 하였다. 신약 시대에는 그분이 인간성을 입으시고 이 세상에 오셔서 친히 이 지혜를 전파하셨다(요 1:11, 3, 32; 12:37). 그러나 인류는 죄로 어두워져 있기 때문에 아직도 믿지 않는 사람들이 허다하다. 믿음은 모든 사람의 것이 아니다(살후 3:2). 믿음은 하나님께서 주시고자 하시는 자에게 주시는 그분의 선물이다(엡 2:8). 무디(Moody)는 어렸을 때에 구둣방에서 일을 하다가 킴벌(Kimbal)이라는 주일학교 교사의 전도로 은혜를 받아 성령의 깨우치심을 받았는데, 그가 그곳을 나오면서 보고 들은 모든 것이 그에게 확신과 기쁨을 주었다고 한다. 그야말로 그에게는 모든 것이 하나님을 알게 하는 새 하늘과 새 땅으로 변하였던 것이다. 토레이(R. A. Torrey)는 어느 날 방 안에 있다가 크게 깨닫고 갑자기 "하나님께 영광을 돌릴지어다. 하나님께 영광을 돌릴지어다"라고 하며 여러 차례 찬송하였는데, 자기 자신도 그와 같이 찬송이 나오는 것을 막을 수 없을 정도였다고 한다. 이러한 그의 체험도 성령으로 말미암아 하나님을 알게 하는 지혜를 받은 결과다. 하나님을 알게 하는 지혜는 우주 안에 가득하다.

**4-5** **사람들아 내가 너희를 부르며 내가 인자들에게 소리를 높이노라 어리석은 자들아 너희는 명철할지니라 미련한 자들아 너희는 마음이 밝을지니라.** 여기서 "사람들"(אִישׁ)이라는 말은 높은 사람들을 가리키고, "인자"(בְּנֵי אָדָם)라는 말은 낮은 자를 가리킨다(J. W. Nutt). 이렇게 두 가지로 표현된 것은 지혜의 부르짖음이 온 인류를 상대로 하기 때문이다. "어리석은 자", "미련한 자" 등의 표현은 하나님을 알지 못하는 자라는 말과 같다. 성경에서는 하나님을 모르는 자를 어리석은 자라고 한다(시 14:1). 하나님을 알게 하는 지혜가 우주 만물에 충만하였는데도(1-3절 해석 참조) 사람들이 하나님을 모르고 있으니, 그것이 가장 미련한 것이다. 그와 같이 미련한 자들이야말로 샘물 옆에서 목말라 죽는 것처럼 어리석다.

그들은 나무만 알고 그것은 뿌리는 모르는 자와 같고, 현재만 알고 미래를 무시하는 자와 같으며, 당면한 삶의 문제만 해결하려 하고 죽음의 문제는 외면하는 자이고, 잠깐 있을 육신만 중요시하고 영원히 존속할 영혼은 없는 것같이 천대하는 자이며, 범죄에 열중하고 심판과 벌은 걱정하지 않는 자이며, 과학적인 지식만 숭배하고 그 지식을 창조하신 분은 멸시하는 자이며, 평안할 때는 교만해져서 환난의 때를 생각할 줄 모르는 자다. 그뿐 아니라 그들은 감각적인 지식만 알고, 무수한 죄인들이 회개하게 하며, 무수한 성도들에게 순교할 용기를 주며, 무수한 전도자로 하여금 확신 있게 복음을 외치게 하는 영감을 모르는 자다.

**6-9** 너희는 들을지어다 내가 가장 선한 것을 말하리라 내 입술을 열어 정직을 내리라 내 입은 진리를 말하며 내 입술은 악을 미워하느니라 내 입의 말은 다 의로운즉 그 가운데에 굽은 것과 패역한 것이 없나니 이는 다 총명 있는 자가 밝히 아는 바요 지식 얻은 자가 정직하게 여기는 바니라. 여기서 말하는 "가장 선한 것"(נְגִידִים)은 종교 윤리적인 선을 가리킨다. 그다음에 나오는 "정직"(6하), "진리"("진실"이라는 뜻, 7절), "의로움"(8절) 모두 종교 윤리적인 선을 의미하여 "가장 선한 것"이 무엇인지 해설해 준다. 하나님의 지혜, 곧 그분의 말씀은 우리의 감각에 호소하는 물리적 지식이 아니다. 그것은 우리의 양심을 찌르는 종교 윤리로 임한다. 그것은 우리에게 '왜 천지 만물과 너를 창조하신 하나님을 믿지 않는가? 왜 하나님을 섬기는 마음으로 선을 행하지 않고 죄를 범하는가? 왜 속죄자이신 하나님의 아들 예수 그리스도를 믿지 않는가?'라고 말하며 우리의 양심을 찌른다. 그것이 바로 하나님의 말씀, 곧 성경의 교훈이다. 사람들이 능력을 받지 못하는 것은 성경 말씀을 머리로만 받아들이고 양심으로 대하지 않기 때문이다. 종교 윤리로 다가오는 말씀에 대하여 우리는 양심으로 받아들여야 한다.

"이는 다 총명 있는 자가 밝히 아는 바요 지식 얻은 자가 정직하게 여기는 바니라." 여기서 "총명 있는 자"라는 말과 "지식 얻은 자"라는 말은 두뇌가 좋거나 과학 지식이 많은 자를 의미하지 않는다. 아무리 두뇌가 좋은 사람이라 할지라도 종교적인 교훈에 무관심한 사람들이 많다. 그런 사람은 하나님의 말씀("지혜")을 깨닫지 못한다. 이런 사람들에 관하여 브리지스(Charles Bridges)는 다음과 같이 말한다. "그들은 자기 자신의 지혜를 믿으며(잠 3:5;

고전 1:20; 3:18), 거룩해지는 것보다 학문에 더 큰 관심을 가지며, 생명나무의 열매보다 선악과나무의 열매를 탐하기 때문에 하나님의 말씀을 깨닫지 못한다."[47] 그렇다면 어떤 사람이 "총명 있는 자" 또는 "지식 얻은 자"인가? 그런 사람은 영적으로 민감하고 또한 깨달음을 얻은 자이다. 그런 사람은 두뇌의(과학적) 지식이 적을지라도 영적 이치를 깨달아 간절히 사모한다. 예수님은 이런 사람을 "아이"에 비유하셨고(마 11:25; 시 8:2), 또한 "있는 자"(깨닫는 자라는 뜻으로도 볼 수 있음)로도 비유하셨다(마 25:29). 하나님의 말씀을 잘 이해하는 자는 이런 사람이다. 이런 사람에게는 성경에 기록된 어려운 문제들도 잘 믿어지고 깨달아진다. 위대한 신앙인인 조지 뮬러(George Muller)는 꿇어앉아서 성경을 백 번 읽었다고 한다. 그는 하나님의 말씀을 사모하는 간절함과 깨달음이 있는 자였다.

**10-11** 너희가 은을 받지 말고 나의 훈계를 받으며 정금보다 지식을 얻으라 대저 지혜는 진주보다 나으므로 원하는 모든 것을 이에 비교할 수 없음이니라. 여기서 말하는 "은"이나 "정금"이나 "진주"는 이 세상에서 가장 귀중하다고 평가받는 것들이다. 그러나 그것은 물질에 불과하다. 물질은 사람의 영혼을 구원하지 못한다. 사람의 영혼을 구원하는 분은 오직 하나님뿐이신데 인류에게 그것을 알려 주는 것은 지혜(영적 지혜)다. 그러므로 지혜는 이 세상의 모든 것보다 낫다. 여기서 "원하는 것"(כׇּל־חֲפָצִים)이라는 말은 "원해지는 모든 것"이란 뜻이다.

사람들은 이 세상에서 금은보화로 대표되는 물질을 우상으로 섬기고 있다. 그래서 하나님을 생각해 볼 여유가 없다. 물질을 얻으려고 생명, 정력, 시간, 그 외의 모든 것을 총동원한다. 이것이 인간이 한평생 살아가는 모습이다.

잠언의 저자가 여기서 은금보화를 거론한 목적은, 인류로 하여금 그것(은금보화) 대신에 하나님을 경외하게 하려는 것이다. 하나님을 섬기는 것만이

---

47) Charles Bridges, A Commentary on Proverbs (London: The Banner of Truth Trust, 1968), 73.

우리의 모든 것을 총동원할 만큼 가치 있는 일이다(전 12:13). 이같이 하나님을 섬기라는 것이 구약의 교훈이고(신 6:5), 또한 예수님의 교훈이다. 예수님께서 말씀하시기를 "누구든지 자기의 모든 소유를 버리지 아니하면 능히 내 제자가 되지 못하리라"고 하셨다(눅 14:25-27; 33). 이 구절에서 모든 소유를 버려야 한다는 것은 자신이 소유한 것을 자기의 것이라고 하지 않고 하나님의 것이라고 해야 한다는 것과 하나님의 영광을 위하여 그것을 사용해야 한다는 뜻을 내포한다. 그렇게 하면 그는 하늘에 보화를 쌓는다(마 6:20). 욥기 22:24-25에 말하기를 "네 보화를 티끌로 여기고 오빌의 금을 계곡의 돌로 여기라 그리하면 전능자가 네 보화가 되시며 네게 고귀한 은이 되시리니"라고 하였다.

물질을 다루는 것은 우리 생활에서 중요한 부분이다. 그러므로 신자는 이 일을 신앙적으로 해야 한다. 곧 자기가 귀중히 여기는 재물로 하나님을 정성껏 섬겨야 한다.

**12-13  나 지혜는 명철로 주소를 삼으며 지식과 근신을 찾아 얻나니 여호와를 경외하는 것은 악을 미워하는 것이라 나는 교만과 거만과 악한 행실과 패역한 입을 미워하느니라.** "지혜", 곧 그리스도는 특히 종교 윤리(신본주의 윤리)적으로 합당한 신자와 함께하여 주시며, 그런 신자들을 찾아 주신다("찾아 얻는다"; 12하). 그는 구원 사역에서 물리적인 것보다 종교 윤리적인 것을 중요하게 다루신다. 그러므로 여기 사용된 술어(명철, 지식, 근신)들은 모두 다 종교 윤리적인 관점으로 사용된 것이다. 곧 ① "명철"(עָרְמָה)이라는 말로 번역된 히브리어는 "슬기로움"(prudence)을 의미하며, 이것은 종교 윤리적인 죄를 범하지 않는 지혜를 말하는 것이고, ② "지식과 근신"(דַעַת מְזִמּוֹת)으로 번역된 말은 "판단의 지식"이라고 번역해야 하며, 이것도 일반 세속적 지혜를 말하는 것이 아니라 종교 윤리적인 선악을 바르게 분별하는 지식을 가리킨다. 그리스도("지혜"는 곧 그리스도이다)는 범죄하지 않도록 조심하는 신자들을 사랑하셔서 그들과 함께

하시며, 또한 그들을 찾아 주신다(12하). 이런 의미에서 요한복음 14:21에도 말씀하시기를 "나의 계명을 지키는 자라야 나를 사랑하는 자니 나를 사랑하는 자는 내 아버지께 사랑을 받을 것이요 나도 그를 사랑하여 그에게 나를 나타내리라" 하셨고, 요한복음 14:23에는 그가 "그에게(계명 지키는 자에게) 가서 거처를 그와 함께하리라"고 하셨다(참조. 요 4:23). 그리스도는 죄악과 함께하시지 않는다(시 5:4). 그는 여호와를 경외하시며 모든 죄악을 미워하신다. 여기 본문인 잠언 8:13 내용이 그 뜻이다. 영적인 죄악을 진정으로 미워하는 성결은 삼위일체 하나님(성부, 성자, 성령)께만 있다. 인간에게는 없다. 그리스도를 믿지 않는 것이 중대한 죄인데(요 16:9), 인간은 그것이 죄라는 것을 알지도 못한다. 그러니 어떻게 영적 죄악을 미워할 수 있겠는가(참조. 롬 8:7-8). 하나님은 우리의 죄악을 미워하실 뿐 아니라 그것을 없애시기 위하여 독생자도 아끼지 않고 죽음에 내어 주셨다(요 3:16). 그토록 죄를 미워하시는 것 역시 그리스도께서 하시는 일이다. 그것이 인간과 죄(뱀) 사이를 원수 되게 하시는(창 3:15) 구원 사역이다. 인간은 이 구속을 받은 후에야 진정으로 죄를 미워하기 시작한다.

    하나님께서는 모든 죄악을 미워하시지만 그중에서도 특히 "교만과 거만"(גֵּאָה וְגָאוֹן)을 더욱 미워하신다. 그러므로 그 죄악이 잠언 8:13 첫머리에 기록되었다. "거만"(גָאוֹן)이라는 말은 참람함을 가리킨다. 곧 넘치게 행동하는 것이다. 하나님은 교만한 자를 물리치시고 겸손한 자에게 은혜를 주신다(약 4:6). "교만은 패망의 선봉"이다(잠 16:18). 그는 "악한 행실과 패역한 입"도 미워하신다. 잠언 8:13에서 "악한 행실"(דֶּרֶךְ רָע)이라는 말은 "악한 길"이란 뜻이다. 즉 어쩌다가 잘못하는 것이 아니라 상습적으로 악을 행하는 것이다. 그리고 "패역한 입"(פִי תַהְפֻּכוֹת)이라는 말은 "뒤집어엎는 입", 곧 남의 인격을 모독하는 악독한 험담을 하는 입을 가리킨다. 이것도 어쩌다가 그렇게 잘못 말하는 실수를 의미하는 것이 아니라 항상 그렇게 말하는 입을 가리킨다. 사람들은 하나님께서 악한 말을 얼마나 미워하시는지 제대로 인식하지 못한다. 성경은 사람들의 잘못된 말이 심판을 받을 것이라고 하였다(시 12:3; 마 12:36).

**14-16** 내게는 계략과 참 지식이 있으며 나는 명철이라 내게 능력이 있으므로 나로 말미암아 왕들이 치리하며 방백들이 공의를 세우며 나로 말미암아 재상과 존귀한 자 곧 모든 의로운 재판관들이 다스리느니라. 이 말씀은 이 세상의 정치가들도 하나님께 지혜를 받아야 국가를 바르게 다스린다는 의미이다. 이러한 사실은 인류 역사에서 증명되었다. 예를 들면 성경에 계시된 하나님의 절대적인 주권과 예정을 바르게 깨달은 칼빈주의의 정치적 영향이다.

\* \* \* \* \*

{ 특별참고 }
## 하나님을 아는 지혜와 정치

칼빈주의란 성경을 가장 바르게 이해하고 믿는 사상, 곧 참된 지혜이다. 칼빈주의 사상의 특징을 말한다면, 그것은 성경을 모두 다 하나님의 말씀으로 믿는 동시에 특히 하나님의 절대적인 주권과 예정이 천하만사의 배후에 있다고 믿는 사상 체계이다. 하나님의 주권 사상과 예정 교리가 그것을 믿는 자들에게 능력 있는 신앙생활을 하게 해 준다는 것은 역사적 사실이다. 프라우드(Fraude)는 말하기를 "종교개혁자들은 체계 정연하고 성숙한 사람들이었다. 깨뜨리기 어려운 어두운 시대에는 견고한 사상가들이 필요하다. 그들은 하나님의 주권 사상과 예정 교리를 믿었다"라고 하였다. 우리는 종교개혁 운동이 바로 아우구스티누스주의라고 생각한다. 예정 교리에 대한 신앙은 교회가 부패한 시대의 모든 미신적인 사상을 파괴할 수 있었다.

1) 영국의 혁명가(개혁 신앙가)들이 메리(Mary) 여왕 핍박 시대에 제네바에 망명하여 칼빈에게 신학을 배우고, 이후 엘리자베스 여왕 때 교회의 지도자들이 되었다. 스코틀랜드 개혁파와 영국의 청교도들은 그 시대의 진리 파수자들이었다. 매컬리(Macauly)는 말하기를 "청교도는 이 세상에 태어난 사람들 중 가장 놀라운 무리였다."라고 하였고, 뱅크로프트(Bancroft)는 말하기를 "영국 국민은 청교도들 때문에 개신교 국민이 되었다."라고 증언하였다.

영국의 크롬웰(Cromwell)은 칼빈주의 신앙을 가진 군인으로서 그의 군대를 칼빈주의 사상으로 훈련시켰다. 그 결과 그의 군대는 청백과 용맹함이 매우 탁월했다. 이 청교도의 군대는 많은 난관 가운데서도 정복하지 않고는 물러가지 않았고, 그들을 대항하는 세력을 반드시 파괴했다. 이 군대에는 맹세하는 말이 들리지 않았고, 술 취하거나 도박하는 일이 없었고, 그들이 점령하는 기간에는 시민의 재산이 보호되었으며, 여자들이 귀하게 여겨졌다고 한다. 그러므로 어떤 학자는 다음과 같이 말하였다. "17세기 인류의 정치 문제는 영국의 문제에 달려 있었다. 만일 그 당시 청교도들이 아니었다면 이 세계에서 정치적 자유를 보지 못했을 것이다."라고 하였다.

크롬웰에게는 세 번이나 영국 왕관이 제공되었으나 그는 그것을 거절하였다. 청교도들의 신앙 사상은 명백한 칼빈(J. Calvin) 체계였기 때문이다. 그들 덕분에 영국에 자유가 보존되었다. 피스크(Fiske)라는 과학자는 말하기를 "인류는 칼빈에게 진 빚이 막대하다."라고 하였다.

2) 스코틀랜드에서도 하나님의 주권 사상과 예정 교리가 큰 역할을 하였다. 유명한 역사가들은 말하기를 "칼빈주의가 스코틀랜드에 오기 전에는 그 나라가 어두웠다. 그 당시 스코틀랜드 국민은 로마 교회의 맹목적인 노예였고, 신부들의 이용물이었고, 몸과 마음, 그리고 도덕적으로 무식하고 부패하고 저열하였다."라고 하였다. 뱅클(Banckle)이라는 학자는 말하기를 "그 당시

스코틀랜드 국민은 인격이나 가정이 정상적이지 않았고, 가난하고, 비참하였으며, 무식하고 미신적이었다. 그러나 존 녹스(J. Knox)가 예정 교리를 믿는 칼빈주의를 가지고 일어나게 되었다. 그는 제네바에서 5년 동안 칼빈 문하에서 배웠으며, 칼빈보다 네 살 더 많은 신앙의 위인이었다. 그는 새벽에 올라오는 태양과 같았다. 그는 칼빈주의를 스코틀랜드의 종교로 만들었다. 그 결과 그 나라 도덕의 표준은 세계적인 모본이 되었다. 칼빈주의가 있는 곳에서는 죄악의 세력이 약해진다는 것이 정평이다."라고 하였다.

유명한 문학자 칼라일(Carlyle)은 말하기를 "녹스(J. Knox)가 자기 나라를 위하여 한 일은 죽음에서 부활을 일으킨 것과 같다."라고 하였다. 프라우드(Fraude)도 말하기를 "존 녹스가 아니었다면 오늘날과 같은 스코틀랜드는 있을 수 없다."라고 하였다.

3) 다음으로 프랑스의 칼빈주의 역사를 생각해 볼 수 있다. 프랑스의 칼빈주의자들은 위그노(Huguenots)라는 별명을 받았다. 위그노라고 하면 세상이 다 알았다. 그들의 도덕적 순결과 영웅성에 그들의 원수와 친구가 다 함께 탄복했다. 영국의 백과사전은 다음과 같이 말한다. "위그노의 역사는 영원히 사라질 수 없는 놀라운 사실이고, 강한 종교적 확신에서 나타난 권능의 표현이다." 불행하게도 1572년 8월 24일에 성 바르톨로메오 기념일 학살은 거대한 숫자의 위그노를 희생시켰다. 유명한 교회 역사가인 샤프(Schaff)의 증거에 의하면, 그때에 학살된 위그노의 수효가 삼만 명이라고 한다. 이 학살로 인한 프랑스의 손실은 막대했다. 영국의 역사가 매컬리(Macauly)는 말하기를 "영국에 망명해 온 위그노들은 지적으로, 도덕적으로 유럽의 어느 나라 사람들보다 뛰어났다."라고 하였고, 렉키(Lecky)라는 위대한 역사가는 자신이 냉정한 합리주의자이면서도 위그노에 대하여 다음과 같이 말하였다. "위그노 학살은 프랑스의 가장 진실하고 온전하고 유력하고 밝은 국가의 별들을 멸절시킨 것이다. 이로 말미암아 프랑스의 불가피한 타락이 시작되었

다. 그 학살이 없었더라면 위그노의 사상은 프랑스의 종교와 정치를 타락시킨 회의주의의 세력을 깨뜨렸을 것이다." 우리는 이 점에 관한 프랑스 혁명을 잘 알고 있다. 프랑스 혁명은 인류 역사에서 세계 타락의 도화선이라고 할 수 있는 악질 혁명이었다. 프랑스 혁명의 결과로 인류는 신본주의를 버리고 인본주의로 돌아갔으며, 내세와 진리와 종교를 무시하고 물질만능주의로 떨어지게 되었다. 따라서 세계 인류는 물질주의로 팽창하여 도덕과 의리와 권위와 종교를 무시하고 먹기 위하여 모든 것을 파괴하는 공산주의 혁명으로 타락하게 되었다. 프랑스 혁명과 러시아 혁명은 서로 연결된다. 즉 프랑스는 진리의 유일한 세력이자 신본주의의 유일한 전진(戰陣)이었던 위그노를 학살하였기 때문에 타락하게 되었다. 오늘날 미술계의 타락성을 보이는 그림 대부분이 파리(Paris)에서 나왔고, 남녀 간의 문란한 풍속도 그곳에서 나온 것이 적지 않다.

4) 네덜란드의 칼빈주의 역사를 살펴보면, 그 나라엔 신앙을 위하여 불 가운데서, 혹은 구덩이에서, 혹은 칼날 아래에서, 혹은 교수대에서 순교한 성도들이 많았다는 것을 알 수 있다. 그러나 네덜란드 신교도들에 대한 스페인의 압제는 칼빈주의의 영웅적인 신앙 투쟁에 의하여 결국 파괴되었다. 역사가들은 칼빈주의 정신이 아니었더라면 그때의 난관을 돌파할 수 없었을 것이라고 말한다. 그 시대의 순교자 대부분이 칼빈주의자들이었다. 루터파 신자들과 아르미니우스 교도들은 극히 소수만 순교하였다. 프륀(Fruin) 교수는 말하기를 "스위스에서나 프랑스에서나 스코틀랜드에서나 영국에서나 네덜란드에서나 그 어디에서든지 종교 개혁자들은 위험한 자리에서도 그들의 지반을 닦았다. 그중에서도 칼빈주의가 중요한 역할을 하였다"라고 하였다. 특히 우리는 청교도와 네덜란드의 연관성을 잊을 수 없다. 영국에서 미국으로 피난을 가던 순례자들은 미국에 가기 전에 먼저 네덜란드에 들러서 칼빈주의 신학을 접하게 되었다. 클리프톤(Clyfton), 브루스터(Brewster) 등은 케임

브리지(Cambridge) 대학의 영웅들로 이때에 네델란드를 거쳤다. 그들은 제네바에서 칼빈이 해석한 원리들을 굳게 잡았던 강한 지도자들이었다.

5) 마지막으로 미국의 칼빈주의는 어떠한 역사를 지니고 있을까? 미국의 칼빈주의는 메이플라워(May Flower) 배를 타고 망명한 청교도들의 신앙이었다. 그들은 아메리카에 상륙하여 신앙을 중심으로 모든 일들을 시작했다. 그들은 주로 미국 동쪽에 거주했다. 미국 동쪽은 오늘날까지 미국 문화가 가장 왕성한 곳이다. 반면에 유럽 각국에서 미국으로 이민한 사람들 중 금을 얻기 위하여 온 자들은 대부분 미국 서부(西部)에 정착하였다. 오늘날 미국 서부는 문화적 수준으로나 인문으로나 동부에 미치지 못한다. 이제 미국 건국 초기에 칼빈주의자들이 활약한 역사를 살펴보겠다. 사람들이 말하기를, 미국이 독립할 당시 이백만이나 되는 미국 사람 중 구십만이 존 녹스(J. Knox)의 칼빈주의 사상을 받은 스코틀랜드 계통이고, 육십만이 영국의 청교도였고, 네덜란드와 독일 계통의 칼빈주의자들이 사십만이었다고 한다. 그리고 거기에 섞여 있는 감독교도들도 칼빈주의의 감화가 많은 39조 신조를 가진 자들이었다고 한다. 이것을 보면 그때의 2/3 정도 인구가 칼빈주의 사상을 가졌던 사람들이었음을 알 수 있다.

프랑스의 역사가 텡(Tain)은 종교적 신앙이 없는 사람이지만, 칼빈주의 신앙가들에 대하여 다음과 같이 말하였다. "그들이 영국의 진정한 영웅이다. 그들은 스튜어트 왕통이 부패하였음에도 불구하고 책임 이행과 정의 실행과 견고한 노력과 공의에 대한 변증과 압제에 대한 반항과 죄악을 누르는 힘으로 영국을 세웠다. 그들은 스코틀랜드를 세웠고 미합중국을 세웠다"(L. Boettner의 『칼빈주의 예정론』에서 인용).

**17** 나를 사랑하는 자들이 나의 사랑을 입으며 나를 간절히 찾는 자가 나를 만날 것이니라. 여기서는 하나님의 지혜(계시된 말씀, 혹은 로고스이신 그리스도)의 사랑을

받을 자의 자격을 알려 준다. 그것은 하나님의 지혜, 곧 말씀을 사랑하여 사모하는 자이다. 사랑한다는 것은 살아 있는 인격이 인격에게 사용하는 말이다. 하나님의 말씀은 죽은 이론도 아니고 개념도 아니고 규칙도 아니다. 그것은 살아 계신 하나님의 영감 있는 말씀이다. 따라서 그것은 오늘도 살아 계시는 하나님께서 주관하시고 사용하신다. 그러므로 그 말씀을 대하는 자는 오늘도 그 배후에 살아 계신 하나님을 대면하는 경건한 마음을 가져야 한다. 그 말씀에 대한 신뢰심도 없고 성의도 없는 자(곧 사랑하지 않는 자)는 살아 계시고 거룩하신 하나님의 깨닫게 하여 주시는 은혜를 받을 수 없다. 하나님은 그의 보배(말씀)를 지키시며, 주실 만한 사람에게만 주신다(참조. 마 7:6).

하나님을 간절히 찾는 사람만이 그분의 응답을 받는다(시 5:3; 63:1; 119:147; 사 26:9; 호 5:15; 마 7:7-8; 눅 11:8; 18:1-8). 하나님께서 인류에게 그분(혹은 그의 말씀)을 사랑하라고 요구하신 것은 전적으로 인류를 구원하시기 위함이다. 인류가 하나님의 사랑을 알아야만 그를 믿게 되고, 믿어야만 그의 구원의 선물을 받게 된다. 하나님을 사랑하지 않는 자는 그를 향하여 자기의 마음 문을 닫고 있는 것이다. 그는 생명의 근원이 귀한 줄 모르고 사랑할 줄도 모른다. 그러므로 사도 바울은 말하기를 "만일 누구든지 주를 사랑하지 아니하면 저주를 받을지어다 우리 주여 오시옵소서"라고 하였다(고전 16:22).

**18-21** 부귀가 내게 있고 장구한 재물과 공의도 그러하니라 내 열매는 금이나 정금보다 나으며 내 소득은 순은보다 나으니라 나는 정의로운 길로 행하며 공의로운 길 가운데로 다니나니 이는 나를 사랑하는 자가 재물을 얻어서 그 곳간에 채우게 하려 함이니라. 이 구절들은 다음과 같이 개역할 때 그 의미가 더 분명해진다. "부요와 존귀가 내게 있고 영구한 부요와 의도 그러하니라 내 열매는 금과 정금보다 좋으며 나의 소득은 정화된 은보다 좋으니라 나는 의로운 길과 공평한 길 가운데로 인도하나니 이는 나를 사랑하는 자로 실속 있는 것을 기업으로 얻게 하려 함이니

라 그들의 창고를 내가 채우리라." 이 말씀은 하나님의 지혜(곧 그리스도)가 신자들에게 이 세상 재물을 풍부히 주신다는 것이 아니라, 이 세상 재물(은과 금)보다 더 좋은 것(19절)을 주신다는 것이다. 그것은 영구한 부요이므로(18절) 하늘의 것이며 영원한 내세의 것이다. 또한 그것은 인간이 노력한 대가가 아니고, 은혜로 거저 받는 기업(21절)이다.

여기 언급된 부요와 존귀(18상)는 인간이 하나님을 소유해야만 기업으로 누릴 수 있었던 것이다. 하나님께서는 본래 인간을 창조하신 후 그에게(인간에게) 부요와 존귀를 주셨다. 그가 만물을 그에게 맡겨 다스리게 한 것이 부요와 존귀였다(창 1:28). 그것이 바울이 말한 "세상의 상속자"(롬 4:13)다. 세상의 상속자라는 것은 우주 만물을 기업으로 받아 누린다는 뜻이다. 본래 인간은 이같이 부요와 존귀를 받고 있었지만 범죄한 결과로 그것을 상실하였다. 그러나 후에 하나님의 지혜, 곧 로고스(말씀)이신 그리스도께서 인간을 속죄하여 주셨으므로, 인간은 다시 만물을 기업으로 받게 되었다. 그것은 그리스도께서 친히 우주 만물의 상속권을 받아(요 3:35; 13:3; 히 1:2) 우리의 구원을 완성하시고, 우리로 하여금 그와 함께 상속자가 되게 하시기 때문이다(롬 8:17). 그러므로 만물은 마침내 성도들의 것이 된다(고전 3:22-23).

**22-31** 여호와께서 그 조화의 시작 곧 태초에 일하시기 전에 나를 가지셨으며 만세 전부터, 태초부터, 땅이 생기기 전부터 내가 세움을 받았나니 아직 바다가 생기지 아니하였고 큰 샘들이 있기 전에 내가 이미 났으며 산이 세워지기 전에, 언덕이 생기기 전에 내가 이미 났으니 하나님이 아직 땅도, 들도, 세상 진토의 근원도 짓지 아니하셨을 때에라 그가 하늘을 지으시며 궁창을 해면에 두르실 때에 내가 거기 있었고 그가 위로 구름 하늘을 견고하게 하시며 바다의 샘들을 힘 있게 하시며 바다의 한계를 정하여 물이 명령을 거스르지 못하게 하시며 또 땅의 기초를 정하실 때에 내가 그 곁에 있어서 창조자가 되어 날마다 그의 기뻐하신 바가 되었으며 항상 그 앞에서 즐거워하였으며 사람이 거처할 땅에서 즐거워하며 인자들을 기뻐하였느니라. 이 부분은 "지혜", 곧 하나님의 말씀이 자기 권위에 대하여 진술한 것

이다. 그 권위는 창조자의 권위이다. 그러므로 사람들은 그 권위 앞에 순종하고 그의 말씀을 따라가야 한다. 창조 질서의 근본에 복종하지 않고 반역하는 자는 자기 자신의 뿌리를 끊는 어리석은 자이다. 한 가지 생각해 볼 것은 이 구절의 발언자는 "지혜"인데, 그렇다면 하나님의 속성인 지혜가 시적으로 인격화된 것일까? 혹은 이 구절의 발언자인 "지혜"가 로고스(λόγος)이신 그리스도이신 걸까?

이것은 올바르게 해석되어야 한다. 리델보스(H. Ridderbos)는 다음과 같이 말한다. "잠언 8장의 지혜는 가상의 인격으로 표현된 것일 뿐 실제 인격은 아니다."[48]

그러나 바빙크(H. Bavinck)는 잠언 8장의 지혜가 신약 시대의 그리스도를 가리킨 것이라고 하였다.[49] 누가복음 7:35을 보면 "지혜는 자기의 모든 자녀로 인하여 옳다 함을 얻느니라"고 하였다. 여기서 예수님은 지혜라는 말로 자기 자신을 생각하신 것이 분명하다. 그뿐 아니라 잠언 8장을 자세히 읽어 보면, 그 내용이 예수 그리스도를 가리킨 요한복음 1:1-5을 연상시킨다. 특히 잠언 8:22-31은 지혜가 태초에 하나님과 함께 있었다는 것을 강조하는데(참조. 27하, 30하), 요한복음 앞부분(특히 1:1-2)도 로고스(그리스도)에 대하여 그렇게 말한다. 잠언 8장의 "세움을 입었다"(נִסַּכְתִּי; 23하)라는 말과 "이미 났으며"(חוֹלָלְתִּי; 24하)라는 말은 얼핏 보면 영원 전부터 계셨던 그리스도에게 맞지 않는 말 같다. 그러나 이런 표현들이 반드시 그리스도의 존재의 시작을 가리킨다고 할 수는 없다. 이 표현들은 그리스도께서 사역적으로 아버지 하나님께 종속되심을 보여 주는 것뿐이다. 시편 2:7에도 하나님께서 그리스도에게

---

48) Herman Ridderbos, Paulus En Jezus (Kampen: J. H. Kok, 1952), 124: "Hierby komt dan voorts nog, dat figuur van de Wijsheid in Spr. 8 duidelijk het karakter draagt van een half-abstracte persoonificatie, niet van een persoon."

49) H. Bavinck, Geref. Dog. II (J. K. Kok), 171.

말씀하시기를 "너는 내 아들이라 오늘 내가 너를 낳았도다"라고 하셨는데, 이것은 그리스도의 부활을 예언하면서 그의 사역이 아버지 하나님으로 말미암는다는 뜻이기도 하다. 이 말씀은 신약에서 그리스도에게 몇 차례 사용되었다(행 13:33; 히 1:5).

"세상 진토의 근원"(잠 8:26하). 이것은 "세상 진토의 머리"라는 뜻이며 경작할 수 있는 비옥한 땅을 가리킨다.

"궁창을 해면에" 두르셨다는 것(27하)은 바다의 수평선을 가리킨다. 이 부분(22-31절)에는 시적인 표현이 많다. 수평선은 바다가 하늘 휘장으로 두루 싸여진 느낌을 준다. 그것도 하나님의 창조 질서의 장엄한 아름다움을 보여 준다. 바다를 두루 항해하는 자들은 이것을 감상하게 된다. 잠언 저자는 이 점에서도 하나님의 창조의 위력을 찬송한다.

"구름 하늘을 견고하게 하시며"(28상). 여기서 "구름 하늘"(שְׁחָקִים)이라는 말은 궁창을 말한다. 태초에는 공중에도 물이 꽉 차 있었기 때문에 지금의 궁창과 같은 것이 없었다. 그러나 하나님께서 물의 세계를 정리하심으로써(창 1:6) 공기의 세계가 나타나게 되었다. 이같이 창조된 궁창은 그분이 지으신 대로 세상 끝날까지 계속된다. 하나님께서 하신 이러한 일이 바뀌지 않는다는 의미에서, 저자는 그것을 "견고하게 하시며"라는 말로 표현하였다.

"샘들을 힘 있게 하시며"(잠 8:28하). 이것은 넓고 깊은 바다를 창조하신 하나님의 위대하신 능력을 찬송하는 말씀이다. 저 큰 바다의 물은 마르지 않는다. 그 물의 근원이 위대함을 알 수 있다. 그것도 하나님이 보장하신다(참조. 시 33:11). 이런 의미에서 "힘 있게" 하셨다고 표현한다.

"땅의 기초를 정하심"(잠 8:29). 이 말은 하나님께서 땅이 그대로 장구하게 유지되도록 만드셨다는 것이다. 이 말씀을 땅이 어떤 기초나 터전 위에 자리 잡고 서 있는 것으로 생각할 필요는 없다. 기초를 정하셨다는 것은 시적인 표현으로, 땅이 그대로 유지되게(전 1:4) 하시는 하나님의 견고하신 역사를 가리킨 것이다.

"인자들을 기뻐하였었느니라"(잠 8:31하). 이 말은 그리스도께서 사람들을 사랑하여 기뻐하신다는 뜻이다(참조. 렘 31:3). 그는 인자들(사람들)의 죄를 담당하시는 속죄의 고난도 만족하셨다(참조. 사 53:10-11; 마 20:28; 딤전 2:4; 딛 3:4).

**32-36** 아들들아 이제 내게 들으라 내 도를 지키는 자가 복이 있느니라 훈계를 들어서 지혜를 얻으라 그것을 버리지 말라 누구든지 내게 들으며 날마다 내 문 곁에서 기다리며 문설주 옆에서 기다리는 자는 복이 있나니 대저 나를 얻는 자는 생명을 얻고 여호와께 은총을 얻을 것임이니라 그러나 나를 잃는 자는 자기의 영혼을 해하는 자라 나를 미워하는 자는 사망을 사랑하느니라. 여기서 또다시 지혜가 그 제자들에게 하나님의 말씀을 청종하라고 부탁한다. 사람들이 하나님의 말씀을 효과적으로 듣는 태도는 정성과 신뢰를 가지고 받는 것이다. "날마다 내 문 곁에서 기다리"는(34절) 태도가 바로 그러한 것이다. 이러한 태도는 애걸하는 자의 모습과 같다. 누구든지 하나님의 말씀으로 은혜를 받으려면 그분 앞에서 고자세를 가지면 안 된다. 자신의 생사 문제가 달려 있다는 것을 알고, 하나님 앞에 나아가 신뢰를 가지고 간절히 애걸해야 한다. 델리취(Delitzsch)는 여기서 "문설주 옆에서" 기다린다는 말씀에 대하여 다음과 같이 말하였다. 곧 이것은 왕궁에서 왕을 수종드는 일을 가리킨 말인데, 하나님의 말씀을 구하는 자들이 그와 같이 겸손하게, 또는 간절하게 해야 한다는 뜻이라고 한다.

# 제 9 장

## ✥ 내용분해

1. 연회로 비유된 그리스도의 복음 전파(1-6절)

    1) 그 연회의 완전성(1-2절)

    2) 전파의 처소(3절)

    3) 전파의 대상(4절)

    4) 복음을 받는 방법(5-6절)

2. 사람들에게 영적 지식을 배양하는 방법 중 한 가지 원리(7-9절)

    1) 교만한 자는 버려둘 것(7-8상)

    2) 지혜 있는 자를 가르칠 것(8하-9)

3. 지혜의 의미와 중요성(10-12절)

    1) 지혜는 하나님을 경외하는 것(10절)

    2) 지혜를 받으면 영생함(11-12상)

    3) 교만하여 지혜를 받지 않는 자는 망함(12하)

4. 미련한 여자의 어리석은 전파 행동(13-18절)

    1) 전파의 장소(14절)

2) 전파의 대상(15-16절)

3) 전파의 내용(17절)

4) 전파 내용에 유인된 자들의 멸망(18절)

## ↓ 해석

**1** **지혜가 그의 집을 짓고 일곱 기둥을 다듬고.** 여기서 말하는 "집"은 하나님의 교회를 비유한다(마 16:18; 엡 2:20-22; 딤전 3:15; 히 3:3-4). 교회를 이런 비유로 진술한 이유는 교회는 영혼이 안식하는 곳이기 때문이다. 사람이 엿새 동안 힘써 일한 뒤에는 영혼을 위하여 하루의 안식이 필요한 것처럼, 영원한 것과 신령한 것과 내세에 대하여 가르침을 받을 장소, 또는 기도할 장소가 필요하다. 그의 영혼은 여기서 평안을 얻을 수 있다. 하나님의 교회가 "일곱 기둥"으로 건축되었다는 말씀은 그 교회의 견고함과 완전함을 가리키는 비유이다. 숫자 '7'은 여기서 문자적으로 일곱을 의미하지 않고, 단지 완전함을 비유하는 것이다. 예수 그리스도의 말씀과 같이 음부의 권세도 그의 교회를 이기지 못한다(마 16:18). 그 이유는 하나님께서 ① 그의 교회를 그분의 능력으로 세우셨기 때문이다. 신약의 복음 사역은 그가 친히 땅 위에 오셔서 행하신 권능의 역사이다(행 1:8). ② 그의 진실하심으로 그 교회를 세우셨기 때문이다. 교회의 머리 되신 예수 그리스도의 속죄하시는 구원은 구약의 약속 성취로 성립되었다(고후 1:20). ③ 하나님 자신의 희생으로 그 교회를 성립시키셨기 때문이다. 하나님의 교회는 하나님이 피로 사신 교회이다(행 20:28).

**2** **짐승을 잡으며 포도주를 혼합하여 상을 갖추고.** 이것은 큰 연회를 베푼 것을 가리키는 말씀이며, 교회를 통한 예수 그리스도의 천국 운동을 비유한다(마 22:1-14). 연회는 사람들의 허기나 채워 주는 것이 아니다. 기쁘고 맛있게 포

식하는 것이다. 그리스도의 복음이 영적으로 그런 목적을 성취한다. 복음을 믿는 자들은 영원토록 목마르지 않고 만족하게 된다(참조. 요 4:14; 7:38; 사 55:1-2; 65:17-25; 계 22:17).

**3 자기의 여종을 보내어 성중 높은 곳에서 불러 이르기를.** 누구든지 다 들어야 하고 믿어야 할 진리이기 때문에 그것을 전파할 장소는 높은 곳이다. 예수 그리스도께서 십자가에 죽으신 것도 높이 달리신 죽음이었다. 그가 달리신 십자가가 선 곳도 골고다의 언덕이었고, 큰길가였다. 그가 이렇게 죽으신 것은 천하 만민에게 전파되어야 할 복음이다(마 24:14). 그러므로 ① 이 복음을 땅끝까지 전파해야 되고(마 28:19; 행 1:8), ② 때를 얻든지 못 얻든지 항상 전파해야 하며(딤후 4:2), ③ 사람들이 듣든지 듣지 않든지 전파해야 한다(겔 2:7). 이것은 그만큼 참되고 완전하고 유일한, 복된 말씀이다(참조. 마 10:26-27).

**4 어리석은 자는 이리로 돌이키라 또 지혜 없는 자에게 이르기를.** 여기서 "어리석은 자"(פֶּתִי)라는 말은 개방된 자, 곧 마음에 든 것이 없어서 일정한 주장이 없는 자를 말한다. "지혜 없는 자"라는 말도 여기서는 역시 그런 사람을 가리킬 것이다. 하나님은 무엇을 안다고 스스로 생각하는 교만한 자보다는 이처럼 어리석은 자들을 택하셔서 복음을 믿게 하신다(참조. 고전 1:27-29; 마 11:25).

이미 복음을 받고 믿어서 장성해 가는 신자도 스스로 섰다고 생각하지 말고, 늘 자기 자신을 어린아이같이 생각하여 넘어질까 조심해야 한다(고전 10:12). 사도 바울은 말하기를 "내가 약한 그 때에 강함이라"고 하였다(고후 12:10). 자기 자신을 약하게 보고, 고난과 천대를 받아 마땅한 줄 아는 자에게 하나님의 능력이 머문다(고후 12:9).

**5-6 너는 와서 내 식물을 먹으며 내 혼합한 포도주를 마시고 어리석음을 버리고 생명을 얻으라 명철의 길을 행하라 하느니라.** 이 말씀은 기독교 신자의 신앙생활을 보여 준다. ① 그리스도를 믿는 것은 음식물을 먹고 마시는 것과 같다(5절). ② 그와 같은 방법으로 그리스도를 믿는 자는 죄를 버리고 영생을 얻는다(6상). ③ 영

생을 얻은 자는 성화되도록 힘써 선을 행해야 한다(6하).

"먹으며…마시고." 그리스도를 믿는 것이 먹고 마시는 것과 같다는 교훈은 그리스도께서도 가르치신 바다(요 6:53-56). ① 신앙생활은 이론이 아니다. 그것은 사람의 생사 문제를 취급하는 것이다. 그것은 주리고 목마른 자가 음식물을 섭취하듯 실제로 그리스도께 헌신하는 결단이다. ② 모든 사람은 음식물을 섭취할 때에 진실하다. 음식을 먹는 일에 외식하는 자는 거의 없다. 사람이 음식을 먹을 때에는 그것을 자기의 속으로 깊이 흡수한다. 그것을 자기 몸 깊숙이 섭취하여 자기의 살과 피가 되게 한다. 사람이 그리스도를 믿는 것도 이같이 진실해야 한다.

**7-8상.** 거만한 자를 징계하는 자는 도리어 능욕을 받고 악인을 책망하는 자는 도리어 흠이 잡히느니라 거만한 자를 책망하지 말라 그가 너를 미워할까 두려우니라. 여기서 말하는 "거만한 자"는 진리의 교훈을 비웃는 자(scoffer)이다. 그런 자는 교훈을 들을 때에 더욱 완악해진다. 그러므로 하나님께서는 그런 자를 버려두라고 하신다(참조. 마 7:6). 그와 같이 극도로 교만한 자는 하나님만이 다스리실 수 있다. 그는 하나님께로부터 오는 징벌을 받을 때가 있다. 잠언 29:1에 "자주 책망을 받으면서도 목이 곧은 사람은 갑자기 패망을 당하고 피하지 못하리라"고 하였다. 그를 다스릴 수 있는 자격이 있는 분은 오직 하나님뿐이다. 그러므로 약한 인간으로서 그를 다스릴 것처럼 덤빌 필요가 없다.

이 점에서 한 가지 생각할 것이 있다. 곧 교만한 자가 충고를 받지 않고 도리어 반항하는 이유가 무엇인가, 하는 문제이다. 그가 그와 같이 반항하는 이유는, ① 교만으로 어두워져서 진리를 모르고 자기가 행한 것이 옳다고 생각하기 때문이고, ② 언제나 자존심이 강하기 때문에 자기에게 충고나 권면하는 자를 도리어 자기를 낮추는 사람으로 인정하기 때문이다. 그러나 소위 자존심이라는 것은 죄악이다. 성경 말씀은 우리에게 남을 나 자신보다 낫게 여기라고 하였다(빌 2:3).

**8-9** 지혜 있는 자를 책망하라 그가 너를 사랑하리라 지혜 있는 자에게 교훈을 더하라 그가 더욱 지혜로워질 것이요 의로운 사람을 가르치라 그의 학식이 더하리라. 여기서 "지혜 있는 자"라는 말은 하나님을 경외하는 자를 말하고(10절) "의로운 사람"을 가리킨다(9하). 이것은 두뇌의 총명함보다는 심령의 올바른 태도를 염두에 둔 말이다. 이런 사람은 하나님을 두려워하는 만큼 겸손하여 진리를 더 배우고자 하며, 또 경건 생활이 성장하기를 간절히 원한다. 그래서 그는 의인의 책망을 달게 받는다(시 141:5). 이같이 책망을 달게 받는 자는 새로운 은혜를 받는다. 다윗은 일시적으로 범죄하였으나 그 일에 대하여 나단의 책망을 달게 받았으며(삼하 12:1-15), 시므이의 험악한 저주도 하나님께서 허락하신 일로 여겼다(삼하 16:5-13). 신약 시대의 수로보니게 여자는 예수님께서 시험하시는 냉대 앞에서도 물러서지 않고 끝까지 그의 은혜를 구했고(마 15:21-28), 에티오피아 여왕의 내시는 하나님의 말씀을 그가 탄 병거 안에서도 읽을 정도로 사모하였으므로 은혜를 받았다(참조. 행 8:26-38; 시 42:1). 이같이 사모하는 자를 교육할 때에 교육의 효과가 크다. 이것이 예수님의 영적인 교육 원리이다. 그분은 사모하는 마음과 순종하는 마음이 있는 자에게 더욱 많은 은혜를 주신다(마 25:29). 이것을 보면 종교 교육은 강압적인 수단으로 할 수 없고, 배우는 자의 성의를 바탕으로 해야 한다. 그러므로 설교자는 먼저 신령한 것에 대한 각성, 관심, 욕구 등을 배양해야 한다. 배우는 자의 열정을 북돋워야 한다는 것은 일반 교육에서도 황금률이다.

동양의 옛글인 주역(周易)의 몽괘(蒙卦, 여덟 가지 괘를 여덟 번 겹쳐서 얻은 64가지의 괘)에 다음과 같은 말이 있다. "학생을 가르치려면 학생 스스로 선생에게 배우기 원하는 의욕이 생기도록 유도해야 한다." 주역은 인류의 경험으로 이루어진 책이므로 거기에는 종교적 권위가 없다. 그러나 그 교훈 중에도 처세 방법을 가르친 유익한 말들이 있으므로 생각해 볼 만하다.

**10-12** 여호와를 경외하는 것이 지혜의 근본이요 거룩하신 자를 아는 것이 명철이니라

나 지혜로 말미암아 네 날이 많아질 것이요 네 생명의 해가 네게 더하리라 네가 만일 지혜로
우면 그 지혜가 네게 유익할 것이나 네가 만일 거만하면 너 홀로 해를 당하리라. 신자가 여
호와를 경외하는 것은 여호와의 거룩하신 성품 때문이다(10하). 이 땅에 있
는 신자는 아직 완전히 성화되지 않았지만 거룩하신 자를 알기 때문에 그를
두려워하지 않을 수 없다. 태양빛에 방 안의 먼지가 드러나는 것처럼, 거룩하
신 하나님 앞에서 행하는 신자는 자기의 죄악을 많이 발견하게 된다. 그래서
그는 하나님을 두려워한다. 그러나 이 점에서 우리는 하나님을 경외하는 것
이 노예가 주인에게 갖는 공포가 아니라는 사실을 기억해야 한다. 하나님을
경외하는 것에는 하나님을 즐거워하며 사랑하는 마음도 포함된다. 시편 2:11
에 "여호와를 경외함으로 섬기고 떨며 즐거워할지어다"라고 하였다. 여호와
는 거룩하신 동시에 그 인자하심이 영원하시며(시 136편), 죄를 사유하심도
그에게만 있고(시 130:3-4), 구원하심도 그에게만 있다(시 121편; 계 7:10).

그렇다면 "여호와를 경외함이 지혜의 근본"이라고 한(잠 9:10하) 이유가
무엇인가? 그것은 여호와를 경외하는 자가 영생을 얻기 때문이다. "날이 많
아질 것이요"라는 말과 "생명의 해가 네게 더하리라"라는 말은 실질적으로
영생을 의미한다. 사람이 여호와를 경외(신앙)하여 지혜로우면 영생을 얻고,
교만하여 그를 믿지 않으면 손해를 당할 뿐이다(12절).

**13-18** 미련한 여인이 떠들며 어리석어서 아무것도 알지 못하고 자기 집 문에 앉으며 성
읍 높은 곳에 있는 자리에 앉아서 자기 길을 바로 가는 행인들을 불러 이르되 어리석은 자는
이리로 돌이키라 또 지혜 없는 자에게 이르기를 도둑질한 물이 달고 몰래 먹는 떡이 맛이 있다
하는도다 오직 그 어리석은 자는 죽은 자들이 거기 있는 것과 그의 객들이 스올 깊은 곳에 있
는 것을 알지 못하느니라. 이 말씀은 창기의 미혹에 대한 것이다. 앞에 기록된 것
처럼, 인류에게는 한편으로 하나님의 구원하시는 초청이 있고, 다른 한편으
로는 악마의 사자들이 미혹하는 일도 있다.

"떠들며"(13절). 7:11의 해석을 참조하라.

"성읍 높은 곳"(14절). 마귀의 미혹함도 이 세상에서 그 선전을 넓히기 위해 힘쓴다.

"자기 길을 바로 가는 행인"(15절). 마귀는 하나님께서 택하신 자도 미혹시키려 한다(마 24:24; 벧전 5:8). 그러므로 선 줄로 생각하는 자는 넘어질까 조심해야 한다(고전 10:12).

"어리석은 자는 이리로 돌이키라"(16절). 여기서 "어리석은 자"는 마음의 문을 연 자를 말한다. 그는 아직 진리를 모르기 때문에 미혹에 빠지기 쉽다.

"도적질한 물이 달고 몰래 먹는 떡이 맛이 있다 하는도다"(17절). 범죄하는 자들의 행동은 의인들의 행동과 달라서 광명정대하지 못하다. 욥기 24:13-16에 말하기를 "또 광명을 배반하는 사람들은 이러하니 그들은 그 도리를 알지 못하며 그 길에 머물지 아니하는 자라 사람을 죽이는 자는 밝을 때에 일어나서 학대 받는 자나 가난한 자를 죽이고 밤에는 도둑 같이 되며 간음하는 자의 눈은 저물기를 바라며 아무 눈도 나를 보지 못하리라 하고 얼굴을 가리며 어둠을 틈타 집을 뚫는 자는 낮에는 잠그고 있으므로 광명을 알지 못하나니"라고 하였다(참조. 요 3:19-20). 잠언 9:17에 인용된 미련한 여인의 말은, 앞에 있는 5:15의 교훈(각각 자기의 아내를 즐거워하라는 교훈)과 반대되는 유혹이다. 이것은 비밀리에 행해지는 음행을 좋게 선전하는 악한 말이다. 마귀는 언제나 하나님을 반대한다(창 3:4).

"오직 그 어리석은 자는 죽은 자들이 거기 있는 것과 그의 객들이 스올 깊은 곳에 있는 것을 알지 못하느니라"(18절). 이것은 창기의 미혹을 받는 자가 그녀의 처소는 사람을 죽이는 곳이며 음부로 보내는 곳임을 알지 못한다는 뜻이다. "스올"에 대하여는 앞에 있는 특별참고를 참조하라.

## 제 10 장

### ✣ 해석

**1 솔로몬의 잠언이라 지혜로운 아들은 아비를 기쁘게 하거니와 미련한 아들은 어미의 근심이니라.** 솔로몬은 이스라엘의 이름 높은 왕으로서 하나님께 지혜를 받아 잠언 3,000을 말하였고, 그가 읊은 노래는 1,005수나 된다(왕상 4:32). 그가 말한 "지혜로운 아들"은, 먼저 하나님을 알고 선악을 잘 분별하여 순종하는 자이고, "미련한 아들"은 그와 반대이다. 이 둘의 차이는 순종하는지 그렇지 않은지 여부다. 알고도 순종하지 않는 것은 지혜가 아니다.

자식이 자기 육신의 근본인 부모를 기쁘게 해야 한다는 것은 성경에 계시된 가정 도덕이다. 그것은 사람이 만물의 근본이신 하나님을 공경해야 한다는 종교적 원리를 배경으로 한다. 그러므로 이 두 가지가 한 문구에 연속되어 기록되기도 하였다(레 19:32). 부모를 거역하는 것은 자연법에도 어긋난다. 어떻게 가지가 뿌리를 무시할 수 있는가? 바울은 계시된 하나님의 말씀에 의지하여 부모를 공경하는 것을 "약속이 있는 첫 계명"이라고 하며 중요시하였다(엡 6:2). 인류는 양심으로도 이 진리를 어느 정도 알았다. 곧 유교의 증자(曾子)는 이렇게 말했다. 자식은 "부모가 사랑해 주면 기뻐하여 기억하고,

부모가 미워하면 두려워할지언정 원망하지 말고, 부모에게 허물이 있으면 간하기만 하고 거스르지는 말 것이니라."⁵⁰⁾

**2 불의의 재물은 무익하여도 공의는 죽음에서 건지느니라.** 불의의 재물은 그것을 소유한 자에게 얼마 동안 유익을 주는 것 같지만, 마침내 그에게 화가 된다. 브리지스(Charles Bridges)는 다음과 같이 말한다. "아합 왕이 나봇의 포도원을 탐내서 빼앗았으나, 그것이 그에게 저주가 되지 않았는가?(왕상 21:17-24) 유다가 예수님을 팔고 받은 것이 은 30이었으나, 그것이 그에게 멸망이 되었다(마 27:5). 이 밖에도 성경에는 탐심의 열매가 부끄러움과 멸망이라는 말씀이 많이 기록되었다(수 7:20-26; 왕하 5:26-27; 렘 17:11)."⁵¹⁾ 야고보서 5:1-5을 참조하라.

"공의"는 의를 말하며, 남을 동정하는 사랑(신 24:13)을 가리킨다고 해석하는 사람들이 있다. 델리취(Delitzsch)는 말하기를 "의의 뿌리는 신앙이고, 의의 생활은 사랑이라"고 하였다. 그러나 여기서는 이것이 하나님의 계명을 지키는 올바른 생활이라고 생각된다. "공의는 죽음에서 건지느니라." 이 말씀이 무슨 뜻인가? 그것은 사람이 공의롭게 행하면, 그것을 지키는 동안 곤란한 때도 있지만 마침내 좋은 열매를 거둔다는 뜻이다. 요셉은 애굽의 보디발의 집에서 공의롭게 행하다가(창 39:7-12) 도리어 일시적으로 환난을 당하였다(창 39:13-20). 그러나 마침내 하나님께서 그를 옥에서 건져 내셔서 애굽의 총리대신이 되게 하셨다(창 41:38-45).

**3 여호와께서 의인의 영혼은 주리지 않게 하시나 악인의 소욕은 물리치시느니라.** 의인도 의식주 문제로 곤란을 당하는 때가 있지만(공의를 위하여 압박을 받는 경우) 그런 때에도 인격적으로 연단을 받는다. 그러므로 그의 영혼은 주린 것

---

50) 『原本小學集註』(鄕民社, 1967). 42쪽 : "父母愛之喜弗忘 父母惡之懼而不怨 父母有過諫而不逆."
51) Charles Bridges, A Commentary on Proverbs (London: The Banner of Truth Trust, 1968), 91; 참조. 약 5:1-5.

이 아니다. 일반적으로는 진정으로 의로운 사람들에게는 식생활 같은 것이 전연 문제가 되지 않는다. 그 이유는, 세상 사람들이 악할지라도 그들 중에는 의인을 영접하는 사람들이 반드시 있기 때문이다. 반면에 악인들은 재물을 비축하면서 욕심을 부리는데도 불구하고, 마침내 그들의 재물이 그들에게 올무가 된다. 그렇게 되는 이유는 하나님께서 그들을 심판하시기 때문이다.

**4-5** 손을 게으르게 놀리는 자는 가난하게 되고 손이 부지런한 자는 부하게 되느니라 여름에 거두는 자는 지혜로운 아들이나 추수 때에 자는 자는 부끄러움을 끼치는 아들이니라. 이 두 구절은 나태한 자를 꾸짖는 말씀이다. "여름에" 거둔다는 것은 유대 나라 절기를 따라 말한 것이다. 즉 그 나라에서는 여름에 추수한다. 만사가 각기 이룰 때가 있다(전 3:1). 그러므로 기회를 놓치지 않고 부지런히 일하는 자가 성공하는 이유는, 하나님께서 일하는 자와 함께하여 축복하시기 때문이다(참조. 갈 6:9-10). 모세는 양을 치던 자리에서 주님을 만났고(출 3:1-2), 기드온은 타작하던 자리에서 주님을 만났다(삿 6:11-12).

**6** 의인의 머리에는 복이 임하나 악인의 입은 독을 머금었느니라. 의인의 가는 길에는 다소 곤란한 때도 있으나 마침내 그 길이 형통하다. 그 "머리에" 복이 임한다는 말씀이 그 뜻이다. "머리에" 임한다는 것은 위에서 하나님이 주시는 것을 의미한다(벧전 4:14). 위에서 내리는 하나님의 축복을 인간이 막을 수 없다. 원수들에게 포위를 당한 의인도 그것은 받을 수 있다(참조. 시 23:5). 그러므로 어떤 성도는 파선할 지경에 이르러서도 평안을 누리며 말하기를 "사방으로 길이 막혔으나 하늘문은 열렸구나!"라고 하였다. 반면에 악인은 일시 동안 형통한 것을 가지고 호언장담하지만, 마침내 실패하여 입이 막히는 때를 만난다. "입은 독을 머금었느니라"고 한 말씀이 그 뜻이다.

**7** 의인을 기념할 때에는 칭찬하거니와 악인의 이름은 썩게 되느니라. 의인이 걸어간 자취는 참된 칭찬을 받을 만하지만 악인의 행적은 썩은 물건과 같다는 것이다. 이 말은 별세한 사람에 대한 칭찬이 그 사람을 유익하게 한다는 것이

아니라, 살아있는 후대인에게 유익을 준다는 것이다. 히브리서 13:7에 별세한 성도들의 행적을 "생각하며…그들의 믿음을 본받으라"고 한 말씀이 이런 의미다. 반면에 별세한 악인의 행적은 향기롭지 않으며 후대인에게 유익을 주지 못하기 때문에 성경에 그것을 기념하라는 말씀은 없다. 그것은 썩어서 없어지는 대로 버려진다. "악인의 이름은 썩게 되느니라"고 한 말씀이 그 뜻이다.

**8 마음이 지혜로운 자는 계명을 받거니와 입이 미련한 자는 멸망하리라.** "마음이 지혜로운 자"는 시비를 가릴 수 있는 지능을 가졌을 뿐 아니라 옳은 대로 실행하는 자다. 그러므로 지혜로운 자는 옳은 말씀을 잘 받는다. 오늘날의 젊은이들 중에는 서양의 자유주의를 무조건적으로 환영하여 책임과 의무는 등한히 하면서 자유와 권리만 찾는 사람이 많다. 그것은 어리석은 사상이다. 그들은 명령받는 것을 싫어하여 사랑하는 부모의 명령도 받지 않으려고 한다. 이런 것은 자기 위에는 아무것도 없다는 망상이다. 참된 자유는 진리에 순종하는 것이고, 진리를 거스르지 않는 것이다. 진리를 거스르는 자는 결국 자신을 함정과 올무 속에 빠뜨린다. 그는 "자유, 자유" 하면서 자신을 죄악의 노예로 만든다. 진정한 지식이 있는 자는 진리의 명령을 달게 받는다(참조. 고후 13:8). "입이 미련한 자는 멸망하리라." 이것은 입이 미련한 자가 말을 조심하지 않기 때문에 그 말로 인하여 화를 당한다는 뜻이다.

**9 바른 길로 행하는 자는 걸음이 평안하려니와 굽은 길로 행하는 자는 드러나리라.** 의로운(깨끗한) 생활을 하는 자는 양심에 거리낌이 없기 때문에 평안하고, 고생 끝에 하나님의 축복이 있으므로 평안을 누린다. 오직 위로부터 난 지혜는 첫째 성결하고 그다음에 화평하다(약 3:17). 그러나 "굽은 길", 곧 죄악의 길로 가는 자는 자신의 옳지 않은 행실을 숨기려고 하지만 그것이 마침내 드러난다. 그가 불의한 재물을 감쪽같이 취했어도 나중에는 그것이 소리를 치듯이 드러난다(참조. 합 2:11; 딤전 5:24-25). 그러므로 그가 가는 길의 종말은 캄캄

하고 또한 불안하다(렘 13:15-16).

**10** 눈짓하는 자는 근심을 끼치고 입이 미련한 자는 멸망하느니라. "눈짓"은 음흉하게 서로 소통하는 것을 의미한다. 그것은 사실상 암호로 말하는 것이다. 잠언 6:13에는 "눈짓"이란 말이 "발로 뜻을 보이며"(발로 암호하여 말한다는 뜻)라는 말씀과 함께 나온다. 거기서도 이것(눈짓)이 암호로 된 의사 표시인 것이 분명하다. 그러므로 눈짓하는 것은 악을 행하면서 동료의 도움을 청하는 작당 행위이다. 악인의 행동은 이같이 광명정대하지 못하고 음흉하다. 어떤 단체에서든지 당파를 만드는 자들은 그 단체에 큰 해(근심)를 끼친다. 이렇게 작당하여 범죄하는 자들은 부득이하게 죄를 범하는 것이 아니라 상습적으로 범한다. 이런 죄를 범하는 자들은 하늘나라의 기업을 받지 못한다(참조. 롬 2:8; 갈 5:20-21). 고라당의 종말을 보라(참조. 민 16장). 그러므로 성도들은 자기의 눈을 광명정대하게 사용한다. 잠언 4:25에 "네 눈은 바로 보며 네 눈꺼풀은 네 앞을 곧게 살펴"라고 한 말씀이 그 뜻이다. 이것은 거짓과 음모를 내포하는 눈짓과 정반대된다. 야고보서 3:6에 말하기를 "혀는 곧 불이요 불의의 세계라 혀는 우리 지체 중에서 온 몸을 더럽히고 삶의 수레바퀴를 불사르나니 그 사르는 것이 지옥 불에서 나느니라"고 하였다. 여기서 혀를 가리켜 "불의의 세계"라고 한 것을 보면, 혀가 얼마나 위험하고 큰 역할을 하는지 알 수 있다.

**11** 의인의 입은 생명의 샘이라도 악인의 입은 독을 머금었느니라. 여기서 "의인"은 여호와를 경외하는 자를 가리킨다. 그의 말은 사람들에게 하나님 경외를 가르친다. 그러므로 그의 말은 생명이다(딤전 4:8). "독을 머금었느니라"(חֲמָס יְכַסֶּה)라는 말은 "악독을 가렸느니라"라고 번역되어야 한다. 이것은 악인의 말은 자기 속에 깊이 있는 죄악을 가리는 방편이 된다는 뜻이다. 참으로 악인은 자기의 허물을 회칠하여 자기를 정당화하는 데 주력한다. 마태복음 23:27에서 예수님이 말씀하시기를 "화 있을진저 외식하는 서기관들과 바리새인

들이여 회칠한 무덤 같으니 겉으로는 아름답게 보이나 그 안에는 죽은 사람의 뼈와 모든 더러운 것이 가득하도다"라고 하였다. 예수님의 이 말씀에 해당되지 않는 자가 없을 것이다. 사람들 중에서 가장 칭찬받는 사람이라 할지라도 그의 말에서 자기 허물을 그대로 드러내는 자는 거의 없고 도리어 자신을 아름답게 포장하여 내세운다. 그러므로 우리는 잠언의 이 말씀 앞에서 스스로 죄인인 줄 알고 겸손해져야 하며 또한 잠잠해야 한다.

**12  미움은 다툼을 일으켜도 사랑은 모든 허물을 가리느니라.** 미워하는 마음은 상대방에 대하여 편견을 가지기 때문에 없는 허물도 있는 것처럼 생각하게 된다. 그런 마음은 결국 분쟁까지 일으킨다. 그러나 사랑하는 마음은 상대방의 인격을 귀하게 여기기 때문에 그의 행동에 나타나는 허물을 문제시하지 않는다(참조. 잠 17:9; 고전 13:7; 약 5:20; 벧전 4:8). 이것은 행실보다 영혼을 더 귀하게 여기는 세계에서 실행된다. 예수님은 남의 죄를 일흔 번씩 일곱 번이라도 용서하라고 하셨다(마 18:22).

사람이 남의 허물을 기억하면 그들을 미워하게 되고, 무엇보다 자기 자신의 영혼이 사망으로 떨어진다(참조. 요일 3:14-15). 그러므로 사람이 남의 허물을 용서할 때 자기 자신도 진정으로 살게 된다.

**13  철한 자의 입술에는 지혜가 있어도 지혜 없는 자의 등을 위하여는 채찍이 있느니라.** 여기서도 "명철"이나 "지혜"는 세속적인 지혜가 아니라 종교적인 지혜, 참하나님을 알게 하는 지혜라고 말한다. 진리를 깨닫는 비결은 성경 말씀에 순종하여 실제로 그대로 사는 것이다(요 7:17). 성경 말씀은 순종하지 않는 자에게 깨달아지지 않는다. 하나님을 아는 자는 생명의 움직임이 있기 때문에 자기 혼자만 알지 않고 다른 사람들이 함께 알도록 힘쓴다. 그는 때를 얻든지 못 얻든지 항상 그것을 가르치기 원하며(딤후 4:2), 거저 받았으므로 거저 주는 데 힘쓴다(마 10:8). 또한 그는 그것을 다른 사람들에게 전하지 않으면 자기 자신에게 화가 있을 것이라고까지 생각한다(고전 9:16). 그러나 진리를 깨

닫지 못하는 자는 가장 먼저 자기 자신이 형벌을 받는 처지에 있게 된다. 르호보암은 지혜로운 그의 부친과 달리 미련하였다. 그의 미련한 말(왕상 12:13-14)로 화를 자청하였다. 잠언 10:13의 "채찍"이란 말은 징벌을 비유한다.

**14** **지혜로운 자는 지식을 간직하거니와 미련한 자의 입은 멸망에 가까우니라.** 여기서 말하는 "지혜로운 자"는 여호와를 경외하는 자를 말한다. 그리고 "지식을 간직한다"는 것은 하나님 경외의 진리를 깨닫고 그것을 감추어 두는 것(יִצְפְּנוּ)을 가리킨다. 사람이 자기가 깨달은 하나님의 진리를 감추어 두는 것은, 그것을 너무 귀하게 생각하기 때문이다. 그는 밭에 감춰진 보화를 발견한 후, 그것을 숨겨 두고 기뻐하며 돌아가서 자기의 소유를 다 팔아 그 밭을 사는 자와(마 13:44) 같다. 그러므로 그는 진리를 생활에 실현시킬 만한 열정을 가지고 있다. 그리고 그 진리대로 산다. 그것이 지혜다. 그뿐 아니라 그는 ① 진리를 듣기만 하고 행하지 않는 것은 스스로 속는 것임을 알며(약 1:22), ② 많이 받은 자에게 많이 찾으신다는 하나님의 뜻도 안다(눅 12:48). 그것도 그의 지혜이다. 그러나 미련한 자는 그의 마음속에 진리가 없고, 입으로는 남을 해롭게 하는 말만 한다. 그것은 멸망에 가까운 위태한 행동이다.

**15** **부자의 재물은 그의 견고한 성이요 가난한 자의 궁핍은 그의 멸망이니라.** "부자의 재물은 그의 견고한 성이요." 이 말은 부자가 자기 재물을 스스로 견고한 성처럼 여긴다는 것이다(잠 18:11). 사람은 이같이 하나님보다 물질을 의지하는 병폐를 지니고 있다(참조. 시 49:6-10; 62:10; 렘 9:23; 딤전 6:17-18). 그래서 부자는 신앙생활을 잘하기 어렵다. 예수님께서 말씀하시기를, 낙타가 바늘귀로 들어가는 것이 부자가 하나님의 나라에 들어가는 것보다 쉽다고 하셨다(마 19:24). 사도 바울도 신자들에게 소유를 의지하지 말라는 의미로 말하였다(고전 7:29-31).

"가난한 자의 궁핍은 그의 멸망이니라." 이 말은 가난한 자가 자신의 궁핍을 멸망과 같은 것으로 보기 때문에 그것이 하나님을 의지할 기회가 된다는 것이다. 그러므로 가난이 도리어 그에게 유익할 수도 있다. 야고보서 1:9에 말하기를 "낮은 형제는 자기의 높음을 자랑하"라고 하였다.

**16** 의인의 수고는 생명에 이르고 악인의 소득은 죄에 이르느니라. "의인"은 하나님을 진정으로 공경하는 자를 말한다. 그런 사람은 자기를 위하지 않고 하나님을 위해 수고한다. 그러므로 그 수고는 헛되지 않고 그 사람 자신이 영생을 누리게 한다. 그러나 악인은 하나님을 위하지 않고 평생 자기 자신만 위하여 일하기 때문에 결국 죄를 쌓는다. 사람이 하나님을 사랑하지 않고 자기 자신만 위하는 것은 언제나 죄가 된다(고전 16:22). 그 이유는, 사람은 하나님을 섬길 자로 지음받았기 때문이다. 성경에 말하기를 "사람이 무엇으로 심든지 그대로 거두리라 자기의 육체를 위하여 심는 자는 육체로부터 썩어질 것을 거두고 성령을 위하여 심는 자는 성령으로부터 영생을 거두리라 우리가 선을 행하되 낙심하지 말지니 포기하지 아니하면 때가 이르매 거두리라"고 하였다(갈 6:7-9).

**17** 훈계를 지키는 자는 생명 길로 행하여도 징계를 버리는 자는 그릇 가느니라. 여기서 말하는 "훈계"는 죄와 허물 때문에 받는 책망이나 징벌을 의미한다. 누구든지 자기가 범한 과오 때문에 징벌이 오면 그것을 달게 받아야 한다. 욥기 5:17-18에 말하기를 "볼지어다 하나님께 징계 받는 자에게는 복이 있나니 그런즉 너는 전능자의 징계를 업신여기지 말지니라 하나님은 아프게 하시다가 싸매시며 상하게 하시다가 그의 손으로 고치시나니"라고 하였다(참조, 호 6:1-3). 그렇게 할 때에 하나님의 위로와 축복을 받는다. 테오도시우스(Theodosius)라는 로마 황제는 자기의 죄로 인하여 암브로시우스(Ambrose) 감독에게 징계를 받고 8개월 동안 궁중에서 울며 회개하였다. 그리고 별세할 때에 암브로시우스 감독의 팔에 안기어 운명하였다.

**18-21** 미움을 감추는 자는 거짓된 입술을 가진 자요 중상하는 자는 미련한 자이니라 말이 많으면 허물을 면하기 어려우나 그 입술을 제어하는 자는 지혜가 있느니라 의인의 혀는 순

은과 같거니와 악인의 마음은 가치가 적으니라 의인의 입술은 여러 사람을 교육하나 미련한 자는 지식이 없어 죽느니라. 여기서 중요하게 가르친 것은 말에 대한 것이다. ① 미움을 가리는 거짓된 말(18상). 이것은 사울이 다윗을 죽이려고 하면서도 그를 사위로 삼아 사랑하는 체한 것과 같은 것이다(삼상 18:21-22, 29). ② 참소하는 말(18하). 이것은 남을 훼방하며 이간질하는 말이다. 그런 말을 하는 자는 마침내 자기 자신이 훼방을 받게 된다. 그러므로 "비판을 받지 아니하려거든 비판하지 말라 너희가 비판하는 그 비판으로 너희가 비판을 받을 것이요 너희가 헤아리는 그 헤아림으로 너희가 헤아림을 받을 것이니라"고 하였다(마 7:1-2). 그런데도 신자들이 이런 말을 하는 것은 미련한 행동이다. ③ 말을 많이 하는 것(19상). 사람이 말을 많이 하는 이유는 자기 속에 진리가 충만해서가 아니라 그 속에 든 것이 없기 때문이다. 실속이 있는 사람은 신중하고 말을 적게 한다. 말을 많이 하면 그 헛된 말로 인하여 손해를 볼 뿐이다. 반면에 말이 너무 없으면 화목을 유지하기 어렵다. 그러므로 말을 적당히 하면 덕을 세운다. "경우에 합당한 말은 아로새긴 은쟁반에 금 사과니라"고 하였다(잠 25:11). ④ 의인의 말(20상). 그것은 순수한 은과 같다고 하였다. 곧 의인은 남에게 유익한 말만 한다는 뜻이다. 의인이 남을 가르칠 때에는 그 교훈이 그들에게 섭취되어 그들을 유익하게 한다. 그러므로 성경에 말하기를 "지혜 있는 자는 궁창의 빛과 같이 빛날 것이요 많은 사람을 옳은 데로 돌아오게 한 자는 별과 같이 영원토록 빛나리라" 하였고(단 12:3), 또 말하기를 "지혜로운 자는 사람을 얻느니라"고 하였다(잠 11:30).

**22** 여호와께서 주시는 복은 사람을 부하게 하고 근심을 겸하여 주지 아니하시느니라. 사람이 부정한 수단으로 재물을 쌓으면 마침내 많은 근심거리가 생긴다. 성경에 말하기를 "부하려 하는 자들은 시험과 올무와 여러 가지 어리석고 해로운 욕심에 떨어지나니 곧 사람으로 파멸과 멸망에 빠지게 하는 것이라"고 하였다(딤전 6:9). 그러나 하나님의 축복으로 얻어지는 재물은 그렇지 않다.

무엇이든 하나님이 주신 것은 우리에게 복이 된다. 사람이 재물 외에도 하나님의 축복으로 인하여 얻은 것은 그에게 복이 된다. 그 이유는 하나님께서 그것을 받은 자와 함께하시기 때문이다.

**23** 미련한 자는 행악으로 낙을 삼는 것 같이 명철한 자는 지혜로 낙을 삼느니라. "미련한 자"는 하나님이 없다고 주장하는 자이므로(시 14:1) 양심이 마비되어 있다. 그러므로 그는 기탄없이 죄를 범한다. 잠언 14:9에, 미련한 자는 죄를 심상히 여긴다고 하였다. 죄를 심상히 여기는 자는 결국 죄짓는 것을 즐거움으로 삼을 것이다. 네로 황제는 잔인하여 자기 어머니와 아내를 죽였으며, 로마시 대화재의 책임을 기독교인에게 전가하고 많은 기독교 신자들을 학살하였다. 그와 같이 악하게 살던 그 자신은 결국 자살하고 말았다. 반면에 "명철한 자"는 진리로 즐거움을 삼는다. 고린도전서 13:6에 말하기를, 사랑은 "불의를 기뻐하지 아니하며 진리와 함께 기뻐하고"라고 하였다.

"지혜"라는 말은 하나님을 알게 하는 지혜를 말하며, 그것은 즐거운 것이다. 사람이 하나님을 알게 될 때에 영생을 얻는다(요 17:3).

**24-25** 악인에게는 그의 두려워하는 것이 임하거니와 의인은 그 원하는 것이 이루어지느니라 회오리바람이 지나가면 악인은 없어져도 의인은 영원한 기초 같으니라. 여기서는 악인과 의인의 종말을 대조한다. ① 악인에게는 그가 두려워하는 것이 임한다(24절). "그의 두려워하는 것"은 무엇인가? 그것은 멸망의 심판이다. 또한 그는 회오리바람이 지나갈 때에 없어진다고 하였다(25상). 다시 말하면 하나님의 심판 앞에서 그는 견디지 못한다. 악인은 바람에 나는 겨와 같다(시 1:4). ② 의인은 그의 소원이 성취되는 것을 보게 된다(잠 10:24하). 다시 말해 그는 평생 바라던 구원을 심판 때에 완전히 누리게 된다. 이후에 그는 영원토록 요동하지 않는다(25하). 신약에도 말하기를 "이 세상도, 그 정욕도 지나가되 오직 하나님의 뜻을 행하는 자는 영원히 거하느니라"고 하였다(요일 2:17). 이것은 분명한 영생을 의미한다.

**26** 게으른 자는 그 부리는 사람에게 마치 이에 식초 같고 눈에 연기 같으니라. "게으른 자"는 모든 부패의 온상이 된다. 그러므로 격언에도 말하기를 "마귀는 게으른 자의 마음에 깃든다"고 하였다. "게으른 자"는 죄악과 싸우지 않기 때문에 죄악이 그를 완전히 점령한다.

"이에 식초 같고 눈에 연기 같으니라." 이 말씀은 게으른 자가 그 주인에게 역겨운 존재라는 뜻이다. 그런 자는 주인에게 정죄를 받고 쫓겨나게 된다. 예수님의 비유 가운데 한 달란트 받았던 자는 게을러서 일하지 않았기 때문에 주인이 그를 바깥 어두운 데로 내쫓으라고 하였다(마 25:24-30).

**27-30** 여호와를 경외하면 장수하느니라 그러나 악인의 수명은 짧아지느니라 의인의 소망은 즐거움을 이루어도 악인의 소망은 끊어지느니라 여호와의 도가 정직한 자에게는 산성이요 행악하는 자에게는 멸망이니라 의인은 영영히 이동되지 아니하여도 악인은 땅에 거하지 못하게 되느니라. 여기서 다시 "의인"(여호와를 경외하는 자)과 "악인"의 종말을 대조한다. ① 의인은 장수한다(27상). 여기서 말한 "장수"는 영생을 상징한다. 영생은 하나님을 경외하는 자만이 얻는다. ② 의인의 종말은 즐거움을 이룬다(28상). 그의 즐거움은 하나님과 함께 사는 데서 오는 것이다. 참된 즐거움은 하나님께만 있다. 시편 16:11에 말하기를 하나님 앞에는 기쁨이 충만하다고 하였고, 시편 43:4에는 하나님을 가리켜 큰 기쁨의 하나님이라고 하였다. ③ 의인은 하나님의 진리를 따라간 결과로 영원한 안전을 보장받는다(잠 10:29-30). "산성"이라는 말(29절)과 "영영히 이동되지 아니한다"는 말씀(30절)이 그런 의미이다.

이와 반대로 악인(여호와를 경외하지 않는 자)의 종말은 불행하다. ① 수명이 짧아진다(27하). 하나님의 섭리에 의하여 악인도 장수하게 되는 일이 있기는 하다. 그러나 여기서는 악인들이 그들의 죄로 인하여 벌을 받아 멸망하는 것을 염두에 두었다. 헤롯은 교만하다가 천벌을 받아 벌레에게 먹혀 죽었다(행 12:23). ② 악인은 장래에 소망이 없다(잠 10:28하). 회개하지 않는 악인은 하나님께 용납되지 못하기 때문에 영원히 불행하다. 무신론자 볼테르(Voltaire)는 임종 시에, "나는 지옥에 가노라." 하면서 비명을 지르며 죽었다.
③ 악인은 땅에 거하지 못하게 된다(30하). 이것은 악인들이 하나님의 심판을 받을 때에 당하는 비운을 염두에 두고 하는 말이다. 제2차 세계대전 때에 유대인 육백만 명을 죽였다는 아돌프 아이히만은 전쟁이 끝난 뒤 남아메리카로 망명했으나, 마침내 이스라엘 비밀경찰에게 체포되어 사형을 받았다. 악인들이 세력을 잡았을 때에는 그들의 세력이 영원히 계속될 것처럼 날뛰지만, 하나님께서는 그들을 심판하신다.

**31-32** 의인의 입은 지혜를 내어도 패역한 혀는 베임을 당할 것이니라 의인의 입술은 기쁘게 할 것을 알거늘 악인의 입은 패역을 말하느니라. 여기서 또다시 사람들의 언행에 대하여 말한다. 언행은 이토록 중요하다. 의인은 지혜를 말한다고 하였는데, 그것은 사람들에게 하나님을 알게 하는 복스러운 말을 한다는 의미이다. 그런 말이 사실상 사람의 영혼을 기쁘게 한다(32상). 이와 반대로 악인의 말은 진리를 거스르기 때문에(패역하기 때문에) 그의 혀는 베임을 당해야 마땅하다. 다시 말하면 악한 말을 하는 자들은 하나님의 심판을 받아야 한다. 이같이 언행은 중대한 성격을 가졌음에도 불구하고 사람들은 말을 함부로 한다(참조. 마 12:36-37).

# 제 11 장

## ✦ 해석

**1 속이는 저울은 여호와께서 미워하시나 공평한 추는 그가 기뻐하시느니라.** 이 말씀을 보면 하나님은 어떤 예배를 드리는 곳에만 계시는 것이 아니라, 상업과 기타 사업장에도 계셔서 화복을 주장하신다는 것을 알 수 있다. 그러므로 참 하나님을 모르는 민족들도 그들의 모든 산업 활동에서 진실하기만 하면 경제적인 부흥의 복을 받는다. 하나님은 그의 말씀에 부합하게 사는 자들에게 공평하게 갚아 주신다. 그리고 특별히 거짓을 미워하신다. 거짓은 모든 죄악을 발생시키는 온상이다. 그것은 마귀의 성질이다(요 8:44).

**2 교만이 오면 욕도 오거니와 겸손한 자에게는 지혜가 있느니라.** 교만한 자에게 욕이 온다는 말씀은 교만한 자가 실패한다는 뜻이다. 교만은 패망의 선봉이다(잠 16:18). 오늘날 교회에 스스로 잘 믿는다는 자들이 얼마나 교만한가? 그들은 많은 사람들 앞에서 자기 자신을 나타내기 좋아한다. 또한 교회의 직분을 받기 위하여 활동하고, 인심을 얻으려고 사람들에게 아부한다. 그러다가 자신이 직분을 받지 못하면 교회에서 가시 노릇을 하며 반발을 일으킨다. 이런 자들은 무엇보다 신앙생활에서 패망한다. 그런 자들의 마음에는 그리스

도 대신에 자기 자신을 높이려는 영웅심이 꽉 차 있다. 따라서 그들은 겸손한 심령에만 계시는 살아 계신 그리스도를 체험하지 못한다.

반면에 겸손은 지혜라고 할 수 있다(잠 11:2하). 그 이유는 다음과 같다. 겸손은 무조건 고개를 숙이는 것이 아니라 사람이 자신의 처지를 바로 알고(롬 12:3) 행하는 것이다. 다시 말하면 사람이 자기가 피조물이고 죄인이라는 사실을 알고 행하는 것이 겸손(지혜)이다. 곧 나는 하나님의 피조물이므로 본래 없던 자였다. 이러한 사실을 기억할 때 어떻게 교만할 수 있겠는가? 그뿐 아니라 나는 모든 다른 사람들과 마찬가지로 하나님 앞에서 죽을 죄인인데 어떻게 교만할 수 있겠는가? 그러므로 겸손은 지혜라고 할 수 있다. 겸손한 자의 마음에는 성령이 계시기 때문에 그가 많은 사람들에게 알려지지는 않았으나 그에게서 능력의 역사가 나타난다. 그는 많은 사람들을 살리는 참된 사역을 할 수 있다.

노자(老子)는 그의 저서 도덕경(道德經) 제8장에 다음과 같이 말하였다. "최상의 선은 물과 같다. 물은 모든 생물에게 이로움을 주면서 다투지 않는다. 그것은 모든 사람이 싫어하는 낮은 곳에 있는 것을 즐긴다. 그런 까닭에 물은 도(道)에 가까운 것이다."[52] 이같이 노자는 겸손을 최상의 선으로 알고 그것이 도에 가깝다고 보았다. 물론 그가 말한 겸손은 애써 자신을 드러내지 않는 자연스러운 상태를 본받은 것이다. 그는 일정한 도덕률은 중요시하지 않는다. 그 점이 기독교 성경의 교훈과 다르다. 그러나 인간이 자아를 거부하고 겸손히 처신해야 한다는 그의 주장은 요긴한 참고가 된다.

**3** 정직한 자의 성실은 자기를 인도하거니와 사악한 자의 패역은 자기를 망하게 하느니라. 여기서 "성실"(תֻּמָּה)이라는 말은 중심에서부터 의로운 것을 의미한다. 사람이 생명에 이르는 길은 언제나 진심으로 의를 사모하는 것이다. 우리는 어

---

52) "上善若水水善利萬物不爭處衆人之所惡故幾於道."

떻게 해야 할지 모를 때에 의를 기준으로 길을 택해야 한다. 그러므로 에베소서 6:14에 "의의 호심경을 붙이"라고 하였다. 그것은 의를 앞장세우고 가라는 의미이기도 하다. 그러나 "패역"(סֶלֶף), 곧 불의한 반역은 의에 반항하는 것이므로 자기 자신을 망친다. 범죄의 결과로 받는 장래의 심판도 무섭지만, 그 범죄 자체가 이미 인격을 파괴하는 것이므로 그것 또한 멸망이라고 할 수 있다.

**4 재물은 진노하시는 날에 무익하나 공의는 죽음에서 건지느니라.** 하나님의 진노가 임할 때에는 재물로도 그것을 막을 수 없다. 그때에는 사람들이 보물과 재물을 버리게 된다. 선지자 에스겔은 말하기를, 전쟁 중에 사람들이 "그 은을 거리에 던지며 그 금을 오물 같이 여기리니 이는 여호와 내가 진노를 내리는 날에 그들의 은과 금이 능히 그들을 건지지 못하며 능히 그 심령을 족하게 하거나 그 창자를 채우지 못하고 오직 죄악의 걸림돌이 됨이로다"라고 하였다(겔 7:19). 그러나 인간에게 의리는 귀하다. 참된 의리는 사람이 요셉처럼(창 39:7-12) 하나님을 신뢰하고 그의 말씀을 지키는 것이다. 의리를 굳게 잡고 끝까지 분투한 사람은 마침내 하나님의 상급을 받는다. 일반적으로는 그런 사람이 이 세상에서도 어떤 때에 하나님의 뜻에 따라 환난을 면하기도 한다.

**5-8 완전한 자의 공의는 자기의 길을 곧게 하려니와 악한 자는 자기의 악으로 말미암아 넘어지리라 정직한 자의 공의는 자기를 건지려니와 사악한 자는 자기의 악에 잡히리라 악인은 죽을 때에 그 소망이 끊어지나니 불의의 소망이 없어지느니라 의인은 환난에서 구원을 얻으나 악인은 자기의 길로 가느니라.** 여기서도 의인과 악인의 종말이 서로 대조된다. ① 의인은 그가 가는 길에 거침이 없고 구원을 얻으나 악인은 넘어진다(5-6). "자기의 길을 곧게 하려니와"라는 말은(5상) 그 길이 마침내 형통하게 된다는 뜻이다. 물론 의인은 그 길을 가는 중에 많은 고난과 어려움을 만난다. 그러나 그는 그것들로 인하여 도리어 인격의 연단을 받고 마침내 형통하게 된다. 반면에 악인은 자신의 악에 걸려 넘어진다. "자기의 악에 잡히리라"는 것(6하)은 참으로 무서운 말씀이다. 시편 9:15에 말하기를, 악인은 자기가

판 웅덩이에 빠지며 자기가 숨긴 그물에 걸린다고 하였다. ② 특히 인생의 마지막 때에 양자(의인과 악인)의 분깃이 서로 다르다(잠 11:7-8). 곧 죽음과 환난 앞에서도 의인에게는 오히려 소망과 구원이 있으나 악인에게는 그런 행복이 없다. 의인의 소망과 구원은 하나님 자신이다. 그는 평생 하나님을 모시는 것이 유일한 소원이며(시 27:4), 실제로 하나님과 함께 산다. 하나님은 그의 죽음과 환난 때에 더욱 함께하신다(참조. 시 23:4-5; 50:15).

**9-11** 악인은 입으로 그의 이웃을 망하게 하여도 의인은 그의 지식으로 말미암아 구원을 얻느니라 의인이 형통하면 성읍이 즐거워하고 악인이 패망하면 기뻐 외치느니라 성읍은 정직한 자의 축복으로 인하여 진흥하고 악한 자의 입으로 말미암아 무너지느니라. 여기서는 의인과 악인의 사회적인 영향을 보여 준다. 간단히 말해서 의인은 사회를 유익하게 하고, 악인은 사회를 멸망시킨다. 이 부분의 말씀을 분석하면 크게 두 가지로 분류된다.

1) 사특한 자(거짓 선지자 같은 자)가 민중을 미혹하여 망하게 한다(9절). 이런 때에도 진리의 지식(하나님에 대한 영적 지식)이 있는 자는 거기 미혹되지 않고 구원을 받는다. 브리지스(Charles Bridges)는 여기서 말하는 "지식"은 단지 이론적인 지식이 아니라, 성령의 감동과 함께한 진리 지식이라는 의미에서 "하나님의 말씀에 대한 생명 있는 지식"(The lively knowledge of God's word)이라고 하였다. 참으로 영적 체험이 깊은 해석이다. 잠언의 저자가 사특한 자의 악한 운동을 진술하는 장면에서 진리 지식이 있는 자의 구원도 언급한 것은, 진리 지식이 얼마나 중요한지를 드러내기 위한 것이다.

2) 민중은 의인의 형통을 즐거워하고 악인의 패망을 기뻐 외친다(10절). 네로 황제가 죽은 후에 로마 사람들이 기뻐하였고, 프랑스 혁명 때에는 악인 로베스피에르(Robespierre)의 죽음 때문에 사람들이 기뻐하였다(Charles Bridges). 이와 같은 즐거움은 사람들이 이기적인 동기로 가지는 것이 아니고, 적어도 그 순간에 하나님의 공의가 실현된 것을 마음으로 기뻐하는 것이

다. 이것을 보아도 하나님의 심판은 사람이 기뻐할 수 없는 기계적 행위가 아니라 사람들을 악에서 해방하는 은혜이다. 민중이 의인의 형통과 악인의 패망을 기뻐하는 이유를 11절 말씀이 잘 알려 준다. 곧 "성읍은 정직한 자의 축복으로 인하여 진흥"한다고 하였다(11상). 여기서 "축복"(בְּרָכָה)이라는 말은 기도를 의미한다. 이 말씀은 기도의 위력을 보여 준다. 이스라엘이 앗수르의 침략을 당할 즈음에 의로운 왕 히스기야는 하나님께 기도하여 나라를 구원하였다(사 37장).

"악한 자의 입"은 하나님을 거스르는 반역적인 언사를 가리킨다(민 16:3, 41; 삼하 15:1-14; 20:1).

**12-13 지혜 없는 자는 그의 이웃을 멸시하나 명철한 자는 잠잠하느니라 두루 다니며 한담하는 자는 남의 비밀을 누설하나 마음이 신실한 자는 그런 것을 숨기느니라.** 여기서 또다시 사람들에게 언행에 관하여 경고한다. 남을 멸시하기 위한 목적으로 말하는 자는 지혜 없는 자이고, 결국 자기 자신을 해치는 자이다. 잠언 14:21에 말하기를 "이웃을 업신여기는 자는 죄를 범하는 자"라고 하였다. 범죄한 자는 반드시 자기의 죗값을 받는다.

"명철한 자는 잠잠하느니라"고 한 것은 침묵을 장려하는 말씀이다. 남의 허물에 대하여 침묵하는 자는 결국 자기 자신을 유익하게 한다. 격언에도 말하기를 "웅변은 은이요, 침묵은 금이라"(Speech is silver, silence is gold)고 하였다.

"두루 다니며 한담하는 자는 남의 비밀을 누설한다"고 하였는데(13상), 이런 악을 행하는 자는 게으른 자이다. 디모데전서 5:13에 말하기를 "그들은 게으름을 익혀 집집으로 돌아 다니고 게으를 뿐 아니라 쓸데없는 말을 하며 일을 만들며 마땅히 아니할 말을 하나니"라고 하였다. 그뿐 아니라 이런 자는 말로 남을 해롭게 하는 잔인한 자이다. 반면에 "마음이 신실한 자"는 남의 허물을 숨겨 주어, 그것으로도 남의 신뢰를 받는다. 사람이 남의 허물을 발설하지 않고 사랑으로 가려 줄 때에 사람들이 그를 믿어 준다.

**14  지략이 없으면 백성이 망하여도 지략이 많으면 평안을 누리느니라.** 사람은 무슨 일에든 무지할 때 실패한다. 그러므로 무지는 죄악에 가까운 불행한 것이다. 무지로 말미암아 많은 죄악이 생산되고 있다. 이같이 무지는 위험하다. 국가를 다스리는 자들은 국가를 평안하게 할 수 있는 지혜를 가져야 한다. 다윗과 솔로몬은 지혜와 지식이 많았음에도 불구하고 모사들을 등용하였다(삼하 8:15-18; 왕상 12:6).

**15  타인을 위하여 보증이 되는 자는 손해를 당하여도 보증이 되기를 싫어하는 자는 평안하니라.** 이 말씀은 남을 동정하는 의미로 담당하는 보증을 일률적으로 금하는 것이 아니다. 사람이 자기의 능력으로 감당할 수 없는 보증을 하지 말라는 것이다. 감당할 힘이 없으면서 보증이 되는 자는 사실상 허위를 행하는 자이므로, 그것은 금지되어야 한다. 우리가 남을 도울 수 있는 능력만 있다면 필요한 보증을 하는 것은 선한 일이다. 예수님은 무수한 죄인을 위하여 그들의 죄짐을 담당하시고 하나님 앞에서 보증이 되셨다(히 7:22; 잠 6:1-5 해석 참조).

**16  유덕한 여자는 존영을 얻고 근면한 남자는 재물을 얻느니라.** 여기서 "유덕한 여자"라는 말은 하나님을 경외하는 여자를 말한다. 잠언 31:30에 말하기를 "고운 것도 거짓되고 아름다운 것도 헛되나 오직 여호와를 경외하는 여자는 칭찬을 받을 것이라"고 하였다. 칭찬도 바르게 받으면 유익하다. 칭찬을 바르게 받는다는 것은, 칭찬을 받는 자가 그것을 자신이 누리지 않고 하나님께 돌리는 것이다. 성경에는 덕이 있는 여자들의 행적이 많이 기록되었다. 예컨대 룻(룻 3:11), 드보라(삿 4:4; 5:7), 에스더(에 4:16), 사라(벧전 3:6), 한나(삼상 1:11), 로이스와 유니게(딤후 1:5), 뵈뵈(롬 16:2), 도르가(행 9:36) 등에 대한 기록이다.

"근면한 남자는 재물을 얻느니라"고 하였는데, 여기서는 특히 근면이 재물과 관계있음을 보여 준다. 근면한 자는 일을 많이 하게 되므로 거기에 많은 수확이 따를 것이다. 근면은 이처럼 재물을 얻게 하는 비결이다. 그뿐 아니라 성경은 근면을 또 다른 면으로도 존중하였다. 곧 그것을 아름다운 덕으로 간주한다(잠 31:29). 여기서도 무언중에 이 사실을 내포한다. 사실상 게으름은 일하라는 하나님의 명령을 어기는 죄악인 반면, 근면은 하나님의 말씀에 순종하는 덕이다.

**17** **인자한 자는 자기의 영혼을 이롭게 하고 잔인한 자는 자기의 몸을 해롭게 하느니라.**
"인자한 자"는 하나님의 자비하심을 받게 된다. 시편 18:25에 말하기를 "자비로운 자에게는 주의 자비로우심을 나타내시며"라고 하였고, 마태복음 5:7에는 말하기를 "긍휼히 여기는 자는 복이 있나니 그들이 긍휼히 여김을 받을 것임이요"라고 하였고, 야고보서 2:13에는 말하기를 "긍휼은 심판을 이기고 자랑하느니라"고 하였다. 반면에 잔인한 자는 결국 자기 자신을 해롭게 한다. 남을 해롭게 하는 자는 무엇보다 자기의 영혼을 악독하게 만든다. 그뿐 아니라 잔인하게 남을 해롭게 한 자는 하나님의 심판을 받는다. 아합과 이세벨이 당한 심판이 그와 같은 것이다(참조. 왕상 22:38; 왕하 9:36-37; 마 18:34-35; 약 5:1-3). 그러므로 남을 해롭게 하는 자들은 남을 해하기 전에 이미 자기를 해롭게 한 것이다.

**18-21** **악인의 삯은 허무하되 공의를 뿌린 자의 상은 확실하니라 공의를 굳게 지키는 자는 생명에 이르고 악을 따르는 자는 사망에 이르느니라 마음이 굽은 자는 여호와께 미움을 받아도 행위가 온전한 자는 그의 기뻐하심을 받느니라 악인은 피차 손을 잡을지라도 벌을 면하지 못할 것이나 의인의 자손은 구원을 얻으리라.** 여기서도 악인과 의인의 종말을 대조한다. ① 악인의 종말은 허무하며(18상), 사망에 이르며(19하), 하나님의 미움을 받으며(20상), 벌을 면치 못한다(21상). 이것을 보면 죄를 회개하지 않고 악한 길로 달리는 자가 얼마나 위태한 처지에 있는지 알 수 있다. 그들이 일시 동안 형통한 경우도 있지만 여기서는 그것을 문제시하지 않고 그들의 종말이 결국 불행해진다는 것에 주목한다. 사실 현재보다는 종말이 인생의 중

요한 문제다. ② 의인은 그가 받을 상이 확실하며 (18하), 생명에 이르며(19상), 하나님의 기뻐하심을 받으며(20하), 그의 자손도 구원을 받는다(21하). 의인이 이 세상에 있는 동안에는 환난도 받고 온갖 어려움을 받는다. 어떤 때에는 악인들보다 더 받기도 한다. 그러나 앞에 진술된 것처럼 그들의 종말이 행복하기 때문에 이런 과도적인 애로와 장애는 문제 될 것이 없다.

**22 아름다운 여인이 삼가지 아니하는 것은 마치 돼지 코에 금 고리 같으니라.** 얼굴은 아름다운데 행실이 방종하면 이 두 가지는 서로 조화되지 않는다. 그것은 시체의 얼굴을 아름답게 화장해 놓은 것과 같다. 사실상 흉한 것이다. "삼가지 아니한다"는 것은 도덕적으로 불결하게 행하여 파렴치한 것을 말한다. 그것은 돼지를 떠올리게 한다. 돼지는 불결하고 파렴치하다. 본문은 여자에게 생명이라고 할 수 있는 정조를 강조한다.

성경이 말한 대로 여자의 참된 아름다움은 하나님을 경외하는 경건미이다. 전도서 8:1에 말하기를 "사람의 지혜(하나님을 경외함)는 그의 얼굴에 광채가 나게 하나니 그의 얼굴의 사나운 것이 변하느니라"고 하였다. 그러므로 베드로전서 3:3-5에는 말하기를 "너희의 단장은 머리를 꾸미고 금을 차고 아름다운 옷을 입는 외모로 하지 말고 오직 마음에 숨은 사람을 온유하고 안정한 심령의 썩지 아니할 것으로 하라 이는 하나님 앞에 값진 것이니라 전에 하나님께 소망을 두었던 거룩한 부녀들도 이같이 자기 남편에게 순종함으로 자기를 단장하였나니"라고 하였다.

**23 의인의 소원은 오직 선하나 악인의 소망은 진노를 이루느니라.** 여기서 "오직"(אך)이란 말이 중요하다. 곧 의인은 그 생활에 있어서 선한 것에만 집중한다는 것이다. 선한 것은 다름이 아니라 하나님을 경외하는 것이다. 다윗이 그렇게 살았다. 시편 27:4에 말하기를 "내가 여호와께 바라는 한 가지 일 그것을 구하리니 곧 내가 내 평생에 여호와의 집에 살면서 여호와의 아름다움을 바라보며 그의 성전에서 사모하는 그것이라"고 하였다. 이렇게 올바르게 산

성도들은 한 가지만 구하며(하나님만 찾았다) 단순히 행하였다. 한 사람이 두 주인을 섬기지 못한다(마 6:24).

"악인의 소망은 진노를 이루느니라"고 하였는데, 그렇게 되는 이유는 무엇인가? 그것은 악인이 하나님을 바라보지 않고 이 세상의 썩을 것만 좋아하고 거기에 집중하기 때문이다. 그런 생활은 죄를 쌓을 뿐이므로 하나님의 진노를 피할 수 없다.

**24-26** 흩어 구제하여도 더욱 부하게 되는 일이 있나니 과도히 아껴도 가난하게 될 뿐이니라 구제를 좋아하는 자는 풍족하여질 것이요 남을 윤택하게 하는 자는 자기도 윤택하여지리라 곡식을 내놓지 아니하는 자는 백성에게 저주를 받을 것이나 파는 자는 그의 머리에 복이 임하리라. 여기서는 사람이 다른 사람들을 아낌없이 구제해야 자신이 하나님의 축복을 받는다는 것을 강조한다. "흩어 구제한다"는 말은 아낌없이 구제한다는 뜻이다. "곡식을 내놓지 아니하는" 것은 그것의 값을 올리기 위하여 매점해 두는 것을 가리킨다(참조. 암 8:4-8). 이같이 곡식을 가지고 자기 자신의 이익만 도모하는 자는 민중의 저주를 받는다.

### 설교 ▶ 주는 자가 복이 있다 (24-26절)

여기서 "흩어 구제한다"는 것은 구제를 전심으로 힘쓰는 것을 말한다. 이같이 구제하는 자는 주는 것이 받는 것보다 복이 있다는 것을 알기 때문이다(행 20:35). 본문도 구제하는 자는 더욱 부하게 된다고 하였고 풍족하여진다고 하였으며, 윤택하여진다고 하였고 머리에 복이 임한다고 하였다. 그렇다면 주는 자가 복이 있다고 하는 이유는 무엇인가?

**1. 우리는 빚진 것을 갚아야 하기 때문이다**

우리는 하나님께 모든 것을 받았다. 우리는 그분께 무엇보다도 귀한 영혼을 받았다. 한 사람의 영혼은 온 천하보다 귀하다. 그뿐만 아니라 우리는 예수 그리스도의 보혈로 속죄함을 받았으므로, 우리가 그를 믿을 때 영생을 얻는다. 하나님은 우리에게 만물도 주셨다. 이같이 우리가 모든 것을 하나님께 거저 받았으므로 하나님께 모든 것을 바쳐야 한다. 그뿐 아니라 우리는 사람들에게도 빚진 자가 아닌가? '나'라는 존재는 이 세상에 홀로 있을 수 없다. 오늘날 나 한 사람이 이 땅 위에서 살게 되기까지는 이 세상의 험악한 환경을 개척해 준 무수히 많은 사람이 있었다. 그들이 아니었다면 '나'는 오늘날과 같은 편리한 생활을 할 수 없었을 것이다. 그러므로 '나'는 어떤 식으로든지 다른 사람들에게 부채감을 느껴야 한다. 사도 바울은 언제나 부채감을 가지고 살았기 때문에 자기의 생명까지도 남을 위하여 희생하는 자가 되었다. 그는 말하기를 "헬라인이나 야만인이나 지혜 있는 자나 어리석은 자에게 다 내가 빚진 자라"고 하였다(롬 1:14). 그리고 또 말하기를 "아무 빚도 지지 말라"고 하였다(롬 13:8). 이 말은 남에게 진 빚을 갚아 주라는 말이다. 그럼에도 불구하고 사람들 중에는 남에게 진 빚에 대하여 아무런 책임감이 없는 자들이 있다. 그들의 이와 같은 행동은 인간의 자격을 잃는 깊은 타락이다. 개는 주인을 좋아하면서도 먹이를 먹을 때에는 감사한 줄 모르고 가까이 다가오는 주인에게 으르렁거린다. 이같이 준 자에게 보답하지 않고 배신하는 것은 짐승이다. 배은망덕하는 사람은 짐승과 다를 것이 없다. 자식이 되어서 부모를 부끄러워하는 자도 있고, 예수 그리스도를 믿는다고 하면서 성경을 들고 다니는 것을 부끄러워하는 신자들이 있다.

### 2. 남을 돕는 것이 나를 가장 많이 위하는 것이기 때문이다

이기주의는 나를 극히 작게 만드는 것이고, 남을 사랑하는 것은 자신을 크게 만드는 것이다. 물도 고여서 흐르지 않으면 부패하게 되고, 또한 염분이 많아져서 쓸 수 없게 된다. 유대의 갈릴리 호수는 요단강으로 흐르기 때문에 좋은 물이 되어, 그 호수에는 고기가 많이 산다. 그것은 자기의 것을 남에게 내주는 희생과 같다. 그러나 흐르지 않는 사해에서는 고기가 살지 못한다.

우리가 하나님을 사랑하는 것은 우리 자신을 하늘에까지 발전시키는 행동이다. 누구든지 하나님을 사랑하지 않으면, 그것은 자기를 마귀의 자리로 타락시키는 행동이 된다. 그러므로 지혜 있는 사람들은 하나님께 물질을 바치는 일에도 최선을 다한다. 누가복음 21:2-4을 보면 어떤 과부가 자기의 연명할 것을 연보함에 넣었다. 예수님은 그를 칭찬하여 말씀하시기를 "이 가난한 과부가 다른 모든 사람보다 많이 넣었도다 저들은 그 풍족한 중에서 헌금을 넣었거니와 이 과부는 그 가난한 중에서 자기가 가지고 있는 생활비 전부를 넣었느니라"고 하셨다. 마게도냐 교회도 이렇게 헌금하였다. 성경은 그들의 헌금에 대하여 말하기를 "환난의 많은 시련 가운데서 그들의 넘치는 기쁨과 극심한 가난이 그들의 풍성한 연보를 넘치도록 하게 하였느니라 내가 증언하노니 그들이 힘대로 할 뿐 아니라 힘에 지나도록 자원하여 이 은혜와 성도 섬기는 일에 참여함에 대하여 우리에게 간절히 구하니 우리가 바라던 것뿐 아니라 그들이 먼저 자신을 주께 드리고 또 하나님의 뜻을 따라 우리에게 주었도다"라고 하였다(고후 8:2-5). 너그럽게 헌금하는 이들은 하나님의 축복을 받는다.

만일 하나님께 헌금하는 이들 중에서 하나님의 축복을 받지 못하는 자들이 있다면 그들은 자기의 헌금이 성경 말씀대로 실행되어 왔는지 자세히 검토하여 보아야 한다(참조. 고후 9:5-7; 마 6:3-4).

**27** **선을 간절히 구하는 자는 은총을 얻으려니와 악을 더듬어 찾는 자에게는 악이 임하리라.** 이 말씀을 보면, 사람이 선을 행할 때에는 평범한 노력으로는 열매를 맺을 수 없고, 그것을 "간절히 구하는 자"(שׁחֵר)만이 열매를 맺을 수 있다. 우리가 선한 일에 간절히 힘쓰지 않을 때에는 악이 우리를 점령해 버린다. 그리고

악을 행하는 자들이 평범한 노력 이상으로 그것을 힘써 추구(더듬어 찾음)할 때에는 화를 받는다. 그 이유는, 악을 위해 힘쓰는 자는 극도로 악하기 때문이다. 이 말은 일반적인 악을 행하는 자에게는 불행한 일이 닥치지 않는다는 것이 아니다. 여기서 지적하는 것은, 악을 주로 행하는 자는 두드러지게 벌을 받는다는 의미이다.

**28** 자기의 재물을 의지하는 자는 패망하려니와 의인은 푸른 잎사귀 같아서 번성하리라. 사람은 재물을 의지하기 쉽다. 재물은 그토록 매력적으로 사람을 유혹한다. 그러나 재물을 의지하는 자는 결국 하나님보다 재물을 중요시하는 과오를 범하게 되므로 온갖 죄악을 저지른다. 그러므로 예수님은 재물을 의지하는 자를 미련한 자라고 지적하면서 말씀하시기를 "어리석은 자여 오늘 밤에 네 영혼을 도로 찾으리니 그러면 네 준비한 것이 누구의 것이 되겠느냐"라고 하셨다(눅 12:20). 디모데전서 6:10에는 "돈을 사랑함이 일만 악의 뿌리"라고 하였다. 이교에서도 사람이 재물로 잘못된 처신을 하면 망한다고 하였다. 그러나 그런 교훈이 진정한 신앙과 관련된 것은 아니다. 다시 말하면 이교는 하나님을 의지해야 할 사람이 재물을 의지하면 죄라는 종교적인 교훈에 도달하지 못한다. 예를 들면 노자(老子)는 말하기를 "부귀하여 교만해지면 스스로 화를 초래할 것이다"라고 하였다.[53] 이와 같은 노자의 사상은 부자가 교만하여 화를 받는 것이 하나님께로부터 말미암는다는 분명한 진리를 말하지 않는다.

"의인은 푸른 잎사귀 같"다고 하였는데, "푸른 잎사귀"는 스스로 살아가는 것이 아니라 나무에 붙어 있다. 그와 같이 의인은 하나님을 의지하기 때문에 영생한다(시1:1-3; 렘 17:7-8).

**29** 자기 집을 해롭게 하는 자의 소득은 바람이라 미련한 자는 마음이 지혜로운 자의 종

---

53) 老子, 『道德經』, 第九章: "富貴而驕自遺其咎."

이 되리라. "자기 집을 해롭게 하는 자"는 ① 자기의 혈기나 욕심의 충동을 따라 절제 없이 행하며 가족들을 괴롭히는 자이며, ② 집안일에 대한 지나친 걱정과 물질에 대한 인색함 때문에 가족에게 적당한 생활비를 주지 않고 꾸짖기만 하는 자이다. 이런 자들은 가정의 평화를 유지하지 못한다. 따라서 그런 가정은 마침내 황폐해진다. "자기 집을 해롭게 하는 자의 소득은 바람이라"고 한 말씀이 그 뜻이다. 가정은 가족이 화목해야만 잘되는 법이다(잠 17:1). 이것은 일반적으로 드러난 사실이기 때문에 누구나 하나님의 일반은총으로도 알 수 있는 진리이다. 그러므로 동양의 옛글에도 "집안이 화평하면 만사가 성취된다."라고 하였다.[54]

"미련한 자는 마음이 지혜로운 자의 종이 되리라." 이 말씀에 대하여는 잠언 21:22에 대한 해석을 참조하라.

**30** **의인의 열매는 생명 나무라 지혜로운 자는 사람을 얻느니라.** 여기서 "의인"이라는 말과 "지혜로운 자"라는 말은 같은 사람을 말한다. "생명나무"라는 말은 남에게 생명이 되는 지혜를 전하는 사람을 비유한다. 그런 사람은 진리를 소유할 뿐 아니라 진리를 전하는 데에도 지혜를 나타내어 사람들을 감화시킨다. 그는 특히 사람들과 교통하는 실생활의 지혜를 가졌다. 예수님께서 사마리아 여자를 만났을 때 그 여자가 깨달을 수 있는 대화로 시작하여 마침내 그를 진리로 인도하셨다. 사도 바울은 전적으로 진리를 파수하면서도 모든 사람과 교통할 수 있는 융통성을 가졌다. 바울은 말하기를 "내가 모든 사람에게서 자유로우나 스스로 모든 사람에게 종이 된 것은 더 많은 사람을 얻고자 함이라 유대인들에게 내가 유대인과 같이 된 것은 유대인들을 얻고자 함이요 율법 아래에 있는 자들에게는 내가 율법 아래에 있지 아니하나 율법 아래에 있는 자 같이 된 것은 율법 아래에 있는 자들을 얻고자 함이요 율법

---

54) 『明心寶鑑』, 治家論, 五: "家和萬事成."

없는 자에게는 내가 하나님께는 율법 없는 자가 아니요 도리어 그리스도의 율법 아래에 있는 자이나 율법 없는 자와 같이 된 것은 율법 없는 자들을 얻고자 함이라 약한 자들에게 내가 약한 자와 같이 된 것은 약한 자들을 얻고자 함이요 내가 여러 사람에게 여러 모습이 된 것은 아무쪼록 몇 사람이라도 구원하고자 함이니"라고 하였다(고전 9:19-22).

**31  보라 의인이라도 이 세상에서 보응을 받겠거든 하물며 악인과 죄인이리요.** 의인들도 이 세상에서 고난을 받는 일이 있다. 그러나 그것은 그들로 하여금 허물을 고치도록 하시기 위한 하나님의 사랑이다. 다시 말하면 그것은 복된 징계이므로 그들로 하여금 최후의 심판을 면하게 한다(욥 5:17-18). 그러나 끝까지 회개하지 않는 악인들은 최후 심판 때에 멸망한다(벧전 4:18). 예수님도 의인이 받는 환난과 악인이 받는 환난에 대하여 말씀하시기를 "푸른 나무에도 이같이 하거든 마른 나무에는 어떻게 되리요"라고 하셨다(눅 23:31).

여기서(잠 11:31) "의인"은 어떤 사람을 가리키는가? 그것은 여호와를 믿고 언제나 올바르게 살려고 힘쓰며 회개하는 자를 가리킨다. 예수님께서 말씀하시기를 "내가 의인을 부르러 온 것이 아니요 죄인을 불러 회개시키러 왔노라"고 하셨다(눅 5:32).

## 제 12 장

✢ 해석

**1 훈계를 좋아하는 자는 지식을 좋아하거니와 징계를 싫어하는 자는 짐승과 같으니라.** 여기서 "지식"은 어떤 일을 처리하는 데 필요한 지식을 말한다. 어떤 때에 우리는 처리하기 어려운 일을 만난다. 그런 때에는 대부분의 사람들이 자기에게 편리한 대로만 고집하기 쉽다. 그러나 그런 때에는 마땅히 다른 사람의 충고나 훈계를 받아들여야 하고, 또한 그대로 순종해야 한다. 그럼에도 불구하고 얼마나 많은 사람이 친구의 충고를 외면하고 자기 고집대로 우기다가 결국 실패하는지 모른다. 이 점에서 그들은 우매한 짐승과 같다. 징계는 사랑인데(히 12:6) 왜 그것을 배척하는가?(참조. 시 73:22) 옛날에 폭군들은 자기 고집대로 하기 위하여 간신들을 등용하고 도리어 충신들을 배척하였다. 그들이 그와 같이 잘못된 처사를 하였기 때문에 결국 그들 자신과 나라를 망쳤다.

**2 선인은 여호와께 은총을 받으려니와 악을 꾀하는 자는 정죄하심을 받으리라.** 여기서 "선인"은 타고날 때부터 선한 사람을 말하는 것이 아니다. 사실상 타고날 때부터 선한 사람은 없다(롬 3:10). 여기서 말하는 "선인"은 성령으로 거듭나서 여호와를 믿고 그의 말씀에 순종하려고 힘쓰는 자이다. 그러므로 그는

하나님의 은총을 받는다. 성경에 기록된 요셉은 외국에서 종살이를 하면서도 하나님을 두려워하여 범죄하지 않았다(창 39장). 그래서 그는 후에 하나님의 축복을 받아 애굽의 총리대신이 되었다! 또한 잠언 12:2에서 "악을 꾀하는 자"는 실수로 악을 행하는 자가 아니라 뻔뻔하게 악을 자기의 처세술로 삼는 자이다. 그런 자는 반드시 하나님께 벌을 받는다. "정죄하심을 받으리라"라는 말씀이 그 뜻이다.

**3** **사람이 악으로서 굳게 서지 못하거니와 의인의 뿌리는 움직이지 아니하느니라.** 사람들 중에는 형통하기 위하여 악을 행하는 자도 많고, 고위층 관리들은 그 직위를 유지하기 위하여 악을 행하는 일도 많다. 그러나 이런 일은 모두 다 나무에 올라가서 물고기를 잡으려는 것처럼 어리석은 행동이다. 옛날 이스라엘의 악한 왕이었던 아합에게는 70명의 왕자가 있었다. 얼핏 보면 그의 왕위 계승은 든든할 것처럼 보였다. 그러나 그 왕자들이 모두 다 죽임을 당하였다(왕하 10:7). 다시 말하면, 아합의 뒤를 이을 후계자가 70명이나 있었음에도 불구하고 그의 죗값으로 모두 다 멸망하고 말았다.

반면에 의인의 기초는 흔들리지 않는다(시 125:1-2). 그 이유는 그가 천지를 창조하신 하나님을 의지하고(하나님께 근거하고) 굳게 서 있기 때문이다. 누구든지 하나님의 말씀을 즐거워하여 그대로 순종하기 원하는 자는 이같이 흔들리지 않는다. 예수님께서 말씀하시기를 "누구든지 나의 이 말을 듣고 행하는 자는 그 집을 반석 위에 지은 지혜로운 사람 같으리니 비가 내리고 창수가 나고 바람이 불어 그 집에 부딪치되 무너지지 아니하나니 이는 주추를 반석 위에 놓은 까닭이요"라고 하셨다(마 7:24-25). 예레미야 17:8에 말하기를, 하나님을 의지하는 자는 "물 가에 심어진 나무가 그 뿌리를 강변에 뻗치고 더위가 올지라도 두려워하지 아니하며 그 잎이 청청하며 가무는 해에도 걱정이 없고 결실이 그치지 아니함 같으리라" 하였고, 시편 1:3에는 말하기를 "그는 시냇가에 심은 나무가 철을 따라 열매를 맺으며 그 잎사귀가 마르지 아니함 같으니 그가 하는 모든 일이 다 형통하리로다"라고 하였다.

**4 어진 여인은 그 지아비의 면류관이나 욕을 끼치는 여인은 그 지아비의 뼈가 썩음 같게 하느니라.** 여기서 말하는 "어진 여인"은 어떠한 부덕을 갖춘 여인일까? 잠언 31:30을 보면 "고운 것도 거짓되고 아름다운 것도 헛되나 오직 여호와를 경외하는 여자는 칭찬을 받을 것이라"고 하였다. 이 여인은 특별히 일하는 아름다움을 소유하였다(31:12-27). 성경은 무엇보다 경건의 아름다움을 주장하지만 노동의 아름다움도 칭찬한다.

"욕을 끼치는 여인"은 어떤 여인인가? 그는 남편과 자주 다투는 자이다. 잠언 27:15-16에 말하기를 "다투는 여자는 비 오는 날에 이어 떨어지는 물방울이라 그를 제어하기가 바람을 제어하는 것 같고 오른손으로 기름을 움키는 것 같으니라" 하였고, 잠언 21:9에는 말하기를 "다투는 여인과 함께 큰 집에서 사는 것보다 움막에서 사는 것이 나으니라"고 하였다.

**5-7 의인의 생각은 정직하여도 악인의 도모는 속임이니라 악인의 말은 사람을 엿보아 피를 흘리자 하는 것이거니와 정직한 자의 입은 사람을 구원하느니라 악인은 엎드러져서 소멸되려니와 의인의 집은 서 있으리라.** 여기서 또다시 의인과 악인을 대조한다. ① 의인과 악인은 마음속에 있는 생각부터 다르다. 의인은 생각에서부터 의리("정직")를 찾는다. 그러나 악인은 생각에서부터 거짓을 꾸민다. 물론 의인도 본의 아니게 악한 생각을 가지는 경우가 있기는 하다. 그러나 그는 거기 머물지 않는다. 격언에 "까마귀가 머리 위로 지나갈 수는 있다. 그러나 그것이 머리 위에 앉는 것을 용납하면 안 된다."라는 말이 있다. 우리가 생각에서부터 악과 싸운다면 궤휼을 도모하는 악인은 아니다. 궤휼을 도모하는 자야말로 죄악의 편에 서서 의에 대항하는 자이다. 이런 자는 악을 행하는 일에 뻔뻔하다. 인류 역사상 이런 자들은 반드시 벌을 받았다. ② 악인은 말로 남을 해롭게 하지만 의인은 다른 사람을 구원해 준다. 이같이 의인과 악인은 말에서도 각기 특색을 드러낸다. 악인의 말은 악담과 훼방으로 나타나는데, 그것은

남을 죽이려는 미움에서 나오는 것이다. 그러나 의인은 사람을 아끼고 돕는 말을 한다. 그것은 남을 도와주려는 사랑에서 나오는 것이다. 이같이 사람의 말은 중요하다. 그러므로 야고보서 3:2에 말하기를 "우리가 다 실수가 많으니 만일 말에 실수가 없는 자라면 곧 온전한 사람이라 능히 온 몸도 굴레 씌우리라"고 하였다. ③ 악인은 마침내 멸망하지만 의인은 구원을 받는다. 의인도 이 세상에서는 환난을 당할 때가 있다. 그러나 그에게는 영원한 구원이 보장되어 있다.

**8** **사람은 그 지혜대로 칭찬을 받으려니와 마음이 굽은 자는 멸시를 받으리라.** "지혜"는 사람이 참하나님을 믿고 윤리 문제에 대하여 바르게 알 뿐 아니라 그것을 실행하는 것을 의미한다. 사람이 말만 하고 행함이 없으면 사람들에게도 칭찬을 받을 수 없다. 그러나 지혜로 행할 때에는 칭찬을 받는다. 물론 사람들이 의인을 핍박하는 경우도 있지만 그것은 예외적인 경우다. 사람들의 핍박은 그들의 양심을 누르고 취하는 행동이다. 사실상 사람들의 양심은 언제나 의인을 칭찬한다. 그러므로 사도 바울은 첫째로 하나님 앞에 알려지기를 원하였고, 그다음으로는 사람들의 양심에도 알려지기를 원하였다(고후 5:11).

"마음이 굽은 자", 곧 의리를 거스르는 자는 양심으로 멸시를 받는다. 아부하는 자들은 종종 입으로는 상대를 칭찬하면서도 양심으로는 멸시한다.

**9** **비천히 여김을 받을지라도 종을 부리는 자는 스스로 높은 체하고도 음식이 핍절한 자보다 나으니라.** 여기서는 실질주의와 허영주의를 대조한다. "비천히 여김을" 받는다는 것은 사람들이 알아주지 않는 낮은 처지를 가리킨다. 이런 처지에 있는 사람은 세상의 헛된 영광은 누리지 못해도 실생활에서는 능력이 있어서 일꾼들을 소유한다. 그러므로 그는 생활이 궁핍하면서 명예를 탐하는 자보다 낫다. 어떤 사람은 권세와 명예를 탐하면서 마음이 늘 높아져 있지만, 그의 생활은 극히 빈곤하다. 이런 사람은 사실상 분에 넘치는 것을 탐하여 헛된 노력을 하는 자다. 우리나라 국회의원 선거 때에는 이와 같은 허영주의자

들이 드러난다.

**10** **의인은 자기의 가축의 생명을 돌보나 악인의 긍휼은 잔인이니라.** 의인은 가축의 생명도 돌아볼 만큼 긍휼이 풍성하다. 가축의 생명을 돌아보는 자가 사람의 생명을 돌아보지 않겠는가? 가축의 생명까지 돌아보는 긍휼은 하나님의 덕이다(욘 4:11). 하나님께서 말씀하시기를 "곡식 떠는 소에게 망을 씌우지 말지니라"고 하였다(신 25:4). 의인은 긍휼의 덕이 하나님의 덕인 줄 알고 그것을 본받는다. 긍휼의 덕은 위대하기 때문에 그것을 소유한 자는 심판을 이긴다(약 2:13).

반면에 악인에게는 긍휼이 없다. "악인의 긍휼은 잔인"이라고 한 것은 사람들을 긍휼히 여기는 것처럼 보이는 악인의 행동도 그 이면은 간교하게 자기 자신을 위하는 것이므로 다른 사람들에게는 잔인한 행위라는 것이다.

**11** **자기의 토지를 경작하는 자는 먹을 것이 많거니와 방탕한 것을 따르는 자는 지혜가 없느니라.** 이 말씀은 근면의 덕을 칭찬하는 것이다. 하나님의 법은 이마에 땀을 흘리는 자가 먹을 것이라고 하였다(창 3:19). 그럼에도 불구하고 이 법을 지키지 않는 자는 무엇보다 하나님을 반역하는 죄를 범하는 것이다. 그러나 이 법을 지키는 자는 하나님을 기쁘시게 하고 조만간 그의 축복을 받는다. 종교적으로는 매우 비참한 지경에 있는 우상을 섬기는 국가도 열심히 일하는 국민의 덕으로 물질적으로는 부요하게 되는 경우가 있다. 하나님은 공평하시다.

반면에 "방탕한 것을 따르는 자"는 빈곤해진다. 여기서 "방탕한 것"이라는 말은 허탄한 사람들, 곧 나태한 사람들을 가리킨다. 그런 사람들을 따라서 게으른 자는 마침내 가난해진다. "지혜가 없느니라"고 한 말씀이 그 뜻이다.

**12** **악인은 불의의 이익을 탐하나 의인은 그 뿌리로 말미암아 결실하느니라.** 이 말씀에 대한 번역은 학자들마다 다르다. 뵈트허(Böttcher)는 다음과 같이 번역하였다. "악인의 피난처는 수렁이고 의인의 뿌리는 견고하니라." 그러나 델리취(Delitzsch)는 우리 한글 성경과 같이 번역하였다. 이 번역의 의미는, 악인은

노력하여 물질을 얻으려 하기보다 불의한 방법까지 사용하며 쉽게 얻으려 한다는 것이다. 잠언 21:6에 "속이는 말로 재물을 모으는 것은 죽음을 구하는 것이라"고 하였다. 반면에 의인은 그가 기초를 두고 사는 뿌리와 같으신 하나님(롬 15:12; 계 5:5; 22:16)으로 말미암아 만족스러운 열매를 거둔다. 그가 의지하는 뿌리는 눈에 보이지 않지만(나무의 뿌리도 보이지 않는 것처럼) 늘 견고하다. 히브리서 13:8에 말하기를 "예수 그리스도는 어제나 오늘이나 영원토록 동일하시니라"고 하였다.

**13** **악인은 입술의 허물로 말미암아 그물에 걸려도 의인은 환난에서 벗어나느니라.** 사람들은 종종 말을 잘못하여 그 말 때문에 화를 당한다. 예를 들면 사울 왕을 자기 손으로 죽였다고 다윗에게 거짓으로 보고한 자는 도리어 그 자신이 그 말 때문에 죽임을 당했다(삼하 1:14-16). 그 이유는 다윗이 그런 보고를 기뻐하지 않았기 때문이다(참조. 삼하 1:1-13; 삼상 31:3-5). 예수님의 말씀에 의하면, 한 므나(은금의 수량)를 받았던 사람은 자기 주인에게 보고한 그 말로 그 자신이 정죄를 받았다(눅 19:22-23). 마태복음 12:36-37에 말하기를 "내가 너희에게 이르노니 사람이 무슨 무익한 말을 하든지 심판 날에 이에 대하여 심문을 받으리니 네 말로 의롭다 함을 받고 네 말로 정죄함을 받으리라"고 하였다. 반면에 의인은 자기 말로 인하여 구원을 받는다. 여호수아와 갈렙은 생명의 위험을 무릅쓰면서까지 신앙으로 말하였기 때문에 하나님의 은혜를 받아 마침내 가나안에 들어가게 되었다(민 14:6-10, 24). 잠언 18:21에 말하기를 "죽고 사는 것이 혀의 힘에 달렸나니 혀를 쓰기 좋아하는 자는 혀의 열매를 먹으리라"고 하였다.

**14** **사람은 입의 열매로 말미암아 복록에 족하며 그 손이 행하는 대로 자기가 받느니라.** 하나님의 말씀을 가르치는 자는 사람들에게 생명을 전하여 주기 때문에 물질적으로 보수를 받는다. 그것을 받도록 축복하시는 분은 하나님이시다. 육체의 노동도 가치가 있지만 정신노동은 더욱 그러하다. 정신노동보다 더 고

상한 것은 영적 노동으로, 하나님의 말씀을 전파하는 것이다. 그것은 사람의 영혼을 살리는 일이다. 그러므로 이 방면에서 일하는 자들은 물질적으로도 대우를 잘 받아야 한다(참조. 마 10:10; 고전 9:11; 갈 6:6). 시편 128:2에 말하기를 "네가 네 손이 수고한 대로 먹을 것이라 네가 복되고 형통하리로다"라고 하였다.

**15** **미련한 자는 자기 행위를 바른 줄로 여기나 지혜로운 자는 권고를 듣느니라.** 사람은 누구든지 자기가 하나님 앞에서 죄인이라는 것을 알고 겸손히 하나님의 말씀만 따라가야 한다. 누구든지 스스로 된 줄 아는 자는 자기를 속이는 것이다(갈 6:3). 그러므로 고린도전서 10:12에 말하기를 "선 줄로 생각하는 자는 넘어질까 조심하라"고 하였다. 스스로 바르다고 생각하는 자는 헛된 안전감에 사로잡힌 자이다. 신명기 29:19에 말하기를 "이 저주의 말을 듣고도 심중에 스스로 복을 빌어 이르기를 내가 내 마음이 완악하여 젖은 것과 마른 것이 멸망할지라도 내게는 평안이 있으리라 할까 함이라"고 하였다. 곧 하나님께서 의인과 악인(젖은 것과 마른 것)을 차별 없이 멸망시키실 때에도 악한 자는 자기가 안전하다고 생각한다는 것이다.

그러나 지혜로운 사람은 권면을 잘 듣는다. 옛글에도 말하기를 "아랫사람에게 묻기를 부끄러워 말라"고 하였다. 더욱이 성경은 실제로 이런 교훈을 강조한다. 곧 "겸손한 마음으로 각각 자기보다 남을 낫게 여기고"라는 말씀이다(빌 2:3).

**16** **미련한 자는 당장 분노를 나타내거니와 슬기로운 자는 수욕을 참느니라.** 사람이 아무리 옳다 해도 그것을 분노로 나타낼 때에는 그 옳음의 가치가 드러나지 못한다. 그러므로 야고보서 1:20에 말하기를 "사람이 성내는 것이 하나님의 의를 이루지 못함이라"고 하였다. 성경 말씀은 성내기를 더디 하라고 부탁한다(약 1:19). 성내기를 더디 하라는 말씀은 성내지 말라는 말씀과 같다. 신앙으로 온유해진 사람들은 분노를 잘 참는다. 보나벤투라(Bonaventure)는 온

유하였기 때문에 그의 선생이 말하기를, "보나벤투라를 보면 인류의 조상이 범죄하지 않은 것처럼 생각된다."라고 하였다. 그리고 중세의 아일랜드 사람 말라기(Malacky)도 지극히 온유하였기 때문에 그의 선생 버나드(Bernard)는 말하기를, "말라기는 살았으나 죽었다."라고 하였다.

**17-19** 진리를 말하는 자는 의를 나타내어도 거짓 증인은 속이는 말을 하느니라 칼로 찌름 같이 함부로 말하는 자가 있거니와 지혜로운 자의 혀는 양약과 같으니라 진실한 입술은 영원히 보존되거니와 거짓 혀는 잠시 동안만 있을 뿐이니라. 여기서는 옳은 입술과 옳지 않은 입술을 대조한다. 옳은 입술은, ① 의를 나타낸다(17상). 옳은 입술은 진리를 말하기 때문에 의를 나타낸다. 진리와 의는 하나다. 진리를 말하는 자는 불의를 기뻐하지 않는다(고전 13:6). ② 양약과 같다(잠 12:18하). 옳은 입술은 충고를 아끼지 않기 때문에 사람들의 영적인 질병과 고통을 고쳐 주며, 또한 사랑으로 말하기 때문에 마음이 상한 자를 위로한다. 이러한 뜻에서 옳은 입술은 양약과 같다. ③ 그 말이 영원히 보존된다(19상). 옳은 입술은 하나님의 말씀에 관해서만 말하기 때문에 그 말이 영원토록 효과를 나타낸다(시 19:9). 진실한 말은 어떤 의미에서 이적보다도 우수하다. 세례 요한은 이적을 행하지 않았으나 그의 말이 진실하였기 때문에 그의 사역에 풍성한 열매가 맺혔다(요 10:40-42).

반면에 옳지 않은 입술은, ① 비진리를 말한다(잠 12:7하). 거짓 교사들의 교훈은 진리가 아니므로 사람을 멸망으로 인도한다. ② 사람들에게 상처를 준다(18상). 악담은 살인하는 독을 뿜기 때문에 사람들의 가슴을 아프게 한다. 이런 의미에서 성경은 혀를 가리켜 "불"이라고 하였고(약 3:6), 또 말하기를 "혀는 능히 길들일 사람이 없나니 쉬지 아니하는 악이요 죽이는 독이 가득한 것이라 이것으로 우리가 주 아버지를 찬송하고 또 이것으로 하나님의 형상대로 지음을 받은 사람을 저주하나니 한 입에서 찬송과 저주가 나오는도다 내 형제들아 이것이 마땅하지 아니하니라"고 하였다(약 3:8-10). ③ 일시적으로 사람을 속인다(잠 12:19하). 게하시는 잠깐 동안 선생의 이름을 이용하여 거짓을 행하였으나, 결국 하나님의 무서운 벌을 피하지 못하였다(왕하 5:25-27).

**20** 악을 꾀하는 자의 마음에는 속임이 있고 화평을 의논하는 자에게는 희락이 있느니라. 남을 해하려 하는 자는 언제나 거짓을 꾸민다. 본래 마귀가 그렇게 하였다(참조. 창 3:4-5; 요 8:44). 악은 선으로 가장하고 사람을 유혹하기 때문에 거짓은 악의 수호자이고, 온상이다.

"화평을 의논하는 자." 이것은 사람들이 화목하게 하려고 말하는 자를 가리킨다. 그런 사람에게는 남을 해치려는 마음이 없고 도와주려는 생각만(마 5:9) 있기 때문에 기쁨이 있다. 참 기쁨은 다른 사람들을 사랑하는 자만이 소유할 수 있다. 반면에 남을 미워하는 자는 가장 먼저 그 자신이 기쁨을 잃는다.

**21** 의인에게는 어떤 재앙도 임하지 아니하려니와 악인에게는 앙화가 가득하리라. 이 말씀은 의인에게 일시적인 환난이 없다는 것이 아니다. 하나님께서는 의인을 연단하시기 위하여 그에게 고난을 주실 때가 있다(욥 23:10; 벧전 1:7). 그러나 어떤 재앙도 그를 멸망시키지는 못한다. 로마서 8:31에 말하기를 "하나님이 우리를 위하시면 누가 우리를 대적하리요"라고 하였다(참조. 롬 8:32-39). 반면에 악인에게는 재앙과 화가 따른다. 그 이유는, 그에게 임하는 재앙 때문에 그의 마음이 더 악해지기 때문이다.

**22** 거짓 입술은 여호와께 미움을 받아도 진실하게 행하는 자는 그의 기뻐하심을 받느니라. 하나님은 살아 계시고 인격적인 신이며 진리 자체이시기 때문에, 거짓은 그의 본성에 대한 원수다. 그러므로 그는 거짓을 가장 미워하신다. 거짓은 마귀의 속성이다(요 8:44). 진실한 신자도 하나님의 영을 받았기 때문에 진리와 함께 기뻐하며(고전 13:6) 거짓을 미워한다. 스펄전(Spurgeon)은 말하기를 "거짓말하는 사람들 가운데서 사는 것보다 차라리 사자들 가운데서 사는

것이 낫다."라고 하였다. 하나님은 진실한 자를 기뻐하신다(시 51:6). 그는 진리의 영이시다(요 14:17).

**23** **슬기로운 자는 지식을 감추어도 미련한 자의 마음은 미련한 것을 전파하느니라.** "지식을 감춘다"는 것은 그것을 마음속에 깊이 믿는다는 의미도 있고, 그것을 다른 사람에게 전할 때 경솔하게 하지 않는 것을 가리키기도 한다. 예수님께서 말씀하시기를 "거룩한 것을 개에게 주지 말며 너희 진주를 돼지 앞에 던지지 말라 그들이 그것을 발로 밟고 돌이켜 너희를 찢어 상하게 할까 염려하라"고 하셨다(마 7:6). 반면에 어리석은 자들은 그들 스스로 아는 것을 서슴지 않고 말해 버린다. 그들이 말한 것은 사실상 그들의 어리석음을 나타낼 뿐이다. 그들의 말은 진리를 깨닫고 그대로 살면서 남에게 증거하는 것이 아니라, 그들 자신을 자랑하려는 것이다. 자랑은 언제나 어리석다. 공자도 말하기를 "길에서 도를 듣고 그 길에서 말하는 것은 덕을 버리는 것이다."라고 하였다.[55] 공자의 이 말은, 도를 듣고 체험에 옮겨 보지 않고 피상적으로 경솔하게 말하는 것을 금하는 것이다. 공자가 말한 '도'(道)는 물론 하나님의 말씀을 가리킨 것이 아니라 인간의 도덕 철학을 의미한다. 그러나 그 역시 인생의 문제에 대한 심각한 진리를 피상적으로 말하지 말라고 한 점에서 우리의 주의를 끈다. 순자(荀子)의 권학편(勸學篇)에도 "귀와 입을 사촌으로 가지는 학문"이라는 경고가 있다. 곧 사람이 도를 귀로 듣고 즉시 입으로 말하는 것은 매우 천박한 학문이라는 뜻이다. 다시 말해 귀와 입 사이는 네 치(사촌)밖에 안 되기 때문에 얕고 천박하다는 것이다.[56]

**24** **부지런한 자의 손은 사람을 다스리게 되어도 게으른 자는 부림을 받느니라.** "부지런한 자"는 언제나 전진한다. 그래서 그는 남을 지도할 수 있다(참조. 롬 12:8).

---

55) 『論語』, 陽貨, 第17章: "道聽而塗說 德之棄也."
56) 梁啓雄, 『荀子簡釋』(新華書店, 1956), 8.

이 진리는 하나님의 일반은총으로 인류에게 알려진다. 동양의 옛글에도 말하기를 "부지런함은 값을 매길 수 없는 보배"라고 하였다.[57] 게으른 자는 도덕적으로도 점점 부패하게 되므로 죄악의 종이 된다. 따라서 그는 언제나 다스림을 받는 처지에 놓인다. 사람이 게으르면 사업에만 실패하는 것이 아니라 도덕적으로도 타락한다. 그러므로 하나님은 나태한 것을 큰 죄로 여기신다(마 25:26).

**25** 근심이 사람의 마음에 있으면 그것으로 번뇌하게 되나 선한 말은 그것을 즐겁게 하느니라. 인간은 하나님 앞에 죄인이므로 근본적으로 번뇌를 품고 있다. 그뿐 아니라 그는 세상의 염려를 가지고 있다(마 13:22). 그러나 "선한 말", 곧 사죄하여 구원하시는 하나님의 복음은 그들을 위로하고, 또한 기쁘게 한다. 여기서 "선한 말"은 하나님의 약속을 가리킨다(왕상 8:56). 하나님의 약속이 신약시대에는 그리스도의 복음으로 실현되었다. 복음으로 구원받은 사람의 생활 특징은 기쁨이라고 할 수 있다. 사도 바울은 복음을 위하여 옥에 갇혀 있으면서도 신자들에게 권면하기를 "기뻐하라"고 하였다(빌 4:4). 베드로전서 1:8-9에 말하기를 "예수를 너희가 보지 못하였으나 사랑하는도다 이제도 보지 못하나 믿고 말할 수 없는 영광스러운 즐거움으로 기뻐하니 믿음의 결국 곧 영혼의 구원을 받음이라"고 하였다.

**26** 의인은 그 이웃의 인도자가 되나 악인의 소행은 자신을 미혹하느니라. 여기서 "의인"은 자기를 믿지 않고 하나님을 믿는 자이다. 그러므로 그는 영원토록 실패하지 않는 진리(하나님의 말씀)를 일편단심 따라간다. 그의 생활은 강하고 참되며, 마침내 승리한다. 그러므로 그는 인도자의 위치에 선다. 그들은 천사들도 심판한다(고전 6:3).

반면에 악인의 소행은 악하며, 그것은 진리를 떠난 것이다. 그럼에도 불구

---

57) 『明心寶鑑』, 正己篇, 7쪽 : "勤爲無價之寶."

하고 그는 자신의 소행을 정당화하면서 그대로 걸어간다. 따라서 그는 점점 더 진리에서 멀어져 어두워진다. 그렇게 그는 스스로 미혹에 빠진다. 사람이 자기의 죄를 회개하지 않고 정당화하는 것은 이같이 위험한 결과를 가져온다.

**27 게으른 자는 그 잡을 것도 사냥하지 아니하나니 사람의 부귀는 부지런한 것이니라.** 게으른 자는 소망을 품고 열심히 노력하지 않는다. 사람이 열심히 노력하지 않으면 자동적으로 부패, 타락, 멸망으로 떨어진다. 그런데 게으른 자는 자신이 잡아야 할 것도 사냥하지 않는다. 그와 같은 타락은 말할 수 없이 심각하다. 게으른 자에게 소망이 없다는 사실은 하나님의 일반은총으로도 깨달을 수 있다. 공자도 재여라는 제자의 게으름에 대하여 다음과 같이 말하였다. "썩은 나무는 아로새길 수 없고 분토로 된 담은 바를 수 없다."[58] 공자는 게으른 자를 썩은 나무, 또는 분토로 된 담에 비유하였다. 그와 같이 게으른 자는 새로워질 수 없으며 소망이 없다고 하였다. 그러나 기독교 복음에서는 이처럼 소망이 없어 보이는 게으른 자도 그리스도를 믿으면 회개할 수 있다고 여기며, 새사람이 될 수 있다고 본다. 그리스도의 복음은 죽은 자를 다시 살리는 능력이다(엡 2:1)

"사람의 부귀는 부지런한 것이니라." 이 말씀에 대한 70인역(LXX)의 번역은 "귀중한 소유는 순결한 사람이니라"(κτῆμα δὲ τίμιον ἀνὴρ καθαρός)고 하였다. 그러나 문맥상으로 보아 한글 번역이 옳다고 생각된다. 이것은 인간의 근면을 모든 소유의 귀한 원천으로 보는 말씀이다.

**28 공의로운 길에 생명이 있나니 그 길에는 사망이 없느니라.** 여기서 말하는 "공의"는 하나님의 계명을 지킨 생활을 말한다. 그리고 "생명"은 하나님을 모신 영적인 "생"(生)을 가리킨다. 인류가 죽게 된(하나님을 떠나게 된) 원인은, 그들의 조상 아담이 하나님의 계명을 범하여 의를 잃었기 때문이다. 그러므로 인

---

58) 『論語』, 公冶長 第五, 10쪽: "朽木不可雕也 糞土之牆不可圬也."

류가 생명을 얻을 수 있는 길은 믿는 자에게 의가 되시는 그리스도뿐이다(참조. 요 14:6; 롬 3:21-24; 5:18-19).

그리스도로 말미암아 의를 얻은 자의 신앙 길에는 사망이 없다. 이 점에 대하여 브리지스(Charles Bridges)는 다음과 같이 해설하였다. 곧 그 사람에게는 "첫째 죽음은 지나갔고(롬 5:21), 둘째 죽음이 해하지 못하고(계 2:11; 20:6), 그의 몸은 죄 때문에 죽어도(롬 5:12, 8:10), 그것은 죽은 것이 아니라 자는 것이다(행 7:60; 살전 4:14)."[59] 그가 가는 길의 종점에만 생명이 있을 뿐 아니라 가는 도중에도 생명이 있다(Matthew Henry). 이 길에 대하여는 이사야 35:8-9의 말씀이 잘 설명한다.

잠언은 종종 내세의 소망으로 죽음을 낙관하는 말씀을 보여 준다. 10:2에 말하기를 "공의는 죽음에서 건지느니라" 하였고, 14:32에는 "의인은 그의 죽음에도 소망이 있느니라" 하였고, 15:24에는 "지혜로운 자는 위로 향한 생명 길로 말미암음으로 그 아래에 있는 스올을 떠나게 되느니라"고 하였다. 여기서 볼 수 있는 것은, 죽음에 대한 해결책은 "공의", 또는 "지혜"라는 것이다. 잠언이 말하는 "공의"는 사람이 믿음으로 받는 하나님의 의와 관계된 것이지 인간적인 의가 아니며, "지혜"도 여호와를 경외하는 것을 근본으로 지니고 있다(2:5-6).

우리는 이 세상에 소망을 두지 말고 내세에 소망을 두어야 한다. 그런 신앙은 다른 데서 얻을 수 없고 하나님의 말씀에서만 얻을 수 있다. 사도행전 20:32에 말하기를 "지금 내가 여러분을 주와 및 그 은혜의 말씀에 부탁하노니 그 말씀이 여러분을 능히 든든히 세우사 거룩하게 하심을 입은 모든 자 가운데 기업이 있게 하시리라"고 하였고, 베드로전서 1:24-25은 말하기를 "그러므로 모든 육체는 풀과 같고 그 모든 영광은 풀의 꽃과 같으니 풀은 마

---

59) Charles Bridges, A Commentary on Proverbs (London: The Banner of Truth Trust, 1968), 149.

르고 꽃은 떨어지되 오직 주의 말씀은 세세토록 있도다 하였으니 너희에게 전한 복음이 곧 이 말씀이니라"고 하였다. 참으로 하나님의 말씀은 우리에게 믿음도 주고 생명도 주며, 소망도 준다. 내가 병중에 매우 괴로웠을 때에 인간적인 심리로는 아무 좋은 것도 찾아볼 수 없었고 소망도 없었다. 그러나 성경을 생각할 때마다 힘을 얻었고, 믿음도 생겼으며, 소망도 생겼다. 우리는 우리의 마음을 믿으면 안 된다. 우리는 하나님의 말씀만 믿어야 한다. 그러므로 잠언 28:26에는 말하기를 "자기의 마음을 믿는 자는 미련한 자요"라고 하였다.

## 제 13 장

### ↓ 해석

**1** 지혜로운 아들은 아비의 훈계를 들으나 거만한 자는 꾸지람을 즐겨 듣지 아니하느니라. 여기서 "지혜로운 아들은 아비의 훈계를 들으나"(בֵּן חָכָם מוּסַר אָב)라는 문구의 히브리어는 "지혜로운 아들은 아비의 징계니라"라고 번역되어야 한다. 곧 지혜로운 아들은 아비가 징계한 결과라는 뜻이다. 아들이 아비의 징계에 잘 순종하면 지혜로운 자가 된다. 자식으로서 부모를 잘 대접하려면 부모의 교훈에 순종해야 한다. 하나님의 아들 예수님도 가정에서 부모에게 순종하신 것으로 모본을 보여 주셨다(눅 2:51). 또한 그분은 하나님 아버지께도 순종하셨다. 히브리서 5:8-9에 말하기를 "그가 아들이시면서도 받으신 고난으로 순종함을 배워서 온전하게 되셨은즉 자기에게 순종하는 모든 자에게 영원한 구원의 근원이 되시고"라고 하였다. 자식이 부모에게 순종할 때에는 꾸지람에도 순종해야 한다. 부모에게 이처럼 순종해야 하는 이유는, ① 이 세상에 있는 사람 중에서 가장 큰 사랑을 부모에게 받기 때문이다. 부모에게 순종하지 않는 것은 사랑을 배척하는 큰 죄악이다. 배은망덕하는 자는 망한다. 잠언 17:13에 말하기를 "누구든지 악으로 선을 갚으면 악이 그 집을 떠나지

아니하리라"고 하였다. ② 부모에게 순종하라는 것은 하나님의 명령이기 때문이다. 하나님의 명령보다 높은 것은 없다. 무지한 인간들은 하나님이 없다고 하지만, 그런 말은 자기 존재를 부인하는 말이다. 하나님의 창조하심 없이 어떻게 인간이 존재할 수 있는가? 하나님께서 천지 만물을 창조하시고 사람을 지으셨기 때문에 인간도 존재하게 되었다(창 1:27). 이렇게 지음받은 인간으로서 어떻게 하나님의 명령을 거스를 수 있겠는가?(참조. 출 20:12; 엡 6:1-3)

**2  사람은 입의 열매로 인하여 복록을 누리거니와 마음이 궤사한 자는 강포를 당하느니라.** 이 말은 사람이 하나님의 지혜를 받아 다른 사람에게 생명의 말씀을 가르침으로써 그 자신이 하나님의 보상을 받는다는 것이다(갈 6:6). 곧 지혜로운 자는 자기의 지혜로 다른 사람을 유익하게 하는 동시에, 자기 자신이 하나님의 축복을 받는다.[60] 사람의 영혼을 구원하는 하나님의 말씀을 그대로 전할 수 있는 자는 참으로 행복하다. 이같이 고귀한 일은 성령으로 말미암을 때에만 할 수 있다. 하나님의 말씀을 힘 있게 전한 사도 바울은 말하기를 "내 말과 내 전도함이 설득력 있는 지혜의 말로 하지 아니하고 다만 성령의 나타나심과 능력으로 하여 너희 믿음이 사람의 지혜에 있지 아니하고 다만 하나님의 능력에 있게 하려 하였노라"고 하였다(고전 2:4-5).

반면에 범죄자("마음이 궤사한 자")는 강포한 짓을 하기 때문에 그 자신이 강포한 일을 당하게 된다. 사람은 심은 대로 거둔다. 갈라디아서 6:7-8에 말하기를 "스스로 속이지 말라 하나님은 업신여김을 받지 아니하시나니 사람이 무엇으로 심든지 그대로 거두리라 자기의 육체를 위하여 심는 자는 육체로부터 썩어질 것을 거두고 성령을 위하여 심는 자는 성령으로부터 영생을 거두리라"고 하였다.

**3  입을 지키는 자는 자기의 생명을 보전하나 입술을 크게 벌리는 자에게는 멸망이 오**

---

60) Die Sprüche Salomos (Nördlingen, 1888), s. 344.

느니라. 여기서 "생명"(נֶפֶשׁ)으로 번역된 히브리어는 "영혼"이라는 말로 번역되어야 한다(Delitzsch). 사람이 말을 조심하지 않으면 악한 말을 습관적으로 하기 쉽다. 그렇게 되면 자기의 많은 악한 말로 가장 먼저 자기의 영혼을 더럽히고 망하게 한다(마 15:11). 그러므로 사람은 특히 입을 지켜야 한다. 시편 141:3에 말하기를 "여호와여 내 입에 파수꾼을 세우시고 내 입술의 문을 지키소서"라고 하였다. "입술을 크게 벌린다"는 말씀의 뜻은 말을 함부로 많이 한다는 의미이다. 혀의 위험성에 대하여는 야고보서 3:1-12에 자세히 기록되었다.

**4** 게으른 자는 마음으로 원하여도 얻지 못하나 부지런한 자의 마음은 풍족함을 얻느니라. "게으른 자"는 성공을 원하면서도 노력은 하지 않기 때문에 목적을 이루지 못한다. 하나님께서 사람에게 무언가를 주시려 하실 때에는 그가 노력하는 것을 보시고 주시기를 기뻐하신다. 사람이 간혹 노력 없이 큰 것을 얻는 경우도 있기는 하지만 그렇게 얻은 것은 쉽게 사라진다. 잠언 20:21에 말하기를 "처음에 속히 잡은 산업은 마침내 복이 되지 아니하느니라"고 하였다. 그러므로 현숙한 여자는 게으르게 얻은 양식을 먹지 않는다고 하였다(잠 31:27). 하나님께서는 근면한 자에게 풍성한 소득이 있도록 축복하신다. 우리 속에 잠재한 재능도 우리의 근면한 활동을 통해 발휘하기를 원하신다. 사람이 가지고 있는 달란트(재능)는 수건에 싸서 감추어 두기 위한 것이 아니다(눅 19:20).

**5** 의인은 거짓말을 미워하나 악인은 행위가 흉악하여 부끄러운 데에 이르느니라. "의인"은 거듭나서 하나님의 형상으로 새로워졌기 때문에 마음속에서부터 거짓을 미워한다. 거짓을 미워하는 것은 하나님의 성품이다. 민수기 23:19에 말하기를 "하나님은 사람이 아니시니 거짓말을 하지 않으시고"라고 하였다. 이스라엘의 임금 다윗도 특히 거짓을 미워한 사람이었다. 그는 말하기를 "나는 거짓을 미워하며 싫어하고 주의 율법을 사랑하나이다"라고 하였다(시

119:163).

반면에 악인은 행위가 흉악하다. 여기서 "흉악하다"(יבאיש)는 말은 악취를 낸다는 뜻이다. 악취가 나는 행동은 무엇인가? 그것은 성결과 반대되는 모든 행위를 가리킨다. 여기서는 특히 거짓된 행동을 염두에 두었을 것이다. 이와 같은 악인의 행동은 일시 동안 형통하는 것 같아도 마침내 실패한다(부끄러움을 당한다).

**6 공의는 행실이 정직한 자를 보호하고 악은 죄인을 패망하게 하느니라.** 의인은 하나님의 보호를 받는다. 그 이유는 하나님께서 의로운 편에 계시기 때문이다. 시편 5:4에 말하기를 "악이 주와 함께 머물지 못하며"라고 하였다. 그러므로 바울은 비유로 말하기를, 의는 갑옷의 흉배와 같다고 하였다(엡 6:14). 이같이 의는 사람을 보호하지만, 악은 사람을 패망하게 한다. 시편 56:7에 말하기를 "그들이 악을 행하고야 안전하오리이까"라고 하였다. 동양의 도덕도 가르치기를, 사람이 의를 지녀야만 형통한다고 하였다. 특히 중국 상고 시대의 임금들이 이런 교훈을 받았다. 조기(祖己)라는 신하가 상(商)나라 고종(高宗)이라는 임금에게 말하기를 "먼저 임금을 바로 하고서야 그 일을 바르게 하리이다. 하늘이 백성을 살피시되 공의를 주장하나니"라고 하였다.[61] 여기서 말하는 공의는 성경에서 가르치는 것처럼 완전하지 못하지만, 옳은 것을 찾는 양심의 소리인 것만은 확실하다.

**7-8 스스로 부한 체하여도 아무 것도 없는 자가 있고 스스로 가난한 체하여도 재물이 많은 자가 있느니라 사람의 재물이 자기 생명의 속전일 수 있으나 가난한 자는 협박을 받을 일이 없느니라.** 빌데부어(D. G. Wildeboer)는 이 말씀의 교훈이 사람을 외모로 판단하지 말라는 뜻이라고 하였다.[62]

---

61) 『書經』, 高宗肜日: "惟先格王正厥事惟天監下民典厥義"
62) K. Marti, Hand-Commentar V, Die Sprüche (1897), s. 40: "Gehe nicht auf das Aussere."

이 부분에서는 두 종류의 거짓된 사람에 대해 이야기한다. ① 극빈자로서 부자인 것처럼 처신하는 자. 이와 같은 사람의 잘못은 가난하게 된 자기 처지를 불만스럽게 생각하고 부자인 것처럼 자신을 거짓으로 나타내는 것이다. 이것은 하나님께 자신의 처지를 감사할 줄 모르는 행동이다. ② 부자이면서 가난한 자인 것처럼 처신하는 자. 이런 사람은 자기의 많은 재물을 다른 사람에게 나누어 주지 않으려는 마음을 가지고 가난한 것처럼 처신하는 자이다. 그가 자기 재물을 다른 사람들에게 나누어 주면서 산다면 부자인 그의 신분이 행복할 것이다. 그럼에도 불구하고 그는 그렇게 하지 않고 가난한 자인 것처럼 다른 사람들을 속인다. 이것도 하나님을 거스르는 잘못된 행동이다. 누구든지 부자이든 가난한 자이든 자신의 처지에 따라 신앙으로 사는 것이 유익하다. 부자는 자기의 재물 때문에 위험을 면할(구속함을 받을) 수 있고, 가난한 자는 도적의 협박을 당하는 일이 없다. 모든 사람은 어떠한 처지에서든지 하나님께 감사하며 살 수 있다. 그 이유는, 어떤 처지든 그들에게 유익한 면이 있기 때문이다.

**9** **의인의 빛은 환하게 빛나고 악인의 등불은 꺼지느니라.** "의인의 빛"이란 무엇인가? 그것은 의인의 선한 행실을 가리킨다(마 5:16). 선한 행실은 다른 사람들을 옳은 데로 인도하려고 행한 일들이다(단 12:3).

"의인의 빛은 환하게 빛나고"(אוֹר־צַדִּיקִים יִשְׂמָח)라는 말의 히브리어는 "의인의 빛이 기뻐하고"라고 번역되어야 한다. 실제로 남을 위하여 사는 사람은 고생을 할 때도 있지만 마음속에는 기쁨도 많다. 따라서 그의 얼굴도 빛난다. 스데반은 다른 사람들을 위하여 생명을 걸고 복음을 전했고, 그로 인해 원수들의 박해 앞에서도 그의 마음이 기뻤기 때문에 그의 얼굴이 천사의 얼굴과 같았다(행 6:15).

반면에 악한 사람은 남을 위하지 않고 언제나 자기 자신만 위하기 때문에, 그의 마음속에 참된 기쁨이 없으며 마침내 패망하게 된다. "등불은 꺼지느니라"라는 말씀이 그 뜻이다.

**10** **교만에서는 다툼만 일어날 뿐이라 권면을 듣는 자는 지혜가 있느니라.** 교만한 사람들이 있는 사회에서 다툼이 일어나는 원인은 무엇인가? 그것은 ① 서로 상대방을 무시하기 때문에 다투는 것이다. ② 그들이 하나님의 영광을 위하지 않고 자기들의 권리와 이익만 내세우기 때문에 다투는 것이다. 어떤 단체든지 거기 속한 사람들이 하나님의 영광을 위한다면 그들 자신의 주장을 양보하게 된다. 따라서 거기에는 화평이 있다. 그러나 그렇지 않은 단체는 늘 분쟁 속에서 지낸다(참조. 잠 11:2; 12:15; 19:20).

반면에 옳은 권면을 잘 듣는 사람들이 있다. 잠언 13:12에서 "권면을 듣는 자"(נוֹעָצִים)라는 말은, 남의 의견을 받아들이기 위하여 양보하는 자를 가리킨다. 옳은 권면을 잘 듣는 자들은 그들이 속하여 있는 사회를 잘되게 할 뿐만 아니라 그들 자신도 형통한다. 그러므로 그런 사람들을 지혜로운 자라고 할 수 있다. 지혜로운 자들은 다른 사람의 옳은 권면을 잘 듣는다. 아람의 군대 장관 나아만은 이스라엘에서 잡혀 온 소녀의 말을 들었을 뿐 아니라, 자기 종들의 권면도 잘 듣고 순종하였으므로 자기의 한센병을 고쳤다(왕하 5:1-14). 그러나 교만한 지도자들은 권면을 듣지 않고 자기의 고집을 끝까지 주장한다. 그런 자들은 마침내 패망한다. 옛날 중국의 상(商)나라 주(紂) 임금은 포악한 정치를 하였다. 비간(比干)이라는 사람이 왕의 반성을 촉구하였으나 그는 그 말을 듣지 않을뿐더러 도리어 비간을 죽였다.

**11** **망령되이 얻은 재물은 줄어가고 손으로 모은 것은 늘어가느니라.** 여기서 "망령되이 얻은"(מֵהֶבֶל)이라는 말은 "허황하고 부실한 방법으로 얻은"이라는 뜻이다. 그런 방법으로 얻은 재물이 오래가지 못하는 이유는 하나님께서 사람의 허황된 행동을 기뻐하시지 않기 때문이다. 그러므로 잠언 21:6에 말하기를 "속이는 말로 재물을 모으는 것은 죽음을 구하는 것이라 곧 불려다니는 안개니라"고 하였고, 예레미야 17:11에는 말하기를 "불의로 치부하는 자는 자고새

제 13 장 195

가 낳지 아니한 알을 품음 같아서 그의 중년에 그것이 떠나겠고 마침내 어리석은 자가 되리라"고 하였다.

"손으로 모은 것"은 수고하여 모은 것을 의미한다. 하나님은 인간에게 명하시기를 "네가 흙으로 돌아갈 때까지 얼굴에 땀을 흘려야 먹을 것을 먹으리니"라고 하셨다(창 3:19). 그러므로 수고하여 얻은 재물은 하나님의 축복 속에서 늘어 간다.

**12  소망이 더디 이루어지면 그것이 마음을 상하게 하거니와 소원이 이루어지는 것은 곧 생명 나무니라.** "소망이 더디 이루게" 될 때는 이유가 있다. 그것은 우리가 상심할 정도로 오래 기다리게 하려는 것이다. 소망이 빨리 이루어지면 그것을 귀하게 여길 줄 모르는 것이 인생이다. 우리가 소망을 오랫동안 기다리다가 성취될 때에 더 기쁨을 가진다. 그때에 이루어진 것은 생명나무처럼 귀하게 느껴진다. 그러므로 하나님께서는 우리의 소망이 더디 이루어지도록 역사하시기도 한다. 이사야 30:18에 말하기를 "여호와께서 기다리시나니 이는 너희에게 은혜를 베풀려 하심이요"라고 하였다. 하나님께서는 일반적으로 시간을 오래 잡고 좋은 일을 이루신다. 만일 그가 만물을 새롭게 창조하셔서 새 하늘과 새 땅을 이루시려면 짧은 순간에도 하실 수 있다. 그러나 그는 그렇게 하시지 않고, 타락한 인류를 회개시켜서 그의 자녀로 삼으신다. 그리고 그 일을 이루시기까지 오랜 세월 동안 참고 기다리신다. 그러므로 사람도 무슨 일이든 참된 성공을 거두려면 하나님의 방법을 따라 오래 참고 기다리며 꾸준히 노력해야 한다.

**13  말씀을 멸시하는 자는 자기에게 패망을 이루고 계명을 두려워하는 자는 상을 받느니라.** 하나님의 말씀을 멸시하는 자는 하나님을 멸시하는 자이다. 그런 자는 발뒤꿈치로 송곳을 차는 자와 같다. 그런 자는 마침내 패망하게 된다.

반면에 하나님의 계명을 두려워하는 자는 하나님을 두려워하는 자이다. 그런 사람이 하나님의 은혜를 받는 것은 당연하다. 이 점에서 한 가지 명심해야 할 것은, 하나님의 계명을 두려워한다는 것은 하나님을 두려워할 뿐 아니라 마음으로 하나님을 사랑하는 것을 의미한다는 사실이다. 하나님을 사랑하면서 그를 두려워하는 것이 참된 경건이다(시 2:11). 하나님은 우리에게 노예적인 공포를 요구하시지 않는다. 또한 사랑은 죽음과 같이 강하므로(아 8:6), 그 강한 힘으로만 하나님의 계명을 참되게 지킬 수 있다. 다니엘 9:4에 말하기를 "크시고 두려워할 주 하나님, 주를 사랑하고 주의 계명을 지키는 자를 위하여 언약을 지키시고 그에게 인자를 베푸시는 이시여"라고 하였고, 예수님께서도 말씀하시기를 "사람이 나를 사랑하면 내 말을 지키리니"라고 하셨다(요 14:23).

**14 지혜 있는 자의 교훈은 생명의 샘이니 사망의 그물에서 벗어나게 하느니라.** 이 세상에는 사람을 망하게 하는 올무와 함정이 많다(딤후 2:26). 그러므로 거기 빠지지 않게 하는 지혜로운 교훈이야말로 생명의 샘이라고 할 수 있다. 성경이 말하는 "생명"은 이 세상 생명을 의미하지 않고 영적인 생명을 의미한다. 다시 말하면 그것은 하나님이 함께해 주시는 생명이다. 예수님은 이 세상의 생명만 지니고 있는 자를 "죽은 자"라고 하셨다(마 8:22). 영적 생명은 지혜 있는 자의 교훈에서 흘러나온다. "지혜 있는 자의 교훈"에서 흘러나온 것은 여호와를 알게 하는 말씀이므로(잠 1:7; 욥 28:28) 영감으로 된 것이다(왕상 4:29). 그것은 오늘날 우리에게 생명의 말씀으로 찾아온다. 성경의 말씀은 옛날이나 지금이나 간절히 사모하며 믿으려는 자들에게 생명으로 역사한다. 중국의 유명한 목사 니토쉥은 "적은 무리 운동"(Little Flock Movement)을 창설한 분으로, 공산당에게 붙잡혀 옥고를 겪었다. 니토쉥 목사는 일찍이 로마서 6:6의 "우리가 알거니와 우리의 옛 사람이 예수와 함께 십자가에 못 박힌 것"이라는 말씀이 믿어지지 않아서 걱정하였다. 그러면서 "어떻게 나를 그리스도와 함께 죽은 자로 여길 수 있을까?"라고 걱정하며 금식도 하였다. 그러던 어느 날 아침 서재에서 그는 자신이 그리스도와 함께 죽은 자라는 것을

깨달았다. 그 순간 그는 생명을 얻고 찬송하였다. 또 어느 날에는 그가 병으로 앓아누워서 많이 고통하던 중에 하나님의 말씀에 있는 신유의 말씀이 생각나서 그 말씀을 믿었다. 그러나 열은 더 오르기 시작하였다. 그래서 그는 하나님의 말씀(신유의 말씀)을 의심하기 시작하였다. 그러나 그때 "아버지의 말씀은 진리니이다"(요 17:17)라는 성경 구절이 떠올랐다. 그래서 그는 그 말씀을 굳게 믿고 자기 병의 모든 증상(열이 오르는 것, 고통스러운 것, 잠이 들지 않는 것)을 모두 다 거짓으로 판정하였다. "두통도 거짓이다, 고열도 거짓이다, 불면증도 거짓이다." 그 후 5분 만에 그는 잠이 들었고 다음 날 아침에 완전히 건강을 회복하였다고 한다. 니토쉥 목사가 자신이 앓았던 질병의 증상을 거짓으로 판정한 마음을 모두가 가져야 할 표준이라고 할 수는 없다. 그러나 그가 하나님의 말씀을 진리로 믿은 것만은 확실하다.

**15  선한 지혜는 은혜를 베푸나 사악한 자의 길은 험하니라.** 여기서 "선한 지혜(שֵׂכֶל־טוֹב)라는 말은 "선한 깨달음"이라고 번역되어야 한다. 이것은 특히 다른 사람들과 관계된 예의나 처사에서 선량한 것을 의미한다.[63] 델리취(Delitzsch)도 같은 의미로 다음과 같이 말하였다. "이것은 교양이라고 부를 수 있는 것, 깊은 윤리적 의미가 있는 것을 가리킨다."[64] 이처럼 선량한 교양이 있는 인격은 다른 사람들에게 은혜를 끼친다. 그렇다면 이와 같은 참된 교양은 어디서 오는가? 솔로몬은 여기서 유교의 예의와 같은 세속적인 교양을 말하지 않았고, 전적으로 하나님을 중심으로 하는 사랑에서 나오는(고전 13:5) 예의를 가르쳤다. 그가 받은 지혜의 교훈은 영감으로 성립된 것이다. 예수님도 어린 시절에 그의 지혜를 따라 은혜롭게 행하셨으므로 하나님과 사람에게 사랑을 받으셨다(눅 2:52). 진리 종교(기독교)에서는 신앙이 근본이고 예의는 곁가지

---

63) Crawford H. Toy, A Critical and Exigetical Commentary on The Book of Proverbs (Charles Scribner's Sons, 1916), 271.
64) F. Delitzsch, Proverbs Ⅰ (Eerdmans, 1950), 279.

라고 할 수 있다. 그러나 이것이(예의가) 사회생활에서는 중요하게 간주된다.

이 점에서 한 가지 명심할 것이 있다. 그것은 우리가 신앙생활에서도 예의를 도외시할 수 없다는 사실이다. 보이는 사람을 사랑하지 않는 자는 보이지 않는 하나님을 사랑할 수 없다는 것이 성경의 교훈이다(요일 4:10-21). 물론 하나님을 사랑하는 데까지 이르는 예의(사람을 사랑함)는 성경이 말씀한 신본주의 예의뿐이다. 유교의 인본주의적 예의는 이 세상과 현실 그 이상에 이르지 못한다.

"사악한 자의 길은 험하니라"고 한 것은 무슨 뜻인가? "사악한 자"는 어쩌다가 거짓말을 하게 되는 자를 가리키지 않고 거짓이 습관화된 자를 말한다. 그런 사람은 회개하지 않으며 선량한 쪽으로 조금도 변하지 않는다. 여기서 사악한 자의 길은 "험하니라"(איתן)고 한 것은 "늘 그대로 있어서 변치 않음"을 의미한다. 그것은 사실상 굳다는 뜻이다. 즉 이것은 악인의 마음이 다른 사람에 대하여 아무 동감이나 동정도 가지지 않음을 가리키는 동시에, 그 사람 자신의 앞길도 험할 것을 말해 준다. 진리를 배반하는 데 굳어진 자들은 자기 자신의 길도 험하게 만드는 법이다. 무신론자들은 모두 다 불행하게 끝을 맺는다. 무신론자 볼테르(Voltaire)는 기쁨이 없어져서 "나는 나지 않았다면 좋을 뻔하였다"라고 탄식하면서 자기 생을 결론지었고, 무신론자 가디너(Gardiner)는 자기의 불행을 느끼면서 종종 개(犬)를 부러워하였다고 한다(Charles Bridges).

**16 무릇 슬기로운 자는 지식으로 행하거니와 미련한 자는 자기의 미련한 것을 나타내느니라.** 이 말씀을 보면, 사람들에게 나타나는 모든 행실보다 그들의 인격의 바탕이 중요하다는 것을 알 수 있다. 선과 악을 행하는 사람들의 행실은 그들 자신의 중심에서부터 비롯된다. 그러므로 마태복음 7:18에 말하기를 "좋은 나무가 나쁜 열매를 맺을 수 없고 못된 나무가 아름다운 열매를 맺을 수 없느니라"고 하였다. 조상 때부터 부패한 인류는 그 인격의 바탕에서부터 변

화를 받아야 참으로 좋은 열매를 맺는 지혜자가 될 수 있다(참조. 롬 12:2; 고후 5:17).

"지식으로 행한다"는 것(상반절)과 "미련한 것을 나타낸다"는 것(하반절)이 서로 대조된다. 지혜로운 자는 행실에 주력하는 반면, 미련한 자는 말만 한다.[65] 이 점에서 미련한 자가 그의 "미련한 것을 나타낸다"는 말씀을 주의 깊게 해석해야 한다. 곧 "나타낸다"(יַפְרִישׂ)는 말은 간직해 두고 자랑하던 것을 다시 교만하게 펴 보인다는 뜻이다.

그렇다면 "지식으로 행한다"는 것은 무슨 뜻인가? 그것은 모든 행위와 처사의 근본 동기가 여호와를 경외하는 것이다(잠 1:7). 따라서 그의 행동 방법은 하나님의 말씀을 따른다. 여호와를 경외하지 않는 행위는 인간이 볼 때 아무리 영리해 보이는 것(과학기술의 발달 등)이라도 성령의 감동을 받아 잠언을 기록하는 저자에게는 미련한 것에 불과하다. 그 이유는, 여호와를 경외하지 않는 행위는 마침내 그것을 행한 자를 해롭게 하기 때문이다. 사람이 자기 자신을 해치는 것처럼 미련한 행동은 없다. 예를 들면 성경에 술 취하지 말고 성령으로 충만하게 되어 그리스도를 경외하라고 했는데도 불구하고(엡 5:18, 21) 술에 취하는 사람은 마침내 알코올 중독자가 되고 만다. 그것은 자기 몸을 파괴하는 것이다. 그것은 짐승보다 미련한 행동이다. 짐승들도 스스로 자기 몸을 파괴하지는 않는다.

**17** **악한 사자는 재앙에 빠져도 충성된 사신은 양약이 되느니라.** 여기서 "악한 사자"는 엘리사의 종 게하시와 같은 사람이다. 그는 엘리사의 생각과 배치되는 행동을 하였다(왕하 5:20-25). 그래서 결국 한센병자가 되고 말았다(왕하 5:27). 하나님의 종도 하나님의 뜻과 배치되게 행하면 반드시 재앙을 받는다. 엘리 제사장도 하나님의 뜻에 순종하지 않아서 벌을 받았다(삼상 2:29-34;

---

65) D. H. Strack, "Der Kluge handelt, der Thor redet."

4:10-22).

그러나 충성된 사신은 그 주인에게 양약과 같다. 여기서 "양약"(מַרְפֵּא)이라는 말의 히브리어는 시원함(refreshment)을 의미한다(Delitzsch). 충성된 종은 주인의 집에 일어난 어려운 일도 해결해 주기 때문에 주인의 마음을 시원하게 한다. 잠언 25:13에 말하기를 "충성된 사자는 그를 보낸 이에게 마치 추수하는 날에 얼음 냉수 같아서 능히 그 주인의 마음을 시원하게 하느니라"고 하였다. 예를 들면 아브라함의 종 엘리에셀이 그렇게 행하였다(창 24장). 하나님의 복음에 충성하는 종들도 하나님의 말씀을 온전히 전달하는 데 힘쓰며(행 20:27), 하나님 앞에서(갈 1:10; 고후 2:17) 사람들의 양심의 인정을 받도록 역사한다(고후 4:2). 그러므로 그들은 하나님의 기쁨(시원함)이 된다.

**18** 훈계를 저버리는 자에게는 궁핍과 수욕이 이르거니와 경계를 받는 자는 존영을 받느니라. "훈계를 저버리는 자"는 무엇보다 교만한 자이다. 교만은 패망의 선봉이다(잠 16:18). 하나님은 교만한 자를 물리치신다(약 4:6). 교만한 자는 바른 교훈에 순종하지 않기 때문에 옳은 사람이 될 수 없고 결국 짐승과 같아진다. 시편 49:20에 말하기를 "존귀하나 깨닫지 못하는 사람은 멸망하는 짐승 같도다"라고 하였다. 그런 사람은 먼저 영적으로 궁핍함을 당한다. 훈계를 저버리고 스스로 교만한 자에 관하여 요한계시록 3:17-18에 말하기를 "네가 말하기를 나는 부자라 부요하여 부족한 것이 없다 하나 네 곤고한 것과 가련한 것과 가난한 것과 눈먼 것과 벌거벗은 것을 알지 못하는도다 내가 너를 권하노니 내게서 불로 연단한 금을 사서 부요하게 하고 흰옷을 사서 입어 벌거벗은 수치를 보이지 않게 하고 안약을 사서 눈에 발라 보게 하라"고 하였다.

반면에 누구든지 옳은 징계에 순종하는 사람은 형통할 수밖에 없다. 그 이유는 하나님께서 사랑하는 자에게 징계를 베푸시기 때문이다. 그러므로 욥기 5:17-18에 말하기를 "볼지어다 하나님께 징계 받는 자에게는 복이 있나니 그런즉 너는 전능자의 징계를 업신여기지 말지니라 하나님은 아프게 하시다가 싸매시며 상하게 하시다가 그의 손으로 고치시나니"라고 하였다(참조. 호 6:1-3). 그뿐 아니라 징계를 순종하는 자는 겸손한 자다. 겸손은 존귀의 길잡이다(잠 15:33).

**19 소원을 성취하면 마음에 달아도 미련한 자는 악에서 떠나기를 싫어하느니라.** 신자가 하나님을 향하여 옳은 소원을 가졌다가 그것이 성취 될 때에는 큰 기쁨을 얻는다. 이런 의미에서 예수님은 "구하라 그리하면 받으리니 너희 기쁨이 충만하리라"고 하셨다(요 16:24하). 그 기쁨은 그에게 살아 역사하시는 하나님을 발견한 기쁨이다. 하나님은 온 천하보다 귀하고 좋으신 분이다. 옳은 소원이 성취된 것도 기쁜 일이지만, 하나님께서 나의 하나님이시라는 사실은 더욱 기쁜 일이다. 이런 축복을 미련한 자는 기대하지 못한다. 그 이유는, 그가 이 축복의 선행 조건인 악을 떠나지 않기 때문이다.[66] 다시 말하면 미련한 자는 하나님 앞에서 의로운 소원을 가지지 않는다. 그는 죄악에 머물기 좋아하기 때문이다. 요한복음 3:19-21에 말하기를 "그 정죄는 이것이니 곧 빛이 세상에 왔으되 사람들이 자기 행위가 악하므로 빛보다 어둠을 더 사랑한 것이니라 악을 행하는 자마다 빛을 미워하여 빛으로 오지 아니하나니 이는 그 행위가 드러날까 함이요 진리를 따르는 자는 빛으로 오나니 이는 그 행위가 하나님 안에서 행한 것임을 나타내려 함이라"고 하였다.

**20 지혜로운 자와 동행하면 지혜를 얻고 미련한 자와 사귀면 해를 받느니라.** 여기서 "지혜로운 자"라는 말은 당연히 하나님을 공경하는 자를 말한다. "동행한다"는 것은 함께 길을 간다는 의미가 아니라 교제하며 친밀하게 지내는 것을 가리킨다. 사람은 친구의 영향을 많이 받는다. 다윗은 의로운 친구와 사귀기를 원하며 말하기를 "의인이 나를 칠지라도 은혜로 여기며 책망할지라도 머리

---

66) D. G. Wildeboer, Die Sprüche (1897), s. 41 : "Auf solchen Segen können die Thoren nicht rechnen, weil sie vor Erfüllung der ersten Bedingung dazu, nämlich 'Weichen vom Bösen,' einen Abscheu haben."

의 기름 같이 여겨서 내 머리가 이를 거절하지 아니할지라 그들의 재난 중에
도 내가 항상 기도하리로다"라고 하였다(시 141:5). 반면에 미련한 자, 곧 무신
론자(시 14:1)와 사귀는 자는 그 또한 무신론자가 되기 쉽다. 그것은 자기 영
혼을 멸망으로 떨어뜨리는 큰 손해다. 그러므로 지혜로운 자, 곧 복 있는 사
람은 악인들의 꾀를 따르지 아니하며, 죄인의 길에 서지 아니하며, 오만한 자
들의 자리에 앉지 않는다고 하였다(시 1:1).

유교의 공자도 말하기를 "세 사람이(나 자신도 포함하여) 행할 때는 반드
시 내 스승이 있으므로, 그중 선한 자를 택하여 따르고, 선하지 않은 자를
보고 내 허물을 생각하여 고친다"라고 하였다.[67] 공자의 이 말은 잠언과 같
은 유신론에서 한 것이 아니라 인본주의 윤리를 가르칠 뿐이다. 그러나 그는
사람이 친구의 영향을 많이 받는다는 점을 잘 강조하였다.

**21** 재앙은 죄인을 따르고 선한 보응은 의인에게 이르느니라. 여기서 "따른다"
(תְּרַדֵּף)는 말이 중요하다. 그것은 범죄자가 조만간 죗값을 받게 될 것이 확실
하다는 것이다. 죄인이 그것을 피하려 해도 반드시 그것을 만나게 된다는 것
이다. 만일 그 사람 당대에 받지 않는다면 수백 년 후에라도 그의 자손이 그
것을 만나게 된다. 아말렉 족속은 범죄한 지 수백 년 후에 그들의 죗값을 받
았다(출 17:14; 삼상 15:2-9). 제2차 세계대전 당시 유대인 6백만 명을 죽인 독
일 사람 아이히만은 종전 후 도망하여 남아메리카 아르헨티나에 가서 숨어
살려고 하였으나, 마침내 체포되어 이스라엘로 끌려와서 사형을 받았다. 죄
악이 가득 차면 반드시 천벌을 받는다는 것은 너무도 확실하기 때문에 이교
문헌에도 이에 대한 언급이 있다. 곧 "나쁜 마음이 가득하면 하늘이 반드시
벨 것이다"라고 하였다.[68]

---

67) 『論語』, 述而 第七, 21쪽: "三人行必有我師焉擇其善者從之其不善者而改之."
68) 『明心寶鑑』, 天命篇, 4쪽: "惡鑵若滿天必誅之."

"보응은 의인에게 이르느니라." 이 말을 개역하면 다음과 같다. 곧 "의인에게는 선으로 갚음이 되느니라"이다(Delitzsch). 그런데 의인이 하나님의 상급을 받는 것은 확실하지만, 그것이 당장 이루어지지 않고 오랜 세월이 지난 후에 실현되는 경우가 많다. 그래서 사람들이 이 사실을 실감하지 못한다. 그러나 이것은 너무도 확실하기 때문에 이교의 교훈에도 이와 유사한 말이 있다. 곧 "돈을 모아서 자손에게 남겨 주더라도 자손이 반드시 그것을 지키지 못할 것이고, 책을 모아서 자손에게 남겨 주더라도 그들이 반드시 그것을 다 읽지 못할 것이므로 남모르는 가운데 조상의 덕을 쌓음으로써 자손을 위하는 것보다 못하다."라고 하였다.[69]

**22** 선인은 그 산업을 자자 손손에게 끼쳐도 죄인의 재물은 의인을 위하여 쌓이느니라.

여기서 말하는 "선인"은 하나님을 진실하게 경외하는 자(믿는 자)를 말한다. 선한 사람이 가난한 경우가 더 많기 때문에, 이 말씀은 보편적인 원칙을 말하는 것이 아니다. 이것은 특별한 경우(물질을 축복으로 받은 어떤 의인들)에 국한된 말씀이다.

그러나 여기서 명심할 것이 있다. 그것은 선한 사람의 자손들이 불의해도 반드시 그 선조의 산업의 혜택을 누린다는 의미가 아니라는 것이다. 아무리 선한 사람이 후손들에게 재산을 물려주어도 그들(후손들)이 불의하면 그 유산을 누리지 못하고 파산한다. 그러므로 여기 언급된 "선인"의 후손은 혈통적 후손뿐만이 아니라 선한 영적 후계자를 말하는 것이다. 선량한 후계자는 선조의 유산을 지킨다. 이것은 시편 37:25에 "의인이 버림을 당하거나 그의 자손이 걸식함을 보지 못하였도다"라고 한 말씀과 같은 것이다. 여기서도 "의인의 자손"은 의인의 혈통적 계승자일 뿐 아니라 의로운 생활의 후계자다.

---

69) 『明心寶鑑』, 繼善篇 : "司馬溫公曰積金以遺子孫未必子孫能盡守積書以遺子孫未必子孫能盡讀不如積陰德 於冥冥之中以爲子孫之計也".

"죄인의 재물은 의인을 위하여 쌓이느니라." 이 말씀은 하나님의 역사적 심판대로 그렇게 되는 것을 말한다. 하나님의 역사적 심판은 사람에게 늘 알려지는 것이 아니다. 그 심판은 오래 쌓인 범죄의 역사 위에 임한다. 그러므로 사람들이 자기 당대에는 악인이 심판받는 것을 목도하지 못하고 죽을 수 있다. 어떤 별들은 지구와의 거리가 너무 멀어서 우리에게 보이지 않는다. 그렇다고 해서 그 별이 존재하지 않는다고 할 수 있는가? 가나안 민족들은 그들의 아름다운 땅을 이스라엘에게 빼앗겼다. 그러나 아브라함은 400년 전에 그 일에 대한 하나님의 약속을 받았을 뿐 그의 눈으로 그 약속이 성취되는 것을 보지 못하였다.

**23 가난한 자는 밭을 경작함으로 양식이 많아지거니와 불의로 말미암아 가산을 탕진하는 자가 있느니라.** 여기서 "가난한 자는 밭을 경작함으로"(ניר ראשׁים)라는 문구의 히브리 원어는 "가난한 자가 힘들여 개척한 밭"(The poor man's fresh land)이라고 번역되어야 한다(Delitzsch). 이 문구는 하나님을 두려워하는 가난한 자가 많은 노력으로 경작한 밭을 의미한다. 하나님은 많은 노력으로 진실하게 일하는 경건한 사람을 축복하신다. 사람이 자기의 산업을 위하여 많이 노력하는 것은, "네가 흙으로 돌아갈 때까지 얼굴에 땀을 흘려야 먹을 것을 먹으리니"라고 하신 하나님의 명령(창 3:19)에 순종하는 덕행이다. 애굽 전역은 요셉의 근면한 노력 때문에 흉년에도 식물이 핍절하지 않았다(창 41:33-36, 54). 영적 생활에서도 근면히 노력하는 자가 은혜를 많이 받는다. 노력하지 않는 자는 한 달란트 받아서 그것을 활용하지 않고 그대로 간직해 둔 자와 같다(마 25:24-26).

"불의로 말미암아 가산을 탕진하는 자가 있느니라"고 한 문구는 다음과 같이 번역되어야 한다. "부한 자가 불의로 인하여 패망하느니라." 다시 말하면, 사람이 아무리 부요해도 그가 재산을 옳게 사용하지 않으면 마침내 그 재산이 없어진다는 뜻이다. 그런 사람은 재물을 범죄의 방편으로 삼는다. 그는 하나님을 믿지 않으며 재산을 믿고 교만해져서 하나님을 무시한다. 하나님은 그런 자의 재산을 빼앗으신다. 하나님보다 더 의지하는 것을 처분하신다. 이사야 3:1을 보면, 하나님께서 예루살렘과 유다가 의뢰하며 의지하는 것을 제하여 버리신다고 하였다(참조. 사 3:2-3). 그러므로 잠언 16:8에 말하기를 "적은 소득이 공의를 겸하면 많은 소득이 불의를 겸한 것보다 나으니라" 하였고, 시편 37:16에는 "의인의 적은 소유가 악인의 풍부함보다 낫도다" 하였고, 잠언 28:6에는 "성실하게 행하는 자는 부유하면서 굽게 행하는 자보다 나으니라"고 하였다(참조. 잠 19:1, 22).

**24 매를 아끼는 자는 그의 자식을 미워함이라 자식을 사랑하는 자는 근실히 징계하느니라.** 이 구절을 오해하면 안 된다. 이것은 부모로서 자식을 엄혹하게만 대하라는 뜻이 아니다. 이것은 자식이 징계를 받아야 할 과오가 있을 때 부모로서 어김없이 그것을 징계해야 한다는 것이다. 여기서 문제는 "매"라는 말이다. 우리가 우리 자식의 과오를 매번 반드시 매로 다스려야 할까? 때리는 것이 교육의 방편으로 적합한가?

이 문제에 대하여는 다음과 같이 해석한다. 곧 "매"라는 말은 반드시 구타를 의미한다기보다는 일반적인 징계를 비유한다. 바울도 "매"라는 말로 일반적인 징계를 비유했다(고전 4:21). 부모가 잘못한 자식을 징계할 때에는 그를 구타하지 않고 다른 방법을 택할 수 있다. 예를 들면 어떤 장소에 얼마 동안 가두어 두는 것이다. 이 경우 징계하는 부모는 잘못한 아이에게 먼저 경고하고 후에 다시 잘못할 때에는 징계하겠다고 알려 주어야 한다. 그렇게 해야 아이가 자유의사로 자신의 허물을 뉘우칠 기회를 가진다. 만일 그가 같은 과오를 다시 범하였다면, 그것은 그가 자기의 자유로 징계를 초래한 것이다. 교육하는 자는 언제나 피교육자의 자유 의지를 파괴하지 않아야 한다. 자유 의지를 파괴하는 것은 인격을 파괴하는 것과 같다.

어떤 학설에는 "근실히"(שִׁחֲרוֹ)라는 말을 "일찍이"로 번역했다. 이는 인생의 아침, 곧 유년 시절을 가리킨다. 아이를 징계로 다스릴 시기는 유년 시기에 국한된다. 십 대(teenage)에 진입한 아이들은 일반적으로 반항적인 심리를 가지므로 징계의 효과를 거두기 어렵다. 이때에는 주로 감화로 교도해야 한다.

**25** 의인은 포식하여도 악인의 배는 주리느니라. 여기서 "포식하여도"(לְשֹׂבַע נַפְשׁוֹ)라는 말은 "영혼이 만족하도록 먹어도"라고 번역되어야 한다. 이것은 먹고 마시는 일에 욕심을 채운다는 뜻이 아니다. 의인이 먹고 마시는 일에서 자신의 의로운 소원(절제 있는 소원)대로 만족하는 것을 가리킨다. 예를 들면 아합 왕 때에 흉년으로 온 국민이 기아 상태에 빠졌으나, 엘리야는 까마귀가 물어 온 고기와 떡으로 주림을 면하였다. 그뿐 아니라 그는 가나안 과부가 준 음식으로 말미암아 하나님의 축복으로 만족스럽게 지냈다(왕상 17:1-16). 다니엘도 절제하여 물과 채소로 만족하였으므로 그의 얼굴이 아름다워졌고 살이 더욱 윤택해졌다(단 1:8, 15). 의인은 음식물에 대한 소원이 절제되고, 그 심령에 하나님을 모시기 때문에 만족을 누린다(참조. 시 23:1; 사 65:13-14). 즉 그는 하나님 제일주의를 가진다. 디모데전서 6:6-8에 말하기를 "그러나 자족하는 마음이 있으면 경건은 큰 이익이 되느니라 우리가 세상에 아무 것도 가지고 온 것이 없으매 또한 아무 것도 가지고 가지 못하리니 우리가 먹을 것과 입을 것이 있은즉 족한 줄로 알 것이니라"고 하였다. 이 구절에서 "경건은 큰 이익이 되느니라"고 한 것은, 하나님으로 만족할 줄 아는 자가 얻는 유익을 말한다. 하나님을 모시지 못한 자는 천하를 소유한다 해도 만족이 없다. 잠언 13:25에서 "악인의 배는 주리느니라"고 한 말씀(하반절)이 그 뜻이다. 아합은 왕위에 있으면서도 만족하지 못하고 나봇의 포도원을 빼앗았고(왕상 21:1-16), 네로 황제는 황금으로 지은 집에 살면서도 불만족하여 마침내 자살하였다.

잠언 13:25에 계시된 진리는 너무도 확실하여 인류 역사에 자주 실현되었기 때문에 영감되지 않은 옛글에도 이와 유사한 말이 많다. 예를 들면 다음과 같다. "족한 줄 알면 즐거울 것이요 탐하기에 힘쓰면 근심이 끊이지 않으리라."[70] "족한 줄 아는 사람은 빈천에 처해도 즐겁고, 족한 줄을 알지 못하는 사람은 부귀에 처해도 근심이다."[71] "분수에 넘친 생각은 정신만 상하게 할 뿐이요, 망령된 행동은 도리어 재앙을 불러일으키느니라."[72] "족한 줄 알고 항상 만족하면 종신토록 욕됨을 보지 않을 것이요, 그칠 바를 알고 항상 그치면 종신토록 부끄러움을 당하지 않으리라."[73] "평안한 마음으로 분수를 지키면 몸에 욕됨이 없고, 기틀을 알면 마음이 한가하리니, 이렇게 행하는 자는 비록 인간 세상에 살지라도 인간 세상에서 벗어나 있는 것이니라."[74] 명심보감의 이와 같은 말들은, 사람이 하나님을 모시지 않고도 자력으로 그런 자족 생활이 가능한 것처럼 가르친다. 그 뜻은 좋지만 실제로 하나님을 모시는 경건을 소유하지 못한 인간은 거기에 도달하지 못한다. 반면에 기독교 성경은 자족하는 생활이 하나님 제일주의로 가능하다고 가르친다(시 23:1).

---

70) 『明心寶鑑』, 安分篇, 1쪽 : "知足可樂務貪則憂."
71) 같은 책, 2쪽 : "知足者貧賤亦樂不知足者富貴亦憂."
72) 같은 책, 4쪽 : "濫想徒傷神妄動反致禍."
73) 같은 책, 4쪽 : "知足常足終身不辱知止常止終身無恥."
74) 같은 책, 6쪽 : "安分身無辱知機心自閑雖居人世上却是出人間."

# 제 14 장

## ✧ 해석

**1** **지혜로운 여인은 자기 집을 세우되 미련한 여인은 자기 손으로 그것을 허느니라.** 이 말씀은 가정이 잘되거나 잘되지 않는 것이 아내에게 달려 있다는 것이다. 여기서 "지혜롭다"는 말은 신령한 지혜를 말한다(잠 1:7; 2:5-6). 이 지혜가 있는 여자는 유달리 ① 신앙생활에 힘쓰며(잠 31:30), ② 산업에 근면하고(잠 31:13-19, 22-27), 특히 자녀 교육에 전심하여(잠 31:26) 자기의 선한 모본으로 그들을 가르친다. 앞에 언급된 분야에서 여자는 자유로운 활동을 할 수 있다. 이것이 성경적 진리에 따른 영역 주권(sphere sovereignty)이다. 성경에 기록된 여인들의 사적에도 지혜로운 자들이 적지 않다. 예를 들면, 룻은 자기 남편이 죽은 뒤에도 그 가정을 떠나지 않고 여호와를 섬기며 밭에서 이삭을 주워다가 시모를 공경하였다(룻 1:16-18; 2:3, 11-12, 23). 삼손의 어머니는 신앙으로 자기 남편의 약점을 도와주었고(삿 13:21-23), 브리스길라는 신앙적으로 자기 남편 아굴라보다 성숙하게 활동하였다(행 18:26; 롬 16:3-4).

그럼에도 불구하고 옛날 동양의 도덕은 여성의 권리를 무시하고 여자를 노예시했다. 그 내용을 간단히 소개하면 다음과 같다. 공자는 말하기를 "부인은 사람들 앞에 굴복하는 자"라고 하였고,[75] 또 "여자와 소인은 다루기 어려워서 가까이하면 교만하고 멀리하면 원망한다."라고 하였다.[76] 이같이 여자가 잘하는 일들은 언급하지 않고 이렇게 말한 것을 볼 때, 공자는 남존여비 사상을 가졌던 것이 분명하다. 여자나 남자나 다 마찬가지로 자기 책임을 잘 하는 자도 있고 그렇지 못한 자도 있다. 미련한 여자가 있는가 하면 미련한 남자도 있다. 그런 자는 여자나 남자나 다 가정을 파괴한다. 그런 자에게는 여호와를 두려워하는 신앙이 없다. 예를 들면 롯의 아내는 소돔에서 나오다가 하나님의 명령을 어겼고(창 19:26), 욥의 아내는 환난 중에 욥을 돕지 못하고 도리어 욥의 신앙을 무너뜨릴 말을 하였다. 곧 "당신이 그래도 자기의 온전함을 굳게 지키느냐 하나님을 욕하고 죽으라"고 하였다(욥 2:9). 그리고 아합과 그의 아내 이세벨은 모든 우상을 외국으로부터 끌어들여 이스라엘 민족이 종교적으로 크게 범죄하도록 만들었다(왕상 16:30-33; 18:4, 13, 19; 19:1-2).

**2** 정직하게 행하는 자는 여호와를 경외하여도 패역하게 행하는 자는 여호와를 경멸하느니라. "정직하게 행한다"는 것은 사람이 살아 계신 하나님의 눈앞에서 그의 말씀대로 행하는 것을 가리킨다. 그가 혹 잘못했을 때에도 그 잘못을 회개하여 하나님 앞에 다시 열납된다면, 그것도 정직하게 행하는 행동 중 하나이다. 하나님은 죄인이 회개하고 돌아오는 것을 기뻐하신다(참조. 사 1:18; 마 9:12-13).

"여호와를 경외한다"는 것은 무슨 뜻인가? 사람이 하나님을 경외한다는 것은 어떤 비상사태 앞에서 정신을 바짝 차리고 하나님을 찾는 것이 아니다. 여호와를 경외하는 것은, 사람이 ① 평범한 일을 하면서도 범죄하지 않기 위하여 하나님을 두려워하는 것이며, ② 은밀한 가운데서 경건하게 살며 깨어 기도하는 것이며, ③ 마음속으로 범죄하지 않는 것이며, ④ 평안한 때에

---

75) 『原本小學集註』卷之二 (鄕民社), 66쪽: "婦人伏於人也."
76) 『論語』, 陽貨, 25쪽: "唯女子與小人爲難養也 近之則不遜遠之則遠."

오히려 주님을 떠날까 두려워하며 조심하는 것이며, ⑤ 난처한 때에 구차하게 그것을 면하려 하지 않고 의리를 지키는 것이다.

"패역하게 행하는 자"는 자기 좋은 대로만 행하는 자이다. 그가 하나님을 멸시하는 것이 몇 가지로 나타난다. 그는 ① 쾌락을 하나님보다 더 사랑한다(딤후 3:4). ② 부패한 인간성 그대로 행하며 회개하지 않고 하나님을 믿지 않는다(유 1:10). ③ 하나님이 인간의 죄에 대하여 오래 참으시며 속히, 또는 매번 벌하지 않으시기 때문에, 그는 도리어 하나님을 멸시하고 하나님이 없다고 한다(롬 2:4). ④ 성경에 기록된 하나님의 말씀을 두려워하지 않는다(잠 13:13). ⑤ 하나님을 영화롭게 하지 않고 자기를 영화롭게 한다. 다시 말하면 그는 하나님의 영광을 빼앗으려고 망동한다(참조. 요 5:44; 행 12:20-23). ⑥ 하나님께 기도하지 않는다. 이것은 구하는 자에게 주시겠다고 하시는 하나님의 약속(마 7:7-11)을 멸시하는 것이다. ⑦ 하나님께 예배할 때에 정성을 다하지 않는다. 이것은 성회로 모여서 죄를 범하는 것이다(사 1:13하). 이런 예배는 예배가 아니라 하나님을 욕하는 것이다.

**3** 미련한 자는 교만하여 입으로 매를 자청하고 지혜로운 자의 입술은 자기를 보전하느니라. "미련한 자"는 늘 교만하여 다른 사람을 자기보다 못하게 여긴다. 모든 사람은 다 하나님의 형상대로 지음받았기 때문에(창 1:27; 약 3:9), 다른 사람을 무시하는 자는 곧 자기 자신을 무시하는 것이다. 다시 말해 그는 미련한 자이다. 이런 자는 사실과 진리를 무시하고 남을 무시하는 말을 토한다. 그들은 말하기를 "우리의 혀가 이기리라 우리 입술은 우리 것이니 우리를 주관할 자 누구리요"라고 한다(시 12:4). 그들이 이렇게 교만한 결과로 마침내 벌(징계)을 받는다. 교만은 패망의 선봉이다(참조. 잠 16:18; 시 64:8).

"지혜로운 자"는 말해야 할 때에 말하고 침묵해야 할 때 침묵하여 다른 사람들이 유익하도록 입술을 지킨다. 그렇게 함으로써 자기 자신도 유익을 얻는다(참조. 잠 12:6, 14, 18; 13:3; 18:20). ① 지혜로운 자는 남을 사랑하여 그를 헐뜯지 않고 도리어 감싸 준다(벧전 4:8). 그러므로 다른 사람들도 말로 그를 보호한다. 잠언 17:9에 말하기를 "허물을 덮어 주는 자는 사랑을 구하는 자요"라고 하였다. 그뿐 아니라, ② 지혜로운 자는 여호와를 경외하는 자이므로 언제나 다른 사람들이 여호와를 알게 하기 위하여 하나님의 말씀을 증거한다. 그가 말씀을 증거하기 때문에 하나님께서 그를 먹여 주시며(잠 18:20; 롬 15:27; 갈 6:6; 딤전 5:18), 또 보호하셔서 그로 하여금 마귀의 궤계를 이기게 하신다(딤후 4:17; 계 12:11). 그는 영원토록 보존된다. 다니엘 12:3에 말하기를 "지혜 있는 자는 궁창의 빛과 같이 빛날 것이요 많은 사람을 옳은 데로 돌아오게 한 자는 별과 같이 영원토록 빛나리라"고 하였다.

**4** **소가 없으면 구유는 깨끗하려니와 소의 힘으로 얻는 것이 많으니라.** 이것은 노력을 강조하는 말씀이다. "소"는 충성과 노력의 상징이다. 사람이 게으르면 그의 마음에 부패와 죄악이 생겨서 마침내 망하게 된다. 신령한 축복도 힘쓰는 자가 받는다(마 11:12). 하나님께서 인간에게 노력을 가르치시기 위하여 짐승 중에서도 특히 소를 거론하셨다. 그는 "곡식 떠는 소에게 망을 씌우지 말지니라"고 말씀하셨다(신 25:4). 전도서 5:12에 말하기를 "노동자는 먹는 것이 많든지 적든지 잠을 달게 자거니와 부자는 그 부요함 때문에 자지 못하느니라"고 하였다. 사람은 소처럼 부지런히 일해야 한다. 하나님은 인간들이 선한 일에 전력하기를 원하신다. 얼굴에 땀이 흐르도록 일하라는 것이 그의 계명이다(창 3:19). 그러므로 전도서 9:10에도 말하기를 "네 손이 일을 얻는 대로 힘을 다하여 할지어다 네가 장차 들어갈 스올에는 일도 없고 계획도 없고 지식도 없고 지혜도 없음이니라"고 하였다.

### 설교▶ 신자여! 소처럼 일하자 (4절)

인간이 이 세상에서 사는 목적은 사는 것 자체보다 하나님의 영광을 나타내기 위한 것이다. 에베소서 2:10에 말하기를 "우리는 그가 만드신 바라 그리스도 예수 안에서 선한 일을 위하여 지으심을 받은 자니"라고 하였다.

### 1. 주님을 중심에 모셔야 한다

신자는 무슨 일을 하든지 주님을 위해야 한다. 자기 직장을 지키는 것도 주님의 영광을 위해야 한다(고전 10:31). 그래서 그는 일할 보람을 느낀다. 주님을 위하여 일하는 자는 그 일을 기뻐하지 않을 수 없다. 그 이유는, 주님을 위하는 것이 너무도 큰 축복이기 때문이다. 바울은 복음을 전하는 일에 헌신하고도 부지런히 손으로 일하여 동역자들을 돕는 데 많은 수고를 하였다(행 20:34). 어떤 때에 우리는 우리 자신의 의식주 문제로 극히 긴장한다. 그래서 그것을 위하여 최대한의 노력을 기울인다. 그러나 그보다 더욱 기쁜 일은 주님을 위하여 다른 사람들을 도와주는 것이다.

### 2. 일에 최선을 다해야 한다

그렇다면 우리는 주님의 일을 위하여 어느 정도 힘을 다해야 하는가? 우리는 주를 위해 죽기까지 충성해야 한다. 사람은 언제든지 앞에 다가오는 죽음을 내다볼 때 큰 결심을 하게 된다. 전도서 9:10도 죽을 날을 내다보고 힘껏 일하라고 부탁한다. 죽을 바에는 하나님이 우리에게 주신 책임을 완수하고 죽어야 한다. 하나님의 일을 완전히 이루어 바치는 것만이 죽어도 여한이 없게 한다. 이같이 하나님의 일은 귀하다. 그러나 하나님의 일이 얼마나 많은가? 그 일은 세상 끝날까지 있어도 끝나지 않는다. 일은 많고 우리의 생명은 짧은 것이 문제다. 그러나 우리에게 맡겨진 일은 우리 홀로 하는 것이 아니다. 하나님께서 이루어 주신다. 그러므로 우리는 다만 하나님의 뜻에 합당하게 우리의 책임을 다 하고 죽으면 된다. 우리가 하나님의 뜻에 합당하게 충성하기만 하면, 우리가 죽은 후에도 하나님께서 그것을 통하여 영광을 받으신다.

하나님께서는 충성을 다하고 죽은 선지자 엘리사의 뼈를 통해서도 능력을 나타내시고 죽은 사람을 살리셨다(왕하 13:20-21).

**5** 신실한 증인은 거짓말을 아니하여도 거짓 증인은 거짓말을 뱉느니라. "신실한 증인"은 중심에 진실을 소유한 자다(시 51:6). 그러므로 그는 뇌물이나 위협 때문에 진실한 증언을 바꾸지 않는다. 이런 사람은 자신이 서원한 것은 해로울지라도 지킨다(시 15:4). 하나님은 이런 사람을 그의 종으로 사용하신다.

신실함은 이 세상에서 사업을 할 때에도 생명처럼 중요하다. 그러므로 "정직은 가장 유력한 정책이다"(Honesty is the best policy)라는 말이 있다. 산업에서도 생산품이 끝까지 불량 없이 잘 제조되어야 참된 번영을 가져온다. 중도에 신용을 잃으면 그 기업은 무너지게 된다. 이 세상 사업도 신용이 있어야 성공하는데 하늘나라의 일은 더욱 그렇지 않겠는가? 하늘나라는 우리 눈에 보이지도 않는다. 따라서 사람들이 그것을 믿게 하는 증인들은 더욱 진실해야 한다. 복음 증인의 진실성은 이적 못지않게 사람들로 하여금 천국을 믿게 한다. 세례 요한은 이적을 행하지 않았지만 그의 말의 진실성은 많은 사람이 예수 그리스도를 믿게 하였다(요 10:40-42).

반면에 거짓 증인은 거짓말을 많이 한다. "거짓말을 뱉는다"는 것은 거짓말을 숨 쉬듯 하는 것(יפח)을 의미한다. 이것은 거짓말을 예사롭게 하는 것이다. 거짓된 자에게는 거짓이 여러 가지로 나온다. ① 사실을 제대로 알지 못하고 잘못 증거한다. ② 사실과 반대인 줄 알면서도 남을 속여 넘어뜨리기 위하여 고의로 그것을 주장한다. ③ 거짓말을 참말처럼 만들기 위하여 다시 많은 거짓말을 한다. ④ 말을 과장한다. 어떤 사실을 확대하여 말하면 그것도 거짓말이 된다. 특히 자랑할 때에 과장하기 쉽고, 아첨할 때에 과장하기 쉽고, 또 남을 헐뜯을 때에도 과장하기 쉽다. ⑤ 약속을 어긴다. 이것이 고의는 아닐 수 있다. 그러나 그것도 결과적으로 거짓이 된다. ⑥ 유명무실하게 처신한다. 예를 들면 훌륭한 간판을 내세우면서 거기에 해당되는 내용이 없는 것이다. 유다서는 이런 사람을 가리켜 "물 없는 구름"이라고 하였다(12절). ⑦ 외식한다. 곧 외모로는 경건을 나타내면서 속마음에는 모든 더러운 거짓이 가득 차 있다(마 23:27). 이같이 거짓된 일들은 일반 사회생활에서도 매우 악하고 위험하다. 더구나 복음의 증인은 이런 거짓에서 온전히 떠나야 한다.

**6** **거만한 자는 지혜를 구하여도 얻지 못하거니와 명철한 자는 지식 얻기가 쉬우니라.** 여기서 "거만한 자"는 하나님을 찾지 않는 자를 말하는 것이고, "지혜"는 일반적인 과학 지식이 아니라 신령한 지혜, 곧 하나님을 아는 지혜를 의미한다. 교만한 사람에게도 과학적인 지식을 깨닫는 지혜는 있을 수 있다. 그러나 그것으로 하나님을 알 수는 없다. 하나님께서는 교만한 자를 물리치신다(참조. 약 4:6; 요 9:39-41).

그는 어린아이같이 겸손한 자에게 자신을 알리신다. 그러므로 예수님께서 말씀하시기를 "천지의 주재이신 아버지여 이것을 지혜롭고 슬기 있는 자들에게는 숨기시고 어린 아이들에게는 나타내심을 감사하나이다"라고 하셨다(마 11:25). 아이같이 겸손하게 하나님의 말씀을 믿고 순종하는 자는 "명철한 자"다. 그 이유는, 그가 하나님의 말씀의 권위(요 17:17) 앞에서 자기의 자율성을 포기하고 겸손히 순종할 각오를 하는 것이 이미 명철한 태도이기 때문이다. 그는 이미 하나님을 아는 방법에 관한 지혜를 가졌으므로, 이미 하나님의 은혜를 받은 자이다. 하나님의 은혜를 소유한 자는 하나님의 은혜를 더 받는다. 예수님께서 있는 자에게는 더 주어 풍족하게 하신다고 하신 말씀이 그런 의미이다(참조. 마 25:28-29; 막 4:25). 또한 잠언 14:6에서 "지식 얻기가 쉬우니라"고 한 말씀도 그 뜻이다.

**7** **너는 미련한 자의 앞을 떠나라 그 입술에 지식 있음을 보지 못함이니라.** 여기서 말하는 "미련한 자"는 단지 무식한 자나 교양 없는 자를 의미하지 않는다. 이것은 교만하여 하나님을 무시하는 자(시 14:1)를 가리킨다. 그런 자는 교훈

을 받지 못한다. 신자가 그런 자를 가까이하면 도리어 해를 당한다(참조. 마 7:23; 고후 6:17; 시 1:1). 신자는 회개할 소망이 없고 도리어 완악하게 악한 사상으로 오염을 끼치는 자를 멀리해야 한다는 것이 성경의 일률적인 교훈이다. 시편 1:1에는 "복 있는 사람은…오만한 자(강퍅하게 하나님이 없다고 하는 자)들의 자리에 앉지 아니"한다고 하였고, 고린도후서 6:15에는 "그리스도와 벨리알이 어찌 조화되며"라고 하였다(참조. 마 7:6; 롬 16:17; 고전 5:13; 계 18:4). 성경은 이단에 속한 사람에 관하여서도 말하기를 "한두 번 훈계한 후에 멀리하라"고 한다(딛 3:10). 여기서 "한두 번"이라는 말씀을 주의 깊게 읽어야 한다. 이것은 그런 사람을 늘 가까이하며 권면하라는 뜻이 아니다. 그를 권면하기는 해야 되지만 "한두 번"뿐이다. 그 이유는, 그런 자는 자기 잘못을 완악하게 옳다고 주장하며 그 오염을 적극적으로 퍼뜨리기 때문이다. 이처럼 신자들이 완악한 악인(특히 무신론이나 이단을 완악하게 주장하는 자)을 멀리해야 할 이유는 절실하다. 그것은 악인이 신자들의 교훈을 받지 않을 뿐 아니라 도리어 해를 끼치기 때문이다. 여기서 명심해야 할 것은, 신자들이 그러한 악인을 멀리하되(그에 대하여 악독한 마음은 가지지 말고) 그를 긍휼히 여기는 마음을 가져야 한다는 것이다. 우리의 마음이 악독해지면 우리 자신이 영적으로 손해를 당한다. 유다서 1:23에 말하기를 "어떤 자를 불에서 끌어내어 구원하라 또 어떤 자를 그 육체로 더럽힌 옷까지도 미워하되 두려움으로 긍휼히 여기라"고 하였다.

**8** 슬기로운 자의 지혜는 자기의 길을 아는 것이라도 미련한 자의 어리석음은 속이는 것이니라. 사람은 먼저 자기가 갈 길(하나님의 뜻에 합당한 그의 할 일)을 바로 알고 행해야 한다(고전 7:17). 그렇게 할 때에 다른 사람들에 대한 봉사도 하게 된다(참조. 갈 6:4-5; 고전 12:7, 17-21). 그런데 우리가 평생 하나님의 뜻(우리의 갈 길)을 바르게 분별하려면 하나님이 주시는 지혜를 얻어야 한다. 그 지혜는 사람을 어둡게 만드는 탐심과 불의와 증오를 떠나, 순결하게 하나님만 섬기

는 단순한 마음을 소유한 자만 받을 수 있다(마 6:21-24). 단순한 마음은 하나님만 섬기는 단순성을 말한다. 그것은 신령한 지식을 추구할 때에 성경만 연구하고 기도와 순종과 회개는 안 해도 된다는 것이 아니다. 기도만 하고(혹은 순종에만 힘쓰고) 성경은 배우지 않아도 된다는 것도 아니다. 하나님을 바르게 섬기려면, 그를 바르게 아는 데 필요한 모든 일을 바르게 배우고 배운 그대로 살아야 한다(벧후 1:5-7).

"미련한 자의 어리석음은 속이는 것이니라." "미련한 자", 곧 하나님을 무시하는 자의 어리석은 생각은 스스로 옳아 보여도 그것이 자신과 다른 사람 모두를 속인다(딤후 3:13). 하나님을 무시하는 이 세상의 지혜가 그런 것이다. 하나님께 충성한 다니엘을 모함한 자들이 그들 스스로를 잘되게 할 지혜를 가진 것 같았지만(단 6:4-8), 마침내 자신들의 올무에 그들 자신이 걸려서 죽게 되었다(참조. 단 6:24; 고전 3:18-20). 아나니아와 삽비라도 하나님의 전지전능하심을 무시하고 사도들을 속여 사람들 앞에서 명예를 얻으려 했지만 멸망하였다(행 5:1-11). 하나님을 두려워하지 않는 행동은 무엇이든지 어리석고, 또 다른 사람들과 자기 자신을 속이는 것이다.

**9** **미련한 자는 죄를 심상히 여겨도 정직한 자 중에는 은혜가 있느니라.** "미련한 자"는 어떤 사람인가? 미련한 자에 대하여 잠언이 말하는 것을 핵심적으로 간추려 보면 다음과 같다. 곧 잠언 10:23에 말하기를 "미련한 자는 행악으로 낙을 삼는"다고 하였다. 그가 이처럼 악행을 즐거워하는 것은 진리를 모르기 때문이다. 진리는 성경에 계시된 하나님의 말씀이다. 성경에 무식한 자는 죄를 죄로 알지 못하고 도리어 그것을 즐거워한다. 또 잠언 14:16에, 어리석은 자는 방자하여 스스로 믿는다고 하였다. 여기서 "어리석은 자"라는 말은 히브리어로 "케실"(כְּסִיל)이며, "미련한 자"로 번역되어야 한다. 미련한 자는 죄로 완악하여진 자다. 그는 범죄하기를 두려워하지 않는다. 잠언 17:24에는 미련한 자는 눈을 땅끝에 둔다고 하였다. "미련한 자"는 일정한 삶의 목표도

없고 진리 안에 거하려고 애쓰지도 않는다. 그는 선악을 분별할 필요도 없이 무제한적으로 방랑하는 자다. 그러므로 그는 죄악 문제에 조심하지 않는다. 잠언 28:26에는 미련한 자가 자기의 마음을 믿는다고 하였다. 예레미야 17:9에 말하기를 "만물보다 거짓되고 심히 부패한 것은 마음"이라고 하였는데, 하나님을 믿지 않고 마음을 믿는다는 것은 결국 죄를 믿는다는 것과 마찬가지이다.

이러한 모든 말씀을 볼 때 미련한 자는 하나님을 모르는 자다. 그러므로 시편 14:1에 말하기를 "어리석은 자는 그의 마음에 이르기를 하나님이 없다 하는도다"라고 하였다. "하나님이 없다"고 하는 자를 왜 어리석다고 하는가? 그것은 다음과 같다. 곧 하나님을 부인하는 자는 과학적인 지식으로만 하나님을 알려고 하는 자이다. 과학적인 지식은 궁극적으로 지극히 유치한 지식이다. 그것은 기계적인 지식에 불과하다. 따라서 그것으로는 물질에 대한 지식을 알게 될 뿐 보이지 않는 영적 세계의 지식은 알 수 없다. 하나님은 영이시므로 기계적인 방법으로는 그에 대한 참지식을 파악할 수 없다. 하나님은 물질이 아니다. 우리는 영감으로만 하나님을 알 수 있다. 미련한 자는 영감을 알지도 못하며, 따라서 하나님을 모른다.

"죄를 심상히 여겨도." 미련한 자의 이 행동이 무엇보다 하나님과 반대된다. 하나님은 죄를 심각하게 여기신다. 하나님의 아들 예수 그리스도는 우리의 죄 때문에 겟세마네에서 피와 땀을 흘리며 기도하셨고, 갈보리에서 십자가에 못 박혀 죽기까지 하셨다(Charles Bridges). 죄악이 무엇인지 깨닫고 회개한 자는 한순간도 죄를 심상히 여기지 않는다.

"정직한 자 중에는 은혜가 있느니라". 곧 정직한 자들은 회개하기 때문에 그들에게 하나님의 은혜가 있다. "죄인 한 사람이 회개하면 하늘에서는 회개할 것 없는 의인 아흔아홉으로 말미암아 기뻐하는 것보다 더하"다(눅 15:7). 잠언 28:13에도 말하기를 "죄를 자복하고 버리는 자는 불쌍히 여김을 받으리라"고 한다. 교회 역사상 은혜가 풍성했던 주님의 종들은 죄를 철저히 회개한 자들이었다. 예수 그리스도께서는 의인을 부르러 오신 것이 아니고 죄인을 불러 회개시키려고 오셨다(눅 5:32). 하나님께서는 본래 그의 백성을 회개하는 자들로 만드셨다. 그 이유는, 진정한 의미에서 의인은 한 사람도 없기 때문이다(롬 3:10). 시편 130:3-4에 말하기를 "여호와여 주께서 죄악을 지켜보실진대 주여 누가 서리이까 그러나 사유하심이 주께 있음은 주를 경외하게 하심이니이다"라고 하였다.

그럼에도 불구하고 많은 사람이 자기의 죄악을 솔직하게 회개하지 않고 ① 자기 죄를 정당화한다. 이는 진리 앞에서 정직하지 않은 태도다. ② 자기 죄에 대하여 이리저리 핑계하며 책임을 회피한다. 이는 무책임한 태도이다. ③ 다른 사람들도 자기와 같은 죄가 있으므로 자기 처지도 괜찮다고 여긴다. 이는 자기가 의로우신 하나님 앞에서 심판 받을 자임을 인정하지 않는 바르지 못한(정직하지 않은) 판단이다.

그러므로 하나님께서는 죄인들 중에서도 중심이 진실한 자(정직한 자)를 찾으신다(시 51:6). 중심이 진실한 자가 죄를 회개한다.

**10** **마음의 고통은 자기가 알고 마음의 즐거움은 타인이 참여하지 못하느니라.** 사람은 남의 마음속에 들어 있는 고락의 내용을 모른다. 그러나 인간을 체휼하신 그리스도 예수님은 아신다. 그러므로 그는 인간의 영혼을 구원할 자격이 있는 유일한 분이다. 인간을 체휼했다는 것은, 그가 하나님이면서도 친히 인간이 되셔서 인간의 모든 질고를 아시며(사 53:4) 인간의 죄짐을 져 주셨고(사 53:5), 영원토록 신자들과 함께해 주신다는 것이다(마 28:20). 그가 인간을 깊이 체휼하시기 위해 낮아지셨을 때에 하나님은 그를 권능으로 높이셨다(빌 2:6-11). 사도 바울이 그의 종으로서 다른 사람들을 돕기 위하여 환난을 받으며 낮아질 때에도 하나님은 그를 능력으로 위로해 주셨다. 그래서 그도 남을 위로하며 붙들어 줄 수 있었다(고후 1:3-7). 하나님의 종들은 주님을 본받아

서 다른 사람들을 체휼해야만 그들의 고락을 알게 되고, 복음의 역사를 그들의 심령 속까지 깊이 심어 줄 수 있다. 그뿐 아니라 일반 신자들도 자신의 영적 생명에서 진보를 얻으려면, 보이지 않는 심령 세계(고전 2:11)에 알려지고 성도들과 함께해야 한다(빌 2:1-4). 이 일의 실현도 피차간의 체휼로 이루어진다. 그러므로 교회생활을 통해 즐거워하는 자들과 함께 즐거워하고 우는 자들과 함께 울어야 한다(롬 12:15).

**11 악한 자의 집은 망하겠고 정직한 자의 장막은 흥하리라.** 이 말씀은 현세에서 되는 일만 가지고 가르친 것이 아니라 최후 심판까지 염두에 둔 말이다. 이 세상에서는 악인들이 일시 동안 흥하는 것처럼 보인다(시 17:14). 그러나 내세에서(혹은 현세에서도) 그들은 멸망의 심판을 받는다(참조. 전 12:14). "정직한 자"라는 말은 진실하게 죄를 자복하고 주님을 믿어 그의 의를 받은 자를 가리킨다.

"장막"(אֹהֶל 잠 14:11)이라는 말에 깊은 의미가 담겨 있다. 그것은 집과 달라서 요동하고 무너지기 쉽다. 저작자는 이 말로 "정직한 자"의 내세 신앙을 은근히 보여 준다. 정직한 자는 이 세상의 삶을 임시적인 것으로 여기고(고후 5:1) 내세를 중심으로 움직인다. 그러므로 그는 미천한 장막 생활 같은 검소한 생활을 하면서 물질로는 구제에 주력한다. 그뿐 아니라 그는 내세 중심이므로 현세주의자들에게 회개를 외치다가 핍박을 받아서 장막 생활처럼 미천하게 지내게 될 수 있다. 그만큼 그에게는 내세 사상이 지배적이다. 그는 사도 바울의 말씀, 곧 "만일 그리스도 안에서 우리가 바라는 것이 다만 이 세상의 삶뿐이면 모든 사람 가운데 우리가 더욱 불쌍한 자이리라"(고전 15:19)고 한 말씀을 믿고 행하는 자다. 그러므로 하나님은 그의 하나님이 되시기를 기뻐하시며, 내세는 그의 것이 된다(히 11:6, 16). "정직한 자의 장막은 흥하리라"(잠 14:11)라는 말씀이 그 뜻이다.

모든 진실한 성도들은 내세에 강했다. 아브라함은 가나안 땅에서 내세를 사모하였기 때문에 이리저리 유리하는 장막 생활에도 만족하였고(히 11:9-10), 다윗은 현세주의자들의 핍박을 견디면서 그들의 재물을 부러워하지 않고 오직 내세를 사모하며 그것을 자랑하였다. 그는 말하기를 "여호와여 이 세상에 살아 있는 동안 그들의 분깃을 받은 사람들에게서 주의 손으로 나를 구하소서 그들은 주의 재물로 배를 채우고 자녀로 만족하고 그들의 남은 산업을 그들의 어린 아이들에게 물려 주는 자니이다 나는 의로운 중에 주의 얼굴을 뵈오리니 깰 때에 주의 형상으로 만족하리이다"라고 하였다(시 17:14-15). 예수님의 말씀에 의하면, 나사로는 내세 중심으로 살다가 마침내 내세에서 영화롭게 되었다(눅 16:22, 25). 잠언 14:32에 말하기를 "의인은 그의 죽음에도 소망이 있느니라"고 하였다(참조. 고후 4:16-18).

이 점에서 우리가 명심할 것이 있다. 그것은 현세에도 인간들이 선악 간에 심판 받는 일이 있다는 것이다. 곧 정직한 자도 현세에서 영예를 얻는 일이 있다(시 37:34-40). 그러나 심판이 완전히 실행되는 것은 세상 끝날이다.

**12** **어떤 길은 사람이 보기에 바르나 필경은 사망의 길이니라.** ① 사람은 자기의 소원이 성취되는 길이 옳은 길이라고 생각하기 쉽다. 그러나 하나님의 뜻과 반대되는 소원 성취는 악이고 망하는 길이다. ② 악한 길이 종종 선한 길의 탈을 쓰고 사람을 속인다. 그런 길을 따라가면 망한다. ③ 사람은 큰 죄악을 범하면 망한다는 것을 알면서, 작은 죄를 계속 범하는 것은 괜찮다고 착각한다. 그러나 작은 죄를 오랫동안 계속 조금씩 범하는 행동도 하나님의 진노를 쌓는 것이며, 그것 역시 망하는 길이다(롬 2:4-5). 인간은 하나님께 의존해야 할 자이고 자기의 사고방식대로 행할 자가 아니다. 다시 말하면, 그는 우주 만물의 창조자가 아니라 하나의 피조물로서 죄인이다. 그러므로 그는 하나님의 말씀과 성령의 인도하심을 따라가야만 생명을 얻는다. 잠언 28:26에 "자기의 마음을 믿는 자는 미련한 자"라고 하였다.

**13** **웃을 때에도 마음에 슬픔이 있고 즐거움의 끝에도 근심이 있느니라.** 이 말씀은

이 세상에 속한 즐거움이 순전하지 못하고 길지 못하다는 것을 가리킨다. 이 세상에 속한 즐거움, 곧 육체의 기쁨이 있은 뒤에는 슬픔이 뒤따른다. 사람의 영혼이 구원받은 즐거움을 소유하지 못하는 한, 그의 기쁨은 피상적이다. 그런 기쁨의 결과는 도리어 재앙을 초래한다. 벨사살 왕이 그의 귀인들과 함께 잔치하며 즐긴 결과가 (단 5:1-6) 어떠하였는가? 우리는 예수님께서 비유로 말씀하신 어리석은 부자의 즐거움을 생각해 보아야 한다. "또 비유로 그들에게 말하여 이르시되 한 부자가 그 밭에 소출이 풍성하매 심중에 생각하여 이르되 내가 곡식 쌓아 둘 곳이 없으니 어찌할까 하고 또 이르되 내가 이렇게 하리라 내 곳간을 헐고 더 크게 짓고 내 모든 곡식과 물건을 거기 쌓아 두리라 또 내가 내 영혼에게 이르되 영혼아 여러 해 쓸 물건을 많이 쌓아 두었으니 평안히 쉬고 먹고 마시고 즐거워하자 하리라 하되 하나님은 이르시되 어리석은 자여 오늘 밤에 네 영혼을 도로 찾으리니 그러면 네 준비한 것이 누구의 것이 되겠느냐 하셨으니"라는 말씀이다 (눅 12:16-20).

구원의 즐거움은 다함이 없다. 그럼에도 불구하고 신자가 그 즐거움을 실제로 계속 유지하지는 못한다. 그러므로 바울은 신자에게 그것을 계속 유지하라고 권면한 것이다. 우리는 구원의 즐거움을 계속 유지하도록 노력해야 한다. 그 노력은, ① 모든 죄악과 싸워 이기되 특히 불신앙의 죄를 이기는 것이다. 불신앙은 사람으로 하여금 구원의 즐거움을 유지하지 못하게 만든다. ② 기도에 힘쓰는 것이다. 승리하는 기도는 즐거움을 가져온다. ③ 남을 미워하지 않는 것이다. 남을 미워하는 자는 무엇보다 자기 마음속에 불쾌감을 일으켜 기쁨이 없어진다. ④ 시험과 미혹에 빠지지 않는 것이다. 한번 시험과 미혹에 빠지면 주님에게서 멀어지고 영적 기쁨을 회복하기 어렵다. ⑤ 진정으로 하나님께 헌신하고 사는 것이다. 하나님께 진정으로 헌신한 자는 그가 함께하여 주시기 때문에 항상 기쁘다. 하나님께는 기쁨이 충만하다 (시 16:11). ⑥ 이미 받은 구원의 은혜를 기억하고 언제든지 찬송과 감사를 앞세우는 것이다. 우리의 생활이 감정에 좌우되면 기쁨을 유지하지 못한다. 그 이유는 감정은 늘 변하기 때문이다. 우리는 지적으로 진리를 분별하고 의지적으로는 삶의 태도를 진리가 가리키는 방향으로 유지해야 한다. 진리대로 생각하는 것이 얼마나 기쁜 일인가? 우리는 무엇보다 먼저 감사와 찬송에 힘써야 한다. 그렇게 하는 동안 기쁨이 더욱 풍성해진다.

**14 마음이 굽은 자는 자기 행위로 보응이 가득하겠고 선한 사람도 자기의 행위로 그러하리라.** 사람들은 선악에 대한 보응이 없는 것으로 잘못 알고 있다. 따라서 저자는 조만간 그 보응이 만족하게 임할 것을 강조한다. 곧 패역하여 하나님을 떠난 자는 그의 악한 행위에 보응을 받는 날이 있고, 진실한 신자(선한 자)는 자기 자신에게 이루어진 하나님의 역사로 만족한다는 뜻이다. 이 두 가지 사실을 좀 더 자세히 말하면, ① 하나님을 떠난 자는 그가 행한 대로 심판을 받을 때에 완전(만족)한 보복을 당하게 된다. 이러한 보응 사상은 성경에 많이 등장한다. 사람이 범죄한 후 얼마 동안은 그것을 회개하지 않고 덮어 놓을 수 있다. 그러나 그것이 소리치며 그를 잡는 날이 온다(약 5:4; 창 4:10). 다시 말하면 범죄자는 자기가 친히 자기 죄를 잡아내어 그것을 회개함으로써 해결해야 한다. 그러지 않고 넘겨 버리면 그 죄가 그를 따라잡아 그에게 보복을 한다. ② 진실한 신자(선한 사람)는 만족을 얻는다. 그것은 "자기 행위로"(מִדְּרָכָיו 잠 14:14)라는 말씀을 바르게 해석하는 것으로 알 수 있다. 이 말씀의 히브리어는 "자기 자신에게서부터"라고 번역되어야 한다. "자기 자신에게서부터" 만족한다는 것이 무슨 뜻인가? 이것은 진실한 신자가 자기 심령에 이루어진 하나님의 구원 사역으로 인하여 만족하는 것을 가리킨다. 이것은 예수님이 말씀하신 대로 "내가 주는 물은 그 속에서 영생하도록 솟아나는 샘물이 되리라"고 하신 말씀(요 4:14)과 같다. 바울은 이런 만족을 누린다는 의미로 말하기를 "내게 사는 것이 그리스도니 죽는 것도 유익함이라"고 하였다(빌 1:21). 이런 의미에서 진실한 신자의 자랑은 자기 안에 있다(갈 6:4). 이

자랑은 자기를 자랑하는 것이 아니고, 자기 속에 있는 하나님의 구원 사역을 자랑하는 것이다(참조. 요 3:21).

**15 어리석은 자는 온갖 말을 믿으나 슬기로운 자는 자기의 행동을 삼가느니라.** 이 말씀은 기독교가 전하는 신앙이 어떠한 것인지 말해 준다. 기독교의 신앙은 무엇이든 마구 믿는 사람의 성향을 바탕으로 하여 성립되지 않는다. 기독교 신앙은, 하나님 말씀 외의 것은 안 믿으려는 거룩한 심리다. 반면에 온갖 것을 다 믿는 심리는 미신을 따라가며 계속 동요할 수밖에 없다. 인간의 신앙은 그의 영원한 장래를 좌우하는 중요한 것이므로 영원히 변치 않으시는 하나님만을 믿고 따르며 소망해야 한다(시 39:7). 아담과 하와는 마귀의 말을 믿었기 때문에 온 인류에게 사망을 가져왔다(창 3:1-6, 19).

"슬기로운 자"(잠 14:15)는 진정으로 주님만 믿고 그의 뜻대로 행하는 자이다. 그는 하나님의 말씀을 어기지 않으려고 조심한다.

그런데 15절 앞부분에서는 믿음에 관하여 말하는 반면, 왜 하반절에서는 그 병행구로 행동에 관하여 말하는 것일까? 그것은 우리가 믿음과 행동의 관련성을 바로 알아야 이해할 수 있다. 믿음과 행위는 서로 나뉠 수 없다.

1) 믿음은 선하신 하나님을 믿는 것이므로 그 자체가 선하다. 우리가 주님을 믿는 믿음을 받으면 우선 우리 마음속의 악한 생각들이 다 사라진다. 그러므로 거기서 선한 행실이 나오게 된다. 따라서 믿음과 행위는 나뉠 수 없다.

2) 선을 행하지 않으면 믿음이 약해진다. 비유컨대 나무의 뿌리는 신앙과 같고 나무는 선한 행실과 같다. 뿌리는 나무에게 중요하다. 그러나 나무를 찍어 버리면 뿌리도 죽는다. 논리적으로는 믿음과 행위를 나누어 생각할 수 있으나 실제로는 둘을 갈라놓을 수 없다. 그런데도 선을 행하기 싫어하는 오늘날의 신자들은 믿음과 행실을 이론으로 분석하여, 믿음이 행위와 별도로 존재하는 것처럼 잘못 가르친다.

3) 선한 행실 자체가 믿음의 구체적인 모습이기도 하다. 우리가 주님을 믿

는 방법으로 행동을 취할 때도 있다. 행위는 구원의 공로가 될 수 없으나 믿음의 한 요소다(믿음 자체도 구원의 공로는 아니다). 야고보는 행함이 없는 믿음은 죽은 믿음이라고 하였다(약 2:17).

**16 지혜로운 자는 두려워하여 악을 떠나나 어리석은 자는 방자하여 스스로 믿느니라.**
여기 강조된 두려움은 하나님을 두려워하라는 것이다. 신자가 악을 떠나는 것은 하나님을 두려워하여 취하는 행동이다(잠 16:6, 17; 28:14; 시 37:27, 28; 빌 2:12, 13). 그것이 지혜로운 이유는, 신자가 그렇게 해야만 하나님 편이 되고, 또 하나님의 축복을 받기 때문이다. 그러나 하나님의 말씀을 모르는 자(어리석은 자)는 두려운 것을 두려워할 줄 모르고 자기 자신을 믿는다.

사람이 자기 자신을 믿는 것은 탈선된 행동이다. 곧 ① 그것은 어리석은 행동이다. 사람은 천지 만물을 창조할 힘도 없고, 창조하지도 않았다. 그는 자기 자신을 자기 소원대로 잘되게 할 수도 없다. 자기 마음대로 할 수 없는 일을 무수히 만난다. 그는 자기 자신을 구원할 수도 없다. ② 자기 자신을 믿는 것은 가장 큰 교만의 죄를 범하는 것이다. 이 점에 관하여 야고보서 4:13-16에 말하기를 "들으라 너희 중에 말하기를 오늘이나 내일이나 우리가 어떤 도시에 가서 거기서 일 년을 머물며 장사하여 이익을 보리라 하는 자들아 내일 일을 너희가 알지 못하는도다 너희 생명이 무엇이냐 너희는 잠깐 보이다가 없어지는 안개니라 너희가 도리어 말하기를 주의 뜻이면 우리가 살기도 하고 이것이나 저것을 하리라 할 것이거늘 이제도 너희가 허탄한 자랑을 하니 그러한 자랑은 다 악한 것이라"고 하였다. ③ 자기 자신을 믿는 것은 극도로 큰 불행이다. 사람은 믿는 데가 있어야 기쁘고, 또한 소망도 있다. 그러나 믿지 못할 것을 믿는 것은 실패와 멸망의 구덩이를 향하여 힘 있게 달리는 큰 불행이다. 하나님은 천지만물의 창조자이시고, 주재자이시며, 죄인을 대속하고 구원하시기 위하여 독생자 예수 그리스도를 우리에게 주셨다. 그러므로 그를 믿는 것은 가장 큰 축복이다. 그럼에도 불구하고 인간이 예수 그리스도를 믿지 않고 자기 자신을 믿는 것은 가장 큰 화를 자초하는 불행이다.

**17 노하기를 속히 하는 자는 어리석은 일을 행하고 악한 계교를 꾀하는 자는 미움을 받느니라.** 여기서 노한다는 말은 혈기의 분노를 말한다. 그리고 분노가 "어리석은 일을" 저지른다는 것은 다음과 같이 해석할 수 있다. ① 사람이 노하면(특히 속히 노하면) 그 순간 그의 심령이 어두워지고, 옳고 그름을 바르게 분별하지 못하게 된다. 따라서 그는 여러 가지 경망스러운 행동을 하게 된다. 나아만의 행동(왕하 5:11-13)이 그러한 예다. ② 사람이 처음에는 연약해서 분노하지만, 그것을 빨리 풀지 않으면 완악한 악독으로 굳어진다(참조. 엡 4:26-27). 다투기 시작하는 것은 강둑에서 물이 새는 것과 같다(잠 17:14). 물이 새는 것이 원인이 되어 나중에는 강둑 전체가 무너진다. ③ 분노는 남을 죽이는 독이므로 분노하는 자 자신의 영혼부터 죽이고 밖으로 터져 나간다(참조. 요일 3:15).

그렇다면 사람이 속히 분노하는 이유는 무엇이며, 그것을 이기는 비결은 무엇인가? ① 성격이 급해서 사소한 일도 참지 못하고 노한다. 이런 사람도 성령으로 거듭나서, 자기가 죽어 마땅한 죄인인 줄 알고 늘 자기를 쳐서 복종시키면 속히 노하는 성격을 막을 수 있다. 성미가 급하여 쉽게 혈기를 발했다고 간증한 고 김현봉 목사는 자기의 단점을 명심하고 언제나 자기 심령을 다스리는 데 힘을 다했다고 한다. 그는 혈기 부리는 것을 미연에 방지하기 위하여 항상 마음속으로 준비하기를 게을리하지 않았다. 이처럼 자기 자신을 경계하며 조심한 결과 20년 후에는 그 죄악을 이겼다고 한다. 끝까지 죄와 싸우면서 마침내 선량한 목회자로서 성공한 것이다. ② 속히 노하는 성향이 없는 사람도 너무도 기막히게 불의한 취급을 당할 때에는 격분해진다. 다윗은 하나님의 마음에 합한 사람이었지만(행 13:22), 악으로 선을 갚는 나발의 처사에 격분했다(삼상 25:9-13). 그러나 그런 때에도 그는 분노를 발하지 않아야 했다. 얼마 후에 그가 아비가일(나발의 아내)의 권면을 듣고 돌이킨 것은 다행스러운 일이다(삼상 25:23-35). 악으로 선을 갚는 극악한 죄는 하나님께서 친히 벌하신다(삼상 25:36-38).

"악한 계교를 꾀하는 자는 미움을 받느니라"(잠 14:17). 어떤 사람은 겉으로는 분노를 나타내지 않아도 마음속으로는 남을 해할 계교를 꾸민다. 하나님은 그런 자를 미워하신다. 그 이유는, 그의 악행은 일시적인 생각이 아니라 계획적인 것이기 때문이다(참조. 잠 6:16-19; 시 36:2-4; 64:3-6; 렘 5:26).

**18** 어리석은 자는 어리석음으로 기업을 삼아도 슬기로운 자는 지식으로 면류관을 삼느니라. "어리석음(하나님을 무시하는 어두움)으로 기업을 삼는다"는 것은 인간이 조상 때부터 그것을 유전으로 받는다는 뜻이다(벧전 1:18상). 사람은 누구든지 성령으로 거듭나기 전에는 하나님을 모르는 무지를 유전으로 받는다. 그리고 그것으로 삶의 계획을 세우며 자랑한다. 따라서 자기의 타고난 마음으로는 하나님께 돌아오는 것이 불가능하다. 그는 하나님께로 돌아와 성령의 새롭게 하시는 역사로 거듭나야 한다. 사람은 다 죄인이고, 또한 어리석다. 그러나 자신의 어리석음을 회개하기만 하면 "슬기로운 자"(잠 14:18하)가 된다. 그는 회개하여 얻은 지식(하나님을 알게 된 것)으로 마침내 승자가 된다. 즉 그는 그리스도 안에서 세상과 죄와 사망을 이긴다(요일 5:4). 그것이 여기서 "면류관"(잠 14:18)이라고 한 말의 의미다. 죄인이 회개하고 복음의 지식을 받아 하나님을 믿는 것이 얼마나 위대한가! 그는 면류관을 쓴 자, 곧 왕과 같은 제사장이다(벧전 2:9). 현대 문명을 가져온 과학자도 위대하지만, 하나님을 아는 자는 그에 비할 수 없을 만큼 더욱 위대하다. 신자들은 하나님에 대한 자신의 지식을 큰 영광으로 알고 자랑해야 한다. 성경은 "자랑하는 자는 주 안에서 자랑하라"고 말한다(렘 9:24; 고전 1:31; 고후 10:17). 이 자랑은 교만한 자랑이 아니라, 자기 자신을 죽어 마땅한 죄인으로 인정하는 신자가 자신이 받은 구원의 축복(하나님을 아는 축복)을 지극히 높은 영광으로 아는 확신의 자랑이다. 그가 하나님을 자랑하는 행동은 동시에 자기 자신을 극도로 낮추는 태도이다. 그는 이 확신을 가졌기 때문에 땅끝까지 가서 그리스도의 증인

이 된다. 그러므로 바울은 죄수처럼 수갑을 차고도 아그립바 왕과 베스도 총독 앞에서 담대히 말하기를 "말이 적으나 많으나 당신뿐만 아니라 오늘 내 말을 듣는 모든 사람도 다 이렇게 결박된 것 외에는 나와 같이 되기를 하나님께 원하나이다"라고 하였다(행 26:29).

**19 악인은 선인 앞에 엎드리고 불의한 자는 의인의 문에 엎드리느니라.** 현세에 늘 이런 일이 있는 것은 아니지만 하나님의 간섭으로 이런 일이 실현되기도 한다. 요셉 앞에서 그의 형제들이 굴복한 일(창 42:6), 애굽 왕 바로와 그의 백성이 모세 앞에 굴복한 일(출 8:28; 9:27; 12:31-33)이 그러한 경우다. 이런 일은 주로 의인을 대적하는 악인의 행동이 하나님을 직접 대적하는 것과 다름없을 때 일어난다. 요셉이 높아지는 것을 시기한 그의 형들은 사실상 하나님을 대적한 것과 마찬가지였다. 그 이유는, 요셉이 높아지는 것은 하나님의 작정하심이었기 때문이다(창 37:5-11, 19-28). 애굽 왕 바로가 모세와 이스라엘 백성들의 출애굽을 반대한 것도 하나님을 직접 반대한 것이었다. 그 이유는, 출애굽은 하나님께서 하신 일이었기 때문이다(창 15:12-16; 출 3:7-8). 과거 일제 강점기 때 신사 참배 반대 운동이 있을 당시 이기선 목사는 평양 감옥에서 5년 동안 옥고를 당하였다. 일본이 패전하고 한국이 해방되자 이 목사는 출옥하였고, 이 목사를 심문하며 정죄하던 일본인 검사가 이 목사가 갇혔던 감방에 갇혔다고 한다. 이처럼 극악한 자들이 얼마 동안 의인을 박해하다가 하나님의 심판으로 그 상황이 바뀌는 경우가 있다. 그러나 이런 일이 늘 있는 것은 아니고 하나님께서 본보기로 이따금 나타내시는 것이라고 해석된다. 이런 일은 그렇게 해석하는 것이 성경적이다. 예를 들면 다니엘을 모함하여 죽이려던 악인들이 도리어 사자 굴에 던져진 것과(단 6:24), 또 하만이 모르드개를 죽이기 위하여 만들어 놓은 교수대에서 하만 자신이 벌을 받은 것 등이다(에 7:9-10). 그리고 이스라엘이 광야에서 범죄하다가 벌을 받은 일도 역시 후대인들을 경계하기 위한 거울이다(고전 10:5-6, 11). 하나님께 범죄한 자들

이 다 똑같은 벌을 받은 것은 아니다. 하나님은 범죄한 자들에게 벌을 주시기보다 오래 참으시며 마지막 심판 때까지 그들이 회개하기를 기다리신다. 그런데도 그들이 끝까지 회개하지 않고 계속 죄악을 쌓으면, 그만큼 하나님의 진노를 쌓는 것이 되어 마지막 심판날에 그들이 그 진노를 다 받게 된다(롬 2:4-5).

앞에서 말한 것처럼 죄인이 하나님의 벌을 받는 일이 현세에 완전히 실현되는 것은 아니다. 현세에 이런 일이 전면적으로 일어나기를 바란다면, 그것은 현세를 마지막 심판이 이루어지는 곳으로 생각하는 착각이다. 현세에는 대심판이 임하지 않는다. 현세에는 하나님의 공의가 완전히 실현되지 않고 모순된 듯한 일이 많다. 신자들은 오래 참으면서 대심판의 때가 이르기를 기다려야 한다. 그들이 오래 참으며 기도하는 동안 하나님의 긍휼하심으로 대심판 때에 견디어 설 만한 신앙의 인격이 형성된다(롬 5:3-4; 벧전 1:6-9).

**20 가난한 자는 이웃에게도 미움을 받게 되나 부요한 자는 친구가 많으니라.** 이것은 이 세상 사회의 인심이 얼마나 사나운지를 말해 준다. 사람들은 자기에게 의뢰하는 궁핍한 자들을 불쌍히 여길 줄 모르고 도리어 싫어하고 멀리한다. 이처럼 사람들은 잔인한 심리로 타락하였다. 그들은 가난한 자(불쌍한 자)를 불쌍히 여기지 않고 도리어 미워한다. 이것은 죄악이다(잠 14:31; 17:5).

반면에 하나님께서는 가난한 자를 더욱 불쌍히 여기신다. 그는 ① 가난한 자들이 믿음에 부요하게 하신다(약 2:5). ② 특별히 그들에게 복음을 전하신다(눅 4:18; 고전 1:28). ③ 그들을 높이시는 때가 있다(삼상 2:8). ④ 그들을 두둔하고 보호하신다(잠 14:31; 19:17). ⑤ 가난한 처지에서 위대한 지도자가 나오게 하신다. 모세와 다윗, 또는 선지자들 모두 다 가난한 사람들이었고, 인류의 구주이신 예수님은 머리 두실 곳도 없으셨다(마 8:20). 그러므로 가난한 자를 귀히 여기는 것이 하나님의 뜻이다.

"부요한 자는 친구가 많으니라"(잠 14:20). 이 말씀도 이 세상 사람들의 죄악을 지적한다. ① 부자와 친교하는 자는 아부하는 자다. 그들은 무언가를 얻기 위해 그의 친구가 된다. ② 그들은 거짓된 자다. 그 부자가 파산하는 날에는 그의 많은 친구도 물러간다. 이런 자를 친구로 생각하는 그 부자에게도 죄가 있다. 그것은 자기에게 아부하는 자들(칭찬하는 자들)을 좋게 여기는 죄악이다. 그는 마땅히 자신의 죄를 지적하는 사람을 친구로 알아야 한다. 그런데 그렇게 하지 않고 아부하는 자들을 기뻐하다가 결국 그 친구들로 말미암아 해를 당하게 된다(잠 18:24).

**21** 이웃을 업신여기는 자는 죄를 범하는 자요 빈곤한 자를 불쌍히 여기는 자는 복이 있는 자니라. 여기서 "이웃"이라는 말은 인권 면에서 동등한 자를 가리키고, 반드시 장소적으로 가까운 자를 가리키는 말이 아니다. 그러므로 예수님은 유대인과 적대시하는 사마리아 사람도 이웃일 수 있음을 지적하셨다(눅 10:29-37). 그렇다면 이웃은 반드시 같은 민족이거나 같은 인종이어야 하는 것이 아니다. 모든 사람이 하나님의 형상으로 지음받았다는 사실(약 3:9)로 성립된다. 누구든지 남을 외모로 업신여기는 것은 큰 죄다. 민족 차별이나 인종 차별도 그런 죄에 속한다. 하나님께서는 이스라엘에게 그 나라에 거주하는 이방인들(나그네들)을 과부나 고아처럼 긍휼히 여기라고 하셨다(신 14:29; 16:11, 14; 26:12, 13; 27:19; 렘 7:6; 22:3).

"이웃", 곧 다른 사람(어떤 민족, 또는 어떤 인종에 속했든지)을 업신여기는 것은 어떤 면에서 하나님을 업신여기는 것과 마찬가지이다. ① 남을 멸시하는 자는 결국 자기 자신을 높이는 자이므로 교만한 자다. ② 남도 자기처럼 하나님의 형상으로 지음받았으므로 자신과 동등하다는 사실을 모르는 무지한 자다(잠 11:12). 그는 남의 외모만 보고 그 속의 영혼은 볼 줄 모르는 어두운 자이다. 그가 외모의 빈천한 모습 때문에 남을 업신여기는 것은 율법을 범한 죄가 된다(약 2:9). 잠언 17:5에는 말하기를 "가난한 자를 조롱하는 자는 그를 지으신 주를 멸시하는 자요"라고 하였다.

"빈곤한 자를 불쌍히 여기는 자는 복이 있는 자니라"(잠 14:21)고 한 이유는, 궁핍한 자를 불쌍히 여기는 것이 주님을 존경하는 일이 되기 때문이다(참조. 잠 14:31; 19:17). 시편 41:1-3에 말하기를 "가난한 자를 보살피는 자에게 복이 있음이여 재앙의 날에 여호와께서 그를 건지시리로다 여호와께서 그를 지키사 살게 하시리니 그가 이 세상에서 복을 받을 것이라 주여 그를 그 원수들의 뜻에 맡기지 마소서 여호와께서 그를 병상에서 붙드시고 그가 누워 있을 때마다 그의 병을 고쳐 주시나이다"라고 하였다.

**22** 악을 도모하는 자는 잘못 가는 것이 아니냐 선을 도모하는 자에게는 인자와 진리가 있으리라. "악을 도모하는 자"는 일시적으로만 악을 행하는 자가 아니고 계속적으로 행하는 자다. 그만큼 그는 악에 물들어 심령이 어두워져 있다. 따라서 그가 가는 길은 그의 기대와는 달리 멸망으로 인도된다. 이 사실을 힘 있게 지적하는 의미에서 저자는 묻는 말("잘못 가는 것이 아니냐")로 역설한다.

반면에 "선을 도모하는 자"에게는 하나님께서 그의 자비와 진리(약속을 성취하시는 신실함)로 함께하여 주신다. 계속해서 선을 행하는 자(선을 도모하는 자)가 이 세상에서 하나님의 보상을 받는다는 것은 불신자들도 잘 아는 명백한 사실이다. 그러므로 옛글에도 말하기를 "착한 일을 하는 이에게는 하늘이 복을 준다"고 하였고,[77] "오이씨를 심으면 오이를 얻고, 콩을 심으면 콩을 얻는다"고 하였다.[78] 이와 같은 유교 사상은 살아 계신 인격적 신께서 신자에게 언약하신 대로 현세에서나 혹은 내세에 갚아 주신다는 하나님의 말씀(잠 14:22하)에는 미치지 못하지만, 선행은 보상을 받는다는 것을 말하고 있다. 그것은 인류가 하나님의 일반은총으로 깨닫는 것이다.

이 점에서 특별히 주목할 것은 "도모한다"(חרשׁ)는 말이다. 이 말에는 "꾸

---

77) 『明心寶鑑』, 繼善篇, 1쪽 : "子曰, 爲善者天報之以福."
78) 같은 책, 天命篇, 6쪽 : "種瓜得瓜 種豆得豆."

며냄", "경작함", "제작함" 등의 의미가 있다. 이것은 어쩌다가 선을 행하는 것이 아니고 많은 준비로 끊임없이 힘쓰는 것을 가리킨다. 일시적으로만 선을 행하는 자는 아직 하나님의 신임을 받지 못한 자이다. 하나님은 언약의 신이시고 그의 언약은 끝까지 그의 말씀을 지키는 신실한 자에게 성취된다.

**23** 모든 수고에는 이익이 있어도 입술의 말은 궁핍을 이룰 뿐이니라. 여기서 "모든 수고"라는 말은 범죄를 위한 수고를 제외한 참된 수고를 가리킨다. 땀 흘리며 일하라고 하신 것은 범죄한 인간에게 주신 하나님의 명령이다(창 3:19). 인간이 수고스럽게 일하는 것은 그의 육신적 생활에 유익할 뿐 아니라 하나님께 순종하는 것이므로, 그것 자체가 종교 윤리적인 미덕이 된다. 하나님은 동물 중에서도 수고하는 동물로 인간을 교훈하신다(신 25:4; 잠 6:7-11; 14:4). 신령한 일에도 노력하는 자가 하나님의 은혜와 상급을 받는다(마 11:12; 빌 2:12; 계 2:10).

반면에 "입술의 말"(דְּבַר־שְׂפָתַיִם 잠 14:23), 곧 실행 없이 말(욥 11:2; 사 36:5)만 하는 자는 1) 육신의 생활이 궁핍해진다. 그 이유는 말만 하며 돌아다니는 자는 게으른 자이기 때문이다(참조. 딤전 5:13). 게으른 자는 수고하며 일하라는 하나님의 명령(창 3:19)을 어기는 자이므로 하나님의 벌로 궁핍해진다. 2) 영적 생활도 궁핍해진다. 신령한 것에 대하여 말만 하고 하나님의 말씀대로 살지 않는 자는 하나님의 이름을 망령되게 부르는 죄(출 20:7)를 범하는 자이다. 하나님께서는 그런 자에게 은혜를 주시지 않는다. 그런 자의 심령은 메마른다. 특히 교회 지도자들 중에서 ① 남을 가르치는 말만 많이 하고 자신은 그 말씀대로 진실하게 순종하지 않는 자들이 많다. 하나님은 그런 자에게 은혜를 주시지 않는다. 따라서 그들의 영은 기갈이 심하다. 그들이 스스로 부요하여 부족한 것이 없는 체하지만, 그들의 지도 아래 있는 교인들은 말할 수 없는 기갈을 당한다. 아모스의 말씀이 그들의 시대에 응하였으니, 곧 "주 여호와의 말씀이니라 보라 날이 이를지라 내가 기근을 땅에 보내리니 양식이 없어 주림이 아니며 물이 없어 갈함이 아니요 여호와의 말씀을 듣지 못한 기갈이라 사람이 이 바다에서 저 바다까지, 북쪽에서 동쪽까지 비틀거리며 여호와의 말씀을 구하려고 돌아다녀도 얻지 못하리니 그 날에 아름다운 처녀와 젊은 남자가 다 갈하여 쓰러지리라"고 한 말씀이다(암 8:11-13). ② 그들(기독교의 타락한 지도자들)은 하나님의 은혜를 받지 못하면서 자신의 명예를 유지하려고 입술에 담은 말만 가지고 경건한 모양을 꾸민다. 그들은 옛날 유학자들이 양반 행세만 한 것처럼 외식한다. 장자(莊子)는 옛날 유학자들을 비난하여 말하기를 "명예를 유지하려고 고생하며 잘 먹지도 못하고 생명을 지속하는 것은 긴 병을 앓으면서 죽지 않는 것과 마찬가지이다."라고 하였다.[79] 우리는 장자의 철학을 옳게 여기지 않는다. 그러나 이 말은 명예주의자들의 병고를 바르게 지적한다.

**24** **지혜로운 자의 재물은 그의 면류관이요 미련한 자의 소유는 다만 미련한 것이니라.**
잠언에서 "지혜로운 자"는 하나님을 아는 자를 가리킨다(잠 1:7). 이런 사람은 재물을 쓸 때에도 옳게 쓴다. 따라서 그것이 그의 지혜를 더욱 높이 드러낸다. "미련한 자"라는 말은 하나님을 무시하는 자를 의미한다. 여기 나오는 "소유"라는 말은 히브리 원문에 없고, 그 대신 "미련한 것"(אִוֶּלֶת)이라는 말이 있다. 그러므로 이 구절의 하반절은 다음과 같이 번역되어야 한다. "미련한 자의 미련한 것은 그의 미련한 것이니라." 이것이 무엇을 의미하는가? 모지스 스튜어트(Moses Stuart)는 말하기를 "여기서 '미련한 것'이라는 말은 어원적으로 '권력', 혹은 '높아짐'을 의미할 수 있다. 이런 경우에 이 문장은 미련한 자의 손에 있는 권력이 그로 하여금 더 미련하게 만든다는 뜻이다"라고 하였다. 그러나 델리취(Delitzsch)는 "미련한 것"이라는 말을 "권력"이라는 뜻으로 해석하지 않고 단지 "미련한 것"이라는 뜻 그대로 둔다. 그리고 이 구절

---

79) 『莊子』, 雜篇, 盜跖 第29: "無足曰必持其名若體絶甘約養以持生則亦久病長𢘁而不死者也."

하반절을 "미련한 자의 미련한 것은 미련한 것으로 남아 있다"라고 번역했다. 미련한 자가 "미련한 자"라는 이름을 받게 된 것은, 그가 자신의 잘못을 고치지 않고 그대로 남겨 두기 때문이다. 사람이 아무리 잘못이 있어도 회개하고 고치면 그는 미련한 자가 아니다. 잘못을 고치지 않는 것이 미련한 자의 특징이다. 잠언 27:22에 말하기를 "미련한 자를 곡물과 함께 절구에 넣고 공이로 찧을지라도 그의 미련은 벗겨지지 아니하느니라"고 하였다.

**25** 진실한 증인은 사람의 생명을 구원하여도 거짓말을 뱉는 사람은 속이느니라. "진실한 증인"은 진리를 증거하고, 그 진리대로 살면서, 그것을 다른 사람들에게 전하는 자다. 진리는 그리스도의 복음이고, 그 진리대로 살 수 있는 자는 성령을 받은 자다(고전 12:3; 행 1:8). 복음은 진리이지만 그것을 전하는 자가 진실하게 전하지 않거나 그대로 살지 않을 때에는 도리어 복음의 빛이 가려진다.

1) 기독교 신자가 진실하지 못한 원인은 무엇인가? ① 그의 성품이 간사하기 때문이다. 그런 사람은 성직에 합당하지 않다. 그런 사람이 성직자가 되면 어떤 일을 능하게 처리할 수는 있어도 교회를 해롭게 한다. 옛날 중국의 조조(曹操)라는 사람은 간사한 영웅이었는데, 그에게 대한 세상의 평가는 "세상을 다스리는 데 능한 신하요, 세상을 어지럽게 하는 간사한 영웅이다"라고 하였다. 또한 그를 매에 비유하여 "주리면 사람에게 붙고 배부르면 날아가 버린다"라고 하였다. ② 성품이 간사하지 않은 자도 진리에 대한 지식이 부족하거나 영적인 능력이 없으면 진실함을 유지하지 못한다. 그가 실력 없이 주님의 사역을 하려고 하기 때문에 본의 아니게 진리에 합당하지 않은 말도 많이 하게 되고, 또 본의 아니게 과장된 행동도 하기 쉽다. 그러므로 복음의 참된 증인은 영적인 실력이 있어야 한다.

2) 그렇다면 진리의 증인이 진실을 지켜야 하는 범위는 어디까지인가? ① 그는 하나님 앞에 진실해야 한다. 그러지 못하면 하나님이 그를 쓰시지 않는다. 그는 남모르게 하나님 앞에서 하나님의 말씀대로 결정한 것을 그대로 실

행해야 한다. ② 그는 진리 앞에서 정직해야 한다. 다시 말하면 그는 성경 말씀을 바르게 깨달아 그대로 증거해야 한다. 진리를 오해하고 잘못 소개하는 자도 진실하지 못하다. ③ 그는 자기 양심 앞에서 진실해야 한다. 그가 신앙의 양심대로 행하지 않으면 스스로 부끄러움을 느끼며 담대해지지 못한다(참조. 고후 4:2; 5:11; 딤후 2:15). ④ 그는 사람들 앞에서 진실해야 한다. 그러지 못하면 사람들이 신임하지 않는다.

"거짓말을 뱉는다"(יָפִיחַ כְּזָבִים; 잠 14:25)는 말은 기탄없이 거짓말을 한다는 뜻이다. 그런 사람은 속인다. 여기서 "속인다"(מִרְמָה)는 말은 "거짓"이라는 뜻이다. 기탄없이 거짓말(어쩌다가 실수로 거짓말을 하는 것이 아니다)을 하는 자는 그 사람 자신이 거짓말인 것과 같다. 그런 사람은 위험하다.

**26-27** **여호와를 경외하는 자에게는 견고한 의뢰가 있나니 그 자녀들에게 피난처가 있으리라 여호와를 경외하는 것은 생명의 샘이니 사망의 그물에서 벗어나게 하느니라.** 여기서 "여호와를 경외하는 자에게는"(בְּיִרְאַת יְהוָה)이라는 말은 "여호와를 경외함에는"이라고 개역해야 한다. 이것은 하나님을 경외하는 심리를 가리키는 것이지 경외하는 사람을 말하는 것이 아니다. 여호와를 경외하는 마음은 고통스러운 것이 아니다. 그것은 숭배와 사랑으로 이루어진 것이므로 도리어 안전감을 가진다. 이것은 사람을 두려워하는 심리와 다르다. 잠언 29:25에 말하기를 "사람을 두려워하면 올무에 걸리게 되거니와 여호와를 의지하는 자는 안전하리라"고 하였다(참조. 요일 4:18).

여기서 "그 자녀들"(잠 14:26)이라는 말은 하나님의 자녀들을 가리킨다(신 14:1). 그들의 피난처는 하나님이다. 이 세상에서는 하나님이 그의 말씀을 계시하신 장소에서 자신을 보이셔서 사람들로 하여금 믿고 안심하게 하신다. 그것이 바로 신자들의 피난처다. 그럼에도 불구하고 사람들은 종종 그곳을 감옥과 같이 자유 없는 곳으로 오해한다. 그러나 사실은 우리가 여호와를 경외하며 그의 말씀을 믿는 것이 피난처를 이루는 것이다. 이에 대한 브리지스(Charles Bridges)의 해석을 요약하면 다음과 같다. "우리를 위한 그리스도의 구속과 화해와 칭의와 도고의 역사는, 그것을 경외심으로 믿는 우리에게 죽음과 지옥보다 강한 피난처가 된다. 그것은 바로 우리에게 요구되는 피난처다(시 46:1; 48:3). 원수의 강한 공격을 받을 때에(시 56:1-4; 사 25:2), 모든 길이 막히고 마지막까지 아무것도 할 수 없게 된 때에, 그것은 우리의 피난처가 된다. 참으로 우리의 신앙의 모든 움직임은 이 피난처에 대한 안전감을 증가시킨다(잠 1:33; 18:10; 사 32:18-19)."라고 하였다.[80]

**28  백성이 많은 것은 왕의 영광이요 백성이 적은 것은 주권자의 패망이니라.** 이것은 대국주의를 권장하는 말씀이 아니다. 이것은 주권자가 인심을 잃지 않고 화합을 이루어 가야 할 것을 가르친다. 지도자는 백성들의 마음을 붙잡아야만 그들을 지도할 수 있다. 그러나 사람들에게 무조건 좋게 하는 것으로 인심을 얻는 것은 아니다. 그는 하나님만 두려워하고 공의를 굳게 붙잡아야 많은 사람을 통솔할 수 있다(잠 25:5; 시 101:1-8). 동양 철학의 주요한 부분을 차지한 주역(周易)의 천화동인괘(天火同人卦)도 대중의 마음을 얻는 통치의 원리를 보여 준다. 거기서 말하기를 "공동의 광장에서 널리 동지를 구하니 크게 발전하리라." 하였고, 또 말하기를 "자기의 혈통에서 동지를 구하니 혈연에 치우쳐 공정하지 못하다."라고 하였다.[81] 이러한 교훈은 임금 된 자로서 파벌을 초월하여 널리 인재를 등용하며 동지를 구할 때에 대중이 단결하게 된다는 것이다. 여기에 통일의 중요한 원리가 있다. 그러나 이것은 하나님을 제외한 인본주의 사상에서 나온 것이므로 견고한 기초를 지니지 못한다. 잠언 14:28의 내용은 살아 계신 하나님을 두려워하는 임금의 왕권에 대하여 말한다(잠 16:10; 21:1). 하나님을 모르는 임금에게 넓은 아량이 있기 어려우며,

---

80)  Charles Bridges, A Commentary on Proverbs (London: The Banner of Truth Trust, 1968), 188.
81)  『周易』(玄岩社, 1967), 96-98쪽 : "同人于宗吝."

또 어느 정도 있다 해도 유약해지기 쉽다. 오직 하나님을 두려워하는 임금의 마음속에만 진실한 의미의 넓은 아량이 있는 법이다(잠 20:28; 29:4). 그뿐 아니라 그런 자만이 유약해지지 않고 악인을 벌한다(잠 16:12; 20:8, 26; 25:5).

**29** **노하기를 더디 하는 자는 크게 명철하여도 마음이 조급한 자는 어리석음을 나타내느니라.** 여기서 말하는 "노하기"는 의분을 가리키지 않고 혈기의 분노를 말한다. 혈기의 분노에는 사랑이 없고 악독이 있다. 사람이 이런 노를 발할 때 무슨 유익이 있는가? "사람이 성내는 것이 하나님의 의를 이루지 못함이라"고 하였다(약 1:20). 그뿐 아니라 사람이 혈기의 노를 발하는 동안에는 그의 심령이 어두워져서 사리를 바르게 분별하지 못하게 되어 망동을 하게 된다. 그러므로 혈기의 분노를 발하지 않는 자는 명철한 자라고 할 수 있다. 여기서 "더디 한다"(אֶרֶךְ 14:29)는 말에 주의해야 한다. 이것은 천천히 노하라는 의미가 아니다. 이것은 절대로 혈기의 분노는 발하지 말라는 의미와 같다. 왜냐하면 분이 올라올 때에 당장 분내지 않고 참으면 그 분노가 식기 때문이다. 조급한 행동은 모두에게 해롭다(잠 19:2; 21:5하; 29:20). 특히 성급히 분노하는 것은 말할 수 없이 큰 해독을 가져온다. 브리지스(Charles Bridges)가 이 점에 대하여 말한 것을 요약하면 다음과 같다. "분노는 마귀가 틈타게 하며(엡 4:26-27), 성령이 근심하게 하며(엡 4:30), 그리스도의 마음과 반대된다(마 11:29; 빌 2:3-5)."[82]

마음이 조급한 자는 혈기의 분노를 급히 발한다. 그것은 어리석은 행동이다. 자멸의 길로 들어가는 망동이다.

**30** **평온한 마음은 육신의 생명이나 시기는 뼈를 썩게 하느니라.** 여기서 "마음의 화평"(לֵב מַרְפֵּא)이라는 말은 신자가 그의 심령에 하나님을 모신 결과로 안정된 마음, 또는 치료하는 마음(안정된 마음은 사실상 몸에도 평안의 영향을 끼치므

---

82) Charles Bridges, A Commentary on Proverbs (London: The Banner of Truth Trust, 1968), 189.

로 치료하는 마음이다)을 의미한다. 그것은 늘 불안을 느끼며 요동하는 자신을 거부하고 다른 사람들이 잘되는 것을 기뻐하는 심리이다. 이런 심리를 가진 자는 기뻐할 일이 많다. 그는 격동, 불안, 조급함, 긴장을 떠나 주님 안에서 평안을 누린다. 이런 마음은 육신도 건강하게 한다.

그렇다면 안정된 마음은 어떻게 생기는가? 어떤 사람들은 정신 훈련을 통하여 안정된 마음을 가지게 되는 단계에 이르는 것 같다. 불교도는 세나(선)의 훈련(정신 통일 훈련)으로 심리의 안정을 도모한다. 그러나 그것은 인간의 자력으로 그렇게 된다는 것이다. 어떤 불교도는 일본 동경에 지진이 일어날 때에도 동요하지 않고 눈을 감고 가만히 앉아 있었다고 한다. 그러나 이런 것은 정신 통일 훈련으로 얻어진 습성일 뿐 하나님을 심령에 모신 화평이 아니다. 노자의 철학을 따르는 자들은 자연신비주의로 마음에 안정을 얻었다고 한다. 자연신비주의는 다름이 아니라 노자가 가르친 은허주의(隱虛主義)이다. 곧 천지 만물의 자연적 이치를 마음을 내어 맡기고 고요하게 아무것도 하지 않는 것이다. 노자의 학파에 속하는 장자(莊子)의 글을 읽어 보면 다음과 같은 기록이 있다. 곧 노(魯) 나라의 왕태(王駘)라는 사람은 발이 하나 없는 장애인이었다. 그런데도 그의 제자가 공자의 제자보다 많았다고 한다. 그 이유는 그가 안정된 마음을 가지고 동요하지 않는 인물이었기 때문이다. 그는 듣는 것과 보는 것 때문에 마음을 빼앗기지 않고 "만물은 하나"라는 것을 볼 뿐, 그로 인한 이익과 손해는 염두에 두지 않았다고 한다. 그래서 발이 있고 없고에 상관없이 태연했으며, 발 하나 끊어 버리는 것을 흙덩이 내던지는 것같이 대수롭지 않게 여겼다고 한다.[83] 그러나 이것도 특별한 사람이 자력으로 그의 정신을 연달한 결과일 뿐 하나님을 모셔서 심령에 화평을 얻은 것은 아니다. 유교 학자들도 자력으로 마음에 안정을 얻는다고 한다. 그것

---

83) 『莊子』, 內篇, 五: "物視其所一而不見其所喪視喪其足猶遺土也."

은 "거경"(居敬)이라는 방법으로 하는 것이다. "거경" 역시 사람이 자기의 마음을 우주의 이치와 합류시키는 노력이다. 이 방법의 훈련을 받은 철학자 정이천(程伊川)은 풍랑을 만났을 때에 동요하지 않고 배에 침착하게 있었다고 한다. 그러나 이런 일은 특별한 인물이 타고난 강한 정신으로 정신통일의 훈련에 힘쓴 결과이며, 심리적인 수양으로 얻은 결과이다. 이런 일은 현세에서 가질 수 있는 심리적 안정일지 모르나 하나님으로 말미암은 영원한 구원의 화평은 아니다. 영원한 구원의 화평은 모든 사람이 그리스도 안에서 차별 없이 얻는다(행 2:39; 롬 3:22; 10:11-12; 고전 1:26-31; 엡 2:17; 골 3:10-11).

"시기는 뼈를 썩게 하느니라"(잠 14:30). 시기는 이기주의이다. 불안의 원천도 이기주의이다. 따라서 시기하는 자는 다른 사람이 잘되는 것을 기뻐할 줄 모르고 도리어 괴로워한다. ① 그는 평생 이처럼 옳지 않은 마음을 가지고 심령 깊은 곳에 고통을 지닌다. 그것이 "뼈를 썩게 하느니라"라는 말씀의 의미이다. ② "뼈를 썩게 하느니라"라는 말씀은 심신의 병약함도 의미한다. 사울이 다윗을 시기할 때에 귀신 들린 그의 정신병이 더 심해졌다(삼상 18:7-10).

**31** 가난한 사람을 학대하는 자는 그를 지으신 이를 멸시하는 자요 궁핍한 사람을 불쌍히 여기는 자는 주를 공경하는 자니라. 여기서 "가난한 사람을 학대"한다는 것은 어떤 행위를 염두에 둔 것인가? 그것은 다음과 같은 몇 가지 행위를 생각하였을 것이다. ① 가난한 일꾼에게 마땅히 주어야 할 급료를 제대로 주지 않거나 제때 주지 않는 것. 야고보서 5:4에 불의한 부자를 책망하면서 "보라 너희 밭에서 추수한 품꾼에게 주지 아니한 삯이 소리 지르며 그 추수한 자의 우는 소리가 만군의 주의 귀에 들렸느니라" 하였고, 신명기 24:15에는 말하기를 "그 품삯을 당일에 주고 해 진 후까지 미루지 말라"고 하였다. ② 가난한 자에게 받을 것을 너무 잔인하게 받는 것. 이런 문제에서 잔인하게 하지 말라는 말씀은 신명기 24:10-13에 기록되어 있다. 거기서 가르친 내용은, 채권자가 채무자에게 저당물을 받는 경우에 그 집에까지 들어가지 말고 밖에서 그

것을 취하라는 것과, 해가 질 때에는 그것을 돌려주라는 것 등의 말씀이다. ③ 가난한 자의 것을 탈취하는 것. 아합과 그의 아내 이세벨은 나봇을 죽이고 그의 포도원을 빼앗았다(왕상 21:1-16). 이와 같은 악행은 하나님을 지극히 노엽게 한다. 잠언 22:22-23에 말하기를 "약한 자를 그가 약하다고 탈취하지 말며 곤고한 자를 성문에서 압제하지 말라 대저 여호와께서 신원하여 주시고 또 그를 노략하는 자의 생명을 빼앗으시리라"고 하였다(참조. 암 5:11). 그와 같이 불의하고 잔인한 행동이 여호와를 멸시하는 것으로 간주되는 이유는, ㉠ 가난한 자도 하나님의 형상대로 지음을 받았기 때문이며(약 3:9), ㉡ 하나님께서는 제사보다 인애를 즐거워하시며(호 6:6), 그가 가난하고 불쌍한 자의 사정을 체휼하시기 때문이다(참조. 마 25:40).

가난한 자를 학대하는 부자들의 소행은 사람이 보기에도 매우 악독하여 벌을 받을 것처럼 느껴진다. 수십 년 전에 내 고향의 어느 부잣집 노파가 그 이웃에 사는 가난한 집 어린아이를 보고 하는 말이, "너는 자라서 우리 집 마부 노릇을 하면 좋겠다"라고 하였다. 그와 같이 천대하는 말이 가난한 자의 마음에 얼마나 상처를 주었겠는가? 하나님의 복음을 위하여 일하는 교역자들도 가난한 자를 멸시하고 편향되게 부자의 편이 되는 과오를 범하기 쉽다. 그렇게 되는 것은 거룩한 사역을 한다는 아름다운 이름으로 악한 일을 행하는 것이다. 교역자는 빈부를 차별하지 말고 모든 교인을 공정하게 대해야 한다.

**32** 악인은 그의 환난에 엎드러져도 의인은 그의 죽음에도 소망이 있느니라. 여기서 "악인"(רָשָׁע)이라는 말은 끝까지 회개하지 않는 악인을 가리킨다. "엎드러진다"(יִדָּחֶה)는 말은 몰려간다(driven away), 즉 강제로 끌려가는 것을 의미한다. 이 말은 끝까지 주님을 믿지 않는 자는 결국 그가 당하는 환난에 삼켜진다는 것이다. 반면에 신자(의인)는 환난의 정점이라고 할 수 있는 죽음에서도 구원을 얻는다. 이 구절에서 "죽음에도"(בְּמוֹתוֹ)라고 번역된 히브리 원어는

"그의 죽음에"라는 말이며, 한글 성경에 있는 "도" 자는 포함되어 있지 않다. 그러므로 이 구절에는 의인에게는 그의 죽음이 오히려 소망이라는 뜻이 들어 있다. 이것을 보면 "의인", 곧 진실한 신자에게는 죽음이 도리어 행복이다. 그 이유는 그가 죽음을 통하여 하나님께로 가기 때문이다(전 12:7). 누가복음 16:22을 보면, 나사로는 죽어서 천사들에게 받들려 아브라함의 품에 들어갔다고 하였다. 그러므로 미국의 부흥가 무디(Moody)는 임종 시에 말하기를, 자기는 죽는 때부터 진정한 삶에 참여한다고 하였다. 바울은 죽음도 기독교 신자의 귀한 소유라는 의미로 말하기를 "바울이나 아볼로나 게바나 세계나 생명이나 사망이나 지금 것이나 장래 것이나 다 너희의 것이요"라고 하였다(참조. 고전 3:22; 시 17:15; 빌 1:21).

"소망이 있느니라"(מחסה; 14:32). 이 말은 사실상 피난처를 얻는다는 뜻이다. 이것은 사후에 복된 생명을 얻는 것을 가리키는 것이고 단지 육신의 생명이 연장되는 것을 의미하지 않는다. 잠언이 가르친 대로 하나님의 말씀이 주는 생명은 육체적인 생명보다 복된 영적 생명을 가리킨다(4:22; 6:23; 8:35; 10:11, 17; 11:19; 12:28; 13:14; 14:27).

## 설교 ▶ 의인이 받는 축복 (32절)

### 1. 의인이라고 불리는 것도 은혜다

로마서 3:10에 말하기를 "의인은 없나니 하나도 없으며"라고 하였다. 그렇다면 성경에 많이 표현된 "의인"이란 말은 어떤 사람을 의미하는가? 이것은 우리가 깊이 생각할 문제이다. 사람은 누구든지 스스로 의롭다고 할 수 없다. 스스로 의롭다고 하는 자는 하나님께서 정죄하셨다(눅 18:9). 그 이유는 다음과 같은 사실로 알 수 있다. ① 사람들은 흔히 몇 가지 계명을 잘 지킨 것으로 스스로 의인인 듯 자신감을 가진다. 그러나 그것은 어두운 생각이다. 의는 몇 가지 계명을 지켰다고 해서 이루어지는 것이 아니다. 모든 계명을 지키다가 그중 한 가지만 범해도 모두 범한 자가 된다(약 2:10). ② 사람이 온유에 힘쓰다가 나약해지기 쉽고, ③ 의를 위해 힘쓰다가 사랑을 잃어버리기 쉬우며, ④ 그에게 큰 허물은 없을지라도 작은 허물이 많을 수 있다. ⑤ 사람은 무엇보다도 하나님을 전적으로 믿지 못하는 과오가 있고, ⑥ 남을 사랑한다고 하지만 자기 자신만큼 사랑하지 못하는 죄가 있고, ⑦ 아무런 허물이 없는 것 같아도 환난과 시험을 당하면 과오를 범한다. 이것은 마치 못에 고인 물이 맑아 보이지만 막대기로 그 물을 휘저으면 더러운 흙탕물이 올라오는 것과 같다. 그러므로 성경 말씀은 의인이 없다고 한다.

엘리야도 우리와 성정이 같은 사람이다(약 5:17). 우리와 성정이 같다는 것은 무엇을 의미하는가? 그것은 그도 우리와 같은 죄인이라는 뜻이다. 그러므로 구약 시대의 노아와 같은 의인도 "믿음을 따르는 의의 상속자"라고 불린다(히 11:7). 여기서 "의의 상속자"라는 말은 "의의 기업을 누리는 자", 곧 공로 없이 의인이라는 특권을 받았다는 뜻이다. 그러므로 신약 시대에나 구약 시대에나 의인은 자기가 죄인인 줄 알고 겸손히 주님만 의지하는 자이다. 그의 생활의 특징은 날마다 성화되어 가는 것이라고 할 수 있다. 성화는 신자가 자기 허물을 하나하나 고쳐 나가는 것이다. 우리가 단번에 완전해지기는 어렵지만, 언제나 우리 자신이 죽을 죄인임을 알고 남의 허물보다 나 자신의 허물을 예민하게 찾아서 지체하지 말고 고쳐 나가야 한다. 하나님은 그러한 모습을 기뻐하신다. 우리가 그와 같이 성결 면에서 장성할 때에 하나님은 우리를 의인으로 간주해 주신다. 이것이 큰 축복이다.

### 2. 영혼이 구원을 얻는 복을 받는다

잠언 14:32에서 "의인은 그의 죽음에도 소망이 있느니라"고 한 것이 무슨 뜻인가? 의인이 죽은 후에 사람들이 칭찬해 준다는 말인가? 혹은 그가 죽은 뒤에 그의 자손들이 하나님의 축복으로 재물을 많이 받는다는 의미인가? 이 두 가지는 성경적이라고 할 수 없다. 여기서는 분명히 의인이 죽을 때에 그에게 소망이 있다고 한다. 러셀(Russell)은 다음과 같은 잘못된 이론으로 성경이 말하는 영혼의 구원을 부인한다. "인간의 기억력은 뇌가 상할 때에 없어지기도 하고, 총명한 아이도 아이오딘(iodine)이라는 영양이 부족하면 천치가 되어 버린다. 그러므로 인간의 몸이 파괴된 후에는 깨닫는 것이 있다고 할 수 없다." 이런 의미에서 그는 육체가 죽은 후에도 생존하는 영혼을 부인했다.[84]

이와 같은 러셀(Russell)의 이론은 지식론에서 극히 천박하다. 지식이라는 것은 사람의 육안이나 이지적인 연구로 모두 다 파악할 수 있는 것이 아니다. 육안과 이지는 기계적인 지식을 깨닫는 것에 지나지 않는다. 하나님이나 인간의 영혼은 영이므로 사람의 육안에 보이지 않고, 사람의 지식으로 깨달을 수도 없다. 하나님이나 인간의 영혼에 대한 것은 하나님의 계시로만 깨달을 수 있다. 이 계시의 내용은 다름이 아닌 성경 말씀이다. 성경은 인간의 영혼에 대하여 많이 말한다. 구약에서 가장 현저한 실례를 들면 전도서 12:7이다. 거기서 말하기를 "흙은 여전히 땅으로 돌아가고 영은 그것을 주신 하나님께로 돌아"간다고 하였다. 그리고 신약의 예를 들면 고린도후서 5:8 말씀이다. 거기서 말하기를 "우리가 담대하여 원하는 바는 차라리 몸을 떠나 주와 함께 있는 그것이라"고 하였다. 바울은 말하기를 "만일 그리스도 안에서 우리가 바라는 것이 다만 이 세상의 삶뿐이면 모든 사람 가운데 우리가 더욱 불쌍한 자이리라"고 하였다(고전 15:19). 1950년대에 학자들이 연구하여 발표한 대로 한 사람의 육신을 성립하는 원소의 가격을 매긴다면 98센트라고 한다. 그것을 오늘날의 가치로 계산하면 2만 원도 안 된다. 그렇다면 인간

---

84) Russell, Why I am not A Christian (1957), 89-90.

의 생명이 이생뿐이라면 인간의 가치는 참으로 아무것도 아니다. 오직 인간의 가치는 하나님이 주신 영혼이 하나님을 알고 영원토록 하나님과 함께 영생을 누리는 것에 있다.

**33** 지혜는 명철한 자의 마음에 머물거니와 미련한 자의 속에 있는 것은 나타나느니라. 주님의 말씀을 마음에 담은 대표적인 사람은 예수님의 모친 마리아다(눅 2:19, 51). 명철한 자는 그가 깨달은 진리를 심령 깊은 데 간직하고 그대로 살아간다. 하나님의 나라는 말에 있지 않고 오직 능력에 있다(고전 4:20). 반면에 어리석은 자는 자기 속에 있는 것을 말로 나타내기만 한다. 그에게는 진리에 대한 깊은 신념이 없고 어리석음만 있을 뿐이다. 잠언 17:27-28에 말하기를 "말을 아끼는 자는 지식이 있고 성품이 냉철한 자는 명철하니라 미련한 자라도 잠잠하면 지혜로운 자로 여겨지고 그의 입술을 닫으면 슬기로운 자로 여겨지느니라"고 하였다.

잠언이 말하는 "지혜"는 하나님을 경외하는 도(道), 곧 하나님의 말씀을 가리킨다. 그렇다면 지혜를 마음속에 머물게 하는 자는 어떤 사람인가? ① 그는 지혜를 사랑하는 자다. 그는 그것을 즐거워하여 묵상한다(시 1:2). ② 그는 지혜를 지키는 자다. 그는 그것으로 마음이 뜨거워져 있으며 그것의 승리를 확신한다. 따라서 그는 온갖 어려움을 무릅쓰고 지혜대로 행한다. ③ 하나님의 말씀을 마음속에 머물게 하는 자는 행복하다. 그는 참자유를 얻으며(요 8:32) 하나님께서 그의 기도에 응답하신다(요 15:7).

**34** 공의는 나라를 영화롭게 하고 죄는 백성을 욕되게 하느니라. "영화롭게 한다"(תְּרוֹמֵם)는 말은 높아지게 한다(exalt)는 뜻이다. 이것은 하나님께서 의로운 국가를 높여 주신다는 것이다. 하나님께서 높이시는 나라를 그 무엇이 낮출 수 있겠는가? 이같이 높아지는 비결은 의에 있다. 그런데도 이 세상의 정치인 중에는 나라보다 자기를 높이려고 권모술수를 쓰는 자가 많다. 그 결과

는 자기 자신과 나라를 망치는 것이다. 로마는 전성시대에 극도로 도덕이 부패하였고(롬 1:22-32), 결국 망하였다.

"욕되게"(חֶסֶד 잠 14:34) 한다는 말은 아람어식 표현이다. 히브리어에서는 이것이 자비를 의미한다. 그렇다면 욕되게 한다는 말은 무엇을 의미하는가? 그것은 부족함, 혹은 곤고함을 가리킨다. 백성이 죄가 많으면 그들의 생활이 곤고해진다.

**35** 슬기롭게 행하는 신하는 왕에게 은총을 입고 욕을 끼치는 신하는 그의 진노를 당하느니라. 이 말씀은 임금과 신하가 지켜야 할 도덕의 표준이다. 또한 이것은 임금이 실시할 당연한 정책과 신하가 지킬 올바른 책임을 제시한다. 신하는 지혜롭게 임금을 잘 도와야 하고, 임금은 그런 신하를 표창하고, 옳지 않은 신하는 벌해야 한다는 것이다. 간신을 등용하는 나라는 망한다. 이 점에서 성군 다윗의 행정을 표본으로 삼을 만하다(참조. 시 101:3-8). 국가는 어진 임금과 어진 신하가 함께할 때 형통한다. 임금이 악하여 어진 신하의 말을 들어주지 않고 간신들의 말만 들으면 나라가 망한다. 악한 신하들은 임금에게 아부하여 악한 정치를 실시하게 한다. 옛날 중국의 진 나라 시황이라는 폭군은 이사라는 간신의 말을 따라 악정을 행하였다. 그러나 후한의 유현덕이라는 임금이 겸손하게 제갈량의 초막에 세 번이나 찾아가서 그를 등용한 결과 형통하였다.

"슬기롭게 행하는 신하"(잠 14:35)는 슬기로운 꾀만 있는 신하가 아니라 하나님을 두려워하는 신하를 말한다. 하나님을 두려워하는 정치인은 불의를 용납하지 않고 임금 앞에서도 직언을 한다. 직언을 회피하며 자기의 사욕만 채우던 조조는 능력 있는 사람이었으나 간사하였다. 그러므로 그에 대하여 사람들이 말하기를, 그는 매와 같아서 "주렸을 때는 사람에게 붙고 배부르면 달아난다."라고 하였다.

# 제 15 장

## ❧ 해석

**1-2** 유순한 대답은 분노를 쉬게 하여도 과격한 말은 노를 격동하느니라 지혜 있는 자의 혀는 지식을 선히 베풀고 미련한 자의 입은 미련한 것을 쏟느니라. 여기서는 유순한 말과 과격한 말을 대조하여 그 결과의 차이를 지적한다. 브리지스(Charles Bridges)는 이 두 가지 말에 대하여 각각 실례를 들었다. 그것은 다음과 같다. ① 유순한 말은 야곱이 에서에게 한 말(창 32:3-5, 17-18; 33:8-14), 아론이 모세에게 한 말(레 10:16-20), 기드온이 에브라임 사람들에게 한 말(삿 8:1-3), 다윗이 사울에게 한 말(삼상 24:9-15; 26:22-24), 아비가일이 다윗에게 한 말(삼상 25:23-31)과 같은 것이고, ② 과격한 말은 사울의 말(삼상 20:30-31), 나발의 말(삼상 25:10-11), 르호보암의 말(왕상 12:13-14), 사도들의 말(행 15:39)과 같은 것이다.[85] 브리지스(Charles Bridges)는 또 말하기를 "지혜로운 자는 자기의 혀를 주장하고, 어리석은 자는 그 혀의 지배를 받는다"라고 하였다.[86]

---

85) Charles Bridges, A Commentary on Proverbs (London: The Banner of Truth Trust, 1968), 196 foot note.
86) Ibid., 197: "The wise commands his tongue. The fool-his tongue commands him."

"지식을 선히 베푼다"(잠 15:2)는 것은 하나님의 말씀을 잘 말하는 것을 의미한다. 말하는 자가 언제나 성경에 있는 하나님의 말씀을 묵상하면서(시 1:2) 할 때에 침착하게, 또는 부드럽게 말하게 될 것이다. 베드로전서 4:11에 말하기를 "만일 누가 말하려면 하나님의 말씀을 하는 것 같이 하"라고 하였다. 그리고 "미련한 것을 쏟는다"(잠 15:2)는 것은 사람이 생각 없이 말을 많이 하는 것을 가리킨다. 구원에 이르게 하는 진리의 말씀은 성경에만 있는데, 사람이 성경을 묵상하지 않고 말하게 되면 어리석은 말이 쏟아져 나올 수밖에 없다.

**3  여호와의 눈은 어디서든지 악인과 선인을 감찰하시느니라.** 하나님께서는 어디서나 악인을 보신다. 그러므로 그는 말씀하시기를 "여호와의 말씀이니라 나는 가까운 데에 있는 하나님이요 먼 데에 있는 하나님은 아니냐 여호와의 말씀이니라 사람이 내게 보이지 아니하려고 누가 자신을 은밀한 곳에 숨길 수 있겠느냐 여호와가 말하노라 나는 천지에 충만하지 아니하냐"고 하였다(렘 23:23-24). 그러므로 악인의 죄악은 반드시 보응을 받는다. 이 사실은 불신 철학자들도 깨달았다. 옛글에 말하기를 "외를 심으면 외를 거두고 콩을 심으면 콩을 거둔다"라고 하였다.[87]

하나님은 선인도 감찰하신다. 그는 신자들이 당하는 고난을 보시고, 위로하여 주시고, 또한 갚아 주신다. 그는 특히 그들의 환난 때에 그들을 가까이하여 주신다(참조. 시 50:15; 사 49:15-16; 마 10:29-31).

그러나 이 점에서 한 가지 난제를 만나게 된다. 그것은 어떤 때에는 이 세상에 하나님의 보응이 나타나지 않는다는 사실이다. 사람들이 그런 시대에 살면서 하나님을 인정하지도 않고 자기 마음대로 행한다. 그런데도 하나님의 심판은 내리지 않고 사람들의 악행이 이기는 듯하다. 그러나 성경은 이 문

---

87) 『明心寶鑑』, "種瓜得瓜種豆得豆."

제에 대해 말씀한다. ① 그들이 악으로 형통하는 것 같으나 그것은 진정으로 잘되는 것이 아니다. 시편 17:14-15은 그들이 이 세상에서만 분깃을 받은 것뿐이라고 말한다(참조. 시 73:1-28). ② 하나님께서 어떤 때에는 세상 사람들이 행하는 악한 행동을 그대로 두고 간섭하시지 않는 것 같다. 그런 때에는 사람들이 하나님이 계시지 않는다고까지 생각하며 덤빈다. 시편 74편이 말하는 시대가 그런 때이다. 하나님께서 그분의 살아 계심을 사람들에게 알려 주시는 시대가 있는(시 14:5) 반면에 그렇게 하시지 않는 시대도 있다. 예수님은 그런 때를 가리켜 "어두움의 권세"라고 하셨다. 누가복음 22:52-53에 "예수께서 그 잡으러 온 대제사장들과 성전의 경비대장들과 장로들에게 이르시되 너희가 강도를 잡는 것 같이 검과 몽치를 가지고 나왔느냐 내가 날마다 너희와 함께 성전에 있을 때에 내게 손을 대지 아니하였도다 그러나 이제는 너희 때요 어둠의 권세로다"라고 하셨다. 그러나 어두움의 권세로 행하던 자들(살전 2:15-16)도 심판을 받는 날이 있다(참조. 벧전 4:17-18).

**4** **온순한 혀는 곧 생명 나무이지만 패역한 혀는 마음을 상하게 하느니라.** 여기서 "온순한 혀"(מַרְפֵּא לָשׁוֹן)라는 말은 치료하는 혀(A healing tongue)라고 해야 한다. ① 그것은 진실하고 화평하게 하는 말로서, 듣는 자를 위로하며, 살리며, 소망을 가지게 한다. 골로새서 4:6은 그런 말을 가리켜 "은혜 가운데서 소금으로 맛을 냄과 같은" 말이라고 한다(참조. 막 9:50). ② 죄인들에게 용서와 희망을 선포하신 대로(엡 2:13-17; 6:15) 예수님의 말씀은 가장 완전한 의미에서 치료하는 말씀이다. 그것은 참으로 생명의 열매를 내어 주는 생명나무라고 할 수 있다. 예수님의 복음의 말씀을 생명나무로 비유한 것은 요한계시록 22:2에도 나온다. 거기서는 그 잎사귀들이 만국을 치료한다고 하였다(참조. 겔 47:12). 예수님의 복음으로 말미암아 사막 같은 세상 사람들이 치료를 받고 생명을 얻는 것에 대하여 이사야 선지자는 자세하게 예언했다(사 35장).

"패역한 말"(סֶלֶף 잠 15:4)은 말이 참되지 않을 뿐 아니라 듣는 자를 괴롭히는 것을 가리킨다. 사람마다 자기의 혀가 위태하다는 것을(약 3:6, 8) 알고 그것을 잘 지켜야 한다(미 7:5; 시 141:3).

**5  아비의 훈계를 업신여기는 자는 미련한 자요 경계를 받는 자는 슬기를 얻을 자니라.**
아버지의 권위는 사랑의 권위이다. 곧 그가 자식을 진정으로 사랑하기 때문에 교훈하는 것이다. 따라서 아버지의 권위에 순종하지 않는 아들은 사랑을 반역하는 어리석은 자이다. 반면에 그의 교훈에 순종하는 자는 참된 사랑을 받는 자이므로 잘될 수밖에 없다. 서양의 사회도덕에서는 자식들이 부모를 의뢰하지 않도록 어려서부터 훈련을 받는다. 그와 같은 훈련이 인격의 독립성을 길러 주는 장점을 지니는 한편, 그 결과로 그들이 부모의 교훈을 중요시하지 않고 개인주의로 흘러가게 되는 것은 유감스러운 일이다. 그와 같은 행위는 성경적이지 않다. 그 사회에서 부모와 자식 사이가 친밀하지 못한 것은 시정되어야 한다. 가정 중심의 사회 제도가 성경적일 뿐 아니라, 또한 권위를 무시하는 개인주의를 막는다.

### 설교 ▶ 부모를 순종치 않음에 대하여(5절)

#### 1. 부모에게 순종하지 않는 것은 여러 가지로 죄가 된다

1) 자연법을 어기는 모순이다. 자식 된 자가 부모를 공경하는 것은 인생의 자연적인 바탕에서 내려지는 결론이다. 가지가 뿌리를 부인할 수 있겠는가? 유교의 경전은 모든 도덕 중에서도 효행을 가장 많이 강조한다. 사람이 자연법을 어길 때에는 거기에 대한 기계적 보응을 받게 된다. 기계적 보응이 무엇인가? 예를 들면, 사람이 높은 데서 떨어지면 그 몸에 상처를 입는 것과 같은 것이다. 부모를 거스르는 것은 부모 없이 살기를 원하는 행동이다. 그것은 그 인격이 정상적으로 성장하는 데 지장을 가져온다. 부모의 사랑을 받지 못한 인격은 기형적이다.

2) 권위를 무시하는 죄이다. 부모에게 순종하지 않는 것은 권위를 무시하는 죄악이다. 부모는 자식보다 위에 있으므로, 그를 거스르는 것은 땅에서 가장 높은 이를 반역하는 것이다. 이사야 10:15에 "도끼가 어찌 찍는 자에게 스스로 자랑하겠으며 톱이 어찌 켜는 자에게 스스로 큰 체하겠느냐 이는 막대기가 자기를 드는 자를 움직이려 하며 몽둥이가 나무 아닌 사람을 들려 함과 같음이로다"라고 하였다(참조. 사 45:9-10).

3) 배은망덕의 죄가 된다. 유교의 시경(詩經)에 말하기를 "아버지 나를 낳으시고 어머니 나를 기르시니…그 은혜 하늘같이 끝이 없는 것"이라고 하였다. 배은망덕의 죄는 극히 악독한 것이다. 이사야 선지자는 그런 죄를 범하는 자는 짐승만도 못하다는 의미로 탄식하였다. 그는 말하기를 "하늘이여 들으라 땅이여 귀를 기울이라 여호와께서 말씀하시기를 내가 자식을 양육하였거늘 그들이 나를 거역하였도다 소는 그 임자를 알고 나귀는 그 주인의 구유를 알건마는 이스라엘은 알지 못하고 나의 백성은 깨닫지 못하는도다"라고 하였다(사 1:2-3).

4) 하나님의 명령을 거역하는 죄가 된다. 하나님께서 사람에게 주신 열 가지 계명 중 제5계명에 "네 부모를 공경하라"고 하셨다(출 20:12). 이것은 대인 관계에서 지켜야 할 여섯 가지 계명(제5-10계명) 중 제일 먼저 주신 말씀이다. 그러므로 에베소서 6:2에는 말하기를 "네 아버지와 어머니를 공경하라 이것은 약속이 있는 첫 계명이니"라고 하였다(참조. 요일 4:20).

### 2. 부모에게 순종하지 않는 자가 받을 보응

잠언 30:17에 말하기를, 부모를 순종하지 않는 자의 "눈은 골짜기의 까마귀에게 쪼이고 독수리 새끼에게 먹히리라"고 하였다. 이 말씀이 무엇을 의미하는가? 이것은 불효자가 하나의 인간으로서도 삶에서 실패하고 유리하는 자가 되어 한적한 곳에서 죽기 때문에, 그 시체의 눈이 까마귀나 독수리에게 먹힌다는 것이다. 다시 말하면 불효자는 사랑해 주는 부모를 배신하는 자이므로, 다른 사람들에 대하여는 더욱 그리할 것이다. 그러므로 그는 가인처럼 사회에 나가서도 발붙일 곳이 없고 전혀 신임을 받지 못한다. 누가 그런 사람을 도와주겠는가? 그러므로 그는 어느 사회에서나 용납되지 못하고 떠돌아다니는 불쌍한 자가 될 수밖에 없다. 그는 그렇게 다니다가 한적한 곳에서 죽게 된다. 그러므로 까마귀나 독수리가 그의 눈을 뽑아 갈 것이다.

**6 의인의 집에는 많은 보물이 있어도 악인의 소득은 고통이 되느니라.** "의인"의 소득이 어떤 때에는 적을 수도 있지만 그는 그것으로도 만족하므로 그것이 그에게 많게 느껴진다(시 37:16). 어떤 때에는 하나님께서 그에게 많은 물질로 축복하기도 하신다(참조. 창 13:2). 반면에 "악인"은 불의한 방법으로 물질을 많이 쌓는다. 따라서 그것은 그에게 도리어 고통거리가 된다. 잠언 20:21에 말하기를 "처음에 속히 잡은 산업은 마침내 복이 되지 아니하느니라" 하였고, 21:4에는 "악인이 형통한 것은 다 죄니라"고 하였고, 21:6에는 "속이는 말로 재물을 모으는 것은 죽음을 구하는 것이라 곧 불려다니는 안개니라"고 하였다. 아간은 이스라엘이 여리고 성을 칠 때에 하나님의 말씀을 어기고 물건을 취했다가 그것 때문에 멸망했고(수 7:1-26), 아합은 나봇의 포도원을 빼앗은 죄로 인하여 그의 아들 시대에 멸망하였다(참조. 왕상 21장; 약 5:1-6).

**7 지혜로운 자의 입술은 지식을 전파하여도 미련한 자의 마음은 정함이 없느니라.** 이미 여러 차례 해석한 것처럼 "지혜로운 자"라는 말은 하나님을 믿는 자를 가리킨다(단 12:3). 그는 하나님의 말씀이 그의 심령 속에서 불타기 때문에(렘 20:9) 그것을 전파한다. 핍박 중에도 그것을 전파하여 열매를 거두기도 하지만, 그가 받는 핍박 자체가 그것(하나님의 말씀)을 전파하는 방편이 되기도 한다. 초대 교회에서는 신자들이 핍박을 받아서 각처로 흩어졌고, 그에 따라 복음도 그들과 함께 각처에 전달되었다(행 8:4).

"정함이 없느니라"(נֶאֱמָן 잠 15:7)고 한 말은 "그렇게 하지 않느니라"(does not so)라고 번역되기도 한다(Latin Vulgate). 그러나 70인역(LXX)은 "확실하지 못하니라"(οὐκ ἀσφαλεῖς)라고 번역하였다. 현재의 우리 한글 번역과 유사하다. 정함이 없는 마음은 확신이 없는 마음이므로 하나님의 말씀을 전할 힘이 없다(참조. 잠 26:6-7).

사람이 하나님의 말씀을 떠나면 진리의 확신을 가질 수 없다(딤후 3:14-15). 그 이유는 다음 설교와 같다.

### 설교▶ 확신은 어디서 오는가?(7절)

철학은 확신을 줄 수 없다. 철학은 옛적부터 인류의 정신적 고민의 역사에 불과하다. 그것은 우주 만물의 근원을 찾아보려고 하지만, 결국 찾지 못한 채 오늘까지 내려왔다. 서양 철학에서는 플라톤(Platon)과 칸트(Kant) 두 사람을 대표자라고 할 수 있다. 플라톤의 최고 이상형도 "하나님"이 아니고, 칸트의 실체도 "하나님"이 아니다. 동양 철학의 대표자는 노자와 공자다. 그런데 노자의 현빈(玄牝)도 "하나님"이 아니며, 공자의 천(天)도 "하나님"이 아니다. 동양 철학의 원천이라고 할 수 있는 주역(周易)은 "하나님의 말씀"이 아니라 사람이 만든 처세술을 가르치는 이론에 불과하다. 그러므로 결국 동서양의 철학 모두 다 자율주의(인간 스스로의 그릇된 사상)로서 인간에게 확신을 줄 수 없다.

모든 신화주의 종교도 인류에게 참된 확신을 줄 수 없다. 사람들이 "종교"라는 용어를 쓸 때에는 광범위로 사용한다. 사람들은 심지어 미신에도 종교라는 용어를 사용한다. 그러므로 그런 의미로 불린 종교, 곧 신화주의 종교는 비판의 대상이 된다. 자율주의 종교(인간이 만든 신화주의 종교)는 모두 다 미신이다.

기독교의 성경만이 인간에게 확신을 준다. 그 이유는 성경의 지식은 참된 권위이기 때문이다. 성경의 권위는 다음의 몇 가지로 나타난다.

### 1. 초자연주의

특히 예언의 성취는 초자연주의의 기본 중 하나다. 여기서 간단히 그것만 말하겠다. 기독교의 성경은 하나님께서 미리 말씀하신 것이 몇백 년, 혹은 몇천 년 후에라도 반드시 성취된 내용을 소유하고 있다. 하나님이 말씀하시고 그것을 세계 만민에게 선포하신 것을 기록하여 전파하게 하신 것은, 그의 말씀의 진실성을 보여 주기 위한 세계적 도전이다. 참으로 기독교는 하나님의 예언 성취, 곧 언약 성취의 종교다. 이것이 인류에게 참된 확신을 준다.

### 2. 윤리적인 성격

성경은 인류의 죄악 문제를 해결하는 데 관심을 둔다. 우리가 성경의 윤리를 따라야 하는 이유는 그것을 주신 분이 하나님이시기 때문이다. 그 윤리가 신적 권위를 가졌기 때문에 우리에게 절대적인 확신을 준다. 현대의 소위 상황 윤리는 반기독교적이다. 또한 그것은 주관주의이다. 그것은 인간을 고정된 것으로 보지 않고 존재의 가능성(a possibility of being)으로 본다. 상황 윤리는 현재에서 하나님의 음성을 듣고, 오직 사랑만을 동기로 하여 행동할 것을 가르친다. 따라서 이것은 종말관적 윤리이다. 이것은 존속하는 객관적 규범이나 율법을 생각하지 않는다. 기존의 기독교 윤리를 인간 적대(anti-humanist)적인 그릇된 윤리라고 비난한다. 이 새 윤리는 율법보다 인격을 우선적으로 취급한다. 그러나 사랑은 율법을 완성하는 것이므로(롬 13:9-10) 사랑과 율법을 대립시킬 수 없다.

### 3. 속죄제도

속죄는 오직 성경에만 있다. 사람은 모두 다 죄인이므로 영원히 멸망할 수밖에 없다. 그러나 하나님께서 자기 독생자를 보내셔서 그들의 죄악을 대신 담당하게 하시고 그 사실을 믿는 자마다 영생을 얻게 하셨다(요 3:16). 속죄의 진리가 구약에서는 희생의 피(짐승의 피)를 통하여 그림자로 나타났고, 신약에서는 예수 그리스도의 피에 의하여 실물로 성취되었다. 실물과 그림자는 진리를 확증하는 두 증인이다. 우리는 이와 같은 구약과 신약의 관련성에서 확신을 갖는다.

**8** 악인의 제사는 여호와께서 미워하셔도 정직한 자의 기도는 그가 기뻐하시느니라.
여기서 "악인"은 회개하지 않는 사람을 말한다. 인류 중에는 의인이 하나도 없지만(롬 3:10) 회개하고 주님을 믿는 자는 하나님 앞에 의인으로 간주된다. 구약 시대의 "제사"가 신약 시대에는 그리스도 신자의 기도로 실행된다.

토이(Crawford Toy)는 여기(잠 15:8)서 "제사"라는 말과 "기도"라는 말을 대조했다. 곧 악인은 외형적 의식에 그치는 제사를 하나님께 드릴 수 있지만, 내면의 진실한 심령으로 드릴 수 있는 기도는 하지 못한다고 하였다.[88] 하나님은 종종 신앙 없이 외식으로 드리는 제사를 극도로 싫어하신다고 표현하셨다(시 50:9-13; 사 1:11-17; 66:2-4).

### 설교 ▶ 정직한 자의 기도(8절)

여기서 "정직한 자"라는 말은 히브리 원어로 "예샤림"(יְשָׁרִים)이며, 올바른 자를 의미한다.

---

88) C. Toy, The International Critical Commentary, Proverbs (Charles Scribner's Sons, 1969), 306.

### 1. 올바른 자의 소원은 의로움이다

하나님은 의로우시므로 택한 백성의 소원이 의로운 것을 알아주신다. 택한 백성의 의로운 소원은 자기의 사리사욕을 채우는 것이 아니라, 세상에서 하나님의 이름이 모욕당하는 것을 원통히 여겨 그렇게 되지 않게 하려는 것이다. 하나님께서 만물을 지으셨는데 인류는 그것을 이용할 대로 이용하면서 하나님이 없다고 한다. 이처럼 억울한 일이 어디 있는가? 그렇게 하는 인류는 사실상 하나님의 것을 훔치는 도둑이다. 그뿐 아니라 하나님은 그의 독생자를 보내셔서 인류를 구원하시려고 십자가에 못 박아 죽이기까지 그를 내어 주셨다. 그런데도 사람들은 십자가를 믿지 않고 비웃는다. 이것은 하나님을 더욱 억울하시게 하는 일이다. 이처럼 하나님은 억울함을 당하셨다. 택한 백성은 하나님의 억울하심을 자기의 억울함으로 삼는다. 그래서 그들의 기도는 그와 같은 억울함을 풀어 달라는 의로운 것이다. 주님께서 가르쳐 주신 기도 중에 "하늘에 계신 우리 아버지여 이름이 거룩히 여김을 받으시오며 나라가 임하시오며 뜻이 하늘에서 이루어진 것 같이 땅에서도 이루어지이다"라고 한 말씀(마 6:9-10)은 곧 이 억울함을 풀어 달라고 기원하는 것과 같다. 하나님께서는 이같이 의로운 기도를 반드시 들어주신다.

### 2. 의로운 기도를 드릴 수 있는 사람

그는 하나님의 이름이 거룩히 여겨지도록 끝까지 힘쓴다. ① 그도 사람이므로 완전하지는 않지만, 끝까지 의를 사모하며 힘쓴다. ② 그는 자신의 실수를 불의하게 은폐하지 않고 정직하게 회개한다. ③ 그는 의로운 소원이 성취되기를 기도하며, 끝까지 일관되게 지조를 지킨다. 그는 부패한 주위 환경에 물들지 않고 끝까지 기도하며 주님의 응답을 기다린다. 이와 같은 그의 기도는 어떠한 난관에도 결코 굽히지 않는 의라고 할 수 있다. 하나님은 이렇게 지조 있는 기도에 응답하신다. 시편 40:1에는 말하기를 "내가 여호와를 기다리고 기다렸더니 귀를 기울이사 나의 부르짖음을 들으셨도다"라고 하였다. 그리고 잠언 20:22에는 "너는 악을 갚겠다 말하지 말고 여호와를 기다리라 그가 너를 구원하시리라" 하였고, 이사야 25:9에는 "그 날에 말하기를 이는 우리의 하나님이시라 우리가 그를 기다렸으니 그가 우리를 구원하시리로다 이는 여호와시라 우리가 그를 기다렸으니 우리는 그의 구원을 기뻐하며 즐거워하리라 할 것이며"라고 하였고, 26:8에는 "여호와여 주께서 심판하시는 길에서 우리가 주를 기다렸사오며 주의 이름을 위하여 또 주를 기억하려고 우리 영혼이 사모하나이다"라고 하였다(참조. 시 62:5; 사 8:17; 33:2; 미 7:7).

**9** **악인의 길은 여호께서 미워하셔도 공의를 따라가는 자는 그가 사랑하시느니라.** 이 구절은 문구의 순서를 달리하여 번역해야 한다. 곧 "여호와께서 미워하시는 것은 악인의 길이고, 의를 따라가는 자를 그가 사랑하시느니라"이다. 이같이 히브리 원문대로 번역될 때에 "여호와께서 미워하시는 것"이 어순상 먼저 나오면서 강조된다. 곧 여호와께서 미워하시는 것이 악인의 행위에 집중된다는 것이다. 그는 사람을 미워하시지 않고 사람의 악행을 미워하신다(참조. 계 2:6). 그리고 의인에 대하여는 의 자체보다 의인(의를 행하는 사람)을 사랑하신다.

"공의를 따라가는 자"(מְרַדֵּף צְדָקָה; 잠 15:9)는 일시 동안만 의를 행하는 것이 아니고 계속 의를 힘써 행하는 것이다.

**10** **도를 배반하는 자는 엄한 징계를 받을 것이요 견책을 싫어하는 자는 죽을 것이니라.** 이 구절은 같은 내용을 조금 다른 형식으로 두 번 거듭 말한 것이 아니다. 상반절은 과오를 계속 범하는 자가 징계를 받는다는 뜻이고, 하반절은 징계를 받는 자가 그것을 감수하지 않은 결과를 보여 준다.

여기서 "배반하는 자"(עֹזֵב)라는 말이나 "싫어하는 자"(שׂוֹנֵא)라는 말은, 그와 같이 좋지 않은 행동을 계속하는 자를 말한다. 잠언 29:1에 말하기를 "자주 책망을 받으면서도 목이 곧은 사람은 갑자기 패망을 당하고 피하지 못하리라"고 하였다. 그러므로 신자는 벌을 받기 전에 받는 사랑의 징계를 감사히 여겨야 한다. 욥기 5:17-18에 말하기를 "볼지어다 하나님께 징계 받는 자에게는 복이 있나니 그런즉 너는 전능자의 징계를 업신여기지 말지니라 하나님은 아프게 하시다가 싸매시며 상하게 하시다가 그의 손으로 고치시나니"라고 하였다(참조. 호 6:1-3). 우리는 하나님의 징계를 받는 중에도, 먼저 그 징계를 멈추어 주시기를 구하지 말고 우리 자신이 성결해지기를 구해야 한다(Charles Bridges).

**11** 스올과 아바돈도 여호와의 앞에 드러나거든 하물며 사람의 마음이리요. 여기서 "아바돈"(אֲבַדּוֹן)이라는 말은 "멸망"이라고 번역되어야 한다. 그것은 "음부"와 같은 뜻을 가진다. 이 구절의 의미는 앞에 있는 10절과 연관된 것이다. 곧 하나님께서는 사람의 마음속을 다 아시기 때문에 징계도 하시고 벌도 하신다는 뜻이다. 그가 사람의 마음을 다 아시기 때문에 심판자가 되실 수 있다(참조. 렘 17:10; 계 2:23).

**12** 거만한 자는 견책 받기를 좋아하지 아니하며 지혜 있는 자에게로 가지도 아니하느니라. 이 구절도 10절과 연결된다. 견책을 싫어하는 자는 교만한 자이므로 심판을 받게 된다. 하나님은 교만한 자를 물리치시며(약 4:6), 교만은 패망의 선봉이다(잠 16:18).

**13** 마음의 즐거움은 얼굴을 빛나게 하여도 마음의 근심은 심령을 상하게 하느니라. 이 말씀은 다음과 같이 번역되어야 한다. 곧 "즐거운 마음은 얼굴을 좋게 만들고 마음의 근심으로 인하여 심령이 눌리게 되느니라." 사람의 얼굴이 좋아진다는 것은 사실상 그의 인격이 선량해진다는 뜻이기도 하다. 사람의 얼굴이 참으로 좋아지는 기쁨은 어떤 것인가? ① 그리스도를 믿는 신앙과 성령으로 말미암아 생기는 참기쁨이 마음에 있어야 한다. 스데반은 핍박을 받는 중에도 그의 얼굴이 천사의 얼굴과 같았다(참조. 행 6:15; 사 61:3). 반면에 세상 근

심에 빠져 있는 사람은 "상한" 심령, 곧 절망 상태에서 지낸다. 세상 근심은 사망을 이루는 것이다(고후 7:10). 그러므로 성경은 믿음으로 말미암는 기쁨을 장려한다. 바울은 "항상 기뻐하라"고 말하였다(살전 5:16). 복음의 기쁨은 참으로 힘이 있다. 그 기쁨은 우리의 몸도 평안하게 하며 건강에도 유익하다. 또한 그것은 우리로 하여금 인격적으로 선량해지게 만들기 때문에 우리 영혼에 양약과 같다. ② 얼굴을 빛나게 하는 유익한 기쁨은 의로운 생활로 인하여 생기기도 한다(마 13:43). 사람의 마음속에 있는 기쁨을 빼앗는 것은 죄악이다. 죄악은 심령에 위축, 공포, 나약함, 불안, 증오, 절망을 느끼게 한다. 그러나 의로운 자는 하나님이 내 편이라는 안전감과 사람들의 양심이 내 편이라는 담력을 가지며, 또한 미래에 대한 소망을 갖는다. 그뿐 아니라 하나님께서 그와 함께하여 주신다. 그러므로 그에게는 기쁨이 있다.

**14 명철한 자의 마음은 지식을 요구하고 미련한 자의 입은 미련한 것을 즐기느니라.** 이 구절은 다음과 같이 번역되어야 한다. "명철한 자의 마음은 지식을 탐구하고 미련한 자의 입은 미련한 것을 먹느니라." 잠언에서 "명철한 자"는 하나님을 아는 영적 지각이 있는 자이다. 그는 하나님을 사모하기 때문에 늘 영적 지식을 찾는 데 갈급하다(시 42:1). 브리지스(Charles Bridges)는 여기서 성경에 있는 인물들을 실례로 들었다. 곧 항상 하나님의 교훈을 구한 다윗(시 119:98-100), 땅끝에서 솔로몬의 지혜를 찾아온 스바 여왕(왕상 10:1; 마 12:42), 밤중에 예수님의 교훈을 찾아온 니고데모(요 3:1-2), 예수님의 발아래에서 말씀을 들은 마리아(눅 10:39), 병거를 타고 예루살렘에까지 예배하러 왔다가 돌아가면서 병거에서 성경을 읽은 에티오피아 내시(행 8:28), 하나님의 말씀을 사모하여 멀리 욥바에 있던 베드로를 데려온 고넬료(행 10:33), 날마다 성경을 상고한 베뢰아 사람들(행 17:11) 등이다.[89]

---

89) Charles Bridges, A Commentary on Proverbs (London: The Banner of Truth Trust, 1968), 206.

반면에 "미련한 자"("하나님을 무시하는 자"; 잠 15:14)는 미련한 것, 곧 진리가 아닌 것을 음식 먹듯이 섭취한다. 이 구절에서 "즐기느니라"(יִרְעֶה)라는 말은 비유이며, 깨끗한 말보다 깨끗하지 못한 말을 더 좋아하는 것을 가리킨다. 이는 마치 돼지가 깨끗한 것보다 깨끗하지 않은 것을 좋아하는 것과 같다 (참조. 벧후 2:22).

**15** **고난 받는 자는 그 날이 다 험악하나 마음이 즐거운 자는 항상 잔치하느니라.** 이 구절은 다음과 같이 번역되어야 한다. "고난받는 자의 모든 날은 험악하나 마음이 선한 자는 항상 잔치하느니라." 여기서 "고난받는 자"라는 말은 죄 때문에 심령에 기쁨이 없는 자를 가리킨다. 죄를 회개하지 않는 자는 몸에 깊이 박힌 탄환을 뽑지 않은 것같이 늘 괴롭다. 시편 32:3-4에 말하기를 "내가 입을 열지 아니할 때에 종일 신음하므로 내 뼈가 쇠하였도다 주의 손이 주야로 나를 누르시오니 내 진액이 빠져서 여름 가뭄에 마름 같이 되었나이다"라고 하였다.

반면에 "마음이 선한 자", 곧 회개하고 주님을 모신 자는 늘 기뻐한다. 그는 감옥 안에서도 노래를 부를 수 있다(행 16:25). 모든 소유를 잃어도 기뻐할 수 있다(욥 1:21). 신령한 기쁨은 몸에도 유익하고 특히 신앙 인격에 유익하다. 그는 그 기쁨으로 죄를 이기며, 의를 행하고, 의심을 소멸시킨다.

**16** **가산이 적어도 여호와를 경외하는 것이 크게 부하고 번뇌하는 것보다 나으니라.** "가산이 적은" 것과 "여호와를 경외하는 것"은 함께하는 경향이 있다. ① 가난한 자가 하나님을 경외하게 된다(약 2:5). 가난한 자는 믿을 데가 없기 때문에 하나님을 찾게 된다. 사람이 재산이 많아서 평안하면 스스로 교만해지거나 해이해져서 구원자, 곧 하나님을 찾지 않는다. ② 하나님을 경외하는 자는 가난하게 지낸다. 그는 다른 사람들을 위하여 물질을 많이 쓰고 자기는 빈곤하게 지낸다. 그는 자기 자신이 먹고사는 데에만 물질을 사용하는 것은 가치가 적은 일이라고 생각한다. 먹고사는 것만을 위하여 사는 자는 어리석

은 자이다(눅 12:19-20).

부자가 왜 번뇌하는가? 그는 하나님보다 재물을 믿기 때문에 ① 죄악 때문에 일어나는 마음의 고통을 면할 길이 없고(딤전 6:10), ② 주 안에서 다른 사람을 섬기는 고난을 경험하지 못하기 때문에 영적 위로(고후 1:3-7)를 받지 못하고, ③ 빨리 더 큰 부자가 되려고 하기 때문에(딤전 6:9-10) 만족이 없고, ④ 자신의 소유를 지키느라 염려하기 때문에 평안이 없다(마 13:22).

그러므로 가난하지만 하나님을 경외하는 자가 부하고 번뇌하는 자보다 낫다. 그 이유는 경건의 유익이 너무 크기 때문이다. 경건의 유익이 얼마나 큰지에 대하여는 디모데전서 4:8-10 말씀이 잘 알려 준다. 거기서 말하기를 "경건은 범사에 유익하니 금생과 내생에 약속이 있느니라 미쁘다 이 말이여 모든 사람들이 받을 만하도다 이를 위하여 우리가 수고하고 힘쓰는 것은 우리 소망을 살아 계신 하나님께 둠이니 곧 모든 사람 특히 믿는 자들의 구주시라"고 하였다(참조. 딤전 6:6-8).

**17** 채소를 먹으며 서로 사랑하는 것이 살진 소를 먹으며 서로 미워하는 것보다 나으니라. 이 구절은 다음과 같이 번역되어야 한다. "채소로 끼니를 이으면서 거기에 사랑이 있는 것은 살진 소를 먹으며 미워하는 것보다 나으니라." 여기서 말한 대로 채식할 정도로 가난한 자들은, ① 사랑을 행하기 위하여 남을 많이 도와주며 희생 봉사하기 때문에 가난해진 것이다. 그러나 그들은 그렇게 하여 하나님을 기쁘시게 한다. 따라서 그들은 서로 사랑한다. ② 그뿐 아니라 가난하기 때문에 겸손히 서로 도와주며 단결한다.

반면에 본문에서 말하는 대로 살진 고기를 먹는 자는 개인주의자들이고 탐심이 있는 자들이다. 그러므로 그들은 같은 식탁에서 먹으면서도 서로 미워하며 싸운다.

앞의 경우가 뒤의 경우보다 나은 이유는, 채식하면서 서로 사랑하는 자들은 하나님을 경외하는 것이므로 그들의 생명이 헛되지 않기 때문이다. 모든 것이 다 헛되지만 여호와를 경외하는 것은 영원히 가치 있는 일이다(전 12:13-14). 반면에 살진 소를 먹으며 서로 미워하는 자들은 호화롭게 즐기면서 멸망으로 달려가는 부자와 같다(눅 16:19). 그들은 서로 물고 찢기 때문에 멸망할 수밖에 없다(갈 5:15).

### 설교 ▶ 더욱 행복한 생활(16-17절)

전도서 4:6에 말하기를 "두 손에 가득하고 수고하며 바람을 잡는 것보다 한 손에만 가득하고 평온함이 더 나으니라" 하였고, 5:12에는 말하기를 "노동자는 먹는 것이 많든지 적든지 잠을 달게 자거니와 부자는 그 부요함 때문에 자지 못하느니라"고 하였다. 부자는, ① 물질을 더욱 탐하기 때문에 번뇌가 더하고, ② 물질을 잃을까 봐 염려한다. 미국에서 제일 큰 부자인 폴 게티(Paul Getty)는 늘 염려가 그치지 않아 자기 나라에서 살지 못하고 영국에 피신하여 산다고 한다. ③ 부자는 교만하기 때문에 늘 남보다 높아지려고 번민한다. 사람이 교만해지면 사람으로서 감당할 수 없는 자리를 차지하려고 한다. 사람은 다 같이 평등한데도 불구하고 그가 사람보다 높은 자리를 원하는 것은 자기도 모르게 하나님의 자리를 탐하는 교만에 빠진 것이다. 밤낮 남보다 높아지기 위하여 애쓰기 때문에 그의 마음이 평안할 리 없다. 그뿐 아니라 하나님께서 그런 자와 함께하시지 않으므로 그의 마음은 언제나 괴로울 수밖에 없다.

우리의 진정한 평안은 하나님뿐이다. 신령한 은혜를 많이 받은 자도 영적으로 부자라고 할 수 있다. 그런 사람도 교만해지기 쉽다. 물질 때문에 교만한 죄보다, 신령한 것 때문에 교만한 죄는 더 악하다고 할 수 있다. 그 이유는, 그가 물질보다 고상한 신령한 것을 악용하기 때문이다.

그러므로 부자보다 행복한 자는 가산이 적어도 여호와를 경외하는 자이다. 그는 도리어 물질을 하나님께 바치며 다른 사람들을 위하여 희생하기 때문에 재산 중에서 자기가 쓰는 것은 적다. 그는 하나님을 모시는 것으로 만족한다. 그러므로 어떠한 역경 중에도 그의 심령은 언제나 즐겁다. 채소를 먹으며 서로 사랑하는 생활이 여기서 실행된다. 그들이 하나님으로 만족하기 때문에 서로 사랑할 마음의 여유를 가진다. 하나님으로 만족할 줄 모른다면 그들도 서로 욕심을 부리며 미워할 것이다.

**18** 분을 쉽게 내는 자는 다툼을 일으켜도 노하기를 더디 하는 자는 시비를 그치게 하느니라. 여기서 "분을 쉽게 내는 자"(אִישׁ חֵמָה)라는 말은 불편하고 거친 사람을 가리킨다. 70인역(LXX)도 이렇게 번역하였다(ἀνὴρ θυμώδης). 실제로 분노하는 자의 머리에는 피가 많이 몰려서 불편하고 거칠어진다. 그래서 옳고 그름을 바르게 분별하지 못하고, 잘못 하면서도 옳은 줄 알며, 떠들고 싸운다.

반면에 노하기를 더디 하는 자는 오래 참으시는 하나님의 성품을 본받은 것이다. 우리는 하나님의 오래 참으시는 덕으로 구원을 받았으므로(벧후 3:15), 우리 자신도 오래 참는 것을 귀하게 여겨야 한다. 그것이 하나님의 자녀 된 증표라고 할 수 있다. 이런 사람이 화목을 이룬다(마 5:9). 그 이유는, ① 그런 사람은 분이 날 때에도 분을 내지 않고 평화롭기 때문에 그 덕을 보는 주위의 사람들이 감화를 받는다. 그의 관대한 인격 앞에서 감화를 받지 않을 자가 없다. 그는 자신이 당면한 문제보다 하나님께 더 큰 관심을 가지며, 하나님으로 만족한다. 그런 사람은 주자(朱子)가 읊은 팔장부시(八丈夫詩)의 봉황과 같다. 그 시의 한 구절을 소개하면 "봉황은 천 길 높이 날면서 잔 수수를 쪼아 먹지 않는다."라고 하였다. 다시 말해 봉황은 참새들이 먹는 잔 수수를 먹으려고 싸우지 않고 그 뜻을 고상하고 탁월하게 가진다는 것이다. ② 그런 사람에게는 하나님이 함께하시므로 그가 있는 곳에 성령의 역사가 있다. 그러므로 분쟁도 그의 중재로 잘 해결된다(참조. 고전 14:33; 갈 5:25-26; 약

3:17-18).

**19 게으른 자의 길은 가시 울타리 같으나 정직한 자의 길은 대로니라.** "게으른 자의 길"이 이처럼 험해진 원인은, ① 때로는 그 길이 험하지 않지만 그의 마음이 너무 약해져서 웬만한 난관도 헤치고 나갈 용기가 없기 때문이며(Charles Bridges), ② 일을 해결하지 않고 그대로 두어서 그것이 쌓이고 또 쌓여 태산을 이루기 때문이다.

반면에 "정직한 자의 길"은 평탄하다. 여기서 "정직한 자"(יְשָׁרִים)라는 말은 진실하게(혹은 솔직하게) 그의 책임을 수행하는 자를 말한다. 그는 하나님의 말씀을 솔직하게 믿고 그대로 순종하려고 힘쓴다. 하나님께서 힘써 순종하려는 자를 도와주실 거라 믿는다. 이것이 올바른 믿음이고, 올바른 생활이다.

이같이 하나님을 솔직하게 믿고 순종하는 자의 길이 평탄한 이유는 무엇인가? ① 그가 가는 길에 하나님이 함께하시기 때문이다. 주님 앞에서는 산도 평탄해지며 골짜기도 메워진다(눅 3:4-6). ② 그의 구원에 대하여 그리스도께서 큰길이 되어 주시기 때문이다(요 14:6). 이것은 이사야 선지자가 자세하게 예언한 그대로(사 35:8) 성취된 내용이다. ③ 그가 모든 일에 자기의 분수를 지켜 바르게 행하기 때문이다. 그는 분수에 넘는 불의한 행동을 하지 않는다. 따라서 그는 무언가에 걸려 넘어지는 일이 없다.

### 설교 ▶ 두 가지 대조(18-19절)

#### 1. 쉽게 분노하는 것과 노하기를 더디 하는 것(18절)

본문에 말하기를 "분을 쉽게 내는 자는 다툼을 일으켜도 노하기를 더디 하는 자는 시비를 그치게 하느니라"고 하였다. 노하기를 더디 하는 것은 하나님의 성품이다(시 103:8). 그러므로 베드로후서 3:15에 말하기를 "우리 주의 오래 참으심이 구원이 될 줄로 여기라"고 하였다. 주님께 오래 참으시는 성품이 없다면 우리는 이미 멸망했을 것이다. 그러므로 우리도 하나님의 자녀라면 그를 본받아 노하기를 더디 해야 한다(참조. 마 5:5).

사람들이 분을 쉽게 내는 것은, ① 마음에 통쾌함을 얻으려는 것이다. 그러나 분노 끝에는 부끄러움과 미안한 생각 때문에 도리어 그 마음이 불안한 법이다. ② 억울한 것을 바로 잡으려고 분을 쉽게 내기도 한다. 그러나 분노는 상대방을 자극하여 큰 싸움을 일으키기 쉽다. 따라서 일이 더욱 잘못되고 어지러워질 수밖에 없다. ③ 상대방의 우울한 기분에 지배되어 무의식적으로 분을 쉽게 내기도 한다. 그런 행동은 인격적인 것이 아니라 감정적인 것이므로 어리석다. ④ 자존심이 너무 강하여 공연히 남의 말에 트집을 잡으며 분노한다. 그럴수록 자기 인격을 몰락시키는 것이다. 그런 사람은 언제나 하나님을 높이려는 의식에 사로잡힐 줄 모르고, 늘 자기를 높이려는 자존심의 종이 되어 있다.

분노는 불에 비유할 수 있다. 불을 끄려면 물을 부어야 한다. 그런데 사람에게는 물과 같은 것이 없다. 이사야는 말하기를 "너희는 잎사귀 마른 상수리나무 같을 것이요 물 없는 동산 같으리니"라고 하였다(사 1:30). 물과 같은 은혜는 하나님께만 있다. 그러므로 우리는 하나님의 은혜를 많이 받아 물 댄 동산같이 되어야 한다(렘 31:12).

### 2. 게으른 자와 의로운 자(19절)

본문에 말하기를 "게으른 자의 길은 가시 울타리 같으나 정직한 자의 길은 대로니라"고 하였다. 여기서 "게으른 자"는 인간의 부패성에 사로잡혀 옳은 길을 가지 못하는 자다. 잠언 26:13-14에 말하기를 "게으른 자는 길에 사자가 있다 거리에 사자가 있다 하느니라 문짝이 돌쩌귀를 따라서 도는 것 같이 게으른 자는 침상에서 도느니라"고 하였다. 이같이 인간의 부패성의 노예가 되어 있는 자는 소망을 향하여 전진할 수 없다. 그러나 "정직한 자", 곧 자기를 믿지 않고 하나님을 믿는 자는 믿음, 소망, 사랑으로 움직여서 하나님과 함께 세상을 정복한다. 성전 재건의 사명을 받은 스룹바벨에 대하여 스가랴 4:6-7에 말하기를 "이는 힘으로 되지 아니하며 능력으로 되지 아니하고 오직 나의 영으로 되느니라 큰 산아 네가 무엇이냐 네가 스룹바벨 앞에서 평지가 되리라"고 하였다.

**20 지혜로운 아들은 아비를 즐겁게 하여도 미련한 자는 어미를 업신여기느니라.** 여기서 말하는 "지혜로운" 것은 하나님을 두려워하는 것을 가리킨다(1:7; 2:5-6). 하나님을 경외하는 것과 부모를 공경하는 것은 함께 간다(레 19:32). 자식이 부모의 권위를 존중히 여기고 순종할 때에 하나님을 기쁘시게 한다. 부모는 뿌리이고 자식은 가지다. 이와 같은 자연법을 누가 무시할 수 있겠는가? 이사야 45:9-10에 말하기를 "질그릇 조각 중 한 조각 같은 자가 자기를 지으신 이와 더불어 다툴진대 화 있을진저 진흙이 토기장이에게 너는 무엇을 만드느냐 또는 네가 만든 것이 그는 손이 없다 말할 수 있겠느냐 아버지에게는 무엇을 낳았소 하고 묻고 어머니에게는 무엇을 낳으려고 해산의 수고를 하였소 하고 묻는 자는 화 있을진저"라고 하였다. 이것은 자연법으로도 부모를 존중해야 한다는 뜻이다. 그뿐 아니라 자식으로서 부모를 공경하라는 것은 하나님의 특별 계시이다(출 20:12-13; 엡 6:1-3). 앞에 있는 5절에 대한 해석을 참고하라.

**21 무지한 자는 미련한 것을 즐겨 하여도 명철한 자는 그 길을 바르게 하느니라.** 여기서 "무지한 자"(חֲסַר־לֵב)라는 말은 마음(heart)이 부족한 자를 의미한다. 그렇다면 "마음"(לֵב)은 진리(하나님을 아는 지혜)에 대하여 사랑으로 뜨겁게 깨닫는 것을 가리킬 것이다. 이것을 소유한 자는 진리(하나님을 아는 지혜)에 대해 지적으로, 그리고 정서적으로 애착한다. 그러나 이것이 부족한 자는 도리어 미련한 것(하나님을 무시하는 일들)을 즐긴다. 그는 죄를 범할 때에도 시험에

들어 범하는 정도가 아니라, 범죄를 즐기며 범죄하지 못하면 잠을 들지 못하는 자이다(잠 4:16). 그만큼 그는 악에 굳어졌다. 잠언은 이런 사람을 가리켜 "무지한 자", 혹은 "미련한 자"라고 한다.

"명철한 자"(אִישׁ תְּבוּנָה 잠 15:21)라는 말은, ① 이론적으로만 깨닫는 자를 가리키지 않는다. 이것은 행동으로 실행되는 깨달음을 소유한 자다. ② 그리고 이 말이 가리키는 깨달음은 과학적인 지식이 아니라 하나님과 영원(eternity)에 대한 종교 윤리적 깨달음이다. 성경의 주제인 이 깨달음은 영원한 가치가 있다.

"그 길을 바르게 하느니라." 이것은 실제 생활을 옳게 해 나가는 것을 가리킨다. 진리를 사랑하는 마음은 실생활에 능력을 지닌다.

**22** 의논이 없으면 경영이 무너지고 지략이 많으면 경영이 성립하느니라. 여기서 "의논"(סוֹד)이라는 말은 회의를 의미한다. 우리의 모사는 특히 예수 그리스도시다(사 9:6). 우리는 무엇보다도 그에게 기도함으로 진리를 알고 갈 길을 알게 된다(요 14:6). 그다음으로 우리는 범사에 잘 믿는 형제들의 지도를 구해야 한다. 초대 교회의 회의가 그런 것이었다(행 15:6-30). 다른 사람들의 의견을 존중하며 배우는 것이 바로 지도자의 자격이다. 남이 나를 책망할지라도 그 말이 옳으면 그것을 고맙게 받아야 한다(시 141:5).

피차 의논하는 것으로 몇 가지 폐단을 막을 수 있다. ① 고집으로 인한 실수를 막는다. 지도자들이 충고를 받지 않고 자기 고집대로 행하다가 실패하는 일이 많다. 그런 지도자들은 사실상 옛날의 폭군과 같은 자들이다. 폭군들은 충신의 말을 듣지 않고 자기 좋은 대로 하였다. 그래서 오래지 않아 주권을 잃거나 나라를 망쳤다. ② 일시적 흥분에 의한 그릇된 처사를 막는다. 사람은 신경이 과민해지거나 감정이 격분되어 조급히 잘못 행할 때가 있다. 그 당시에는 흥분하여 옳다고 생각했던 것이 시일이 흘러간 뒤에는 틀린 것으로 드러난다. 이런 실수는 그가 사전에 다른 사람들의 의견을 들음으로써 방지될 수 있다. 그 이유는, 그가 다른 사람들의 의견을 들어 보기 위해 상당한 시간을 들이는 동안 그의 흥분된 마음이 진정되기 때문이다. 그뿐 아니라 많은 사람의 의견은 대체로 개인 한 사람의 생각보다 나을 수 있다. 성경에 "각각 자기보다 남을 낫게 여기고"라고 한 말씀(빌 2:3)이 이 경우에도 적용된다.

**23** 사람은 그 입의 대답으로 말미암아 기쁨을 얻나니 때에 맞는 말이 얼마나 아름다운고. 이것은 사람이 다른 사람을 옳은 말로 바르게 가르쳐 좋은 결과를 낼 때에 얻는 기쁨을 가리킨다. 브리지스(Charles Bridges)는 다음과 같이 성경에 있는 실례를 들며 말했다. "마노아의 아내의 대답은 그 남편의 신앙을 도와서 좋은 결과를 거두었고(삿 13:23), 아비가일의 말은 그의 남편을 죽이려고 오던 다윗의 마음을 돌이켰고(삼상 25:23-33), 나아만의 종들은 나아만을 신앙으로 인도하였다(왕하 5:13-14)."[90]

**24** 지혜로운 자는 위로 향한 생명 길로 말미암음으로 그 아래에 있는 스올을 떠나게 되느니라. 이 구절의 말씀은 다음과 같이 개역될 수 있다. "위에 있는 생명길은 지혜로운 자를 위하여 있나니 이는 그가 아래에 있는 음부를 떠나게 하려는 것이라." 여기서 "위로 향한 생명길"이라는 말은 "아래에 있는 스올"과 대조된다. "위로 향한 생명길"은 영생하는 하늘나라에 가는 길을 가리킨다. 이와 같은 위 세계와 아래 세계의 대조가 구약에는 많지 않지만 여기에 현저하게 나타난다. 이것은 신약의 요한복음의 사상과 같다(요 8:23). 하나님이 계신 곳은 위에 있는 생명 세계인데 그곳에는 구원받은 성도들이 올라간다. 구약 성경은 간접적으로 이 세계에 대하여 많이 말한다(창 11:5; 21:17; 22:11; 28:12, 13; 출 19:11, 18, 20; 신 4:36; 왕상 8:27, 30, 32, 34, 36, 39, 43, 45, 49).

토이(Crawford Toy)는 이 구절에서 "위로 향한 생명"이라는 말이, 땅보다

---

90    Charles Bridges, A Commentary on Proverbs (London : The Banner of Truth Trust, 1968), 214.

높은 하늘의 생명을 의미하지 않고 단지 이 세상에서 장수하는 삶을 가리킨다고 한다.[91] 그러나 그러한 해석은 자연스럽지 않다. 토이가 그와 같이 해석한 까닭은 구약에는 내세 사상이 부족하다는 것을 이유였을 것이다. 그러나 구약에도 내세 사상이 적지 않다. 창세기 5:24에 기록된 에녹의 승천 사건도 있다. 그 밖에도 내세 사상이 명백한 문구로 구약에 많이 기록되었다. 물론 구약은 계시의 시작일 뿐 결실이 아니므로 어떤 교리에서든 신약에 비하여 분명하게 나타나지 않는다. 그러나 구약은, 사람이 죽은 후에도 그 영혼은 생존한다는 것을 전제로 하고 모든 교훈을 준다.[92]

본문(잠 15:24)에서 "위로 향한 생명길"이라는 말이 그다음에 나오는 "스올"이라는 말과 대조된 것을 보면, 그것은 확실히 하나님이 계신 곳을 의미한다.

### 설교 ▶ 위로 향한 생명길(24절)

위로 향한 생명길은 어느 길인가? 이것은 하나님이 계신 곳으로 가는 길이다. 이 말씀은 신자의 영혼의 자세와 행동을 진술한다. 우리는 육으로 사는 동시에 거듭난 영혼으로 산다.

### 1. 신자의 영혼

믿지 않는 사람들은 자기들의 영혼을 모른다. 우리도 예수를 믿기 전에는 마찬가지였다. 인간은 모르는 것이 많다. 나는 20세가 될 때까지 '맹장'이 무엇인지 몰랐다. 우리가 다 예수를 믿기 전에는 성경에 있는 놀라운 진리와 사실을 몰랐다. 그러나 예수 믿은 후에 성경을 배우고 그 진리를 믿고 보니,

---

91) C. Toy, The International Critical Commentary, The Book of Proverbs (Scribner's Sons, 1916), 314.
92) Schultz, "Die Voraussetzungen der christlichen Lehre von der Unsterblichkeit dargestellt."

성경의 위대함, 곧 진리의 위대함을 알게 되었다. 성경의 진리는 우리에게 지식으로만 임하지 않는다. 그것은 성령의 감동으로 물과 같이, 또는 불과 같이 우리에게 평안(물처럼 시원하게)도 주고, 불처럼 죄를 녹인다. 사람들이 영혼을 모르는 이유는 그들이 하나님에 대하여 무식하기 때문이다. 그들이 먼저 하나님을 알면 그로 말미암아 받은 지혜가 빛과 같아서 그들 자신(영혼)을 알게 된다. 우리가 어두움 가운데 있을 때는 우리 앞에 무엇이 있는지 전혀 모른다. 그러나 빛이 비춰면 모든 것이 드러난다. 그와 같이 우리에게 하나님의 말씀의 빛이 임하여 하나님을 알게 되면 우리는 우리 자신(우리의 영혼)도 알게 된다. 하나님의 말씀이 우리에게 비추인다는 것은, 우리 자신이 빛이 될 정도로 말씀을 체험하는 것이다. 이것이 거듭남이다. 에베소서 5:13-14에 말하기를 "책망을 받는 모든 것은 빛으로 말미암아 드러나나니 드러나는 것마다 빛이니라 그러므로 이르시기를 잠자는 자여 깨어서 죽은 자들 가운데서 일어나라 그리스도께서 너에게 비추이시리라"고 하였다. 사람이 거듭나기 전에는 그의 영혼이 죽은 상태인데 어떻게 자기의 영혼을 인식하겠는가?

## 2. 영혼이 위로 향한 생명길로 가는 것

1) 위로 향한 생명길을 간다는 것은 신자가 선한 양심으로 하나님께 가는 것이다(벧전 3:21). 그것은 우리가 하나님이 높여 주시는 삶을 사는 것이다. 사람은 자기 자신을 스스로 높이면 안 된다. 그것은 스스로 하나님이라고 자처하는 것이다. 그것은 마귀의 길을 가는 것이다. 마귀는 자기를 하나님 자리에 놓으려 하였으므로 끝없는 무저갱으로 떨어진다(계 20:2-3). 그러므로 우리는 우리 자신을 높이면 안 된다. 하나님께서 높여 주시기를 원해야 한다. 우리가 하나님의 높여 주심을 받으려면 하나님이 기뻐하시는 일만 해야 한다. 그럴 때 낮은 데서도 높은 곳(천국)을 체험한다. 그러므로 하박국 선지자는 말하기를 "비록 무화과나무가 무성하지 못하며 포도나무에 열매가

없으며 감람나무에 소출이 없으며 밭에 먹을 것이 없으며 우리에 양이 없으며 외양간에 소가 없을지라도 나는 여호와로 말미암아 즐거워하며 나의 구원의 하나님으로 말미암아 기뻐하리로다 주 여호와는 나의 힘이시라 나의 발을 사슴과 같게 하사 나를 나의 높은 곳으로 다니게 하시리로다"라고 하였다(합 3:17-19).

2) 다시 사신 그리스도와 함께하는 생명이 있는 생활이다. 골로새서 3:1-4에 말하기를 "그러므로 너희가 그리스도와 함께 다시 살리심을 받았으면 위의 것을 찾으라 거기는 그리스도께서 하나님 우편에 앉아 계시느니라 위의 것을 생각하고 땅의 것을 생각하지 말라 이는 너희가 죽었고 너희 생명이 그리스도와 함께 하나님 안에 감추어졌음이라 우리 생명이신 그리스도께서 나타나실 그 때에 너희도 그와 함께 영광 중에 나타나리라"고 하였다. 이 말씀은 위로 향한 생명길로 가는 것이 무엇인지를 잘 보여 준다. 바울은 말하기를 "내게 사는 것이 그리스도니 죽는 것도 유익함이라"고 하였다(빌 1:21).

**25** **여호와는 교만한 자의 집을 허시며 과부의 지계를 정하시느니라.** 하나님께서 이렇게 하시는 이유는 교만한 자는 자기 자신을 모든 사람 위에 높이기 때문이다. 자기 자신을 사람들 위에 올려놓는 것은 스스로 하나님이라 여기는 망동이다. 사람들 위에 높여지실 분은 하나님뿐이다. 언제나 하나님은 자신의 영광을 사람들에게 빼앗기지 않으신다. 이사야 48:11에 말하기를 "내 영광을 다른 자에게 주지 아니하리라"고 하였다. 또한 그는 압박받는 자들의 억울함을 해결해 주신다(왕하 4:1-7). 따라서 그는 과부와 고아와 나그네, 곧 의로운 자들이 억울함을 당할 때에 간섭하여 주신다(신 10:18; 사 1:17; 겔 22:7; 슥 7:10). 이와 같은 하나님의 신원이 사람의 눈에는 얼른 보이지 않지만 조만간 실현될 것은 확실하다.

**26** 악한 꾀는 여호와께서 미워하시나 선한 말은 정결하니라. 사람의 악한 사상은 말로 나타나기 전에 이미 하나님의 심판의 대상이 된다. 하나님은 사람들을 대하실 때 무엇보다도 그들의 사상을 판결의 대상으로 삼으신다. 따라서 성경은 하나님의 심판자로서의 자격을 말할 때 인간의 마음에 대한 그의 전지하심을 중점으로 지적한다(계 2:23; 렘 11:20; 17:10; 20:12). 그러므로 신자가 하나님과 교통하려면 그의 심령에서부터 성결해야 한다(마 5:8). 사람의 심령 상태는 그의 인격을 지배한다. 그러므로 잠언 23:7에 말하기를 "그 마음의 생각이 어떠하면 그 위인도 그러한즉"이라고 하였다.

"선한 말"(אִמְרֵי־נֹעַם)은 기쁘고 친절한 말이다(잠 16:24). 그것은 하나님께 깨끗한 제물처럼 상달된다. 아브라함은 나그네를 영접할 때에 매우 친절하게 말하였다(창 18:4-5). 하나님께서는 이러한 사실을 귀하게 여기시고 영구히 기억하신다(히 13:2). "정결하다"(טְהֹרִים)는 말은 본래 제물에 대하여 쓰이며 (D. G. Wildeboer, eigentlich ein Mehr kultischer Begriff), 하나님께서 선한 말을 정결한 제물처럼 받아 주시는 것을 가리킨다.

**27** 이익을 탐하는 자는 자기 집을 해롭게 하나 뇌물을 싫어하는 자는 살게 되느니라. 브리지스(Charles Bridges)는 이 구절에 다음과 같은 설명을 붙였다. 곧 탐심은 우상숭배이며(골 3:5), 사람을 빈궁하게 만들고(잠 28:22) 또 일만 악의 뿌리이다(딤전 6:9-10). 성경에 기록된 대로 탐심 때문에 망한 자들을 몇 사람 들면, 롯(창 13:10-11; 19:14-28), 아간(수 7:1, 15, 24-26), 사울(삼상 15:19-26), 아합(왕상 21:1-14, 19-22; 왕하 9:24-26). 게하시(왕하 5:20-27) 등이다.

그러나 하나님의 영광을 위하며 공의를 지키는 자들은 뇌물을 미워한다. 그들은 그리스도를 위하여 받는 능욕을 많은 재물보다 귀하게 여긴다(히 11:26). 아브라함은 소돔 왕의 선물을 받지 않았고(창 14:22-23), 엘리사는 나아만의 예물을 거절하였고(왕하 5:15-16), 베드로는 요술쟁이 시몬의 돈을 받

지 않았다(행 8:18-20).[93]

**28** **의인의 마음은 대답할 말을 깊이 생각하여도 악인의 입은 악을 쏟느니라.** "의인"은 발언하기 전에 자신이 할 말이 하나님께 영광이 될 것인지 생각해 보고, 또 그것이 남에게 유익할 것인지 생각한다. 그뿐 아니라 그는 마땅히 할 말도 성령의 인도하심을 따라서 덕이 있게 말하고자 한다(벧전 4:11). 그는 이렇게 생각하면서 말하기 때문에 말하기를 더디 한다(약 1:19). 우리가 무슨 일에든 조급하면 안 되지만, 특히 말하는 데 조급하지 말아야 한다. 신자는 영원한 생명을 얻었으므로 영원한 시간을 분깃으로 받았다. 그러므로 신자는 영원한 시간적 여유를 가졌다. 그는 유유히 말하고, 또 유유히 행할 수 있다. 여기서 "유유히"라고 표현한 것은 조급함을 반대하는 의미일 뿐, 게으름과 무책임함을 뜻하는 것이 아니다. 말을 바르게 하지 못할 바에는 하지 않는 것이 도리어 덕이 된다. 천천히 시간을 잡고 생각한 후에 말하려다가 기회를 놓쳐버리고 말을 못했을 경우에도, 진실한 신자에게는 그것이 유익할 수 있다. 하나님을 사랑하는 신자에게는 모든 것이 합력하여 선을 이룬다(롬 8:28).

그러나 "악인"은 악한 말을 물 쏟듯 기탄없이 한다. ① 그는 말의 중요성을 모르고 그것을 함부로 사용하므로 자기의 말을 무가치하게 만든다. 말이 많으면 우매한 자의 소리가 나타난다(전 5:3). 무가치한 말은 결국 무익하고 악하다. 그것은 심판을 받는다(마 12:36). ② 그는 말의 위험성을 모르고 남에게 계속 해로운 말을 토한다. 그러나 말은 참으로 무서운 것이다. 야고보는 "혀는 곧 불"이라고 말하였다(약 3:6).

**29** **여호와는 악인을 멀리 하시고 의인의 기도를 들으시느니라.** 하나님은 악과 함께 거하시지 않는다(시 5:4). 그러므로 그는 죄에서 떠나지 않으려는 악인의 기도를 듣지 않으신다. 그러나 악인이라도 진정으로 회개하고 기도하면 그가

---

93) Charles Bridges, A Commentary on Proverbs (London: The Banner of Truth Trust, 1968), 217.

들어주신다. 이사야 55:7에 말하기를 "악인은 그의 길을, 불의한 자는 그의 생각을 버리고 여호와께로 돌아오라 그리하면 그가 긍휼히 여기시리라 우리 하나님께로 돌아오라 그가 너그럽게 용서하시리라"고 하였다(참조. 사 1:18). 본문(잠 15:29)에 여호와께서 "의인의 기도"를 들으신다는 것은, 이렇게 회개하며 그리스도를 의뢰하는 자의 기도를 들으신다는 것이다. 잠언 28:13에 말하기를 "죄를 자복하고 버리는 자는 불쌍히 여김을 받으리라"고 하였다. 야고보서 5:16-17에 "의인의 간구는 역사하는 힘이 크다"고 한 뒤에, 엘리야가 기도 응답을 받은 사실을 예로 들었다. 그러면서 "엘리야는 우리와 성정이 같은 사람"이라고 하였다. 이것은 엘리야도 본성은 죄인이지만 진정으로 회개하는 자로서 의인이라는 뜻을 암시한다.

우리가 진정으로 기도한다면, 우리의 기도가 응답될 것을 믿고 기다려야 한다. 어떤 때에는 기도가 응답되기까지 상당한 시간이 걸린다. 이사야 30:18에 말하기를 "여호와께서 기다리시나니 이는 너희에게 은혜를 베풀려 하심이요…그를 기다리는 자마다 복이 있도다"라고 하였다.

**30** 눈이 밝은 것은 마음을 기쁘게 하고 좋은 기별은 뼈를 윤택하게 하느니라. 여기서 "눈이 밝은 것"은 심령의 눈이 하나님의 말씀으로 인하여 밝아지는 것을 가리킨다. 이같이 심령의 눈이 밝아지면 그 심령에 기쁨이 생긴다(시 19:8). 그때에 심령에 기쁨이 생기는 이유는 무엇인가? 그것은, 하나님의 말씀으로 밝혀진 심령의 눈은 순전(혹은 순결)하여(마 6:22-24) 하나님을 보기 때문이다(마 5:8). 하나님은 지극히 큰 즐거움을 지니신 분이다(시 43:4). 그리고 여기(잠 15:30)서 말하는 "좋은 기별"은, 가장 완전한 그리스도의 복음을 가리킨다. 우리가 복음을 받으면 뼈가 윤택해지는 것처럼 심령에 평강을 누린다(참조. 시 89:15; 마 5:10-12; 살전 1:6).

**31-33** 생명의 경계를 듣는 귀는 지혜로운 자 가운데에 있느니라 훈계 받기를 싫어하는 자는 자기의 영혼을 경히 여김이라 견책을 달게 받는 자는 지식을 얻느니라 여호와를 경외하

**는 것은 지혜의 훈계라 겸손은 존귀의 길잡이니라.** 이 부분에서는 사람이 겸손히 훈계를 받아야 한다고 강조한다. 여기서 말하는 "훈계"는 "여호와를 경외하는 교훈"이라고 해설되었다(33상). ① 그 훈계에는 영혼의 생사가 달렸으므로 그것을 "생명의 경계"라고 하였고(31상), ② 그 훈계에 겸손히 순종하는 자를 하나님께서 높여 주시기 때문에, 그것을 잘 순종하는 겸손을 "존귀의 길잡이"라고 하였다(33하)

# 제 16 장

## ✢ 해석

**1-4절.** 이 구절들은 하나님의 주권(sovereignty of God)에 대하여 말한다. 곧 ① 사람들의 경영을 그의 뜻대로 주장하시고 이루시는 하나님(1절), ② 사람들의 마음 상태를 바르게 판단하시는 하나님(2절), ③ 신앙으로 경영하는 일을 성취시켜 주시는 하나님(3절), ④ 모든 피조물의 주재자이신 하나님(4절)에 대하여 말한다. 이 네 구절에 "여호와"라는 성호가 네 번 나온다.

**1** 마음의 경영은 사람에게 있어도 말의 응답은 여호와께로부터 나오느니라. 여기서 "경영"이라는 말은 반드시 옳은 경영을 의미한다고 해석하는 사람이 있다.[94] 그러나 이것이 사람의 잘못된 경영도 가리킨다고 보는 것이 19:21의 내용과 부합한다. 거기서 말하기를 "사람의 마음에는 많은 계획이 있어도 오직 여호와의 뜻만이 완전히 서리라"고 하였다(참조. 잠 16:9, 33; 20:24; 21:1).

**2** 사람의 행위가 자기 보기에는 모두 깨끗하여도 여호와는 심령을 감찰하시느니라. 사람은 자기의 겉만 보고 속을 볼 줄 모른다. 그뿐 아니라 그는 남의 잘못은

---

94) A. B. Ehrlich, Randglossen Zur Hebraischen Bibel (Sechster Band, 1968), s. 88.

용서하지 않고 기억하면서, 자기의 잘못은 잊어버리고 쉽게 넘어가려는 편견을 가지고 있다. 그래서 종종 스스로 의롭다고 생각한다. 그러나 하나님은 인간이 보지 못하는 그들의 심령을 특별히 주시하시고 그것을 깊이 살펴보신다(참조. 삼상 2:3; 16:7; 대하 16:9; 시 7:10; 139:23; 잠 21:2; 24:12; 렘 17:10; 고전 4:4).

그러므로 그는 사람들의 칭찬을 달게 받는 자를 특히 가증하게 보신다(눅 16:15). 그 이유는, 칭찬받을 자격 없는 인간이 칭찬을 달게 받으며 명예를 탐하기 때문이다. 사람은 다 죄인이다(롬 3:10). 이사야 64:6에 말하기를 "우리의 의는 다 더러운 옷 같으며"라고 하였고, 예레미야 17:9에는 말하기를 "만물보다 거짓되고 심히 부패한 것은 마음이라 누가 능히 이를 알리요"라고 하였다. 우리는 그리스도를 믿음으로 말미암아 주어지는 그의 의로 말미암아 구원을 얻는다(롬 3:21-22).

**3** **너의 행사를 여호와께 맡기라 그리하면 네가 경영하는 것이 이루어지리라.** 사람의 마음을 안정시키는 길은 신앙이다(시 57:1, 7; 112:7; 사 26:3). 신앙은 하나님의 사랑과 그분의 지혜와 그분의 진실하심과 그분의 권능 안에 안식하는 심리, 또는 행위이다. 하나님은 이런 신자를 사랑하셔서 평안을 주신다. "여호와께서 그의 사랑하시는 자에게는 잠을 주시는도다"(시 127:2)라고 한 말씀이 이 뜻이기도 하다. 잠자는 자는 참으로 평안하다.

"맡기라"(לֹג; 잠 16:3)라는 말의 히브리 원어는 "굴려 버리라"(roll)는 뜻이다. 사람이 무언가를 굴려 버릴 때는 그것을 더 이상 건사하지 않고 그것에서 손을 떼는 것을 의미한다. 우리가 우리의 걱정거리를 주님께 굴려 버리듯이 맡긴 다음에는 그것을 다시 찾으면 안 된다. 그러나 "될 대로 돼라"는 심리로 선한 목적을 포기해서도 안 된다. 그럴 때에 우리는 기도에 힘써야 하며, 고난을 당하더라도 죄를 대적해야 한다. 베드로전서 5:7-9에 말하기를 "너희 염려를 다 주께 맡기라 이는 그가 너희를 돌보심이라 근신하라 깨어라 너희 대적 마귀가 우는 사자 같이 두루 다니며 삼킬 자를 찾나니 너희는 믿음을 굳건하게 하여 그를 대적하라 이는 세상에 있는 너희 형제들도 동일한 고난을 당하는 줄을 앎이라"고 하였다(참조. 시 37:5).

**4 여호와께서 온갖 것을 그 쓰임에 적당하게 지으셨나니 악인도 악한 날에 적당하게 하셨느니라.** 하나님께서 모든 것을 목적 있게 지으셨다. 우주 만물 중에 무의미한 것은 하나도 없다. 따라서 모든 것은 우연(chance)의 산물이 아니다. 만물이 우연히 생겼다는 사람들의 말은 잘못되었다. 피조물의 대표라고 할 수 있는 "네 생물"은 앞뒤에 눈이 가득하다고 한다(계 4:6). 그것은 모든 피조물이 맹목적인 사실(blind fact)이 아님을 가르치는 진리이다. 모든 피조물은 사람들에게 하나님을 알려 주는 지식이며 "눈"이다. 사람들이 그리스도의 피를 믿어 속죄를 받기만 하면 만물을 보고 하나님을 알 수 있다. 만물은 하나님을 영화롭게 한다(시 8:1-2, 6-9; 19:1).

"악인도 악한 날에 적당하게 하셨느니라"(잠 16:4). 이 말씀은 무슨 뜻인가? 하나님은 악을 지으시지 않는다. 그분은 악을 미워하신다(시 5:4). 악인이 악해진 것은 악인 자신의 책임이다. 다만 하나님께서 어떤 사람이 악으로 기울어지는 것을 방임하시는 것만은 확실하다. 여기에도 그의 거룩하신 뜻이 있다. 하나님께서는 악인의 회개를 오래 참으며 기다리시는 덕과, 마침내 악인을 벌하시는 공의의 빛을 나타내시려는 것이다(롬 2:4-5; 9:17). 시편 76:10에 말하기를 "진실로 사람의 노여움은 주를 찬송하게 될 것이요 그 남은 노여움은 주께서 금하시리이다"라고 하였다.

### 설교 ➤ 하나님 기준으로 살자 (1-4절)

하나님께서는 사람을 지으실 때에 그의 형상대로 지으셨다(창 1:27). 사람을 그렇게 지으신 목적은, 그로 하여금 하나님을 따라 살게 하시려는 까닭이다. 그러므로 인생의 목표는 하나님이다.

### 1. 하나님 기준대로 기도 응답을 받아야 한다(1절)

"마음의 경영은 사람에게 있어도 말의 응답은 여호와께로부터 나오느니라"고 하였다(1절). 기도 응답이 우리의 욕심대로 된다면 우리는 그 기도 응답 때문에 멸망할 것이다. 야고보서 1:15에 말하기를 "욕심이 잉태한즉 죄를 낳고 죄가 장성한즉 사망을 낳느니라"고 하였다. 하나님께서 우리의 기도를 응답하실 때에는 그의 거룩하신 방법으로 하신다. 이사야 55:9에 말하기를 "하늘이 땅보다 높음 같이 내 길은 너희의 길보다 높으며 내 생각은 너희의 생각보다 높음이니라"고 하였다. 우리의 기도는 어떤 방법으로든 반드시 응답된다. 마태복음 21:22에 말하기를 "너희가 기도할 때에 무엇이든지 믿고 구하는 것은 다 받으리라"고 하였다. 우리가 평생토록 어떤 사람을 위하여 기도했는데, 그 기도에 대한 응답을 받지 못하고 세상을 떠날 수도 있을 것이다. 그러나 그런 경우에도 우리는 하나님의 응답이 그의 오묘하신 방법대로 이루어진다고 생각해야 한다. 필라델피아의 어떤 부인에게 불량한 아들이 있었다. 그는 유년 주일학교에서 자랐으나 청년 시절에 타락하였고 배를 타는 선원이 되었다. 그의 어머니는 그를 만나려고 애썼지만 도무지 만날 길이 없었다. 어느 날 밤에 그의 어머니가 잠을 깼는데 아들 때문에 근심이 되었다. 그래서 세 시간 동안 아들을 위하여 기도한 결과 마음에 평안을 얻고 다시 잠이 들었다. 몇 달 후에 문을 두드리는 소리가 들려서 나가 보니 기다리던 아들이 돌아왔다. 아들은 기쁜 얼굴로 말하기를 "어머니! 저는 구원을 받았습니다"라고 하였다. 어머니가 아들의 이야기를 들어 보니 다음과 같았다. 곧 그가 깊은 바다 위에서 풍랑을 만났고, 그는 다른 선원들과 함께 하나님을 저주하였다. 바로 그 순간 큰 물결이 갑판을 휩쓸어 아들이 바다에 빠지고 말았다. 그는 자신이 죽게 된 줄 알고 '나는 이제 영원히 멸망하는구나!' 생각했는데, 어릴 때 배웠던 찬송가가 마음에 문득 떠올랐다. 그것은 "십자가에 못 박힌 그를 쳐다볼 때에 영생이 있도다. 바로 이 시간에 영생이 있도다. 죄인들아 그를 쳐다보라. 구원을 받으리라. 십자가에 못 박힌 그를 쳐다보라."라는 찬송가였다.[95] 그때 그는 중심에서부터 부르짖기를 "하나님이여! 제가 쳐다봅니다. 예수를 쳐다봅니다."(Oh! God! I look, I look to Jesus)라고 하였다. 그러자 큰 물결이 그를 끌어 다시 갑판에 올려놓았다. 그때 그는 의식을 잃었다. 선원들이 그를 인공호흡으로 살렸다. 깨어난 그가 처음 한 말은 "하나님, 감사합니다. 저는 구원을 받았습니다"였다. 바로 그 시간이 그의 어머니가 밤중에 그를 위하여 기도한 때였다. 이런 사실을 보면 하나님의 기도 응답은 우리가 예측할 수 없는 사건을 통하여 이루어진다.

### 2. 하나님 기준으로 자신을 판단해야 한다(2절)

사람은 모르는 것이 많지만 특히 자기를 잘 모른다. 사람마다 자기 잘못에 대하여 충고를 받을 때에 기뻐하지 않는다. 그것은 자기의 허물을 인정하지 않는 심리 때문이다. 그만큼 인간은 자기를 깨끗한 자로 여긴다. 그러므로 본문에 말하기를 "사람의 행위가 자기 보기에는 모두 깨끗하여도 여호와는 심령을 감찰하시느니라"고 하였다. 하나님은 우리의 중심을 보시고, 우리의 죄악의 근원이 되는 심령의 부패를 보신다. 우리의 행위로 나타나는 죄악은 죄악의 파편들이며, 우리의 심령의 부패는 죄악의 근원이다. 그러므로 존 번연(John Bunyan)은 말하기를 "사람의 악행은 물거품과 같다"고 하였다. 이는 사람 자체가 물거품을 발생시키는 물과 같다는 뜻이다. 그만큼 그는 하나님 기준으로 죄악을 보았다. 로마서 3:10에 말하기를 "의인은 없나니 하나도 없으며"라고 하였다. 그래서 바울은 말하기를 "오호라 나는 곤고한 사람이로다 이 사망의 몸에서 누가 나를 건져내랴"라고 하였다(롬 7:24). 우리는 예수 그

---

95) "There is life in look at the crucified One; There is life at this moment for thee; Then look, sinner, look unto Him and be saved; Unto Him who was nailed to the tree."

리스도로 말미암아 구원을 받는다. 그러므로 그에게 감사할 뿐이다.

### 3. 우리의 염려를 하나님의 능력으로 해결받자(3절)

"너의 행사를 여호와께 맡기라 그리하면 네가 경영하는 것이 이루어지리라"고 하였다(3절). 우리는 우리의 힘으로 어찌 할 수 없는 사건들을 하나님께 맡겨야 한다. 그런 염려거리를 하나님에게 맡기지 않는 것은 하나님이 우리보다 못하시다고 생각하는 교만이다. 우리 힘으로 할 수 없는 일들은 하나님께서 홀로 하신다. 하나님께서 천지 만물을 지으실 때에 사람과 의논하신 일이 있는가? 우리는 우리의 사업을 운영할 때에도 난제는 주님께 맡기고, 모든 일을 신앙으로 옳게 해 나가야 한다. 사업을 운영할 때에 정직하게 하면 수입이 적어진다는 이유로 많은 사람이 종종 기만적인 수단을 쓴다. 그러나 그것은 난제를 하나님의 능력으로 해결받는 안전책이 아니다. 우리는 우리의 성결 문제도 지나치게 걱정할 필요가 없다. 그런 문제를 주님께 맡기지 않는 것은 우리 자신이 구속자가 되려는 망동이다. 그것은 마치 웃사의 분수에 넘는 행동과 같다. 웃사는 법궤가 수레에서 떨어질 것을 염려하여 그것을 붙잡다가 도리어 벌을 받아 죽었다. 자기 나름대로는 잘하려고 한 것이지만 그의 행동은 제사장의 직분을 침해한 것이었으므로 하나님께서 기뻐하시지 않으셨다. 법궤는 오직 제사장만 취급해야 했다(삼하 6:6-7). 우리는 우리 자녀들도 주님께 맡기고 기도해야 한다.

### 4. 하나님 기준으로 사람을 보아야 한다(4절)

우리가 사람들을 대할 때에는 교만하거나 그들을 무시하면 안 된다. 우리는 하나님의 일꾼으로서 다른 사람들을 바로 서게 하기 위하여 진리를 증거해야 한다. 우리는 우리의 기준으로 사람들을 판단하고 낙심하면 안 된다. 그 사람들에 대하여 우리보다 하나님께서 더 뜨거운 관심을 가지고 계신다.

하나님께서 사람들을 이 세상에 보내실 때에 그의 기준으로 지으셨으므로 우리가 그분의 기준을 무시해서는 안 된다. 본문(4절)에 말하기를 "여호와께서 온갖 것을 그 쓰임에 적당하게 지으셨나니 악인도 악한 날에 적당하게 하셨느니라"고 하였다. 하나님께서는 그가 지으신 세계에 여전히 마귀도 용납하고 계신다. 어떤 때에는 마귀의 활동도 이용하신다. 칼빈(Calvin)은 말하기를 "마귀가 아무리 악하여도 그 입에 재갈을 물려 고삐를 잡으신 분은 하나님이시다"라고 하였다.

**5** 무릇 마음이 교만한 자를 여호와께서 미워하시나니 피차 손을 잡을지라도 벌을 면하지 못하리라. 인간의 "교만"은 파렴치하고 가증스럽다. 또한 인간의 마음속에 숨은 "교만"은 간교하고 가증스럽다. 이와 같은 교만은 그 정체를 밖에 나타내지 않기 때문에, 그것을 소유한 자 자신도 그것을 인식하기가 어렵다. 특히 겉으로 선량해 보이는 자들에게 이런 교만이 잠재하기 쉽다. 그들은 자신의 신앙이나 덕이나 능력이 남보다 우수하기 때문에 마음속으로 교만해지기 쉽다. 그래서 자신이 받은 은혜를 하나님께 감사할 뿐 아니라 황송하게 생각하여, 다른 사람들 앞에서 떨며 더욱 겸손해져야 한다. 그 이유는, 그들도 남들과 똑같은 죄인임에도 불구하고 주님께 그런 은혜를 받았기 때문이다.

"피차 손을 잡는다"는 것은 서로 단합하는 것을 가리킨다. 바벨탑을 쌓으며 교만해진 무리는 서로 단결했지만 실패했다. 그들의 단결은 그들의 말로 증명된다. 곧 창세기 11:1-4에 있는 그들의 말 가운데 "자!"라는 말이 두 번(3-4절)이나 있다.

**6** 인자와 진리로 인하여 죄악이 속하게 되고 여호와를 경외함으로 말미암아 악에서 떠나게 되느니라. 여기서 "인자와 진리"라는 말은 하나님의 구속하심을 가리킨다. 곧 그가 인자하신 성품으로 사람들을 불쌍히 여기셔서 그들이 희생의 피(대속자의 피)로 속죄하는 제도(진리)의 혜택을 받게 하신다는 뜻이다. 그러나

델리취(Delitzsch)는 "인자와 진리"라는 말을 사람이 실행해야 할 도덕으로 간주하였다. 그러면서 그의 해석이 이 구절에서 하나님의 대속 제도를 제외시키지 않는다고 하였다.[96] 그가 이렇게 주장하는 이유는 하나님의 대속의 혜택을 받은 사람만이 필연적으로 인자와 진리(진실)를 행하게 되기 때문이라고 한다(참조. 사 27:9; 렘 7:22-23; 단 4:27; 미 6:6-8; 눅 7:47).

"여호와를 경외함으로 말미암아 악에서 떠나게 되느니라." 이 말씀 역시 하나님을 중심으로 하는 참종교의 특징을 보여 준다. 사람이 속죄하여 주시는(죗값을 내주고 사죄하여 주시는) 하나님의 은혜를 받으면(잠 16:6상) 하나님을 경외하게 된다. 그러므로 시편 130:3-4에도 말하기를 "여호와여 주께서 죄악을 지켜보실진대 주여 누가 서리이까 그러나 사유하심이 주께 있음은 주를 경외하게 하심이니이다"라고 하였다. 여호와를 경외하는 자는 필연적으로 죄악을 떠난다.

이와 반대로 인본주의 종교는 인간이 자력으로 죄악을 떠날 수 있다고 잘못 가르친다. 불교에서는 "물이 남겨 놓은 것이 앙금이지만 앙금을 씻어 버리는 것도 물이다. 그처럼 죄를 범하는 것이 마음이지만 죄를 깨끗이 씻어 버리는 것도 마음이다"라고 잘못 가르친다.[97] 그러나 기독교의 성경은 "구원하심이 보좌에 앉으신 우리 하나님과 어린 양에게 있도다"라고 한다(계 7:10). 그러므로 우리는 대속자이신 그리스도를 믿고 그에게 순종할 뿐이다.

**7 사람의 행위가 여호와를 기쁘시게 하면 그 사람의 원수라도 그와 더불어 화목하게 하시느니라.** 신자들이 어떤 때에는 핍박하는 불신자들의 마음을 얻기 위하여 하나님의 계명을 어기는 경우가 있다. 다시 말하면 그들이 원수들의 옳지 않은 사상과 타협한다. 그러나 그것은 평안을 위한 안전한 길이 아니다. 그것은

---

96) Keil & Delitzsch, *Commentaries on the Old Testament*, Proverbs Ⅰ (Eerdmans, 1950), 338.
97) 『부다고사의 비유』, 랭군판, 175쪽.

불신자와 함께 멸망의 길을 택하는 것이다. 신자는 하나님의 계명을 지키다가 핍박이 와도 그 길이 하나님을 기쁘시게 하는 길이라면 그대로 나아가야 한다. 하나님이 내 편이 되어 주실 때에 인간의 모든 적대 행위는 해소될 수 있다. 야곱이 얍복강에서 기도한 결과로 그의 원수였던 에서의 마음이 녹아져서 그를 평안히 놓아 보냈다(창 27:41; 33:1-4). 이것은 기적적인 해결이다. 우리는 왜 하나님의 기적에 대하여 신앙을 고백하는 말만 하고 그의 기적을 믿는 행동을 취하지 않는 것일까? 현대의 이론적인 기독교인들은 고린도전서 12:7-11에 계시된 여러 가지 은사 중 처음 두 가지(지혜와 지식)만 중요시하고, 그 뒤에 기록된 신앙과 능력 등은 실생활과 관련시키지 않는다. 따라서 그들은 세속화되고 무능한 자리로 타락한다. 하나님의 나라는 말에 있지 않고 능력에 있다(고전 4:20).

**8 적은 소득이 공의를 겸하면 많은 소득이 불의를 겸한 것보다 나으니라.** 사람이 의를 소유하려 하면 물질적으로 풍부하기 힘들다. 그 이유는, 하나님을 경외하면서(잠 15:16) 자기의 수입에서 남을 돕는 데 많이 사용하고 축적하지 않기 때문이다. 그는 호화롭게 살려고 하지 않는다. 그러나 그런 생활에서 만족과 행복을 누린다. 그 이유는 하나님께서 그와 함께하시기 때문이다.

유교에서도 가난한 생활로 안심하여 도를 즐기는 데 힘쓴다. 공자는 이렇게 살고 있던 안연(顏淵)이라는 제자를 칭찬했다.[98] 그러나 이와 같은 유교 사상에서 "도"는 하나의 도덕 철학을 말하는 것일 뿐 참하나님을 말하는 것이 아니다.

본문 하반절에 "많은 소득이 불의를 겸한 것"(잠 16:8)이라는 말씀이 있다. 이것은 불의한 부자를 염두에 둔 말씀이다. 불의한 부자는, ① 탐심으로 물질을 모으기 때문에 양심에 늘 괴로움이 있고(딤전 6:10), ② 하나님보다 재

---

98) 『論語』上卷 IV. 第九, 5쪽.

물을 더 사랑하므로 그의 심령이 늘 어둡고 괴롭다(마 6:23-24). 사람이 노력한 결과로 물질의 수입을 가지는 것은 옳은 일이다(시 128:2). 그러나 그 재물을 주님을 위해 바치지도 않고, 가난한 자를 위해 구제하지도 않고, 쌓아 두기만 하는 것은 불의한 일이다(약 5:1-5).

**9** 사람이 마음으로 자기의 길을 계획할지라도 그의 걸음을 인도하시는 이는 여호와시니라. 이 말은 사람은 자기 생각대로 이렇게도 하고 저렇게도 하지만 하나님께서 그것을 통하여 하시는 일이 따로 있다는 뜻이다. 이것이 하나님의 절대적인 주권이다. 예를 들면 야곱의 아들들은 그들의 동생 요셉을 애굽에 팔았다. 그러나 하나님은 그 일로 요셉을 애굽의 총리대신이 되게 하셨고(창 37:26-28; 45:5-8), 그렇게 하심으로써 마침내 야곱의 온 가족이 애굽에 내려가도록 만드셨다. 그것은 결국 아브라함에게 주신 하나님의 약속이 이루어지는 일이 되었다(창 15:12-16). 또 악한 유대인들은 자신들 마음대로 예수님을 잡아서 십자가에 못 박도록 일을 꾸몄다. 그러나 하나님은 그 사건을 통하여 그분의 아들(예수 그리스도)을 만민의 속죄자로 희생시키시는 구원 사역을 이루셨다(행 2:36; 3:13-15; 4:25-28; 10:39-40). 이 밖에도 성경에서 이러한 사실을 많이 볼 수 있다. 우리가 이와 같은 주재자 하나님을 믿는 한, 언제나 어디서나 안심할 수 있다. 그분은 언제나 어디서나 그분의 선하신 뜻을 이루어 가신다. 신자는 이 일의 보장으로 주신 약속을 믿는다. 곧 "하나님을 사랑하는 자 곧 그의 뜻대로 부르심을 입은 자들에게는 모든 것이 합력하여 선을 이루느니라"고 한 말씀이다(롬 8:28). 하나님의 선이 이루어지는 것은 신자에게 유익한 일이다. 택하심을 받지 못한 자들은 하나님의 선하심이 자기들에게 유익하다고 생각하지 않는다.

**10-15** 하나님의 말씀이 왕의 입술에 있은즉 재판할 때에 그의 입이 그르치지 아니하리라 공평한 저울과 접시 저울은 여호와의 것이요 주머니 속의 저울추도 다 그가 지으신 것이니라 악을 행하는 것은 왕들이 미워할 바니 이는 그 보좌가 공의로 말미암아 굳게 섬이니

라 의로운 입술은 왕들이 기뻐하는 것이요 정직하게 말하는 자는 그들의 사랑을 입느니라 왕의 진노는 죽음의 사자들과 같아도 지혜로운 사람은 그것을 쉬게 하리라 왕의 희색은 생명을 뜻하나니 그의 은택이 늦은 비를 내리는 구름과 같으니라. 이 말씀은 선한 임금에 대한 것이다.

1) 선한 임금은 하나님의 말씀대로 나라를 다스린다(10-12). 신명기 17:18-19을 보면 왕은 하나님의 율법서를 지켜야 한다고 하였다. 하나님을 모르는 국가에서 사용하고 있는 모든 공평한 법도 그 근본은 하나님에게서 유래되었다. 그러므로 그것으로 나라를 다스리는 왕들 역시 그 점에서는 하나님의 말씀대로 하는 자들이라고 할 수 있다. 그들은 하나님의 일반은총으로 하나님의 공의로운 사회 질서를 유지할 수 있다.

"저울, 접시 저울, 저울추" 등은 경중을 정확히 측량하는 저울의 종류로, 일반적인 사회 정의의 기준을 비유한다. 이런 기준은 하나님을 모르는 국가들도 하나님의 일반은총으로 소유할 수 있다. 이것 역시 하나님의 법도(하나님의 말씀)에 속한다. 그러므로 이방 국가들에 대해서도 사도 바울은 말하기를 "각 사람은 위에 있는 권세들에게 복종하라 권세는 하나님으로부터 나지 않음이 없나니 모든 권세는 다 하나님께서 정하신 바라 그러므로 권세를 거스르는 자는 하나님의 명을 거스름이니 거스르는 자들은 심판을 자취하리라 다스리는 자들은 선한 일에 대하여 두려움이 되지 않고 악한 일에 대하여 되나니 네가 권세를 두려워하지 아니하려느냐 선을 행하라 그리하면 그에게 칭찬을 받으리라 그는 하나님의 사역자가 되어 네게 선을 베푸는 자니라 그러나 네가 악을 행하거든 두려워하라 그가 공연히 칼을 가지지 아니하였으니 곧 하나님의 사역자가 되어 악을 행하는 자에게 진노하심을 따라 보응하는 자니라 그러므로 복종하지 아니할 수 없으니 진노 때문에 할 것이 아니라 양심을 따라 할 것이라"고 하였다(롬 13:1-5). 여기서 바울은, 정권이 선과 의를 실시하는 면에서 특별히 하나님의 대리자 역할을 한다고 강조한다.

2) 선한 임금은 충신의 충고를 잘 받는다(잠 16:13-15). 권세 잡은 자는 선량한 자도 그 권세를 의지하고 과오를 범하기 쉽다. 그러나 그도 측근자의 충고를 잘 받으면 실수하지 않게 된다. 그러므로 그는 "의로운 입술", 곧 신하들의 직언을 환영해야 한다. 그렇게 함으로써 본의 아닌 폭정, 곧 "죽음의 사자들과 같은" 처사를 면하고 어진 정치를 펼치게 된다(14-15절).

동양에도 옛날의 선한 임금들은 충신들이 간하는 말을 환영하였다. 서경(書經)에는 그들의 충고를 잘 듣는 정치를 가리켜 "도유우불지치"(睹喩吁咈之治), 곧 임금과 신하의 대화에서 "예."라고 한 것은 "예.", "아니라"고 한 것은 "아니라."로 응답되는 정치라고 부른다. 순(舜) 임금에게 우(禹)라는 신하가 충고를 하였을 때에 임금이 말하기를 "신하들은 말할 수 없이 중요하다. 당신들은 나의 팔과 다리요 눈과 귀다."라고 하였다(書經, I. 5). 이처럼 일반은총 영역에서는 불신자들도 하나님이 주신 양심대로 행하는 일이 있다.

"왕의 희색은 생명을 뜻하나니." 이 말은 충신의 충고를 들은 왕이 폭정을 돌이키고(14절) 착한 정치를 하게 되면 그 나라의 백성이 혜택을 누린다는 뜻이다. 그 혜택은, 팔레스타인에 곡식과 열매가 잘 자라도록 내리는 늦은비와 같다. 그러므로 왕의 처사는 백성의 생사 문제를 좌우하는 중대한 것이다. 통치자들은 이 부분(14-15절)의 말씀을 명심하고 절실한 책임감으로 행정에 임해야 한다.

**16** 지혜를 얻는 것이 금을 얻는 것보다 얼마나 나은고 명철을 얻는 것이 은을 얻는 것보다 더욱 나으니라. 여기서 "지혜"라는 말과 "명철"이라는 말은 크게 다르지 않고, 다 같이 "하나님을 경외함"을 가리킨다(잠 1:7; 2:5-6). 이것은 참된 종교적 지혜, 곧 "그리스도 예수 안에 있는 믿음으로 말미암아 구원에 이르는 지혜"(딤후 3:15)를 가리킨다. 우리에게 구원을 주는 것은 말할 수 없이 중요하다. 여기서 "얼마나 나은고"(מַה־טּוֹב 잠 16:16)라는 말은 감탄사로서 칭찬과 기쁨을 포함한다. 이러한 표현은 "지혜"의 가치를 높이며 그것을 자기의 심령

깊은 곳에서 실감함을 보여 준다. 사실상 잠언의 저자인 솔로몬은 세상의 모든 것을 다 가져 보고 경험한 후에 모두 다 헛되다고 단정을 내렸지만, 여호와를 경외하는 지혜만은 인간의 본분(인간 가치의 전부라는 뜻)이라고 했다(전 12:13). 다시 말하면 여호와를 경외하는 지혜가 있어야만 인간이 참된 보람을 느낀다는 것이다. 그러므로 우리는 다음과 같이 말할 수 있다. ① 금과 은, 다시 말하면 돈은 사람의 육신의 생명을 보호하며 유지하는 데 어느 정도 필요할 뿐이지만, 하나님을 경외하는 지혜는 육신보다 중요한 영혼(마 10:28)이 구원을 받게 한다(벧전 1:7-9). ② 돈은 어떤 위급한 때에는 육신에도 소용이 없지만(겔 7:19), 여호와를 경외하는 지혜는 사망에서도 구원해 준다(잠 14:27). ③ 돈을 사랑하는 것은 일만 악의 뿌리가 되지만 여호와를 경외하는 것은 죄악을 떠나게 한다(잠 16:6). ④ 돈을 모으려고 하는 사람들 중에는 평생토록 힘을 다해도 얻지 못하는 자들이 많다. 그러나 여호와를 경외하는 지혜를 얻고자 하는 자들은 힘을 다하여 구할 때에 모두 다 그것을 얻는다(눅 11:9-13).

**17** **악을 떠나는 것은 정직한 사람의 대로이니 자기의 길을 지키는 자는 자기의 영혼을 보전하느니라.** 여기서 "대로"라는 말은 열린 길인 동시에 장애물이나 올무가 없는 길이란 뜻이다. 곧 안전이 보장되어 있는 길을 말한다. 그것은 잠언 15:19에 진술된 "게으른 자의 길", 곧 가시 울타리 같은 길과 정반대이다. 정직한 자, 곧 진실한 신자는 악을 떠남으로써 하나님과 함께하게 된다. 그것은 영혼의 구원을 보장한다. 요셉은 악을 떠나서 그의 길이 형통하였고(창 39:9-10), 다윗은 악을 떠나지 못하고 거기에 빠져서 많은 환난을 당하였다(삼하 12:10-18:33).

악을 떠난다는 것은 사람이 죄의 유혹을 받을 즈음에 거기 빠지지 않고 그 죄의 유혹을 떠나는 용감한 행동이다. 하나님은 그렇게 행하는 자에게 영광을 주신다. 야고보서 1:12에 말하기를 "시험을 참는 자는 복이 있나니 이는 시련을 견디어 낸 자가 주께서 자기를 사랑하는 자들에게 약속하신 생명의 면류관을 얻을 것이기 때문이라"고 하였다. 그리고 시편 34:12-14에는 말하기를 "생명을 사모하고 연수를 사랑하여 복 받기를 원하는 사람이 누구뇨 네 혀를 악에서 금하며 네 입술을 거짓말에서 금할지어다 악을 버리고 선을 행하며 화평을 찾아 따를지어다"라고 하였다.

**18-19** 교만은 패망의 선봉이요 거만한 마음은 넘어짐의 앞잡이니라 겸손한 자와 함께 하여 마음을 낮추는 것이 교만한 자와 함께 하여 탈취물을 나누는 것보다 나으니라. 브리지스(Charles Bridges)는 이 구절에 대하여 다음과 같이 해석하였다. "교만한 자는 자기가 걸어가는 길은 살피지 않고 높은 데만 전심하여 쳐다본다. 그래서 그는 걸려 넘어지기도 한다. 그뿐 아니라 그가 자랑거리로 여기는 목적물을 하나님께서 없애 버리신다. 그래서 그는 실패한다. 다윗이 그의 백성이 많은 것을 자랑할 때에 하나님은 그 나라에 재앙을 내려 인구를 감하셨고(삼하 24:10-15), 히스기야가 궁중의 보물을 자랑하며 교만하였을 때에 하나님은 마침내 그 보물들을 바벨론 사람들의 손에 허락하셔서 그들이 다 가져가게 하셨고(사 39:1-6), 예루살렘 여자들이 교만하여 그들의 화장으로 자랑한 죄로 하나님은 그들을 수치스러운 모양으로 만들겠다고 하셨다(사 3:24)."[99]

사람이 겸손한 자와 함께 마음을 낮추는 얼마 동안은 갑갑하고 통쾌함이 없다. 그러나 그것은 하나님의 안전을 보장받는 행위이며, 머지않아 하나님의 축복을 받는 길이다. 반면에 교만한 자들은 일시 동안 기쁨을 누리지만 그것은 오래가지 못한다(참조. 계 18:7-8, 21-23).

**20** 삼가 말씀에 주의하는 자는 좋은 것을 얻나니 여호와를 의지하는 자는 복이 있느니라. 여기서 "말씀"은 히브리어로 "다바르(דָּבָר)"이며, "일"(matter)이라고 번역할 수 있다. 그러나 한글 성경과 같이 "말씀"이라고 번역하는 것이 옳다. 그

---

99) Charles Bridges, A Commentary on Proverbs (London: The Banner of Truth Trust, 1968), 238.

이유는 이 구절 말씀이 잠언 13:13의 대조이기 때문이다(Keil & Delitzsch). 거기서 다바르는 분명히 말씀(하나님의 말씀)을 의미한다.

하나님의 말씀에 "삼가 주의하는 자"(מַשְׂכִּיל)는 그것을 바로 분별하여 순종하는 사람을 가리킨다. 사람이 이렇게 행하는 것이 하나님의 권위를 존중하는 것이고, 두려워하는 것이고, 기꺼이 따르는 것이다. 이것이 신앙이다. 이런 의미에서 우리는 무엇보다 먼저 성경 말씀을 바로 알기 위하여 묵상하며 연구해야 하지만, 깨달은 대로 믿고 순종하는 것은 더욱 중요하다.

"좋은 것을 얻는다"는 것은 인간의 힘으로 무엇을 얻는다는 것이 아니라, 하나님의 약속 성취로 그의 손에서 영적인 것, 혹은 물질적인 것을 받는다는 뜻이다. 루터(Luther)는 말하기를 "나는 내 손에 가진 좋은 것이 많았는데 그것을 모두 다 잃었다. 그러나 내가 하나님의 손에 보관할 수 있었던 것은 아직도 소유하고 있다."라고 하였다(Charles Bridges). 이 말은 그가 하나님을 향하여 믿음으로 바라보던 것은 영구히 소유하고 있다는 뜻이다.

"여호와를 의지하는 자는 복이 있느니라." 이것은 잠언 16:20 상반절 말씀과 같은 뜻을 다른 형식으로 표현한 것이다. 여호와를 의지하는 것은 다름이 아니라 그의 말씀의 권위를 존중하여 그것을 잘 살펴보고 따라가는 것이다(상반절). 사람들이 주님을 믿는다고 하면서 그의 말씀(성경)을 순종하는데 주의를 기울이지 않는다면 어떻게 되겠는가? 존 번연(John Bunyan)은 성경의 한 말씀을 어기는 것이 군대보다 더 두렵다고 하였다.

**21-23절.** 이 부분에서는 지혜로운 자의 덕에 대하여 여러 가지 표현으로 자세히 말한다.

**21** 마음이 지혜로운 자는 명철하다 일컬음을 받고 입이 선한 자는 남의 학식을 더하게 하느니라. "마음이 지혜롭다"는 것은 이론적인 지혜가 아니라 실생활에서 지혜로운 것을 말한다. 실생활에서 지혜로운 자는 하나님을 경외하는 것을 말

로만 하지 않고 실천으로 한다. 그는 자신이 실행 없이 말만 했을 때 거짓말한 것 같은 죄책감 때문에 불안을 느낀다. 그러므로 그는 "하나님의 나라는 말에 있지 아니하고 오직 능력에 있음이라"고 한 말씀(고전 4:20)을 무거운 멍에로 받지 않고 기쁜 복음으로 받는다. 이런 사람이 명실공히 "명철하다"(지혜롭다)고 인정을 받는다. "일컬음을 받고"(잠 16:21)라는 말씀이 그런 뜻이다.

"입이 선한 자"(מֶתֶק שְׂפָתַיִם)라는 말은 "입술이 단 것"이라고 번역되어야 한다. 곧 "마음이 지혜로운 자"(상반절)의 말이 은혜롭다는 뜻이다. 무지한 사람은 말로 남에게 상처를 주지만, 지혜로운 사람은 말로 낙심하는 자들을 싸매어 주어 그들이 일어나게 한다.

"남의 학식"(לֶקַח)이라는 말은 "설득력"이라고 번역되어야 한다(W. H. Gispen). 이 말씀("입이 선한 자는 남의 학식을 더하게 하느니라")은 웅변의 재능을 칭찬하는 것이 아니라, 지혜로운 사람(하나님을 경외하는 사람)의 은혜로운 말을 높이 평가하는 것이다. 아우구스티누스(Augustine)는 밀라노(Milan) 교회의 감독 암브로시우스(Ambrose)의 은혜로운 설교에 감동되어 그의 인격이 변화를 받았다(Reformers' Notes).

**22** 명철한 자에게는 그 명철이 생명의 샘이 되거니와 미련한 자에게는 그 미련한 것이 징계가 되느니라. "명철한 자"라는 말은 "지혜로운 자"라는 말과 크게 다르지 않다. 이것도 하나님을 경외하는 것에 대한 말이다(잠 2:5-6). 그는 이론적인 신학만 아는 자가 아니라 실제로 하나님 말씀의 깊은 감화에 젖어 있으며 성령의 인도를 받고 있다. 따라서 그의 심령은 건조하지 않고 생명의 샘을 마신다. 그가 생명의 샘을 지니고 있으므로 주위에 있는 자들도 그 사람 때문에 영적 기갈을 면한다(Charles Bridges).

반면에 "미련한 자", 곧 하나님을 심령에 모시지 않은 자의 미련한 언행은 그 사람 자신에게 벌(징계)이 된다. 지도자 중에도 이런 자들이 많다. 그런 자들은 자신과 다른 사람 모두를 멸망의 구덩이로 몰아넣는다(마 15:14). 종교를 관념으로만 취급하고 하나님의 말씀으로 살지 않는 지도자들이 모두 다 교회에 이런 비극을 가져온다.

**23** 지혜로운 자의 마음은 그의 입을 슬기롭게 하고 또 그의 입술에 지식을 더하느니라. 여기서 "지혜로운 자"라는 말은 속에서부터 경건한 자를 가리킨다. 그는 이론주의자가 아니라 그의 마음이 영적 감동의 지배를 받는 자이다. 따라서 그의 마음은 힘의 저장소가 되어 있다. 그의 말은 신학자들의 술어와 논리를 입으로 모방하는 것이 아니라, 그의 마음에서 용솟음쳐서 나온다. 본문에 "마음은 그의 입을 슬기롭게" 한다고 한 말씀이 그 뜻이다. 이와 같은 이유로 그의 입술에서 늘 지식이 새롭게 나오고 많이 나온다.

이와 반대로 많은 사람이 자신의 심령 상태는 돌보지 않고 말만 하고 말에 머문다. 그런 사람들의 생활은 깊은 생명 세계와는 아무런 관련이 없고, 생명이 없는 허수아비처럼 세상 풍조에 따라 떠돈다.

브리지스(Charles Bridges)는 다음과 같이 말하였다. "인간의 종교는 머리로 시작하고 하나님의 종교는 마음으로 시작한다. 우리는 어떤 분위기 속에서, 또는 어떤 교훈 아래에서 살고 있는지 식별해야 한다. 신학적 이론은 나를 차가운 얼음 세계로 인도하지만, 경험적인 신앙생활은 나를 복음의 광명과 뜨거움 속으로 가져간다."[100]

**24** 선한 말은 꿀송이 같아서 마음에 달고 뼈에 양약이 되느니라. "선한 말"(אִמְרֵי־נֹעַם)이란, 동정하는 말, 또는 격려하는 말을 염두에 두고 한 말씀이라고 할 수 있다. 낙심한 자도 위로의 말을 듣고 다시 힘을 얻는다. 이런 의미에서 선한 말은 양약과 같다. 그러나 여기서 "선한 말"은 무엇보다 하나님의 말씀을 가리킨다. 하나님의 말씀은 여러 가지 방법으로 사람의 영혼을 치료한다. 시편 19:7-10을 자세히 읽으라. 성경은 하나님께서 그의 말씀으로 죄인들을 치료

---

100) Charles Bridges, A Commentary on Proverbs (London: The Banner of Truth Trust, 1968), 244.

하신다고 많이 말씀한다(참조. 시 41:4; 103:3; 147:3; 잠 4:22; 호 6:1). 하나님의 말씀은 위로와 격려만이 아니라 때로는 경고와 책망도 한다. 그래도 그 말씀이 하나님의 권위와 영감으로 임한 것이므로 그것을 달게 받는 자는 도리어 기쁨을 얻고, 또한 은혜를 받는다. 그러므로 욥은 말하기를 "내가 그의 입술의 명령을 어기지 아니하고 정한 음식보다 그의 입의 말씀을 귀히 여겼도다"라고 하였고(욥 23:12), 예레미야는 말하기를 "내가 주의 말씀을 얻어 먹었사오니 주의 말씀은 내게 기쁨과 내 마음의 즐거움이오나"라고 하였다(렘 15:16). 동양의 서경(書經)에도 말하기를 "좋은 약이 입에는 써도 병을 고칠 때는 유익하고, 충성된 말이 귀에는 거슬리나 행실에는 유익하다"라고 하였다. 이것은 영감된 하나님 말씀의 수준에는 이르지 못하지만, 하나님이 인간에게 주신 양심과 경험에서 나온 일반 계시로서 옳은 말이다.

**25 어떤 길은 사람이 보기에 바르나 필경은 사망의 길이니라.** 이 점에서 우리는 사람이 보기에 옳은 길 세 가지를 지적할 수 있다. ① 불순종의 길. 사람이 죄로 어두워져서 하나님의 말씀에 순종하지 않는 순간 자기의 행동이 옳은 줄 안다. 그러나 그것은 멸망의 길이다(삼상 15:20-23). ② 바리새인의 길. 사람들은 종교의 의식을 행하기만 하면 되는 줄 안다. 그러나 하나님은 그런 사고방식을 미워하신다(사 1:10-14; 마 15:7-9; 16:6; 눅 16:15). ③ 입으로는 정통을 말하면서 진리대로 살지 않는 학자들의 길. 그들은 영적 생명 없이 이론만 취급하면서 스스로 잘 믿는 줄 안다. 그들은 이사야의 예언과 같이 재를 먹고 미혹된 자들이다(사 44:20).[101]

토이(Crawford Toy)는 이 구절의 말씀이 단지 부도덕한 생활(immoral life)을 하면서 스스로 속는 성격을 가리킨다고 했다.[102] 그러나 이것은 종교 윤리

---

101) Charles Bridges, A Commentary on Proverbs (London: The Banner of Truth Trust, 1968), 245-246; 참조. 잠 14:12 해석.
102) C. Toy, The International Critical Commentary, Proverbs (Charles Scribner's Sons, 1916), 289.

적인 하나님의 말씀을 단지 윤리 문제의 교훈으로만 보는 잘못된 해석이다.

사람은 무언가에 대하여 지나친 애착을 가질 때에 선악에 관한 판단을 잘못할 수 있고(딤전 6:10), 또 무언가를 과도하게 미워할 때에도 자기의 편견을 정당화하게 된다(요일 2:11). 그뿐 아니라 사람이 극도로 흥분된 심리 상태로 죄악을 정당화하기도 한다. 예를 들면 어떤 사람이 혈기에 지배되어 흥분하면 남을 구타하거나 심지어 죽이는 것까지도 정당하다고 착각하게 될 죄악의 위험성을 지니고 있다.

**26** 고되게 일하는 자는 식욕으로 말미암아 애쓰나니 이는 그의 입이 자기를 독촉함이니라. 이 말씀은 노동의 원리를 보여 준다. 여기서 "식욕으로 말미암아"(נֶפֶשׁ)라는 말을 직역하면 "그 자신을 위하여"(for himself)이다. 물론 이 말씀은 노동의 목적 가운데 하나를 염두에 둔 것이다. 남을 위하여 희생적으로 노동하는 사람도 있지만, 여기서는 특별히 자기의 식생활을 위한 인간의 노동을 말한다. 사람은 노동의 대가로 먹는다(시 128:2). 그것이 하나님의 법이다(창 3:19). 그러므로 성경은 노동하지 않는 자를 규모 없는 자(불법한 자)라고 말하고(살후 3:11), 또 "누구든지 일하기 싫어하거든 먹지도 말게 하라"고 하였다(살후 3:10). 범죄한 인류에게 이와 같은 하나님의 법규가 제정된 것은 당연하다. 그 이유는, 사람이 먹고 놀기만 하면 그의 마음속에 악한 생각이 가득 차게 되며(창 6:5), 따라서 그의 행동은 범죄로 광분하게 되기 때문이다. "마귀는 게으른 자의 마음속에 둥지를 튼다"라는 격언도 있다. 그러므로 사람은 땅에서 부지런히 노동해야 되고, 하늘에서는 영원히 안식한다(Charles Bridges).

성경은 사람이 노동하며 살아가는 것이 부자의 노는 생활보다 만족스러운 것이라고 말한다. 전도서 5:10-12에 말하기를 "은을 사랑하는 자는 은으로 만족하지 못하고 풍요를 사랑하는 자는 소득으로 만족하지 아니하나니 이것도 헛되도다 재산이 많아지면 먹는 자들도 많아지나니 그 소유주들은 눈으로 보는 것 외에 무엇이 유익하랴 노동자는 먹는 것이 많든지 적든지 잠을 달게 자거니와 부자는 그 부요함 때문에 자지 못하느니라"고 하였다.

**27-30절.** 이 구절에는 여러 가지 악인의 악행이 진술되었다. 이 말씀을 읽는 사람은 각각 자신을 반성해야 한다.

**27** 불량한 자는 악을 꾀하나니 그 입술에는 맹렬한 불 같은 것이 있느니라. 여기서 "불량한 자"(אִישׁ בְּלִיַּעַל)라는 말은 도덕이 전혀 없는 사람을 가리킨다.[103] 그런 사람은 적그리스도의 성질을 가졌다.

"악을 꾀한다"(כֹּרֶה רָעָה)는 것은 악을 두루 판다(dig round)는 뜻이다. 이것은 남을 넘어뜨리기 위하여 함정을 파듯이 악한 모략을 만드는 것을 가리킨다. 그의 죄악은 일시적인 실수로 범한 것이 아니라 고의적으로, 또는 사업적으로 행하는 것이다. 이는 배교자의 행동이다(히 10:26).

"그 입술에는 맹렬한 불 같은 것이 있느니라." 이것은 남을 해하는 악한 말을 가리킨다. 그것은 파괴와 소멸의 잔인성을 지니고 있어서 다른 사람을 거침없이 깎아내린다(약 3:6-8; 시 52:1-4; 57:4). 말로 남을 파괴하는 행위는 악인들의 특징이다. 그들은, ① 자기 원수에 대하여 평생 물어뜯는 말을 하고, ② 까닭 없이 남을 미워하며 비방한다. 이처럼 그들의 혀는 불과 같이 잔인하다. 그들의 말이 이렇게 악한 이유는 그들이 하나님의 영광을 위하지 않고 자기 자신을 위하기 때문이다. 그들은 자기들의 명예, 권세, 이익을 위하여 교회의 유익도 희생시킨다. 교권주의자들도 이와 같은 자들이다. 그들의 입은 하나님을 인정하지만 행동으로는 하나님을 두려워하지 않는다(딛 1:16).

**28** 패역한 자는 다툼을 일으키고 말쟁이는 친한 벗을 이간하느니라. 여기서 "패역한 자"(אִישׁ תַּהְפֻּכוֹת)라는 말은 "거짓말쟁이"라는 뜻이다(Keil & Delitzsch). 거

---

103) Keil & Delitzsch, "wickedness, i.e. want of all moral character."

짓말쟁이는 좋은 말도 좋지 않게 말하여 퍼뜨린다. 그러므로 그의 말에 상처를 받은 자들이 그와 다투게 된다(딤전 5:13). 사람이 조심성 없이 말을 많이 하면 거짓말과 과장된 말도 많이 하게 된다. 그러므로 진실한 자는 말을 적게 한다. 침묵은 웅변보다 나은 법이다(참조. 잠 17:28).

"말쟁이는 친한 벗을 이간하느니라." 이것은 잠언 16:28 상반절 말씀을 조금 다르게 표현하여 반복하는 것이다. 여기서 "말쟁이"(נִרְגָּן)라는 말은 수군수군하는 자, 곧 뒤에서 물어뜯는 자(backbiter)를 가리킨다. 그런 자는 말을 많이 하고, 또 거짓말도 많이 한다. 남을 사랑으로 보지 않고 말하는 자는 뒤에서 말하고 공평하게 말하지 않는다. 따라서 그 말에는 거짓말(과장, 일방적인 관찰로 하는 말, 사실을 잘못 해석하는 말)이 많이 섞여 있기 쉽다.

이와 반대로 하나님의 자녀는 성결과 화평을 겸비해야 한다. 우리가 교리의 성결과 생활의 순결을 지키려면 세속을 배척해야 한다. 그리고 심령 속에서부터 솟아나는 사랑(화평)의 은혜를 잃지 않아야 한다. 야고보서 3:17-18에 말하기를 "오직 위로부터 난 지혜는 첫째 성결하고 다음에 화평하고 관용하고 양순하며 긍휼과 선한 열매가 가득하고 편견과 거짓이 없나니 화평하게 하는 자들은 화평으로 심어 의의 열매를 거두느니라"고 하였다.

**29 강포한 사람은 그 이웃을 꾀어 좋지 아니한 길로 인도하느니라.** "강포한 사람"은 남을 해롭게만 하는 악인이다. 그는 다른 사람들을 "불선한 길", 곧 멸망의 길로 유혹하여 이끈다(참조. 잠 1:10-19). 그것이 마귀의 영을 받은 자의 습성이다. 마귀는 우는 사자같이 두루 다니며 삼킬 자를 찾는다(벧전 5:8). 욥기 1:7, 2:2을 보아도 마귀는 될 수 있는 대로 많은 사람을 멸망시키려고 "땅을 두루 돌아 여기저기 다닌다"고 하였다. 예수님은 마귀의 영을 받은(요 8:44) 바리새인들에 대하여 말씀하시기를 "너희는 교인 한 사람을 얻기 위하여 바다와 육지를 두루 다니다가 생기면 너희보다 배나 더 지옥 자식이 되게 하는도다"라고 하셨다(마 23:15). 사람이 강포한 자의 악한 행위를 이기는 비결은

그리스도를 진실하게 믿는 것이다(참조. 요일 2:14; 5:4).

**30** **눈짓을 하는 자는 패역한 일을 도모하며 입술을 닫는 자는 악한 일을 이루느니라.** 악인이 "눈짓을 하는" 행위는 악한 계획을 강구하기 위한 것이다. 하나님의 말씀을 묵상하기 위하여 눈을 감는 자는 복이 있으나(시 1:1-2), 악을 만들기 위하여 눈짓을 하는 자는 화를 받을 수밖에 없다. 그런 사람은 선과 정반대이다. 이사야 5:20에 그와 같은 악인들에 대하여 말하기를 "악을 선하다 하며 선을 악하다 하며 흑암으로 광명을 삼으며 광명으로 흑암을 삼으며 쓴 것으로 단 것을 삼으며 단 것으로 쓴 것을 삼는 자들은 화 있을진저"라고 하였다. 그들이 "입술을 닫는" 것은 악한 계획을 결단성 있게, 또는 힘 있게 행하는 모습이다. 그것은, "악인의 입은 독을 머금었느니라"(잠 10:6)고 한 말씀과 같은 것이다. 그가 눈을 감고 입을 다문 것은 기쁨 없이 괴로워하며 애쓰는 모습이기도 하다. 잠언 13:15에도 "사악한 자의 길은 험하니라"고 하였다. 지옥으로 가는 길에는 이같이 더 많은 고초가 있다. 그 길에는 어려운 때에 붙들어 주며 위로해 주는 하늘의 약속이나 소망이 없다. 그리고 그 길의 종점은 영원한 사망이다(Charles Bridges).

**31** **백발은 영화의 면류관이라 공의로운 길에서 얻으리라.** 의로운 자에게 장수의 상급이 약속되어 있다(잠 3:1-2, 16; 4:10; 9:11; 10:27). 그러나 이것이 하나님의 특별한 경륜에 따라 악인이 장수하는 것을 부정하는 것은 아니다(참조. 시 73:1-16).

사람이 그리스도 안에 살면서 의로우면 하늘의 평강을 누린다(잠 3:7-8; 14:27; 19:23). 그뿐 아니라 그는 하나님의 말씀과 함께 즐거워하게 되어(고전 13:6) 몸과 마음이 평안하다. 따라서 그는 육신의 생명에서도 건강하게 되어 장수할 수 있다. 이 구절 말씀은, 하나님께서 의인의 생명을 일찍 데려가시는 일도 있다는 것을 부인하는 말이 아니다(사 57:1-2). 하나님께서 하시는 일은 기계적이지 않고 그의 거룩하신 뜻과 경륜을 따라 이루어 가신다. 그러므로 그가 의인을 장수하게도 하시지만 또 특별한 이유로 그렇게 하시지 않는 경우도 있다.

여기서 "영화의 면류관"(잠 16:31)이라는 말은 사람이 장수하는 것이 존경을 받을 만하다는 뜻이다. 레위기 19:32에 "센 머리 앞에서 일어서"라고 한 말씀이 이와 같은 의미이다. 노인을 존경하지 않는 것은 제5계명("부모"라는 말에는 다른 노인이나 어르신이 포함되기도 한다)을 어기는 죄악이다. 그 결과는 패망이다(왕상 12:12-20). 동양의 옛글에 말하기를 "선한 정치의 한 가지는 그 나라의 고관들이 노인들을 존경하는 것이다. 그러면 일반 백성도 어른들을 공경하게 된다"라고 하였다. 동양의 이와 같은 경로사상은 양심과 경험을 배경으로 한 인도주의에서 유래되었다. 그러나 기독교의 성경이 가르치는 경로사상은 생명을 장수하게 하시는 하나님을 경외하는 데 중점을 둔다(출 20:20).

**32 노하기를 더디하는 자는 용사보다 낫고 자기의 마음을 다스리는 자는 성을 빼앗는 자보다 나으니라.** 브리지스(Charles Bridges)의 주석에 다음과 같은 내용이 있다. 곧 마음은 끊임없는 전쟁의 마당이다. 마음속에 일어나는 정욕들은 강한 원수이므로 그것은 하나님의 능력으로만 극복된다. 다윗은 나발의 집을 격파하려고 길을 떠났으나 자기 혈기를 억제하고 그 계획을 중단한 것이 잘한 일이다(삼상 25:33). 동양의 도덕가 공자는 "사람이 자기 자신을 이기고 예의를 회복하는 것이 인이다"라고 하였다.[104] 이같이 공자는 인간이 자기의 힘으로 자기의 정욕을 이길 수 있다고 생각했다. 그러나 성경은 우리가 하나님의 능력을 힘입을 때에만 정욕을 이긴다고 하면서, 하나님을 믿는 믿음을 주장한다(참조. 요일 5:4; 딤후 2:22).

**33 제비는 사람이 뽑으나 모든 일을 작정하기는 여호와께 있느니라.** 옛날에는 거룩

---

104) 『論語』, 顏淵 第十二, 1쪽 : "克己復禮爲仁."

한 백성의 중요한 사건을 처리하는 제비 뽑는 제도가 있었다. 그것을 통하여 하나님의 역사가 나타났다(민 26:55; 수 7:4; 18:8; 삼상 14:41; 욘 1:7). 그러나 성경이 완성된 후 교회 시대에는 이런 제도가 계속 하나님의 뜻을 알려 주지 못한다. 오늘날에는 성경 말씀만이 우리를 인도하는 빛이 된다(시 119:105). 그러나 제비를 뽑아서 하나님의 뜻을 알던 시대에는, 사람이 제비를 뽑아도 그 일의 참된 결정은 하나님이 하셨다. 다시 말하면 무엇이든 사람이 뜻한 대로 되지 않고 하나님께서 뜻하신 대로 귀결된다는 것이다. 세상만사가 사람들의 손안에서 이렇게 저렇게 이루어지는 것처럼 보이지만 나중에 가 보면 하나님의 절대적인 주권이 그 가운데 역사하신 것이 드러난다. 브리지스(Charles Bridges)는 이 점에서 다음과 같은 몇 가지 예를 들었다. ① 요셉이 구덩이 속에 던져졌을 때에, 애굽으로 가던 이스마엘 상인들이 그 구덩이 곁을 지나게 되었다. 그때에 이스마엘 사람들을 그곳으로 인도하신 분은 하나님이다(창 37:25). ② 모세가 나일 강가의 갈대밭에 던져졌을 때에 바로의 딸을 그곳으로 인도하신 분도 하나님이시다(출 2:3-5). ③ 요나가 바다에 던져진 자리에 큰 물고기를 준비시키신 분도 역시 하나님이시다(욘 1:17).[105] 그러므로 우리 신자들은 어떤 일을 당하든지, 하나님께서 그것을 아시며, 또 그것을 어떤 모양으로든 간섭하신다고 믿어야 한다. 그리고 우리는 그의 손에서 늘 평안을 누려야 한다. 마태복음 10:28-31에 말하기를 "몸은 죽여도 영혼은 능히 죽이지 못하는 자들을 두려워하지 말고 오직 몸과 영혼을 능히 지옥에 멸하실 수 있는 이를 두려워하라 참새 두 마리가 한 앗사리온에 팔리지 않느냐 그러나 너희 아버지께서 허락하지 아니하시면 그 하나도 땅에 떨어지지 아니하리라 너희에게는 머리털까지 다 세신 바 되었나니 두려워하지 말라 너희는 많은 참새보다 귀하니라"고 하였다.

---

105) Charles Bridges, A Commentary on Proverbs (London: The Banner of Truth Trust, 1968), 253.

# 제 17 장

## ⚜ 해석

**1 마른 떡 한 조각만 있고도 화목하는 것이 제육이 집에 가득하고도 다투는 것보다 나으니라.** 이 구절은 다음과 같이 개역될 수 있다. "마른 떡 한 조각만 있고도 고요한 것이 집에 희생제물이 가득하고 다투는 것보다 나으니라." 가족이 가난하게 살면서도 화목한 것은 그들이 다른 것으로 만족하기 때문이다. 다시 말하면 그들이 하나님으로 만족하기 때문이다. 시편 23:1에 말하기를 "여호와는 나의 목자시니 내게 부족함이 없으리로다"라고 하였고, 디모데전서 6:6-8에는 "그러나 자족하는 마음이 있으면 경건은 큰 이익이 되느니라 우리가 세상에 아무 것도 가지고 온 것이 없으매 또한 아무 것도 가지고 가지 못하리니 우리가 먹을 것과 입을 것이 있은즉 족한 줄로 알 것이니라"고 하였다. 이 점에 관하여 창세기 13:8-9을 참조하라.

"희생제물이 가득하다"는 것은 옛날 이스라엘의 생활을 반영한다. 그때에는 하나님께 제물을 바치고 남은 것을 가족이 나누어 먹었다(레 7:16; 19:6; 삼상 9:24). 제사를 드리고 즐겁게 먹어야 할 자리에서까지 다투는 가족은 불만이 심각한 가정이다. 예를 들면 사무엘의 모친 한나가 살던 가정과 같은 것이다(삼상 1:7). 이런 가정에서 일어나는 다툼의 원인은 하나님을 잊어버리고 세상을 사랑하는 것이다. 세상을 사랑하는 자들은 언제나 만족이 없으므로 그들 자신이 불과 같은 시기와 질투의 연료가 된다.

**2 슬기로운 종은 부끄러운 짓을 하는 주인의 아들을 다스리겠고 또 형제들 중에서 유업을 나누어 얻으리라.** 이것은 하나님의 법에서는 충성이 계급이나 지위보다 낫다는 뜻이다. 하나님께서는 충성된 자에게 반드시 상을 주신다. 요셉은 보디발의 집에서 종이었지만 충성하였기 때문에 하나님의 축복을 받아서 그 집의 모든 일을 주장하였고(창 39:4-5), 하나님은 마침내 그를 애굽의 총리대신의 자리에까지 올려 주셨다(참조. 창 41:41-43; 마 25:21, 23).

특별히 교회의 일에서 이 진리가 살아 역사한다. ① 성직을 가지고 스스로 교만하기만 하고 하나님 앞에 두려움으로 봉사하지 않는 자들은 마침내 타락하여 천국의 기업을 상실한다. ② 정통 교리를 빙자하고 자칭 하나님의 장자들의 총회라고 하면서 그 진리대로 충성하지 않는 말뿐인 교파들도 성회의 반열에서 떨어진다. 종과 같이 겸손하고 하나님의 말씀대로 섬기는 자들만이 하나님의 기업을 누린다. 하늘나라에서는 지위, 명예, 외형적인 계통이 중요하지 않다. 로마서 2:26-29에 말하기를 "그런즉 무할례자가 율법의 규례를 지키면 그 무할례를 할례와 같이 여길 것이 아니냐 또한 본래 무할례자가 율법을 온전히 지키면 율법 조문과 할례를 가지고 율법을 범하는 너를 정죄하지 아니하겠느냐 무릇 표면적 유대인이 유대인이 아니요 표면적 육신의 할례가 할례가 아니니라 오직 이면적 유대인이 유대인이며 할례는 마음에 할지니 영에 있고 율법 조문에 있지 아니한 것이라 그 칭찬이 사람에게서가 아니요 다만 하나님에게서니라"고 하였다.

**3 도가니는 은을, 풀무는 금을 연단하거니와 여호와는 마음을 연단하시느니라.** 도가니나 풀무는 불로 은이나 금의 불순물을 걸러 낸다. 그와 같이 하나님은 환난이나 고통을 사람에게 주심으로써 그 사람의 숨은 죄악을 떼어 내신다. 그

의 숨은 죄악은 그 사람 자신도 몰랐던 것이지만 하나님은 그것을 아신다.[106] 그러므로 신자들은 시험과 환난을 당하는 것이 괴롭지만, 하나님께서 그것을 통하여 연단을 주시는 줄 알고 지혜롭게 참아야 한다. 그들이 연단을 받아야 신앙이 견고해지고 덕이 빛난다(롬 5:3-4). 산꼭대기에 있는 나무는 바람을 많이 맞기 때문에 뿌리가 깊이 박힌다. 욥기 23:10에 말하기를 "내가 가는 길을 그가 아시나니 그가 나를 단련하신 후에는 내가 순금 같이 되어 나오리라"고 하였다(참조. 사 31:9; 렘 9:7). 이사야 1:25에 말하기를 "내가 또 내 손을 네게 돌려 네 찌꺼기를 잿물로 씻듯이 녹여 청결하게 하며 네 혼잡물을 다 제하여 버리고"라고 하였다. 신자가 이렇게 시련을 받는 것이 도리어 그가 택함 받은 증표라고 할 수 있다(참조. 사 48:10; 히 12:5-13). 그러므로 과거의 참된 성도들은 이와 같은 시련의 의미 있는 환난을 달게 받았다. 예레미야는 환난을 원하는 의미로 말하기를 "여호와여 나를 징계하옵시되 너그러이 하시고 진노로 하지 마옵소서 주께서 내가 없어지게 하실까 두려워하나이다"라고 하였다(렘 10:24). 이 점에서 한 가지 생각할 것이 있다. 그것은 환난과 고통을 받은 신자들에 대한 우리의 태도다. 곧 환난 중에 승리한 신자들을 우리가 잘 대우해야 한다. 그리고 그 가운데서 실수한 신자들도(그들이 회개하는 한) 사랑해야 한다. 그들도 그런 식으로 환난 중에 연단을 받았다. 그 이유는, 그들이 실수 때문에 많은 상처를 받고 이제는 굳게 바로 서 있을 수도 있기 때문이다. 사도 베드로도 환난 중에 일시적으로 그리스도를 버렸지만, 그 환난 때문에 자기를 분명히 알고 그 후에는 바로 섰다(요 21:15-17).

**4  악을 행하는 자는 사악한 입술이 하는 말을 잘 듣고 거짓말을 하는 자는 악한 혀가 하는 말에 귀를 기울이느니라.** 이 구절은 악한 사람과 거짓된 사람이 서로 잘 통한다는 사실을 보여 준다. 사실상 둘은 질적으로 같은 자다. 거짓되지 않은 악

---

106) 참조. 대상 29:17; 시 7:9; 17:3; 66:10; 잠 15:11; 21:2; 24:12; 27:21; 렘 17:10; 슥 13:9; 말 3:3; 벧전 1:7.

인이 없고 악하지 않은데 거짓될 수도 없다. 브리지스(Charles Bridges)는 이 점에 관하여 네 가지 중요한 실례를 들었다. 곧 다윗의 아들 암논이 거짓된 요나답의 말을 따라갔다가 범죄한 사실(삼하 13:1-14), 악한 임금 아합이 그의 아내 이세벨의 말을 잘 들은 사실(왕상 21:4-7), 유대인들이 거짓 선지자들의 말을 잘 들은 사실(사 30:9-11; 렘 38:1-6), 예수님을 정죄하는 자들이 거짓 증인들의 말을 받아들인 사실(마 26:59-62) 등이다.[107)]

동양의 역사를 읽어 보면, 옛날 진나라 시황은 폭군으로서 이사(李斯)라는 신하의 그릇된 말을 듣고 선비들의 서책을 불사르고, 학자 464명을 구덩이에 묻었다. 그리고 진시황의 아들 호해 황제는 간신 조고(趙高)의 말을 듣고 공을 세운 신하들을 모두 잡아서 죽인 결과 각처에서 내란이 일어나 나라가 망했다(B.C. 207년).[108)] 이같이 진나라에는 폭군들 앞에서 직언하지 않고 임금의 악한 소원을 따라 아첨하는 간신들이 있었다. 그들은 임금이 사슴을 가리켜 말이라고 해도 "예." 하고 따라갔다. 폭군들은 그런 간신들과 더불어 자기의 소욕만 채우다가 나라를 망하게 하였다.

**5 가난한 자를 조롱하는 자는 그를 지으신 주를 멸시하는 자요 사람의 재앙을 기뻐하는 자는 형벌을 면하지 못할 자니라.** 여기서 가난한 자를 조롱하는 것이 조물주를 멸시하는 것과 같은 죄라고 한 것은 무슨 이유인가? 이에 대하여 어떤 해석가들은 말하기를, 하나님께서 가난한 자의 그 가난한 처지도 섭리하셨기 때문이라고 한다(Keil & Delitzsch, Charles Bridges, C. H. Toy). 그러나 이와 같은 해석은 바르지 않다고 여겨진다. 이에 대해 나는 다음과 같이 생각한다. 하나님께서 가난한 자를 심히 불쌍히 여기시기 때문에 그를 조롱하는 자를 그분 자신(하나님 자신)을 멸시하는 자로 간주하신다는 뜻이다. 잠언 19:17에

---

107) Charles Bridges, A Commentary on Proverbs (London: The Banner of Truth Trust, 1968), 256-257.
108) 『세계고전전집 十八史略』 I (1970), 장충식 역, 184-189쪽.

말하기를 "가난한 자를 불쌍히 여기는 것은 여호와께 꾸어 드리는 것이니 그의 선행을 그에게 갚아 주시리라"고 하였다(참조. 약 2:5).

동양의 도덕에도 이와 유사한 말이 있다. 예를 들면 "남의 신체의 불구나 흠을 보고 비웃는 것은 죄다."라고 한 것이다.[109] 이것은 도가(道家)에서 한 말이다. 물론 도교는 참하나님을 모르는 어두운 종교지만 이 정도의 옳은 말은 하였다. 그러므로 남의 불행을 비웃는 것이 얼마나 큰 죄인가? 불쌍히 여겨져야 할 자를 도리어 천대하는 것은 진리에 대한 적극적 반역 행위이다(참조. 레 19:14).

"형벌을 면하지 못할 자"라는 말은 그가 반드시 하나님의 벌을 받는다는 뜻이다. 극도로 악한 자가 천벌을 받는다는 사상은 유교에도 있다. 명심보감에 말하기를 "악한 마음이 가득 차면 하늘이 반드시 벨 것이다."라고 하였다.[110] 물론 유교의 신관은 참되지 못하지만, 유학자들의 사상이 그들의 양심과 경험으로 천벌에 대하여 표현한 것만은 확실하다.

물론 우리는 유교의 '하늘'이 매우 막연한 신관이라는 것을 명심해야 한다. 유교에서 하늘을 신봉한 것은 유일신주의의 유신론이 아니라, 온갖 물건을 숭배한 것이나 음양론에 속한 것이었다. 공자가 신에 대하여 말하기를 "귀신의 덕이 성하다. 보려고 해도 보이지 않고 들으려 해도 들리지 않지만 만물 안에 들어 있어서 만물이 이를 빠뜨릴 수 없다."라고 하였다.[111] 공자의 이 말 가운데 귀신이 만물에 들어 있어서 만물이 이를 빠뜨릴 수 없다는 말은, 후대의 유학자들(정자, 장횡거, 주자)의 해석대로 음양이라는 두 기운의 작용을 가리킨다. 이런 학설은 신과 기운(energy)을 혼동하는 잘못된 사상이다. 공

---

109) Shin-sin-luh Ⅱ, 44.
110) 『明心寶鑑』, 天命篇, 四, 36쪽 : "惡鑵若滿天必誅之."
111) 『中庸』(玄岩社, 1970), 195쪽 : "鬼神之爲德其盛矣乎 視之而不見 聽之而不聞 體物而不可遺."

자가 말한 신은 물론 참신이 아니지만, 신이라고 하면 자의식을 가진 인격인데 어떻게 무인격한 기운과 동일하게 간주될 수 있는가? 그럴 수 없다.

**6 손자는 노인의 면류관이요 아비는 자식의 영화니라.** 여기서 "손자"(בְּנֵי בָנִים)라는 히브리어는 "자손들의 자손들"이라고 번역되어야 하므로 많은 자손을 가리킨다. 그리고 "노인"이라는 말은 부모나 선조를 가리킨다. 이 구절 상반절 말씀은, 자식이 하나님의 은혜로 올바르게 살 때에 그의 부친에게 영광이 된다는 뜻이다. 바르지 않은 자식은 부모에게 부끄러움이 된다. 아벨은 그의 부모에게 면류관과 같았으나 가인은 부끄러움이었다(창 4:1-12). 요엘과 아비야는 그들의 아버지 사무엘에게 부끄러움이 되었고(삼상 8:1-3), 암논과 압살롬은 다윗 왕에게 부끄러움이 되었다(삼하 13:1-18:18). 그러나 자식들이 부모 밑에서 받은 교훈을 잘 순종하면 부모에게 영광이 된다. 특히 젊은 부모에게는 자식을 가르치며 인도할 시간이 많다. 그러므로 시편 127:4에 말하기를 "젊은 자의 자식은 장사의 수중의 화살 같으니"라고 하였다. 여기서 명심할 것은, 부모가 자식을 잘 가르쳐도 그들이 잘 순종하게 되는 것은 하나님의 은혜라는 것이다. 그러나 부모는 자식을 잘 가르쳐야 한다. 곡식이 잘되는 것은 하나님의 축복하심에 달렸을지라도 사람이 마땅히 밭을 경작하고 종자를 심어야 한다.

이 구절(잠 17:6)의 하반절은 부모와 조상이 하나님 앞에서 옳게 살았을 때에 그들의 자손이 받을 축복에 대하여 말한다. 므비보셋이 그의 아버지 요나단 때문에 특별한 축복을 받은 것이 적절한 실례이다(삼하 9:6-13). 믿음으로 하나님 앞에서 바르게 산 조상 때문에 그의 자손이 하나님의 축복을 받게 된다는 하나님의 약속은 출애굽기 20:6에 있다. 곧 "나를 사랑하고 내 계명을 지키는 자에게는 천 대까지 은혜를 베푸느니라"고 하신 말씀이다. 우리는 이 말씀의 의미를 바르게 깨달아야 한다. 이것은 의인의 후손들이라고 해서 천대까지 모든 개인이 다 하나님의 축복을 받는다는 뜻이 아니다. 하나님께서 의인의 후손 천대까지도 잊지 않으시고 그의 자손 중 어떤 자들을 축복하신다는 뜻이다. 아브라함은 믿음의 조상이었으나 그의 육신의 자손이 모두 다 축복을 받은 것은 아니다. 그의 자손 중에는 에서와 같은 사람도 많다. 그러나 그의 자손 중에서 축복을 받는 자들이 오랜 세월 동안 많이 나왔다. 그러므로 신자들은 자기의 후손을 위하여도 신앙으로 바르게 살아야 한다.

**7** **지나친 말을 하는 것도 미련한 자에게 합당하지 아니하거든 하물며 거짓말을 하는 것이 존귀한 자에게 합당하겠느냐.** 여기서 "지나친 말"(שְׂפַת־יֶתֶר)이라는 히브리어는 "넘치는 말"이라는 뜻이다. 이것은 "미련한 자"(잠언에서는 하나님을 무시하는 자를 가리킨다)가 진리에 속한 고상한 말을 하는 경우를 가리킨다. 미련한 자가 고상한 말을 한다는 것은 하나의 연극에 불과하며, 그것은 곧 하나님의 이름을 망령되이 일컫는 것이다. 브리지스(Charles Bridges)는 이 점에 관하여, 그리스도에 대한 마귀의 고백과 같은 것이 "지나친 말"이라고 하였다.[112] 바울도 마귀의 진리 증거를 좋지 않게 여겨 그것을 거절하였다(행 16:16-18). 사람 중에도 사회적으로 죄악된 생활을 계속하는 사람이 복음을 증거한다면 도리어 역효과를 거두게 될 것이다. 잠언 26:7에 말하기를 "저는 자의 다리는 힘 없이 달렸나니 미련한 자의 입의 잠언도 그러하니라"고 하였다.

"존귀한 자"는 지도자를 가리킨다(잠 8:16). 지도자는 많은 사람의 신임과 존경을 받는다. 그러므로 그에게는 진실성이 가장 중요한 자격이다. 그럼에도 불구하고 그가 타락하여 거짓말을 하게 된다면, 그것은 많은 사람의 기대에 어긋나는 것이다. 그로 인하여 또한 많은 사람이 실족하게 된다. 사회의 지도자보다 교회의 지도자들을 더욱 "존귀한 자"라고 할 수 있다. 그들이 받은 성직은 많은 사람이 그들의 영혼을 맡길 만큼 역사적으로 신임을 받았다.

---

112) Charles Bridges, A Commentary on Proverbs (London: The Banner of Truth Trust, 1968), 259.

그럼에도 불구하고 때로는 그들 중 대다수가 세속화되어 신령한 생명력과 진리의 깊은 지식 없이 교회를 지도한다. 실력 없는 자들은 필연적으로 거짓말로 일을 꾸미게 마련이다. 그들의 교역 방침은 인본주의이고, 또 비열한 정치적 수단이 앞설 수밖에 없다. 그렇게 할 때에 교회가 세속화될 뿐 아니라 불신자들이 복음을 멀리하게 된다(마 23:13). 그들이 "하나님을 시인하나 행위로는 부인하"(딛 1:16)는 것이 세속화다. 세속화는 사실상 무신론이다. 세속화된 자들은 그들의 옳지 않은 행위로 사람들의 신앙을 타락시킨다.

**8 뇌물은 그 임자가 보기에 보석 같은즉 그가 어디로 향하든지 형통하게 하느니라.** 이것은 뇌물을 주는 것이나 받는 것을 찬성하는 것이 아니라, 뇌물의 위험성을 지적하는 것이다. 성경은 뇌물을 금한다(참조. 출 23:8; 삼상 12:3; 욥 15:34; 삼상 8:3; 시 26:10-11; 암 5:12).

여기서 "임자"(잠 17:8)라는 말은 뇌물을 받아서 가진 자를 가리킨다. 뇌물을 받는 관리들은 법적으로 부당한 일도 통과시키기 때문에 그들의 나라에는 공의가 설 수 없고 도리어 불의가 득세한다. 그 이유는 다음과 같다. ① 국법을 범한 자도 뇌물을 쓰면 무사해지기 때문에 이후에도 계속 불의를 행하게 되고, ② 뇌물을 쓰지 못한 자는 의로울지라도 억울함을 당하게 되므로 그는 의로움의 보람을 못 느낀다. 그래서 의를 위하여 힘쓰려 하지 않는다. ③ 뇌물을 받기 좋아하는 관리들은 뇌물 받는 습성이 생겨서 뇌물 받을 기회가 없는 일은 중요한 일일지라도 빨리 처리하지 않을 것이다. 이렇게 불의가 성행하는 나라는 망할 수밖에 없다. 의를 소유하지 못한 나라가 어떻게 번영할 수 있겠는가? 잠언 14:34에 말하기를 "공의는 나라를 영화롭게 하고 죄는 백성을 욕되게 하느니라"고 하였다.

토이(Crawford Toy)는 여기에(잠 17:8) 나오는 "보석"(אֶבֶן־חֵן)이라는 말이 "행운의 돌, 곧 마술의 보석"이라는 뜻이라고 하였다. 그러나 토이 자신도 인정한 바와 같이 성경의 다른 부분에서는 이 말이 그런 뜻으로 사용된 적이 없다. 그러므로 이것은 단지 탐심을 일으키는 진귀한 보석을 의미할 뿐이다. 뇌물은 이런 보석과 같아서 그것을 받은 자의 마음을 흐뭇하게 만들어 주므로 그는 부탁 받은 일을 힘껏 성사시키려고 한다. "어디로 향하든지 형통케 한다"는 말씀이 그 뜻이다. 여기서 "형통케 한다"(יַשְׂכִּיל)는 말은 지혜를 다하여 성공시킨다는 뜻이다.[113]

불신자들도 뇌물의 위험성을 안다. 마케도니아 왕 필리포스(Philip)는 말하기를 "강한 요새도 나귀에 금을 싣고 그 성문에 가면 빼앗을 수 있다."라고 하였다(Charles Bridges). 다시 말하면 뇌물로 강국도 정복할 수 있다는 뜻이다. 그러므로 의로운 통치자들은 뇌물을 금하였고, 정의를 세웠다(시 101:1-8).

**9 허물을 덮어 주는 자는 사랑을 구하는 자요 그것을 거듭 말하는 자는 친한 벗을 이간하는 자니라.** "허물을 덮어주는 자는 사랑을 구하는 자요." 이것은 누가 어떤 사람의 허물을 가려 준 결과로 그 사람의 사랑을 받게 된다는 뜻이 아니다. 사람의 사랑을 받기 위하여 그 사람에게 선을 행하는 사상은 성경적 윤리의 동기가 아니다. 이 말씀은 "남의 허물을 덮어 주는 자가 바로 남을 사랑하는 자"라는 뜻이다. 잠언 10:12에도 "사랑은 모든 허물을 가리느니라"고 하였다. 인간에게는 죄악이 제일 큰 문제이다. 인생의 문제는 죄악의 문제라고 할 수 있다. 그리스도께서 이 세상에 오신 유일한 목적은 인류의 죄를 대속하셔서 그들이 사죄함을 받게 하시려는 것이다. 그것이 하나님의 사랑이다. 그렇다면 사죄받는 것이 얼마나 감사한 일인가! 하나님은 우리에게 만물을 주셨다(고전 3:21). 그뿐 아니라 우리에게 사죄의 은혜를 주시기 위하여 그리스도를 주셨다(요 3:16). 그리스도는 만물보다 크시다(참조. 요 3:31, 35). 그러므로 하나님의 자녀 된 신자들도 하나님 아버지의 사랑을 본받아서(요일 4:9-11) 사랑을 제일로 알고(고전 13:1-3), 그것을 실행하는 데 힘써야 한다. 잠언 17:9의

---

113) W. H. Gispen, Korte Verklaring Der Heilige Schrift, Spreuken (Kampen: Kok, 1954), 34.

"구하는 자"라는 말은 "힘쓰는 자"라는 뜻을 가진다고 할 수 있다.

반면에 누구든지 남의 허물을 거듭 말하는 것은 남의 아픈 곳을 또다시 찌르는 잔인한 행동이다. 사실상 사람은 몸이 구타를 당하는 것보다 인격이 훼방을 받는 것에 더욱 큰 상처를 입는다. 그것 때문에 피해자는 가해자에게서 영구히 멀어진다. 옛글에도 말하기를 "사람을 이롭게 하는 말은 솜같이 따뜻하고, 사람을 상하게 하는 말은 가시 같아서 한마디의 말이 무겁기가 천금과 같고, 한마디의 말이 사람을 모함하는 것은 칼로 베는 것과 같이 아프다"라고 하였다.[114] 하나님을 알지 못하는 사람들도 경험과 양심으로 이렇게 남을 해롭게 말해서는 안 된다는 사실을 지적하였다. 아우구스티누스 (Augustine)는 때때로 많은 동역자를 초대하여 식사를 했다. 그럴 때 그는 식탁에 다음과 같은 글을 써서 붙였다고 한다. '여기 함께 있지 않는 사람의 허물을 말하지 말라.'

**10** **한 마디 말로 총명한 자에게 충고하는 것이 매 백 대로 미련한 자를 때리는 것보다 더욱 깊이 박히느니라.** 이 구절의 의미는, 총명한 자는 충고를 잘 받지만 미련한 자는 그것을 배척한다는 뜻이다. 여기서 말하는 "총명한자"(מֵבִין)는 깨닫는 자를 가리키며, 이는 지식적인 면보다 행동 면에서 민첩한 자를 말한다. 충고가 옳은 줄 알면서도 그대로 따르지 않는 사람이 많다. 그런 사람은 발뒤꿈치로 송곳을 차는 것처럼 우매한 자들이다. 브리지스(Charles Bridges)는 이 점에 관하여 성경에서 좋은 실례를 인용하였다. "다윗은 나단이라는 선지자의 한 마디 말을 달게 받고 회개하였고(삼하 12:1-7, 13; 시 51편), 베드로는 예수님께서 한번 쳐다보신 것으로 회개하였다(눅 22:61-62)."

공자도 충고를 달게 받는다는 의미로 말하기를 "나의 선을 말해 주는 자

---

114) 『明心寶鑑』(玄岩社, 1970), 284쪽: "利人之言煖如 綿絮 傷人之語利如荊棘 一言半句重值千金 一語傷人痛如刀割."

는 내게 도적이 되고, 나의 악을 말해 주는 자는 내게 스승이 되느니라"고 하였다.[115] 공자의 이와 같은 언사는 진리에 가깝다. 형식적으로는 앞에 언급한 잠언 구절의 정신과도 부합한다. 그러나 공자가 생각한 선의 기준은 잠언의 기준과 다르다. 잠언이 말하는 선의 기준은 하나님을 경외하는 것(잠 1:7)인 반면에, 공자의 기준은 이 세상이다. 물론 둘 다 일반은총 면에서는 윤리적으로 일치되는 점도 있다. 이와 같은 공동 은혜의 영역에서 기독교 신자는 유학자들과 비슷한 생각을 가질 수 있다.

"미련한 자를 때린다"는 것은 무슨 뜻인가? 이것은 잘못하는 자를 징계하기 위하여 어떤 형태의 고통을 주는 것에 대한 비유일 것이다. 성경에는 하나님께서 사랑하시는 자를 징계(채찍질)하신다는 말씀이 있는데(히 12:5-6), 그것도 환난과 고통의 방편으로 죄인을 징계하시는 것에 대한 비유의 말씀이다. 사람이 고통을 받아서 바르게 되는 일이 많다. 그러므로 시편 119:67에 말하기를 "고난 당하기 전에는 내가 그릇 행하였더니 이제는 주의 말씀을 지키나이다"라고 하였다. 그와 동시에 이것은 징계의 권위를 가진 자가 완강히 반역하는 자를 합법적으로 구타하는 것을 의미할 수도 있다. 예를 들면 부모가 순종하지 않는 자식을 적당히 매로 다스리는 것과 같다. 나는 여기서 "적당히"라는 말을 다음과 같은 뜻으로 사용한다. ① 일반적으로 12-13세 미만의 자녀에게 매를 드는 것이 효과적이다. ② 자녀가 잘못할 때에 먼저 말로 타이르며 돌이킬 기회를 주고, 또다시 잘못하면 벌을 준다고 경고해야 한다. 이렇게 미리 자녀에게 선택의 기회를 주는 것이 그의 의지의 자유를 존중하는 것이다. 그 후에 자녀가 또 잘못한다면 경고한 대로 벌을 주어야 한다. 그렇게 징계할 때에 자녀의 의지를 파괴하지 않을 수 있다. ③ 또 종아리나 팔과 같은 곳을 매로 아프게 하여 교훈하되, 혈기를 내지 않도록 조심해야 한

---

115) 『論語』, "道吾善者是吾賊道吾惡者是吾師."

다(참조. 약 1:20).

**11-13** 악한 자는 반역만 힘쓰나니 그러므로 그에게 잔인한 사자가 보냄을 받으리라 차라리 새끼 빼앗긴 암곰을 만날지언정 미련한 일을 행하는 미련한 자를 만나지 말 것이니라 누구든지 악으로 선을 갚으면 악이 그 집을 떠나지 아니하리라. 이 말씀은 하나님께(혹은 하나님의 선에 대하여) 반역하기만 하는 "악한 자"에 대하여 지적한다. ① 그는 반드시 재앙을 만나게 되며(11절), ② 그는 남을 해롭게만 하는 위험한 인물이며(12절), ③ 그의 가족도 재앙을 만난다(13절)고 한다.

"악으로 선을 갚는 것"(13절)은 반역자의 특징이다. 이런 행동을 하는 자는 소나 나귀만도 못한 자이다(사 1:3). 그런 자는 사실상 주인을 향하여 발꿈치를 드는 자이다(참조. 시 41:9; 요 13:18; 딤후 3:4). 이 죄악은 극도로 악하기 때문에 이에 해당하는 벌이 크다. 곧 "악(재앙을 의미함)이 그 집을 떠나지 아니하리라"고 한다. 이 재앙은 물론 하나님께서 그 악인에게 보내신다.

"잔인한 사자가 보냄을 받으리라"(11절). 여기서 말하는 "사자"는 하나님의 사자로서 재앙을 베푸는 자를 의미한다. 이런 사자가 보냄 받는다는 말씀과 "악이 그 집을 떠나지 아니하리라"(13절)고 하신 말씀은, 재앙을 보내시는 분이 하나님이라는 사실을 보여 준다. 이것을 보면 배은망덕하는 죄악은 하나님을 극도로 노엽게 하는 것이다. 이런 죄악을 범하였던 고라(민 16장), 압살롬(삼하 18:9-15), 유다(마 27:3-5)가 당한 벌이 이 사실을 증명한다.

**14** 다투는 시작은 둑에서 물이 새는 것 같은즉 싸움이 일어나기 전에 시비를 그칠 것이니라. 이 말씀은 싸움이 작은 일에서 시작하여 점점 확대되고 나중에는 큰 일이 잘못된다는 뜻이다. 그러므로 싸움은 불과 같다고 할 수 있다. 불이 사정없이 붙어 나가며 그칠 줄 모르는 것처럼 싸움도 별일도 아닌 것에서 시작되어 크게 번져 나간다. 그러므로 사람들은 작은 일에서부터 분쟁하지 않도록 조심해야 한다. 혹여 분쟁이 시작된 때에라도 어느 편에서든지 먼저 양보하여 그 싸움이 확대되지 않도록 해야 한다. 종종 큰 사고가 작은 사건에서 발

단되는 경우가 있다. 시카고(Chicago)의 어느 집 외양간에서 소가 등불을 차서 일어난 불이 그 도시 절반을 태우는 큰 화재를 가져왔고(1871년), 제1차 세계대전은 세르비아의 음모자가 오스트리아의 황태자를 죽인 사건에서 발단되었다(1914년).

동양의 주자(朱子)가 말하기를 "싸움에서 이기기를 구하지 말고, 재물을 나누는 데 있어서는 많이 가지기를 구하지 말라"고 하였다.[116] 여기 말한 대로 이기기를 구하지 말아야 할 이유는, 사람이 싸움으로 분노가 터지면 일을 저질러 어려운 형편에 처하게 될 것을 생각하기 때문이라고 한다. 주자는 계시종교, 곧 기독교를 알지 못한 중국의 철학자였다. 그는 다만 양심과 경험으로 이같이 지혜로운 말을 하였다. 그러나 이런 말은 이 세상에서 처신하는 데 관계된 것이고 내세와 영적 사실과는 직접적인 관계가 없다. 그러므로 누구나 양심과 경험에 주의를 기울이면 이러한 것을 말할 수 있다. 그러나 앞에 언급한 잠언의 말씀은 하나님을 경외하는 것에서 나온 것이다. 그다음 구절에 여호와의 심판을 언급하며 이러한 사실을 증명한다.

아브라함은 자기 조카 롯과 다투게 될 즈음에 자신이 먼저 양보하여 싸움을 하지 않았고(창 13:8-9), 이스라엘은 하나님의 말씀에 순종하여 에돔의 도전적인 행동에 응하지 않았다(민 20:14-21). 그리고 다윗은 자기 원수들의 악담과 욕설에 대항하지 않고 참았다(시 38:12-14). 그러나 바울과 바나바는 끝까지 다투다가(행 15:39) 마침내 나뉘었다.[117]

**15 악인을 의롭다 하고 의인을 악하다 하는 이 두 사람은 다 여호와께 미움을 받느니라.**
이것은 불의한 재판이 하나님을 노엽게 한다는 말씀이다. 하나님은 특별히 교회의 일에서 의를 찾으신다. 그러나 사회 질서에서도 정의가 실시되기를

---

116) 『小學集註』 卷之三, 4쪽 : "狼母求勝分母求多."
117) Charles Bridges, A Commentary on Proverbs (London: The Banner of Truth Trust, 1968), 264.

원하신다. 그 이유는, 그분의 뜻이 하늘에서 이룬 것같이 땅에서도 이루어지기를 원하시기 때문이다(마 6:10). 그는 말 방울까지 성결하기를 원하신다(슥 14:20-21). "악인을 의롭다 하고 의인을 악하다" 하는 재판은 적극적으로 악을 장려하는 행동이므로, 극도로 악한 것이며 악마적인 행동이다. 이같이 극도에 이른 악은 극도로 하나님을 거스르는 것이기 때문에 하나님의 격렬한 심판을 받는다는 것이 성경의 교훈이다. 이에 대한 성경 말씀은 화를 선언하는 엄위로 나타난다(사 5:20).

"악인을 의롭다 하고 의인을 악하다 하는" 불의한 재판은 이 세상에서 가장 악하게 취급되신 예수님이 받으셨던 재판이다(Charles Bridges). 그 재판에서 바라바(살인강도)는 놓이고 예수님은 사형 선고를 받으셨다(마 27:26). 예수님은 이 점에서도 최대의 억울함을 당하셨다.

"악인을 의롭다 하고 의인을 악하다 하는" 재판은 이처럼 특히 악독한 죄악이다. 그러므로 이 죄악을 범한 자들은 멸망하게 된다. 아합은 무죄한 나봇을 죄인으로 몰아서 죽이고 그의 포도원을 빼앗았다. 이 죄악 때문에 그의 자손의 시대에 온 집이 하나님의 심판을 받아 멸망했다(왕상 21:1-24). 국가의 정권도 이런 죄를 범하면 오래지 않아 패망한다. 유다 말년에 여호야김 왕은 의인 예레미야를 박해하였으며 우리야를 죽였고(렘 26:22-24), 시드기야 왕도 예레미야를 박해하였다(38:5-6). 그 후 오래지 않아 그 나라는 바벨론에게 멸망하였다. 그러므로 우리는 이런 죄악을 가리켜 멸망의 앞잡이라고 할 수 있다. 이런 죄는 뇌물을 받는 자들이 범하고(출 23:7-8), 또한 교만하고 어두워져서 선악을 분별하지 못하는 자들이 범한다.

**16** 미련한 자는 무지하거늘 손에 값을 가지고 지혜를 사려 함은 어찜인고. 이 구절은 다음과 같이 번역되어야 한다. "미련한 자가 마음은 없이 그 손에 값을 가지고 지혜를 사려 함은 어찜인고." 여기서 "마음은 없이"(אֵין־לֵב)라는 말은 마음으로는 진정으로 원하지 않는다는 뜻이다. "마음"(לֵב)이라는 히브리어는 뜨

거운 애착을 지니고 있는 심리를 가리킨다. 사람들이 겉으로는 하나님을 찾는 모양(지혜를 찾는 모양)을 취한다. 그러나 중심에는 뜨거운 소원이 없다. 그러므로 그들은 "미련한 자"라고 불린다. 왜 참된 보배를 형식적으로 찾는가? 빌라도는 예수님을 옹호하는 듯이 말하면서 마침내 예수님을 십자가에 못 박도록 내주었고(눅 23:4, 14, 20, 22, 24), 벨릭스는 바울이 전하는 복음을 듣기 원하면서도 중심에 뜨거운 소원이 없어서 결국 그것을 받아들이지 않았다(행 24:25). 오늘날 기독교 신자들 중에도 살아 계신 하나님을 중심에서부터 사모하지 않고 겉으로만 신자 노릇을 하는 자들이 많다. 사람이 마음으로 그리스도를 믿어야 구원을 얻는다(롬 10:9-10). 마음은 두뇌가 아니고 심장으로 표현된 애정이다. 그것이 우리 인격의 중심이다. 주님은 우리의 뜨거운 마음을 원하신다. 그러므로 그가 베데스다 못가에 누워 있던 38년 된 병자를 고치실 때에도, 먼저 그에게 물으신 말씀이 "네가 낫고자 하느냐"라고 하시면서, 그의 중심에 뜨거운 소원이 있는지 여부를 알아보셨다.

**17  친구는 사랑이 끊어지지 아니하고 형제는 위급한 때를 위하여 났느니라.** 델리취(Delitzsch)는 이 구절을 다음과 같이 번역하였다. "진정한 친구는 언제나 사랑하나니 형제처럼 곤란한 때를 위하여 났느니라." 그러나 우리 한글 번역이 더 자연스럽고 문법적이다. 이 구절에는 친구에 대한 말이 있는 동시에 형제에 관한 말도 있다.

여기서 "친구"(רֵעַ)라는 말의 히브리어는 친구(רֵעַ)에 관사(הַ)가 붙어 있는 형태다. 델리취(Delitzsch)는 여기서 특별한 친구(친구라고 할 수 있는 친구)라는 의미를 찾았다. 그래서 그는 이 말을 "옳은 친구"(the right friend)라고 번역하였다.

언제나 계속 사랑하는 친구를 만나기는 쉽지 않다. 요나단은 그의 친구인 다윗이 환난을 당할 때에 계속 도와주었으며, 특히 자기의 부친이 다윗을 미워할 때에도 그는 부친의 뜻에 맹종하지 않고 끝까지 다윗을 도와주었으니 참으로 위대하다. 요나단은 혈통보다도 의리를 따랐다(참조. 삼상 18:3; 19:2; 23:16). 다윗과 요나단의 친교는 여호와를 믿는 신앙의 열매였다. 다윗의 신앙은 말할 것도 없고 요나단도 신앙의 사람이었다(삼상 20:12). 하나님을 모르는 불신자들 가운데도 친구를 사귈 때 하나님이 주신 양심에 따라 올바르게 행하는 경우가 있다. 옛날 중국에 있었던 제나라 환공 시대의 관중과 포숙의 친교는 후세에 모본이 된다. 그 두 사람이 함께 장사하여 이익을 나눌 때에 관중이 더 많이 차지하였다. 그러자 포숙은 아량 있게 관중을 이해하며 말하기를 "관중이 저렇게 행한 것은 너무 가난한 까닭이다."라고 하였다. 그 후에 관중이 전쟁하다가 세 번이나 패하여 도망하였을 때에, 포숙은 그를 겁쟁이라고 하지 않고 좋게 말하기를 "관중이 전쟁에 패하여 도망한 것은 늙은 어머니가 계셔서 어머니를 봉양해야 하기 때문이다."라고 하였다.[118]

동양의 도덕에서도 이처럼 변치 않는 사랑을 존중하였다. 공자는 춘추 시대 제나라 경공 때의 선한 정치가였던 안평중을 다음과 같이 칭찬하였다. 곧 "안평중은 사람 사귀기를 훌륭히 하여 오래도록 변함없이 공경했나니"라고 하였다.[119] 공자의 이와 같은 말은 친교의 원리를 가르치는 것에서 잠언의 말씀과 유사하다. 다만 둘이 다른 점은 그 배후 관계이다. 공자는 단순히 인본주의에서 말하였고, 잠언의 저자는 신본주의에서 말하였다.

그렇다면 친교가 오래 지속되게 하는 비결은 무엇인가? 그것은 성경에 있는 대로, 남의 죄를 가려 주라는 말씀(벧전 4:8)과 원수를 사랑하라는 말씀(마 5:44-48)을 순종할 때에만 성립된다(참조. 시 109:4-5). 남에게서 무엇을 얻으려고 그와 사귀면 안 된다. 그런 사귐은 그 기대대로 이루어지지 않을 때

---

118) 『세계고전전집 十八史略』 I (1970), 101.
119) 『論語』, 公冶長 第五, 17쪽 : "晏平仲善與人交久而敬文之."

에 깨어지고 만다. 그러나 원수를 사랑하는 자는 그런 난관도 극복한다. 유교에도 우정이 계속되게 하는 비결로 가르친 교훈이 있다. 그것은 친구를 사귈 때 마음을 곧고 깨끗하게 가지라는 것이다. 이런 의미에서 명심보감은 말하기를 "군자의 사귐은 물과 같이 맑고, 소인들의 사귐은 단술과 같이 달다."라고 하였다.[120] 이것은 친구를 사귈 때 단술과 같이 상대방을 기쁘게만 하려고 아부하지 말고, 곧고 깨끗하게 행해야 한다는 뜻이라고 생각된다. 이것은 매우 중요한 교훈이지만, 죄를 용서하는 것과 원수 사랑을 강조한 성경 말씀의 수준에 도달하지는 못하였다.

"형제는 위급한 때를 위하여 났느니라." 이 말씀에 대하여 델리취는 "형제가 재앙을 위하여 난 것같이"라는 번역을 주장한다. 곧 참된 친구는 재앙 가운데서도 도와주는 형제와 같다는 뜻이라고 한다. 그러나 이와 같은 번역은 문법적으로 자연스럽지 않다. 이 말씀은 상반절에 언급된 친구와는 별도로 형제에 대하여 말한다. 곧 한 혈통에 속한 형제들은 환난 때에 자발적으로 서로 도와준다는 것을 의미한다. 그것은 이 세상에서 이루어지는 일을 그대로 말한 것이다. 유교의 시경(詩經)에 다음과 같은 글이 있다. "환하니 빛 넘치는 산 앵두꽃 피었네. 세상사람 중에서 형제 같음 또 없네. 죽을 고비 당해서도 형제면 생각하고 송장 깔린 그곳에도 형제는 찾아가네. 들에 있는 할미새 몹시 바쁘듯 형제면 어려울 적 급히 구하네. 아무리 좋은 벗이 있다 하여도 그럴 때는 우리의 탄식만 사리. 형제는 집 안에서 다투다가도 밖에서는 업신여김 손잡고 막네. 아무리 좋은 벗이 있다 하여도 그럴 때는 우리를 돕지 않으리."[121] 이 시구는, 이 세상 사람들이 혈통에 이끌려 행하는 가족적 윤리 생활을 그대로 말해 준다. 이것은 이 세상 사람들도 경험으로 깨달을

---

120) 『明心寶鑑』(玄岩社, 1970), 97쪽 : "君子之交淡如水 小人之交甘如醴."
121) 『詩經』, 小雅常棣 (玄岩社, 1970), 214-215쪽 : "常棣之華鄂不韡韡風今之人莫如兄弟 死喪之威 兄弟孔懷 原濕裏矣 脊令在原 兄弟急難 每有良朋 況也永歎 兄弟鬩干牆 外禦其務 每有良朋 烝也無我."

수 있는 것이다. 이것은 자연 계시에 속한 것으로, 영감된 것은 아니다.

**18 지혜 없는 자는 남의 손을 잡고 그의 이웃 앞에서 보증이 되느니라.** 이것은 보증 행위를 모두 다 금하는 것이 아니다. 올바른 보증은 남을 돕는다. 선한 사마리아 사람이 강도 만난 사람을 위하여 여관 주인에게 담보하는 말을 하였고(눅 10:35), 바울은 오네시모를 위하여 그리하였고(몬 1:18), 예수님은 우리의 구원을 위하여 보증이 되어 주셨다(히 7:22).

잠언 17:18 말씀은, 누구든지 감당할 수 없는 보증이 되어서는 안 된다는 것을 가르치는 것뿐이다. 사람이 감당할 수 없는 보증을 하는 것은 두 가지 이유로 합당치 않다. 곧, ① 상대방을 도와준다는 명예를 위한 것이므로 이는 허영주의이고, ② 장래에 경제적인 능력이 생길 것이라 예상하고 취한 행동이므로 이는 경제 모험이다. 경제 모험을 하는 개인이나 단체는 실패하기 쉽다. 오늘날 한국에서 큰 기업체들이 파산하는 원인도 여기에 있다. 그러므로 잠언 28:6에 말하기를 "가난하여도 성실하게 행하는 자는 부유하면서 굽게 행하는 자보다 나으니라"고 하였다.

본문(잠 17:18)의 "남의 손을 잡는다"(תֹּקֵעַ כָּף)는 말은 단순히 "손바닥을 친다"는 뜻이다. 그러므로 70인역(LXX)과 라틴어 불가타 역본은 이것을 기뻐하는 행동으로만 보았다(C. H. Toy). 그러나 욥기 17:3을 보면 손을 치는 행동은 보증한다는 뜻이다.

**19 다툼을 좋아하는 자는 죄과를 좋아하는 자요 자기 문을 높이는 자는 파괴를 구하는 자니라.** 여기서 말하는 "다툼을 좋아하는 자"(상반절)는 하반절의 "자기 문을 높이는 자"(교만한 자)와 같은 자이다. 사람들 중에는 어쩔 수 없이 분쟁에 말려들어 가는 자도 있다. 그러나 다투기를 좋아하는 자도 있는데 그런 사람은 교만한 자이다. 그는 언제나 다른 사람을 무시하며 그들의 권리를 침해하려고 한다. 따라서 온갖 불의한 행동이 거기서 나온다(잠 29:22-23). 그는 죄악을 사랑하는 만큼 그 죄악을 극도로 채운다. 이같이 교만한 자("문을 높이는

자")는 마침내 멸망한다.

이 구절(잠 17:19)에서 주목해야 할 것은, 여기에 두 번 나오는 "좋아한다"(אהב)라는 말과 "구한다"(מבקש)라는 말이다. 이런 표현은 교만한 자의 어리석음을 풍자적으로 지적한다. 그가 자기 자신을 위하여 다투기를 좋아하는 것은 정의감보다 죄악의 충동 때문에 그리하는 것이다. 일반적으로 사람은 자기 자신을 위하여 다투지 않는 것이 의로운 편에 속한다. 사랑은 자기의 유익을 구하지 않는다(참조. 고전 13:5; 10:33; 빌 2:21). 그러나 교만한 자는 자기 자신을 위하여 다투기를 좋아한다. 그것은 죄를 좋아하는 것(히브리어 원문대로 죄를 사랑함)과 마찬가지이다. 그리고 그것은 자기 자신의 파멸을 힘써 구하는 것과 마찬가지이다. 그러므로 그는 어리석기 그지없다.

동양의 옛글 서경에 말하기를 "덕은 하늘을 움직이므로 이르지 아니함이 없나니 자만은 손해를 부르고 겸손한 것은 이익을 받는 것이 하늘의 도니라"고 하였다.[122] 이 말을 보면, 교만한 자가 하늘의 심판 때문에 멸망한다는 사상을 알 수 있다. 그렇다면 서경이 말하는 '하늘'은 무엇을 의미하는가? 서경의 신관은 막연하다. 그것은 유신론에 부합하는 것이 아니다. 어떤 때에는 서경에서 우주의 최고 통치자를 하늘이라고 한다. 그러나 그 책에서 하늘이 명하였다(천명)고 한 것은 극히 형식적인 최고의 전제를 가리킬 뿐이고, 적극적인 내용이 있는 계시는 언급하지 못하였다. 그리고 어떤 때에는 이 책이 하늘의 신과 땅의 신을 공존의 생산자로 표현한다. 예를 들면 "천지는 만물의 부모이고 사람은 만물의 영이다."라고 한 것이다(현암사, 1970, 태서, p.211).

그렇다면 앞에서 인용한 대로 교만한 자를 하늘이 심판한다는 의미의 사상을 어떻게 평가해야 되는가? 그것은 부패해진 인류라도 어떤 때에는 일반은총에 의하여 말할 수 있는 양심의 소리라고 할 수 있다. 그것이 성령의

---

122) 『書經』, 虞書(玄岩社, 1970), 63쪽 : "惟德動天滿招損謙受益時乃天道"

감동으로 기록된 하나님 말씀의 권위에는 미치지 못하지만 이 점에서 명심할 것은 일반은총도 하나님이 주신 것이므로 그에 관한 증거를 존중해야 한다는 것이다.

**20 마음이 굽은 자는 복을 얻지 못하고 혀가 패역한 자는 재앙에 빠지느니라.** 여기서는 사람들이 등한히 취급하는 두 가지에 대하여 말한다. 사람들은 대체로 행동은 어느 정도 조심하면서도 마음을 단속하는 데 주의하지 않는다. 그뿐 아니라 말도 조심성 없이 한다. 그러나 성경 말씀은 이 두 가지를 무엇보다 중요시한다(신 6:5; 마 12:36; 롬 10:9-10; 약 3:2). 그러므로 우리는 무엇보다도 이 두 가지를 잘 지켜야 한다. 이 두 가지에서 지켜야 할 것은 진실성이다.

본문(잠 17:20)에서 "굽은"(עִקֵּשׁ)이라고 한 것은 거짓된 것을 의미하고, "패역한"(נֶהְפָּךְ)도 거짓된 것을 가리킨다. 마음이 거짓된 자는 하나님의 진리를 믿지 않는다. 거짓과 신앙은 정반대이기 때문이다(시 51:6). 그리고 사람의 말이 거짓되면 그것은 그 인격의 자살을 의미하는 것이다. 그 이유는, 말의 가치가 그 사람 인격의 가치를 정하여 주기 때문이다. 누구든 거짓말쟁이와는 함께 일할 수도 없고 함께 살 수도 없다. 더욱이 그런 사람은 하나님과 교통할 수 없다. 그는 마귀에게 속한 자이다(요 8:44).

**21 미련한 자를 낳는 자는 근심을 당하나니 미련한 자의 아비는 낙이 없느니라.** 잠언에는 이와 유사한 말씀이 많이 나온다(10:1; 15:20; 17:25; 19:13). 자식이 미련한 것은 타고나는 것이니 인력으로 할 수 없다고 말할 수 있다. 그 이유는, 한 부모에게서 태어난 여러 자식 중에는 어질고 총명한 자와 어리석고 미련한 자가 섞여 있기 때문이다. 그뿐 아니라 위대한 신앙인의 자식들 중에도 미련한 자가 있기 때문이다. 이삭의 아들 에서는 어리석었고(창 25:34), 아론의 두 아들(나답과 아비후)도 그러했고(레 10:1), 사무엘의 아들들(삼상 8:1-3), 다윗의 아들들(삼하 13:1-39; 15:1-12)도 역시 불량하였다. 그러므로 선량한 자녀들을 소유한 것은 하나님께 받는 복이다. 시편 127:3-4에 말하기를 "자식들

은 여호와의 기업이요 태의 열매는 그의 상급이로다 젊은 자의 자식은 장사의 수중의 화살 같으니"라고 하였다. 이런 축복을 받지 못한 부모는 자식들 때문에 근심하게 되는데, 그 근심이 늘 좋지 못한 것은 아니다. 그 부모는 그 근심 때문에 겸손해질 수 있고, 또 간절히 기도하게 된다. 그렇게 될 때에 그것이 복이 된다. 만일 선량하고 총명한 자식으로 인하여 교만해지고 기도하지 않는 부모가 있다면, 그들(부모)은 하나님의 축복을 온전히 감당하지 못하는 것이다. 그들은 자기들의 선량한 자식들로 인하여 겸손하게 많이 기도해야 한다. 그 이유는 선량하고 총명한 자식들에게서 불량한 후손이 날 수도 있기 때문이다. 이새는 선량한 아들 다윗으로 인하여 크게 기뻐하였을 것이다. 그러나 다윗에게서도 불량한 자식들이 나왔다.

우리가 이 점에서 또 한 가지 생각할 것이 있다. 곧 자식들이 미련한 이유가 그들의 부모가 옳은 길을 가르쳐 주지 않았기 때문이기도 하다는 것이다. 자녀 교육은 중요하다. 그러나 우리는 또다시 하나님의 축복으로만 그 교육의 결실을 보게 된다는 것을 기억해야 한다. 사도 바울은 말하기를 "나는 심었고 아볼로는 물을 주었으되 오직 하나님께서 자라나게 하셨나니 그런즉 심는 이나 물 주는 이는 아무 것도 아니로되 오직 자라게 하시는 이는 하나님뿐이니라"고 하였다(고전 3:6-7).

**22 마음의 즐거움은 양약이라도 심령의 근심은 뼈를 마르게 하느니라.** 브리지스(Charles Bridges)는 여기서 말하는 "즐거움"은 육체적인 즐거움(이 세상 정욕의 즐거움)이 아니라 영적인 것(성령으로 말미암은 즐거움)이라고 한다. 그 이유는 솔로몬이 육체적 즐거움을 하나의 정신 이상으로 간주하였기 때문이다.[123]

사실상 사람의 육체적 즐거움은 영혼에는 물론이고 몸에도 건강하게 하

---

123) Charles Bridges, A Commentary on Proverbs (London: The Banner of Truth Trust, 1968), 272.

는 양약이 될 수 없다. 육체적 향락을 누리는 자들에게는 남모르는 후회와 심리 고통이 많다. 황금으로 집을 짓고 살던 네로 황제도 얼마나 괴로웠으면 자살하였겠는가? 향락주의자들은 몸과 마음이 함께 약해져서 외부적인 어려움이 올 때 그것과 싸워 이길 힘이 없다. 그러나 성령으로 말미암아 얻는 즐거움은 후회할 것이 없는 참된 것이므로, 그것으로 인하여 우리의 몸도 강건하게 되고 우리의 영혼도 강건하게 된다. 그러한 즐거움을 소유한 자는 모든 외부적인 고난도 찬송하며 견디어 나간다. 그런 사람은 구름 속에서 무지개를 본다(Charles Bridges).

"심령의 근심"은 이 세상일로 인한 염려를 말한다. 그것은 영혼을 죽이는 것이다(마 13:22). "뼈를 마르게 한다"는 것은 신체의 골격보다 인격의 기둥이 쇠약해지는 것을 의미한다. 다시 말하면 그의 몸과 영혼이 다 함께 병약해진다는 것이다. 이 세상의 근심은 불신앙이고(마 6:34), 또한 해롭기 때문에 예수님은 신자들에게 가르치시기를 의복과 음식이 없는 상황에서도 그것 때문에 염려하지 말라고 하셨고(마 6:25), 내일 일을 위하여 염려하지 말라고 하셨다(마 6:34).

공자는 말하기를 "군자는 근심도 하지 않고 두려워하지도 않는다" 하였고, 또 말하기를 "군자가 마음을 살펴 허물할 것이 없으면 근심할 것이 무엇이며 두려워할 것이 무엇이겠는가?"라고 하였다.[124] 이것은 사람이 다른 사람들 앞에서 잘못 행한 것이 없으면 걱정할 일이 없다는 뜻이다. 그러나 이것은 인생의 근본적인 근심의 문제와 두려움의 문제를 해결해 주지 못한다. 인생의 근본적인 근심은 종교적인 것이다. 사람은 이것을 해결받고 하나님 앞에서 평안을 가질 수 있어야 한다. 그 해결은 믿음으로만 얻을 수 있다. 누구든지 자기가 죄인이라는 것을 알고 그리스도께 나아가 하나님을 아버지

---

124) 『論語』, 顔淵 第十二, 4쪽 : "內省不疾夫何憂何懼."

로 믿으면 근심과 두려움이 없어진다. 예수님은 죄인들이 근심과 두려움을 이기고 평안을 누릴 수 있는 길을 주셨다. 그는 믿음의 길을 주장하신다(히 12:2).

**23** 악인은 사람의 품에서 뇌물을 받고 재판을 굽게 하느니라. 이사야 33:15-16을 참조하라. 여기서 뇌물 받는 관리를 "악인"이라고 하였으므로, 뇌물을 받는 것이 큰 죄악임을 알 수 있다. 하나님께서는 공의를 덮는 사람들의 행위를 극히 미워하신다. 앞의 8절 해석을 참조하라.

유교의 정치 도덕에서도 뇌물을 죄악시하였다. 서경에 말하기를 "인품을 보지 않고 뇌물을 따라 처사하는 것은 관직을 크게 더럽히는 것이니, 왕을 공경하지 않는 허물이 크다. 내가 너를 벌하리라"고 하였다.[125] 이와 같은 유교 사상은 영감된 하나님의 말씀이라고 할 수는 없다. 그러나 그것은 하나님이 주신 양심에서 나온 것이고, 하나님의 일반적 계시에 속한다고 할 수 있다.

**24** 지혜는 명철한 자 앞에 있거늘 미련한 자는 눈을 땅 끝에 두느니라. 지혜가 "명철한 자 앞에" 있다는 것은, ① 명철한 자가 지혜만을 따른다는 의미이다. 다시 말하면 그는 여호와를 경외하는 것(지혜) 외에 다른 것을 생각하지 않는다는 것이다. 그는 두 주인을 섬기지 않고(마 6:24) 오직 여호와(신약 시대에는 예수 그리스도) 한 분만 사모한다(시 27:4). 하나님만 바라본다고 한 다윗의 시편(62:1-12)을 자세히 읽으라. 거기에 "만"(אַךְ)이라는 말이 여섯 번(MT 2, 3, 5, 6, 7, 10절) 나온다. 다윗은 오직 여호와로 만족하였다(시 23:1). ② 명철한 자에게는 지혜가 가까이 있다는 뜻이기도 하다. 잠언이 말하는 대로 "명철한 자"는 이 세상의 지혜를 소유한 사람을 말하는 것이 아니라 신령한 지혜의 소유자를 가리킨다. 그에게는 하나님이 멀리 계시지 않는다. 그는 영적 지각의 은혜를 받았기 때문에 어디서나 하나님이 계심을 느낀다(אַךְ; 시

---

125) 『書經』, 冏命, 3쪽 : "非人其吉貸其懷厥官惟爾大弗克祇厥君辛惟予汝辜."

139:1-18; 롬 10:8; 행 17:24-27).

반면에 미련한 자는 땅 위의 모든 것을 다 구하려고 모든 것에 주목한다. 그것은 허영주의와 탐심에 끌린 모습이다. 그것이 "눈을 땅 끝에 둔다"는 말씀의 뜻이다. 그는 모든 것을 얻는 데 성공하지 못하기 때문에 만족하지 못한다. 인간은 하나님을 모셔야만 만족할 수 있고(전 3:11), 하나님께로 가는 길은 예수 그리스도뿐이다(요 14:6). 그러므로 그는 예수님만 바라보아야 한다(히 12:2).

**25 미련한 아들은 그 아비의 근심이 되고 그 어미의 고통이 되느니라.** 이 구절은 부모와 자식에게 각각 경고하는 말씀이다.

1) 자녀들에게 경고함. 곧 그들이 부모를 걱정시키고 괴롭게 하면 안 된다는 것이다. 자식 된 자들은 부모에게 순종하여 부모를 기쁘게 해야 한다(엡 6:1). 자녀로서 순종하는 것을 효도의 진수로 알아야 한다. 이 순종은 사실상 맹목적인 복종이 아니라 부모의 사랑에 순응하여 그 사랑을 받는 행동이다. 부모는 자녀를 사랑하기 때문에 그들에게 해로운 것을 명령하지 않고 유익한 것을 부탁한다. 부모의 뜻을 받들어 그들을 기쁘게 해야 한다는 것은 유교에서도 많이 가르친다. 증자는 다음과 같이 말했다. "효자가 부모를 모시는 것은 부모의 마음을 즐겁게 하여 그의 뜻을 어기지 않는 것이다."[126] 또 말하기를 "효자는 부모가 사랑하는 것을 사랑하며 부모가 공경하는 것을 공경한다"라고 하였다.[127] 그리고 "부모가 나를 사랑해 주면 기뻐하여 잊지 말고, 부모가 나를 미워하면 두려워하면서 원망하지는 말고, 부모에게 허물이 있으면 간하기만 하고 거스르지는 말라"고 하였다.[128] 이와 같은 증자의

---

126) "孝子之養老人樂其心不違其志."
127) "父母之所愛亦愛之 父母所敬亦敬之."
128) 『原本小學集註』卷之二 (鄕民社, 1967), 41쪽: "父母愛之喜而弗忘, 父母惡之懼而無怨 父母有過諫而不逆."

교훈은 인간의 경험과 양심에 나타난 하나님의 자연 계시라고 할 수 있다. 그것이 성경처럼 영감된 것은 아니지만 효도에 대한 바른 지식을 보여 준다.

2) 부모들에게 경고함. 곧 부모 된 자들은 자녀들을 감화시키고 또한 가르쳐서 그들로 하여금 미련한 자가 되지 않게 하라는 것이다. 어린 자녀들이 교육을 받을 수 있는 곳은 가정이 아니면 거리이다. 그들이 가정에서 기쁨을 얻지 못하면 결국 거리로 나가게 된다. 거리에는 더러운 죄악이 많고 위험하다. 그러므로 어린 자녀들이 가정에서 기쁨을 얻을 수 있어야 한다. 가정에는 간혹 엄한 법도 있어야 하지만, 그보다 자녀들에 대한 사랑이 많아야 한다. 또한 가정에는 희생적인 봉사, 거룩한 경건이 힘 있게 작동해야 한다. 물론 가정 교육이 효과를 거두지 못하는 경우도 있기는 하다. 그러나 기도는 헛되지 않는다. 부모 된 자가 그의 자녀들을 위하여 끝까지 기도하면 때가 이를 때에 열매를 거둔다. 전도서 11:1에 말하기를 "너는 네 떡을 물 위에 던져라 여러 날 후에 도로 찾으리라" 하였고, 갈라디아서 6:9에 말하기를 "우리가 선을 행하되 낙심하지 말지니 포기하지 아니하면 때가 이르매 거두리라"고 하였다. 모니카는 그의 방탕한 아들 아우구스티누스(Augustine)를 위하여 늘 울면서 기도한 것이 헛되지 않아서, 아우구스티누스가 마침내 회개하고 기독교의 위대한 지도자가 되었다.

**26** 의인을 벌하는 것과 귀인을 정직하다고 때리는 것은 선하지 못하니라. 정권은 선을 장려하기 위하여 있는 것이다(롬 13:1-3). 그런데 어떤 때에는 의인을 벌하는 정권도 있다. 그것은 권세를 잘못 쓰는 죄를 범하는 것이다. 이런 일을 행하는 정권은 하나님의 벌을 받아서 멀지 않아 멸망한다. 옛날 중국의 상나라는 주 임금의 폭정으로 인하여 망하였고, 진나라는 시황의 악정 때문에 무너졌다. 이 외에도 이와 비슷한 실례가 역사에 많이 남아 있다.

**27-28** 말을 아끼는 자는 지식이 있고 성품이 냉철한 자는 명철하니라 미련한 자라도 잠잠하면 지혜로운 자로 여겨지고 그의 입술을 닫으면 슬기로운 자로 여겨지느니라. 여기

서 "성품이 냉철한"(קַר־רוּחַ)이라는 말은 성품이 냉정한 것(침착함)을 가리킨다. 그리고 "명철하니라"(אִישׁ תְּבוּנָה)고 한 말은 "명철한 사람이니라"고 번역되어야 한다. 이 구절은 사람이 침착하게 말을 적게 해야 한다고 장려한다. 말보다 행실이 더 귀하므로, 신자는 말은 적게 하고 선을 행하는 데 주력해야 한다. 예수님은 가장 억울하셨을 때에 도리어 침묵하셨다(참조. 마 26:59-63; 27:14; 눅 23:9; 약 1:19).

공자는 말하기를 "군자는 말은 더디 하고 행실은 신속히 한다"라고 하였다.[129] 이것이 영감으로 된 말씀은 아니지만 인간의 경험과 양심으로 깨달은 것이므로, 자연 은총에 속한 빛이라고 할 수 있다.

---

129) 『論語』, 里仁 第四, 24쪽: "君子欲訥於言而 敏於行."

# 제 18 장

## ✤ 해석

**1-2** 무리에게서 스스로 갈라지는 자는 자기 소욕을 따르는 자라 온갖 참 지혜를 배척하느니라 미련한 자는 명철을 기뻐하지 아니하고 자기의 의사를 드러내기만 기뻐하느니라. "무리에게서 스스로 갈라지는 자"라는 말에 대하여 브리지스(Charles Bridges)는 이것이 수양과 기도를 위하여 복잡한 사회를 떠나 한적한 곳으로 찾아가는 자를 가리킨다고 하였다.[130] 그러나 문맥상으로 볼 때 그와 같은 해석은 옳지 않다. "온갖 참 지혜를 배척하는 자"(1하)가 한적한 곳에 가서 홀로 유하며 기도하는 사람(1상)일 수 없다. 그뿐 아니라 여기서 "스스로 갈라지는 자"(יִפָּרֵד)라는 말의 히브리어는 자원하여 고집스럽게 탈퇴하는 자를 가리킨다(Keil & Delitzsch). 이 말씀은 분리주의자가 단체에서 분리되어 지내려는 것을 가리킨다. 그는 단체에서 갈라지기를 원한다. 그래서 자기 소원을 고집하며 그것을 관철시키려고 진리를 버린다. "자기의 의사를 드러내기만 기뻐하느니라"라는 말씀이 그 뜻이다. 이단 종파를 만들어 내는 자들이 이

---

130) Charles Bridges, A Commentary on Proverbs (London: The Banner of Truth Trust, 1968), 280.

런 자들이다. 그들은 고집스럽게 스스로 지혜 있는 듯 자처하나 실상은 미련하다(2절). 고집은 언제나 자기 자신과 사회에 해롭다. 그것은 진리를 지키는 것이 아니고 자아를 주장하는 것이다. 성경에도 종종 이 죄악을 금하는 말씀이 나온다(딛 1:7; 벧후 2:10).

선한 지도자들은 전적으로 진리에 순종하는 자들이다. 사무엘상 15:22에 순종이 제사보다 낫다고 하였다. 또한 그들은 진리 문제가 아닌 일들에 대하여는 화합을 위하여 잘 타협한다(고전 9:19-23).

**3** 악한 자가 이를 때에는 멸시도 따라오고 부끄러운 것이 이를 때에는 능욕도 함께 오느니라. 이 말은 악인이 멸시와 능욕을 받게 된다는 뜻이다. 사람들은 악을 행하는 것이 편리하고 쉽다고 착각하여 그 길로 간다. 그러나 결국에는 그것 때문에 멸시와 능욕을 당한다. 그것은 참으로 견디기 어려운 일이다. 사람은 벌레나 짐승이 아니므로 그런 멸시와 능욕 속에서 살 수 없다.

인간은 무엇보다 부끄러운 짓은 하지 않는 양심의 소유자가 되어야 한다. 유교는 사람들에게 예의를 가르쳐서 사람 앞에 부끄럽지 않게 하려고 하였다. 공자는 말하기를 "예의로 백성을 제재하면 백성에게 부끄러워하는 심리가 배양되어 전해진다."라고 하였다.[131] 이것은 덕치주의 정치에 불과하다. 그러나 기독교는 그보다 인간의 근본적인 문제를 다룬다. 곧 사람들로 하여금 하나님 앞에서 부끄럽지 않게 하여 준다. 이것이 영생의 길이다. 인간이 범죄한 후 즉시 받은 불행은 하나님 앞에서 부끄러워하는 것이었다(창 3:7-8). 그러나 하나님께서는 신자들에게 그리스도의 의의 옷을 입혀 주신다(롬 1:17; 3:23-24; 8:1; 13:14).

**4** 명철한 사람의 입의 말은 깊은 물과 같고 지혜의 샘은 솟구쳐 흐르는 내와 같으니라. 여기서 말하는 "명철한 사람"은 다른 데서도 말한 바와 같이, 하나님을 경외

---

131) 『論語』, 爲政 第二, 3쪽: "制之以體有恥具格."

하여 그의 영감을 받는 지도자를 가리킨다. 그런 지도자의 말은 계속 하나님 말씀의 공급을 받기 때문에 근본적(깊다는 뜻)이고, 생명이 있고, 또한 풍성하다. "지혜의 샘"은 생명을 비유하고, "흐르는 내"와 같다는 것은 그 생명의 풍성함을 비유한다. 계속적으로 은혜가 있고 생명이 있는 설교자는 이같이 복된 사람이다. 이런 사람은 예수님께서 요한복음 7:38에 말씀하신 것같이 된 자이다. 거기서 말하기를 "나를 믿는 자는 성경에 이름과 같이 그 배에서 생수의 강이 흘러나오리라"고 한다. 이처럼 신자에게 생명의 말씀이 풍성해지는 원인은 신자 자신의 재능에 있지 않고, 그가 모시고 있는 예수님의 말씀이 무궁무진하기 때문이다. 사도 요한은 말하기를 "예수께서 행하신 일이 이 외에도 많으니 만일 낱낱이 기록된다면 이 세상이라도 이 기록된 책을 두기에 부족할 줄 아노라"고 하였다(요 21:25). 예수님을 모신 자에게서는 생명의 말씀이 샘같이 나올 수밖에 없다. 이사야도 말하기를 "주 여호와께서 학자들의 혀를 내게 주사 나로 곤고한 자를 말로 어떻게 도와 줄 줄을 알게 하시고 아침마다 깨우치시되 나의 귀를 깨우치사 학자들 같이 알아듣게 하시도다"라고 하였다(사 50:4). 이 세상에는 하나님을 두려워하지 않고 직업적으로만 가르치거나 설교하는 자들이 많다. 그런 자들에게는 진리의 샘이 막힌다. 그들의 교훈이 교리적으로 옳을 수는 있다. 그러나 그들의 말에는 성령의 기름이 없고, 재료도 빈약하다.

**5 악인을 두둔하는 것과 재판할 때에 의인을 억울하게 하는 것이 선하지 아니하니라.** 이와 유사한 말씀이 잠언 17:15, 26에도 있다. 그 구절의 해석을 읽으라. 성경에는 사람들이 의인을 억울하게 재판한 실례들이 기록되어 있다. 나봇에 대한 재판(왕상 21:13), 바울에 대한 처사(행 24:27), 예수님에 대한 재판(막 15:15; 눅 23:24-25) 등이다.

공의로운 재판은 하나님을 두려워하는 자만이 할 수 있다(삼하 23:3). 하

나님은 공의롭지 않은 재판을 극히 미워하신다.[132]

**6-8** **미련한 자의 입술은 다툼을 일으키고 그의 입은 매를 자청하느니라 미련한 자의 입은 그의 멸망이 되고 그의 입술은 그의 영혼의 그물이 되느니라 남의 말하기를 좋아하는 자의 말은 별식과 같아서 뱃속 깊은 데로 내려가느니라.** 여기서는 잘못된 말의 위험성에 대하여 여러 가지로 말한다. ① 미련한 자의 입술은 다툼을 일으킨다(6상). 어리석은 자는 다른 사람들이 서로 화목하지 않도록 그들 사이에 이간을 붙인다. 그래서 그의 말의 결과는 다툼이다. 따라서 그 사람 자신도 손해를 당한다(6하). 다른 사람들이 평안해야 나도 평안한 법이다. ② 미련한 자의 입은 자기 자신을 망하게 한다(7절). 브리지스(Charles Bridges)는 이 점에 대하여 말하기를 "미련한 자를 거꾸러지게 하려고 함정을 팔 필요는 없다. 그 이유는 그가 스스로 자기의 함정을 파기 때문이다"라고 하였다. ③ 말쟁이의 말은 별식과 같다(8절). 다시 말하면, 진실한 기독교 신자들 이외의 사람들은 타락하여 남의 은밀한 허물에 대한 이야기를 듣기 좋아한다. 그런 이야기는 그에게 맛있는 음식처럼 섭취된다. 여기서 "별식"(מִתְלַהֲמִים)이라는 말은 상처(맞은 상처)라고도 번역된다. 그러므로 이 구절은 비평하는 말이 비평을 받는 자에게 깊은 상처를 준다는 뜻이다.

**9** **자기의 일을 게을리하는 자는 패가하는 자의 형제니라.** 이 말은 나태한 자와 탕자는 마찬가지라는 말씀이다. 금 한 달란트 받은 자가 주인의 말대로 일하지 않았기 때문에 그는 나중에 그가 가졌던 한 달란트마저 빼앗기고 말았다(마 25:26-28). 그리고 탕자는 그의 부친에게서 받은 재산을 모두 없애 버렸다(눅 15:14). 그렇게 이 두 사람은 결국 같은 처지가 되었다. 하나님께서는 게으른 자를 많이 책망하신다. 게으른 자를 악하다고 하신다(마 25:26). 정통주의를

---

[132] 참조. 출 23:3; 레 19:15; 신 1:17, 10:17, 16:19; 대하 19:7; 시 82:2; 사 1:23; 렘 22:3; 겔 22:12; 암 5:12; 말 2:9.

좋아하며 정통 노선에 속해 있는 교역자라 할지라도 정통 교리대로 살지 않는다면, 그는 게으른 자다. 입으로 "주여, 주여" 하면서 주님의 말씀대로 믿고 순종하지 않는 자는 영적으로 파산한다. 예수님께서 말씀하시기를 "나더러 주여 주여 하는 자마다 다 천국에 들어갈 것이 아니요 다만 하늘에 계신 내 아버지의 뜻대로 행하는 자라야 들어가리라"고 하셨다(마 7:21). 주님을 믿는 것은 진실해야 한다. 믿는다는 말 자체가 우리말로도 진실을 내포한 것이고, 헬라어($\pi\iota\sigma\tau\acute{o}\varsigma$)로도 진실하다는 의미를 지녔다. 사람이 믿는다고 하면서 행함이 없다면 그의 믿음은 진실한 것이 아니다. 물론 우리가 우리의 어떤 행위의 공로로 구원을 얻는 것은 아니다. 우리는 오직 믿음으로 예수님의 공로를 힘입어 구원을 받는다. 그러나 그 믿음이 참된 것이라면 반드시 의로운 열매를 맺는다.

**10-11** 여호와의 이름은 견고한 망대라 의인은 그리로 달려가서 안전함을 얻느니라 부자의 재물은 그의 견고한 성이라 그가 높은 성벽 같이 여기느니라. "여호와의 이름"이라는 말은 여호와의 성품과 권위를 말한다. 여호와께서는 그의 이름과 함께 역사하시기 때문에 이 사실을 아는 "의인"은 그의 이름을 믿고 의지한다. 그가 여호와를 믿는 행동은 열성적이고, 또한 구체적이다. "그리로 달려간다"는 말씀이 그 뜻이다. 그의 신앙은 관념적이지 않고 구체적이다. 그는 동적인 신앙을 가졌다. 그는 하나님의 이름을 체험적으로 알기 때문에 하나님의 이름 앞에서 그의 생명이 약동한다. 반면에 부자는 자기를 보호하는 가장 강한 방편이 재물이라고 믿는다. 따라서 그는 수전노가 되어 버린다. 이같이 하나님을 의지하는 의인과 하나님을 믿지 않는 부자는 서로 대조적이다.

노자는 말하기를 "도는 만물을 내포하는 오묘함이다. 선한 사람에게는 보배가 되고 악인에게는 보호가 된다"라고 하였다.[133] 노자의 이 말은 의인

---

133) 老子,『道德經』, 제62장 : "道者萬物之奧也 善人之寶不善人之所保."

과 악인이 심판받는 일 없이 둘 다 공존하고 번영한다는 모순된 말이다. 이것은 "도"가 모든 것(선인과 악인)의 원천이고 보호자라는 유출설(流出說) 철학의 관념론이다. 그러나 잠언 말씀에서 하나님이 의인을 보호하신다는 것은 관념론이 아니라, 인격적인 신께서 그의 의지적 행위로 의인을 보호하신다는 역사적 진술이다. 성경에 계시된 하나님은 우주 만물을 필연적으로 유출하신 이가 아니라, 모든 것을 의지적으로 창조하신 인격적인 신이다.

**12** **사람의 마음의 교만은 멸망의 선봉이요 겸손은 존귀의 길잡이니라.** 신자들은 겸손을 잃지 말아야 한다. 겸손이 무엇인가? ① 겸손은 사람이 자기 존재의 자세를 바르게 가지는 것이다(참조. 잠 15:33). 사람은 자기가 피조물이라는 사실과 죄인이라는 사실을 명심해야 되고, 창조주이시고 구속자이신 하나님만 믿어야 한다. 그것이 자기 존재의 올바른 자세다. ② 겸손은 남을 나보다 낫게 여기는 것이다(빌 2:3). 야고보서 3:1에 말하기를 "선생된 우리가 더 큰 심판을 받을 줄 알고 선생이 많이 되지 말라"고 하였다. 하나님께서는 많이 준 자에게서 많이 찾으신다(눅 12:48). 미국의 초대 대통령 워싱턴(Washington)은 그의 종이 인사할 때에 모자를 벗고 답례하였다고 한다. 그를 방문했던 프랑스의 라파예트(Lafayette) 장군이 그 모습을 보고 놀라서 이유를 묻자 그가 대답하기를 "나는 그 사람이 나보다 더 훌륭한 사람이 될까 봐 두렵다."라고 하였다고 한다. 다시 말하면 남을 높이는 자가 마침내 주님 앞에서 높아진다는 뜻이다. 참으로 그는 주님의 높여 주심만을 바라본 성도였다.

존 번연(John Bunyan)은 겸손의 덕을 골짜기(valley)에 비유하였다. 골짜기에 있는 것은 잘 나타나지 않는다는 것이다. 사람들은 자기를 드러내고, 또 나타내기를 좋아한다. 다른 사람들과 비교하며 곧잘 우월감을 가진다. 그러나 자기를 나타내는 자는 자기를 몰락시키는 자이다(참조. 약 4:6).

**13** **사연을 듣기 전에 대답하는 자는 미련하여 욕을 당하느니라.** "사연을 듣기 전에 대답하는 자"는 다음과 같은 과오를 범하기 쉽다. ① 성급하게 말하여 혈기

를 내게 된다. 하나님의 말씀에 "듣기는 속히 하고 말하기는 더디 하며 성내기도 더디 하라"고 하였다(약 1:19). 조급하게 하는 일에는 언제나 실수가 따른다(참조. 잠 19:2). ② 오해한다. 변론 석상에서 누구든지 상대방을 오해하고 말하면 상대방이 설득되지 않는다. ③ 교만해진다. 상대방의 사연을 들어보지도 않고 대답부터 하려는 것은 무엇보다 상대방을 무시하는 교만한 태도이다(참조. 욥 12:2). ④ 부끄러움을 당한다. 남을 오해하고 판단하는 것은 결국 자기의 단점을 드러내는 것이다.

학자들 중에는 애굽의 파라오 아메네모페의 지혜서에 이와 유사한 말이 있다고 하면서, 잠언이 그 지혜문의 영향을 받았다고 한다. 애굽의 지혜문이 이 점에 관하여 말한 것은, "그의 하는 일을 보기 전에 그와 대질하려고 뛰어들지 말라"는 것이다(XXII.22-XXIII.1). 그러나 이것이 잠언 18:13과 같다고 할 수는 없다. 설령 이 말이 어느 정도 유사하다 해도 그것으로 둘의 관련성을 증거할 이유는 전혀 없다.

**14 사람의 심령은 그의 병을 능히 이기려니와 심령이 상하면 그것을 누가 일으키겠느냐.** 여기서 "심령"(רוּחַ)이라는 말은 본래 하나님께서 창조하신 영 자체를 말한다. 영 자체는 물질세계를 초월하는 성질을 가진 것으로, 하나님을 모셨기 때문에 질병도 이길 힘이 있었다. 그래서 하나님께서 처음에 인간을 만물의 정복자로 세우셨다(창 1:28). 그런데 인류가 범죄하여 그 심령이 상했고, 또한 무력해졌다. 그래서 그것 자체의 힘으로는 일어날 수 없게 되었다.

여기서 "상한다"(נְכֵאָה)는 말은 낙심한다(dejected)는 의미를 가진다. 즉 여기서 "심령이 상한다"는 것은 환난이나 질병이나 기타 난관 앞에서 낙심하여 무력해진 것을 가리킨다. 이것은 인간이 범죄하여 하나님을 떠난 결과다. 그가 이제라도 회개하고 하나님을 전적으로 의지하면 그 심령에 힘을 얻는다. 다윗이 환난 중에 하나님을 의지하여 힘을 얻었고(삼상 30:6), 욥도 큰 재앙 중에 그런 힘을 얻어서 하나님을 찬송하였고(욥 1:21), 바울도 환난 가운데서 도리어 기뻐하였다(고후 12:10). 본문(잠 18:14)은 인간의 심령이 자율적인 능력으로 환난과 곤란을 극복하는 것에 대하여 말하는 것이 아니라, 하나님 안에서 힘을 얻어 정복력을 가지는 것에 대하여 말한다. 최근 미국에는 인간의 마음의 힘을 주장하는 참선(Zen)파 불교를 높이 평가하는 사람들이 있다. 보웬(Croswell Bowen)은 참선파 불교를 선전하기 위해 그가 저술한 책 "Zen Showed me the way"에 한 가지 예화를 기록하였다. 그 내용은 다음과 같다. 1923년에 동경 지역에 지진이 일어났는데, 그때에 유럽에서 온 헤리겔(Eugene Herrigel)이라는 교수가 어느 호텔 5층에서 일본 사람과 이야기를 하고 있었다. 지진으로 땅이 흔들리고 사람들이 아우성을 치며 현관으로 나와서 모였는데도 불구하고 헤리겔 교수와 이야기하던 그 일본 사람은 도무지 당황하는 기색 없이 눈을 조금 감은 모습으로 그대로 앉아 있었다. 헤리겔 교수는 그 사람의 동요 없는 모습에 놀랐는데, 나중에 알아보니 그 사람은 참선(Zen) 불교도였다고 한다. 헤리겔 교수는 그때부터 참선에 흥미를 가지고 참선을 숭상하게 되었다고 한다.[134] 이 "참선"은 하나님과는 관계없이 사람의 심령 자체의 힘을 개발하려는 정신 집중 기술에 불과하다. 물론 사람이 정신을 집중하는 데 연단을 받으면 정신력이 강해질 수는 있을 것이다. 그렇게 정신력을 강하게 하여 이 세상을 살아갈 때에 어떤 편리함을 얻을 수는 있겠지만, 그것이 그 사람의 구원 문제를 해결해 주지는 못한다. 사람이 회개하고 하나님께로 돌아가는 것(신앙함)이 구원받는 방법이고, 구원은 하나님과 그리스도께만 있다. 이 구원을 받는 신자들에게는 그와 같은 정신 집중이 필요하지 않다.

**15** **명철한 자의 마음은 지식을 얻고 지혜로운 자의 귀는 지식을 구하느니라.** 여기서 "명철한 자"라는 말은 "지혜로운 자"라는 말과 마찬가지로 하나님을 경외하

---

134) Croswell Bowen, Zen Showed me the way (Bobbs-Merrill, 1960), 14.

는 자를 말한다. 하나님을 아는 것이 제일가는 깨달음이다. 이 지혜가 있는 자는 지식(하나님을 아는 지식)을 얻고 더 얻어 장성한다. 그 이유는, ① 이 깨달음이 있는 자는 겸손하게 되어 더욱더 그와 같은 깨달음을 갈망하기 때문이다. 이런 의미에서 예수님은 "무릇 있는 자는 받아 풍족하게 되고"라고 말씀하셨다(마 25:29). ② 이 깨달음이 있는 자는 그것을 냉랭한 두뇌로 다루지 않고 그의 마음(לב), 곧 심장으로 대표되는 애정의 기관으로 다루기 때문이다. 잠언 18:15 상반절의 "마음"이라는 말에 주목하라. 사람이 마음, 곧 심장으로 하나님을 알면 거기에 행동이 따른다. 심장은 뜨겁고, 또 사랑의 불이 타는 기관이다. 따라서 그는 그의 실생활로 여호와를 경외한다. 사실상 그는 하나님의 말씀에 순종하는 자이며, 금 다섯 달란트를 받아서 주인의 명령대로 순종하여 장사한 결과 다섯 달란트를 남긴 자(마 25:16)와 같다. 이 점에서 "귀는 지식을 구하느니라"고 한 말씀도 중요하다. 이것도 순종의 의미를 가진다. 성경에서 듣는다고 한 말씀은 주로 순종을 의미한다.

앞에 말한 것과 같이 "마음"과 "귀"는 신앙생활에서 중요하다. 로마서 10:10에 말하기를, "사람이 마음(심장)으로 믿어 의에 이르고"라고 하였고, 또 10:17에는 "믿음은 들음에서 나며 들음은 그리스도의 말씀으로 말미암았느니라"고 하였다. 마음으로 믿는다는 것은 관념으로만 믿는 것이 아니라 인격의 동력이 되는 심장으로 믿는다는 뜻이다. 그리고 믿음이 들음에서 난다는 것도 피상적으로 전도하는 말소리를 듣는 것에서 믿음이 생긴다는 것이 아니다. 적극적인 청종으로 믿음을 얻는다는 의미이다.

**16** 사람의 선물은 그의 길을 넓게 하며 또 존귀한 자 앞으로 그를 인도하느니라. 여기서 "선물"(מתן)이라는 말의 히브리어는 "뇌물"(שחד)이라는 말과 다르다. 브리지스(Charles Bridges)는 이것이 단순히 존경의 예물(a tribute of respect)을 의미한다고 하면서, 엘리에셀이 리브가의 가족에게 준 선물(창 24:53), 에서에게 준 야곱의 예물(창 33:8-11), 다윗에게 준 아비가일의 예물(삼상 25:18-

27) 등을 실례로 들었다.[135]

그러나 "선물"이라는 말을 그렇게 해석하는 것보다는 다음과 같이 해석하는 것이 옳다고 생각된다. 곧 선물은 누군가에게 무언가를 주면서 그에게 아무런 보답을 기대하지 않고, 순전히 존경의 동기, 혹은 사랑의 동기로 주는 것이다. 수넴 여인은 엘리사를 존경하여 많이 대접한 결과로 후히 갚음을 받았고(왕하 4:8-13, 14-17), 겐그레아 교회의 뵈뵈는 성도들을 사랑하여 많이 대접하였는데, 그것도 후에 그에게 크게 갚음이 되었다(롬 16:1-2). 남에게 주기를 좋아하는 자는 마침내 후하게 갚음을 받는다. 전도서 11:1에 말하기를 "너는 네 떡을 물 위에 던져라 여러 날 후에 도로 찾으리라"고 하였다. 예수님께서도 말씀하시기를 "주는 것이 받는 것보다 복이 있다"(행 20:35)고 하셨다.

**17 송사에서는 먼저 온 사람의 말이 바른 것 같으나 그의 상대자가 와서 밝히느니라.**
이 말씀은 다음과 같이 번역되어야 한다. "먼저 나오는 사람이 그를 옳게 변호하나 다른 사람이 와서 그를 철저히 심사하느니라"(Keil & Delitzsch). 이 말씀은 사람이 스스로 옳은 것같이 생각하지만 나중에 다른 사람의 의견을 들어보면 그렇지 못한 것이 드러난다는 것이다. 사람은 누구든지 자기의 단점을 모르기 때문에 그렇게 된다. 사람에게는 자기 자신을 지나치게 중요시하는 편견이 있어서, 자기가 잘한 것은 과대평가하고 자기의 허물은 과소평가한다.

그러므로 신자들은 다음과 같이 바르게 처신해야 한다. ① 신자는 억울한 일을 당한 경우에도 하나님 앞에서는 여전히 부족함을 인정하고 스스로 의롭게 여기지 말아야 한다. 욥은 다음과 같이 말하였다. "인생이 어찌 하나님 앞에 의로우랴 사람이 하나님께 변론하기를 좋아할지라도 천 마디에 한 마디도 대답하지 못하리라"(욥 9:2-3). 신자가 간혹 부득이한 경우에 필요한

---

135) Charles Bridges, A Commentary on Proverbs (London: The Banner of Truth Trust, 1968), 295.

자기변명을 할 수는 있지만, 그것을 당연한 일로 여기거나 자주 하지는 말아야 한다. 본문(잠 18:17)의 "먼저 온 사람"(הראשון)이라는 말은 자기변호를 위해 선두에 서는(그것을 위주로 하는) 사람을 가리키는데, 하반절에 그가 실패하리라는 의미의 말씀이 나온다. 신자는 하나님 앞에서 그의 인정하심을 받기 위하여 고요히 살아야 한다. ② 신자는 자기의 인격이나 행위 문제에 대한 다른 사람들의 냉정한 비판을 공평하게 다루어야 한다. 어떤 때에는 나에 대한 다른 사람들의 비판이 정당하다. 그들의 비평 때문에 나 자신이 겸손해지고, 또 고칠 것을 고친다면, 도리어 불쌍히 여김을 받을 수 있다(잠 28:13). ③ 진리 문제에 대하여 피차 변론할 때에도 신자는 자기가 아는 것을 너무 성급하게 내세우지 말아야 한다. 그 문제에 대하여 다른 사람들이 깨달은 것을 먼저 들어 보는 것이 지혜롭다. 그것을 들어서 나의 무식함을 고치고, 또 그때까지 깨닫지 못했던 새로운 깨달음이 내 마음속에 생길 수도 있다.

**18** **제비 뽑는 것은 다툼을 그치게 하여 강한 자 사이에 해결하게 하느니라.** 잠언 16:33 해석을 참조하라. 제비 뽑는 행위는 어떤 일을 하나님의 뜻대로 하려는 자들이 취하는 것이다. 여기 언급된 두 편은 강한 자들이다. 그럼에도 불구하고 그들은 법정에 가서 그 문제를 다루려고 하지 않는다. 양측이 제비를 뽑는 것으로 다툼을 끝낸다. 이와 같은 마음은 하나님 앞에서 합당하다. 하나님의 뜻대로 순종하기 원하는 자들은 제비 뽑은 결과로 차지하게 될 분깃이 설령 불리한 분깃이라 해도 거기서 하나님의 축복을 받게 마련이다. 그 이유는 그들이 하나님의 뜻대로 되기를 원하는 것이 이미 복된 마음이기 때문이다. 그들은 "강한 자"들임에도 불구하고 끝까지 힘으로 대결하려 하지 않고 하나님의 뜻을 원한다. 그들은 하나님의 권위 아래 순종하기를 원한다. 이것은 구약 시대에 하나님의 백성이 하나님의 뜻을 순종한 방법 중 하나였다.

신약 시대의 신자들은 완전한 성경을 가졌으므로, 무슨 일에나 성경 말씀대로 기쁘게 순종하려는 마음이 있어야 한다. 그 이유는 성경 말씀은 하나님의 말씀이기 때문이다. 하나님의 뜻에 순종하지 않는 것은 하나님을 거스르는 것이므로, 거기에 하나님의 축복이 있을 수 없다. 존 번연(John Bunyan)은 성경 말씀 한 구절을 어기는 것을 많은 군대가 쳐들어오는 것보다 더 두려워하였다고 한다.

**19** 노엽게 한 형제와 화목하기가 견고한 성을 취하기보다 어려운즉 이러한 다툼은 산성 문빗장 같으니라. 이 말은 가깝던 사이가 어떤 충돌로 상처를 받으면 화해하기 어렵다는 것이다. 브리지스(Charles Bridges)는 이 점에 관하여 한 가지 실례를 들었다. 곧 영국 민족 안에 있는 '요크'(York)라는 가문과 '랭커스터'(Lancaster)라는 가문이 대립하여 오랫동안 투쟁한 것과 같다는 것이다. 기독교 신자들끼리 서로 다투기 시작하여 그 사이가 오랫동안 멀어지는 것도 이와 같다.

잠언의 저자는 이와 같은 끈질긴 대립을 정당화하는 것이 아니라 그것을 탄식거리로 말한다. 사람이 가까운 사이에서 상처를 받으면 서로 가깝던 관계를 기억하고 화목에 힘써야 한다. 그럼에도 불구하고 계속 멀어지는 것은 타락한 인류의 근성이다. 그들은 왜 한때의 실수로 빚어진 충돌을 영구히 기억하는가? 또한 그것을 기억할 뿐만 아니라 평생 그것에 대한 보복 행동을 취하는가? 이와 같은 행동은 신앙을 해롭게 하는 악독한 행동이다.

우리는 이 점에서 요셉을 본받아야 한다. 그는 그의 형들에게 죽이고자 하는 미움을 받았고, 마침내 이스마엘 사람에게 팔려서 애굽 땅에 가게 되었으며, 또 거기서 큰 고난을 당하였다(창 37:18-28; 39:1-20). 그러나 훗날 애굽의 총리대신이 되었을 때에, 그는 형들에게 복수하지 않고 도리어 그들을 위로하였다(창 45:3-8).

**20-21** 사람은 입에서 나오는 열매로 말미암아 배부르게 되나니 곧 그의 입술에서 나는 것으로 말미암아 만족하게 되느니라 죽고 사는 것이 혀의 힘에 달렸나니 혀를 쓰기 좋아하는 자는 혀의 열매를 먹으리라. 이것은 웅변술을 중요시하는 말씀이 아니다. 성경

은 인간에게 어떤 기술을 장려하는 책이 아니라, 참된 종교 윤리를 장려하는 책이다. 이 구절에서는 말의 형식보다 말의 내용이 중요시된다. 곧 말의 내용이 진리라면 그것을 말한 자에게 만족과 행복이 온다는 뜻이다. 특히 복음을 잘 가르치는 자는 그 말씀의 혜택으로 그 사람 자신의 영과 육이 살게 된다(갈 6:6; 롬 1:11-12). 로마서 10:17에 "믿음은 들음에서 난다"고 하였다. 그러므로 사람들이 하나님의 말씀을 듣도록 그것을 전하는 자가 물질적인 대접을 받는 것이 마땅하다(마 10:10). 그러나 이 점에서 한 가지 명심할 것이 있다. 그것은 사람이 하나님의 말씀을 전할 때에는 그에 합당한 자격을 가져야 한다는 것이다. 오직 전도자로서 삯을 받으려는 동기로 일한다면 그는 자격 없는 자이다. 그는 "거저 받았으니 거저 주라"고 하신 주님의 말씀(마 10:8)에 순종하는 의미에서, 고난과 희생을 달게 받으며 하나님의 말씀을 전파해야 한다. 자기가 하나님의 말씀을 전하지 않으면 자기에게 화가 돌아올 것을 알고 전하는 것이다(참조. 롬 1:14; 고전 9:16).

"죽고 사는 것이 혀의 힘에 달렸나니." 이 말씀은 혀의 영향력이 얼마나 큰지 지적한다. 사람이 혀를 바르게 사용하면 자신과 다른 사람 모두가 살고, 혀를 잘못 쓰면 함께 망한다는 뜻이다. 혀를 올바르게 사용한 실례는 성경에 많이 있다. 특히 화목하게 하는 말은 아름다운 열매를 가져온다. 아비가일이라는 여자는 다윗의 격분한 마음을 안정시켜서 자기 집의 멸망을 면하였고(삼상 25:23-31), 바나바는 바울에 대한 예루살렘 사도들의 의혹을 풀어 주어 위대한 사도(바울)를 도와서 복음을 세계에 전하였다. 세속 역사에 일어난 일도 참고로 한마디 하고 싶다. 옛날 중국의 열국 시대에 조나라 낙양 사람 소진은 당시 여섯 나라를 찾아다니며 연합하도록 설득하여 그 나라들이 진나라를 침략하는 것을 막았고, 자신은 여섯 나라의 재상이 되었다. 혀는 이처럼 중대한 역할을 하기 때문에 성경은 그것을 "세계"와 같이 큰 것으로 본다(약 3:6).

사람이 혀를 잘못 쓰면 죽기도 한다. 마태복음 12:36에 말하기를 "사람이 무슨 무익한 말을 하든지 심판 날에 이에 대하여 심문을 받으리"라고 하였다. 선지자 이사야는 다른 어떤 죄보다 입술의 불결을 중점적으로 회개하였고(사 6:5), 다윗은 말하기를 "여호와여 내 입에 파수꾼을 세우시고 내 입술의 문을 지키소서"라고 하였다(시 141:3). 크리소스토모스(Chrysostom)는 혀를 눈동자보다 더 잘 지켜야 한다고 말하였다.[136]

"혀를 쓰기 좋아한다"는 말씀(잠 18:21)을 여호와를 사랑한다는 말과 같은 뜻으로 해석하는 학자도 있다(Keil & Delitzsch). 그러나 본문의 문자적 의미는 그런 것이 아니라, 혀를 사용하기 좋아하는 자는 그것을 어떻게 쓰든지 (선악 간) 결과가 있다는 것이다. 그러므로 인간은 반드시 말을 조심해야 한다.

**22　아내를 얻는 자는 복을 얻고 여호와께 은총을 받는 자니라.** 여기서 "아내"라는 말은 물론 좋은 아내를 의미한다(Keil & Delitzsch). 옛 번역문들(LXX., Syr., Targ., Vulgate)은 "아내"라는 말에 "좋은"이라는 형용사를 붙여서 번역했다. 좋은 아내는 하나님께서 주신 분복이다. 분복은 사람마다 다르다. 마노아는 신앙이 자기보다 우수한 아내를 얻었는데, 그것이 그의 분복이다(삿 13:21-23). 반면에 욥은 위대한 신앙인임에도 불구하고 그의 아내는 그렇지 못하였다(욥 2:9-10). 여기서 명심할 것은, 사람이 분복을 받는 것도 그것을 받으려고 하나님의 말씀을 따라가며 힘써 구하는 것과 관계된다는 것이다. 하나님의 말씀이 무엇보다 사람에게 복을 가져다주는 원천이다. 고기를 잡으려면 바다에 가야 하는 것처럼, 하나님의 축복을 받으려면 그의 말씀을 지켜야 한다. 물론 그의 말씀을 지키는 것도 하나님의 은혜로 되는 것이다. 하나님의 은혜는 인간의 노력을 조장한다. 그러므로 결론적으로 사람이 좋은 아내를 맞이하는 것은 분복이고, 여호와께 은총을 받아야 한다. 이삭은 좋은 아내

---

136) Charles Bridges, A Commentary on Proverbs (London: The Banner of Truth Trust, 1968), 299.

를 맞이하려고 전심으로 하나님께 구하였다. 엘리에셀이 리브가를 데리고 돌아올 때에도 그는 들에서 기도하며 묵상하고 있었다(창 24:63-64).

그러므로 하나님의 말씀을 따라 좋은 아내를 맞이하려고 노력하는 자가 명심할 것은, 어떤 아내가 좋은 아내인지 아는 것이다. 좋은 아내는 여호와를 경외하는 자이다(잠 31:29-30). 그러므로 아내를 택하는 자는 신앙을 기준으로 해야 한다. 그는 불신자와 짝하지 말라는 말씀(고후 6:14)을 지켜서 믿음이 진실한 자를 택해야 한다(참조. 창 6:1-3). 본문(잠 18:22)에 관하여 브리지스(Charles Bridges)는 역대하 18:1-2, 21:16에 근거하여, 세상 욕심을 따라 결혼한 집은 저주를 받는다는 의미로 말하였다.

오늘날의 기독 청년들은 아내를 택할 때 여성의 외적인 아름다움에만 치중하고 신앙과 덕이 어떠한지에 대해서는 별로 상관하지 않는 경향이 많다. 이와 같은 풍조는 멸망을 초래하는 말세적 죄악이다. 잠언 31:10-31을 보면 현숙한 여자의 아름다움은 일하는 아름다움과(13-27절) 신앙적인 아름다움이다(30하). "고운 것도 거짓되고 아름다운 것도 헛되다"는 것이 하나님의 말씀이다(30상). 그럼에도 불구하고 현대의 청년들은 외적인 아름다움을 가장 중요하게 생각한다. 이것은 거짓된 것과 헛된 것을 따르는 것이며, 허영주의자들의 행동이다.

좋은 아내가 왜 복이 되는가? 그것은 ① 그 여자가 평생토록 남편에게 선을 행하기 때문이며(잠 31:12), ② 가정에서 산업을 부흥시키기 때문이며(13-27절), ③ 가장 중요한 것은 그가 여호와를 경외하기 때문이다(30하).

**23 가난한 자는 간절한 말로 구하여도 부자는 엄한 말로 대답하느니라.** 사람이 가난하면 겸손해지고, 또 필요한 것을 구할 때 간절해진다. 이것은 교만하고 냉혹한 것보다 낫다. 그런 사람이 천국에 가깝다. 야고보서 2:5에 말하기를 "내 사랑하는 형제들아 들을지어다 하나님이 세상에서 가난한 자를 택하사 믿음에 부요하게 하시고 또 자기를 사랑하는 자들에게 약속하신 나라를 상속

으로 받게 하지 아니하셨느냐"라고 하였다. 예수님은 가난한 자에게 복음을 전파하셨다(마 11:5; 눅 4:18). 이것은 그가 부자에게는 복음을 전하시지 않았다는 의미가 아니다. 가난한 자들이 인생의 기갈을 느끼고 간절히 문제 해결 방법을 찾았기 때문에 복음이 그들에게 잘 전파된 것이다. 가난한 것이 언제나 나쁜 것은 아니다. 잠언 19:1에 말하기를 "가난하여도 성실하게 행하는 자는 입술이 패역하고 미련한 자보다 나으니라"고 하였고, 28:6에는 "가난하여도 성실하게 행하는 자는 부유하면서 굽게 행하는 자보다 나으니라" 하였고, 16:8에는 "적은 소득이 공의를 겸하면 많은 소득이 불의를 겸한 것보다 나으니라"고 하였다. 그러므로 인류 사회에 가난한 자들이 있는 것이 반드시 모순된 일은 아니다. 빈부가 섞여 사는 것도 하나님의 경륜이다(잠 22:2). 빈부의 차별을 없애기 위하여 노력한다는 공산주의는 유물주의로 흘러가며, 물질보다 귀한 인간의 자유를 말살한다.

"부자는 엄한 말로 대답하느니라." 이것은 가난한 자의 애걸에 대한 부자의 냉혹함을 가리킨다. 이것은 나사로의 요구에 눈뜨지 않은 교만한 부자의 태도와 같은 것이다(눅 16:19-21). 교육을 많이 받아서 일반적으로 예의가 있고 고상해 보이는 사람도 가난한 자들의 요구에 대하여는 무례하고 무정하게 거절하는 일이 많다. 그의 교양은 이기주의를 위한 포장에 불과한 것이다.[137] 부자가 그와 같이 엄혹한 것은 사실 위험한 행위이다. 잠언 14:31에 말하기를 "가난한 사람을 학대하는 자는 그를 지으신 이를 멸시하는 자요"라고 하였고, 17:5에는 "가난한 자를 조롱하는 자는 그를 지으신 주를 멸시하는 자요"라고 하였고, 21:13에는 "귀를 막고 가난한 자가 부르짖는 소리를 듣지 아니하면 자기가 부르짖을 때에도 들을 자가 없으리라" 하였고, 22:16에

---

137) Charles Bridges, A Commentary on Proverbs (London: The Banner of Truth Trust, 1968), 301 : "His good breeding indeed is often only the polish of selfishness."

는 "이익을 얻으려고 가난한 자를 학대하는 자와 부자에게 주는 자는 가난하여질 뿐이니라"고 하였다.

**24  많은 친구를 얻는 자는 해를 당하게 되거니와 어떤 친구는 형제보다 친밀하니라.** 친구를 많이 사귀는 자는 결국 자기 자신의 유익을 도모하려는 것이다. 사람이 자기중심으로 친구를 많이 얻었을지라도 그런 친구들은 조만간 끊어질 때가 있다. 자기 자신의 유익을 구하는 자는 실패하는 법이다. 누가 남의 개인적인 유익을 위하여 끝까지 친구로 남아 있겠는가? 친구를 사귀는 자는 그를 사랑하기 위하여 사귀어야 한다. 그것이 예수님의 정신이다. 그는 죄인을 친구로 삼으셨다(요 15:15). 이런 정신으로 사귄 친구는 형제보다 친밀해질 수 있다. 공자가 친구 사귀는 일에 대하여 가르친 것이 있다. 즉 손우(손해를 주는 친구)를 사귀지 말라고 한 것이다. 그가 말한 손우란 어떤 친구인가? 그는 말하기를 "세 가지 해로운 친구가 있는데 편벽된 친구, 아첨하면서 신의가 없는 친구, 말만 앞세우고 결실이 없는 친구이다."라고 했다.[138] 그러나 이와 같은 공자의 말은 이기적인 우정을 장려하는 것이다. 맹자도 말하기를 "친구를 사귀는 것은 상대방의 덕을 보고 사귀는 것이다."라고 하였다.[139] 우정에 관한 맹자의 교훈도 자신에게 유익한 사람만 사귀라는 의미이다. 물론 공자나 맹자의 말이 우리의 현실 생활에서 어떤 면으로 응용은 되지만 죄인을 친구로 삼는 위대하신 예수님의 도덕 수준에는 미치지 못한다.

죄인을 친구로 삼으시는 그리스도의 정신은 사실상 형제보다 친밀한 친구들을 만들어 내기도 한다. 순교자 크랜머(Cranmer)는 자기를 대적하는 자를 친구로 삼는 그리스도의 정신을 실천하였다. 기독교 역사에는 그런 인물들이 많다. 원수를 사랑하여 죽기까지 하신 것이 그리스도의 정신이다(요

---

138) 『新譯四書 2 論語』(玄岩社, 1971), 207쪽 : "友便辟友善柔友便佞."
139) 『新譯四書 3 孟子』(玄岩社, 1971), 199쪽 : "友也者友其德也."

15:13-15; 롬 5:10). 이 도덕이 얼마나 고상한가? 어떤 사람들은 이렇게 질문한다. "신자로서 그 도덕의 수준대로 행하기가 매우 어려운데, 그런데도 그와 같이 고상한 도덕이 필요할까?" 그러나 이 질문은 무식함에서 나온 것이라고 볼 수 있다. 많은 기독교 신자들이 예수님의 정신을 따라 살려고 힘쓰며, 또 그러한 노력의 열매도 거둔다. 설령 예수님의 기준대로 행하지 못한 자도, 진실한 신자라면 적어도 그대로 실행하지 못한 것을 원통히 생각하는 죄책감을 가진다. 그런 죄책감을 가지는 것도 기독교 윤리 실현의 위대한 열매이다. 그런 죄책감 때문에 겸손해지고, 또 하나님 앞에서 회개하는 영적 태도를 취한다. 이와 같은 인격은 마음속에서부터 남을 정죄하고 멸시하는 자와 천양지차로 다르다.

# 제 19 장

## ⚜ 해석

**1 가난하여도 성실하게 행하는 자는 입술이 패역하고 미련한 자보다 나으니라.** 이 구절의 히브리어는 다음과 같이 번역되어야 한다. "진실하게 행하는 가난한 자는 입술이 사곡하고 미련한 자보다 나으니라." 여기서는 진실(תם)과 사곡(עקש)이 서로 대조된다. 여기서 "진실"이라는 말은 안과 밖이 일치하는 것을 가리킨다. 그것은 하나님 앞에서 사는 삶의 특징이다. 하나님 앞에서 사는 생활은 마음의 태도와 행위가 일치한다.[140]

그리고 "사곡"(עקש)으로 번역된 히브리어는 구부러진 것(crooked)을 의미한다(잠 10:9). 이것은 말할 때에 사실대로 말하지 않고 왜곡하는 것을 가리킨다(19:22). 이같이 사실대로 말하지 않는 자는 사람의 마음을 아시는 하나님을 모르는 자이다. 즉 그는 미련한 자이다(참조. 시 14:1; 시 139:1-12; 계 2:23).

---

140) Georg Fohrer, Kommentar Zum Alten Testament, Das Buch Hiob (Gütersloher: Gerd Mohn, 1963), 73 : "Stets bedeutet ...die rachte Ganzheit des Menschen-sowohl die Ganzheit des Gottesverhaltnisses als auch die Übereinstimmung von ausserem rechten Handeln und innerer rechter Haltung."

여기 진술된 두 가지를 비교하는 기준은 하나님이다. 가난해도 하나님을 소유하였으면 그는 천하를 소유한 것보다 행복하다. 성경 말씀은 믿음이 부요한 것을 무엇보다 행복한 것으로 인정한다(약 2:5). 반면에 하나님을 소유하지 못한 자는 부자라 할지라도 불행하다(눅 12:16-21).

"가난하여도 성실하게 행하는 자"는 재물을 얻는 것보다 자기 영혼(자기 자신)이 하나님 앞에서 합당해지는 것을 더 중요하게 여긴다. 그것이 진리에 대한 올바른 평가이다. 그는 가난해질지라도 거짓말로 재물을 얻으려고 하지 않는다. 거짓말로 재물을 얻는 것은 자기 자신을 멸망으로 인도하는 것이기 때문이다. 재물보다 영혼이 더 귀한 것은 말할 것도 없다(참조. 마 10:28). "사곡한 자"는 이 진리를 모르고 행하기 때문에 미련하다.

**2 지식 없는 소원은 선하지 못하고 발이 급한 사람은 잘못 가느니라.** 이 구절의 히브리어를 개역하면 다음과 같다. "또한 영혼이 지식 없음이 좋지 못하고 발이 급한 자는 범죄하느니라." 앞부분에 있는 "또한"(גַּם)이라는 말은 앞절 끝에 있는 "미련한 자"의 더욱 심각한 화근을 지적하기 위한 표현이다(Charles Bridges). 여기 언급된 "영혼"(נֶפֶשׁ)이라는 말은 사람의 외부, 곧 육신과 대조되는 내부적 존재로서 "생명"으로도 번역될 수 있다. 그러나 인간에 대해서 사용될 때에는 일반적으로 생명의 본질과 가치를 염두에 두고 말한다. 생명의 본질과 가치는 영원한 것이다(마 10:28). 영혼이 가져야 할 지식은 영적 지식, 곧 하나님 중심의 지식이다. 브리지스(Charles Bridges)는 영적 지식이 없는 영혼의 다섯 가지 불행을 지적하였다. 곧 영적 지식이 없는 영혼은 ① 생활의 참된 지침을 모른다(Man has no directory for his ways). 그는 하나님을 위하여 살지 않고 자기 자신을 위하여 산다. ② 죄악을 없애는 방법을 모른다 (He has no remedy for his sins). 다시 말하면 그는 그리스도의 대속, 신앙, 회개 등의 진리를 모른다. ③ 환난을 당하여도 도움 받을 길을 모른다(He has no support in his trouble). 곧 환난이 하나님의 사랑일 수 있다는 사실, 그것

으로 인하여 사람이 겸손해진다는 사실, 환난 중에 성화의 과정을 밝게 되는 사실 등에 대하여 모른다. ④ 책임 실행의 힘이 무엇인지 모른다(He has no strength for his duties). 그는 자기의 힘밖에 모른다. 그러나 인간의 힘은 사실상 힘이 아니고 연약함이다. 그는 주님 안에서 강하여진다는 사실을 모른다(참조. 빌 4:13). ⑤ 참된 소망을 모른다(He has no hope in his end). 그에게는 모든 것이 다 불확실할 뿐이다. 그는 하나님의 약속의 신실하심을 전혀 모른다.[141]

"발이 급하다"는 것은 무슨 일이든 성급하게 경솔히 행하는 것을 가리킨다. 곧 하나님의 뜻을 알아보거나 그에게 기도해 보지 않고 자기 마음의 충동대로 행하는 것이다. 이런 실수는 경건한 사람도 하기 쉬우므로 신자들은 이 점에서 늘 자기를 쳐서 복종시켜야 한다. 선 줄로 생각하는 자는 넘어질까 조심해야 한다(고전 10:12). 브리지스(Charles Bridges)에 의하면, 성경에 기록된 경건한 사람들의 이런 실수는 대략 다음과 같다. 곧 ① 여호수아의 실수(수 9:14-15). ② 유다에서 벧엘에 왔던 하나님의 사람의 실수(왕상 13:18-19). ③ 유다 왕 여호사밧이 이스라엘 왕 아합과 함께 길르앗 라못을 치기로 성급하게 작정한 실수(대하 18:1-3; 19:2). ④ 사울 왕의 실수 등이다. 그는 사무엘을 기다려 보기로 했지만 끝까지 기다리지 못하였다(삼상 13:12). 그와 같이 참지 못한 결과로 그는 왕권을 잃게 되었다. 신자들은 마땅히 하나님의 뜻을 분별해야 할 중요한 일에 관하여 명확히 알기 전까지 동하지 않아야 한다.

**3 사람이 미련하므로 자기 길을 굽게 하고 마음으로 여호와를 원망하느니라.** 이 구절의 히브리어를 개역하면 다음과 같다. "사람의 미련함이 자기 길을 전복시키고 그의 마음은 여호와를 거슬러 분풀이 하느니라." 사람들이 일을 저질러 놓고 하나님을 원망하는 것은 범죄한 조상 아담에게서부터 내려왔다. 그는

---

141) Charles Bridges, A Commentary on Proverbs (London: The Banner of Truth Trust, 1968), 305.

선악과를 먹은 자기의 범죄가 하나님이 주신 여자 때문이었다고 하면서 하나님을 원망하였다(창 3:12). 가인도 그의 동생을 죽이는 큰 죄를 범하고 하나님의 정당한 심문과 벌을 받게 되었을 때에 도리어 하나님을 원망하였다(창 4:9하, 13절). 하나님을 원망하는 것은 전지전능하신 하나님과 다투는 무서운 죄악이다(사 45:9). 그것이야말로 발뒤꿈치로 송곳을 차는 미련함이다(행 26:14).

하나님을 모르는 사람들 중에도 양심을 지키는 자들은 어느 정도 본문(잠 19:3)의 교훈에 가까운 깨달음을 가지고 행하기도 한다. 유교의 공자는 말하기를, 일이 잘못 되었을 때에 군자는 자기 자신을 탓하고 소인은 남에게서 그 원인을 찾으려고 한다고 하였다.[142] 또한 그는 자기를 알아주는 사람이 적다고 탄식하면서도, 하늘을 원망하지 않고 사람을 원망하지도 않고 학문에 힘쓸 따름이라고 하였으며, 또한 자기를 알아주는 이는 하늘이라고 하였다.[143]

이러한 공자의 말을 본문의 진리와 비교해 보면, 그것은 신관에 있어서 옳지 않다. 잠언 저자가 믿는 신은 여호와이시고, 공자가 말하는 신은 하늘이다. 여호와는 천지 만물을 창조하시고, 또 인류에게 말씀하시는 계시의 신이다. 그러나 공자가 말한 하늘은 그런 인격적 신이 아니라 말 없는 우주의 기운이다.[144] 그러나 우리가 여기서 참고할 수 있는 것은, 양심으로만 깨닫는 공자의 처세 철학도 남을 원망하지 말고 자기반성을 하라고 한 점이다. 그렇다면 소위 신자라고 하면서 하나님을 원망하며 자기를 살피지 않는 자가 얼마나 미련한 자인지 알 수 있다.

---

142) 『論語』, 衛靈公 第十五, 20쪽 : "君子求諸己小人求諸人."
143) 『論語』, 憲問 第十四, 37쪽 : "不怨天不尤人下學而上達知我者天乎."
144) 『論語』, 陽貨 第十七, 19쪽.

본문이 의미한 대로 여호와를 원망한다는 것은 어떤 것인가? 사람이 자기의 잘못으로 곤경에 빠지게 되어서 하나님을 직접 거론하며 원망하는 경우도 있을 것이다. 그러나 간접적인 것도 여기 포함되어 있을 것이다. 그것은 자신이 당하는 곤란을 감수하지 않고 도리어 반항하는 태도이다. 사람이 당하는 곤란은 일반적으로 자기의 잘못 때문에 임한 하나님의 공의로운 섭리적 징계이므로 마땅히 달게 받아야 한다. 개가 그 주인 손에 있는 몽둥이를 물어뜯는다면 그것은 주인에게 반항하는 것과 마찬가지이다. 과거의 참된 성도들은 자기 잘못 때문에 당하는 곤란을 감수하였다. 다윗이 그 표본이다 (삼하 12:15-23; 16:5-14).

**4 재물은 많은 친구를 더하게 하나 가난한즉 친구가 끊어지느니라.** 이 구절의 히브리어를 개역하면 다음과 같다. "부는 많은 친구를 증가시키지만 빈곤한 자는 친구에게서 갈리느니라." 여기서 "빈곤한 자"(דַּל)라는 말은 경제적으로만이 아니라 사회적 환경으로도 곤궁한 처지에 빠진 자를 말한다.[145]

여기서 진실하지 않은 친구의 가치를 논한다. 이런 친구들은 사실상 해롭다(잠 18:24). 재물을 보고 찾아온 친구들은 참된 친구가 아니니, 그들은 무슨 혜택을 받으려고 찾아와서 붙는 아부자들이다. 그러므로 진리를 아는 신자는 그들 때문에 기뻐하지 않는다. 그리고 그가 빈곤해졌을 때에 친구들이 그를 버리고 떠난다고 해서 섭섭해 하거나 걱정하지도 않는다. 그 이유는, 그들이 그동안 참된 친구가 아니었다는 사실이 드러난 것뿐이기 때문이다. 그들은 "다오 다오" 하는 거머리의 두 딸과 같은 자들이었다(잠 30:15). 이제 그들이 떠나가 버리는 것은 도리어 유쾌한 일이다. 그런 친구는 해롭다.

신자는 아예 사람을 의뢰할 생각을 하지 않아야 한다. 하나님만으로 만

---

145) Georg Fohrer, Kommentar Zum Alten Testament, Das Buch Hiob (Gütersloher: Gerd Mohn, 1963), 151 : "Von den Armen im wortlichen Sinn wird erst im Zusammenhang mit der wirtschaftlichen und socialen Umwalzungen im 9./8. Jahrhundert gesprochen."

족하고 고독을 문제시하지 않아야 한다. 그렇다면 신자는 참된 친구가 아니면 외면해야 할까? 사람을 만날 때에 참된 친구만 찾아서 사귀어야 할까? 그럴 수 없다. 신자는 참된 친구가 아닌 사람들에게 자기의 짐을 지우거나 의뢰하지는 않을지라도, 그들을 사랑하며 도와주어 그들을 친구로 만든다. 그는 선한 사마리아 사람과 같이 행해야 한다(눅 10:30-35). 그렇게 행하는 것이 예수 그리스도의 사랑이다. 예수님은 제자들이 흩어질 것을 아시고 말씀하시기를 "보라 너희가 다 각각 제 곳으로 흩어지고 나를 혼자 둘 때가 오나니 벌써 왔도다"라고 하셨다(요 16:32). 그분은 인간에게 도움을 기대하지도 않으셨고 그들을 의뢰하지도 않으셨다(요 2:24-25). 그러나 그는 죄인들을 사랑하시어 친구로 삼으셨고(마 11:19), 그들을 대신하여 죽기까지 하셨다(참조. 요 15:13-14; 롬 5:6-10). 예수님을 본받은 캔터베리 감독 크랜머(Cranmer)는 자기를 대적하는 자를 친구로 삼는 높은 덕이 있었다고 한다.

**5 거짓 증인은 벌을 면하지 못할 것이요 거짓말을 하는 자도 피하지 못하리라.** 이 구절을 개역하면 다음과 같다. "거짓말들의 증인은 벌을 면치 못할 것이요 거짓말을 내뿜는 자는 구원받지 못하리라." 이 구절은 본의 아니게 거짓말한 자를 염두에 두고 말하는 것이 아니다. 그런 사람은 회개할 수 있고 하나님께서 그를 용서하신다. 그러나 "거짓말들"(כְּזָבִים)의 증인은 거짓(사실이 아닌 것)을 성립시키기 위하여 많은 거짓말을 꾸며 낸다. 그런 사람의 양심은 화인을 맞아서 마비되었고(딤전 4:2), 완악하여져서 회개할 소망이 없다. 따라서 그는 하나님의 벌을 면치 못한다.

"거짓말(כְּזָבִים)을 내뿜는(יָפִיחַ) 자"도 마찬가지이다. "내뿜는다"는 것은 아무 기탄없이 거짓말을 많이 불어 낸다(breathe)는 뜻이다. 그렇게 하는 자도 거짓말하는 데 철면피이다. 그런 사람은 오랫동안 회개할 기회를 놓쳐서(롬 2:4) 이제는 거짓말을 할 때 양심의 가책조차 받지 않는다. 그는 번번이 자기 양심의 소리를 눌러 버렸으므로 그의 양심은 마비되어 버린 상태이다.

그에게는 이제 죄책감도 없고, 따라서 그리스도의 속죄의 필요도 느끼지 못한다. 그는 구원받을 수(מלט, "피할 수") 없게 되었다.

이같이 파렴치하게 거짓말하는 자들의 행동 모습이 성경에 기록되었다. 몇 가지 예를 들면, 아합 왕의 아내 이세벨의 간교한 계획에 매수되어 무죄한 나봇을 정죄한 불량자들의 거짓말(왕상 21:1-16), 예수님을 사형에 처하도록 정죄하기 위하여 거짓 증거를 찾으려고 노력한 그 당시의 대제사장들과 공의회의 불법 재판(마 26:59), 예수님의 말씀(요 2:19)을 왜곡하여 완전히 다른 뜻으로 변경시켜서 그를 반역자로 취급한 두 거짓 증인의 모습(마 26:60-61), 그리고 하나님께 죽도록 충성하는 스데반을 하나님에 대한 반역자로 뒤집은 거짓 증인들의 행동(행 6:12-14)이 모두 다 진리와 사실을 짓밟아 버린 파렴치한 행동이다. 오늘날 하나님의 말씀을 무시하고 그대로 전하지 않는 자들도 이런 거짓 증인에 속한다. 그들이 그 죄를 회개하지 않는 한, 구원을 받지 못하며 하나님의 심판을 받는다(계 19:20; 21:8, 27; 22:15). 이 점에서 또 한 가지 기억할 것은, 일반 교인들도 진리를 모르면 남을 속이기도 하고 자기도 속는다는 것이다(딤후 3:6-13). 이런 사람들도 일종의 거짓 증인이다. 이런 사람들도 거짓 선지자와 마찬가지로 심판을 받을 것이다. 거짓말하는 것은 이처럼 위태한 것이다. 사람이 처음에 한 거짓말을 회개하지 않으면 결국 그것을 가리기 위한 거짓말을 계속 하게 된다. 그렇게 그의 거짓말은 점점 더 커져서 머지않아 그의 양심이 마비되어 거짓말쟁이가 되어 버린다. 그는 마침내 거짓 증인이 받을 화를 받게 된다.

**6-7** 너그러운 사람에게는 은혜를 구하는 자가 많고 선물 주기를 좋아하는 자에게는 사람마다 친구가 되느니라 가난한 자는 그의 형제들에게도 미움을 받거든 하물며 친구야 그를 멀리 하지 아니하겠느냐 따라가며 말하려 할지라도 그들이 없어졌으리라. 이 구절들은 인간의 악한 성품을 그대로 묘사한다. 곧 남에게 도움을 받기만 원하고 불쌍하게 된 자를 돕지 않으려고 피하는 것이다. 이것은 여리고로 내려가다가

강도에게 맞아서 죽어 가는 자를 보고 피한 제사장과 레위인의 행동과 같은 것이다(눅 10:31-32). 그들은 왜 불쌍한 자를 돕지 않고 피하였는가? 사람이 마귀와 육체의 충동을 따르며 양심의 소리를 억압하면 마침내 그의 양심이 마비되어 작동하지 못한다. 그렇게 되면 그는 진리와 반대되는 생각의 지배를 받게 된다. 그리고 그때부터 속는다(약 1:22). ① 그는 스스로 속아서 불쌍한 자를 불쌍히 여기지 않으며 도리어 그를 싫어하고(미워함) 멀리한다. ② 그는 스스로 속아서 남을 사랑하라고 하신 하나님의 계명을 무거운 짐으로 느낀다. 계명은 사실상 무거운 짐이 아니다(요일 5:3). 계명은 독수리에게 날개와 같다. 독수리의 날개는 무거워 보이지만 그것이 독수리로 하여금 높이 날게 만든다. 사람은 하나님의 계명을 지킴으로써 하나님과 가까워진다(요 14:26). ③ 그는 남에게 주는 것이 받는 것보다 복이 있다는 것을 알지 못한다. 그는 남에게 받기만 원하고 가난한 사람을 돌보지 않는다(7하). 그러나 사실상 주는 것이 받는 것보다 복이 있다(행 20:35). 하나님은 복되신 하나님이며, 사람들에게 모든 좋은 것을 주신다. 우리는 하나님께로부터 좋은 것을 너무 많이 받았다. 우리는 그에게로부터 영혼을 받았다. 한 사람의 영혼은 온 천하보다 귀하다(마 16:26). 그뿐 아니라 우리는 그에게로부터 몸도 받았다. 우리 몸이 얼마나 귀한가? 땅 위의 모든 동물에 비할 수 없이 귀하게 지음받았다. 그뿐 아니라 우리는 예수 그리스도의 보혈로 속죄함을 받았다. 그 속죄로 인하여 우리는 하나님께로부터 영생을 받았다. 우리는 이 모든 것을 하나님께 거저 받았다. 그러므로 우리도 다른 사람들에게 좋은 것을 거저 주기에 힘써야 한다(마 10:8). 그러면 우리가 하나님을 본받게 되고, 그의 복에 참여하게 된다.

**8** **지혜를 얻는 자는 자기 영혼을 사랑하고 명철을 지키는 자는 복을 얻느니라.** 이 구절의 히브리어를 개역하면 다음과 같다. "마음을 얻는 자는 자기 영혼을 사랑하고 명철을 지키는 자는 복을 찾아서 만나느니라." 여기서 "마음"(לֵב)이

라는 말은 지혜라는 말 대신 사용된 것이다. 욥기 12:12에도 "지혜"(לב)로 번역된 말이 같은 단어이고, 11:12에 "지각"(לב)으로 번역된 말도 그러하다. 이같이 본문(잠 19:8)도 "지혜"라는 말을 마음이라는 말로 표현하였다. 그 이유는, 지혜(여호와를 경외함)는 애정의 원천, 곧 마음(heart)과 함께 있는 것이고, 냉랭한 지식이 아니기 때문이다.

오늘날 우리로 하여금 구원에 이르게 하는 지혜는 예수 그리스도를 믿는 것인데(딤후 3:15), 그것도 두뇌에 속한 냉랭한 것이 아니다. 우리 마음에 속한 것이다. 그러므로 로마서 10:9에 말하기를 "네 마음에 믿으면 구원을 받으리라"고 하였다. "마음에 믿는 것"은 귀하다. "마음"이라는 말의 헬라어(καρδία)는 히브리어의 "마음"(לב)이라는 말처럼 정서와 사랑의 근원이 된다. 인격에서 정서와 사랑은 귀하다. 두뇌는 진리를 분별할 뿐 사랑은 하지 못한다. 우리에게 아무리 좋은 은사가 있을지라도 사랑이 없으면 무가치하다(고전 13:1-3). 우리의 믿음도 사랑이 없으면 무가치하다. 우리는 예수님을 사랑으로 믿어야 한다. 어린아이는 어머니를 믿을 때에 사랑으로 믿는다. 그렇게 어머니를 믿기 때문에 어머니가 없으면 울고, 어머니가 나타나면 기뻐한다. 두뇌로 진리를 분별하기만 하는 것은 진리를 붙잡는 것이 아니다. 진리를 붙잡는 것은 사랑(심령)이 한다. 예수님을 붙잡는 믿음은 사랑과 함께 움직이는 믿음이다. 그러므로 바울은 말하기를 "누구든지 주를 사랑하지 아니하면 저주를 받을지어다"라고 하였다(고전 16:22).

우리는 사랑할 만한 가치가 있는 것을 사랑해야 한다. 예수님은 누구신가? 그는 우리 죄를 대신 담당하시고 죽으셨다가 다시 사셨다. 우리는 죽음의 세상에서 다시 사시고, 또 우리까지 다시 살려 주실 그분을 영원토록 따라가야 한다. 사람이 자기의 자녀를 사랑하므로 평생 그들 때문에 심장이 띈다. 그러나 주님을 사랑해야 할 자들이 자녀만 위한다. 그것은 우상숭배이다. 우리가 주님을 사랑해야 우리의 자녀도 복을 받는다는 것을 기억하자! "나를 사랑하고 내 계명을 지키는 자에게는 천 대까지 은혜를 베푸느니라" 하였고(출 20:6), "내 이름을 위하여 집이나 형제나 자매나 부모나 자식이나 전토를 버린 자마다 여러 배를 받고 또 영생을 상속하리라" 하였고(마 19:29), "나와 복음을 위하여 집이나 형제나 자매나 어머니나 아버지나 자식이나 전토를 버린 자는 현세에 있어 집과 형제와 자매와 어머니와 자식과 전토를 백 배나 받되 박해를 겸하여 받고 내세에 영생을 받지 못할 자가 없느니라"고도 하였다(막 10:29-30).

"명철을 지키는 자는 복을 얻느니라"(잠 19:8) 여기서 "명철"(תְּבוּנָה)이라는 말은 앞에 언급한 "지혜"의 내용과 거의 같다고 할 수 있다. 여호와를 경외하는 것을 그 내용으로 한 것인데, 신약 시대에 그리스도를 믿은 것(그리스도를 경외하는 것을 포함한 것; 엡 5:21)과 같은 것이다. 우리가 그것을 잃어버리지 않고 지키는 것이 중요하다. 우리는 하나님보다 세상을 더 사랑하기 쉽다(참조. 요일 2:15-17). 그렇게 되는 순간에 믿음(구약 시대에는 주로 여호와 경외라고 하였다)을 잃게 된다. 그러므로 바울은 경주장에서 경주하듯이 애쓰며 믿음을 지켰다(참조. 딤후 4:7; 고전 9:24-27; 히 2:1; 12:1-3). 우리가 이 세상에서 믿음을 지키려면 전쟁하듯이 분투노력해야 한다. 히브리서 12:4에는 피 흘리기까지 죄를 대적하라고 하였다.

**9** 거짓 증인은 벌을 면하지 못할 것이요 거짓말을 뱉는 자는 망할 것이니라. 이 구절과 같은 내용의 말씀이 5절에 이미 나왔다. 그 구절의 주석을 참조하라. 여기서 그와 같은 사상이 중복된 이유는 무엇인가? 하나님은 신실하시고, 또 참되시어 거짓과 정반대이시기 때문에, 사람들로 하여금 거짓말을 극도로 멀리하게 하려고 이같이 역설한 것이다. 거듭 말하는 것은 그 말씀의 내용을 강조하는 것이다. 거짓말로 일하는 자는 거미줄을 짜서 옷을 만드는 자와 같고(사 59:5-6), 바람을 먹는 자와 같다(호 12:1). 그런 행위는 멸망과 직결되어 있다. 그 이유는 하나님께서 반드시 사람의 거짓된 행위를 벌하시기 때

문이다. ① 거짓된 정치가들이 다스리는 나라에는 공의가 없으므로, 하나님께서 그 나라를 심판하실 때에 그들(거짓된 정치가들)도 함께 망한다(참조. 잠 14:34). ② 거짓말을 잘하는 교역자들은 이미 진실하신 하나님의 원수가 되었으므로, 조만간 저주를 받는다(참조. 렘 23:32, 40; 잠 21:28). ③ 거짓된 상인은 하나님의 축복을 받지 못하므로 얼마 후에 그의 물건이 팔리지 않아서 실패하게 된다. 잠언 12:19에 말하기를 "거짓 혀는 잠시 동안만 있을 뿐이니라"고 하였다. 이 밖에도 무슨 일이든지 거짓되게 하는 사람은 낭패를 당한다. 그 이유는, 하나님은 진실을 사랑하시고(시 51:6) 거짓을 미워하시기 때문이다(잠 6:17).

**10** 미련한 자가 사치하는 것이 적당하지 못하거든 하물며 종이 방백을 다스림이랴.

이 구절의 히브리어를 개역하면 다음과 같다. "미련한 자가 기뻐함이 합당치 않고, 종이 군주를 다스림은 더욱 마땅치 아니하니라." 잠언에서 "미련한 자"(כְּסִיל)라는 말은 극도로 패역한 자를 의미한다. 그런 자는 회개하기까지 징계(채찍)를 받아야 한다(잠 10:13; 26:3). 그런데도 그런 자들이 이 세상에서는 향락을 누리며 기뻐하는 경우가 많다. 그들의 기뻐함이 합당치 않은 이유는, ① 미련한 자가 평안하면 그로 인해 멸망하게 될 것이므로(잠 1:32), 그 평안 때문에 기쁨을 누리는 것은 합당하지 않다(참조. 잠 3:35). ② 그가 행악으로 낙을 삼는 것이 합당하지 않다(잠 10:23; 24:9). ③ 미련한 자 때문에 그의 부모는 낙이 없는데 자기는 도리어 기뻐하니 합당하지 않다(잠 17:21). ④ 하나님이 지으신 세상에서 그는 하나님이 없다고 하면서 하나님의 것을 먹으며 즐거워하니 합당하지 않다(시 14:1). ⑤ 어느 순간이든 그가 죽을 때에는 그의 소유에서 완전히 손을 뗄 것이므로 그 소유로 인해 즐거워하는 것이 합당하지 않다(참조. 눅 12:16-21).

이 밖에도 그의 기뻐함이 마땅치 않은 이유는 무수하다. 그 이유는, 그는 평생 심판 받을 일만 하기 때문이다. 그러면서도 기뻐한다면 그것은 합당하지 않다. 잠언 19:29에 말하기를 "채찍은 어리석은 자의 등을 위하여 예비된 것이니라"고 하였다.

"종이 군주를 다스림은 더욱 마땅치 아니하니라." 종이 군주를 다스린다는 것은 그가 감당할 수도 없는 일이다. 일이 이렇게 되는 것은 비정상적인 하나님의 벌이다(사 3:4-5). 주역(周易)의 비패는 이와 비슷한 원리를 보여 준다. 곧 비패의 원리로 말하면 조정을 소인들이 주장하고 군자들은 밀려나간 것이다.[146]

이것은 음양 이기론에 의한 관찰로 운명의 변증법적 순환을 말하는 것이다. 그러나 잠언 19:10 하반절의 교훈은, 인간의 죗값으로 말미암은 살아 계신 하나님의 섭리적 심판을 말한다. 종이 군주를 다스리는 것 같은 일이 하나님의 허락으로 있을 수 있다. 그러나 종이 그렇게 하는 것은 합당하지 않다는 것이다. 하나님께서는 사람들이 각기 자기의 사명을 지키고(고전 7:24), 월권하지 말 것을 강조하신다(참조. 렘 45:5; 시 131:1-3).

**11** **노하기를 더디 하는 것이 사람의 슬기요 허물을 용서하는 것이 자기의 영광이니라.**
이 구절의 히브리어를 개역하면 다음과 같다. "사람의 슬기가 그의 노를 지연시키고 그의 영화는 허물을 용서하는 것이니라." 여기서 "슬기"(שכל)라는 말은 신중하게 분별하는 것을 가리킨다. 그리고 "노를 지연시킨다"는 것은 나중에 분풀이하려고 노를 은밀히 간직해 둔다는 의미가 아니다. 이것은 단기적으로 따갑게 올라오는 노(혈기)를 눌러서 오래 참아 이기는 것을 말한다. 신중하게 분별하는 슬기 있는 자만이 이렇게 행할 수 있다. 우리는 무엇보다 먼저 속에서 올라오는 노를 슬기롭게 포착해야 한다. 우리가 노에 대하여 부주의하면 무의식중에 그것이 밖으로 터져 나온다. 또한 우리는 단기적으로 노를 발하는 것이 얼마나 어리석은 것인지 명심해야 한다.

---

146) "否之匪人不利君子貞大往小來, 象曰天地不交否君子以儉德辟難不可榮以祿."

사람이 하나님 중심으로 살지 않고 자기중심으로 살면, 원망도 하고 노를 쉽게 발하게 된다. 그 이유는, 세상의 모든 일이 자기 한 사람에게 좋게 흘러가지 않기 때문이다. 그렇다고 해서 쉽게 노하는 것은 미련한 것이지 슬기가 아니다. 어떻게 세상의 모든 일이 자기에게 좋게만 이루어지겠는가? 그는 마땅히 하나님 중심의 슬기로 모든 것을 해석해야 한다. 요나는 하나님 중심이 아닌 자기중심으로 니느웨 성에 대한 하나님의 처사를 보았기 때문에 원망과 분노를 자주 발하였다(욘 4:1, 8-9).

"그의 영화는 허물을 용서하는 것이니라." 이것은 사람이 남의 허물을 용서함으로써 자기 자신은 인격적으로 광채를 소유하게 된다는 뜻이다. 물론 이 광채는 ① 그가 먼저 하나님 보시기에 아름다워 보인다는 의미이다. 그런 때에 그는 사람들이 보기에도 아름답다. ② 하나님이 죄인들을 오래 참으시며 용서하시는 것은 그의 주요한 덕이다.[147] 그러므로 남의 허물을 용서하는 자는 하나님을 본받는 것이므로, 하나님의 사랑과 축복을 받는다. 이 사실이 그에게는 무엇보다 큰 영화(영광)이다(참조. 마 6:15).

**12  왕의 노함은 사자의 부르짖음 같고 그의 은택은 풀 위의 이슬 같으니라.** 이것은 폭군을 염두에 두고 말하는 것이 아니고, 도리어 이상적인 군주의 행정을 가리킨다. 잠언의 저자는 군주에 대하여 말할 때에 원칙적으로 이상적 군주에 대하여 말한다(참조. 잠 16:10-15; 21:1). 이 말씀은 왕이 통치할 때에 필요한 두 가지, 곧 공의와 사랑을 보여 준다. 여기(잠 19:12)서 "왕의 노함"이라는 말은 브리지스(Charles Bridges)가 잘못 말한 대로 폭군의 노를 가리키는 것이 아닙니다. 이것은 의로운 왕이 그 나라의 죄악을 미워하여 노하는 것을 의미한다(잠 16:12). 모든 통치자에게는 죄를 벌하는 위엄이 있어야 한다. 이스라엘의 거룩한 임금 다윗에게는 그것이 있었다(시 101:1-8). 하나님께도 죄를 벌하

---

147) 참조. 출 34:6; 민 14:18; 시 86:15; 130:4; 렘 15:15; 욘 4:2; 미 7:18-20; 마 9:13; 딤전 2:4.

시는 위엄이 있기 때문에 심판 받을 악인들이 그의 진노 앞에 설 수 없다(계 6:15-16).

또한 통치자에게는 아랫사람들에 대한 사랑과 자비가 있어야 한다. 본문 (잠 19:12)의 "풀 위의 이슬 같다"는 말이 그 뜻이다. 풀은 일반 백성을 비유하는데, 매우 약하고 이름도 없는 것 같다. 그래서 왕은 위엄으로 임하지 않고, 이슬같이 고요하고 부드러운 체휼의 사랑으로 그들에게 임한다. 그는 그의 백성들로부터 봉사를 받으려고만 하지 않고, 그들을 사랑하며 존중히 대한다. 그것이 그의 공의다. 백성에게 세금을 받아 호화로이 살면서 명령만 내리는 자들은 통치자의 자격을 갖추지 못한 자들이다. 참된 통치자는 그의 백성과 신하들을 사랑하며 공의를 지킨다. 이와 같은 공의는 하나님을 두려워하는 자만이 지킬 수 있다.

이 점에서 선한 임금 다윗의 행적을 생각해 보자. 그것은 사무엘하 23:13-17에 기록되었다. 그가 자기를 위해 수고한 세 용사의 의리에 보답한 내용이다. 세 용사의 의리는 어떤 것이었는가? 그것은 다음과 같다. 이스라엘이 블레셋과 싸우던 때에 아둘람 부근에는 음료수가 없어서 다윗 왕은 물을 원하였다. 이때에 세 용사가 다윗 왕에게 음료수를 공급하기 위하여, 블레셋 군대와 충돌하면서까지 베들레헴 부근에 가서 음료수를 길어 왔다(삼하 23:13-16). 그들은 다윗을 참된 지도자로 알고(삼하 21:17), 또 이스라엘 나라가 다윗에게 속할 것이라는 하나님의 말씀도 믿었다(대상 12:23). 그러므로 그들의 모험적 행위는 하나님을 위한 것이라고 할 수 있다. 이에 대한 다윗의 의리는 어떠하였는가? 그는 세 용사가 생명을 걸고 길어 온 그 물을 마시지 않고, 하나님께 드리는 뜻으로 땅에 쏟았다. 그것은 다윗이 그 물을 세 용사의 피, 즉 그들의 생명으로 여겨 감히 마시지 않고 하나님께 바친 그의 의리였다(삼하 23:16-17). 그것은 극기하는 의리이다. 그는 목이 말랐지만 그 물을 마시지 않았다. 이같이 자신의 욕구를 참고 남을 존중히 여기는 행위는 의리이다. 또한 그것은 하나님께 속한 것을 하나님께 드리는 의리이다. 그 물은 그들의 피, 곧 그들의 생명과 같으므로 그는 그것을 하나님께 드려야 마땅하다고 생각했다. 그런 사고방식 역시 신앙적인 의리에 속한 것이다.

이같이 의리를 지키는 임금은 그 나라 백성에게 이슬과 같이 감화를 주며, 또한 혜택을 준다. 그가 그렇게 의리를 지키는 것은 그가 하나님의 말씀에 감화를 입고 은혜를 받기 때문이다. 하나님의 말씀은 이슬과 같고 가는 비와 같다(신 32:1-2).

**13 미련한 아들은 그의 아비의 재앙이요 다투는 아내는 이어 떨어지는 물방울이니라.** 이 구절의 히브리어를 개역하면 다음과 같다. "미련한 아들은 그 아버지에게 재앙이요 아내의 다툼들은 연거푸 떨어지는 물방울이니라." 여기서 "미련한 아들"이라는 말은, 하나님을 경외하지 않고 부모에게 순종하지 않을 뿐 아니라 늘 악을 행하는 자를 말한다. 그는 물론 회개하지 않는 자이다. "아비에게 재앙"이 된다는 것은 다음과 같이 해설된다. 곧 "재앙"(הוה)이라는 히브리어는 비애의 원인이 되는 불행(misfortune)을 말한다.[148]

미련한 아들이 아버지에게 재앙이 되는 이유는, ① 부모 된 자가 그의 아들로 말미암아 당하는 고통을 인력으로는 면할 길이 없고 별수 없이 당하게 되기 때문이며, ② 명예상으로든 재산상으로든 손해를 보게 되기 때문이며, ③ 이같이 괴로운 일은 선한 사람들도 만나기 때문이다. 재앙은 인류가 공통적으로 당하는 것이다. 아담의 가정에 가인이 있었고(창 4:1-14), 노아의 가정에 함이 있었고(창 9:20-22, 25). 야곱의 가정에 르우벤이 있었고(창 49:3-4), 아론의 가정에는 나답과 아비후가 있었고(레 10:1-2), 엘리의 가정에는 두 불량자 홉니와 비느하스가 있었고(삼상 2:12-36), 사무엘의 가정에는 불의한 두 아들 요엘과 아비야가 있었고(삼상 8:1-3), 다윗의 가정에는 암논과 압살

---

148) E. Dhorme, A Commentary on The Book of Job (Leiden: E. J. Brill, 1967), 75.

롬이 있었다(삼하 13:1-14; 18:1-15, 33).

그러므로 의롭고 흠이 없는 자녀를 가진 부모들도 두려워할 수밖에 없다. 그들의 자녀들 중에서 미련한 자손이 날지도 모르기 때문이다. 이새의 아들들 중 미련한 자가 없었으나 가장 의로운 아들 다윗에게서 미련한 손자들이 났다. 사람이 가정의 평안과 쾌락을 즐기기 위해 하나님을 멀리 떠나는 일이 너무 많다. 그러므로 거기에 뜻밖의 재앙이 임하게 하시는 것 또한 하나님의 경륜이다. 따라서 누구든지 가족보다 하나님을 더 믿고 사랑해야 한다. 예수님께서 말씀하시기를 "내 이름을 위하여 집이나 형제나 자매나 부모나 자식이나 전토를 버린 자마다 여러 배를 받고 또 영생을 상속하리라"고 하셨다 (참조. 마 19:29; 10:37-38; 눅 14:25-26, 33).

"아내의 다툼들은 연거푸 떨어지는 물방울이니라." "다툼들"(מִדְיָנִים)이라고 복수 명사가 사용된 것은 많은 다툼을 가리키기 위해서이다. 그러므로 여기서 남편과 다투는 습성이 있는 아내에 대하여 말하는 것이 분명하다. 남편과 다투는 습성이 있는 악처는 평안한 날이 별로 없을 만큼 남편과 자주 다투고, 또 다툼이 시작되면 연거푸 떨어지는 물방울처럼 말을 끊지 않는다. 따라서 그 싸움은 몇 날이 지나도록 계속되기 쉽다. 그와 같이 부부가 늘 다투는 가정에서는 그들 자신뿐 아니라 그들의 자녀들도 의탁할 데 없는 자 같은 슬픔을 당한다. 그들은 비가 끊임없이 새는 집에서 사는 것 같은 불안함 속에서 살게 된다(참조. 잠 21:9, 19; 25:24; 27:15).

**14** **집과 재물은 조상에게서 상속하거니와 슬기로운 아내는 여호와께로서 말미암느니라.** 이 말씀은 집안의 재산도 조상 때부터 하나님께로부터 받은 것이라는 사실을 무시하는 것이 아니다(참조. 고전 4:7; 약 1:17). 조상의 기업이 상실되지 않고 그대로 보존되어 자자손손 물려 내려가는 것도 일반적으로는(간혹 특별한 예외도 있지만) 조상들의 선에 대한 하나님의 상급이다(참조. 잠 13:21-23). 이것을 보면 사람의 선악 문제가 그의 자손에게 큰 영향을 끼친다. 시편

37:25에 말하기를 "내가 어려서부터 늙기까지 의인이 버림을 당하거나 그의 자손이 걸식함을 보지 못하였도다"라고 하였다. 의로운 조상이 가난한 자들에게 재물을 나누어 준 의를 하나님께서 그의 자손들에게 갚아 주신다(전 11:1). 앞에 언급한 내용은 악인들도 간혹 하나님의 은혜로 자손들에게 어느 정도 재산을 상속하는 일이 있다는 것을 부인하지 않는다(시 17:14). 다만 사람의 의에 대하여 상 주시는 하나님의 은혜는 그들의 자손에게도 풍성하다는 것이다(참조. 출 20:6).

"슬기로운 아내는 여호와께로서 말미암느니라." 누구든지 슬기로운 아내를 맞이하게 되는 것은 조상의 기업으로 받는 것이 아니라, 그 사람 개인이 하나님께 받는 분복이라는 뜻이다. 하나님의 복을 받으려는 자는 마땅히 해야 할 일이 있다.

1) 슬기로운 아내를 맞이하는 하나님의 축복을 받으려면, 하나님의 말씀에 부합하도록 아내를 택해야 한다. 그는 이 일에서 자기 단독으로 행하지 말아야 한다. 자기 부모나 친척이나 친구를 통하여 상대방의 인격과 내력을 잘 알아보는 것이 절대적으로 필요하다. 무엇보다도 상대방의 인격에 대한 지식을 성경에 비추어 판단해야 한다. 성경 말씀 중에서도 특히 잠언 31:10-31의 말씀이 중요하다. 거기에 여성이 소유해야 할 주요한 미덕에 대하여 말하였다. 곧 ① 근면의 덕(13-27절), ② 경건의 덕(30절; 참조. 딤전 2:9-15; 벧전 3:1-6)이다. 여성의 외적인 아름다움은 그리 주요한 조건으로 장려되지 않았을 뿐 아니라 오히려 그것을 거짓되다고 하였다(잠 31:30). 그 이유 중 한 가지만 예를 들면, 그것만 소유한 여성의 행실이 부족할 경우 도리어 해를 끼치기 때문이다(잠 11:22).

2) 슬기로운 아내를 구하려는 자는 하나님께 기도해야 한다. 신자들이 중요한 일에 관하여 하나님께 기도는 하지 않고 조급히 행동하면 실수한다(잠 19:2). 이삭의 아내를 택하러 가던 아브라함의 종 엘리에셀은 여행 도중에도

하나님께 기도하였다(창 24:12-14).

**15 게으름이 사람으로 깊이 잠들게 하나니 태만한 사람은 주릴 것이니라.** 이 구절의 히브리어를 개역하면 다음과 같다. "게으름이 깊은 잠에 떨어지게 하나니 게으른 영혼은 주릴 것이니라." 여기서 "게으름이 깊은 잠에 떨어지게" 한다는 말씀은, ① 게으른 자가 그의 방탕한 생활 때문에 육신이 피로하여 낮잠까지 자게 되는 것을 가리키기도 한다. 일하기 싫어하는 자는 방탕한 데로 떨어지는 경향이 있다. 이것은, ② 사람이 생각 없이 시간을 보내며 자기의 재능과 힘과 기회를 적당히 활용하지 않고 내버려 두는 것을 비유하기도 한다. 사람이 자기 재능과 힘과 기회를 활용하지 않을 때에 그것은 결국 잠자는 것같이 되고 만다. 그의 사업은 늘 적자가 날 수밖에 없을 것이다. 더욱이 영적인 면에서 그렇게 되는 것은 너무도 애석한 일이다. 곧 신자들이 깨어 기도하지도 않고 회개하지도 않고 그리스도를 옷 입듯이 진실하게 믿으려고 힘쓰지도 않는다면, 그들은 깊이 잠든 것과 같아서 깨닫지 못한다(참조. 롬 13:11-14; 고전 16:13-14; 엡 5:8-14; 살전 5:5-8).

"게으른 영혼은 주릴 것이니라." 여기서 "영혼"(נֶפֶשׁ)이라는 말을 한글 번역과 같이 "사람"이라는 뜻으로 번역할 수도 있지만, 여기서는 사람을 그의 내부적인 생명 본위로 가리킨 말이므로 나는 이것을 "영혼"이라고 개역한다.

"주릴 것이니라." 그가 주리게 되는 것에 관하여는 다음의 짧은 설교로 대신한다.

### 설교 ▶ 노동과 인생(15절)

**1. 노동은 도덕이다**

1) 노동은 하나님이 제정하신 덕행이다. 창세기 2:15에 말하기를 "여호와 하나님이 그 사람을 이끌어 에덴동산에 두어 그것을 경작하며 지키게 하시

고"라고 하였다. 이때에 에덴동산은 매우 즐거운 장소였다. 그러나 하나님께서는 창조하신 사람이 잘 먹고 즐기는 것에 대해서는 한마디도 하지 않으셨다. 이것이 이교와 다른 점이다. 이교에서는 인간의 최초의 황금시대를 가리켜 사람들이 잘 놀면서 지낼 수 있는 시대로 표현했다. 예수님은 식사하실 겨를도 없이 일하셨다(막 3:20). 하나님은 짐승 중에도 노동하는 짐승을 기억하신다. 그는 "곡식 떠는 소에게 망을 씌우지 말지니라" 하셨고(신 25:4), 잠언 14:4에는 말하기를 "소가 없으면 구유는 깨끗하려니와 소의 힘으로 얻는 것이 많으니라"고 하였다. 노동은 이처럼 귀한 덕행이기 때문에 하나님께서는 이레 중 엿새 동안은 힘써 일하라고 하셨다(출 20:9). 노동은 하나님이 인간에게 주신 좋은 덕이므로 인간이 노동할 책임을 잘 순종할 때에 잠을 달게 자게 된다. 그러므로 전도서 5:12에 말하기를 "노동자는 먹는 것이 많든지 적든지 잠을 달게 자거니와"라고 하였다.

　2) 노동은 수고하고 먹으라는 하나님의 명령에 대한 순종의 덕행이다. 범죄한 인간은 수고해야만 먹을 수 있다. 하나님께서 말씀하시기를 "네가 흙으로 돌아갈 때까지 얼굴에 땀을 흘려야 먹을 것을 먹으리니"라고 하셨다(창 3:19). 범죄한 인생이 노동에 힘씀으로써 그의 거짓된 성품이 제재되고, 정당하게 보수를 받는 덕행이 배양된다. 데살로니가전서 4:11-12에 말하기를 "또 너희에게 명한 것 같이 조용히 자기 일을 하고 너희 손으로 일하기를 힘쓰라 이는 외인에 대하여 단정히 행하고 또한 아무 궁핍함이 없게 하려 함이라"고 하였고, 에베소서 4:28에는 말하기를 "도둑질하는 자는 다시 도둑질하지 말고 돌이켜 가난한 자에게 구제할 수 있도록 자기 손으로 수고하여 선한 일을 하라"고 하였다. 그러므로 수고하지 않고 먹는 자는 하나님께 반역하는 자이다. 사도 바울은 말하기를 "누구든지 일하기 싫어하거든 먹지도 말게 하라"고 하였다(살후 3:10). 그러므로 인생은 누구든지 날마다 수고하고 먹어야 하나님 앞에서 죄를 면한다. 그럼에도 불구하고 어떤 사람들은 재물을 저축한

뒤에는 놀고먹으며, 또 각양 탐심을 품어서 마음에 평안이 없다. 전도서 5:10에 말하기를 "은을 사랑하는 자는 은으로 만족하지 못하고 풍요를 사랑하는 자는 소득으로 만족하지 아니하나니 이것도 헛되도다"라고 하였다.

### 2. 게으름은 죄악이다

사람은 각기 자기의 재능에 따라 직업을 택해야 한다. 그리고 일시 동안만 그 일을 하는 것이 아니라 규칙적으로 해야 목적을 성취한다. 한국의 옛날 풍습은 놀고먹는 것을 제일로 여겼다. "노세 노세 젊어서 노세, 늙어지면 못 노나니."라는 멸망의 노래는 이 땅에서 물러가야 한다. 성경 말씀은 게으름을 정죄하였다. 잠언 6:6에 말하기를 "게으른 자여 개미에게 가서 그가 하는 것을 보고 지혜를 얻으라" 하였고, 6:7-11에는 말하기를 "개미는 두령도 없고 감독자도 없고 통치자도 없으되 먹을 것을 여름 동안에 예비하며 추수 때에 양식을 모으느니라 게으른 자여 네가 어느 때까지 누워 있겠느냐 네가 어느 때에 잠이 깨어 일어나겠느냐 좀더 자자, 좀더 졸자, 손을 모으고 좀더 누워 있자 하면 네 빈궁이 강도 같이 오며 네 곤핍이 군사 같이 이르리라"고 하였다. 그리고 또 "문짝이 돌쩌귀를 따라서 도는 것 같이 게으른 자는 침상에서 도느니라 게으른 자는 그 손을 그릇에 넣고도 입으로 올리기를 괴로워하느니라 게으른 자는 사리에 맞게 대답하는 사람 일곱보다 자기를 지혜롭게 여기느니라" 하였고(잠 26:14-16), "손을 게으르게 놀리는 자는 가난하게 되고 손이 부지런한 자는 부하게 되느니라"고 하였다(잠 10:4). 예수님은 일하기 싫어하는 자를 가리켜 "악하고 게으른 종"이라고 하셨다(마 25:26).

**16** 계명을 지키는 자는 자기의 영혼을 지키거니와 자기의 행실을 삼가지 아니하는 자는 죽으리라. 이 구절의 히브리어를 개역하면 다음과 같다. "계명을 지키는 자는 자기의 영혼을 지키는 자요 자기의 길을 멸시하는 자는 죽으리라." 여기

서 "계명"(מִצְוָה)이라는 말은 물론 하나님의 계명을 말한다. 그렇다면 이것이 행위의 법칙인 율법만을 가리키는가? 아니면 율법과 약속(복음)을 다 포함하는가? 모세는 이 말을 후자의 내용(율법과 약속)으로 사용한 적이 있다(신 30:11-14; 롬 10:6-11). 예수님은 사람들에게 자기(예수님 자신)를 믿는 것이(요 12:44-50) 곧 하나님의 명령(계명)이며, 그것이 바로 영생이라고 하셨다. 이것은 그리스도를 믿는 것이 바로 계명을 지키는 것이라는 말씀이다. 그러므로 요한1서 3:23에도 말하기를 "그의 계명은 이것이니 곧 그 아들 예수 그리스도의 이름을 믿고 그가 우리에게 주신 계명대로 서로 사랑할 것이니라"고 하였다. 이 말씀들을 보면, "계명"이 구원을 준다는 의미로 사용될 때에는 하나님의 약속을 믿으라는 복음적인 명령을 포함한다(참조. 롬 4:13-16).

"자기의 영혼을 지키는 자요." 여기서 잠언 저자는 하나님의 계명을 지키는 것이 얼마나 중요한지 지적한다. 그것은 바로 영혼을 지키는 것과 마찬가지라는 것이다. 그 이유는, 하나님의 계명이 곧 구원의 길이기 때문이다. 앞 절 해석을 참조하라. 그러므로 성도들은 하나님의 계명을 억지로 지키지 말고 기쁨과 사랑으로 지켜야 한다. 욥은 말하기를 "내가 그의 입술의 명령을 어기지 아니하고 정한 음식보다 그의 입의 말씀을 귀히 여겼도다"라고 하였다(참조. 욥 23:12; 시 119:16, 24, 97, 136, 162).

우리는 하나님의 계명(그리스도를 믿으라는 명령과 서로 사랑하라는 명령; 요일 3:23)을 지킴으로써 그의 자녀가 되고 영생을 얻는다. 그리고 그의 자녀로서 그의 계명에 순종한다는 것은 하나님께 받은 특권이기도 하다. 그 이유는, 순종은 아들이 아버지의 사랑을 받는 유일한 길이기 때문이다. 이러한 사실은 특히 예수님에게서 실현되었다. 예수님은 하나님 아버지께 순종하심으로 아버지의 것이 모두 그분에게 계승되는 사랑을 받으셨다(참조. 요 10:17). 그러므로 그의 순종은 아버지께 받으신 그의 권세라고 할 수 있다(요 10:18하). 순종이 그토록 귀한 것이기 때문에 성경은 그가 고난을 통하여 그것을 배우셨다고 말한다. 곧 히브리서 5:8-9에 말하기를 "그가 아들이시면서도 받으신 고난으로 순종함을 배워서 온전하게 되셨은즉 자기에게 순종하는 모든 자에게 영원한 구원의 근원이 되시고"라고 하였다.

많은 사람이 순종을 약자의 도덕으로 본다. 그러나 하나님께 순종하는 것은 진리에 순종하는 것이고, 능력에 순종하는 세력이다. 루터(Luther)는 말하기를 "순종은 이적보다 낫다"라고 하였다. 예수님께서 아버지께 받으신 계명(죽으라는 계명과 부활하라는 계명)에 순종하심으로 아버지의 사랑을 받으셨다(요 10:17). 아들이 아버지께 받는 사랑은 그의 순종 때문이다. 또한 아들에 대한 아버지의 사랑은 그와 아들의 연합을 성립한다. 아들에게는 이 연합이 권세다. 요한복음 3:35에 "아버지께서 아들을 사랑하사 만물을 다 그의 손에 주셨으니"라고 하였다.

"자기의 길을 멸시하는 자는 죽으리라." 곧 사람이 자기의 행위를 조심하지 않으면 멸망한다는 뜻이다. 이것은 상반절의 말씀과 반대로 행하는 자의 멸망을 경고한다.

**17 가난한 자를 불쌍히 여기는 것은 여호와께 꾸어 드리는 것이니 그의 선행을 그에게 갚아 주시리라.** 이 구절의 히브리어를 개역하면 다음과 같다. "가난한 자를 불쌍히 여기는 자는 여호와께 꾸이는 것이니 그의 준 것을 그가(하나님께서) 갚아 주시리라." 여기서 "불쌍히 여긴다"라는 말이 중요하다. 진정으로 불쌍히 여기는 마음이 있는 자는 구제하는 구체적 행동을 취한다. 긍휼히 여기는 그의 마음은 그로 하여금 불쌍한 자를 돕기 위하여 수고하게 하며(살전 1:3), 또한 희생하게 한다. 선한 사마리아 사람은 강도 맞은 사람을 구할 때에 가장 먼저 그를 불쌍히 여겼다(눅 10:33). 이와 반대로 사랑 없는 구제 행위는 생명 없는 외식적 행위이며, 기계적 행위에 불과하다. 하나님은 이같이 생명 없는 봉사를 기뻐하시지 않는다. 하나님은 가난한 자에 대한 신자의 긍휼히 여기는 행위를 높이 평가하신다. 그래서 그것을 자신(하나님)에 대한 대접으로

간주하여 주신다. "여호와께 꾸이는 것이니"라는 말씀이 그 뜻이다(참조. 마 25:34-40). 그뿐 아니라 그것을 하나님께서 친히 갚아 주겠다고 하신다. 그의 갚으심은 확실하며(잠 11:24-25; 28:27), 더 좋은 것으로 주신다(마 6:3-4). 그것은 이 세상 것으로 갚으시는 것이 아니고 내세의 것으로 갚으시는 것이다. 하나님의 아들 예수님은 신자들의 긍휼히 여기는 행위가 이 세상 것으로 갚아지지 않고 내세의 것으로 갚아지기를 원하셨다(참조. 눅 14:12-14; 마 6:1).

**18** **네가 네 아들에게 희망이 있은즉 그를 징계하되 죽일 마음은 두지 말지니라.** 이 구절의 히브리어를 개역하면 다음과 같다. "네 아들을 징계하되 소망이 있을 동안에 하라. 그러나 그를 죽게 함에 네 마음을 두지 말라." 잠언에는 자녀들이 잘못할 때에 부모로서 그들을 벌하라는 말씀이 많이 있다. 그런데 여기서 "소망이 있다"라는 말이 중요하다. 그 소망은 오직 하나님께만 있다. 자녀를 징계할 때에 부모는 하나님의 뜻대로 사랑과 의리를 가지고 징계해야 한다. 그렇게 하지 않는 것은 악독한 행동으로 흐르게 되어 상대방의 반항심을 일으킨다. 그것은 하나님의 말씀이 금하는 바이다(엡 6:4).

"그를 죽게 함에 네 마음을 두지 말라." 이것은 부모가 잘못한 아이를 징계할 때에 그에게 혈기를 내어 그를 미워하지 말라는 것과 같은 말씀이다(참조. 엡 6:4). 미워하는 마음은 살인하는 마음이다(요일 3:15). 그리고 이같이 악독한 심리는 지나친 분노와 악담과 저주로 표현된다. 동양에서 유교의 가정 교육은 극히 엄하였다. 옛글에 말하기를 "엄한 아버지는 효자를 길러 내고 엄한 어머니는 효녀를 길러 내는 법이다"라고 하였고,[149] 또 말하기를 "귀여운 아이에게는 매를 주고, 미운 아이에게는 밥을 준다"고 하였다.[150] 이런 말들이 옳기는 하다. 그러나 유교는 하나님 제일주의가 아니라 부모 지상주의

---

149) 『明心寶鑑』, 訓子篇, 8쪽: "嚴父出孝子嚴母出孝女."
150) 같은 책, 9쪽: "憐兒多與棒憎兒多與食."

이며, 부모가 자녀들의 인권을 무시할 정도까지 엄한 지위를 차지하게 한 것은 잘못이다. 예를 들면, 자녀들이 부모가 있을 때에는 몸이 가려워도 긁지 않는 것이 예의였다.[151] 그러나 기독교 성경은 가르치기를, 부모가 어린 자녀의 잘못을 경계할 때에는 합리적으로 하여 그들의 자유 의지를 파괴하지 말라고 한다. 예를 들면 "아비들아 너희 자녀를 노엽게 하지 말고 오직 주의 교훈과 훈계로 양육하라"고 한 말씀(엡 6:4)이 여기 해당된다. 구체적으로 말하면, 어린아이가 잘못하였을 때에 부모는 먼저 그로 하여금 잘못을 깨닫게 하여 주고, 다음에 또다시 그와 같은 잘못을 저지를 경우에는 징계할 것이라고 경고한 다음 그 약속대로 실행하면 된다. 이렇게 할 때에 그 어린아이에게 선택의 기회를 주게 되어 그 아이가 자신의 의지로 자기의 과오를 고치게 되고, 또 그 아이의 인권도 존중하게 된다. 이렇게 하는 것이 하나님의 뜻이다.

**19 노하기를 맹렬히 하는 자는 벌을 받을 것이라 네가 그를 건져 주면 다시 그런 일이 생기리라.** 맹렬히 노하는 습관이 있는 사람은 만류해도(건짐이 되어도) 고치지 못한다. 그러므로 그는 마침내 징계를 받는다는 뜻이다. 그러나 나는 이 구절을 다음과 같이 개역한다. "맹렬한 분노는 벌을 받느니라. 네가 그것(분노)을 피하지 않으면 그것을 더욱 증가시키느니라." 이것은 앞절 말씀과도 문맥이 통한다. 곧 "너는 아들을 징계하되 죽일 마음(지나친 분노)은 두지 말아야 한다. 지나친 분노는 벌을 받는다. 네가 너의 분노를 피하지 않으면 너의 분노는 점점 더해질 것이며 그것은 위험하다"라고 하게 된다.

19절 말씀은 분노의 위험성을 보여 준다. 사람이 분노를 즉시 피하지 않고 품고 있으면 거기에 마귀가 틈을 타서 오랫동안 유감스러울 큰일을 저지를 수 있다. 그러므로 에베소서 4:26-27에 말하기를 "분을 내어도 죄를 짓지 말며 해가 지도록 분을 품지 말고 마귀에게 틈을 주지 말라"고 하였다. 사소

---

151) 『原本小學集註』卷之二 (鄕民社), 32쪽 : "癢不散搔."

한 일로 시작된 분노가 비극을 초래하게 될 위험성을 내포할 수도 있다. 여기서 특별히 명심할 것은, 하나님께서 분노를 벌하신다는 본문(잠 19:19)의 상반절 말씀이다. 유교의 교훈에도 "분을 징계하기를 불 끄듯이 하라"고 하였다.[152] 그러나 이것은 하나님을 두려워하는 동기에서 말하는 것이 아니라, 분노가 사람에게 해롭다는 견지에서 가르친 것뿐이다. 이런 의미에서 "성냄을 심히 하면 기운이 상한다"라는 말도 있다.[153]

**20-21** 너는 권고를 들으며 훈계를 받으라 그리하면 네가 필경은 지혜롭게 되리라 사람의 마음에는 많은 계획이 있어도 오직 여호와의 뜻만이 완전히 서리라. 이 구절의 히브리어를 개역하면 다음과 같다. "너는 계획을 들으며 징계를 받으라. 너의 종말에 네가 지혜롭게 되리라. 사람의 마음속에 많은 정책이 있어도 오직 여호와의 계획이 영원히 서리라." 여기서 "필경"(אַחֲרִית)이라는 말에 주목해야 한다. 이것은 "최후의 끝"이란 뜻으로, 인생의 종말을 가리킨다. 인생의 종말이라고 하면 그 사람의 노년기와 사망을 의미한다. 인생은 마땅히 종말을 위하여 초기에 예비해야 한다. 그것은 하나님의 말씀에 의한 계획과 징계를 감수하는 훈련이다. 인생은 현재의 생활로 만족하지 말고 자신의 종말을 우려하여 대비해야 한다. 하나님은 현재의 생계만 가지고 족한 줄 아는 부자(눅 12:16-19)를 가리켜 말씀하시기를 "어리석은 자여 오늘 밤에 네 영혼을 도로 찾으리니 그러면 네 준비한 것이 누구의 것이 되겠느냐"라고 하신다(눅 12:20). 그러므로 전도서 12:1-2에 말하기를 "너는 청년의 때에 너의 창조주를 기억하라 곧 곤고한 날이 이르기 전에, 나는 아무 낙이 없다고 할 해들이 가깝기 전에 해와 빛과 달과 별들이 어둡기 전에, 비 뒤에 구름이 다시 일어나기 전에 그리하라" 하였고, 또 12:7에는 말하기를 "흙은 여전히 땅으로 돌아가고 영

---

152) 『明心寶鑑』, 正己篇, 13쪽 : "懲忿如救火."
153) 같은 책, 10쪽 : "怒甚偏傷氣."

은 그것을 주신 하나님께로 돌아가기 전에 (창조자를) 기억하라"고 하였다.

사람은 무엇보다 자신의 종말을 미리 준비하는 것이 중요하다(암 4:12). 그 이유는, 이 세상은 잠간이고, 또한 헛되며, 여호와만이 우리의 소망이 되시기 때문이다. 그 준비는 다른 것으로는 할 수 없고, 오직 하나님의 말씀이 주는 계획과 징계로만 할 수 있다. 그 이유는, 인간의 생각은 아무리 많아도 헛되고 오직 하나님의 말씀만이 참되고 변하지 않기 때문이다(잠 19:21). 그러므로 우리는 그것(계획과 징계)을 꿀과 같이 달게 받아 순종해야 한다. 다윗은 말하기를 "의인이 나를 칠지라도 은혜로 여기며 책망할지라도 머리의 기름 같이 여겨서 내 머리가 이를 거절하지 아니할지라"고 하였다(시 141:5).

**22 사람은 자기의 인자함으로 남에게 사모함을 받느니라 가난한 자는 거짓말하는 자보다 나으니라.** 이 구절의 히브리어를 개역하면 다음과 같다. "사람의 소원이 그의 친절이니 가난한 자는 거짓말하는 자보다 나으니라." 이 말씀의 뜻은, 사람이 선(인자)을 행할 소원이 마음속에 간절하다면, 그런 소원을 가진 가난한 자가 마음 없이 선을 행하는 부자보다 낫다는 것이다. 이것은 사람의 중심의 진실함을 원하시는 하나님의 평가이다(시 51:6). 하나님은 외식하는 자의 많은 연보보다 정성껏 바치는 가난한 자의 적은 물질을 더 기뻐하신다(막 12:41-44).

"가난한 자는 거짓말하는 자보다 나으니라." 이 말씀에 대하여는 자세히 생각할 필요가 있다. 물론 여기서 "가난한 자"는 물질이 궁핍하여도 거짓말을 하지 않는 자이다. 그러므로 본문은 그를 "거짓말하는 자"와 대조시킨다. 우리는 다음의 몇 가지 이유로 가난한 자가 거짓말하는 자보다 낫다고 할 수 있다. ① 여기 진술된 가난한 자는 진실하므로 하나님 편에 있고(롬 3:4), "거짓말하는 자"는 마귀 편에 섰다(요 8:44). ② 성실한 "가난한 자"의 양심은 평안한 반면에, 거짓말하는 자의 양심은 불안하다. ③ 가난한 자는 믿음에 부요할 수 있지만(약 2:5), 거짓말하는 자는 그리스도를 부인한다(요일 2:22). ④

성실한 가난한 자는 겸손을 비롯하여 모든 덕을 행하려고 하지만, 거짓말하는 자는 늘 남을 해롭게 하는 죄를 쌓는다. ⑤ 성실한 가난한 자는 노동에 힘쓰는 행복을 경험하지만(전 5:12), 거짓말하는 자는 거짓말로 재물을 얻고자 한다. "속이는 말로 재물을 모으는 것은 죽음을 구하는 것"이다(잠 21:6).

본문의 말씀은, 가난한 자가 모두 다 행복하다는 것이 아니라 가난해도 진실한 자가 행복하다는 것이다. 유교 사상에도 가난을 평안으로 여기고 도를 즐거워하는 사상이 있다. 공자가 말하기를 "가난하여도 즐겁다." 하였고, "불의하게 부귀를 누리는 것은 뜬구름과 같다"고 하였다.[154] 그는 도를 즐거워하기 때문에 이처럼 가난을 문제시하지 않았다. 그러나 그가 말하는 "도"는 인본주의 윤리 철학이다. 그는 이같이 부족한 깨달음을 가지고도 족하게 여기어 말하기를 "아침에 도를 들으면 저녁에 죽어도 좋다"라고 하였다.[155] 그렇다면 참된 하나님을 아는 우리 신자들은 얼마나 만족스러운 처지에 있는가!

**23 여호와를 경외하는 것은 사람으로 생명에 이르게 하는 것이라 경외하는 자는 족하게 지내고 재앙을 당하지 아니하느니라.** 이 말씀에서 브리지스(Charles Bridges)는 하나님 경외의 세 가지 열매를 지적하였다. 곧 생명과 만족과 안전 보장이다.[156]

1) 사는 문제(내세의 복된 생과 부활까지도)에서 우리는 하나님으로 충분하다(상반절). 그러므로 구약에는 내세라는 말 대신 하나님이라는 말이 많이 나타난다. 이런 표현이 도리어 구약에 계시된 진리의 성격이다. 사람들로 하여금 하나님 외에 다른 데서 복된 생명을 찾지 않도록 하기 위하여 그 기

---

154) 『論語』, 述而 第七, 15쪽 : "飯疏食飲水曲肱而枕之樂亦在其中矣不義而富且貴於我如浮雲."
155) 『論語』, 里仁 第四, 8쪽 : "朝聞道夕死可矣."
156) Charles Bridges, A Commentary on Proverbs (London: The Banner of Truth Trust, 1968), 327 : "Threefold fruit is here set before us life-satisfaction-security."

록(구약의 기록)도 하나님 중심주의로 되어 있다. 현세에서 하나님을 모시기만 하면, 영생(세상을 떠나서 영원히 사는 것과 내세의 부활)은 그 가운데 완전히 포함되어 있는 것이다. 하나님 중심의 영생론은 이교 철학자들의 영혼불멸론과 다르다. 소크라테스(Socrates)는 임종할 때에 깊이 생각하며 영혼의 영생을 네 가지로 논증하였다. 그중 하나는 영혼의 단순성(분해되지 않으며 용해되지 않는 성질)으로 영혼의 영생을 논증한 것이다. 플라톤(Plato)도 그와 같이 논증하였다. 그러나 그들의 사상은 인간의 자율적인 영생을 논한 것이므로 잘못된 것이다. 그들은 인간의 죽음이 징벌이라는 사실을 몰랐다. 더욱이 그들은 인간의 참된 생명이 하나님께만 있다는 것을 몰랐다. 성경은 죽지 않는 것이 하나님께만 있다고 한다(딤전 6:16).

2) 하나님은 우리에게 만족을 주신다(잠 19:23하). 이 세상의 것은 결국 다 지나가기 때문에 그것에 소망을 둔 자는 마침내 실망하게 된다(참조. 요일 2:15-17). 그러나 하나님은 변치 않으셔서 신자에게 영원한 만족을 주신다. 시편 23:1-6에 말하기를 "여호와는 나의 목자시니 내게 부족함이 없으리로다 그가 나를 푸른 풀밭에 누이시며 쉴 만한 물 가로 인도하시는도다 내 영혼을 소생시키시고 자기 이름을 위하여 의의 길로 인도하시는도다 내가 사망의 음침한 골짜기로 다닐지라도 해를 두려워하지 않을 것은 주께서 나와 함께 하심이라 주의 지팡이와 막대기가 나를 안위하시나이다 주께서 내 원수의 목전에서 내게 상을 차려 주시고 기름을 내 머리에 부으셨으니 내 잔이 넘치나이다 내 평생에 선하심과 인자하심이 반드시 나를 따르리니 내가 여호와의 집에 영원히 살리로다"라고 하였다.

3) 하나님은 참된 신자에게 안전을 보장해 주신다(잠 19:23하). 심지어 환난도 성도를 하나님의 사랑에서 끊지 못하고 도리어 하나님께 가까이 가도록 만들 뿐이다(참조. 롬 8:35-39; 시 91:1-16; 121:1-8). 그러므로 본문에 "재앙을 당하지 아니하느니라"라는 말씀이 나온다. 곧 참된 신자에게는 재앙도 결

국 유익이 될지언정 해로운 것이 되지 않는다는 뜻이다(참조. 롬 8:28).

**24** 게으른 자는 자기의 손을 그릇에 넣고서도 입으로 올리기를 괴로워하느니라. 이 말씀은 게으른 자의 행위를 비유로 진술한다. 이것이 비유라고 할 수 있는 이유는, 게으른 자가 식탁에서 먹을 때에는 도리어 부지런하기 때문이다. 이 비유가 가르치는 요지는 두 가지이다. ① 게으른 자는 자기에게 당장 절실한 일도 하기 싫어한다는 것이다. 식탁에 앉은 자가 음식물을 입에 넣는 것이 자기에게 얼마나 요구되고, 또 필요한 일인가? 그렇게 필요한 일도 게으른 자는 하지 않는다. 사람들이 자기에게 필요한 구원을 위하여 힘쓰지 않는 것도 이와 같은 게으름이다. ② 게으른 자는 그를 위하여 다른 사람이 준비해 놓은 것을 받는 노력도 하기 싫어한다. 영적으로 게으른 자도 마찬가지이다. 그리스도께서는 인류를 위하여 무한한 구원의 은혜를 예비하시고 주시려고 하지만, 사람들 중에는 이것을 받으려는 노력도 하지 않는 자들이 많다. 그들은 곡식이 가득한 창고 속에서 굶어 죽는 자와 같이 어리석다. 우리가 받을 구원은 순전히 하나님의 은혜로 성립되었으나, 우리가 그것을 받는 노력을 해야만 그 은혜를 누리게 된다. 하나님의 은혜는 우리로 하여금 노력하도록 만들어 줄 뿐 게으르게 만드는 것이 아니다. 그러므로 은혜를 빙자하여 게으르게 행하는 자는 하나님의 말씀을 모르는 자이다. 브리지스(Charles Bridges)는 말하기를 "희생과 노력의 진리를 가지지 못한 종교는 천국 문을 열지 못한다."라고 하였다.[157]

기독교 성경은 구원 문제에서 하나님의 은혜를 제일로 주장한다. 그것이 주권적 은혜(sovereign grace)이다. 그러나 주권적 은혜는 허물과 죄로 죽은 인류(엡 2:1)를 살려서 노력하는 자가 되게 한다. 천국은 힘쓰는 자가 빼앗는다(마 11:12; 빌 2:12; 고전 15:58).

---

157) Charles Bridges, A Commentary on Proverbs (London: The Banner of Truth Trust, 1968), 328.

**25** 거만한 자를 때리라 그리하면 어리석은 자도 지혜를 얻으리라 명철한 자를 견책하라 그리하면 그가 지식을 얻으리라. 여기서 "때리라"는 말은, 법률상으로는 권력으로 단속하는 것을 가리키고 종교적으로는 징계를 비유할 것이다. 이런 징계는 사람들이 실시하지 못할 때에 하나님께서 친히 행하신다. 거만한 자를 이같이 징계하시는 목적은 무엇보다 질서를 유지하시기 위해서이다. 곧 어리석은 자들(옳고 그름을 분별하지 못하는 자들)이 그런 징계를 보고 정신을 차려서 옳은 편에 서게 된다(딤전 5:20). 치리하는 사람들은 명철한 자를 특별하게 다루어야 한다. 명철한 자는 부득이하게 실수했을 때에 견책만 받고도 깨닫고 돌이킨다. 그 이유는 명철한 자는 겸손하기 때문이다.

**26-29** 아비를 구박하고 어미를 쫓아내는 자는 부끄러움을 끼치며 능욕을 부르는 자식이니라 내 아들아 지식의 말씀에서 떠나게 하는 교훈을 듣지 말지니라 망령된 증인은 정의를 업신여기고 악인의 입은 죄악을 삼키느니라 심판은 거만한 자를 위하여 예비된 것이요 채찍은 어리석은 자의 등을 위하여 예비된 것이니라. 여기서는 세 가지 악인의 행위에 대하여 진술한다. 곧 악질적인 불효자의 행동(26절), 거짓 스승의 교훈(27절), 거짓 증인의 행위(28절) 등이다. 이들은 극도의 악인이므로 심판(하나님의 심판)과 채찍(법률에 의한 폭력적 단속이나 하나님의 징계)을 받게 된다(29절). 불효자는 배은망덕하는 큰 죄인이므로 심판을 받아 마땅하고, 거짓 스승은 양의 옷을 입고 속으로는 노략질하는 이리이므로(마 7:15) 심판의 대상이고, 거짓 증인은 죄악(거짓말)을 음식 먹듯이 달게 여기므로(잠 19:28하) 심판받아 마땅하다.

## 제 20 장

### ✣ 해석

**1** 포도주는 거만하게 하는 것이요 독주는 떠들게 하는 것이라 이에 미혹되는 자마다 지혜가 없느니라. 이 구절의 히브리어를 개역하면 다음과 같다. "포도주는 거만케 하는 것이요 독주는 싸우게 하는 것이라. 이것에게 속은 자는 누구든지 지혜가 없느니라." 이것은 술에 취한 자의 잘못된 행동을 지적한다. 술에 취한 자가 교만해지는 것과 싸우게 되는 것은 모두 악한 것이다. 그렇게 되는 것은 하늘나라에 합당치 않다(고전 6:10). 그러므로 술에 취하는 자는 그것에 속는 자이다. 구약 시대에 제사장은 술을 마시지 못하도록 금지되었다(레 10:9). 신약은 모든 신자가 술에 취하지 말도록 금지하였다(엡 5:18). 하나님의 말씀에서 술 취하는 것을 금하는 이유는, ① 사람은 취한 정신으로 거룩한 진리를 바르게 분별하지 못하기 때문이다. ② 그가 취하여 다른 많은 죄를 범하기 쉽기 때문이다. ③ 그가 술에 사로잡혀 있어서 술이 주는 쾌락을 하나님보다 더 사랑하게 되기 때문이다(딤후 3:4). 사람이 술에 취하는 쾌락에 끌려서 이 세상에서도 패망하는 것은, 인류 역사의 상고 시대부터 사실로 증명되고 있다. 중국 상고 시대 하나라의 중강이라는 임금이 희화라는 지방 장

관을 징벌하였다. 그 이유는 희화가 술에 빠져서 정사를 문란하게 하였기 때문이다.[158] 그 나라의 걸(桀) 임금도 술 취하는 쾌락을 누리다가 결국 나라를 망쳤다. 이 외에도 동양 사상에 이와 비슷한 예가 많다(참조. 잠 31:4-5). 현대에도 술에 취하여 평생 패가망신하는 자들이 많다. 사람이 술에 취하면 말에서도 실수를 많이 한다. 이 세상의 지혜를 어느 정도 가르친 명심보감에서 말하기를 "말이 많아서 실수하는 것은 술 때문이다."라고 하였다.[159] 뒤에 있는 23:29-35에 대한 해석을 참조하라.

**2 왕의 진노는 사자의 부르짖음 같으니 그를 노하게 하는 것은 자기의 생명을 해하는 것이니라.** 여기 진술된 "왕"은 폭군을 가리키지 않는다. 이와 유사한 말씀이 19:12에도 있는데, 그 왕의 진노는 사자의 부르짖음과 같으면서도 백성에게 은혜를 많이 끼치는 것이다. 그렇다면 그의 진노는 폭군의 진노가 아니라 공의를 나타내는 무서운 진노이다. 로마서 13:2-4의 말씀이 이 해석을 지지한다. 거기에 말하기를 "그러므로 권세를 거스르는 자는 하나님의 명을 거스름이니 거스르는 자들은 심판을 자취하리라 다스리는 자들은 선한 일에 대하여 두려움이 되지 않고 악한 일에 대하여 되나니 네가 권세를 두려워하지 아니하려느냐 선을 행하라 그리하면 그에게 칭찬을 받으리라 그는 하나님의 사역자가 되어 네게 선을 베푸는 자니라 그러나 네가 악을 행하거든 두려워하라 그가 공연히 칼을 가지지 아니하였으니 곧 하나님의 사역자가 되어 악을 행하는 자에게 진노하심을 따라 보응하는 자니라"고 하였다.

통치자의 행정적 위엄은 공의 면에서 사자의 부르짖음 같아야 한다. 사자의 부르짖음은, 그 짐승이 거하는 산중 어디에서나 들린다. 그와 같이 통치자의 행정 능력은 그 나라의 악인들을 어디서든지 두렵게 해야 한다. 잠

---

158) 『書經』, 夏書, 胤征, 2章: "惟時義和顛覆厥德沈亂于酒."
159) 『明心寶鑑』, 省心篇, 3쪽: "言多語失皆因酒."

언 14:34에 말하기를 "공의는 나라를 영화롭게 하고 죄는 백성을 욕되게 하느니라"고 하였다(참조. 잠 20:8; 29:4). "그를 노하게 하는 것은 자기의 생명을 해하는 것이니라." 하나님을 위하여 사람들 중에서 "두려워할 자를 두려워하라"는 것이 신자들에 대한 하나님의 명령이다(롬 13:7). 그런 두려움은 비정한 심리가 아니라 주님을 위하여 평안한 마음으로 움직이는 준법정신이다(참조. 벧전 2:13-17). 만일 신자가 어떤 불만으로 국가나 교회의 질서를 존중하지 않고 스스로 잘난 줄 생각하여 윗사람들을 거스른다면, 그는 하나님의 법과 제도를 위반하는 자이다. 이렇게 행하는 자도 건전한 하나님의 은혜를 받지 못한다. 그는 그런 과오 때문에 위태한 지경에 떨어질 위험도 있다.

동양 철학의 원천이라고 할 수 있는 주역의 이괘는, 재하자(在下者)가 위에 있는 강자를 뒤따르는 괘상(卦象)이다. 그러므로 여기 해당되는 처세는 "범의 꼬리를 밟는 것 같은 마음으로 잘못을 범하지 않을까 스스로 두려워해야 한다"는 것이다. 이것은 하나님을 모르고 세상의 경험만 기준으로 한 처세 철학으로, "하나님을 위한다"는 목적은 생각조차 하지 못하였다. 사람이 하나님을 위하는 동기 없이 그저 자기 위에 있는 집권자를 두려워하기만 한다면, 그의 마음에는 평안과 만족이 없을 것이다. 그러나 성경이 우리에게 가르친 대로 위에 있는 자를 두려워하라고 한 것은 신본주의에 속한다. 그것은 "주를 위하여" 두려워하라는 것이므로(벧전 2:13; 롬 13:5), 두려워하는 그 심리 속에는 주님을 사랑하는 평강이 잠재해 있다.

**3** 다툼을 멀리 하는 것이 사람에게 영광이거늘 미련한 자마다 다툼을 일으키느니라.
이 구절의 히브리어를 개역하면 다음과 같다. "다툼을 멈추는 것이 사람에게 영광이건만 미련한 자마다 거기에 참견하느니라." "다툼을 멈추는 것"은 어느 한쪽 편이 양보할 때에 성립된다. 본문의 말씀은 양보하는 편에 영광이 돌아간다는 뜻이다. 사람이 영광을 받는다는 것은, 그가 남에게 칭송과 대접과 상금 등을 받아서 높아지는 것이다. 그러나 다투는 상황에서 상대편에게 양보한다는 것은 양보하는 사람 자신이 축소되는 것 아닐까? 결과적으로 승리의 영광을 거두지 못하고 후퇴하여 빼앗기는 것 아닐까? 얼핏 보면 이 구절의 말씀은 우리가 납득할 수 없다. 그러나 우리가 하나님의 말씀(잠 19:11)에 순종할 때에 문제가 해결된다. 잠언 19:11에 말하기를, 사람이 남의 "허물을 용서하는 것이 자기의 영광이니라"고 하였다. 남에게 억울함을 당한 자는 어디까지나 가해자와 싸워서 승리해야 통쾌할 것 같고, 또 그것이 영광이 될 것 같다. 그러나 하나님 앞에서 살면서 하나님께 인정받는 것을 원해야 할 신자에게는, 양보하고 지는 것이 영광이다. 왜냐하면 그는 자기의 것을 남에게 주는 사랑(남을 용서해 주는 사랑)을 실행함으로 하나님을 모시게 되기 때문이다(요일 4:12). 그는 온유한 자가 도리어 땅을 차지한다는 진리를 믿는다(마 5:5). 아브라함은 재산 문제로 자기 조카 롯과 다투지 않으려고 양보하며 말하기를 "네 앞에 온 땅이 있지 아니하냐 나를 떠나가라 네가 좌하면 나는 우하고 네가 우하면 나는 좌하리라"고 하였다(창 13:9). 그렇게 그는 롯에게 모든 것을 양보하였다. 그러나 그 후에 하나님의 축복을 받아 커진(영광을 받은) 자는 아브라함이다. 그리고 이삭은 자기의 우물을 블레셋 사람들에게 여러 차례 양보하였지만, 마침내 그의 소유가 광대해졌다(창 26:17-22). 그렇게 된 것이 그에게 영광이다. 반면에 미련한 자는 다툼을 일으킨다.

**4 게으른 자는 가을에 밭 갈지 아니하나니 그러므로 거둘 때에는 구걸할지라도 얻지 못하리라.** 이 구절의 히브리어를 개역하면 다음과 같다. "게으른 자는 추위 때문에 밭 갈지 아니하나니 거둘 때에는 구걸할지라도 아무것도 얻지 못하리라." 이 말씀에는 "게으른 자"의 옳지 못한 심리가 묘사되어 있다. 그가 밭 갈지 않는 핑계를 가지고 있지만, 그것은 정당화될 수 없다. 그는 일하기 싫어하는 악한 근성을 솔직히 고백하지 않고 도리어 기후에 책임을 돌린다. 그는 만물(주위 환경)을 정복하라는 하나님의 말씀(창 1:28)과 반대로, 자기가 만물(주위 환경, 예컨대 추위)에게 정복되어야 한다고 주장하는 셈이다. 하나님

의 말씀과 정반대로 생각하는 것은 언제나 마귀의 미혹에 빠진 것이다. 그것은 "길에 사자가 있다 거리에 사자가 있다"고 하는 미혹(잠 26:13)과 같다.

"거둘 때에는 구걸할지라도 아무것도 얻지 못하리라." 자비로우신 하나님은 사람들로 하여금 심은 대로 거두게 하신다. 만일 그들이 심지 않고도 거두게 된다면 허황해질 것이다. 그렇게 되면 이 세상에는 아무런 질서도 없고 공의도 없어질 것이다.

영적 생활에서도 우리는 심은 대로 거둔다. 갈라디아서 6:7-8에 말하기를 "스스로 속이지 말라 하나님은 업신여김을 받지 아니하시나니 사람이 무엇으로 심든지 그대로 거두리라 자기의 육체를 위하여 심는 자는 육체로부터 썩어질 것을 거두고 성령을 위하여 심는 자는 성령으로부터 영생을 거두리라"고 하였다. 그럼에도 불구하고 신자들도 신앙생활에서 많은 핑계로 노력과 희생을 회피한다. 그들 중에도 추위 때문에 심지 못하겠다는 자들이 많고, "길에 사자가 있다 거리에 사자가 있다"고 말하는 자들도 많다.

부지런함을 높은 덕으로 칭송하고 게으름을 죄악시하는 것은 하나님을 알지 못하는 천단한 인본주의 도덕에서도 강조한다. 명심보감에 말하기를 "스스로 부지런한 것은 값없는 보배다."라고 하였다.[160] 여기서 값없는 보배라는 뜻은 값이 너무 높아서 말할 수 없다는 것이다. 또한 게으름은 열 가지 도적질 가운데 한 가지라는 의미로도 말하였다.[161]

**5** **사람의 마음에 있는 모략은 깊은 물 같으니라 그럴지라도 명철한 사람은 그것을 길어 내느니라.** 자연적 인간(하나님의 특별한 은혜를 받지 못한 인간)은 남의 마음의 깊은 속을 모른다. 그러므로 옛글에도 말하기를 "범을 그리되 가죽은 그려도 뼈는 그리기 어렵고, 사람을 알되 얼굴은 알지만 그 마음은 알 수 없다."라

---

160) 『明心寶鑑』, 正己篇, 7쪽 : "勤爲無價之寶."
161) 같은 책, 立教篇, 12쪽.

고 하였다.[162] 또한 "얼굴을 대하여 말은 서로 주고받지만 마음으로는 천산이 막혀 있다."라고 하였다.[163]

그러나 본문(잠 20:5)은 사람의 마음속의 깊은 모략도 알아내는 사람이 있다고 한다. 그것은 명심보감의 말과 다르다. 과연 어떤 사람이 그렇게 할 수 있는가? 그는 "명철한 자", 곧 하나님을 참으로 아는 거듭난 사람으로서 하나님의 지혜(성경 말씀)를 받은 자이다. 그는 성경 말씀과 성령의 조명하심으로 사람의 깊은 속을 알아낼 수 있다. 예를 들면 솔로몬 왕은 하나님의 지혜를 받았으므로, 어떤 사건을 재판할 때에 원고와 피고의 마음을 파악하였다. 그 재판의 내용은 다음과 같다. "그 때에 창기 두 여자가 왕에게 와서 그 앞에 서며 한 여자는 말하되 내 주여 나와 이 여자가 한집에서 사는데 내가 그와 함께 집에 있으며 해산하였더니 내가 해산한 지 사흘 만에 이 여자도 해산하고 우리가 함께 있었고 우리 둘 외에는 집에 다른 사람이 없었나이다 그런데 밤에 저 여자가 그의 아들 위에 누우므로 그의 아들이 죽으니 그가 밤중에 일어나서 이 여종 내가 잠든 사이에 내 아들을 내 곁에서 가져다가 자기의 품에 누이고 자기의 죽은 아들을 내 품에 뉘었나이다 아침에 내가 내 아들을 젖 먹이려고 일어나 본즉 죽었기로 내가 아침에 자세히 보니 내가 낳은 아들이 아니더이다 하매 다른 여자는 이르되 아니라 산 것은 내 아들이요 죽은 것은 네 아들이라 하고 이 여자는 이르되 아니라 죽은 것이 네 아들이요 산 것이 내 아들이라 하며 왕 앞에서 그와 같이 쟁론하는지라 왕이 이르되 이 여자는 말하기를 산 것은 내 아들이요 죽은 것은 네 아들이라 하고 저 여자는 말하기를 아니라 죽은 것이 네 아들이요 산 것이 내 아들이라 하는도다 하고 또 이르되 칼을 내게로 가져오라 하니 칼을 왕 앞으로 가져온지

---

162) 『明心寶鑑』, 省心篇, 19쪽 : "畵虎畵皮難畵骨知人知面不知心."
163) 같은 책, 20쪽 : "對面共話心隔千山."

라 왕이 이르되 산 아이를 둘로 나누어 반은 이 여자에게 주고 반은 저 여자에게 주라 그 산 아들의 어머니 되는 여자가 그 아들을 위하여 마음이 불붙는 것 같아서 왕께 아뢰어 청하건대 내 주여 산 아이를 그에게 주시고 아무쪼록 죽이지 마옵소서 하되 다른 여자는 말하기를 내 것도 되게 말고 네 것도 되게 말고 나누게 하라 하는지라 왕이 대답하여 이르되 산 아이를 저 여자에게 주고 결코 죽이지 말라 저가 그의 어머니이니라 하매 온 이스라엘이 왕이 심리하여 판결함을 듣고 왕을 두려워하였으니 이는 하나님의 지혜가 그의 속에 있어 판결함을 봄이더라"(왕상 3:16-28). 하나님의 지혜를 받은 자의 식견은 이처럼 탁월하다.

신약 시대의 사람이 가질 수 있는 탁월한 지혜는 그리스도의 마음을 알고 전파하는 것이다. 그것은 주님의 성령을 받은 자만이 할 수 있다(고전 12:3). 고린도전서 2:16에 말하기를 "누가 주의 마음을 알아서 주를 가르치겠느냐 그러나 우리가 그리스도의 마음을 가졌느니라"고 하였다(참조. 고전 2:11-15). 예수님을 구주로 믿는 사람은 이미 하나님의 지혜(성령을 받음으로 말미암는 신령한 지혜)를 받은 자이다. 다시 말하면 그 사람은 예수님과 사도들이 전파하는 복음의 말씀(신약의 말씀)을 통해 예수님의 마음을 알게 되어 그를 구주로 영접하였다. 우리는 이것이 지혜의 근본이라고 생각하며, 또한 이것으로 자랑한다(참조. 잠 1:7; 렘 9:24; 고후 10:17; 고전 3:19-21). 그러므로 바울은 말하기를 "내가 너희 중에서 예수 그리스도와 그가 십자가에 못 박히신 것 외에는 아무 것도 알지 아니하기로 작정하였음이라"고 하였다(고전 2:2). 그리스도를 진정으로 아는 것이 영생이다(요 17:3). 이 지혜는 깊은 것이기 때문에 "오묘"(혹은 비밀)라는 명칭을 가진다(딤전 3:16).

**6** **많은 사람이 각기 자기의 인자함을 자랑하나니 충성된 자를 누가 만날 수 있으랴.** 이 구절의 히브리어를 개역하면 다음과 같다. "많은 사람이 자기의 인자함을 선전하지만 진실한 사람을 누가 발견할 수 있으랴." 이 말씀의 의미는 많

은 사람이 자기의 허물은 감추고 자기의 선만 자랑하는데, 그들이 진실하지는 못하다는 것이다. 그들이 자기들의 선을 내세우지만 실상은 그렇지 못하다. 그들은 다음과 같은 질문 중 어느 것에든 해당될 것이다. ① 당신에게 큰 허물은 없다 해도 작은 허물은 많지 않은가? 많고 작은 허물이 모이면 인격을 크게 파괴시킨다. 작은 병균도 많이 퍼지면 사람이 죽는다. ② 당신이 외형적인 율법은 지키지만 율법의 근본정신인 사랑은 얼마나 행하는가? 사람이 심령에서부터 하나님을 사랑하지 않고 형제를 사랑하지도 않으면서 어느 정도의 율법 지킨 것을 자랑한다면, 그것은 바리새인과 다를 것이 없다. 그의 그 외적인 행실은 죽은 나무에 조화를 걸어 놓은 것과 같다. ③ 당신이 하지 말라는 하나님의 금령은 어느 정도 지킨다 할지라도, 행하라는 명령은 얼마나 지키는가? 하나님의 명령은 이웃을 네 몸과 같이 사랑하라고 하신다(마 22:39). ④ 당신이 스스로 행한 선을 내세우지만, 소위 그 "선"에도 당신의 약점이 포함되지 않는가? 사람은 자기가 잘한 한 가지 덕을 지나치게 자랑하는 경향이 있다. 그러나 하나님의 말씀과 계명에는 여러 가지 덕이 관련되어 서로 조화를 이룬다. 예를 들면 사람은 무엇에나 곧고 깨끗해야 한다. 하지만 곧고 깨끗하기 위해 다른 사람들과 원만한 사랑의 교제를 버리면 안 된다. 자기 자신이 곧고 깨끗하면서도 다른 사람들의 행동 원리가 죄가 아닌 한 그들을 이해하고 그들과 협력해야 한다. 그렇게 하지 않으면 독선주의로 떨어지며 고립 상태에 빠진다. 옛글에도 말하기를 "물이 지나치게 맑으면 고기가 없고, 사람이 지나치게 살피면 그를 따르는 사람이 없다."라고 하였다.[164] 이것은 인류의 경험에 의한 말이므로 참고할 만하다. 물론 명심보감의 도덕의 기준은 인본주의이므로 근본정신이 성경의 신본주의와 다르다는 것을 명심해야 한다. 분명한 것은 덕행을 강조할 때에 어느 한 가지 덕을 일방적으로 강

---

164) 『明心寶鑑』, 省心篇, 60쪽 : "水至淸則無魚 人至察則無徒"

조하면서 다른 덕을 희생시키면 안 된다는 것이다. 전도서 7:16에 "지나치게 의인이 되지도 말며 지나치게 지혜자도 되지 말라"고 한 말씀 역시 이런 폐단을 경계하는 것이다. 이 말씀은 최대한 의로운 행실을 제재하는 것이 아니라, 일방적으로 자신이 행한 것이 제일이라고 생각하며 남의 장점을 무시하는 것에 대한 경고이다.

"진실한 사람을 누가 발견할 수 있으랴." 사람이 진실하려면 자기가 철저히 죄인임을 알고 겸손해야 되고, 자기를 믿지 않고 그리스도만 믿어야 한다. 사실과 진리를 바르게 알고 순종하는 자는 겸손해진다. 그러므로 겸손은 사실주의라고 할 수 있다. 그러나 교만은 되지 못하고 된 줄로 아는 것이며(갈 6:3), 거짓에 미혹된 행동이다.

**7 온전하게 행하는 자가 의인이라 그의 후손에게 복이 있느니라.** 이 구절의 히브리어를 개역하면 다음과 같다. "의인은 순전히 행하나니 후에 그의 자손들이 매우 복되리라." 여기서 "온전하게"(בְּתֻמּוֹ)라는 말은 "단순하게"를 의미하며, 내적으로 온전함을 가리킨다.[165] 이와 같은 의미로 크뢰제(J. H. Kroeze)도 말하기를 "이것은 경건의 '내적인 상태'(innerlijke eigenschap of toestand)를 말하며, '온전하여 갈라지거나 복잡해지지 않은 경건'(ten volle, met onverdeelde)을 가리킨다."라고 하였고,[166] 포러(Georg Fohrer)는 이 말이 하나님에 대한 사람의 온전한 관계를 가리키며, 사람들에 대한 온전한 윤리도 거기서 발생된다고 하였다.[167] 이 해석도 7절 말씀이 경건의 내적인 면을 가리킨다는 뜻이다.

이와 같은 해석가들의 말을 통해, 여기 언급된 "온전하게"(순전히)라는 말

---

165) E. Dhorme, A Commentary on the Book of Job (Leiden: E. J. Brill, 1967), 2.
166) J. H. Kroeze, Commentaar Op Het Oude Testament, Het Boek Job (J. H. Kok, 1961), 46-47.
167) Georg Fohrer, Kommentar Zum Alten Testament, Das Buch Hiob (Gütersloher: Gerd Mohn, 1963), 73.

이 신앙생활(혹은 경건)에서 내적인 동기가 온전하여 순수한 것을 의미한다는 것을 알 수 있다. 이렇게 행하는 자는 외식하지 않으며 변절하지도 않는다. 그는 순전하여 단순히 하나님만 섬기고 두 주인을 섬기지 않는 자이며(마 6:24), 쟁기를 잡고 뒤를 돌아보지 않는 자이다(눅 9:62). 이처럼 순전하게 행한 표본은 욥에게서 찾아볼 수 있다(욥 1:1). 그는 하나님을 공경할 때에 하나님을 위하는 동기 외에 다른 잡념이 없었다. 사탄의 참소하는 말(욥 1:9-11; 2:4-5)은 그에게 전혀 해당되지 않았다. 그의 경건의 내적 동기는 하나님 중심주의뿐이었다(욥 1:21; 2:9-10).

본문(잠 20:7)에 의하면 "온전하게 행하는" 의인의 자손이 복을 받을 것이라고 하였다. 그렇다면 온전히 행한 욥의 아들들은 어떻게 되었는가? 그들 모두 갑자기 환난을 만나서 죽지 않았는가?(욥 1:18-19) 이 점에 대하여 나는 다음과 같이 대답한다. 곧 욥의 자녀들이 갑자기 환난을 만나서 죽게 된 사건은 반드시 불행이라고 할 수 없다. 성경은 죽는 날이 출생하는 날보다 낫다고(전 7:1) 말한다. 그뿐 아니라 욥 자신도 "주신 이도 여호와시요 거두신 이도 여호와시오니 여호와의 이름이 찬송을 받으실지니이다"라고(욥 1:21) 하지 않았는가? 설령 그 사건이 어떤 의미에서 불행하다 해도 문제될 것이 없다. 욥은 뜻밖의 환난을 만났으나 하나님께서는 훗날 그에게 다시 열 명의 자녀를 허락하셨다(욥 42:13-15). 아브라함도 하나님 앞에서 순전히("완전히"라는 뜻) 행한 의인인데(창 17:1), 하나님은 그의 후손들이 복될 것을 약속하셨다(창 12:2-3; 22:16-18). 그렇다고 해서 그의 후손이 모두 다 복을 받았을 것이라고 생각할 수는 없다. 그의 자손 중 복 받는 계통이 있다는 것만 알면 된다. 복은 다른 것이 아니라 하나님을 공경하는 영적 축복이므로, 하나님의 약속은 그러한 복에 참여한 자들이 자손들 중에 많이 있으리라는 내용이다. 핵심적으로 말하면, 그의 후손 중 복된 이들은 모세와 다윗과 선지자들과 구약 시대의 모든 참된 성도들과 예수님이다. 그리고 신약 시대에는 그의 모든 영적 후손들(롬 4:16)이다.

본문(잠 20:7)에서 "그의 후손에게"라는 말이 중요하다. 그것은 의인이 자기 당대에 복을 받기보다 후대의 자손이 복을 받는 사실을 보여 준다. 의인이 자기 시대에는 수고하며 심고 그의 후대 자손은 거둔다는 사상이 여기에 나타나 있다. 오늘날에도 그리스도를 순전한 동기로 진실하게 믿는 신자는 의인이다. 그는 자기 당대에 신앙으로 의를 심는 고난을 당할 것이다. 그러나 그의 한평생이 지나간 뒤에 그의 후손들 중에서 영적 축복을 받을 자들이 많을 것이다.

**8-9 심판 자리에 앉은 왕은 그의 눈으로 모든 악을 흩어지게 하느니라 내가 내 마음을 정하게 하였다 내 죄를 깨끗하게 하였다 할 자가 누구냐.** 여기서 말하는 "왕"은 이상적인 임금으로, 다윗(삼하 8:15; 왕상 15:5; 시 101:1-8)이나 솔로몬(왕상 3:28; 10:9) 같은 사람이다. 그런 왕은 그 나라에 죄악을 용납하지 않았고, 재판할 때에도 하나님이 주신 지혜로 공의롭게 하였다. 특별히 다윗은 그리스도의 예언적 모형이었고(겔 37:24-25; 눅 1:32-33) 솔로몬도 그러하였다(삼하 7:12-13). 그러므로 우리는 이 구절(잠 20:8-9)을 그리스도(메시아)에 대한 예언으로 볼 수 있다. 또한 이 점에서 우리는 몇 가지 중요한 사실을 명심해야 한다.

1) 그리스도는 인류의 죄악을 없애시는 왕이다. 말라기 3:1-3에 말하기를 "또 너희가 구하는 바 주가 갑자기 그의 성전에 임하시리니 곧 너희가 사모하는 바 언약의 사자가 임하실 것이라 그가 임하시는 날을 누가 능히 당하며 그가 나타나는 때에 누가 능히 서리요 그는 금을 연단하는 자의 불과 표백하는 자의 잿물과 같을 것이라 그가 은을 연단하여 깨끗하게 하는 자 같이 앉아서 레위 자손을 깨끗하게 하되 금, 은 같이 그들을 연단하리니 그들이 공의로운 제물을 나 여호와께 바칠 것이라"고 하였다(참조. 계 1:13-18). 인류의 죄악을 없애는 일은 그리스도께서 친히 십자가에 못 박혀 죽으심으로 성취하셨다.

2) 인류는 자기 힘으로 구원받을 수 없다. 인류의 죄악은 그리스도의 속죄의 희생으로만 없어지는데, 누가 자기 자신의 힘으로 죄를 떠났다고 할 수 있겠는가?(잠 20:9). 누구든지 사람의 힘으로는 죄를 구속하지 못한다(시 49:7-8). 그러므로 인간은 그리스도께로 돌아와서 그를 전적으로 의뢰하는 길밖에 구원받을 방도가 없다(행 4:12). 로마서 3:20-22에 말하기를 "그러므로 율법의 행위로 그의 앞에 의롭다 하심을 얻을 육체가 없나니 율법으로는 죄를 깨달음이니라 이제는 율법 외에 하나님의 한 의가 나타났으니 율법과 선지자들에게 증거를 받은 것이라 곧 예수 그리스도를 믿음으로 말미암아 모든 믿는 자에게 미치는 하나님의 의니 차별이 없느니라"고 하였다.

3) 그리스도께서 속죄하여 주시는 은혜는 예언 성취로 이루어진 분명한 사실이다. 그리스도께서 "나"를 대신하여 속죄의 죽음을 당하셨으므로 내가 하나님 앞에서 사죄를 받는다는 진리는 구약 시대에나 신약 시대에나 동일한 진리이다. 구약 시대에는 그 진리가 생축(양이나 소)의 제물(피 흘려 죽임을 당한 것)로 예표(장차 오실 그리스도를 예표함)되었고, 신약 시대에는 그것이 예언대로 오신 그리스도로 말미암아 성취되었다. 그러므로 히브리서 9:22에 말하기를 "피 흘림이 없은즉 사함이 없느니라"고 하였다.

4) 예수 그리스도는 이같이 그의 피로 그의 백성(교회)을 사셨다(행 20:28). 지금은 그들의 왕이시며(계 17:14), 불꽃같은 눈(계 5:6에서 그의 눈은 성령을 비유함)으로 세상 죄를 책망하신다(요 16:8-9). 이와 같은 그의 사역에 죄책을 느끼는 자들은 그를 믿고 사죄를 받아 영생하게 된다. 오순절 성령이 강림하신 때에 베드로가 그리스도의 사건을 가지고 설교한 뒤에(행 2:14-36), 청중 3천 명이 죄책을 느껴 "우리가 어찌할꼬" 하고 예수 그리스도를 믿었다(행 2:37-41).

5) 신자가 받은 속죄의 구원은 영원히 동요되지 않는다. 인간이 종교적 의미에서 죄인인 것은 궁극적으로 참된 입법자이신 하나님 앞에서 성립된

사실이다(시 51:4; 요일 3:4). 우리를 진정으로 정죄하실 분은 하나님밖에 없다. 따라서 우리를 정죄에서 풀어 주실 권세도 입법자이신 그에게만 있다. 그는 자기 독생자를 속죄자로 세우시고 그를 믿는 자들을 사죄하여 주신다(롬 8:1). 그가 만왕의 왕이신 권세를 가지고 그의 독생자의 피를 믿는 자의 모든 죄를 대속하셨으므로 아무도 그를(믿는 자를) 다시 정죄할 수 없다(참조. 요 10:29; 롬 8:31-39).

6) 속죄의 은혜를 받을 자의 마음 자세는 어떠해야 하는가? 속죄의 은혜는 자신이 어쩔 수 없는 죄인인 줄 아는 자만이 받고(눅 18:13-14), "내가 내 마음을 정하게 하였다 내 죄를 깨끗하게 하였다"(잠 20:9)고 하는 자는 받지 못한다. 그 이유는, 그리스도의 불꽃같은 눈앞에서는 의로운 자가 하나도 없는데도 불구하고(롬 3:10; 왕상 8:46; 욥 4:17-19; 시 51:5; 130:3; 전 7:20), 스스로 깨끗하다고 하기 때문이다. 예수님께서 말씀하시기를 "너희가 맹인이 되었더라면 죄가 없으려니와 본다고 하니 너희 죄가 그대로 있느니라"고 하셨다(참조. 요 9:41; 마 9:12-13).

**10** **한결같지 않은 저울 추와 한결같지 않은 되는 다 여호와께서 미워하시느니라.** 레위기 19:35-36, 신명기 25:13-15, 잠언 11:1, 16:11, 20:23을 참조하라.

이 말씀은 사람들이 상업을 할 때에 정직해야 할 것을 강조한다. 물건을 파는 자가 물건의 품질이나 중량이나 분량을 속이는 것은 하나님이 미워하시는 일이다. 성경은 신령한 일만이 아니라 이와 같은 육신의 사업에 대해서도 자세하게 가르친다. 천국 운동은 자연 은총의 영역도 성화시킨다. 신자들이 육신적인 사업에서도 하나님의 말씀을 온전히 지킬 때에, 축복을 받아서 형통하게 된다.

불신자 중에도 정직한 자들은 육신적인 사업에서 물질적인 축복을 받는다. 그러나 정직하지 않은 자들은 처음에는 좋은 상품을 내세워 팔고 그다음에는 낮은 품질의 물건을 내놓아 팔기 때문에 신용을 잃는다. 그와 같은 것은 사업에서 자멸 행위이다.

진실한 사람이 하나님의 축복을 받는다는 것은 영적인 세계에서도 마찬가지이다. 신자들이 신령한 일에 진실하고 정직한가? 다시 말하면 믿음을 진실하게 지키는가? 기도를 진실하게 하는가? 회개를 진실하게 하는가? 교회 안에서 자기의 책임을 진실하게 이행하는가?

**11** 비록 아이라도 자기의 동작으로 자기 품행이 청결한 여부와 정직한 여부를 나타내느니라. 이것은 아이에게도 도덕 교육의 바탕(청결과 정직을 나타낼 수 있는 바탕)이 있기 때문에, 그를 바르게 가르치면 종교 윤리적으로 합당한 인격으로 자라날 수 있다는 것이다. 잠언 22:6에 말하기를 "마땅히 행할 길을 아이에게 가르치라 그리하면 늙어도 그것을 떠나지 아니하리라"고 하였다. 그럼에도 불구하고 많은 부모들이 아이들을 성의 있게 가르치지 않아서 그들의 장래가 우려된다. 동양의 유교도 올바른 교양으로 아이들을 가르치는 데 주력해 왔다. 옛날 아성(亞聖)이라고 하는 맹자의 어린 시절의 이야기이다. 어느 날 그가 동네에서 돼지 잡는 것을 보고 그의 어머니에게 물었다. "돼지를 왜 잡습니까?" 그러자 어머니는 무심코 대답하기를 "너를 먹이려고 잡는단다."라고 하였다. 이 말을 한 맹자의 어머니는 자기의 말이 거짓말이 되지 않도록 돼지고기를 사다가 아이에게 먹였다고 한다. 이것은 모친으로서 가정 교육에 주력한 하나의 실례이다. 기독교의 역사를 보면, 신실한 여성도들이 가정 교육에 충실하였던 예가 많다. 곧 주일 저녁마다 자녀들에게 성경을 가르쳤던 스펄전(Spurgeon)의 어머니, 매일 자녀들을 위하여 한 시간씩 기도하면서 열일곱 명이나 되는 자녀를 꾸준히 가르친 웨슬리(Wesley)의 어머니, 눈물의 기도를 계속하여 아들을 회개시킨 아우구스티누스(Augustine)의 어머니 모니카와 같은 이들은 믿음으로 자녀 교육에 힘쓴 위대한 어머니들이었다.

우리의 자녀들 중 어떤 아이들은 불량하여 다루기가 어렵다. 그러나 부모들은 그와 같은 아이를 어렸을 때에 선한 방법으로 꾸준히 징계하며(잠

22:15), 그를 위하여 진심으로 기도해야 한다. 브리지스(Charles Bridges)는 말하기를 "하나님은 소망의 하나님이시다. 그러므로 기도 응답은 혹여 지연되더라도 반드시 실현된다. 우리는 그의 신실하심을 의심하지 않아야 한다." 라고 하였다.

**12  듣는 귀와 보는 눈은 다 여호와께서 지으신 것이니라.** 여기서 "듣는 귀와 보는 눈"이라는 말씀은, 영적인 귀와 눈이 열려서 하나님을 알고 그를 두려워하게 되는 것을 가리킨다(마 13:16). 이 은혜를 받은 자는 영적인 세계에 대하여 확신을 가진다. 육안으로 소경이었던 자도 주님의 은혜로 보게 되었을 때에 주님을 확신하였다. 그는 예수 그리스도를 죄인으로 단정하는 바리새인들 앞에서 담대히 말하기를 "그가 죄인인지 내가 알지 못하나 한 가지 아는 것은 내가 맹인으로 있다가 지금 보는 그것이니이다"라고 하였다(요 9:25). 하나님께서는 사람의 육안뿐만이 아니라 영안을 열어 주기도 하신다(왕하 6:17). 우리는 영적으로 눈이 열려서 하나님을 보는 것 이상으로 확신하는 체험을 가져야 한다. 신자가 체험은 없이 신앙 이론만 주장하면 자신도 살지 못하고 다른 사람도 생명으로 인도할 수 없다. 우리로 하여금 영적으로 듣게 하시고 보게 하실 수 있는 분은 하나님이시다. 그 이유는 오직 그분만이 창조자이시기 때문이다. 그러므로 우리가 그에게 나아가기만 하면 그는 우리에게 은혜를 주신다. 시편 94:9에 말하기를 "귀를 지으신 이가 듣지 아니하시랴 눈을 만드신 이가 보지 아니하시랴"라고 하였다. 이같이 기도 응답을 받을 때에 우리는 영적 세계에 대한 확신을 가진다.

**13  너는 잠자기를 좋아하지 말라 네가 빈궁하게 될까 두려우니라 네 눈을 뜨라 그리하면 양식이 족하리라.** 잠언 6:6-11, 15:19, 19:15, 24, 21:25, 22:13, 24:30-34, 26:13-16에 대한 주석을 참조하라. 여기서 "너는 잠자기를 좋아하지 말라"고 한 것은 "잠자기를 사랑하지(תֶּאֱהַב) 말라"는 의미이다. 게으른 자는 마땅히 해야 할 일은 하지 않고 방탕과 여러 죄악에 빠져서 정력을 소모한다. 그

래서 그는 잠자기를 사랑한다. 잠언에 게으름을 경계하는 말씀이 여러 차례 나오는데, 그 이유는 게으름이 큰 죄악이기 때문이다. 몇 가지 예를 들면, ① 주님께서 심판 때에 회개하지 않은 죄인들을 향하여 책망하실 때에, "악하고 게으른 종아"라고 하신다(마 25:26). ② 사도 바울은 말하기를 "일하기 싫어하거든 먹지도 말게 하라"고 하였다(살후 3:10). 이것은 게으름을 큰 죄악으로 생각한 말씀이다. ③ 예레미야는 말하기를 "여호와의 일을 게을리 하는 자는 저주를 받을 것이요"라고 하였다(렘 48:10). 게으름은 무엇보다도 큰 죄악이다.

**14** 물건을 사는 자가 좋지 못하다 좋지 못하다 하다가 돌아간 후에는 자랑하느니라.

여기 말씀한 대로 물건을 사는 자가 그것을 살 때에는 좋지 않다고 하다가 일단 사 가지고 집에 돌아가서는 그것을 자랑하는 경우가 있다. 이것은 자기 기준대로 사는 이 세상 사람들의 심리이다. 왜 같은 물건인데 자기 입으로 좋지 않다고 한 것을 다시 좋다고 할까? 그것은 자기 자신의 이익만을 기준으로 삼는 말이다. 이 세상 사람들은 모두 다 자기의 기준으로 말한다. '모순'이라는 말의 유래를 생각해 보면 이러한 사실을 알 수 있다. 옛날에 창과 방패를 파는 사람이 있었다. 그가 한번은 창을 들고 선전하기를 "이것으로는 그 어떤 방패도 다 뚫을 수 있습니다."라고 하였다. 그다음에는 방패를 들고 선전하기를 "이것으로는 그 어떤 창도 다 막을 수 있습니다."라고 하였다. 이와 같은 그의 선전은 자가당착이다. 그러므로 그때부터 모(矛; 창을 의미함)순(盾, 방패를 의미함)이라는 말이 생겨났다고 한다. 자기 기준은 언제나 성립될 수 없는 모순인 것이다. 그럼에도 불구하고 세상 사람들은 모두 다 이 모순에 빠져서 자기 열중, 자기 의, 자긍심, 자신감, 자기를 기쁘게 함, 자기 고집, 자기변호, 자포자기 등으로 광분한다. 신자들이 설령 모든 것을 하나님께 바친다 해도 자기 자신을 바치지 않는다면, 그는 여전히 자기 기준으로 사는 죄악을 버리지 않은 것이다.

**15** 세상에 금도 있고 진주도 많거니와 지혜로운 입술이 더욱 귀한 보배니라. 여기서 "지혜로운 입술"이라는 말은 "지혜로운 말"이라는 뜻과 같다. 잠언이 말하는 "지혜"는 하나님을 알고, 또 경외하는 것(신앙함)을 가리키는데, 여기서는 그것이 금이나 진주보다 낫다고 한다. 이것은 사람들로 하여금 이 세상에서 제일 좋은 것이라는 것도 버리고 하나님을 모시게 하려는 것이다. 사람들이 이 세상의 보물을 구하려고 얼마나 애쓰는가? 그것을 구하기 위하여 최대한의 노력을 지불한다. 욥기 28장이 이 사실을 잘 보여 준다. 곧 그들이 은금 보화를 얻기 위하여 땅에 구멍을 깊이 뚫고 내려간다고 하며(3-4절), 산을 뿌리까지 무너뜨린다고 하며, 들 가운데 도랑을 판다고 하며, 시냇물을 막아 스미지 않게 한다고 한다(9-11절). 그들은 이처럼 노력과 희생을 지불하면서 은금 보화를 더듬는다. 그렇다면 은금 보화보다 더 귀한 하나님을 모시는 일이 간절히 구하지 않고 될 수 있겠는가? 하나님을 찾아서 모시려는 자는 하나님 제일주의로 간절히 그를 찾아야 한다. 욥기 22:24-25에 말하기를 "네 보화를 티끌로 여기고 오빌의 금을 계곡의 돌로 여기라 그리하면 전능자가 네 보화가 되시며 네게 고귀한 은이 되시리니"라고 하였다.

**16** 타인을 위하여 보증 선 자의 옷을 취하라 외인들을 위하여 보증 선 자는 그의 몸을 볼모 잡을지니라. 이 구절도 사람들의 보증 행위에서 있을 수 있는 실수를 경고한다. 잠언 6:1-5, 11:15, 17:18, 27:13에도 이런 경고의 말씀이 있다. 이 점에 관하여 특히 6:1-5에 대한 주석을 참조하라. 이것은 모든 보증 행위를 금하는 것이 아니고, 경제적으로 부담할 능력이 없는 자가 모험적으로 보증하는 행위를 금하는 것이다. 부채를 갚을 힘도 없으면서 남의 돈을 많이 빌려서 큰 사업을 하는 것도 이와 같은 보증 행위이다. 그 이유는, 그가 그런 거액을 빌려 올 때에 그것을 갚을 능력이 있는 것으로 장담하며 약속하였기 때문이다. 이런 행위는 경제적 모험이다. 사람들의(특히 신자들의) 경제적 모험은 대부분 실패한다. 그 이유는 지나친 경제 모험은 일종의 불신앙이기 때문이다. 그

런 모험은 내일 일을 인간의 힘으로 주장할 것처럼 생각하고 하나님을 무시하는 것이다(약 4:13-17). 사실상 많은 신자들이 경제적 모험을 하다가 실패하고 하나님의 영광을 가린다. 하나님께서는 옳지 않게 경영하는 사업에 축복하시지 않는다.

**17** **속이고 취한 음식물은 사람에게 맛이 좋은 듯하나 후에는 그의 입에 모래가 가득하게 되리라.** 여기서 "그의 입에 모래가 가득하게 되리라"는 것은, 그가 취하였던 식물이 복이 되지 못하고 화가 된다는 의미이다. 사람들은 수고하지 않고 남을 속여서라도 단번에 횡재하려고 한다. 그러나 그것은 죽음을 구하는 것과 마찬가지이다. 잠언 21:6에 말하기를 "속이는 말로 재물을 모으는 것은 죽음을 구하는 것이라 곧 불려다니는 안개니라"고 하였다. 성경에 기록된 대로 이스라엘이 아이 성을 칠 때에 실패하였는데, 그 원인은 아간의 도둑 행위 때문이었다(수 7:1). 아간의 악행은 자신과 온 이스라엘에 화가 되었다(수 7:21-24). 게하시도 엘리사를 속이고 나아만에게서 예물을 취하였는데 그것이 그에게 큰 화근이 되었다(왕하 5:20-27). 동양의 옛글에도 말하기를 "아무 까닭 없이 천금을 얻으면 큰 복이 있는 것이 아니라 반드시 큰 화가 있다"고 하였다.[168] 이것은 인류의 경험에서 나온 말로, 잠언과 같이 권위 있는 것은 아니다. 그러나 이것은 인류가 하나님께로부터 받은 일반은총에 의한 경험으로 깨달은 옳은 말이다.

**18** **경영은 의논함으로 성취하나니 지략을 베풀고 전쟁할지니라.** 잠언 11:14, 15:22, 24:6을 참조하라.

이 말씀은 인류가 전쟁을 할 때에는 신중해야 한다는 것이다. 즉 지략 없이는 전쟁을 하지 말라는 것이 이 말씀에 내포되어 있다(참조. 눅 14:31-32). 인류는 하나님께 받은 판단력으로도 어느 정도 이런 지혜를 가진다. 옛날부

---

[168] 『明心寶鑑』, 省心篇, 71쪽: "無故而得千金 不有大福 必有大禍."

터 유명한 동양의 손무자의 병법에도 말하기를 "전쟁은 나라의 중대한 일이다. 국민의 생사와 국가의 존망이 달려 있다. 신중히 검토하지 않을 수 없다."라고 하였고,[169] 또 말하기를 "그러므로 최상의 전쟁 방법은 적의 계획을 분쇄하는 것이다."라고 하였다.[170] 이와 같은 손무자의 말은 전쟁에서 계략이 중요하다는 뜻이다.

본문의 말씀은, 이 세상 국가들의 전쟁보다는 특별히 영적 전쟁에 대하여 말한다고 생각된다. 우리의 신앙생활은 일종의 전쟁이다. 그것은 공중의 권세 잡은 마귀와 싸우는 것이다(엡 6:10-18). 이 싸움은 잠시도 휴전이 없다. 이 전쟁의 모사는 예수 그리스도시다(사 9:6). 그가 우리로 하여금 승리하게 하시는 계획은, 우리가 전신 갑주를 입도록 하신 것이다. 에베소서 6:14-17에 대한 나의 주석(바울서신 주석)을 참조하라.

**19 두루 다니며 한담하는 자는 남의 비밀을 누설하나니 입술을 벌린 자를 사귀지 말지니라.** 디모데전서 5:13을 참조하라.

여기서 "한담하는 자"라는 말은 남의 말을 옮겨 전하는 자를 가리킨다. 물론 그 말은 그 사람 자신과 남에게 유익이 없는 말이다. 그것은 사람들을 이간하고, 헐뜯고, 또 사람들의 은밀한 계획을 사전에 탄로하여 실패하게 하는 등 여러 가지로 남을 해롭게 한다. 이같이 말에 조심하지 않는 자를 가리켜 "입술을 벌린 자"(פֹּתֶה שְׂפָתָיו)라고 하였다. 그것은 "입술을 늘 열어 놓고 있는 자"라는 뜻이며, 말이 많은 자를 가리킨다. 그런 사람은 말에 부주의하기 때문에 사실대로(진리대로) 말하려고 노력하지 않는다. 따라서 그의 말에는 과장, 거짓, 일방적인 표현이 많다. 그러므로 본문은 그런 사람을 "사귀지 말라"고 한다.

---

169) 『孫子兵法』, 始計篇, 1쪽: "兵者國之大事 死生之地存亡之道不可不察也."
170) 같은 책, 2쪽: "故上兵伐謀孫子兵法."

잘못 전하는 말이 위태하다는 것은 사람들이 경험으로도 잘 아는 사실이다. 영적 감동으로 된 성경의 잠언의 권위에는 미치지 못하지만 동양의 옛 글에도 말하기를 "입과 혀는 화와 근심의 근본이며 몸을 망치는 도끼와 같은 것이므로 말을 삼가야 한다"라고 하였고,[171] 또 말하기를 "사람을 상하게 하는 말은 가시와 같다"라고 하였다.[172]

**20-21** 자기의 아비나 어미를 저주하는 자는 그의 등불이 흑암 중에 꺼짐을 당하리라 처음에 속히 잡은 산업은 마침내 복이 되지 아니하느니라. 이 두 구절의 말씀은, 불량한 자가 재산 문제로 그의 부모를 거슬러 거역하는 것에 대하여 말한다. 불량한 자는 주로 금전 문제로 가정에서 분쟁을 일으킨다. 그들은 책임 이행은 하지 않으면서 자기의 권리만 강요하며, 순종하려고 하지 않으면서 덮어놓고 자유를 행사한다. 그러므로 그들은 부모와 충돌하며, 심지어 악담과 저주도 사용한다. 그것은 사랑(부모의 사랑)을 미움으로 갚는 가슴 아픈 일이며 배은망덕의 절통한 죄악이다. 하나님은 이런 죄악을 극도로 미워하시기 때문에 신정국가 시대(구약 시대 이스라엘)에는 그와 같이 불량한 자를 극형에 처하도록 명하셨다(출 21:15). 신약 시대는 하나님께서 영적으로만 교회를 다스리시므로 불량한 자들에 대한 처사가 달라졌다. 그러나 불효의 죄는 전과 다름없이 하나님 앞에 극히 가증하다. 이 세상에서도 하나님의 섭리에 따라 불량한 자들은 멸망한다. "흑암 중에 꺼짐을 당하리라"는 말씀이 그 뜻이다. "흑암"은 어두움을 가리키며, 빛나지 못하고 어두운 폐허와 같음을 의미한다.

"처음에 속히 잡은 산업은 마침내 복이 되지 아니하느니라." 곧 불량한 자가 부모를 거역하고 일찍이 유산을 강요하여 받지만, 그것으로 복되게 살지는 못한다는 뜻이다.

---

171) 『明心寶鑑』, 言語篇, 3쪽 : "口舌者禍患之門滅身之斧也."
172) 같은 책, 4쪽 : "傷人之語利如荊棘."

이 점에 관하여 브리지스(Charles Bridges)는 반역 행위로 잠시 나라를 빼앗았던 압살롬과 아도니야를 실례로 들었다(왕상 1:5-9; 2:25; 삼하 15:10; 18:9-17). 그들은 마침내 죽임을 당했다. 여기서 우리는 탕자의 비유를 들 수 있다(눅 15:11-16). 그러나 이런 반역자도 회개하고 예수님께로 돌아오기만 하면 영생을 얻는다(눅 15:17-32).

**22 너는 악을 갚겠다 말하지 말고 여호와를 기다리라 그가 너를 구원하시리라.** 이것은 복수하지 말라는 말씀이다. 이미 내 편에서 해를 받은 경우에는 보복하지 말아야 한다. 그 이유는, ① 그것은 하나님의 말씀을 따르는 하나님의 자녀가 할 일이 아니기 때문이다. 하나님의 말씀은 우리에게 원수를 사랑하라고 한다(마 5:43-48; 롬 6:27-28). ② 원수를 갚아 주시는 분은 하나님이시기 때문이다(롬 12:19-21). ③ 우리가 억울한 일을 보복하려다가 과도한 폐단을 만들기 때문이다. 우리는 공정하게 보복할 수 있는 의롭고 능한 재판장이 아니다. ④ 원수를 갚지 않는 것이 악을 방지하는 귀한 방편 중 하나가 될 수 있기 때문이다. ⑤ 원수를 갚지 않는 것으로 그 원수를 친구로 삼을 수도 있기 때문이다(참조. 잠 16:7). ⑥ 보복하는 자는 하나님의 은혜를 잃어버리기 때문이다. 매튜 헨리(Matthew Henry)는 말하기를 "원수의 모욕을 유순하게 받으면, 마치 던져진 돌이 숨 무더기에 떨어지는 것처럼 된다"라고 하였다. 그런 경우에 그 원수가 감화를 받거나 혹은 권태를 느껴서 악행을 그만두기도 한다.

공자는 말하기를 "직함으로 원망을 갚고, 덕으로 덕을 갚을지니라"라고 하였다.[173] 그것은 원수를 공의로 갚으라는 의미이다. 그는 참하나님을 알지 못했기 때문에, 사람이 사람을 대하는 관계가 일대일의 수준을 넘지 못한다고 생각하였다. 그러나 기독교의 성경은 하나님 중심의 윤리를 가르친다. 곧 하나님께서 모든 사람을 하나님의 형상대로 지으셨다고 한다(창 1:26). 그러

---

173) 『論語』(朝鮮株式會社), 21쪽: "以直報怨 以德報德"

므로 신자는 자기의 원수까지도 사랑하는 고차원적인 윤리를 지켜야 한다 (참조. 레 19:18; 마 5:43-48; 롬 12:17-20).

**23** **한결같지 않은 저울 추는 여호와께서 미워하시는 것이요 속이는 저울은 좋지 못한 것이니라.** 앞에 있는 10절의 같은 말 해석을 참조하라. 이 말씀이 여기에 다시 나오는 이유는 그것을 강조하려는 것이다.

**24** **사람의 걸음은 여호와로 말미암나니 사람이 어찌 자기의 길을 알 수 있으랴.** 여기서는 하나님의 절대적인 주권과 인간의 의존성을 말해 준다. 사람은 누구든지 자기가 자기 자신의 주재자로 행할 수 없다. 자기가 목적한 대로 모든 일이 성취되지 않는다. 사람이 어떤 일을 경영할지라도 하나님은 그것과 다르게 그 사람의 걸음을 인도하실 때가 있다. 브리지스(Charles Bridges)는 이 점에 관하여 몇 가지 실례를 들었다. ① 리브가는 물을 길러 나갔지만, 하나님은 그 기회를 이용하시어 아브라함의 종을 만나게 하셨다(창 24:15-27). ② 바로의 딸은 목욕하기 위하여 나일 강에 나왔지만, 하나님은 그때를 어린 모세가 구출되는 기회로 사용하셨다(출 2:1-5). ③ 바벨탑을 쌓던 자들은 자기들이 흩어지지 않으려고 그것을 쌓았지만, 하나님은 그 기회에 그들이 흩어지도록 역사하셨다(창 11:4-9).[174]

초대 교회의 원수들이 기독교를 말살하려고 신자들을 핍박하였으나(행 6:8-8:3), 하나님은 그 핍박을 통하여 신자들을 각국으로 흩어지게 하셨고, 세계에 복음을 전파하는 기회로 삼으셨다(행 8:4). 그러므로 신자는 무슨 일을 경영하든지 하나님의 인도하심을 간절히 구하며 신중하게 시작해야 한다. 그뿐 아니라 그는 일을 이루어가면서도 자기의 업적을 자랑하지 말고, 겸손하게 하나님의 결론적 성취를 바라보아야 한다(참조. 욥 23:14-15; 시 23:1-6; 37:23-24; 잠 16:1, 2-4, 9; 20:24).

---

174) Charles Bridges, A Commentary on Proverbs (London: The Banner of Truth Trust, 1968), 358.

**25** **함부로 이 물건은 거룩하다 하여 서원하고 그 후에 살피면 그것이 그 사람에게 덫이 되느니라.** 이 구절은 사람이 하나님께 무언가를 바치겠다고 선언한 뒤에, 그 서원을 실행하지 않고 그것을 다시 회수하려고 하면 화를 받는다는 뜻이다. 여기서 "살핀다"(בקר)라는 말은 탐구한다는 뜻이다. 전도서에 말하기를 "너는 하나님 앞에서 함부로 입을 열지 말며 급한 마음으로 말을 내지 말라 하나님은 하늘에 계시고 너는 땅에 있음이니라"고 하였고(전 5:2), 또 말하기를 "서원하고 갚지 아니하는 것보다 서원하지 아니하는 것이 더 나으니"라고 하였다(전 5:5). 신자들은 신앙생활에서 무슨 결정을 하든지 진실하게 지켜야 한다. 시편 15:4에 "그의 마음에 서원한 것은 해로울지라도 변하지 아니하며"라고 하였다. 야곱은 벧엘에서 서원하기를, 자기가 밧단아람에 가서 하나님의 축복을 받게 되면 벧엘로 돌아와서 하나님을 섬기겠다고 하였다. 그러나 후에 그가 그 서원대로 실행하지 않아서 화를 받았다(창 34장).

신자들이 기도할 때에도 함부로 말하는 나쁜 습성이 있다. 오늘날에도 하나님 앞에서 무엇을 구한다고 하지만 사실상 언행이 일치하게 구하지 않는다. 그들이 구한다는 것은 기도하는 그 순간뿐이고, 다른 때에는 그 기도의 내용과 완전히 배치되는 행동을 기탄없이 행한다. 그것도 하나님을 농락하는 죄악이다(갈 6:7). 우리는 하나님께 무엇을 구할 때 한 마디 한 마디 조심해야 되고, 또 그와 같이 간절한 기원을 일상생활에서도 나타내야 한다. 미국의 유명한 기도의 사람 하이드(Hyde)는 기도할 때에 극히 주의하는 의미에서 말을 천천히 하였다. 채프먼(Chapman) 박사의 증언에 의하면 한번은 그와 함께 기도하려고 꿇어앉았는데, 그는 약 5분 동안이나 침묵을 지키다가 "오, 하나님!" 하고 부르짖은 후 다시 5분쯤 지난 후에야 기도를 계속하였는데, 그 기도가 그의 중심에서부터 흘러나왔다고 한다.

**26** **지혜로운 왕은 악인들을 키질하며 타작하는 바퀴를 그들 위에 굴리느니라.** "악인들을 키질한다"는 것은 그들을 의인들 사이에서 갈라낸다는 의미이다. 그들

은 의인인 체하고 무죄한 자들 가운데 잘 숨는다. 하나님을 아는 왕(지혜로운 왕)은 초인간적인 하나님의 말씀을 알고 성령의 인도하심을 받기 때문에 그 나라 사회에서 악인들을 명확히 찾아낸다. 이런 왕은 메시아의 예표가 될 만큼 이상적인 통치자(다윗과 솔로몬)이다.

"바퀴를 그들 위에 굴리느니라." 이것은 그가 악인들을 처치한다는 뜻이다. 이런 왕은 다윗과 솔로몬 같은 왕으로서 메시아의 예표이다. 이런 심판은 메시아(그리스도) 역사에서 완전한 성취를 본다. 세례 요한은 그리스도에 대하여 말하기를 "손에 키를 들고 자기의 타작 마당을 정하게 하사 알곡은 모아 곳간에 들이고 쭉정이는 꺼지지 않는 불에 태우시리라"고 하였다(마 3:12). 예수 그리스도의 역사는 인류의 죄악을 없애시는 것이다. 그가 속죄의 희생으로 그들의 죄악을 없애실 뿐(요 1:29) 아니라 심판주로서 죄악을 멸절하신다(계 19:19-21). 오직 그분만이 세상과 죄와 사망과 마귀를 이기신 승리자이시다(요 16:33; 골 2:13-15; 계 1:18; 17:14). 그러므로 우리는 믿음으로 그와 연합하여 그와 함께 그의 승리에 참여한다(계 17:14).

**27 사람의 영혼은 여호와의 등불이라 사람의 깊은 속을 살피느니라.** 빌데부어(D. G. Wildeboer)는 말하기를 "영혼"(נְשָׁמָה)이라는 말은 생기를 의미한다고 하였다(창 2:7). 하나님께서 친히 인간에게 그것을 넣어 주셨다. 이런 의미에서 그것은 일반 다른 동물들의 호흡과 다르다. 델리취(Delitzsch)는 그것을 가리켜 자아의식의 능력이라고 하였다"라고 하였다.[175] 이것은 결국 "네페쉬"(נֶפֶשׁ) "영혼")와 같은 것이다.

"등불"이라는 것은 사람의 거듭난 영혼이 하나님을 앎으로 말미암아(혹은 하나님의 말씀을 앎으로 말미암아) 다른 사람들에 대하여 바로 알게 되고,

---

175) K. Marti, Hand-Commentar V, Die Sprüche (1897), s. 60 : "Das Tier hat auch eine hm;v;n] Gen. 7:22, aber nicht so direkt von Jahwe wie der Mensch. Darum ist sie beim Menschen mehr als ein animalisches Lebensprincip, Macht des Selbstbew usstseins."

또 그들을 하나님께로 인도하게 되는 것을 가리킨다. 여기 기록된 "영혼"은 거듭나지 못한 자로 간주될 수 없다. 왜냐하면 거듭나지 못한 자는 성경에서 어두움으로 비유되었기 때문이다(요 1:5). 하나님께서는 거듭난 신자들의 생활을 통하여 세상 사람들의 어두움을 밝혀주신다. 그러므로 예수님께서 말씀하시기를 "너희는 세상의 빛이라"고 하셨다(마 5:14). 그렇다면 우리가 이 빛을 그 목적대로 발휘하는 방법은 무엇인가? 그것은 우리가 주님을 믿을 때에 주님 한 분만을 진정으로 사랑하는 것이다. 곧 우리 영혼의 눈이 밝아지려면 우리가 하나님 제일주의의 단순한 신앙으로 살아야 한다. 마태복음 6:21-24에 말하기를 "네 보물 있는 그 곳에는 네 마음도 있느니라 눈은 몸의 등불이니 그러므로 네 눈이 성하면 온 몸이 밝을 것이요 눈이 나쁘면 온 몸이 어두울 것이니 그러므로 네게 있는 빛이 어두우면 그 어둠이 얼마나 더하겠느냐 한 사람이 두 주인을 섬기지 못할 것이니 혹 이를 미워하고 저를 사랑하거나 혹 이를 중히 여기고 저를 경히 여김이라 너희가 하나님과 재물을 겸하여 섬기지 못하느니라"고 하였다.

**28** 왕은 인자와 진리로 스스로 보호하고 그의 왕위도 인자함으로 말미암아 견고하니라. 이 말씀도 이상적인 임금에 대하여 말한다. 이상적인 임금은 인자와 진리로 정권을 유지한다. "인자"(긍휼)만 있고 "진리"(약속을 지키는 진실성, 곧 공의)가 없으면 백성이 문란해지고, 진리만 있고 인자가 없으면 너무 강경하여 백성이 감화를 받지 못한다. 그러므로 인자와 진리 둘 다 정권 유지에 절대적으로 필요하다. 그러나 이 두 가지를 온전히 소유할 수 있는 왕은 지혜로운 왕, 곧 여호와를 진정으로 경외하는 왕뿐이다. 이와 같은 왕은 사실상 하나님의 아들 예수 그리스도에게서 완전하게 실현된다. 그리스도께서는 영원토록 우리를 인도하시며 거느리시고, 심지어 우리로 하여금 그와 함께 생명으로 왕 노릇 하게 하신다(롬 5:17). 그는 만왕의 왕이시고 만주의 주님이시다(계 19:16).

**29** 젊은 자의 영화는 그의 힘이요 늙은 자의 아름다움은 백발이니라. "젊은 자"는 무슨 일이든 힘 있게 할 수 있다. 그것이 그의 장점이다. 반면에 "늙은 자"는 오랫동안 경험을 쌓은 것이 장점이다. "백발"이라고 한 것은 단순히 외적으로 센 머리만을 가리키는 것이 아니라 그의 노숙한 경험을 상징한다. 그러므로 인류 사회에서 노인과 젊은이가 서로 합하여 일을 해야만 완전한 열매를 가져온다.

**30** 상하게 때리는 것이 악을 없이하나니 매는 사람 속에 깊이 들어가느니라. 이것은 구타를 말하기보다 벌이나 징계를 비유하는 표현이다. 벌이나 징계는 결단코 난폭한 것으로 효과를 거두는 것이 아니고 그것의 규율성으로 열매를 맺는다. 그러므로 벌이나 징계를 시행할 때에 혈기나 악독은 금물이다. 혈기나 악독은 규율을 어기는 것이다.

본문이 말하는 내용은, 악한 자에게 언제나 벌만 주라는 의미가 아니다. 물론 이것은 필요한 벌을 그에게 실시하라는 것이다. 특히 순종하지 않는 아이를 다스릴 때에는 벌이 필요하다. 그러나 여기서 주의해야 할 것은, 그를 사랑하지는 않고 언제나 벌만 주면 안 된다는 것이다. 사랑 없는 벌은 아이로 하여금 반발을 일으키게 할 뿐이다. 잠언 19:18의 주석을 참조하라. 교회에서 시행하는 권징에서도 사랑이 방법이고 목적이다(딤전 1:5).

# 제 21 장

## ✤ 해석

**1 왕의 마음이 여호와의 손에 있음이 마치 봇물과 같아서 그가 임의로 인도하시느니라.**
이 말은 하나님께서 왕의 마음이라도 그의 임의대로 주장하신다는 뜻이다.
"봇물"(פַּלְגֵי־מַיִם)이라는 말은 "시냇물"을 가리킨다. 시냇물은 큰 강이 아니기 때문에 사람들이 그것을 이리저리 끌어올 수 있다. 그와 같이 하나님께서 왕의 마음을 그의 뜻대로 주장하신다는 말씀은 우리 신자들에게 큰 힘을 준다. 신자들은 어떤 무서운 정권의 압제 밑에서도 소망을 가지고 하나님께 기도할 수 있다. 하나님께서 왕의 마음을 주장하실 때에는 주로 다음의 두 가지 방법을 사용하신다.

1) 특별한 간섭으로 주장하신다. 이것은 꿈과 같은 계시나 신령한 감동으로 왕들의 마음을 주장하시는 것이다. 예를 들면 그랄 왕 아비멜렉에게 꿈으로 경고하신 것(창 20:3-7), 바벨론 왕 느부갓네살을 꿈으로 가르치신 것(단 2장; 4장), 고레스 왕을 신령한 감동으로 가르치신 것 등이다(대하 36:22; 스 1:1). 하나님께서 고레스 왕을 이렇게 사용하신 것에 대하여는 이미 오래전에 이사야를 통하여 그의 이름까지 예언하셨다(사 44:28; 45:1). 요시야 왕의 종

교개혁에 대해서도 오래전에 선지자가 그의 이름까지 예언했다(왕상 13:1-2).

2) 섭리적인 간섭으로 주장하신다. 예를 들면 가이사 아구스도가 천하에 호적을 명령한 것과 같은 일이다. 그 일로 인하여 메시아가 베들레헴에서 탄생하시리라는 예언이(미 5:2) 성취되었다(눅 2:1-7). 그리고 바사 왕 아하수에로가 어떤 날 밤 잠을 이루지 못하였던 것도 역시 하나님의 섭리였다(에 6:1-14). 하나님께서는 악한 왕들의 마음도 주장하신다. 시편 76:10에 말하기를 "진실로 사람의 노여움은 주를 찬송하게 될 것이요 그 남은 노여움은 주께서 금하시리이다"라고 하였다.

**2** 사람의 행위가 자기 보기에는 모두 정직하여도 여호와는 마음을 감찰하시느니라.
이 말씀에 의하면 인간은 미련하여 자기가 죄인임을 알지 못하고 스스로 옳다고 여긴다. 인간이 자기의 죄를 보지 못하는 원인은, ① 자기의 과거의 죄악을 잊어버리기 때문이며, ② 장차 지을 죄를 내다보지 못하기 때문이다. 그리고 ③ 사람에게 잘못한 것은 막연하게라도 느끼지만 하나님 앞에서 자신이 얼마나 부족한지 알지 못하기 때문이며, ④ 하나님을 믿지 않는 것이 가장 큰 죄임을 알지 못하기 때문이며, ⑤ 그의 마음이 거짓되어 자기의 잘못을 변호하는 생각이 있기 때문이다. 예레미야 17:9에 말하기를 "만물보다 거짓되고 심히 부패한 것은 마음이라 누가 능히 이를 알리요"라고 하였다.

이같이 인간은 스스로 옳다고 하여 하나님의 심판을 받는다(렘 2:35). 그러나 그가 솔직하게 자기의 죄를 자백하면 불쌍히 여김을 받는다(잠 28:13; 요일 1:8-9).

"여호와는 마음을 감찰하시느니라." 이 말씀의 의미는 하나님께서 사람의 행동을 살피실 뿐만 아니라 그의 마음까지도 들여다보시고 다 아신다는 것이다. 하나님께서는 인간의 외모보다 그의 마음을 중요하게 여기신다. 이 점에서 그는 사람과 다르시다. 인간은 자기 마음의 죄악에 대하여는 문제시하지도 않고 외모만 아름답게 꾸민다. 그것은 하나님 앞에 도리어 가증스럽다. 그러므로 인간은 이러한 사실을 알고, 스스로 자기를 인정하려는 생각을 완전히 버리고 하나님만 두려워해야 한다. 고린도전서 4:3-5에 말하기를 "너희에게나 다른 사람에게나 판단 받는 것이 내게는 매우 작은 일이라 나도 나를 판단하지 아니하노니 내가 자책할 아무 것도 깨닫지 못하나 이로 말미암아 의롭다 함을 얻지 못하노라 다만 나를 심판하실 이는 주시니라 그러므로 때가 이르기 전 곧 주께서 오시기까지 아무 것도 판단하지 말라 그가 어둠에 감추인 것들을 드러내고 마음의 뜻을 나타내시리니 그 때에 각 사람에게 하나님으로부터 칭찬이 있으리라"고 하였다(참조. 계 2:23).

**3 공의와 정의를 행하는 것은 제사 드리는 것보다 여호와께서 기쁘게 여기시느니라.**
구약 시대의 신자들이 하나님께 속죄제물을 드린 것은, 신약 시대의 신자가 "내가 예수를 믿나이다"라고 하는 신앙 고백과 같다. 그 이유는, 구약 시대의 속죄제물은 예수 그리스도를 예표하였기 때문이다. 그러므로 구약 시대에 제물을 드리는 자는 하나님 앞에서 종교 윤리적으로 순종하는 것(의와 공평을 행함)을 주요 목적으로 가져야 했다. 그 이유는, 행함이 없는 믿음(하나님의 말씀대로 행하지 않고 제물만 드림)은 죽은 믿음이기 때문이다. 야고보서 2:17에 말하기를 "행함이 없는 믿음은 그 자체가 죽은 것이라"고 하였다. 그러므로 예레미야 7:22-23에 말하기를 "사실은 내가 너희 조상들을 애굽 땅에서 인도하여 낸 날에 번제나 희생에 대하여 말하지 아니하며 명령하지 아니하고 오직 내가 이것을 그들에게 명령하여 이르기를 너희는 내 목소리를 들으라"고 하였다. 여기서 "번제나 희생에 대하여"라는 말씀은 "번제나 희생 때문에"라고 번역되어야 한다. 그러므로 이 구절의 의미는, 사람들의 제사 행위에서 하나님이 중점적으로 요구하시는 것이 제물이 아니라 그들의 종교 윤리적 순종이라는 것이다. 이사야는 말하기를, 공의를 행하지 않는 제사는 도리어 하나님께 무거운 짐이 된다고 하였고(사 1:10-17), 예레미야는 말하기를, 하나님 말씀에 순종하는 것을 등한히 여기면서 제사하는 것은 범죄 생활에 안심을 주려는 것밖에 되지 못한다고 하였다(참조. 렘 7:8-10; 사 58:4-7; 미 6:6-8; 슥 7:5-7; 9-12). 사무엘도 순종이 제사보다 낫다고 하였다(삼상 15:22).

**4** **눈이 높은 것과 마음이 교만한 것과 악인이 형통한 것은 다 죄니라.** 여기서는 "교만"이 얼마나 무서운 죄인지 역설한다. 사실상 교만한 자는 하나님의 은혜를 받지 못한다. 하나님께서는 교만한 자를 물리치시고 겸손한 자에게 은혜를 주신다(약 4:6). 교만이 이처럼 큰 죄인데도 불구하고 사람들은 교만하면서 오히려 잘하는 듯이 착각한다. 다시 말하면, 그들은 교만을 아름다운 장식처럼 생각하며 거기에 대한 죄책감이 전혀 없다. 시편 73:6에 "교만이 그들의 목걸이"라고 하였다. 이것은 그들이 교만을 부끄러워하지 않고 도리어 자랑거리로 안다는 뜻이다.

"눈이 높은 것"은 사람이 자기 수준보다 지나친 것을 얻으려고 바라보는 것을 가리킨다. 그런 자는 마음이 들떠서 자기가 이미 그런 높은 존재인 것처럼 자처하기까지 한다. 이런 교만은 매우 위험한 죄악이기 때문에 성군 다윗은 말하기를 "여호와여 내 마음이 교만하지 아니하고 내 눈이 오만하지 아니하오며 내가 큰 일과 감당하지 못할 놀라운 일을 하려고 힘쓰지 아니하나이다 실로 내가 내 영혼으로 고요하고 평온하게 하기를 젖 뗀 아이가 그의 어머니 품에 있음 같게 하였나니 내 영혼이 젖 뗀 아이와 같도다"라고 하였다(시 131:1-2). 사람들은 대체로 다른 사람보다 높아지려는 마음을 가진다. 그런 심리는 교만이다. 우리가 각기 자기 분야에서 하나님의 은혜로 최대한 발전하려는 대망을 가지는 것은 좋다. 그러나 다른 사람들과 자신을 비교하면서 가지는 야망은 교만이다.

"마음이 교만한 것." 이것은 한층 더 무서운 것으로 생각된다. 그 이유는, 마음속에 있는 교만은 밖으로 나타나지 않고 잠재하기 때문이다. 그런 교만은 다스리기 어렵다. 그것은 사람의 속을 부패하게 하는 간교한 죄악이다. "악인이 형통한 것"은 앞에 해석된 교만한 자의 형통을 의미하였을 것이다. 그러므로 빌데부어(Wildeboer)는 이 구절을 다음과 같이 풀이한다. "악인이 눈이 높고 마음이 교만한 처지에서 형통하면 죄에 빠질 뿐이라"(Die Sprüche, s. 61). 교만한 자가 형통하는 것은 하나님의 은혜로 되는 것이 아니라 남을 착취하는 모든 악행으로 되는 것이다. 그러므로 그 결과는 그로 하여금 더욱 범죄하게 만든다. 잠언 16:18에 말하기를 "교만은 패망의 선봉이요 거만한 마음은 넘어짐의 앞잡이니라"고 하였다.

**5-6** 부지런한 자의 경영은 풍부함에 이를 것이나 조급한 자는 궁핍함에 이를 따름이니라 속이는 말로 재물을 모으는 것은 죽음을 구하는 것이라 곧 불려다니는 안개니라. 여기서는 물질적인 축복을 받는 방법을 말해 주는 동시에, 파산하는 원인에 대해서도 말해 준다. ① 사람이 물질적으로 부유해지는 길은 근면이다. 근면한 자는 무엇보다 하나님의 말씀(창 3:19)을 지키는 자이며, 하나님 편에 선 자다. 그러므로 하나님께서는 당연히 그 사람을 축복하실 것이다. 사람이 하나님을 거스르면 진정한 복을 받을 수 없다. 시편 127:1에 말하기를 "여호와께서 집을 세우지 아니하시면 세우는 자의 수고가 헛되며 여호와께서 성을 지키지 아니하시면 파수꾼의 깨어 있음이 헛되도다"라고 하였다. ② 사람이 파산하게 되는 이유는 조급함과 거짓됨이다. 사람이 조급하면 한 가지 일을 오래 계속하지 못한다. 그래서 그는 직장에서 형통할 수 없다. 옛날에 초나라의 한 농부가 밭에 곡식을 심어 놓고 그 곡식이 속히 자라기를 성급히 원한 나머지 곡식을 조금씩 뽑아 놓아서 모두 말라 죽었다고 한다. 사람들이 파산하는 또 한 가지 원인은 거짓됨이다(잠 21:6). 거짓은 마귀의 방법(요 8:44)이므로 그 방법으로 얻은 것은 반드시 화를 가져오게 마련이다. 그 이유는, 마귀는 인간에게 화를 주려고 하는 존재이기 때문이다.

"불려 다니는 안개"(הֶבֶל נִדָּף)라는 말은 불려 다니는 입김이라는 뜻이다. 그러므로 참된 물질적 축복을 원하는 자들은 언제나 사업을 진실하게 하려고 힘쓴다. 미국의 유명한 실업가였던 워너메이커(Wanamaker)는 사업에서 성공하는 비결에 대하여 말하기를 "천천히 조금씩 되어도 건실하게 하라"고 하였다. 영국 격언에도 말하기를 "평생 행복하려면 정직하라"고 하였다.

**7 악인의 강포는 자기를 소멸하나니 이는 정의를 행하기 싫어함이니라.** 이 구절의 히브리어를 개역하면 다음과 같다. "악인들의 강도 행위는 자기 자신을 멸망시키나니, 그 이유는 그들이 공의 행하기를 거절하기 때문이니라." 성경에는 이와 같은 사상에 대한 경고가 많이 있다. 하박국 2:10-12에는 말하기를 "네가 많은 민족을 멸한 것이 네 집에 욕을 부르며 네 영혼에게 죄를 범하게 하는 것이 되었도다 담에서 돌이 부르짖고 집에서 들보가 응답하리라 피로 성읍을 건설하며 불의로 성을 건축하는 자에게 화 있을진저"라고 하였고, 잠언 1:18-19에는 말하기를 "그들이 가만히 엎드림은 자기의 피를 흘릴 뿐이요 숨어 기다림은 자기의 생명을 해할 뿐이니 이익을 탐하는 모든 자의 길은 다 이러하여 자기의 생명을 잃게 하느니라"고 하였다. 이와 같은 사실은 너무도 확실하기 때문에 동양의 옛글에도 이런 것을 말하였다. 명심보감에 말하기를 "내가 남을 허는 것이 나 자신에게 화가 되고 남이 나를 헐 때에는 내게 복이 된다"라고 하였고,[176] 또 말하기를 "악을 행하는 사람은 마치 칼을 가는 숫돌과 같아서 닳아 없어지는 것이 보이지 않더라도 날이 갈수록 닳아 없어지는 것과 같다"라고 하였다.[177] 이 말의 뜻은 악인이 악을 행할 때마다 그 사람 자신에게 해를 입혀서 마침내 멸망한다는 것이다. 남을 해롭게 하는 자는 결국 그것으로 자기 자신을 해친다. 명심보감은 단지 인류의 경험으로 그와 같은 교훈을 남겼다. 일제 강점기 때에 북한 순안 지방에서 강도 두 사람이 장에서 돌아오는 사람의 돈을 빼앗고 그를 죽였다. 그들은 먼저 술을 한 병 사서 마신 후에 그 돈을 나누기로 하였다. 그래서 그중 한 사람이 술을 사

---

176) 『明心寶鑑』, 省心篇, 72쪽: "我虧人是禍, 人虧我是福."
177) 같은 책, 繼善篇, 9쪽: "行惡之人 如磨刀之石 不見其損 日有所虧."

러 갔는데 도중에 욕심이 생겨 함께한 도둑을 죽일 마음을 먹고 술에 독약을 섞어 가지고 돌아왔다. 그때 남아 있던 도둑도 자기 마음속에 그 돈을 혼자 차지할 욕심이 생겨서 술을 사 가지고 돌아오는 동료를 쳐 죽였다. 그리고 그 술을 혼자서 마셨다. 그리하여 결국 욕심을 부린 그 두 사람 모두 다 망하고 말았다.

**8 죄를 크게 범한 자의 길은 심히 구부러지고 깨끗한 자의 길은 곧으니라.** 이 구절의 히브리어를 개역하면 다음과 같다. "죄를 걸머진 사람의 행위는 구부러지고 이상하지만 깨끗한 자의 행위는 솔직하니라." 여기서 "죄를 걸머진 사람"(וְזָר אִישׁ)이라는 말은 거듭나지 않은 사람을 가리킨다. 거듭나지 않은 사람은 어두움에 속하였기 때문에 거짓되다(렘 17:9). 그러므로 그는 자기 행위를 감추려고 노력한다. 그것이 본문에서 말한 "구부러진" 행동이다. 그런 행동은 하나님 보시기에 이상하다. 반면에 "깨끗한 자", 곧 거듭난 자의 행위는 광명정대하여 자기의 죄도 자백한다. 그렇게 하는 이유는 그가 사람을 두려워하지 않고 하나님 앞에서 살기 때문이다. 이 두 사람의 대조를 요한복음 3:19-21이 잘 보여 준다. 거기 말하기를 "그 정죄는 이것이니 곧 빛이 세상에 왔으되 사람들이 자기 행위가 악하므로 빛보다 어둠을 더 사랑한 것이니라 악을 행하는 자마다 빛을 미워하여 빛으로 오지 아니하나니 이는 그 행위가 드러날까 함이요 진리를 따르는 자는 빛으로 오나니 이는 그 행위가 하나님 안에서 행한 것임을 나타내려 함이라"고 하였다. "깨끗한 자의 행위가 솔직하다"는 것은, 그에게는 음흉하게 숨기는 일이 없다는 의미이다. 그는 자기가 잘못한 것도 솔직하게 자복하기 때문에 마음에 평안을 얻는다. 그 이유는, 그가 죄를 자복함으로 하나님 앞에 설 수 있기 때문이다. 잠언 28:13에 말하기를 "자기의 죄를 숨기는 자는 형통하지 못하나 죄를 자복하고 버리는 자는 불쌍히 여김을 받으리라"고 하였다.

**9 다투는 여인과 함께 큰 집에서 사는 것보다 움막에서 사는 것이 나으니라.** 이 구절

의 히브리어를 개역하면 다음과 같다. "다투는 여인과 함께 넓은 집에 사는 것보다 지붕 한 모퉁이에 사는 것이 나으니라." 유대인의 가옥은 지붕이 평평하기 때문에 사람이 어느 한 모퉁이에 거할 수 있다. 그러나 거기엔 사람이 살 수 있는 시설이 마련되어 있지 않으므로 불편하다. 그럼에도 거기서 사는 것이 다투는 아내와 넓은 집에서 사는 것보다 낫다는 것이다. 부부 생활에서 다툼은 금물이다. 브리지스(Charles Bridges)가 부부간의 다툼을 없애는 비결에 대하여 말하였는데, 그것을 간추리면 다음과 같다. ① 부부 된 자들은 각자 명심할 것이 있다. 곧 감정을 내는 것은 해롭고 오래 참는 것이 이익이다. ② 부부는 서로 양보해야 하고 서로 버티지 않아야 한다. 서로 버티다가는 마귀에게 큰일을 저지르도록 기회를 준다(엡 4:27). ③ 남편은 아내에게 순종만 요구하면 안 된다. 그는 상대방이 아내이지 노예가 아니라는 것을 명심해야 한다. ④ 아내가 명심할 것도 있다. 그것은 자신이 온유와 고요한 덕을 잃으면 영광도 떠난다는 것이다(참조. 벧전 3:4).

다투는 아내는 자기의 천직을 잊어버린 자다. 그는 남편을 돕기 위하여 지어졌고(창 2:18), 남편을 주장하려고 세상에 난 것이 아니다. 우리는 다투는 아내 중에서 특히 욥의 아내를 생각해 볼 수 있다. 그는 고난 중에도 신앙을 지키는 남편을 향하여 욕하기를 "당신이 그래도 자기의 온전함을 굳게 지키느냐 하나님을 욕하고 죽으라"고 하였다(욥 2:9).

**10 악인의 마음은 남의 재앙을 원하나니 그 이웃도 그 앞에서 은혜를 입지 못하느니라.** 이 구절의 히브리어를 개역하면 다음과 같다. "악인의 영혼은 남의 악을 원하나니 그의 이웃도 그의 눈에서 은혜를 입지 못하느니라." 곧 악인은 남의 범죄나 망하는 것을 보기 원하며, 자기 이웃(친구들)에게도 잘못되는 일이 생기는 것을 좋아한다는 것이다. 매케인(William Mckane)은 말하기를 "자원하여 남들을 도우려고 하는 것이 인간의 본연이다. 그럼에도 불구하고 자아 주장에서 벗어나지 못한 자는 감옥에 갇힌 자와 같고, 비인간화된 자이다."라

고 하였다.[178]

**11  거만한 자가 벌을 받으면 어리석은 자도 지혜를 얻겠고 지혜로운 자가 교훈을 받으면 지식이 더하리라.** 앞에 있는 19:25의 같은 말 해석을 참조하라. "거만한 자"(לץ)란 하나님을 업신여길 정도로 오만한 자이다. 그에게는 충고도 소용없고 다만 징벌만이 필요하다. 잠언 29:1에 말하기를 "자주 책망을 받으면서도 목이 곧은 사람은 갑자기 패망을 당하고 피하지 못하리라"고 하였다. 이스라엘의 아합 왕은 충성된 선지자 미가야의 말을 끝까지 듣지 않고, 도리어 그를 가리켜 "흉한 일만" 예언하는 자라고 하였으며(왕상 22:8), 그가 길르앗 라못으로 전쟁하러 가지 말라고 한다고 해서 그를 옥에 가두었다(왕상 22:27). 그러다 결국 길르앗 라못으로 올라가서 아람과 싸우다 전사하고 말았다(왕상 22:29-35). 이같이 큰 권세를 잡은 왕도 하나님을 거스르고 교만해지면 패망하는데, 평범한 사람이 거만해지면 어떻게 되겠는가?

"어리석은 자도 지혜를 얻겠고." 여기서 말하는 "어리석은 자"(פֶּתִי)는 마음이 개방된 자를 말한다. 즉 진리를 잘 알지 못하여 거만한 자를 따르는 자이다. 그런 사람은 바른 지도를 받으면 바르게 될 수 있는 자이다. 그러므로 자비로우신 하나님께서는 "거만한 자"만 벌하시고 그들은 돌이키신다. 그것이야말로 일벌백계의 징계이다. 이처럼 하나님이 인간들에게 조금만 벌을 주시기 때문에, 사람들이 그의 역사적인 심판을 실감하지 못한다(참조. 롬 2:4).

"지혜로운 자가 교훈을 받으면 지식이 더하리라." "지혜로운 자"는 하나님의 말씀에 잘 순종하는 자이다. 그러나 그도 실수할 수 있다. 그때에는 엄한 벌이 필요 없고 견책 정도로 족하다. 그는 옳은 충고를 기꺼이 받아들인다. 다윗은 우리아의 아내를 취한 죄 때문에 선지자 나단의 견책을 받았는

---

178) William Mckane, Proverbs (1970), 556 : "Humanity consists in the willingness to go out towards other men and to contribute towards social enrichment; the man who can not transcend his own assertiveness is in a prison and is dehumanized."

데, 그 자리에서 깊이 깨닫고 회개하였다. 나단의 꾸짖는 말에(삼하 12:1-12) 그는 서슴지 않고 즉시 말하기를 "내가 여호와께 죄를 범하였노라"고 하였다(삼하 12:13). 이같이 서슴지 않고 죄를 회개하는 자가 지혜로운 자이다. 많은 시편을 저술한 영적 지식의 사람 다윗은 회개의 사람이었다. 하나님은 회개하는 자에게 그분을 더 잘 알 수 있는 지혜를 주신다.

**12  의로우신 자는 악인의 집을 감찰하시고 악인을 환난에 던지시느니라.** 이 말은 하나님께서 악인의 형편을 자세히 살피시다가 마침내 그를 벌하신다는 뜻이다. 그분은 악인을 당장 처리하시지 않고 오랫동안 그가 회개하기를 기다리신다(참조. 시 11:4). 그는 기다리실 때 오랜 세월을 잡으신다. 가나안 땅을 아브라함에게 주시려고 갈대아 우르에서 그를 불러내셔서 가나안에 데려다 놓으시고도, 다시 400년 동안 가나안 민족들의 죄악이 차기를 기다리셨다(참조. 창 15:12-16; 롬 2:4). 그렇게 죄악을 가득 채운 가나안 민족들은 마침내 멸망했다. 그러므로 근시안적으로 짧은 인생을 사는 인간으로서는 악인들의 멸망이 참으로 하나님의 처사라는 사실을 분별하기 어렵다. 만일 악인이 악을 행할 때마다 즉각 하나님의 벌이 임했다면, 사람들은 그것이 하나님의 간섭이라는 것을 쉽게 깨달았을 것이다. 그러나 하나님께서 그렇게 하시지 않는 이유는, ① 하나님께서는 사람이 고생하고 근심하는 것을 기뻐하시지 않기 때문이며(애 3:33), ② 인생이 죄 가운데서 죽는 것도 기뻐하시지 않기 때문이고(겔 18:32), ③ 그는 인자하신 덕을 소유하셨기 때문이며(롬 2:4), ④ 그는 사람들이 그의(하나님의) 행하심을 지식적으로 분별한 뒤에 비로소 믿음에 이르기보다, 처음부터 믿음으로 믿음에 이르기를 원하시기 때문이다(롬 1:17). 우리가 어느 정도는 하나님의 행하심을 알 수 있고, 또 알아야 되지만, 그것을 전적으로 이해하지는 못한다. 하나님은 하늘에 계시고, 우리는 땅에 있다(전 5:2). 하나님의 행하심에 대하여 모르는 것이 많아도 그를 믿는 것이 곧 그를 사랑하는 것이다. 믿음, 소망, 사랑은 항상 함께 있다고 하였다(고전

13:13). '믿느냐'의 문제는 동시에 '사랑하느냐'의 문제이기도 하다. 이 문제를 통과하는 자가 성도다. 악인들은 자기들의 두뇌를 기준으로 하나님을 시험해 보려고만 하고 주님을 사랑하지는 않는다. 그와 같이 주님을 사랑하지 않는 자는 저주를 받는다(고전 16:22). 그러므로 인간은 자신의 작은 두뇌로만 하나님을 알아보려고 하지 말아야 한다. 영적인 문제에서 인간은 어둡고 마귀의 궤계는 인간을 속인다. 그러므로 하나님의 계시를 어느 정도 알았으면, 의지적으로 결단을 내려서 성경 말씀을 믿고 하나님을 믿으며 그분을 따라가야(희생적으로 사랑해야) 된다. 하나님을 희생적으로 사랑하는 자는 그를 더욱 알게 되며, 또 더욱 믿게 된다(참조. 요 14:21).

**13** 귀를 막고 가난한 자가 부르짖는 소리를 듣지 아니하면 자기가 부르짖을 때에도 들을 자가 없으리라. 마태복음 5:7, 18:24-35, 야고보서 2:13, 잠언 29:7을 참조하라.

여기서 "가난한 자"(לד)라는 말은 불쌍하게 된 자를 가리킨다. 이 구절에 기록된 범죄자는 여러 종류일 것이다. ① 환난 가운데서 불쌍하게 된 자를 건져 주지 않는 무정한 사람. 그와 같이 무정한 자는 자기도 환난을 만날 때가 있다는 것을 내다볼 줄 모른다. ② 다른 사람의 압제 아래에서 불쌍하게 된 자를 도와주지 않는 불의한 집권자. 그는 자기에게 부여된 권세가 의를 행하기 위함이라는 것을 모르므로 머지않아 그 권세를 빼앗길 것이다. ③경제적으로 극히 곤란한 자를 돌보지 않는 무자비한 부자. 경제적으로 여유가 있으면서도 탐심과 사치와 향락에 사로잡혀서 가난한 자를 돌보지 않는 자들은 심령이 마비된 자들이다. 그들의 장래를 하나님께서 심판하신다(약 5:1-5).

"자기가 부르짖을 때에도 들을 자가 없으리라." 이 말씀은 인간의 죄에 대한 하나님의 비례적인 보응을 보여 준다. 이같이 기묘한 벌칙은 하나님의 전능하신 역사로만 이루어진다. 반면에 불쌍한 자를 도와준 자는 주님께서 그분을 도와드린 것으로 여기시고 갚아 주신다(참조. 마 25:31-40). 영적 세계의 파수꾼들도 영적으로 비참해진 자들을 힘써 돌아보지 않으면 하나님께서 그들의 기도를 듣지 않으신다. 그들은 사람들의 육신적인 참상만 느낄 것이 아니라 영혼의 참상까지 살펴서 그들을 찾으며, 치료하며, 영적으로 먹여 주어야 한다(겔 34:16).

**14 은밀한 선물은 노를 쉬게 하고 품 안의 뇌물은 맹렬한 분을 그치게 하느니라.** 이것은 뇌물을 주거나 받는 것이 유익하다는 의미가 아니다. 그것을 은밀하게 주는 이유도 그 일이 광명정대하지 못하기 때문 아닌가? 그러므로 이 구절의 뜻은, ① 재물을 좋아하는 부패한 인간의 습성을 지적하는 것이며, ② 인간은 자기의 맹렬한 분노를 더럽고 저열한 욕망을 만족시키는 것과 바꿀 수 있다는 것이다. 이 점에서 우리는 다음과 같은 심리적 결론을 내릴 수 있다. 곧 사람이 불의한 뇌물을 받고도 분노를 그치는데, 광명정대하게 천국을 거저 받은 신자라면 혈기와 악독과 정욕을 그쳐야 한다는 것이다. 디도서 3:3-7을 자세히 읽으라.

"뇌물"과 "예물"은 다르다. "뇌물"은 어떤 사람이 자기의 목적을 이루기 위하여 권력자에게 몰래 주는 재물을 의미하고, "예물"은 사례의 뜻으로, 또는 상대방의 호감을 얻기 위하여 주는 선물이다. 예를 들면 야곱이 에서에게 준 것(창 32:13-18), 아비가일이 다윗에게 준 것(삼상 25:18, 23). 야곱이 바로에게 보낸 것(창 43:11) 등이다.

**15 정의를 행하는 것이 의인에게는 즐거움이요 죄인에게는 패망이니라.** 이 구절의 히브리어를 개역하면 다음과 같다. "공의를 행하는 것이 의인에게는 즐거움이요 불의를 행하는 자들에게는 패망이니라." 곧 의인은 의를 행하되 즐거움으로 행하지만 불의한 자는 의를 행하면 패망을 당할 것처럼 의를 행하기를 싫어하고 두려워한다는 뜻이다. 이 점에 관한 브리지스(Charles Bridges)의 주석에서 다음과 같이 간추릴 수 있다. 곧 하나님을 진정으로 믿는 성도들은 주님을 섬기는 옳은 일에 기쁘게 충성한다. 그들에게는 주님을 위한 봉사 이

상으로 더 큰 기쁨이 없다. 그들은 오직 하나님 앞에서 성결해지는 것을 가장 큰 행복으로 생각한다. 실제로 신자가 거룩한 생활을 할수록 하나님은 그에게 기쁨을 주신다. 따라서 주님을 위한 충성과 기쁨은 함께한다. 이는 마치 불과 빛이 서로 함께하는 것과 마찬가지이다. 하나님 아버지를 위하여 의를 행하는 것이 기쁨이 된다는 것은 원천적으로 예수 그리스도의 삶에서 발견된다(참조. 요 4:32-34; 시 40:8). 우리는 모든 의로운 일을 행할 때에, 오직 그리스도께서 우리와 함께하여 주시기 때문에 기쁨과 평안을 맛본다.

"불의를 행하는 자들에게는 패망이니라." 이 말은 불의를 행하는 자들에게는 의를 행하는 것이 마치 멸망으로 빠지는 것 같은 괴로움이라는 뜻이다. 그들은 죄를 범하는 것을 즐거움으로 안다(잠 10:23; 26:19). 그런데 그리스도를 믿는다고 하면서 다른 사람들을 가르치는 지도자들 가운데도 의를 행하는 문제에서는 극히 비관적으로 싫어하는 자들이 많다. 그리스도께서 "내 멍에는 쉽고 내 짐은 가벼움이라"고 하셨는데(마 11:30), 그들은 그것을 무겁게만 생각한다. 사실상 그들은 아직까지 하늘의 즐거움을 맛보지 못한 자들이며, 종교업자를 면치 못한다.

**16** **명철의 길을 떠난 사람은 사망의 회중에 거하리라.** 여기서 "명철의 길을 떠난 사람"이라는 말은 하나님의 진리에서 떠난 배교자를 가리킨다. 성경에는 하나님의 진리를 믿는다고 하고, 또 교회에서 훈련을 받은 자가 타락하면 완전히 멸망한다는 말씀이 분명하게 기록되어 있다. 마태복음 5:13에 말하기를 "너희는 세상의 소금이니 소금이 만일 그 맛을 잃으면 무엇으로 짜게 하리요 후에는 아무 쓸데 없어 다만 밖에 버려져 사람에게 밟힐 뿐이니라"고 하였고, 히브리서 6:4-6에는 말하기를 "한 번 빛을 받고 하늘의 은사를 맛보고 성령에 참여한 바 되고 하나님의 선한 말씀과 내세의 능력을 맛보고도 타락한 자들은 다시 새롭게 하여 회개하게 할 수 없나니 이는 그들이 하나님의 아들을 다시 십자가에 못 박아 드러내 놓고 욕되게 함이라"고 하였다(참조.

벧후 2:20-22).

"사망의 회중"(קְהַל רְפָאִים)이라는 말은 "음령들의 회중"이라고 번역될 수 있다. 음령(陰靈)들이란 별세하여 지하 세계에 간 자들을 의미한다. 포러(Georg Fohrer)는 이것을 "어두운 세계의 유령들"(Schattenwesen)이라고 번역하였다(참조. 사 14:9; 시 88:11; 잠 2:18; 9:18).[179] 그렇다면 "사망의 회중"이라는 말은 구원받지 못한 영들이 모인 곳을 가리킨다(참조. 유 1:12-13; 벧전 3:19-20).

**17** 연락을 좋아하는 자는 가난하게 되고 술과 기름을 좋아하는 자는 부하게 되지 못하느니라. 이 구절의 히브리어를 개역하면 다음과 같다. "연락을 사랑하는 자는 궁핍한 사람이 되고 술과 기름을 사랑하는 자는 부하게 되지 못하리라." 여기서 말하는 "사랑하는 자"(אֹהֵב)는 쾌락을 좋아하는 정도가 아니라 그것에 애착하여 떨어질 줄 모르는 자이다. 사람이 그렇게 되면 결국 쾌락을 하나님보다 더 사랑하는 깊은 죄악에 빠진다(딤후 3:4). 그런 자는 사실상 살았으나 죽은 자이다(딤전 5:6). 그런 자는 죽은 자라고 할 만큼 사람이 가지는 아무런 고상한 목적이 없고 참된 노력과 활동도 없다. 그는 쾌락을 위하여 자기의 몸과 인격과 재산과 그 외의 모든 것을 소멸시킨다. 그러므로 그는 가난해질 수밖에 없다. 브리지스(Charles Bridges)는 말하기를 "이 세상 쾌락은 참으로 헛되다. 그것이 우리를 떠나기도 하지만 우리가 반드시 그것을 떠날 때도 온다. 그것 위에 우리 행복의 소망을 두는 것은 물결 위에 집을 짓는 것과 같다. 그것은 물결과 같이 우리를 깊은 절망에 쓸어 넣는다"라고 하였다.[180] 기독교 신자가 쾌락을 사랑하게 되면 기도에 무관심하게 되고 하나님께 마음을 드리지 않게 되어 무엇보다 영적으로 죽는다(딤전 5:6). 그러므로 그는

---

179) Georg Fohrer, Kommentar Zum Alten Testament, Das Buch Hiob (Gütersloher: Gerd Mohn, 1963), 283.
180) Charles Bridges, A Commentary on Proverbs (London: The Banner of Truth Trust, 1968), 380.

먼저 쾌락을 사랑하는 악한 근성을 극복해야 한다. 고대의 경건한 교회 정치가 키프리아누스(Cyprian)는 말하기를 "쾌락을 정복한 것이 제일 큰 쾌락이다"(The greatest pleasure is to have conquered pleasure)라고 하였다(De bono pudicitiae).

"술과 기름을 사랑하는 자는 부하게 되지 못하리라." "술"은 사람을 방탕하게 만들고, "기름"은 그 시대의 사치품이다. 그러므로 그런 것들을 사용하며 쾌락을 사랑하는 자는 부요해질 수 없다. 성경은 사람이 자기의 욕심을 위하여 허망한 지혜로 부자가 되려고 애쓰는 것을 금지한다(잠 23:4). 그러나 그가 하나님의 은혜로 물질을 옳게 모은 것은 정당하고, 또 그에게 복이 된다.

**18 악인은 의인의 속전이 되고 사악한 자는 정직한 자의 대신이 되느니라.** 여기서 "속전이 되고"라는 말은 엄격한 의미의 속죄를 가리키지 않는다. 이것은 악인이 의인을 죽이려다가 도리어 자기가 죽는 것을 염두에 두고 하는 말이다. 애굽 사람들은 이스라엘 민족을 멸망시키려다가 도리어 자기들이 홍해에서 멸망을 당하였다(출 14:27-28). 이사야는 그 사실을 가리켜 말하기를 "대저 나는 여호와 네 하나님이요 이스라엘의 거룩한 이요 네 구원자임이라 내가 애굽을 너의 속량물로, 구스와 스바를 너를 대신하여 주었노라"고 하였다(사 43:3). 사울도 이스라엘의 임금으로서 다윗을 여러 차례 죽이려고 하였으나 도리어 자신이 블레셋과 싸우다가 죽었고(삼상 31:3-4), 다윗은 이스라엘의 임금이 되었다(삼하 5:3). 하만은 모르드개를 죽이려고 하다가 도리어 자기 자신이 죽임을 당했다(에 6:1-7:10). 의인을 죽이려던 악인들이 이처럼 뒤바뀌어서 자기 자신이 죽게 된 것은 역사상에 많이 있다. 악인이 의인을 죽이려고 온갖 모략을 꾸미는 것은 너무도 악한 일이기 때문에, 하나님께서 특별히 거기에 간섭하셔서 심판하신다. 이런 심판을 표현하기 위하여 성경은 말하기를 "그가 웅덩이를 파 만듦이여 제가 만든 함정에 빠졌도다 그의 재앙은 자기 머리로 돌아가고 그의 포악은 자기 정수리에 내리리로다" 하였고(시 7:15-

16), 또 말하기를 "이방 나라들은 자기가 판 웅덩이에 빠짐이여 자기가 숨긴 그물에 자기 발이 걸렸도다 여호와께서 자기를 알게 하사 심판을 행하셨음이여 악인은 자기가 손으로 행한 일에 스스로 얽혔도다"라고 하였다(시 9:15-16).

**19** 다투며 성내는 여인과 함께 사는 것보다 광야에서 사는 것이 나으니라. "광야에서 사는 것"은 아무런 위로도 없고 사회적인 상부상조의 편리함을 완전히 떠난 상황이다. 위로와 도움을 주어야 할 아내가 도리어 남편과 다투기만 한다면, 남편이 그와 같이 괴롭다는 것이다. 그 원인은 그녀가 가장 가까이 연합되어 있으면서 그를 괴롭히기 때문이다.

부부의 다툼에 관하여 잠언 저자는 아내 된 자의 잘못에 대해서만 말한다. 그러나 그가 남편 된 자들의 잘못으로 인한 가정불화에 대해서는 언급하지 않은 것뿐이다. 그는 독자들 스스로 그것을 추론하도록 한 것이다. 부부의 분쟁은 여러 가지 원인으로 생기는데 주로 다음과 같은 것들이다. ① 일반적인 도덕적 책임을 이행하지 않음. 부부는 서로 상대방의 단점을 이해하며 오래 참고 용서해야 할 책임이 있다. 그럼에도 불구하고 이것을 지키지 않는 부부는 서로 다투게 된다. ② 성격상 결함이 있음. 부부 중 어느 한편이 쉽게 노하는 성질이 있으면 그 가정에 분쟁이 생긴다. 이와 같은 성격적 결함이 있는 자는 자기 자신을 경계하며 쳐서 복종시키도록 힘써야 할 뿐 아니라, 특별히 그 성질이 고쳐지도록 간절히 기도해야 한다. 앞에 있는 9절의 해석을 참조하라. ③여성의 연약함에 대한 남자들의 무지. 남성은 솔선적인 반면에 여성은 수종적이고 피동적이다. 베드로전서 3:7에 "더 연약한 그릇"이라고 한 말씀이 이 뜻이다. 그러므로 부부 사이에 충돌이 있을 경우, 남편은 화해를 위한 아내의 타협 행위를 기다리지 말고 자신이 솔선하여 평화의 조성자가 되어야 한다. 혹 아내가 불화의 원인이라 할지라도 아내는 유쾌하게 사과할 용기를 내지 못한다. 그것이 여성의 자연적인 성격이다. ④ 천직과 인권에 대한 여성의 몰이해. 인권에서는 남녀가 동등하지만("생명의 은혜를 함께 이어받을 자"[벧전 3:7]). 천직에서는 남녀가 다르다. 곧 남자는 지도적인 위치에 있지만 여자는 종속적인 위치에 있다(딤전 2:11-14). 그러므로 아내 된 자들은 항상 자기의 천직대로 수종적인 위치를 벗어나지 않도록 조심해야 한다. 아내 된 자들은 어떤 일에서 자기가 옳고 남편이 틀린 경우에도 온유하게 남편에게 설명할 뿐 분노를 발하면 안 된다(벧전 3:4).

**20** 지혜 있는 자의 집에는 귀한 보배와 기름이 있으나 미련한 자는 이것을 다 삼켜 버리느니라. 빌데부어(D. G. Wildeboer)는 이 구절의 뜻을 요약하여 말하기를 "지혜 있는 자는 검소하고 미련한 자는 낭비한다."라고 하였다.[181]

"지혜 있는 자"는 하나님을 두려워하는 자다. 그는 사적인 욕심을 위하지 않고 주님을 위하여 물질을 저축한다. 그는 주님을 위해서는 아낌없이 물질을 바치지만 자기 자신을 위하여 그것을 낭비하지는 않는다. 그는 이 점에서 주님을 본받는다. 주님께서는 떡 다섯 개와 물고기 두 마리를 가지고 5천 명 이상을 먹이신 후 제자들에게 부스러기를 모으라고 하셨다(요 6:12). 우리가 부스러기나 폐물을 이용하는 것은 물질을 주신 하나님께 감사하는 행위이다. 이것은 하나님을 경외하는 자, 곧 지혜 있는 자의 행위이다.

"미련한 자는 이것을 다 삼켜 버리느니라." 이것은 하나님을 경외하지 않는 자의 낭비, 또는 사치 행위를 가리킨다. 성경 말씀은 사치를 정죄하고 검소한 생활을 장려한다(사 3:16-24; 딤전 2:9; 벧전 3:3-4). 낭비와 사치는 하나님을 모르는 도덕가들도 잘못된 것이라고 지적한다. 그 이유는, 이 정도의 지식은 일반 은혜에 속하기 때문이다. 옛날 동양의 실존주의 철학자 노자는 다음과 같이 말하였다. "오색의 찬란한 빛은 사람의 눈을 소경으로 만들고, 오

---

181) D. G. Wildeboer, Kurzer Hand-Commentar Zum Alten Testament, Sprüche (1897), s. 62 : "Der Weise ist sparsam, der Thor verschwenderisch."

음의 아름다운 소리는 사람의 귀를 멀게 만들며, 오미의 좋은 맛은 사람의 입을 버려 놓고, 말을 달려 사냥하는 유쾌한 일은 사람의 마음을 미치게 만들며, 희귀한 물품은 사람으로 하여금 해로운 일을 하게 한다. 그런 까닭에 성인은 배를 위하고 눈을 위하지 않는다. 그래서 그것(감각적인 쾌락)을 버리고 이것(배부른 것)을 취한다."[182] 이러한 노자의 교훈은 호화로운 생활을 배척하고 실속 있는 검소한 생활을 택하라는 것이다. 성인은 배를 위한다는 말이 바로 실속 있는 수양에 힘쓰는 것을 가리킨다. 우리는 노자의 신관이 진리가 아니라는 것을 알기 때문에 그의 철학을 비판해야 한다. 그러나 이 세상 생활에 관한 그의 어떤 교훈은 참고할 만한 것도 있다. 기독교 신자가 하나님의 말씀을 무시하고 쾌락과 사치를 따른다면 참하나님을 몰랐던 노자에게도 부끄러운 일이다. 하나님의 명령에 순종하지 않고 다시스로 도망하던 요나는 이방인(같은 배에 탄 사람들과 선원)에게 부끄러움을 당하였다(욘 1:6-7).

**21** 공의와 인자를 따라 구하는 자는 생명과 공의와 영광을 얻느니라. 여기서 "따라 구하는 자"(רדף)라는 말은 계속 추구하는 자를 가리킨다. "의"는 하나님과 사람 앞에서 올바르게 행하는 것이고, "인자"는 사람을 사랑하는 것이다. 의만 있고 사랑이 없으면 강직으로만 흘러서 무정해지기 쉽고, 사랑만 있고 의가 없으면 나약함과 문란으로 떨어지기 쉽다. 그러므로 이 두 가지(의와 인자)는 하나님을 섬기는 인격에 구비되어 있어야 한다. 그 두 가지를 겸비하는 것은 전심으로 기도하는 자가 하나님의 은혜를 받을 때 가질 수 있다. 다시 말하면 그것을 간절히 사모하여 따라 구하는 자만이 받게 된다. 신자들이 은혜 받기를 원하면서도 낙심하지 않고 끝까지 은혜를 구하는 자리에 머물지 못

---

182) 老子, 『道德經』, 第十二章 : "五色令人目盲 五音令人耳聾 五味令人口爽馳騁田獵令人心發狂難得之貨令人行妨是以聖人爲服不爲 目故去彼取此"

한다. 은혜를 받고자 하면서도 성의 있게 구하지 않는 자에게는 하나님께서 은혜를 주시지 않는다. 성의 있게 구하지 않고 받고자 하는 자는 심는 수고는 하지 않고 거두기만 원하는 자와 같으므로, 하나님을 농락하는 자(만홀히 여기는 자)이다. 갈라디아서 6:7-9에 말하기를 "스스로 속이지 말라 하나님은 업신여김을 받지 아니하시나니 사람이 무엇으로 심든지 그대로 거두리라 자기의 육체를 위하여 심는 자는 육체로부터 썩어질 것을 거두고 성령을 위하여 심는 자는 성령으로부터 영생을 거두리라 우리가 선을 행하되 낙심하지 말지니 포기하지 아니하면 때가 이르매 거두리라"고 하였다.

"공의와 인자를 따라 구하는 자는 생명과 공의와 영광을 얻느니라." 이것은 하나님을 소유하는 것을 말한다. 생명은 하나님께만 있다. 그리고 "의"를 얻는다는 것 역시 하나님과 관련된 뜻을 가진다. 곧 하나님의 의를 얻는다는 것이다(롬 1:17). 그것이 구원이다(롬 10:9-10). "영광"은 내세를 의미한다(참조. 롬 2:7, 10). 이같이 신구약 성경은 언제나 진실한 신자의 종말이 영광으로 들어간다고 일관되게 주장한다. 하나님과 연합한 자는 죽을 때에 오히려 소망이 있다(참조. 잠 14:32).

**22 지혜로운 자는 용사의 성에 올라가서 그 성이 의지하는 방벽을 허느니라.** 겜저(B. Gemser)는 이 구절에 대하여 말하기를, 지혜는 힘보다 더 유력하다는 말씀이라고 하였다.[183] 전쟁에서 승리하는 비결이 힘보다 지혜에 있다는 것은 하나님의 말씀에서는 물론이고 세속적인 병법에서도 주장하는 바다. 우리는 여호수아가 하나님의 지시를 받아서 전쟁할 때에 지혜를 강조한 사실을 볼 수 있다. 그는 주로 복병 전술을 사용하였고(수 8:12), 또 기습 전략도 사용하였다(수 10:9; 11:7). 기드온의 전술도 힘보다는 모략을 사용한 것이 흥미롭다

---

183) B. Gemser, Handbuch Zum Alten Testament, Sprüche Salomos (Tübingen: J.C.B. Mohr, 1963), 81 : "Weisheit vermag mehr als kraft."

(삿 7:9-23). 성경에 기록된 기드온의 전술은 두말할 것 없이 온 군대로 하여금 기드온이 반드시 이긴다는 신념을 가지게 한 심리 전술이다. 우리는 다윗의 전술에서도 힘보다는 지혜로 승리한 사실을 볼 수 있다. 그는 물맷돌 한 개를 가지고 블레셋 장수 골리앗을 쳐 죽였다. 그것은 그가 다년간 양을 치면서 곰과 사자를 물맷돌로 쳐 죽이던 그의 연단된 기술에 의한 승리이다. 연단된 기술 역시 지혜에 속한다(참조. 삼상 17:31-49). 그뿐 아니라 다윗이 시글락을 정복한 아말렉 군대를 쳐서 이긴 것도 그의 지혜에 의한 것이다. 그는 당시 아말렉 군대에서 탈출한 애굽 사람 한 명을 만나서 잘 대접하고, 그의 인도를 받아 아말렉 군대를 기습하여 이겼다(삼상 30:1-20). 이것이야말로 정보 전술이다.

반면에 삼손은 지혜 없이 힘만 가지고 블레셋 군대와 전쟁하다가 결국 최후 승리를 거두지 못하였다. 그는 힘보다 지혜를 사용한 블레셋 군대에게 패배를 당했던 것이다. 블레셋 군대가 삼손의 애인 들릴라를 통하여 삼손의 힘의 비결을 정탐하게 하였고, 그를 무력하게 했다. 그 결과로 삼손은 마침내 힘을 잃어버리게 되었다(삿 16:4-21).

동양의 춘추 시대에 손무자가 저술한 병법에서도 전쟁에서 지혜가 제일이라는 글을 볼 수 있다. 곧 그는 전쟁하기 전에 먼저 지식이 필요하다고 하였다. 그는 말하기를 "적을 알고 또 나를 알면 백번 싸워도 위태롭지 않다."라고 하였고,[184] 또 말하기를 "대체로 전쟁하는 방법은 적군을 온전한 채로 두고 굴복시키는 것이 최상의 방법이다."라고 하였고,[185] "용병한다는 것은 적을 속이는 일이다."라고 하였다.[186] 손무자의 말들은 무엇보다도 지략으로 적

---

184) 『孫子兵法』(玄岩社, 1969), 4쪽 : "知彼知己 百戰不殆."
185) 같은 책, 90쪽 : "凡用兵之法 全國爲上."
186) 같은 책, 49쪽 : "用兵者詭道也."

을 굴복시키는 것이 제일이라는 주장이다. 우리는 하나님 말씀에서 가르친 지혜와 손무자가 가르친 지략가 같은 내용의 말이라고 보지 않는다. 하나님의 말씀에서 가르친 지혜는 무엇보다도 하나님을 믿는 신앙을 전제로 한다. 여호와를 경외하는 것이 지혜의 근본이다(잠 1:7). 모든 힘과 능력의 근원이 되시는 하나님을 의지하는 사람처럼 지혜로운 자는 없다. 하나님을 의지하는 자는 하나님의 도우심을 받을 뿐 아니라, 그의 마음은 위험한 일들 앞에서도 평안하고 침착하고 또한 담대하므로, 그는 작전할 때에도 유력해진다. 물론 그것도 하나님의 은혜이다. 잠언 21:30-31에 말하기를 "지혜로도 못하고, 명철로도 못하고 모략으로도 여호와를 당하지 못하느니라 싸울 날을 위하여 마병을 예비하거니와 이김은 여호와께 있느니라"고 하였다. 반면에 손무자의 병법은 여호와를 알지 못하는 인간의 지혜를 말한 것뿐이다.

본문(잠 21:22)은 이 세상 국가들의 전쟁 비결에 대하여 말하면서 사실상 신자들의 영적 전쟁 방법을 말한다(참조. 마 12:29; 눅 11:21-22; 14:31). 물론 영적 전쟁은 지혜로 승리를 가져오는 것이고 신자 자신의 힘으로 되는 것은 아니다. 다시 말하면, 우리가 마귀를 이기는 것은 하나님께서 만들어 주신 전신갑주(하나님의 전신갑주; 엡 6:13)를 입을 때에만 가능하다. 전신갑주는 그리스도 중심으로 성립된 것이다. 곧 그리스도의 진리(허리띠), 그리스도의 의(흉배), 그리스도의 복음(신), 그리스도를 믿는 믿음(방패), 그리스도의 구원(투구), 그리스도의 말씀(검) 등으로 이루어진다(엡 6:14-17). 신자는 하나님의 전신갑주로만 마귀의 진영을 파괴한다(고후 10:3-4).

**23 입과 혀를 지키는 자는 자기의 영혼을 환난에서 보전하느니라.** 사람의 말은 행실 못지않게 사회생활에 큰 영향을 준다. 그러므로 항상 말을 조심해야 한다. 야고보서 3:2에 말하기를 "우리가 다 실수가 많으니 만일 말에 실수가 없는 자라면 곧 온전한 사람이라 능히 온 몸도 굴레 씌우리라"고 하였고, 입을 지키는 자는 그 생명을 보전한다고 하였고(잠 13:3), 악인은 입술의 허물로 인

하여 그물에 걸린다고 하였다(잠 12:13). 다윗은 말하기를 "여호와여 내 입에 파수꾼을 세우시고 내 입술의 문을 지키소서"라고 하였다(시 141:3). 유교의 명심보감에도 말하기를 "입은 사람을 상하게 하는 도끼이며 말은 혀를 베는 칼이다. 입을 막고 혀를 깊이 감추면 몸은 어느 곳에 있든지 편안할 것이다"라고 하였다(언어편, 5). 우리는 우리 사회가 언어에서 얼마나 부패했는지 바로 알고 이를 고쳐야 한다. 우리 사회에서 부패한 언어는 여러 가지로 나타난다.

1) 조급한 말. 사람이 조급하면 범사에 실패한다. 그러므로 위대한 사람 모세는 민중의 난제를 해결하기 전에 먼저 하나님 앞에 나아가서 기도하였고(출 14:15; 15:25), 미국의 위대한 정치가 다니엘 웹스터(Daniel Webster)는 어려운 문제를 해결하기 위하여 찾아온 사람에게 말하기를 "내가 그 문제를 가지고 하루를 보내게 하여 주시오"라고 하였다고 한다. 잠언 29:20에 말하기를 "네가 말이 조급한 사람을 보느냐 그보다 미련한 자에게 오히려 희망이 있느니라"고 하였고, 18:13에는 말하기를 "사연을 듣기 전에 대답하는 자는 미련하여 욕을 당하느니라"고 하였으며, 또 21:5에는 말하기를 "조급한 자는 궁핍함에 이를 따름이니라"고 하였다.

2) 한담. 사람들은 대체로 남에 관하여 조심성 없이 폄하한다. 이것은 잔인한 행동이라고 할 수 있다. 남에 대한 폄하는 그 사람의 인격에 치명상을 주는 것이다. 그런 문제를 어떻게 쉽사리 거론할 수 있는가? 잠언 11:13에는 말하기를 "두루 다니며 한담하는 자는 남의 비밀을 누설하나 마음이 신실한 자는 그런 것을 숨기느니라"고 하였다.

3) 아첨하는 말. 옛날부터 아첨하는 행동은 정죄되어 왔다. 그런 무리는 사슴을 가리켜 말이라고 하는 상관의 말도 수긍하며 아첨한다. 그들은 진리와 사실을 직언하지 않는다. 이런 무리가 나라를 망쳤고 사회를 망쳤다. 그러므로 잠언 26:28은 말하기를 "아첨하는 입은 패망을 일으키느니라"고 하였으며, 또한 곧은 말로 사람을 책망해 주는 것이 선하다고 하였으니, 곧 "면책

은 숨은 사랑보다 나으니라 친구의 아픈 책망은 충직으로 말미암는 것이나 원수의 잦은 입맞춤은 거짓에서 난 것이니라"고 하였다(잠 27:5-6). 선한 임금 다윗은 의인의 책망을 달게 여겼다(시 141:5). 유교에서도 가르치기를 "충성된 말이 귀에는 거슬려도 행실에는 유익하다"고 하였다.

4) 거짓말. 거짓말을 하는 자는 남을 해롭게 할 뿐만 아니라 무엇보다 자기 자신을 헛된 자로 만든다. 헛된 자는 결국 빈껍데기가 된다. 그것은 무너진 인격이다. 사람이 거짓으로 재물을 모으는 것은 자기에게 해롭다. 성경에 말하기를 "속이는 말로 재물을 모으는 것은 죽음을 구하는 것이라 곧 불려 다니는 안개니라"고 하였고(잠 21:6), "거짓 증인은 벌을 면하지 못할 것이요 거짓말을 하는 자도 피하지 못하리라"고 하였다(잠 19:5). 잠언 19:22 하반절에서도 말하기를 "가난한 자는 거짓말하는 자보다 나으니라"고 하였다.

5) 말다툼. 한국 사회에는 해로운 말다툼이 많다. 우리가 길을 지나갈 때에나 큰길에서, 혹은 가정에서 말다툼하는 것을 종종 볼 수 있다. 이 점에서 명심할 것은, ① 말다툼은 흔히 작은 문제로 인해 일어나는 것이 많다는 점이다. 잠언 17:14에 말하기를 "다투는 시작은 둑에서 물이 새는 것 같은즉 싸움이 일어나기 전에 시비를 그칠 것이니라"고 하였다. 그뿐 아니라 ② 말다툼은 쉽게 노하는 자들 때문에 일어난다. 쉽게 노하는 자는 참으로 어리석다. 그가 노함으로 말미암아 자기의 짐승같이 사나운 성질을 드러내며 상대방으로 하여금 더욱 악한 감정을 가지게 한다. 잠언 12:16에는 말하기를 "미련한 자는 당장 분노를 나타내거니와 슬기로운 자는 수욕을 참느니라"고 하였고, 19:11에는 말하기를 "노하기를 더디 하는 것이 사람의 슬기요 허물을 용서하는 것이 자기의 영광이니라"고 하였다.

6) 우직한 말. 사람이 정의를 위하여 곧은 말을 한다고 하면서 과격하게 하거나 무례하게 하면 이는 우직한 것이다. 잠언 15:1에 말하기를 "과격한 말은 노를 격동하느니라"고 하였다. 우직한 사람은 자기에게 그만한 인격의 결

함이 있다는 것을 알고 온유를 배워야 한다.

7) 음해하는 말. 이것은 남이 모르게 혀로 남을 해롭게 하는 것이다. 아우구스티누스(Augustine)의 생활 표어는 "함께 있지 않은 사람에 대한 말을 하지 말 것"이었다. 로마서 1:29에 "수군수군하"지 말라고 하였다.

8) 자랑하는 말. 사람은 누구나 자랑하기를 좋아한다. 그러나 자기 자랑은 언제나 자기의 인격을 자기도 모르게 비열하게 만든다. 시편 12:3에 말하기를 "여호와께서…자랑하는 혀를 끊으시리니"라고 하였다. 이것을 보면 자기 자랑을 계속하는 자는 마침내 천벌을 받게 된다.

9) 다문 입술. 사람들 중에는 마땅히 해야 할 말을 안 하는 자들이 있다. 그것도 죄악이다. 이사야 56:10-11에 말하기를 "파수꾼들은 맹인이요 다 무지하며 벙어리 개들이라 짖지 못하며 다 꿈꾸는 자들이요 누워 있는 자들이요 잠자기를 좋아하는 자들이니 이 개들은 탐욕이 심하여 족한 줄을 알지 못하는 자"라고 하였다.

**24** 무례하고 교만한 자를 이름하여 망령된 자라 하나니 이는 넘치는 교만으로 행함이니라. 이 구절의 히브리어를 개역하면 다음과 같다. "교만하고 참람한 자를 가리켜 희롱하는 자라고 하나니 그는 넘치는 교만으로 행하는 자니라." 빌데부어(D. G. Wildeboer)는 여기서 "희롱하는 자"(לֵץ)라는 말을 "자유주의자"라는 의미로 해석하였다.[187] 여기서 말하는 "희롱하는 자"는 계시된 종교나 예언보다 자기를 높여서 교회로 하여금 성경에 대한 파괴적 비평을 따르게 하려는 자이다(Delitzsch). 잠언의 저자는 이런 자를 "교만하고 참람한 자"(זֵד יָהִיר)와 동일시하였다. 성경을 하나님의 말씀으로 믿지 않는 파괴적인 비평가들은 사실상 이같이 교만하고 참람한 자들이다. 그들은 자기들의 이

---

187) D. G. Wildeboer, Kurzer Hand-Commentar Zum Alten Testament, Die Sprüche (1897), s. 62 : "24 gibt eine scharfe Definition des in den Sprüchen so oft vorkommenden Terminus #le der Spotter, Freigeist."

성이 진리 판단의 절대적 기준이라고 생각한다. 인간의 이성이 어떻게 절대적일 수 있으며 전지하겠는가? 사람이 젓가락으로 태산을 옮길 수 있는가? 유다서 1:10에 말하기를 "이 사람들은 무엇이든지 그 알지 못하는 것을 비방하는도다 또 그들은 이성 없는 짐승 같이 본능으로 아는 그것으로 멸망하느니라"고 하였다. 현대의 많은 교파들이 계시종교의 진수인 초자연주의를 버리고 하나의 인도주의 단체와 같이 되어 버렸다. 이와 같은 타락은 자유주의자들의 그릇된 신학 사상 때문이다. 그들의 신학은 성경에서 초자연주의를 제거하려고 전력한다. 그들의 이와 같은 노력은 기독교를 없애려는 것이다. 기독교는 초자연주의로 구성되었는데 거기서 초자연주의를 제하면 무엇이 남겠는가? 비유컨대 돌집에서 석재를 모두 뽑아 버린다면 어떻게 되겠는가? 하나님께서 인류에게 주신 참종교(기독교)에는 초자연주의가 있어서 우리에게 구원을 준다. 먼저 성경의 첫 구절(창 1:1)에 "태초에 하나님이 천지를 창조하시니라"고 한 말씀이 초자연주의이다. 그리고 마지막 부분(계 22:20)에 "내가 진실로 속히 오리라"고 한 말씀도 초자연주의이다. 이 밖에도 성경에 있는 많은 말씀이 초자연주의의 성격을 지닌다. 그 가운데 이적에 관한 기사는 물론이고, 심지어 윤리 도덕도 인본주의가 아닌 신본주의이다. 다시 말하면 그것도 초자연주의를 근본으로 하는 윤리 도덕이다.

**25-26** 게으른 자의 욕망이 자기를 죽이나니 이는 자기의 손으로 일하기를 싫어함이니라 어떤 자는 종일토록 탐하기만 하나 의인은 아끼지 아니하고 베푸느니라. 이 구절의 히브리어를 개역하면 다음과 같다. "게으른 자의 간절한 소망이 그를 죽이나니 이는 그의 손이 일하기를 거절함이니라. 그는 종일 탐심을 부리나 의인은 아끼지 않고 구제하느니라." 게으른 자는 온갖 간절한 소원을 가지면서 그것을 성취할 방법인 노동은 거절한다. 따라서 그는 여러 가지 부정한 방법으로 자기의 소원을 성취하려고 한다. 그 일에 사용되는 부정한 방법은 남을 속이는 것, 남의 것을 도적질하는 것, 남을 의뢰하는 것 등이다(참조. 엡 4:28). 이것은

모두 다 도적 행위이며, 이로 인하여 그 사람 자신의 영혼이 망한다. 마귀는 게으른 자의 마음속에 깃든다. 탐식과 정욕은 게으른 자의 마음속에서 더 강하게 움직인다. 그 이유는, 그가 자기의 정신과 정력을 노동에 기울이지 않고 쾌락에만 집중하기 때문이다.

이와 반대로 의인은 구제에 힘쓴다. 물론 그가 검소하게 살면서 노동에 힘써서 재물을 모았기 때문에(잠 10:4) 구제 행위가 가능한 것이다. 빌데부어(D. G. Wildeboer)는 잠언 21:21, 26에 근거하여 말하기를 "경건한 자는 물질을 모으기 위하여 검소할 뿐 아니라 물질을 쓰는 데 관대하기도 하다"라고 하였다.[188] 경건한 자가 물질을 모으는 목적은 처음부터 남을 도와주려는 것이다. 그는 "주는 것이 받는 것보다 복이 있다"(행 20:35)는 말씀대로 행하는 자이다.

**27 악인의 제물은 본래 가증하거든 하물며 악한 뜻으로 드리는 것이랴.** 여기서 "악인"이라는 말은 회개하지 않는 악인을 가리킨다. 그는 회개하지 않기 때문에 하나님의 미워하시는 악을 마음속에 그대로 품고 하나님께 제물을 드린다. 그것은 표리부동한 의식적 제사에 불과하다. 또한 그것은 겉으로 하나님께 순종하는 체하면서 속으로는 하나님을 반역하는 일종의 아첨이다(잠 15:8 해석 참조).

"하물며 악한 뜻으로 드리는 것이랴." 이 말은 악인이 계획적으로 자기의 악을 성취하기 위하여 제사를 드린다는 뜻이다. 이 점에 관하여 브리지스(Charles Bridges)는 말하기를 "발람은 이스라엘을 저주하기 위하여 하나님의 허락을 받으려고 제사를 드렸고(민 23:1-3, 14-15), 압살롬은 반역을 목적으로 헤브론에 가면서 그것을 가리기 위하여 하나님께 제사하러 간다고 하

---

188) D. G. Wildeboer, Kurzer Hand-Commentar, Die Sprüche (1897), s. 62 : "Der Fromme aber ist nicht allein sparsam V. 20, sondern auch mildthätig, vgl. 11:24, 14:21, 19:17, 22:9."

였다(삼하 15:7-12)"라고 하였다. 바리새인들은 자기들의 생계와 출세를 위하여 하나님을 섬긴다는 형식을 갖추었다. 그것은 종교업자들의 악행이다. 그들은 자기들 자신의 사리사욕을 위하여 제사를 이용한 셈이다. 이와 같은 종교업자들이 오늘날 우리 시대에도 많이 있다. 그들은 모두 미련한 자들이다. 사리사욕을 취하려면 애당초 자기의 취미대로 직업을 택할 것이지 무엇 때문에 가면을 쓰고 평생 하나님의 것을 도적질하는 것인가? 그것이 멸망을 자처하는 큰 죄악이라는 것을 모르는가?(마 23:1-36)

**28** **거짓 증인은 패망하려니와 확실히 들은 사람의 말은 힘이 있느니라.** 이 구절의 히브리어를 개역하면 다음과 같다. "거짓 증인은 패망하려니와 듣는 사람은 영구히 강하게 일하느니라." 거짓 증인은 거짓말을 꾸며서 증거하는 것이 자기의 일이다. 그런 사람은 양심에 화인 맞은 것같이(딤전 4:2) 자기의 거짓말에 대하여 가책을 못 느낀다. 그는 거짓말하는 데 즐거움을 느끼는 셈이다. 그것은 진리와 함께 기뻐하는(고전 13:6) 참된 성도와 정반대되는 생활이다 (Charles Bridges).

"들은 사람"(אִישׁ שׁוֹמֵעַ)이라는 말은 남의 말을 유심히 듣는 사람(Wildeboer, Ein Man, der genau hort), 곧 증거가 확실한 진리만 받아들이는 사람을 가리킨다. 이같이 확실한 근거를 가지고 말하는 것이 참된 증인의 자격이다. 특히 복음의 증인은 성경을 깊이 상고하여 거기서 하나님의 말씀을 듣고(딤후 3:14) 늘 힘 있게 말한다. 그는 그 진리를 위하여 생명까지 바친다(눅 1:1-4; 10:40-42; 요일 1:1-4). 이런 증인의 말은 영구히 변치 않는 참이므로, 영구히 강하게 전파된다(참조. 히 11:4). 고린도후서 4:13에 말하기를 "우리도 믿었으므로 또한 말하노라"고 하였다(참조. 잠 12:19).

**29** **악인은 자기의 얼굴을 굳게 하나 정직한 자는 자기의 행위를 삼가느니라.** "악인은 자기의 얼굴을 굳게 한다"는 것은, 그가 악을 행할 때에 아무런 기탄도 없을 뿐 아니라 동요함이 없다는 뜻이다. 그는 악을 행하는 데 철면피이다. 반면

에 "정직한 자"(ישר)는 늘 조심한다. 그는 영적으로 늘 깨어 기도하며 하나님의 말씀에 순종한다. 무엇보다도 그는 자기가 하나님에게서 멀어지지 않았는지 스스로 반성하며 하나님 앞에서 진실하게 회개한다. 또한 그는 다음과 같은 위험을 예민하게 느끼고 경계한다. 곧, ① 일에 힘쓰다가 기도에 게으르기 쉽다는 것. ② 쉬려다가 게을러지기 쉽다는 것. ③ 사랑을 주장하다가 의를 잊어버리기 쉽다는 것. ④ 의를 주장하다가 온유의 덕을 잃기 쉽다는 것. ⑤ 겸손에 힘쓰는 것이 좋지만 나약해지면 안 된다는 것. ⑥ 그리스도를 믿는다고 하면서 전적으로 믿지 않고 허송세월하기 쉽다는 것. ⑦ 남을 가르치면서 자기 자신은 가르치지 않는 것. ⑧ 남의 허물을 교정하기 위한 충고가 필요하지만 그러다가 자기도 모르게 교만해지기 쉽다는 것 등이다. 스펄전(Spurgeon)이 어느 날 런던 거리를 걸어가다가 도중에 걸음을 멈추고 발을 옮기지 않은 적이 있었다. 그때에 동행하는 사람들이 그 이유를 물으니 그가 대답하기를 "하나님과 나 사이에 구름이 가린 느낌이 있어서 염려된다."라고 하였다고 한다.

**30-31** **지혜로도 못하고, 명철로도 못하고 모략으로도 여호와를 당하지 못하느니라 싸울 날을 위하여 마병을 예비하거니와 이김은 여호와께 있느니라.** 여기서 "지혜"나 "명철"이나 "모략"이라는 말은 하나님 경외와 관계된 것이 아니라 인간적인 지략을 의미한다. 사람들은 종종 인간적인 지략으로 성도를 해하려 한다. 그러나 성도가 하나님 편에 있는 한 그들의 계획은 성사되지 못한다. 그는 여호와께 피한 것같이 전적으로 의지하였으므로 여호와께서 그를 보호하신다. 여호와는 전적으로 그를 의지하는 자를 실패하게 하시는 법이 없다(참조. 롬 10:11; 시 11:1; 27:1-5).

심지어 군대를 가진 사람도 여호와를 전적으로 의지하는 자를 패망하게 할 수 없다(잠 21:31). 일반적으로 사람들은 군병 앞에서 떤다. 그러나 그것을 의지하는 것보다 여호와를 의지하는 것이 낫다. 우리는 여호와를 의지하는 것이 이미 기적이고, 은혜이고, 행복이라는 것을 알아야 한다. 그를 의지한다는 것은 전적으로 의지하는 것이다. 단지 관념적인 것이 아니며 이론적인 것도 아니다. 오늘날 교계에는 단지 관념적으로 믿는 지도자들이 많다. 지식층에 그런 자들이 더욱 많다. 그들은 하나님의 교회를 바르게 인도하지 못하고 도리어 교회로 하여금 죽음의 골짜기에서 시간만 허송하게 만든다. 그들은 자신부터 신앙으로 진실하게 살지 않으면서 남을 지도한다고 붙잡아 놓는다 (참조. 마 23:13).

# 제 22 장

## ↓ 해석

**1 많은 재물보다 명예를 택할 것이요 은이나 금보다 은총을 더욱 택할 것이니라.** 여기서 "명예"(שֵׁם)라는 말은 "이름"이라는 뜻이다. 이것은 인간의 칭찬을 가리키지 않고 하나님이 알아주시는 이름을 말한다(롬 2:29). 이렇게 해석되는 이유는, 하반절에 "은총을 더욱 택할 것이니라"고 한 말씀이 "명예를 택할 것이요"라는 말씀을 조금 다른 표현으로 설명한 것이기 때문이다. 그렇다면 여기서 "명예"는 "은총"(하나님의 사랑을 받는 것)과 같은 것이라고 해석되어야 한다. 하나님은 누구든지 사람들에게 높임을 받는 것을 미워하신다(참조. 눅 16:15; 창 11:4, 8; 행 12:22-23).

재물(은금 보화)보다 하나님의 은총(명예)이 귀한 이유는, 그것(하나님의 은총)은 영생을 주지만(눅 10:20) 은금은 잠깐 후에 없어지기 때문이다(참조. 시 39:6-7; 잠 23:5). 이 세상의 재물보다 하나님의 은총을 택한 모세에게서 그러한 예를 볼 수 있다. 히브리서 11:24-26에 말하기를 "믿음으로 모세는 장성하여 바로의 공주의 아들이라 칭함 받기를 거절하고 도리어 하나님의 백성과 함께 고난받기를 잠시 죄악의 낙을 누리는 것보다 더 좋아하고 그리스도를 위하여 받는 수모를 애굽의 모든 보화보다 더 큰 재물로 여겼으니 이는 상 주심을 바라봄이라"고 하였다. 그리스도의 사도들도 하나님이 합당하게 인정하여 주시는 것을 제일로 여겼다. 그래서 그들은 그리스도 때문에 핍박을 받으면서도 기뻐했다(참조. 행 5:41; 16:25; 빌 3:1).

**2** **가난한 자와 부한 자가 함께 살거니와 그 모두를 지으신 이는 여호와시니라.** 이 말은 가난한 자나 부자나 똑같이 하나님의 피조물이므로 부자는 가난한 자를 대할 때에 이 사실을 기억하고 교만하지 말고 오히려 그들을 동정해야 한다는 것이다.[189]

가난한 자와 부자는 서로 공통적인 요소를 지니고 있다. ① 그들이 똑같이 알몸으로 이 세상에 태어났으며, ② 똑같이 하나님의 피조물로서 그의 다스리심 아래에 있고, 비애와 질병과 연약함과 시험을 당하며, ③ 내세에 들어갈 때에는 빈부의 차별이 전혀 없다.[190]

**3** **슬기로운 자는 재앙을 보면 숨어 피하여도 어리석은 자는 나가다가 해를 받느니라.** 여기서 "재앙을 본다"는 것은 초자연적으로 미래의 일을 내다보는 것이 아니다. 이것은 일반적인 식견으로도 알 수 있는 것을 말한다. 그리고 "숨어 피한다"는 것은, 신자가 환난 중에 주님을 위한 목적 없이 생명이 희생되거나 무의미한 고난을 당하지 않기 위하여 지혜롭게 처신하는 것을 가리킨다. 신자들이 주님을 위하여, 또는 공의를 위하여 환난 가운데 찾아 들어가는 경우도 있다(행 20:22-24). 본문(잠 22:3)은 이런 경우를 반대하는 것이 아니다.

본문은 신자들에 대하여 다음 세 가지를 말해 준다. ① 악인들을 벌하시기 위한 재앙이 내릴 즈음에 신자는 거기에서 피해야 한다. 소돔과 고모라에

---

189) D. G. Wildeboer, Kurzer Hand-Commentar Zum Alten Testament, Sprüche (1897), s. 63 : "Auch der Arme ist ein Geschöpf Gottes, vgl. 14:31, 17:5, Hi. 34:19. Wo also der Reiche dem Armen begegnet, muss er dies bedenken und nicht hochmütig oder unbarmherzig sein, vgl. noch Hi. 31:15."
190) 참조. 욥 3:19; 시 89:48; 145:9, 15-16; 전 2:16, 3:20; 단 4:35; 히 9:27.

재앙이 내릴 때에 롯은 거기에 참예하지 않았다(창 19:12-28). ② 주님을 위하면서도 적당한 시기가 오기 전에는(하나님의 인도하심을 받기 전에는) 지혜 없이 위험한 일을 당하지 말아야 한다. 예수님도 제자들에게 핍박을 피하라고 하셨다(마 10:23). 사도 바울도 핍박하는 무리를 피한 적이 있다(행 9:23-25; 13:50-51; 14:4-6; 고후 11:32). 구약 시대에는 다윗이 사울을 피하여 숨었고(삼상 20:19; 23:19; 26:1), 엘리야도 이세벨을 피해 숨은 적이 있다(왕상 17:3; 19:3). ③ 주님의 복음을 위하더라도 무모하게 반대자들의 반발을 일으켜서 핍박을 초래하지 말아야 한다. 우리의 생명을 창조하신 하나님께서는 우리가 헛되이 희생하는 것을 원치 않으신다.

여기서 명심할 것이 있다. 그것은 신자들이 위험할 때에 피신할 경우가 있지만 그것이 사명을 포기하는 것은 아니라는 것이다. 사도 바울은 어떤 곳에서는 핍박을 피하였으나 다른 곳에서는 끝까지 사명을 지켜 복음 증거를 계속하였다(행 13:50; 14:1). 신자들은 때를 얻든지 못 얻든지 복음을 전해야 한다(딤후 4:2). 그뿐 아니라 그들이 피신하는 원리도 하나님을 중심으로 한 것이지 이기주의가 아니다. 그러나 동양 철학이 가르치는 대로 지도자의 은신은 소극적인 성격을 가지므로 사명을 포기하는 행동이며, 또 인본주의이지 하나님 중심이 아니다. 예를 들면 주역의 돈괘는 소인들, 곧 악인들이 세력을 잡을 때에 군자, 곧 선한 지도자는 물러가 숨으라는 뜻이다. 이와 같은 주역의 처세 철학은 개인의 안전을 위한 이기주의 처세이다. 악이 성한 어지러운 시대에는 의리를 지키는 지도자가 더욱 필요한데 은신하라는 것은 옳지 않다.

"어리석은 자는 나가다가 해를 받느니라." 여기서 "어리석은 자"(פְּתָיִם)라는 말은 개방된 자, 곧 마음에 일정한 뜻이 없는 자를 의미한다. 그런 자는 죄악을 분별할 줄 모르고 악인을 맹종하다가 악인들이 받는 재앙에 동참하게 된다.

**4 겸손과 여호와를 경외함의 보상은 재물과 영광과 생명이니라.** 여기서 "겸손"이

라는 말이 먼저 나오는 이유는 그것이 중요하기 때문이다. 빌데부어(D. G. Wildeboer)는 이 점에 대하여 주석하기를 "겸손은 하나님을 경외할 때에 첫째로 요구되는 여건이다"라고 하였다.[191] 하나님 앞에서 그를 경외하며 사는 참된 신자들은 "나는 화를 받아 마땅하다"고 생각한다. 욥은 스스로 자기를 가증하게 여겨 티끌과 재 가운데서 회개하였으며(욥 42:5-6), 이사야는 말하기를 "화로다 나여 망하게 되었도다 나는 입술이 부정한 사람이요 나는 입술이 부정한 백성 중에 거주하면서 만군의 여호와이신 왕을 뵈었음이로다"라고 하였다(사 6:5).

"재물과 영광과 생명." 이것은 하나님과 별도로 생각되는 이 세상에 속한 것들이 아니고, 구원을 받아서 하나님을 소유한 자가 누릴 내세의 기업을 말한다. 참된 신자들은 영적으로는 현세에서 이미 그것을 누린다. 이 점에 관하여 앞에 있는 잠언 8:18-21에 대한 신학적 해석을 참조하라.

**5  패역한 자의 길에는 가시와 올무가 있거니와 영혼을 지키는 자는 이를 멀리 하느니라.** "패역한 자"라는 말은 마음이 구부러진(crooked) 자를 말한다. 그는 하나님의 진리대로 행하지 않고 도리어 그것을 왜곡하여 자기의 악을 변명한다. 또한 그는 솔직하지 않다. 브리지스(Charles Bridges)는 이 점에 대하여 다음과 같이 말한다. "주님을 따르는 길에도 어려움은 있다. 그러나 악을 행하는 길에도 어려움이 있다. 이 두 가지 어려움을 공정하게 다루어 보면 어느 것이 더 어려운지 알 수 있다. 그것은 물론 악을 행하는 길의 어려움이다. 거기서는 양심의 괴로움, 순조롭지 않은 섭리에 의한 하나님의 책망, 욕구대로 이루어지지 않아서 생기는 실망, 제어할 수 없는 정욕의 횡포 등이 그 길을 어렵게 만든다."[192]

---

191) D. G. Wildeboer, Kurzer Hand-Commentar Zum Alten Testament, Sprüche (1897), s. 63 : "Demut ist die erste Bedingung für Gottesfurcht."
192) Charles Bridges, A Commentary on Proverbs (London: The Banner of Truth Trust, 1968), 401.

"영혼을 지키는 자는 이를 멀리하느니라." "가시와 올무" 같은 역경과 난관은 패역한 자가 그의 악행 때문에 만나게 된 것이다. 그러므로 자기 영혼을 구원하려는 자는 그런 악행을 멀리한다. 잠언 16:17에 말하기를 "악을 떠나는 것은 정직한 사람의 대로이니 자기의 길을 지키는 자는 자기의 영혼을 보전하느니라"고 하였다. 누구든지 죄악을 범하는 것은 이미 벌을 받은 것이고, 덕을 소유하는 것은 이미 상급을 받은 것이다.

그러므로 영혼을 지키려면 다음과 같이 행하면 된다. ① 영혼을 지켜 주시는 하나님을 모셔야 한다. 잠언 24:12에 말하기를 "네 영혼을 지키시는 이가 어찌 알지 못하시겠느냐 그가 각 사람의 행위대로 보응하시리라"고 하였다. ② 하나님을 경외하는 지혜(믿음)를 소유해야 한다. 잠언 8:36에 말하기를 "나(지혜)를 잃는 자는 자기의 영혼을 해하는 자라"고 하였다(참조. 잠 19:8). ③ 하나님의 계명을 지켜야 한다. 잠언 19:16에 말하기를 "계명을 지키는 자는 자기의 영혼을 지키거니와"라고 하였다. ④ 남을 불쌍히 여겨야 한다(사랑해야 한다). 잠언 11:17에 말하기를 "인자한 자는 자기의 영혼을 이롭게 하고"라고 하였다(참조. 마 5:7; 약 2:13). ⑤ 하나님의 훈계(징계)를 감수해야 한다. 잠언 15:32에 말하기를 "견책을 달게 받는 자는 지식을 얻느니라"고 하였다. ⑥ 입을 지켜야 한다. 잠언 21:23에 말하기를 "입과 혀를 지키는 자는 자기의 영혼을 환난에서 보전하느니라"고 하였다(참조. 약 3:2). ⑦ 영혼을 해롭게 하는 특별한 죄악을 멀리해야 한다(참조. 잠 6:32; 18:7; 22:24-25; 29:24).

**6** 마땅히 행할 길을 아이에게 가르치라 그리하면 늙어도 그것을 떠나지 아니하리라. 여기서 "마땅히 행할 길을"(עַל־פִּי דַרְכּוֹ)이라는 말은 "그의 성질에 합당하게"(in conformity to child's nature)라는 뜻이다. 이것은 일반적으로 아이들이 깨달을 수 있도록 가르치는 것을 말한다. 그들이 깨달을 수 있도록 가르쳐야 하는 것은 종교 윤리에 관한 교훈이다. 잠언의 저자는 이것을 강조한다

(잠 13:24; 19:18; 23:13-14). 부모로서 지혜로운 아들(하나님을 경외하는 아들)을 소유하는 것은 큰 기쁨이고(잠 23:15, 24), 미련한 아들(하나님을 믿지 않는 아들)을 소유하는 것은 말할 수 없는 슬픔이다(잠 17:21, 25).

"가르치라"(חָנַךְ)라는 말은 하나님께 "바침"(dedication)을 의미한다. 신자들이 그들의 자녀를 가르치는 목적은 사실상 그들이 하나님의 사람이 되게 하려는 것이다(Rolland W. Schloerb). 앞에 있는 19:18의 해석을 참조하라.

**7-9** 부자는 가난한 자를 주관하고 빚진 자는 채주의 종이 되느니라 악을 뿌리는 자는 재앙을 거두리니 그 분노의 기세가 쇠하리라 선한 눈을 가진 자는 복을 받으리니 이는 양식을 가난한 자에게 줌이니라. 이 구절은 서로 연결된 문맥을 보여 준다. 곧 부자가 가난한 사람을 괄시하고 채주가 빚진 자를 괄시하는 것은 잘못이다. 돈이 있다고 남을 괄시하는 자(악을 뿌리는 자; 8절)는 재앙을 받고, 돈으로 가난한 자를 기쁘게 돕는 자는 복을 받는다.

"부자는 가난한 자를 주관하고"라는 말과 "빚진 자는 채주의 종이 되느니라"라는 말은 실질적으로 서로 같은 내용을 의미한다. 곧 부자가 가난한 자를 멸시하거나 천대하는 죄악을 말한다. 이 세상의 물질은 하나님의 것인데 부자는 그것을 받아서 자기의 편리만을 위하여 사용한다. 그것은 불의한 청지기의 죄악이다. 그는 마땅히 하나님의 청지기로서 재물을 맡은 줄 알고, 그것을 가난한 자들에게 나누어 줄 책임이 있음을 알아야 한다(참조. 눅 12:42). "남의 것에 충성하라"고 하신 예수님의 말씀(참조. 눅 16:12)은 하나님의 것(설령 자기의 수고로 얻은 물질이라도)에 충성하라는 뜻이다. 곧 부자(하나님의 것을 맡은 자)는 가난한 자들에게 나누어 줄 책임이 있다는 뜻이다. 그럼에도 불구하고 부자가 가난한 자들에게 재물을 나누어 주는 책임은 이행하지 않고 도리어 그들을 괄시하는 것은 악한 일이다. 이와 같은 부자의 악행은 심은 대로 거두리라고 하신 하나님의 말씀대로(갈 6:7-8) 반드시 보응을 받는다.

잠언 22:8의 "악을 뿌리는 자"(זוֹרֵעַ עַוְלָה)는 "불의를 심는 자"라는 뜻이다. 성경은 어김없이 심판받는다는 보응의 법칙을 말할 때 주로 종자 심는 비유를 사용한다(욥 4:8; 갈 6:7-8).

재산이 많은 자가 재산이 적은 자를 괄시하는 죄악은 인류 역사상 어디서나 어느 시대에나 쌓이고 또 쌓여 내려왔다. 하나님께서는 이렇게 쌓인 죄악을 세계적으로 벌하셨다. 이것으로도 우리는 하나님의 살아 계심을 볼 수 있다. 우리가 또 한 가지 확실히 아는 것은 이스라엘을 벌하시기 위하여 하나님께서 채찍으로 사용하셨던 바벨론도 마침내 꺾였다는 사실이다(렘 51:1-4; 슥 1:14-15). 그와 같이 하나님께서 무신론자들의 세력을 여지없이 꺾어 버리실 날도 반드시 온다.

반면에 가난한 자들에게 구제하기를 기뻐하는 자는 하나님의 축복을 받는다. "선한 눈을 가진 자"(טוֹב־עַיִן הוּא)(잠 22:9)는 악한 눈을 가진 자(잠 23:6; 28:22)와 달리 즐거운 마음으로 구제하는 자이다. 그는 구제할 때에 인색함이나 억지로 하지 않고 즐겁게 한다.[193]

**10** **거만한 자를 쫓아내면 다툼이 쉬고 싸움과 수욕이 그치느니라.** "거만한 자"가 있으면 다툼이 일어나는 이유는, ① 거만한 자는 소위 자존심을 강하게 가지기 때문이다(잠 21:4). 거만한 자는 하나님을 업신여길 정도로 자기 자신을 높인다. 그는 언제나 자기를 높여 주는 자를 만나기 원한다. 그러면서 그와 같은 소원이 성취되지 않는다고 늘 불만을 느끼며 싸우려고 한다. 그러므로 이런 자가 있는 사회에는 분쟁이 계속된다. ② 거만한 자는 하나님의 말씀에 순종하지 않고 패역하기 때문이다. 진리에 순종하지 않는 자는 제멋대로 행하기 때문에 주위에 있는 사람들과 충돌할 수밖에 없다. 잠언 16:28에 말하기를 "패역한 자는 다툼을 일으키고"라고 하였다. ③ 거만한 자는 자기 혼자

---

193) 참조. 잠 11:24-25; 14:21; 19:17; 21:26; 28:27; 사 58:7; 겔 18:7, 16-17; 마 6:3-4.

모든 일을 다 하려고 하기 때문에 다른 사람이 하는 일에 참견하며 말을 많이 하기 때문이다. 누구든지 자기와 상관없는 말로 시비를 걸면 그 당사자와 충돌하게 된다. 잠언 26:20에 말하기를 "나무가 다하면 불이 꺼지고 말쟁이가 없어지면 다툼이 쉬느니라"고 하였다(참조. 잠 26:17). (4) 거만한 자는 세상의 모든 것을 탐하기 때문이다. 그는 세상의 모든 것을 다 가지려고 한다. 그는 자기만족밖에 모르기 때문이다. 잠언 28:25에 말하기를 "욕심이 많은 자는 다툼을 일으키나 여호와를 의지하는 자는 풍족하게 되느니라"고 하였다.

**11** **마음의 정결을 사모하는 자의 입술에는 덕이 있으므로 임금이 그의 친구가 되느니라.** 여기서 "마음의 정결을 사모하는 자"(אֹהֵב טְהָר־לֵב)라는 말은, 70인역(LXX)과 페쉬타역과 타르굼역대로 여호와(יהוה)라는 말을 넣어서 "마음이 정결한 자는 여호와의 사랑을 받는데"라고 번역될 수 있다. 학자들은 70인역대로 가정되는 사구(寫句)가 원본적일 것이라고 한다.[194] 어쨌든 이 구절의 요점은 "정결"이다. 마음이 정결한 자만이 왕에게 곧은 말을 하므로 그가 왕의 참된 친구이고, 왕을 사랑하는 자(친구)이다. 아부하는 자들은 사실상 왕의 친구가 아니다. 예컨대 400명의 거짓 선지자들은 길르앗 라못을 빼앗기 위하여 아람을 치려는 아합 왕의 비위를 맞추어 거짓말로 예언하였다(왕상 22:1-36). 아람과 싸우기 원하는 왕에게 그들은 그대로 하라고 말하였다(왕상 22:5-6). 남이 듣기 좋아하는 말만 하는 자들은 남을 죽게 만든다. 그러므로 남의 말로 도움을 받으려는 자는 칭찬보다 충고를 원해야 한다. 성경은 사람의 칭찬을 받는 자는 하나님의 미워하심을 받는다고 하였다(눅 16:15). 잠언 25:27에 말하기를 "꿀을 많이 먹는 것이 좋지 못하고 자기의 영예를 구하는 것이 헛

---

194) D. G. Wildeboer, Kurzer Hand-Commentar Zum Alten Testament, Die Sprüche (1897), s. 64 : "Hält man das von den Versionen vorausgesetzte hw"hy> für ursprünglich."

되니라"고 하였다.

스펄전(Spurgeon)은 말하기를, 사람에게 죄를 알려 주지 않는 설교는 곧 은 낚시질을 하는 것과 같다고 하였다. 우리는 사람 앞에서 아부하는 생활에 너무 익숙해졌다. 다른 사람을 높이는 것은 좋지만 지나치게 그의 면전에서 아부하는 것은 죄악이다.

구약 시대의 많은 선지자들이 다 순결하여 곧은 말을 용감하게 잘하였으므로 왕들의 친구가 될 수 있었다. 그러나 아합은 미가야의 옳은 말을 듣지 않고 도리어 그를 핍박하였으며(왕상 22:19-27), 사울 왕이나(삼상 15장) 여호야김 왕도(렘 36장) 선지자의 말에 순종하지 않았다. 그러나 다윗과 같은 성군은 순결한 자, 곧 나단 선지자의 말을 기꺼이 받아들였다(삼하 12:1-14). 세상 역사를 보아도 선한 왕들은 곧은 말을 해 주는 신하(탐심 없이 순결한 자)를 친구로 여겨 그들의 말을 잘 들었다. 예를 들면, 옛날 중국 전한(前漢)의 고조 황제(B.C. 202년)는 장량(張良)의 충고를 잘 듣고 선정을 베풀었다. 그가 공적에 따라 상을 내릴 때에 장량의 말을 듣고 자기를 미워하는 옹치라는 사람에게 큰 벼슬을 주고 또 특별 대우를 하였다. 그래서 그에게 불평하던 자들이 없었다고 한다. 그리고 옛날 중국 촉한(蜀漢)의 유현덕(B.C. 220-265)은 어진 사람 제갈량을 등용하기 위하여 그의 초막에 찾아갔으나 거절을 당하고, 또 두 번째 찾아갔으나 다시 그렇게 되었고, 세 번째 가서 기어이 그를 등용시키고 그의 말을 들었으므로 유왕은 그의 정치에서 성공하였다고 한다.

**12** **여호와의 눈은 지식 있는 사람을 지키시나 사악한 사람의 말은 패하게 하시느니라.**
이 구절의 히브리어를 개역하면 다음과 같다. "여호와의 눈은 지식을 보존시키시나 궤사한 자의 말은 패하게 하시느니라." 여기서 "지식"이라는 말은 참된 지식, 곧 진리를 말한다. 이렇게 해석해야 하는 이유는, 여기 나오는 "지식"이 그다음에 나오는 문맥으로 볼 때 "사악한 사람의 말"과 대조되어 표현되었기 때문이다. 그러므로 이 문구는 하나님께서 진리의 지식, 곧 그의 말씀을 특별하신 섭리로 보존하신다는 의미를 나타낸다. 하나님께서는 그의 말씀을 대대로 보존하시며 전달하실 때에 특별하게 섭리하신다. 예를 들면, 성경에 기록된 많은 역사적 사실들이 고고학자들이 발굴한 고적으로 확증되고 있다. 그뿐 아니라 하나님께서는 성도들을 통하여 효과적으로 하나님의 말씀을 전파하신다. 곧 많은 전도자들에게 영감을 주셔서 성경을 깨닫게 하시며, 또 힘 있게 그것을 가르치게 하신다. 인도에 가서 전도한 위대한 선교사 알렉산더 더프(Alexander Duff)는 레이디 홀랜드(Lady Holland)라는 배를 타고 인도로 가는 도중 인도 근해에서 파선을 당하여 그의 모든 소유물을 다 바다에 던졌다. 그가 빈손으로 상륙하여 바닷물을 바라볼 때 자기의 성경 한 권만이 물에 떠서 해변으로 밀려오고 있었다. 그는 그것을 건져서 하나님의 선물로 여기며 새로운 힘을 얻고, 그 말씀을 인도 사람들에게 가르쳤다고 한다. 그 결과 그는 그곳에 큰 교회를 설립하게 되었다. 버마어로 번역된 성경은 초대 선교사로 미얀마에 갔던 저드슨(A. Judson)이 옥에 갇혔을 때에 자기 베개 속에 보관하여 가지고 다니던 원고였다고 한다.

"궤사한 자의 말은 패하게 하시느니라." 잠언 12:19의 해석을 참조하라. 거기서 말하기를 "진실한 입술은 영원히 보존되거니와 거짓 혀는 잠시 동안만 있을 뿐이니라"고 하였다.

**13** 게으른 자는 말하기를 사자가 밖에 있은즉 내가 나가면 거리에서 찢기겠다 하느니라. 이 구절에 대하여 빌데부어(Wildeboer)는 말하기를 "이 말씀은 게으른 자를 비웃는 의미도 가진다"라고 하였다.[195] 물론 이 말씀이 비유적으로 표현되기도 하였지만, 게으른 자는 언제나 일할 책임 앞에서는 겁을 내며 핑계한다는 뜻이다. 잠언 26:13의 해석을 참조하라. 그는 왜 그토록 일에 겁을 내는 것일까? 그것은 옳은 일(설령 어려운 조건이 있을지라도)을 하는 자에게 하

---

195) D. G. Wildeboer, Die Sprüche (1897), s. 64: "Die Entschuldigung des Faulen ist also lacherlich."

나님이 함께하여 주시고 축복하여 주신다는 약속(시 23:3; 창 3:19)을 믿지 않기 때문이다(Charles Bridges). 하나님께서 함께하여 주시고 축복하여 주신다는 말씀은 그것을 믿는 자에게 큰 용기와 기쁨을 준다. 반면에 그것을 믿지 않는 자는 일하기 싫어하고 핑계하게 된다. 가나안 땅에 정탐하러 갔던 열두 사람 가운데 열 사람은 하나님의 약속을 믿지 않았기 때문에 겁을 먹고 거기에 들어가지 말자는 악한 선동만 하였다. 그들은 사자가 거리에 있다고 거짓말하는 자와 같다(참조. 민 13:31-33). 복음을 전하는 자들 중에도 하나님의 약속을 믿지 않고 하나님의 일을 어렵다고 핑계하는 자들이 많다(Charles Bridges). 그 사람들도 게으른 자다. 주님께서 세상 끝날까지 함께하여 주시겠다고 하신 약속을 왜 믿지 않는가?(참조. 마 28:19-20) 앞에 있는 잠언 19:15에 대한 해석을 자세히 읽으라.

**14** 음녀의 입은 깊은 함정이라 여호와의 노를 당한 자는 거기 빠지리라. "깊은 함정"이라는 말은 사람을 멸망시키는 것을 비유한다. 그렇다면 "음녀"의 말에 홀려서 거기 빠지게 된 자를 가리켜 "여호와의 노를 당한 자"라고 하는 이유는 무엇인가? 그것은 다음과 같이 해석된다. ① 이 세상에 하나님을 알 수 있는 사실이 많은데도 불구하고(롬 1:19-23), 끝까지 그가 하나님을 공경하지 않기 때문에 하나님께서 그를 내버리셨다. 그래서 그는 위험한 자리(음녀가 호리는 자리)에 빠지게 된 것이다(참조. 롬 1:24-26; 롬 1:18). ② 음녀에게 빠지는 것은 이토록 위험한 길이다. 앞에 있는 잠언 5장과 7장에 대한 해석을 참조하라. 하나님의 진노를 당한 자는 이같이 구원의 자리에 나오기 어렵다.

**15** 아이의 마음에는 미련한 것이 얽혔으나 징계하는 채찍이 이를 멀리 쫓아내리라. "징계하는 채찍"이라는 말은 비단 채찍으로 때리는 것만 말하는 것이 아니라, 모든 합법적인 벌칙으로 다스리는 것을 비유한다. 바울이 고린도 교인들에게 말하기를 "너희가 무엇을 원하느냐 내가 매를 가지고 너희에게 나아가랴 사랑과 온유한 마음으로 나아가랴"라고 했는데(고전 4:21), 여기서 "매"라

는 말 역시 채찍을 의미한다. 그러나 그것은 진짜 채찍으로 때리는 것을 가리키는 것이 아니다. 더욱이 잠언의 문체는 시문학이므로 이 말은 문자적 의미로 풀지 않아도 된다. 순종하지 않는 아이에게 채찍으로 벌한다는 것은 합법적인 징계를 제외시키는 것이 아니다. 그 밖의 여러 가지 방법으로 그를 벌하는 것에 대하여 말하는 것이다. 물론 그것은 징계를 위한 벌이므로 그것을 실시할 때에 혈기나 악독이나 기타 무질서한 것을 금한다.

사람을 다스리시는 하나님의 방법으로는 성령의 감화가 가장 중요하다. 그는 인류를 회개시키기 위하여 그의 독생자를 희생시키셨다. 그와 동시에 그는 죄인들을 회개시키기 위하여 환난과 질병과 역경과 여러 가지 고통을 통하여 일하신다. 이런 것들 역시 채찍으로 비유된다. 이런 의미에서는 장성한 사람들도 채찍으로 다스려지고 있다.

특히 열 살 미만의 아이들이 순종하지 않을 때에는 합리적인 벌(혹은 채찍)로 그들을 훈육할 수 있다. 이 점에 대해서는 앞에 있는 잠언 19:18의 해석을 참조하라.

**16** **이익을 얻으려고 가난한 자를 학대하는 자와 부자에게 주는 자는 가난하여질 뿐이니라.** 여기 기록된 대로 가난한 자를 학대하는 것과 부자에게 주는 것은 극히 악독한 행동이다. 가난한 자는 구제해야 하는데 도리어 그를 학대하는 것은 진리에 대한 극단적 반역이다. 그러므로 잠언 14:31에 말하기를 "가난한 사람을 학대하는 자는 그를 지으신 이를 멸시하는 자요"라고 하였다.

"부자에게 주는" 것은, ① 부자의 교만과 탐심을 길러 주는 아부 행위이고, ② 하나님이 주신 물질을 낭비하는 행동이고, ③ 의로운 목적으로 물질을 맡기신 하나님의 청지기로서의 자격을 상실하는 것이다. 그러므로 하나님께서는 그의 물질을 빼앗으실 것이다. 하나님께서는 사람들이 그의 선물을 바로 쓰지 않을 때 그것을 거두어 가신다(참조. 사 3:1; 겔 4:16-17).

**17-21** 너는 귀를 기울여 지혜 있는 자의 말씀을 들으며 내 지식에 마음을 둘지어다 이것

을 네 속에 보존하며 네 입술 위에 함께 있게 함이 아름다우니라 내가 네게 여호와를 의뢰하게 하려 하여 이것을 오늘 특별히 네게 알게 하였노니 내가 모략과 지식의 아름다운 것을 너를 위해 기록하여 네가 진리의 확실한 말씀을 깨닫게 하며 또 너를 보내는 자에게 진리의 말씀으로 회답하게 하려 함이 아니냐. 빌데부어(D. G. Wlideboer)는 말하기를 "이 부분은 뒤에 나올 잠언에 대한 서론인데 17절은 경계이고, 18절은 경계의 근거이고, 19절은 경계의 목적이고, 20절 이하는 일찍이 기록된 교훈들을 지적하는 것이다."라고 하였다.[196]

여기(22:17)서부터는 잠언 저자의 문체가 이전과 조금 달라진다. 지금까지는 일반적인 성격을 띤 교훈이었지만 이제부터는 개인을 상대로 한다. 그뿐 아니라 이때까지는 모든 구절이 서로 연결되지 않았지만, 이제부터는 어느 정도 연결성을 지닌다(Charles Bridges).

이 부분(22:17-21)에서는 먼저 저자가 독자들의 주의를 환기시킨다. 그것을 분해하면 다음과 같은 몇 가지로 정리할 수 있다.

1) 저자의 교훈에 대하여 독자들이 취해야 할 태도. ① 그 말씀에 "귀를 기울임"(17상). 사람들 중에는 옳은 말에 주의하지 않는 사람도 많다. 그런 자들은 참으로 완악한 자들이다. ② 그 말씀을 "마음에 둠"(17하). 어떤 사람들은 옳은 말을 귀로만 듣고 마음에는 간직하지 않는다. 그런 사람들의 마음은 길가의 밭과 같다(마 13:4). ③ 들은 말씀을 "속에 보존함"(18상). 어떤 사람은 자기가 들은 옳은 말씀을 일시 동안 마음에 간직하지만 오랫동안 보존하지는 않는다. 그의 마음은 흙이 얇은 돌밭과 같다(마 13:5). ④ 들은 말씀을 "입술 위에 함께 있게 함(18하). 이것은 진리를 증거하는 것에 대하여 말한다. 진리의 말씀을 마음 가운데 지니고 있으면서도 입술로 그것을 전파하지 않는

---

196) D. G. Wildeboer, Kurzer Hand-Commentar Zum Alten Testament, Die Sprüche (1897), s. 65 : "17-21 Einleitung: 17 Ermahnung, 18 der Grund für die Ermahnung, 19 deren Zweck, 20 f. Verweisung auf früheren Schriftlichen Unterricht."

것은 나약한 생활이다. 그러므로 하나님의 말씀을 입으로 증언하는 것은 신앙의 본질에 속한다(참조. 롬 10:9-10).

2) 저자가 진리를 가르치는 목적. 첫째로 여호와를 의뢰하게 함(잠 22:19). 잠언에 기록된 많은 말씀이 모두 다 독자들로 하여금 여호와를 믿게 하려는 것이다. 그 모든 말씀에는 이 세상 육신의 생활에 대한 지도 원리도 있다. 그것은 인본주의 윤리 도덕과 달라서 하나님을 중심으로 한다. 그러므로 그것을 바르게 깨닫고 지킬 때에도 신앙적인 분위기가 조성된다. 둘째로 확신을 가지게 함(20-21절). 하나님이 주신 진리(모략과 지식)는 아름답기 때문에 그것을 읽는 독자들에게 확신을 준다. 아름답다는 것은(20상) 그것이 신자들의 마음속에 깨달음과 위로와 생명과 기쁨을 주기 때문에 달다는 뜻이다(참조. 시 19:10). 그러므로 그것은 그들에게 확신을 준다(21절). 물론 하나님의 진리를 받은 신자들에게도 모르는 문제들이 있다. 그러나 그들은 세상에 속한 자들에게 없는 아름다운 깨달음(20상)을 많이 소유하였다. 그러므로 그들은 이런 깨달음이 사람의 지혜에 속한 것이 아니라 하나님에게서 온 것임을 기억하고 감사해야 한다. 그들의 깨달음이 이토록 귀하다는 것을 알고 간직해야 하며 그들이 모르는 문제로 동요되지 않아야 한다. 그들이 이렇게 확신을 가지기 때문에 그들은 만나는 사람들의 질문에 언제나 대답할 말이 있다(참조. 벧전 3:15).

**22-23** 약한 자를 그가 약하다고 탈취하지 말며 곤고한 자를 성문에서 압제하지 말라 대저 여호와께서 신원하여 주시고 또 그를 노략하는 자의 생명을 빼앗으시리라. 여기서는 사람이 공의를 극단적으로 거스르면, 반드시 하나님의 보응을 받는다고 한다. 하나님의 심판은 특히 극단적인 죄악에 찾아온다. 동양의 옛글에도 말하기를 "악이 그릇에 차면 하늘이 반드시 벨 것이다."라고 하였다.[197] 이와 같은

---

197) 『明心寶鑑』天命篇, 4쪽: "惡鑵若滿天必誅之."

말이 성경처럼 영감된 것은 아니지만 그것은 세상일을 많이 겪어 본 자의 양심 고백이다. 여기서 말하는 "하늘"이라는 개념이 성경의 "하나님"과는 물론 다르지만 이 문구가 일반은총(하나님에 대한 막연한 지식) 정도의 깨달음은 전하고 있다.

본문이 말한 대로 "약한 자"라고 하여 그의 물건을 탈취하는 것은 공의를 극단적으로 거스르는 것이다. 사람이 마땅히 약한 자를 도와주어야 하는데 도리어 그를 압제하거나 탈취하는 것은 목석이라도 노할 만한 일이다.

"곤고한 자를 성문에서 압제하지 말라." 이것은 억울함을 당하여 곤고하게 된 자를 재판정에서 재판장이 다시 압제하지 말라는 의미이다. 옛날 근동 지방에서는 재판이 성문에서 실행되었다.

앞에 말한 두 가지 극단적인 죄악은 하나님께서 벌하신다(23절). 몇 가지 예를 들면, 아합 왕은 나봇의 포도원을 악한 수단으로 빼앗았다. 그 결과로 그는 하나님의 벌을 받았다(참조. 왕상 21:18-24; 사 33:1; 합 2:8). 근대에 이르러 우리는 역사에 이루어진 대로 이런 죄악들에 대한 하나님의 심판의 결과를 보았다. 독일의 실패가 이것을 증명해 준다. 독일 황제 카이저(Kaiser)는 니체(Nietzsche)의 초인 철학을 믿고 독일 민족이야말로 세계의 어느 민족보다 우수하다고 생각하였다. 그는 약육강식을 정당하게 생각하고 다른 민족을 압제하려고 하였다. 제1차 세계대전이 그런 사상 때문에 일어났으며 결국 독일에 패망을 가져오고 말았다.

**24-27** 노를 품는 자와 사귀지 말며 울분한 자와 동행하지 말지니 그의 행위를 본받아 네 영혼을 올무에 빠뜨릴까 두려움이니라 너는 사람과 더불어 손을 잡지 말며 남의 빚에 보증을 서지 말라 만일 갚을 것이 네게 없으면 네 누운 침상도 빼앗길 것이라 네가 어찌 그리하겠느냐. 여기서는 남에게 도움이 되지 못하고 도리어 자신과 남 모두에게 손해가 될 동조 행위는 하지 말라고 한다. 첫째는, 분노의 사람, 곧 싸우기 좋아하는 사람과 사귀지 말라는 것이고(24절), 둘째는, 경제적인 능력 없이 남의 빚

에 보증이 되지 말라는 것이다(26절). 사람이 싸움을 좋아하는 사람과 사귀면 자신과 남 모두에게 손해를 가져온다. 그 이유는, 그 분노가 사람의 혈기를 조장할 뿐만 아니라 자기 자신도 그 사람의 원수들을 미워하여 손해를 받게 되기 때문이다. 그리고 경제적 능력 없이 남의 빚에 보증이 되는 것도 빚진 자의 마음에 헛된 위로를 주는 것뿐이며 자기 자신도 파산하기 쉽다. 그러므로 하나님께서는 이 두 가지를 금하신다(잠 6:1-5에 대한 해석 참조).

**28** 네 선조가 세운 옛 지계석을 옮기지 말지니라. 이것은 남의 소유를 침해하지 말라는 의미이다. 그뿐 아니라 이것은 남의 나라 영토를 침략하지 말라는 의미이기도 하다. 국가의 영토는 하나님께서 분배하신 것이다(신 32:8). 사도행전 17:26에 말하기를 "인류의 모든 족속을 한 혈통으로 만드사 온 땅에 살게 하시고 그들의 연대를 정하시며 거주의 경계를 한정하셨으니"라고 하였다. 그러므로 모든 나라는 다른 민족의 영토를 침략하지 말아야 한다. 하나님께서 각 민족에게 배당해 주신 영토가 바뀌는 것은 원칙적으로 하나님의 심판에 속한다. 하나님께서는 죄악이 가득 찬 어떤 민족의 영토를 취하여 다른 민족에게 주시기도 했다. 예를 들면 하나님께서 가나안 민족의 땅을 이스라엘에게 주셨고(창 15:18-21), 엠 민족의 땅을 모압 민족에게 주셨으며(신 2:10-12), 삼숨밈 민족의 땅을 암몬 민족에게 주셨다(신 2:20-21). 이런 일들은 예외이고, 사람이 취해야 할 행동 원리는 남의 소유를 존중히 여기는 것이다. 남의 소유를 침해하는 자는 하나님 앞에 큰 죄이므로 저주를 받는다(참조. 신 19:14; 27:17; 잠 23:10).

**29** 네가 자기의 일에 능숙한 사람을 보았느냐 이러한 사람은 왕 앞에 설 것이요 천한 자 앞에 서지 아니하리라. 여기서는 "능숙", 곧 근면이 얼마나 중요한 덕인지 보여 준다. 하나님을 잘 공경하는 사람일수록 근면하기 때문에 먹고사는 데 어려움이 없다. 신앙은 사람들로 하여금 더욱 부지런하게 만든다. 그 이유는, 신앙은 사람이 살아 계신 하나님을 모셔서 소망을 가지고 만물을 정복하도록 세

워주기 때문이다(창 1:28). 그것이 하나님이 기뻐하시는 일이다. 그러므로 시편 128:1-2에 말하기를 "여호와를 경외하며 그의 길을 걷는 자마다 복이 있도다 네가 네 손이 수고한 대로 먹을 것이라 네가 복되고 형통하리로다"라고 하였다. 잠언 31:27에 의하면, 하나님을 경외하는 현숙한 여자는 게을리 얻은 양식을 먹지도 않는다고 하였다(참조. 잠 31:10, 30).

근실한 자만이 자기 자신의 일뿐 아니라 많은 사람의 일까지 도와줄 수 있다. 그러므로 많은 사람을 다스리는 자는 부지런해야 한다(롬 12:8하). 본문은 능숙한 자가 왕 앞에 설 수 있다고 한다. 그는 왕을 보필하여 민중을 위한 많은 일에 이바지할 수 있다는 뜻이다. 동양의 옛글에도 말하기를 "부지런함은 값없는 보배다."라고 하였다.[198] 이 글이 영감된 하나님의 말씀은 아니지만 인류가 일반은총으로 깨달은 경험적인 고백이다.

---

198) 『明心寶鑑』, 正己篇 7쪽 : "勤爲無價之寶."

제 23 장

## ✲ 해석

**1-3** 네가 관원과 함께 앉아 음식을 먹게 되거든 삼가 네 앞에 있는 자가 누구인지를 생각하며 네가 만일 음식을 탐하는 자이거든 네 목에 칼을 둘 것이니라 그의 맛있는 음식을 탐하지 말라 그것은 속이는 음식이니라. 여기서는 다스리는 자의 초청을 받아서 음식을 먹는 자가 조심해야 할 일에 대하여 말한다. 이때에 조심해야 할 일이 무엇인지에 대하여는 여러 가지 학설이 있으나 나는 본문에 있는 대로 두 가지만 지적하려 한다.

1) 그 음식을 탐내지 말 것(2절). "목에 칼을 둘" 정도로 그 음식에 대한 탐욕을 제지하라고 한다(3상). 사람이 좋은 음식을 만나면 탐심이 생겨서 많이 섭취하기 쉽다. 그러나 그것은 건강에도 해롭지만 특히 인격적으로 덕에 손실을 가져온다. 좋은 음식을 탐하는 마음은 진리를 위하여 사는 사람들의 순결한 마음을 방해한다. 진리를 지키지 않는 거짓 교사들이 음식을 탐한다 (참조. 벧후 2:13). 음식에 대한 탐욕을 채우는 것이 이처럼 해로운 것에 대해서는 심지어 일반 도덕 교훈에서도 가르치고 있다. 피타고라스(Pythagoras)는 말하기를 "우리의 욕심을 섬기는 것은 폭군을 섬기는 것보다 힘들다."라

고 했고,[199] 공자는 말하기를 "군자는 도를 생각하고 먹는 것을 생각하지 않는다."라고 하였다.[200] 그리고 유교의 식사 예법에 가르치기를 "여러 사람이 함께 먹을 때에 배부르게 먹지 말 것이라"고 하였다.[201]

2) 그 음식을 제공한 자의 음흉한 계획을 조심할 것(3하). "그것은 속이는 음식"이라고 하였는데, 이 말이 무엇을 가리킨 것인지 한마디로 지적할 수는 없다. 그러나 그것이 속이는 음식이라고 하였으므로, 그 관원이 사람을 이용할 목적으로 거짓 호의를 베푼 것만은 사실이다. 관직에 있는 자들이 종종 사람들을 매수하려고 그들 앞에 음식을 차려놓는 일이 많다. 사람은 대접을 받은 뒤에는 상대방의 기분을 거스르지 않으려고 하기 때문에 바른 말을 하지 못하고 결국 이용당하기 쉽다. 그러므로 인류 사회의 양심이라고 할 수 있는 교회의 지도자들은 통치자나 관원의 접대를 받을 때 조심해야 한다. 교회의 지도자들은 관직에 있는 자들에 대해서도 영적으로 지도하는 입장이어야 한다. 그러므로 관원들에게 어떤 특혜를 입으려고 하면 안 된다. 그렇게 하면 교회의 권위를 나타내기 어렵다. 사업의 형통을 위해 관청의 특혜를 구하다가 영적 권위를 잃어버리게 된다면 주님께서 기뻐하시지 않는다(참조. 사 56:10-12).

**4-5** 부자 되기에 애쓰지 말고 네 사사로운 지혜를 버릴지어다 네가 어찌 허무한 것에 주목하겠느냐 정녕히 재물은 스스로 날개를 내어 하늘을 나는 독수리처럼 날아가리라. 여기서는 사람들이 인간적인 지혜로(하나님을 제외하고) 재물을 탐하는 것에 대하여 경계한다. 재물을 탐하지 말아야 한다는 사상은 성경 이외(하나님의 말씀 외)의 이교의 지도자들도 가르치고 있다. 그들의 교훈이 성경과 다른 점은

---

199) Pythag. 18, ed G: "Δουλεύειν πάθεσι χαλεπώτερον ἤ τυράννοις."
200) 『論語』, 衛靈公 第十五, 31쪽 : "君子謀道不謀食."
201) 『原本小學集注』卷之三, 101쪽 : "共食不飽."

다음과 같다. 성경은 하나님을 섬기기 위하여(하나님을 가장 사랑하기 위하여) 재물을 사랑하지 말라고 한다(마 6:21-24). 그러나 이교에서는 참하나님과 관련 없이 다만 재물이 참된 행복을 주지 못한다고 말한다. 물론 그런 주장도 일리는 있다. 그러나 그런 면도 성경이 더욱 분명하게 가르친다. 디모데전서 6:9-10에 말하기를 "부하려 하는 자들은 시험과 올무와 여러 가지 어리석고 해로운 욕심에 떨어지나니 곧 사람으로 파멸과 멸망에 빠지게 하는 것이라 돈을 사랑함이 일만 악의 뿌리가 되나니 이것을 탐내는 자들은 미혹을 받아 믿음에서 떠나 많은 근심으로써 자기를 찔렀도다"라고 한다.

이 점에 대하여 이교의 교훈을 한두 가지 들면 다음과 같다. 곧 불교에서는 말하기를 "자기 자신을 위하여 슬픔과 고통을 만들어 놓는 자가 누구인가? 부자 되기를 갈망하는 자이다."(Phrengwa, 42)라고 하였고, 사르마(Vishnu Sarma)는 말하기를 "재물은 그것을 모으는 동안에 고통을 주고, 그것을 잃었을 때에 한스럽고, 그것을 가지고 있는 동안에는 사람이 미친다. 그렇다면 그것이 어떻게 행복을 가져온다고 할 수 있겠는가? 부자는 몸을 두려워하고, 물과 불도 두려워하고, 도둑도 두려워하며, 자기 민족도 두려워한다. 그는 살아 있으면서 늘 죽은 것같이 지낸다."라고 하였다(Hitop. 1:190-193).

"부자 되기에 애쓰지 말고 네 사사로운 지혜를 버릴지어다." 여기서 "네 사사로운 지혜를 버릴지어다"라는 말씀이 중요하다. ① 그것은 하나님의 말씀을 따르지 않고 사람의 거짓된 방법으로 재물을 모으는 것을 금하는 말씀이다. 성경의 다른 부분에도 이런 금령이 포함되어 있다. 야고보서 4:13-16에 말하기를 "들으라 너희 중에 말하기를 오늘이나 내일이나 우리가 어떤 도시에 가서 거기서 일 년을 머물며 장사하여 이익을 보리라 하는 자들아 내일 일을 너희가 알지 못하는도다 너희 생명이 무엇이냐 너희는 잠깐 보이다가 없어지는 안개니라 너희가 도리어 말하기를 주의 뜻이면 우리가 살기도 하고 이것이나 저것을 하리라 할 것이거늘 이제도 너희가 허탄한 자랑을 하니 그러한 자랑은 다 악한 것이라"고 하였다. ② 그뿐 아니라 하나님의 말씀은 사람이 재물을 쌓을 때에는 자기를 위하지 말고 하나님을 위하여 하라고 한다(마 6:19-24). 그리고 ③ 사람이 마땅히 재물보다 하나님을 즐거워해야 한다는 진리도 계시되어 있으며(시 17:14-15; 49:15-17), ④ 재물은 하나님의 것이라는 사상도 성경의 교훈이다. 욥은 말하기를 "주신 이도 여호와시요 거두신 이도 여호와시오니 여호와의 이름이 찬송을 받으실지니이다"라고 하였다 (욥 1:21). 이같이 성경은 재물에 대하여 완전히 하나님 중심으로 가르친다(참조. 시 39:6-7).

**6-8 악한 눈이 있는 자의 음식을 먹지 말며 그의 맛있는 음식을 탐하지 말지어다 대저 그 마음의 생각이 어떠하면 그 위인도 그러한즉 그가 네게 먹으라 마시라 할지라도 그의 마음은 너와 함께 하지 아니함이라 네가 조금 먹은 것도 토하겠고 네 아름다운 말도 헛된 데로 돌아가리라** 이 말씀은 사람이 함부로 남의 혜택(남의 음식 대접을 받는 것 같은 일)을 기대하지 말아야 할 것을 다짐한다. 그 이유는, 사람이 누구를 도와주는 것도 대부분 인색한 마음으로 하기 때문이다. 그런 대접을 받는 것은 사실상 기쁘지 않은 것이다. 그것은 먹은 것도 다시 토할 만한 경우가 된다. 그러므로 잠언의 저자는 여기서 음식 대접을 받는 경우를 비롯하여 남의 혜택을 입으려고 하는 생각을 경계한다. 사람이 남을 의뢰하는 사상은 그 사람 자신에게 해롭다. 그 이유는, ① 인간은 누구든지 진정으로 남을 희생적으로 도울 정신이 없고 언제나 그 일의 대가를 기대하기 때문이며, ② 남의 혜택을 받는 사람 자신이 독립적인 인격의 고귀한 위치를 잃어버리기 때문이다.

"악한 눈이 있는 자"(6상). 이것은 "선한 눈"(잠 22:9), 곧 너그러운 마음을 소유한 자와 반대되는 인색한 자를 말한다. "대저 그 마음의 생각이 어떠하면 그 위인도 그러한즉"(7상). 곧 음식물을 제공하는 자의 마음이 인색하기 때문에 그의 인격 역시 그렇다는 뜻이다. "네가 조금 먹은 것도 토하겠고"(8상). 곧 인색한 자의 음식 대접을 받은 자가 후에 그 사실을 알고 나서 먹었던 것을 다시 토할 만큼 마음에 불쾌감을 느끼게 된다는 것이다. "네 아름다운 말도 헛된 데로 돌아가리라"(8하). 곧 그 대접을 받은 자가 대접한 자에게 감사하다고 하였는데, 그 말도 나중에 알고 보면 합당하지 않았다는 뜻이다.

**9 미련한 자의 귀에 말하지 말지니 이는 그가 네 지혜로운 말을 업신여길 것임이니라.** 여기서 "미련한 자"(כְּסִיל)라는 말은 어리석은 자(פֶּתִי)라는 말과 다르다. "어리석은 자"라는 말은 마음이 개방되어 어떤 교훈이든 따라갈 위험성을 지닌 미숙한 자를 가리킨다. 그리고 "미련한 자"는 어둡고 악한 생각으로 완악하여지고 교만하여진 자를 뜻한다. 그런 자는 진리를 업신여긴다(9하). 예수님을 비롯하여 성경의 말씀은 그런 자를 개와 돼지로 비유하였다. 개와 돼지는 귀한 것을 존중할 줄 모르고 그것을 파괴한다. 그러므로 예수님은 말씀하시기를 "거룩한 것을 개에게 주지 말며 너희 진주를 돼지 앞에 던지지 말라 그들이 그것을 발로 밟고 돌이켜 너희를 찢어 상하게 할까 염려하라"고 하셨다(마 7:6). 그뿐 아니라 개와 돼지 같은 자들은 진리 가운데로 인도함을 받은 후에도 그것을 내어던진다. 베드로후서 2:21-22에 말하기를 "의의 도를 안 후에 받은 거룩한 명령을 저버리는 것보다 알지 못하는 것이 도리어 그들에게 나으니라 참된 속담에 이르기를 개가 그 토하였던 것에 돌아가고 돼지가 씻었다가 더러운 구덩이에 도로 누웠다 하는 말이 그들에게 응하였도다"라고 하였다. 그러므로 진리의 증인은 그런 자들에 대하여 침묵할 때도 있다(전 3:7; 잠 26:4). 예수님도 헤롯의 망령된 질문에 침묵하셨다(눅 23:9). 미련하고 망령된 자들은 끝내 고집하다가 하나님의 채찍을 맞아 회개하거나 완전히 망한다. 그들의 종말은 하나님의 손안에 있다.

**10-11 옛 지계석을 옮기지 말며 고아들의 밭을 침범하지 말지어다 대저 그들의 구속자는 강하시니 그가 너를 대적하여 그들의 원한을 풀어 주시리라.** 이 구절에 대하여는 잠언 22:28의 해석을 참조하라. 이 부분에서 특히 강조한 것은 "고아들의 밭을 침범하지 말라"는 것이다. 하나님의 말씀은 하나님께서 고아들의 편에 계시

다는 것을 강조한다. 본문의 "그들의 구속자는 강하시니"라는 말씀이 역시 그러하다. 시편 10:14에 말하기를 "외로운 자가 주를 의지하나이다 주는 벌써부터 고아를 도우시는 이시니이다"라고 하였고, 10:18에는 말하기를 "고아와 압제 당하는 자를 위하여 심판하사 세상에 속한 자가 다시는 위협하지 못하게 하시리이다"라고 하였다. 그럼에도 불구하고 이 세상 사람들은 강한 세력이 있는 자들은 두려워하면서 외로운 자와 약한 자는 업신여긴다. 그러나 사실은 외로운 자와 약한 자를 더욱 두려워해야 한다. 그 이유는 전능자께서 그들 편에 계시기 때문이다. 하나님은 그런 자들을 신원하여 주실 뿐만 아니라 그런 자들을 통하여 자신의 능력을 나타내신다. 고린도전서 1:27-29에 말하기를 "하나님께서…세상의 약한 것들을 택하사 강한 것들을 부끄럽게 하려 하시며 하나님께서 세상의 천한 것들과 멸시 받는 것들과 없는 것들을 택하사 있는 것들을 폐하려 하시나니 이는 아무 육체도 하나님 앞에서 자랑하지 못하게 하려 하심이라"고 하였다.

**12 훈계에 착심하며 지식의 말씀에 귀를 기울이라.** 여기서 "훈계"라는 말과 "지식의 말씀"은 물론 하나님의 말씀을 가리킨다. 여기 기록된 대로 "착심하라"는 것과 "귀를 기울이라"고 한 것은 순서대로 바르게 나온 말씀이다. 사람이 무언가에 마음을 붙이지 않을 때에는 거기에 귀를 기울이지 않는다. 그러므로 우리는 먼저 하나님께 마음을 바쳐야 한다. 사람을 도적질하려는 마귀는 사람의 마음 일부라도 점령하기를 원한다. 그러나 하나님은 사람의 온전한 마음을 원하신다. "착심"이라는 말로 마음을 전적으로 바칠 것을 가르치신다. 잠언 3:5에 말하기를 "너는 마음을 다하여 여호와를 신뢰하고 네 명철을 의지하지 말라"고 하였고, 신명기 6:5에는 말하기를 "너는 마음을 다하고 뜻을 다하고 힘을 다하여 네 하나님 여호와를 사랑하라"고 하였고, 역대하 16:9 상반절에는 말하기를 "여호와의 눈은 온 땅을 두루 감찰하사 전심으로 자기에게 향하는 자들을 위하여 능력을 베푸시나니"라고 하였고, 시편

138:1에는 말하기를 "내가 전심으로 주께 감사하며"라고 하였고, 예레미야 29:13에는 말하기를 "너희가 온 마음으로 나를 구하면 나를 찾을 것이요 나를 만나리라"고 하였다. 그리고 마태복음 6:21에 "네 보물 있는 그곳에는 네 마음도 있느니라"고 하신 예수님의 말씀은 우리의 마음이 전적으로 하나님에게 있도록 하나님께 보물도 바치라는 뜻이다. 하나님께(그의 "교훈"에) 순종하기 위하여 착심하는 것은 이처럼 귀하다.

**13-14** 아이를 훈계하지 아니하려고 하지 말라 채찍으로 그를 때릴지라도 그가 죽지 아니하리라 네가 그를 채찍으로 때리면 그의 영혼을 스올에서 구원하리라. 여기서 채찍으로 자식을 때리라는 말씀은 무법한 구타를 의미하지 않는다. 이것은 순종하지 않는 자식을 징계하라는 의미이다. 징계는 비단 채찍으로 때리는 것뿐만 아니라 여러 가지 다른 방법도 있다. 예를 들면 자녀가 좋아하는 것을 주지 않는다든지, 일시 동안 감금해 두는 것 등이다. 징계를 실시할 때에는 징계하는 자 자신이 혈기와 분노로 행하지 않아야 한다. 이 점에 관하여는 앞에 있는 19:18에 대한 해석을 참조하라.

"그의 영혼을 스올에서 구원하리라." 여기의 "스올"이라는 말에 대하여는 5:5에 있는 같은 말 해석을 참조하라.

**15-16** 내 아들아 만일 네 마음이 지혜로우면 나 곧 내 마음이 즐겁겠고 만일 네 입술이 정직을 말하면 내 속이 유쾌하리라. 이것은 하나님의 대언자가 그의 말씀에 순종하는 자를 기뻐한다는 의미이다. 여기서 "마음"과 "입술"은 인격 전체를 가리킨다. "마음"(לֵב)은 인격의 중심인 심장부다. 심장부는 사랑과 정서를 의미하는 것이므로 거기서부터 하나님의 말씀을 사랑하여 믿는 것이 가장 중요하다. 그러므로 사도 바울은 말하기를 "사람이 마음으로 믿어 의에 이르고"라고 하였다(롬 10:10상).

또한 "입술"로 정직을 말하는 것도 중요하다. 그것은 인격의 외부적인 활동으로 진리를 증거하는 것이다. 이와 같은 활동은 사람이 자기가 믿는 진리를 책임 있게 고백하며, 또 그대로 생활하는 것을 의미한다. 그러므로 사도 바울은 다시 말하기를 "사람이…입으로 시인하여 구원에 이르느니라"고 하였다(롬 10:10하).

진리를 전하는 자의 유일한 기쁨은 사람들이 그 진리를 받아서 그대로 사는 것이다. 사도 바울은 그의 제자 디모데의 진실한 신앙을 보고 기뻐하였고(딤후 1:3-5), 데살로니가 교회의 열렬한 신앙을 생각하면서 기뻐하였다(살전 2:19). 사도 요한은 말하기를 "너의 자녀들 중에 우리가 아버지께 받은 계명대로 진리를 행하는 자를 내가 보니 심히 기쁘도다" 하였고(요이 1:4), 또 말하기를 "내가 내 자녀들이 진리 안에서 행한다 함을 듣는 것보다 더 기쁜 일이 없도다"라고(요삼 1:4) 하였다(Charles Bridges).

**17-18 네 마음으로 죄인의 형통을 부러워하지 말고 항상 여호와를 경외하라 정녕히 네 장래가 있겠고 네 소망이 끊어지지 아니하리라.** 땅 위에서는 악인들이 얼마 동안 잘 되는 일이 있다. 시편 73편의 저작자도 그와 같이 모순된 듯한 일을 보고 실족할 뻔하였다. 그러나 그가 성소에 들어갈 때에 그 문제를 해결받았다(시 73:1-17). 다시 말하면 그가 하나님을 가까이함으로써 그 난제를 해결하였다. 사람이 이 세상일에 형통한다고 큰 행복이 아니라, 여호와를 모실 때에 비로소 참된 행복을 누리게 된다. 그러므로 다윗도 말하기를 "악을 행하는 자들 때문에 불평하지 말며 불의를 행하는 자들을 시기하지 말지어다 그들은 풀과 같이 속히 베임을 당할 것이며 푸른 채소 같이 쇠잔할 것임이로다 여호와를 의뢰하고 선을 행하라 땅에 머무는 동안 그의 성실을 먹을 거리로 삼을지어다 또 여호와를 기뻐하라 그가 네 마음의 소원을 네게 이루어 주시리로다 네 길을 여호와께 맡기라 그를 의지하면 그가 이루시고 네 의를 빛 같이 나타내시며 네 공의를 정오의 빛 같이 하시리로다 여호와 앞에 잠잠하고 참고 기다리라 자기 길이 형통하며 악한 꾀를 이루는 자 때문에 불평하지 말지어다 분을 그치고 노를 버리며 불평하지 말라 오히려 악을 만들 뿐이라"고 하

였다(시 37:1-8). 그는 또 말하기를 "여호와여 이 세상에 살아 있는 동안 그들의 분깃을 받은 사람들에게서 주의 손으로 나를 구하소서 그들은 주의 재물로 배를 채우고 자녀로 만족하고 그들의 남은 산업을 그들의 어린 아이들에게 물려 주는 자니이다 나는 의로운 중에 주의 얼굴을 뵈오리니 깰 때에 주의 형상으로 만족하리이다"라고 하였다(시 17:14-15). 이같이 신자는 하나님 제일주의를 가져야 한다. 그러므로 잠언 23:17에 "항상 여호와를 경외하라"고 하였다. 여기 "항상"(כׇּל־הַיּוֹם "날마다")이란 말은 중요하다. 신자가 하나님을 항상 경외한다는 것은 그의 신앙이 그의 생활 전부를 주장한다는 것이다. 그것이 그의 신앙의 진실성을 말해 주며 하나님을 하나님답게 섬기는 합리적 예배를 성립시킨다(참조. 롬 12:1). 하나님은 이같이 진실하게 믿는 자와 함께하여 주신다.

"정녕히 네 장래가 있겠고." 여기서 "장래"(אַחֲרִית)라는 말은 종말을 의미하며, 이는 내세를 가리킨다. 이렇게 해석해야 하는 이유는, 신자의 장래 행복은 일반적으로 이 세상에 속한 것이 아니기 때문이다. 잠언의 저자는 신자의 소망이 내세에 있다고 강조한다. 잠언 14:32에 말하기를 "악인은 그의 환난에 엎드러져도 의인은 그의 죽음에도 소망이 있느니라"고 하였고, 또 15:24에는 말하기를 "지혜로운 자는 위로 향한 생명 길로 말미암음으로 그 아래에 있는 스올을 떠나게 되느니라"고 하였다.

**19-21** **내 아들아 너는 듣고 지혜를 얻어 네 마음을 바른 길로 인도할지니라 술을 즐겨 하는 자들과 고기를 탐하는 자들과도 더불어 사귀지 말라 술 취하고 음식을 탐하는 자는 가난하여질 것이요 잠 자기를 즐겨 하는 자는 해어진 옷을 입을 것임이니라.** 여기서는 사람이 방탕한 길로 가지 말아야 할 것을 가르친다. "술을 즐겨하는" 것과 "고기를 탐하는" 것은 유흥을 즐기는 생활이다. 바울은 말하기를 "향락을 좋아하는 자는 살았으나 죽었느니라"고 하였다(딤전 5:6). 이 말씀은 향락을 좋아하는 자가 영적으로 죽었다는 뜻이며, 영적으로 죽은 자는 허물과 죄의 노예가 되

므로(엡 2:1) 게을러진다. 그런 사람은 결국 영과 육이 다 함께 가난해진다(참조. 롬 13:12-14; 엡 5:14).

사람이 이같이 방탕한 자리에 빠지지 않기 위하여 가장 먼저 힘써야 하는 것은 옳은 길을 가는 것이다(잠 23:19하). 사람은 옳은 길에서만 참된 즐거움을 얻고 하나님의 축복을 받는다. 그러므로 이 길을 전심으로 가는 자들은 방탕한 길로 가지 않고 도리어 그것을 향하여 침을 뱉는다. 그 이유는 하나님의 사랑을 받는 길은 하늘과 같이 고상하고 복되지만 방탕한 길은 마귀와 같이 불행한 것이기 때문이다.

**22-23** **너를 낳은 아비에게 청종하고 네 늙은 어미를 경히 여기지 말지니라 진리를 사되 팔지는 말며 지혜와 훈계와 명철도 그리할지니라.** 여기서는 하나님을 경외하는 부모가 전하여 준 진리를 간직하라고 한다. 빌데부어(D. G. Wildeboer)는 말하기를 "진리를 사라는 것은 진리를 가장 귀하게 평가하라는 뜻이고, 그것을 팔지 말라는 것은 그것을 천하게 여기지 말라는 뜻이다"라고 하였다.[202] 이것은 일리 있는 해석이라고 본다. 그러나 우리는 이 말씀을 해석할 때에 이사야 55:1-2과 요한계시록 22:17 등의 말씀을 기억해야 한다. 그에 대한 해석은 다음의 설교로 대신한다.

### 설교 ▶ 나와 진리(22-23절)

본문은 사람이 마땅히 부모가 가르치는 진리에 잘 순종해야 한다고 말한다. 다시 말하면, 권위를 가지고 가르치는 자들이 전하는 진리를 받아서 그대로 살라는 부탁이다. 사람이 진리대로 살 때에 진리는 그의 소유가 된

---

202) D. G. Wildeboer, Die Sprüche (1897), s. 68 : "קְנֵה Kaufe d. h. halte sie des höchsten Preises wert, Vgl. 4:5, 7; 16:16. וְאַל־תִּמְכֹּר und verkaufe sie nicht, d. h. halte sie nicht gering."

다. 그러므로 23절에 말하기를 "진리를 사되 팔지는 말며"라고 하였다. 나와 진리의 인연은 이같이 끊어질 수 없다. 하나님께서 천지 만물을 지으신 후에 그 모든 것을 진리대로 움직이고 계신다. 특히 인생의 영생 문제에서 하나님의 진리는 열쇠가 된다. 진리를 모르는 자는 언제나 캄캄한 밤중을 헤매는 자와 같다. 그렇다면 진리가 무엇인가? 그것은 예수 그리스도이시다(요 14:6).

### 1. 진리를 사야 한다

진리를 어떻게 사는가? 그것은 이사야 55:1이 말한 것과 같이 "돈 없이" 사는 것이다. 돈 없이 산다는 것은 돈은 내지 않고도 진리를 내 소유로 만든다는 것이다. 사실상 예수 그리스도께서 우리를 대신하여 그 값을 내 주셨기 때문에 우리는 그 진리를 거저 받는다. 하나님께서는 우리를 사랑하셔서, 너무 귀한 것들은 값없이(값을 지불하지 않고) 사용하게 하신다. 예를 들면 공기, 빛, 물 같은 것은 지극히 귀한 물질이다. 그런데도 우리는 아무 값도 내지 않고 그것을 이용한다. 하나님께서 우리 영혼을 위하여는 그리스도를 거저 주셔서 영생을 얻게 하셨다(참조. 요 3:16).

이같이 진리는 거저 받을 수 있는 것이다. 한편으로 성경 다른 곳에서는 그것을 사려고 모든 것을 다 판다고도 한다. 이것은 진리를 소유하는 방법에 대한 다른 면이다. 그러나 이것도 이 세상에서 일반적으로 이루어지는 매매 같은 것은 아니다. 즉 이것은 우리가 그리스도를 믿음으로 거저 받는다는 진리에 위반되지 않는다. 예를 들면 마태복음 13:44-46에 밭에 감춰진 보화를 발견한 자도 "자기의 소유를 다 팔아" 그것을 샀다고 하였고, 값진 진주를 발견한 자도 "자기의 소유를 다 팔아"서 그것을 샀다고 한다. 그렇다면 여기서 말하는 "자기의 소유"는 무엇인가? 그것은 집이나 자매나 부모나 자식이나 논과 밭, 심지어 자기 생명까지 가리킨 말씀이다(마 19:29). 사람이 그리스도를 자기의 소유로 삼으려면 앞에 기록된 모든 소유에 대하여는 진정으로 애착을 끊어야 한다. 그렇게 한다 해도 그가 실제로 그리스도를 값 주고 산다고는 할 수 없다. 그 이유는 다음과 같다. 곧 그리스도는 우리에게 영생이시고 땅 위의 소유는 티끌과 같다. 우리가 티끌을 떠나는 것이 그리스도를 소유하는 데 어떤 값을 지불한 것이라고 할 수 있겠는가? 그러므로 우리가 그리스도를 소유하게 된다는 것은 문자 그대로 거저 받는 것이다.

그럼에도 불구하고 우리가 그리스도를 소유하기 위해는 모든 것을 다 버리고 그와 연합해야 그를 소유할 수 있다. 우리가 만일 우리가 앉아 있는 자리에 그대로 남아서 그에게로 나아가지 않는다면 그런 귀한 인연이 맺어질 수 없다. 그러므로 이사야 선지자도 말하기를 "너희 모든 목마른 자들아 물로 나아오라"고 하였으며(사 55:1), 사도 요한도 말하기를 "성령과 신부가 말씀하시기를 오라 하시는도다 듣는 자도 오라 할 것이요 목마른 자도 올 것이요 또 원하는 자는 값없이 생명수를 받으라 하시더라"라고 하였다(계 22:17). 이같이 그리스도를 믿는 것을 물 마시는 일로 비유한 것은, 신앙생활이 가져다주는 정서적 만족을 가리킨다. 우리는 그리스도를 무미건조한 관념으로만 믿지 말고, 기쁨과 눈물로 절실하게 모셔야 한다.

### 2. 진리를 팔지 말아야 한다

우리가 그리스도를 진정한 마음으로 모셨다면 그를 버릴 마음이 전혀 없을 것이다. 우리는 그를 귀히 여긴다. 우리가 그를 진정으로 모시고 보니, 그는 우리에게 참된 만족과 기쁨을 주셨다. 우리는 그가 우리 생명보다 귀하다는 것을 안다. 죽음의 시간은 우리에게 다가오는데 우리가 어떻게 그를 버릴 수 있겠는가? 그러나 사람들은 어리석어서 그리스도와 그의 말씀을 쉽게 팔아 버린다. 혹은 자기의 생활 때문에 팔아 버리고, 혹은 세상 쾌락 때문에 팔아 버리고, 혹은 공연히 팔아 버린다. 공연히 팔아 버리는 경우는 여러 가지

다. 마귀의 시험에 빠져서 심령이 어두워져 그리스도를 멀리 떠나는 것, 특별한 이유 없이 신앙생활에 염증을 느껴서 신령한 노력을 중단하는 것, 인간의 나태한 성질 때문에 신령한 노력을 버리는 것, 주님이 기뻐하시지 않는 일을 계속하는 것, 혹은 사소한 죄악을 무관심하게 여겨서 고질적으로 범하는 것 등이다. 사람이 고질적으로 어떤 죄를 범하는 것은 어쩌다가 마지못해서 범하는 것과는 다르다.

**24-25** 의인의 아비는 크게 즐거울 것이요 지혜로운 자식을 낳은 자는 그로 말미암아 즐거울 것이니라 네 부모를 즐겁게 하며 너를 낳은 어미를 기쁘게 하라. 여기서는 의로운 자식이 부모를 기쁘게 한다고 말한다. 이것이야말로 성경적 효도에 대하여 간단한 말로 요점을 보여 준 것이다. 유교에서는 부모를 기쁘게 하는 여러 가지 규례를 가르친다. 거기에도 물론 일리가 있으나 그 규례들은 하나님을 중심으로 한 것이 아니라 부모만을 중심으로 한 것이다. 그러나 성경이 말하는 효도는 하나님의 뜻, 곧 의를 중심으로 가르친다. 자식 된 자들은 물론 부모를 기쁘게 해야 한다. 그러나 부모도 사람이므로 옳지 않은 것을 기뻐할 경우도 있다. 그러므로 부모의 옳지 않은 생각까지 만족시키는 것은 진정한 의미에서 부모를 위하는 것이 아니다. 그러므로 유교에서도 자식 된 자가 부모의 잘못에 대하여 충고하도록 가르치고 있다. 예를 들면 부모가 잘못할 때에 자식 된 자는 "기운을 낮추고 얼굴을 즐겁게 하고 음성을 부드럽게 해서 간할 것이고, 간해도 듣지 않으면 더욱 공경하여 그의 마음을 얻도록 하여 또다시 간할 것이고, 세 번 간해도 듣지 않으면 울면서 따라다니라"고 하였다.[203] 이것은 매우 좋은 교훈으로써 부모를 공경하라는 (출 20:12) 하나님의

---

203) 『原本小學集註』卷之二, 43-44쪽 : "父母有過不氣怡色柔聲以諫 諫若不入起敬起孝說則復諫...三諫而不聽則號泣而隨之."

말씀에 배치되지 않는다. 문제는 무엇이 부모의 허물인지 그것을 밝힐 만한 완전한 진리가 유교에는 없다는 것이다. 의와 불의를 바르게 분별하는 진리 체계는 오직 기독교 성경뿐이다. 그뿐 아니라 유교에서 가르치는 효도의 규례 가운데에는 합당한 것도 있지만 합당하지 않은 것도 있다.

유교에서 가르치는 효도의 규례 중 옳은 것들을 지적해 보면, ① 자식이 집에서 나갈 때에는 부모에게 반드시 고해야 하고, 돌아와서도 부모를 대면하여 알게 하여야 한다고 한다.[204] ② 자식으로서 부모의 사랑을 받으면 기뻐하며 잊지 말아야 하고, 부모가 미워하면 두려워하기만 하고 원망하지는 말며, 부모가 과오를 범하면 거스르지는 말 것이며 간하라고 한다.[205] ③ 효자는 부모의 마음을 즐겁게 하며, 부모의 뜻을 어기지 않으며, 부모의 눈과 귀를 즐겁게 하며, 침소를 평안하게 하며, 음식으로 충성스럽게 섬겨야 한다고 한다.[206]

반면에 옳지 않은 규례도 많다. 예를 들면, ① 자식 된 자가 부모 앞에서는 몸이 가려워도 긁지 말라는 것,[207] ② 자식 된 자는 부모가 살아 있을 때에 높은 곳에 올라가지 말고, 깊은 곳에도 들어가지 말라는 것,[208] ③ 자식 된 자가 좋은 아내를 얻었어도 부모가 그 여자를 기뻐하지 않으면 내보내고, 좋지 못한 아내라도 부모가 좋게 여기면 죽을 때까지 변하지 않아야 한다고 한 것 등이다.[209]

이와 같은 부모 중심주의의 효행은 결과적으로 부모에게도 유해무익한 교훈들도 가르친다. 그러므로 기독교 성경이 말하는 대로 하나님 중심의 효

---

204) 같은 책, 34쪽: "出必告 反必面."
205) 같은 책, 43쪽: "父母愛之喜而弗忘 父母惡之懼怨 父母有過諫而不逆."
206) 같은 책, 41쪽: "孝子之養老也樂其心 不違其志樂其耳目 安其寢處以其飮食不逆"
207) 같은 책, 33쪽: "癢不敢搔."
208) 같은 책, 36쪽: "不登高不臨深."
209) 같은 책, 41쪽.

도, 곧 자식으로서 의를 행하는 것이 진정한 의미에서 부모를 기쁘게 하는 것이다.

**26-28** 내 아들아 네 마음을 내게 주며 네 눈으로 내 길을 즐거워할지어다 대저 음녀는 깊은 구덩이요 이방 여인은 좁은 함정이라 참으로 그는 강도 같이 매복하며 사람들 중에 사악한 자가 많아지게 하느니라. 여기서도 지혜가 친히 발언자로 나타난다.[210] 이 교훈의 내용은, 음란에 빠지지 않도록 선한 길을 떠나지 말라는 것이다.[211]

"네 마음을 내게 주며." 우리는 주님을 위하여 봉사한다고 하면서도 그분께 마음을 바치지 않는 모순된 일이 많다. 주님은 무엇보다도 우리의 마음을 원하신다. "마음"은 두뇌가 아니라 사랑과 정서의 원천이 되는 심장부를 말한다. 우리가 주님께 마음을 바치지 않는다면 우리의 모든 봉사도 헛되다. "마음"(לֵב)이라는 말에 대하여는 앞에 있는 12절 해석을 참조하라.

"네 눈으로 내 길을 즐거워할지어다." 여기서 "눈"이라는 말은 육안보다 영안을 중심으로 말한다. 우리 심령의 눈이 사실상 주님께 집중되어 있다면 당연히 그를 즐거워하게 된다. 왜냐하면 그분은 모든 즐거움의 근원이시기 때문이다. 그러므로 시편 43:4은 하나님을 가리켜 "나의 큰 기쁨의 하나님"이라고 하였다(참조. 시 16:11). 주님께 집중하는 사람은 주님을 즐거워하기 때문에 이 세상의 그 무엇도 주님보다 더 사랑하지 않는다. 그는 미련한 자처럼 눈을 땅에 두지 않는다(참조. 잠 17:24). 미련한 자는 주님을 모르기 때문에 어디서나 만족을 못 찾고 이 세상 모든 것에 주목하며 탐심을 부린다.

"대저"(כִּי). 이 말은 앞절에 대한 이유를 보여 준다. 곧 지혜(하나님을 경외함)를 따라야 하는 이유는 음란한 길로 떨어지지 않기 위해서이다. 이 논법은 23:19-21의 말씀과 같다.

---

210) D. G. Wildeboer, Kurzer Hand-Commentar Zum Alten Testament, Die Sprüche (1897), s. 68 : "Die Weisheit redet hier selbst."

211) Ibid., s. 68 : "Über das Bewahren des guten Weges als Bürgschaft gegen Verleitung zur Unzucht."

"음녀는 깊은 구덩이요 이방 여인은 좁은 함정이라." 이것은 음녀에게 빠진 자가 완전히 망하게 된다는 뜻이다. 5장과 7장의 해석을 참조하라.

"사람들 중에 사악한 자가 많아지게 하느니라"(23:28). 다시 말하면 창기가 많은 사람을 미혹하여 그들로 하여금 결혼할 때에 언약하였던 것을 파기하도록 만든다는 것이다. 빌데부어(D. G. Wildeboer)는 말하기를 "혼인을 파괴하는 것은 진실을 파괴하는 것이다. 혼인 파괴자는 자기의 아내와 자식과 부모에 대해서도 자기의 비행을 솔직하게 말하지 않는다. 그러므로 그것도 하나의 궤휼이다"라고 하였다.[212]

**29-35** 재앙이 뉘게 있느뇨 근심이 뉘게 있느뇨 분쟁이 뉘게 있느뇨 원망이 뉘게 있느뇨 까닭 없는 상처가 뉘게 있느뇨 붉은 눈이 뉘게 있느뇨 술에 잠긴 자에게 있고 혼합한 술을 구하러 다니는 자에게 있느니라 포도주는 붉고 잔에서 번쩍이며 순하게 내려가나니 너는 그것을 보지도 말지어다 그것이 마침내 뱀 같이 물 것이요 독사 같이 쏠 것이며 또 네 눈에는 괴이한 것이 보일 것이요 네 마음은 구부러진 말을 할 것이며 너는 바다 가운데에 누운 자 같을 것이요 돛대 위에 누운 자 같을 것이며 네가 스스로 말하기를 사람이 나를 때려도 나는 아프지 아니하고 나를 상하게 하여도 내게 감각이 없도다 내가 언제나 깰까 다시 술을 찾겠다 하리라. 이 부분에는 지혜(하나님을 경외함)를 즐거워해야 할 이유 또 한 가지가 진술되었다(첫째는 음행을 방지하기 위해서, 27-28절). 곧 술주정뱅이가 되는 것을 막기 위해서이다. 이 부분을 길게 말한 것은, ① 술주정뱅이가 얼마나 불행한지를 여러 가지로 보여 준다. 그것은 재앙, 근심, 분쟁, 원망, 까닭 없는 상처, 붉은 눈 등이다(19-30절). 그리고 ② 또 한 가지 여기 덧붙인 것은, 사람이 일단 술을 좋아하게 되면 그것을 끊기 어렵다는 것이다(31-35절). 그 이유는, ㉠ 술에는 뱀의 독과 같은 것이 내포되어 있어서 유혹하는 성질을 가지고 있

---

212) Ibid., s. 68 : "Ehebruch ist Treubruch, ein Ehebrecher ist, weil er nicht aufrichtig gegenüber dem Gemahl, den Kindern und Eltern ist, auch anderer Falschheit und Treulosigkeit fähig."

기 때문이다(31-32절). ⓒ 사람이 술에 취하면 음란한 마음을 품고 허황해지기 때문이다(33절). 여기서 말하는 "괴이한 것"(תהפכות)은 창기를 가리킨다. "구부러진 말"을 한다는 것은 취한 자가 허황해지는 것을 가리킨다. ⓒ 위험한 것을 느낄 줄 모르기 때문이다(34-35상). "바다 가운데에 누운 자 같다"는 것은, 바다 가운데도 무서운 줄 모르고 누울 것 같은 심리를 가진다는 뜻이다. 그리고 "돛대 위에 누운 자 같다"는 것 역시 취한 자가 그와 같이 위태한 처신을 한다는 것이다. 그는 사람이 때려도 아프지 않을 것처럼 생각한다. ⓔ 술에 사로잡혀 그것을 끊지 못하기 때문이다(33하). 그는 개가 그 토하였던 것에 돌아가고, 돼지가 씻었다가 더러운 구덩이에 도로 눕는 것같이 된다(벧후 2:22).

## 제 24 장

✣ 해석

**1-2** 너는 악인의 형통함을 부러워하지 말며 그와 함께 있으려고 하지도 말지어다 그들의 마음은 강포를 품고 그들의 입술은 재앙을 말함이니라. 앞에 있는 23:17에 대한 해석을 참조하라. 악인과 함께 있는 것조차 금지된 이유는, 악인들은 남을 멸망시킬 방법을 연구하기 때문이다. "그들의 마음은 강포를 품고"(שֹׁד יֶהְגֶּה לִבָּם)라는 말은 "그들의 마음은 멸망을 연구하고"라고 번역되어야 한다. 남을 멸망시키려고 연구하는 것은 극도로 악한 자들의 행동이므로, 신자가 그런 자들과 사귄다는 것은 이미 그들의 악행에 동조한다는 의미가 된다. 그러므로 신자는 그들과 함께할 수 없다. 신자는 성경 말씀대로 모든 사람을 사랑해야 되고 심지어 원수까지도 사랑해야 한다. 그러나 거룩함을 지켜야 하기 때문에 완악한 악인과 사귀는 데에는 한계가 있다. 악인들과 사귐으로써 도리어 그들의 죄악을 조장시키고, 자신은 그들의 죄악과 타협하여 하나님께 영광이 되지 못할 때에는 아예 사귀지 않아야 한다. 그러므로 시편 1:1에 말하기를 "복 있는 사람은 악인들의 꾀를 따르지 아니하며 죄인들의 길에 서지 아니하며 오만한 자들의 자리에 앉지 아니하고"라고 하였고, 고린도후서 6:14

에는 말하기를 "너희는 믿지 않는 자와 멍에를 함께 메지 말라"고 하였다. 만일 신자가 거룩함을 지키지 않고 극히 악한 사람들과 타협한다면, 그의 종말이 악인들의 종말과 다를 수 있겠는가? 다윗이 기도한 것처럼 기도할 수 있겠는가? 다윗은 다음과 같이 기도하였다. "내 영혼을 죄인과 함께, 내 생명을 살인자와 함께 거두지 마소서"(시 26:9). 그는 또 말하기를 "악인과 악을 행하는 자들과 함께 나를 끌어내지 마옵소서"라고 하였다(시 28:3).

**3-4** 집은 지혜로 말미암아 건축되고 명철로 말미암아 견고하게 되며 또 방들은 지식으로 말미암아 각종 귀하고 아름다운 보배로 채우게 되느니라. 이 말씀은 비유로 표현되었다. 여기서 "집"이라는 말은 반드시 어떤 개인의 집이나 가족을 의미하는 것이 아니다. 예수님은 사람의 한평생을 집을 짓는 것으로 비유하기도 하셨다. 즉 그의 말씀대로 행하는 것을 가리켜, 지혜로운 사람이 반석 위에 집을 짓는 것과 같다고 하셨다(마 7:24-27). 그리고 그의 말씀에 순종하는 자가 내세에 구원을 받는 것이 마치 반석 위에 지은 집이 창수에 휩쓸려도 무너지지 않는 것과 같다고도 하셨다(참조. 마 7:21-23). 그러므로 본문의 "집은 지혜로 말미암아 건축되고"라는 말씀은, 사람의 구원받는 삶이 하나님의 말씀을 믿고 순종하는 것으로 성립된다는 의미이다. 그리고 "방들은 지식으로 말미암아…보배로 채우게 된다"는 사상도 물질이 풍부해진다는 의미가 아니다. 잠언의 저자는 사람이 지혜(하나님을 경외함)로 말미암아 받는 복이 풍부한 재물에 있다고 생각하지 않는다(참조. 잠 3:14-15). 그러므로 이 말씀은 비유다. 즉 진실한 신자에게 하늘의 보화가 많다는 것을 보여 준다. 선지자 이사야도 하나님의 교훈에 순종하는 행복을 아름다운 성곽으로 비유하였다(참조. 사 54:11-13).

**5-7** 지혜 있는 자는 강하고 지식 있는 자는 힘을 더하나니 너는 전략으로 싸우라 승리는 지략이 많음에 있느니라 지혜는 너무 높아서 미련한 자가 미치지 못할 것이므로 그는 성문에서 입을 열지 못하느니라. 여기서 "지혜"라는 말은 잠언의 저자가 늘 의미하는 것

처럼 하나님을 경외하는 것이다. 본문이 가르친 내용은 하나님을 경외하는 자가 제일 강하다는 것이므로 잠언 21:30-31의 말씀과 같다. 거기서 말하기를 "지혜(여기서는 사람의 지혜를 가리킨다)로도 못하고, 명철로도 못하고 모략으로도 여호와를 당하지 못하느니라 싸울 날을 위하여 마병을 예비하거니와 이김은 여호와께 있느니라"고 하였다(참조. 삼상 17:46-47).

"너는 전략으로 싸우라 승리는 지략이 많음에 있느니라"(잠 24:6). 이 말씀에 대하여는 잠언 20:18의 해석을 참조하라.

"지혜는 너무 높아서"(24:7). 하나님이 주시는 지혜는 사람이 깨달을 수 있도록 계시되었다. 그럼에도 불구하고 미련한 자, 곧 회개하지 않는 죄인은 그것을 깨닫지 못하고 받지도 못한다. 이는 마치 소경의 얼굴에 빛이 비쳐도 그가 보지 못하는 것과 마찬가지이다. 그러므로 요한복음 1:5에 말하기를 "빛이 어둠에 비치되 어둠이 깨닫지 못하더라"라고 하였다. 그들이 하나님의 지혜를 받지 못하는 원인은 그들이 회개하지 않기(불신앙) 때문이다. 하나님이 주시는 지혜는 사람이 먼저 믿은 후에야 깨닫는다. 그것이 이 세상의 감각적인 지혜, 곧 과학적인 지혜와 다른 점이다. 과학적인 지혜는 인간의 감각으로도 깨달을 수 있는 얕은 것이기 때문에 사람이 먼저 알고 그 후에 믿는다. 그러나 신령한 지혜는 높은 것이므로 믿는 자만이 깨닫는다.

"성문에서 입을 열지 못하느니라"(잠 24:7하). 이 말은, 믿지 않는 자는 하나님의 지혜를 받지 못하였기 때문에 진정한 의미에서 진리와 비진리를 판단하지 못한다는 뜻이다.

**8-9** **악행하기를 꾀하는 자를 일컬어 사악한 자라 하느니라 미련한 자의 생각은 죄요 거만한 자는 사람에게 미움을 받느니라.** 여기서 "악행하기를 꾀하는 자", "사악한 자", "미련한 자", "거만한 자" 등은 다 같은 사람을 의미한다. 간단히 말해서 그는 죄악에 대해 철면피이다. 브리지스(Charles Bridges)는 성경에 기록된 몇 사람을 이런 사람의 대표로 들었다. 곧 발람(민 31:16), 아비멜렉(삿 9장), 여로보

암(왕상 12:26-33, 15:30), 이세벨(왕상 21:25) 등이다.

사람이 이처럼 가증스러워지는 것은, 하나님 앞에서 자기를 반성하지 않고 회개하지 않아서 점점 타락하여 그렇게 되는 것이다. 양심의 가책을 억제할 때마다 그의 양심은 점점 약해져서 마침내 마비되고 만다. 그렇게 되면 그가 생각하는 것이 모두 다 죄가 된다. 그러므로 본문에 말하기를 "미련한 자의 생각은 죄요"라고 하였다. 성도와 악인의 차이점은 회개 여부에 있다. 자기의 죄를 알면서도 그것을 회개하지 않고 그 죄악 가운데서 늘 그대로 살아가면, 죄악에 대한 철면피, 곧 악인이 된다. 반면에 자기의 죄악을 깨닫고 돌이켜서 하나님의 은혜를 받아 새로워지면(잠 28:13) 성도가 된다. 오늘날 많은 신학자들이 남을 가르친다고 하면서 자신은 회개의 눈물을 흘리는 일이 전혀 없다. 그런 자들은 사실상 미련한 자이고 교만한 자이다. 그들은 다른 사람들로 하여금 자기 자신보다 배나 더 지옥의 자식이 되게 하는 자들이다(마 23:15). 성도의 표본이라고 할 수 있는 존 번연(John Bunyan)은 자기 속에 있는 악한 생각 때문에 심히 고통스러워 했다고 한다.

"사람에게 미움을 받느니라." 많은 악인이 사람들의 사랑을 받는 경우도 있다. 그러나 그것은 그 악인들이 아직 극악한 악인은 아니기 때문이다. 악이 극도에 이르기 전에는 사람들이 그것을 악으로 느끼지 못한다. 왜냐하면 사람들은 타락하여 어두워졌기 때문이다. 그러나 이같이 타락한 인간도 극도의 악은 안다. 그러므로 인간은 이 점에서 정신을 차려야 한다. 곧 그는 작은 악도 깨닫고 미워해야 한다. 작은 악도 악에 속한 것이므로 큰 악과 마찬가지로 미움의 대상이다.

**10** 네가 만일 환난 날에 낙담하면 네 힘이 미약함을 보임이니라. 이 구절에서 우리가 깨닫는 것은, 사람이 환난을 당해야 자기의 약함을 알게 된다는 것이다. 사람이 평안할 때에는 스스로 강한 자인 것처럼 교만하여 하나님을 의지하지 않는다. 이같이 인간은 스스로 속으며 산다. 사실 인간은 약하다. 이스라엘의 위대한 장군이

었던 다윗도 환난을 당하여 낙담한 적이 있다(참조. 삼상 27장). 그러나 그때에 여호와 하나님의 능력을 받아서 담대해졌다(삼상 30:6).

사람이 자기가 약하다는 것을 아는 것은 귀하다. 그 이유는 그가 그때에 전적으로 하나님을 의지하기 때문이다. 그런 의미에서 바울은 말하기를 "내가 약한 그 때에 강함이라"고 하였다(고후 12:10). 우리는 하나님께만 권능이 있다는 것을 늘 기억하고(시 62:11) 하나님을 전적으로 신뢰해야 힘을 얻는다. 이사야 40:28-31에 말하기를 "너는 알지 못하였느냐 듣지 못하였느냐 영원하신 하나님 여호와, 땅 끝까지 창조하신 이는 피곤하지 않으시며 곤비하지 않으시며 명철이 한이 없으시며 피곤한 자에게는 능력을 주시며 무능한 자에게는 힘을 더하시나니 소년이라도 피곤하며 곤비하며 장정이라도 넘어지며 쓰러지되 오직 여호와를 앙망하는 자는 새 힘을 얻으리니 독수리가 날개치며 올라감 같을 것이요 달음박질하여도 곤비하지 아니하겠고 걸어가도 피곤하지 아니하리로다"라고 하였다.

**11-12** 너는 사망으로 끌려가는 자를 건져 주며 살륙을 당하게 된 자를 구원하지 아니하려고 하지 말라 네가 말하기를 나는 그것을 알지 못하였노라 할지라도 마음을 저울질 하시는 이가 어찌 통찰하지 못하시겠으며 네 영혼을 지키시는 이가 어찌 알지 못하시겠느냐 그가 각 사람의 행위대로 보응하시리라. 겜저(B. Gemser)에 의하면 여기서 "사망으로 끌려가는 자"라는 말과 "살륙을 당하게 된 자"라는 말은, 사회 질서가 문란해져서 사람들이 희생하는 것을 말한다.[213] 곧 부패한 사회에 흔한 거짓 증인, 또는 불륜의 폐해 같은 것이다(잠 14:25; 7:22; 9:18). 약한 자나 가난한 자가 압제를 받는 것 역시 사망과 살육이라는 단어로 성경에 묘사되어 있다(시 64:4-6; 94:3-6; 109:16; 143편; 호 4:2; 암 2:7).

---

213) B. Gemser, Handbuch zum Alten Testament, Sprüche, Solomos (1963), s. 89 : "In erster Linie Sind Wohl die Schlachtopfer der sozialen Misstände (cf 1:10 ff.) gemeint."

"그것을 알지 못하였노라." 이렇게 말하는 자는 사실상 불쌍한 자를 눈으로 보고 그냥 지나가고도 사람들 앞에서 변명하기를, 자기는 그런 비참한 사건을 알지 못하였다고 한다. 그의 변명에는 자기를 착한 자로 내세우려는 속셈이 있다. 여리고에서 강도 맞은 자를 보고도 피하여 지나간 제사장이나 레위인(눅 10:31-32)이 그런 핑계를 댈 만한 사람들이다. 그 이유는, 그들이 그와 같이 무자비하게 행하면서도 사람들 앞에서는 자비로운 제사장처럼 행세하기 때문이다. 오늘날에도 많은 교역자들이 자비를 행하지 않으면서도 언제나 자기를 착한 자로 내세운다. 그들 역시 오늘날의 비참한 현실을 모르는 체한다.

"마음을 저울질 하시는 이가 어찌 통찰하지 못하시겠으며." 여기서 "마음을 저울질 하시는 이"라는 말은, 하나님께서 인간의 마음을 깊이, 그리고 정확하게 아신다는 의미이다. 사람이 저울로 어떤 것을 달아 볼 때에는 저울추가 어느 정도 기울어지는지 자세히 살핀다. 그때에는 약간의 경중의 차이도 알아본다. 이같이 하나님께서는 어떤 문제에 대하여 우리 마음의 생각이 지나치는지, 혹은 부족한지를 다 살펴보신다. 하나님께서는 왕의 마음도 저울로 달아 보는 것처럼 아시고, 그 결과를 왕궁 분벽에 글자로 나타내신 일도 있다(단 5:25). 거기 기록된 말씀 중에 "데겔"(תקל)이라는 말이 있었는데, 그것은 "왕을 저울에 달아 보니 부족함이 보였다"는 것이다(단 5:27). 하나님께서는 우리의 마음을 저울로 달아보듯이 우리 생각의 움직임과 그것의 경향까지도 다 아신다. 곧 우리 마음속에 의로운 생각이 강한지, 악한 생각이 강한지, 진리를 진정으로 아는지, 혹은 모르면서 안다고 하는지 그 모든 경향을 아신다. 그러므로 사람이 일시 동안 사람을 속일 수는 있으나 하나님은 속일 수 없다. 사람이 자기를 정당화하기 위하여 사람들 앞에서는 핑계하기가 일쑤다. 그러나 그런 핑계들이 하나님 앞에서는 통하지 않는다.

이 부분(잠 24:11-12)에 기록된 죄악은, 죽을 지경에 놓인 사람을 보고도 건져 주지 않는 괴악한 행동을 말한다. 빌데부어(D. G. Wildeboer)는 말하기를 "여기 기록된 죄악은 직책 태만죄, 혹은 무관심죄이다."라고 하였다.[214] 인류 사회에는 직책 태만죄, 혹은 무관심죄가 가득 차 있다. 그럼에도 불구하고 많은 사람이 그것을 죄로 여기지도 않는 어두운 처지에 빠져 있다. 그런다고 해서 명백한 죄가 죄가 되지 않는 것은 아니다. 야고보서 4:17에 말하기를 "사람이 선을 행할 줄 알고도 행하지 아니하면 죄니라"고 하였다. 그러므로 의로운 사람들은 이런 죄를 범하지 않기 위하여 죽을 지경에 놓인 사람을 건져 내기 위해 힘을 다하였다. 브리지스(Charles Bridges)는 이 점에서 몇 사람을 들어 말하였다. 곧 요나단은 다윗의 생명을 자기 생명같이 여기며 구원해 주었고(삼상 20:17), 오바댜는 핍박 시대에 많은 선지자들을 숨겨 주었고(왕상 18:4), 다니엘은 바벨론 박사들을 죽을 지경에서 건져 주었고(단 2:12-16), 아히감과 에벳멜렉은 각각 예레미야를 죽을 자리에서 건져 주었고(렘 26:24; 38:11-13), 바울의 생질은 바울의 생명을 위험한 자리에서 건져 주었다(행 23:16-22)고 하였다.[215]

**13-14** 내 아들아 꿀을 먹으라 이것이 좋으니라 송이꿀을 먹으라 이것이 네 입에 다니라 지혜가 네 영혼에게 이와 같은 줄을 알라 이것을 얻으면 정녕히 네 장래가 있겠고 네 소망이 끊어지지 아니하리라. 링그렌(Ringgren)은 말하기를 "여기서 꿀에 대한 말은 하나의 격언처럼 사용되었다. 여기서 이것이 인용된 목적은 사모할 만한 지혜의 성질을 실감 있게 표현하려는 것이다."라고 하였다.[216] 여기서 "꿀을 먹으라"는 말은 지혜, 곧 하나님의 말씀에 대한 우리의 태도를 비유한다. "지혜

---

214) D. G. Wildeboer, Kurzer Hand-Commentar Zum Alten Testament, Die Sprüche (1897), s. 70 : "Hier Wird An Unterlassungssünde und Sünde aus Gleichgültigkeit gedacht, Jak 4:17."
215) Charles Bridges, A Commentary on Proverbs (London: The Banner of Truth Trust, 1968), 451.
216) Ringgren, Das Alte Testament Deutsch, Sprüche (1962), s. 98 : "Die Süssigkeit des Honigs ist sprichwörtlich geworden; hier wird sie 13f. Angeführt, um die Lieblichkeit und Begehrenswertheit der Weisheit Zu veranschaulichen."

가 네 영혼에게 이와 같은 줄을 알라"고 한 말씀을 보아도 앞에 있는 13절 말씀이 비유인 것이 확실하다. 성경에는 하나님의 말씀을 먹는 것처럼 믿어야 한다는 사상이 많이 있다. 예레미야는 말하기를 "내가 주의 말씀을 얻어먹었사오니"라고 하였고(렘 15:16), 베드로는 말하기를 "갓난 아기들 같이 순전하고 신령한 젖을 사모하라"고 하였다(참조. 벧전 2:2; 고전 3:2; 히 5:11-14). 하나님의 말씀을 먹는 것처럼 믿는다는 것은 진실하게, 또는 심령에 깊이 믿는다는 의미이다. 주린 자는 음식을 거짓으로 먹지 않는다. 그 음식을 먹어야만 자기의 생명이 유지된다는 것을 알기 때문에 즐겁게 섭취한다. 브리지스(Charles Bridges)는 말하기를, 하나님 말씀의 단맛은 그것을 체험적으로 받아야 맛보게 된다고 하였다.²¹⁷⁾ 하나님의 말씀을 체험적으로 믿은 다윗은 말하기를 "꿀과 송이꿀보다 더 달도다"라고 하였다(참조. 시 19:10; 잠 16:24). 그럼에도 불구하고 현대의 많은 신자들과 교역자들은 하나님의 말씀에 순종하는 체험 없이 그 말씀을 지식으로만 취급하려 한다. 그러므로 그들은 하나님 말씀의 단맛을 모른다.

"네 장래가 있겠고." 여기서 "장래"(אַחֲרִית)라는 말은 종말을 의미한다. 곧 내세를 가리킨다. 어떤 사람들은 여기서 말하는 "종말"은 하나님의 말씀을 꿀과 같이 달게 받는 자가 이 세상에서 잘되는 때가 있을 것을 가리킨다고 한다. 그러나 그것은 성립될 수 없는 이론이다. 진실한 신자들이 이 세상에서 반드시 행복을 누리는가? 그렇지 않다. 그들이 잘 믿을수록 이 세상에서는 핍박을 받는다. 디모데후서 3:12에 말하기를 "무릇 그리스도 예수 안에서 경건하게 살고자 하는 자는 박해를 받으리라"고 하였다. 그러므로 "네 장래가 있겠고"라는 말은 성도의 영혼이 내세에 잘될 것을 가리킨다. 물론 이 말씀이 신약의 내세관, 예컨대 "우리가 담대하여 원하는 바는 차라리 몸을 떠나

---

217) "Experimental Knowledge alone gives spiritual discernment."

주와 함께 있는 그것이라"(고후 5:8)고 한 말씀과 같이 자세하지는 못하다. 그러나 우리는 구약의 사상 체계 원리에 따라 잠언에서 "장래"(אַחֲרִית)라고 한 말이 내세를 가리킨다고 단언할 수 있다. 구약은 계시의 씨앗 형태일 뿐 결실이 아니므로 어떤 교리에서나 신약에 비하여 분명하게 나타나지 않는 면이 있다. 구약은 인생의 사후에도 그 영혼이 생존하는 것을 전제로 하여 모든 교훈을 준다.[218]

"네 소망이 끊어지지 아니하리라." 잠언 14:32의 해석을 참조하라.

**15-16  악한 자여 의인의 집을 엿보지 말며 그가 쉬는 처소를 헐지 말지니라 대저 의인은 일곱 번 넘어질지라도 다시 일어나려니와 악인은 재앙으로 말미암아 엎드러지느니라.** 이것은 이 세상에 흔히 있는 일, 곧 악인이 의인을 핍박하는 문제를 취급한다. 불의와 의는 언제나 충돌한다. 그러나 하나님은 언제나 의인 편에서 그를 구원하여 주신다. 이 세상에서 의인들이 악인들로 말미암아 난관에 빠지는 일이 있기는 하다. 다시 말하면 그들이 넘어지는 때도 있다. 얼핏 보면 이상하다. 그러나 그것은 문제가 되지 않는다. 그 이유는 그들이 넘어지는 것은 최후 실패가 아니라 다시 일어나게 하시는 하나님의 능력을 체험하는 기회가 되기 때문이다. 하나님께서는 의인(참된 신자)을 자기 자신처럼 보호하신다. 그러므로 그들을 해롭게 하는 자는 곧 하나님의 눈동자를 해치는 것이라 하였고(슥 2:8), 그들의 이름을 자기 손바닥에 새겨서 그들을 보호하신다고 하였고(사 49:16), 예수님은 신자들을 핍박하는 자들의 행동이 바로 그분 자신을 핍박하는 것과 같다고 하셨다(요 15:18). 예수님은 신자들을 핍박하는 사울(바울)에게 말씀하시기를 "나는 네가 박해하는 예수라"고 하셨다(행 9:4-5). 하나님께서는 이같이 참된 신자들을 보호하여 주신다. 그러므로 본문은 말하기를 "의인은 일곱 번 넘어질지라도 다시 일어나려니와"라고 하였다(참조. 잠

---

218) Schultz, "Die Voraussetzungen der christlichen Lehre von der Unsterblichkeit Dargestellt."

24:16; 욥 5:19-20). 참된 신자라도 간혹 과오를 범하여 얼마 동안 하나님의 징계를 받는 일이 있지만, 하나님께서는 마침내 그를 사랑으로 회복하여 주신다. 미가서 7:7-10에 말하기를 "오직 나는 여호와를 우러러보며 나를 구원하시는 하나님을 바라보나니 나의 하나님이 나에게 귀를 기울이시리로다 나의 대적이여 나로 말미암아 기뻐하지 말지어다 나는 엎드러질지라도 일어날 것이요 어두운 데에 앉을지라도 여호와께서 나의 빛이 되실 것임이로다 내가 여호와께 범죄하였으니 그의 진노를 당하려니와 마침내 주께서 나를 위하여 논쟁하시고 심판하시며 주께서 나를 인도하사 광명에 이르게 하시리니 내가 그의 공의를 보리로다 나의 대적이 이것을 보고 부끄러워하리니 그는 전에 내게 말하기를 네 하나님 여호와가 어디 있느냐 하던 자라 그가 거리의 진흙 같이 밟히리니 그것을 내가 보리로다"라고 하였다.

**17-18** 네 원수가 넘어질 때에 즐거워하지 말며 그가 엎드러질 때에 마음에 기뻐하지 말라 여호와께서 이것을 보시고 기뻐하지 아니하사 그의 진노를 그에게서 옮기실까 두려우니라. 여기서는 원수를 사랑하라는 계명(마 5:44; 눅 6:27-28; 레 19:18)을 위반하는 것이 얼마나 위태한 것인지 보여 준다. 그뿐 아니라 이것은, 인간이 자기중심으로 잔인하게 행하는 것이 하나님 보시기에 극히 가증하다는 것이다. 하나님께서는 잔인한 자를 벌하신다. 잠언 17:5 하반절에 말하기를 "사람의 재앙을 기뻐하는 자는 형벌을 면하지 못할 자니라"고 하였다. 그러므로 원수가 넘어지는 것을 기뻐하는 자는 하나님의 벌을 받아서 자신도 넘어질 때가 있다. "그의 진노를 그에게서 옮기실까 두려우니라"라는 말씀(잠 24:18)이 그 뜻이다. 브리지스(Charles Bridges)는 이 말씀대로 성취된 실례를 성경에서 몇 가지 들었다. 곧 이스라엘의 패망을 즐거워하던 에돔이 화를 받은 것(애 4:21-22; 겔 35:15; 36:5-7; 욥 1:8-10), 유다의 패망을 기뻐한 두로가 화를 받은 것(겔 26:2-6), 유다의 멸망을 기뻐한 바벨론이 화를 받은 것(렘 51:1-64), 유다의 패망을 기뻐한 모압이 화를 받은 것(렘 48:26-27), 유다의 패망을 기뻐한 암몬

이 화를 받은 것(겔 25:1-7) 등이다. 블레셋 사람들도 두 눈이 뽑힌 삼손을 구경거리로 내세우고 즐거워하다가 그들 자신이 그 자리에서 벌을 받아 죽었다(삿 16:21-30).

**19-20** 너는 행악자들로 말미암아 분을 품지 말며 악인의 형통함을 부러워하지 말라 대저 행악자는 장래가 없겠고 악인의 등불은 꺼지리라. 이 말씀에 대하여는 잠언 23:17의 해석을 참조하라.

"장래가 없겠고"라는 말씀에 대하여는 앞에 있는 24:14 해석을 참조하라.

"악인의 등불은 꺼지리라"고 한 말씀은 악인의 멸망을 의미한다.

**21-22** 내 아들아 여호와와 왕을 경외하고 반역자와 더불어 사귀지 말라 대저 그들의 재앙은 속히 임하리니 그 둘의 멸망을 누가 알랴. 여기서 말한 "왕"은 하나님이 사용하시는 이상적인 왕을 가리킨다(잠 21:1). 이상적인 왕에게 반역하는 자는 망동하는 자이다. 선을 반대하는 것은 악이다. 그렇다면 이 말씀은 악한 왕과 아무 관련이 없는가? 설령 악한 통치자라도 누구든지 개인 자격으로 그의 왕권을 빼앗는 반역을 하지 말라는 것이 본문의 내용이기도 하다. 여기서 몇 가지 생각할 것이 있다.

1) 옳지 않은 정부에 대한 신자의 신앙 양심 문제. 본문이 악한 통치자, 혹은 불의한 정부에 대한 개인의 반역을 금하지만, 그런 정부에 대한 국민의 무제한 순종을 명령하는 것은 아니라는 것이다. 반역과 불순종은 같은 것이 아니다. 아무리 정부의 명령일지라도 그것이 불의한 요구(예컨대 신앙을 유린하는 명령 같은 것)라면 신자는 순종하지 않아도 된다. 하나님의 것을 가이사에게 바칠 수 없다(참조. 마 22:21). 그렇다면 로마서 13:1-7 말씀은 어떻게 해석되어야 하는가? 거기 1절에 "각 사람은 위에 있는 권세들에게 복종하라 권세는 하나님으로부터 나지 않음이 없나니 모든 권세는 다 하나님께서 정하신 바라"고 한 말씀도 국민 된 자는 정부에 무제한적으로 순종해야 한다고 명한 것이 아니다. 그 말씀도 신자가 국가에 대하여 신본주의로 행해야 할 것

을 보여 준다. 다시 말하면, 그는 국민으로서도 하나님을 영화롭게 할 목적으로 살아야 한다는 것이다.

2) 불의한 정치에 대한 기독교 신자의 태도. 개인 자격으로 군왕(설령 폭군이라도)을 폭력으로 제거할 수는 없다.[219] 그러나 고위 공무원이나 부속 관원이라면 군왕의 방종을 막아 국민을 보호해야 하고, 필요하면 그런 악정의 원천을 제거해야 할 책임이 있다. 칼빈(Calvin)은 말하기를 "국가를 폭군에게서 건져 내는 것처럼 아름다운 일은 없다."라고 하였다(Institutes, II, 10:6). 칼빈이 뜻한 바는 혁명이 아니라 합법적인 개혁이라고 생각된다.

3) 정부의 과오를 막기 위한 기독교회의 할 일. 기독교회(기독교 신자 개인의 자격을 말하는 것이 아니다)는 직접적으로 국가를 위하여 있는 것은 아니므로 국가를 위한 책임을 이행할 때에는 간접적으로 해야 한다. 그러나 우리가 기억해야 할 것은, 교회가 국가의 유익을 위하여 이행하는 책임이 간접성을 띠기는 하지만, 교회가 국가에 미치는 영향은 본질적으로 탁월하다는 것이다. 그 이유는, 기독교회는 세상의 빛과 같아서 진리를 소유하였기 때문이다. 미터(H. Meeter)는 국가에 대한 교회의 간접적 역할에 대하여 다음과 같이 말하였다. "교회는 국민과 공무원들의 양심에 영향을 줌으로써 국가에 간접적으로 감화를 끼칠 수 있다. 공무원들과 국민들의 양심이 기독교 정신처럼 될수록 국가는 종교와 도덕에서 더욱 하나님의 법에 가까워진다. 이러한 간접적 감화는 다음과 같은 방식으로 이루어진다. ① 교회가 복음을 전할 때에 이루어진다. 즉 교회가 복음을 전할 때에는 인간의 삶 전부에 적용되는 하나님 말씀의 원리들을 가르친다. 그 말씀의 교훈에는 정치 생활의 원리도 포함된다. ② 기독교 신자들은 교육 기관에서 국민 생활에 관한 성경의 원리들을 해명하여야 한다. ③ 기독교는 신문이나 모든 선전 기관을 통하여 하나

---

219) Henry Stob, The Christian Concept of Freedom, 24-25.

님의 말씀에 대한 일반인의 환심을 얻고, 또 그들을 감화시키도록 힘써야 한다"라고 하였다.[220]

**23-26** **이것도 지혜로운 자들의 말씀이라 재판할 때에 낯을 보아 주는 것이 옳지 못하니라 악인에게 네가 옳다 하는 자는 백성에게 저주를 받을 것이요 국민에게 미움을 받으려니와 오직 그를 견책하는 자는 기쁨을 얻을 것이요 또 좋은 복을 받으리라 적당한 말로 대답함은 입맞춤과 같으니라.** 이 부분은 재판의 공의에 대하여 말한다. 공평하지 못한 재판장은 민중의 미움을 받고 의로운 재판장은 칭찬을 받는다.[221] 잠언 18:5의 해석을 참조하라. 재판은 하나님의 공의를 대행하는 것이다. 그러므로 성경에는 재판을 공정하게 하라는 말씀이 많다(레 19:15; 신 1:17; 16:18). 하나님이 주신 양심도 언제나 공의를 지켜야 한다고 말한다. 동양의 옛글 서경(書經)에도 말하기를 "의로써 일을 다스리라" 하였고,[222] "하늘이 백성을 살피시되 의리를 주장으로 하나니"라고 하였다.[223] 그리고 순(舜) 임금은 말하기를 "공정해야만 능히 복종시킨다"고 하였다. 공의는 하나님께서 우주 질서의 기초로 삼으셨기 때문에 이것이 없는 곳에는 평안이 없다. 하나님께서 우리로 하여금 아무 공로 없이 은혜로 구원을 받게 하시는 것도 그가 친히 그의 독생자로 하여금 우리 죄를 담당하게 하셔서 공의를 이루신 열매이다(롬 3:25-26).

"백성에게 저주를 받을 것이요 국민에게 미움을 받으려니와." 통치자가 공의를 세우지 않을 때에 민중이 그를 미워한다는 것은 너무도 확실하다. 육신적인 생활과 관계된 공의의 시행 여부는 하나님을 모르는 자들도 깨닫는다. 그러므로 공의를 행하지 않는 정부는 조만간 민중의 심판을 받는다. 잠

---

220) H. Meeter, The Basic Ideas of Calvinism, 146-147.
221) H. Ringgren, "Gegen Parteiliche Richter; solche werden von allen Leuten gehasst, gerechten Richtern wird es aber wohl ergehen."
222) 『書經』商書, 湯誓, 4쪽 : "以義制事."
223) 『書經』商書, 高宗肜日, "惟天監下民典厥義."

언 16:12에, 왕권은 공의로 말미암아 굳게 선다고 하였다. 그러므로 통치자는 악을 벌할 때에 두려움을 느끼지 않아야 한다.

"또 좋은 복을 받으리라"(24:25). 이것은 악인을 공정하게 벌하는 통치자가 하나님의 축복을 받는다는 뜻이다. 하나님은 교회에만 계시지 않고 인류의 현실 생활도 감시하시며 심판하신다. "적당한 말로 대답함은 입맞춤과 같으니라"(26절). 이 말은 재판석에서 내리는 정당한 판결은 공의에 입 맞추는 것처럼 그것을 만족시킨다는 뜻이다(참조. 시 85:10).

**27** 네 일을 밖에서 다스리며 너를 위하여 밭에서 준비하고 그 후에 네 집을 세울지니라. 이 말은 사람이 가정을 이루려면 먼저 경제적으로 준비해야 한다는 의미이다. 이것은 또한 무슨 일이든지 먼저 질서 있게 준비해야 한다는 뜻이기도 하다.[224] 알찬 준비 없이 하는 일은 실패한다. 우리가 그리스도를 따르는 일에도 먼저 희생을 각오할 준비가 되어야 한다. 예수님은 이런 준비의 필요를 가르치시기 위하여 두 가지 비유를 들어 말씀하셨다. 곧 망대를 건축하는 자의 비용 예산(눅 14:28)과 전쟁하려는 임금의 군사력 강화이다(눅 14:31-32).

**28-29** 너는 까닭 없이 네 이웃을 쳐서 증인이 되지 말며 네 입술로 속이지 말지니라 너는 그가 내게 행함 같이 나도 그에게 행하여 그가 행한 대로 그 사람에게 갚겠다 말하지 말지니라. 여기에 두 가지 교훈이 있다. ① 까닭 없이 거짓 증거로 남을 해치지 말라는 것과(28절), ② 어떤 사람에게 손해를 당하였어도 그에게 복수하지 말라는 것이다(29절). 거짓 증거로 남을 해치는 악에 대하여는 앞에 있는 21:28에 대한 해석을 참조하라. 그리고 복수하지 말라는 말씀에 대하여는 20:22에 대한 해석을 참조하라.

**30-34** 내가 게으른 자의 밭과 지혜 없는 자의 포도원을 지나며 본즉 가시덤불이 그 전

---

224) H. Ringgren, Das Alte Testament Deutsch, Sprüche (1962), s. 99 : Alles muss ordentlich vorbereitet werden.

부에 퍼졌으며 그 지면이 거친 풀로 덮였고 돌담이 무너져 있기로 내가 보고 생각이 깊었고 내가 보고 훈계를 받았노라 네가 좀더 자자, 좀더 졸자, 손을 모으고 좀더 누워 있자 하니 네 빈궁이 강도 같이 오며 네 곤핍이 군사 같이 이르리라. 이 부분의 의미에 대하여는 앞에 있는 6:9-11에 대한 해석을 참조하라.

# 제 25 장

## ✧ 해석

**1** **이것도 솔로몬의 잠언이요 유다 왕 히스기야의 신하들이 편집한 것이니라.** 여기서 부터 29장까지는 또 하나의 특별한 잠언이다. 그것은 솔로몬의 작품이며, 히스기야 왕의 지도하에 그의 신하들이 편집해서 낸 것이다. "히스기야"는 B.C. 720년에서 692년까지 다스린 유다 왕이다. 열왕기상 4:32에 의하면 솔로몬이 3,000개의 잠언을 지었고 또한 1,005편의 노래도 지었다. 물론 그는 하나님의 감동으로 그 모든 것을 작성했다.

**2** **일을 숨기는 것은 하나님의 영화요 일을 살피는 것은 왕의 영화니라.** 이 점에 관하여는 신명기 29:29을 참조하라. 거기에 말하기를 "감추어진 일은 우리 하나님 여호와께 속하였거니와 나타난 일은 영원히 우리와 우리 자손에게 속하였나니 이는 우리에게 이 율법의 모든 말씀을 행하게 하심이니라"고 하였다. 우리는 이 말씀에서 두 가지를 보게 된다. 첫째는, 하나님 자신이나 그가 하시는 일은 숨겨져 있다는 사실이다. 곧 감추어졌다는 것(상반절)이다. 둘째는, 우리가 마땅히 순종해야 할 율법의 말씀이 나타나 있다는 것이다. 앞에서 말한 첫째는 하나님과 직접 관계된 것이고, 둘째는 임금으로 말미암아 실

시되는 것이다.

1) 하나님 자신이나 그가 직접 하시는 일은 가려져 있다. 하나님의 감추심에 대한 말씀은 성경에 많이 나와 있다. 이사야 45:15, 55:8, 열왕기상 8:12, 로마서 11:33-34 등이다. 또한 성경은 그의 이름을 기묘라고도 하였다(삿 13:17-18). 하나님이 이같이 감추어지셨기 때문에 우리의 신앙의 대상이 되신다. 우리 눈에 보이는 것은 언젠가 다 썩지만 보이지 않는 하나님은 영존하시며(딤전 6:16), 보이는 것은 만물의 근본이 아니지만 보이지 않는 분은 만물의 근본이시다(히 11:3). 인간의 영혼은 영원을 사모하도록 지음받았기 때문에(전 3:11), 보이지 않는 영원한 것에 소망을 둔다(롬 8:24).

2) 임금으로 말미암아 인간 행위의 기준이 실현된다. 본문에서 "일을 살피는 것은 왕의 영화니라"고 한 말씀이 이것을 보여 준다. "일을 살핀다"는 것은 이상적인 군왕이 하나님의 계시를 받아서 그것을 백성에게 가르친다는 의미이다. 그뿐 아니라 그가 백성의 문제점을 잘 알고 하나님 앞에 나아가서, 거기에 관한 하나님의 지시를 말하여 주는 것이다. 모세는 이스라엘의 임금이라는 칭호는 받지 않았지만 이스라엘의 통치자로서 사역한 것은 확실하다. 하나님의 뜻은 그를 통하여 이스라엘 백성들의 세밀한 영역에까지 계시되셨다(참조. 민 36:5). 솔로몬 역시 유대 민족의 모든 문제를 자세히 알고 그것에 대한 하나님의 지혜를 받아서 백성들을 다스렸다. 이상적인 군왕들은 이같이 백성의 실정을 자세히 알고 하나님의 지혜대로 부지런히 다스린다. 동양에도 옛날 중국의 성스러운 임금이었던 순 임금은 백성들을 살피는 사람이었다. 그는 성경의 하나님을 섬긴 사람이 아니었지만 백성들의 사정을 깊이 살핀 왕이었다. 그래서 공자는 그를 가리켜 위대한 지혜의 사람이었다고 칭찬하였다. 공자가 말하기를 "순은 참으로 큰 지혜자였다. 순은 묻기를 좋아했고 쉬운 말에 대해서도 자세히 알아보기를 원하였다."라고 하였

다.[225] 이와 반대로 노자는 말하기를 "큰 나라를 다스리는 것은 작은 생선을 끓이는 것과 같다"고 하였다.[226] 그가 이렇게 말한 의미는 임금이 백성을 다스릴 때에는 서두르지 말고 가만히 두어야 한다는 것이다. 그는 또 말하기를 "정치가 빈틈없이 모든 것을 분명하게 분석하고 자세히 살피면, 백성들은 경쟁심이 생겨서 모두 욕구 불만 상태에 빠질 것이다."라고 하였다.[227] 이것은 노자가 은밀하게 숨기는 것을 정치 철학에 적용한 말이다. 중국의 정치 철학에서 소위 법술론(法術論)은 임금을 숨겨 두고 그의 행동이 나타나지 않게 하여 백성들이 임금을 숭배하도록 만든 것인데, 그것이 바로 노자의 정치 철학에서 유래되었다. 동양에서 군주를 신격화하는 폐단 역시 그와 같은 철학의 결과였다. 그러나 이러한 노자의 정치 철학은 국민을 우롱하는 그릇된 사상이다. 어떻게 지도자가 행동 없이 다른 사람들을 바르게 인도할 수 있겠는가? 성경은 지도자가 친히 모범이 되고 힘써 다스려야 한다고 가르친다. 로마서 12:8에 말하기를 "다스리는 자는 부지런함으로…할 것이니라"고 하였다 (참조. 잠 12:24).

**3　하늘의 높음과 땅의 깊음 같이 왕의 마음은 헤아릴 수 없느니라.** 이 구절의 히브리어를 개역하면 다음과 같다. "하늘은 높은 데 속하고 땅은 깊은 데 속하며 왕의 마음은 헤아리기 어려우니라." 히브리 원문에는 한글 성경에 번역되어 있는 "같이"라는 말이 없다. 여기서 저작자는 왕의 마음을 하늘의 높이와 땅의 깊이에 비교하는 것이 아니다. 그의 말은 다만 왕의 마음이 깊다는 것이다. 이것은 특별히 이상적인 군왕의 자격을 말한다. 예를 들면, 하나님이 주장하신 다윗이나 솔로몬 같은 군왕들의 자격이다. 이상적인 군왕의 마음은

---

225) 『新譯四書 1 大學中庸』(玄岩社, 1971), 167쪽 : "舜其大知也與 舜好問而好察邇言."
226) 老子, 『道德經』, 第60章: "治大國若烹小鮮."
227) 老子, 『道德經』, 第58章: "其政悶悶 其民淳淳其政察察 其民缺缺"

하나님이 주장하시므로(잠 21:1) 사람들이 얼른 그의 마음을 판단할 수 없다. 사실 많은 사람을 다스리는 자의 마음은 많은 민중의 마음보다 깊은 지혜를 지녀야 한다. 일반적인 통치자들이 직접 하나님의 계시를 받지는 못한다 할지라도 옛날부터 전해 내려오는 성경 말씀을 배워서 깊은 지혜를 소유해야 한다.

**4-5 은에서 찌꺼기를 제하라 그리하면 장색의 쓸 만한 그릇이 나올 것이요 왕 앞에서 악한 자를 제하라 그리하면 그의 왕위가 의로 말미암아 견고히 서리라.** 왕들은 간신들을 제거하는 일을 두려워하지 말아야 한다. 그 이유는, 그렇게 해야 모든 사람의 지지를 받게 되고 그의 지위는 더욱 공고해지기 때문이다. 간신들을 등용하는 왕은 그들의 죄악의 결과를 자기 자신(왕)이 받게 된다. 그러므로 간신들을 신임하는 것은 어리석은 왕의 자살 행위이다. 옛날 동양의 성스러운 임금이라고 불린 순 임금도 관직에서 크게 잘못한 사람 넷을 좌천시켰다(서경, 우서순전, 5). 다윗도 옳지 않은 관리들을 거침없이 숙청하였다(시 101:1-8).

**6-7 왕 앞에서 스스로 높은 체하지 말며 대인들의 자리에 서지 말라 이는 사람이 네게 이리로 올라오라고 말하는 것이 네 눈에 보이는 귀인 앞에서 저리로 내려가라고 말하는 것보다 나음이니라.** 여기서 "왕 앞에서 스스로 높은 체하지 말며"라는 말씀은, 관직에 있는 자가 왕과 경쟁하지 말라는 의미가 아니다. 이것은 관리가 모든 동료들 중에서 높아지려고 하는 것을 금하는 것이다. 사람이 자기 직분에 충성하는 것은 바르게 사는 방법이 되지만, 높은 지위를 탐하는 것은 교만이고, 자신에게 해로울 뿐이다. 사람은 누구나 타락한 아담의 자손이므로 자신이 죽어 마땅한 죄인이라고 생각해야 되는데, 그들은 도리어 높은 지위를 얻고 좋은 대접만 받기를 원한다. 그런다고 해서 그들의 앞길이 원하는 대로 다 형통하는 것도 아니다. 하나님의 말씀은 "겸손은 존귀의 길잡이니라"고 하였다(잠 15:33). 예수님께서도 본문(25:6-7)과 같은 교훈을 주셨다(눅 14:7-11).

사람이 겸손할 때에 오히려 잘된다는 것은 너무도 뚜렷한 경험적 사실이기 때문에, 하나님의 말씀의 권위에는 미치지 못하는 도덕가들도 겸손을 강조하였다. 주역(周易)의 겸괘는 산이 땅 아래 묻혀 있음을 보여 주는 괘상이다. 곧 높은 자이지만 낮은 데로 내려가서 겸손할 때에 형통한다는 뜻이다. 이 괘의 형상은 땅을 의미하는 곤괘가 위에 있고 산을 의미하는 간괘가 아래에 있다. 산이 높으면서도 낮은 땅 속에 있다는 것은 겸손을 상징한다. 이 괘에 대한 공자의 주석에서 말하기를 "땅 속에 산이 있으니 겸손이다."라고 하였다. 그뿐 아니라 철학자 노자도 겸손을 강조하여 말하기를 "강과 바다가 능히 모든 계곡의 왕자가 될 수 있는 까닭은 강이나 바다가 아래에 있기 때문이다. 그런 까닭에 능히 모든 계곡의 왕자가 되는 것이다. 그런 까닭에 성인이 백성의 위에 있고자 하면 반드시 백성의 아래로 내려간다. 성인이 백성보다 앞에 있고자 하면 반드시 자신을 백성의 뒤에 둔다. 그래야만 성인이 위에 있어도 백성들은 그를 힘들어하지 않고, 앞에 있어도 그가 방해된다고 생각하지 않는다. 따라서 천하의 모든 사람이 그를 기쁘게 추대하고 싫어하지 않는다. 그는 다투지 않기 때문에 천하가 그와 더불어 다툴 수 없다."라고 하였다.[228]

겸손에 대한 공자와 노자의 말은 그들의 철학적 사상을 배경으로 한다. 공자는 생명 없는 음양의 원리로 말하였고, 노자는 숨기고 비우는 사상으로 그와 같이 가르친 것뿐이다. 이들은 살아 계신 하나님을 알지 못하였다. 그러나 기독교 신자의 겸손은 살아 계신 하나님 앞에서 그를 두려워하며, 또한 즐거워하여 힘 있는 생명의 움직임으로 이루어진다.

**8-10** 너는 서둘러 나가서 다투지 말라 마침내 네가 이웃에게서 욕을 보게 될 때에 네가 어찌할 줄을 알지 못할까 두려우니라 너는 이웃과 다투거든 변론만 하고 남의 은밀한 일은 누설하지 말라 듣는 자가 너를 꾸짖을 터이요 또 네게 대한 악평이 네게서 떠나지 아니할까 두려

---

228) 老子, 『道德經』, 第66章.

**우니라.** 여기서는 다투는 사람들이 조심해야 하는 것을 가르쳐 준다. 곧 부끄러움을 당하게 되는 다툼이 무엇인지 말한다. 첫째는, 사람이 성급하게 다투면 부끄러움을 당한다는 것이고(8절), 둘째는, 다투는 중에 남의 비밀을 탄로시키면 그렇게 한 사람 자신이 부끄러움을 당한다는 것이다(9-10절). 이것을 좀 더 자세히 설명하면 다음과 같다.

1) 성급하게 다툴 때에 왜 부끄러움을 당하게 되는가? 그 이유는, 그가 성급한 만큼 이미 혈기와 분노가 드러나기 때문이다. 혈기와 분노는 인격의 위신을 땅에 떨어뜨린다. 그뿐 아니라 그는 성급한 만큼 이길 만한 지식이 준비되어 있지 않기 때문에 그의 말에서 약점이 드러나게 된다.

2) 다투다가 남의 비밀을 누설하면 왜 그렇게 한 사람이 부끄러움을 당하는가? 그 이유는, 그 다툼의 문제점만 해결하는 말만 하는 것이 원칙이기 때문이다. 그 문제를 떠나 상대방의 은밀한 단점을 말하는 것은 하나의 인신공격이다. 언제나 인신공격은 진리를 분별하기 위한 것이 아니라 야비한 행동이다. 상대방의 은밀한 일은 그의 사적인 문제에 속하는데도 불구하고 그것을 침범하는 것은 무례한 일이다. 그는 평생 그 말 때문에 부끄러움을 당하게 되고 상대방의 미움을 면하기 어렵다. 그러므로 사람들이 부득이하게 다툴 때에는 침착한 마음으로 문제점에 대해서만 증거해야 한다.

**11-12** **경우에 합당한 말은 아로새긴 은 쟁반에 금 사과니라 슬기로운 자의 책망은 청종하는 귀에 금 고리와 정금 장식이니라.** 이 두 구절은, 합당하게 충고하는 말이 좋은 열매를 맺는다는 의미이다. 12절은 그 11절을 보충적으로 설명하는 것뿐이다. 여기서 "경우"(אָפְנָיו)라는 말의 히브리어는 "바퀴"라는 뜻을 가진다. 곧 그 때의 형편과 경우에 잘 조절하여 돌아가는 것을 가리킨다. 그러므로 델리취(Delitzsch)는 이것을 환경이라고 번역하였다. 그렇다면 이것은 충고하는 자가 상대방에게 말할 때에 여러 가지를 고려하여 잘 조절해야 한다는 것을 가르친다. ① 충고하는 자 자신이 사랑과 화평을 지니고 있을 때에 말해야 되

며, ② 능욕하는 태도로 말하지 않아야 하며, ③ 성급하게 말하지 않아야 되며, ④ 예의 없이 말하지 않아야 한다. 이렇게 말한 것을 상대방이 잘 받아들일 때에 그(충고하는 자)가 좋은 대우를 받는다. "은 쟁반에 금 사과", "금 고리와 정금 장식"이라는 말은 좋은 대우를 의미한다. 주리고 목마른 것처럼 의를 사모하는 자(마 5:6)는 친구의 충고를 좋은 대우로 여긴다. 다윗은 말하기를 "의인이 나를 칠지라도 은혜로 여기며 책망할지라도 머리의 기름 같이 여겨서 내 머리가 이를 거절하지 아니할지라 그들의 재난 중에도 내가 항상 기도하리로다"라고 하였다(시 141:5).

**13 충성된 사자는 그를 보낸 이에게 마치 추수하는 날에 얼음 냉수 같아서 능히 그 주인의 마음을 시원하게 하느니라.** 이것은 주인을 위하여 심부름하는 자가 주어진 사명을 완수하였을 때에 그의 주인에게 큰 기쁨이 된다는 것이다. 여기서 "추수하는 날에 얼음 냉수 같아서"(כְּצִנַּת־שֶׁלֶג בְּיוֹם קָצִיר)라는 말의 히브리어는 "추수하는 날에 눈의 찬 것과 같으니라"라고 번역되어야 한다. 팔레스타인에서는 추수하는 때가 가장 더운 때이다. 그때에 눈의 찬 것은 사람을 시원하게 할 수 있다. 성경에는 이같이 주인을 시원하게 한 사자들의 행적이 많이 기록되어 있다. 예를 들면 리브가를 이삭의 아내로 데려온 엘리에셀(창 24장), 사도 베드로를 고넬료의 집에 데려온 사환들(행 10장), 데살로니가 교회에 갔다 와서 바울에게 위로가 된 디모데(살전 3:4-10) 등이다(Charles Bridges). 이 점에서 우리가 특별히 명심해야 할 것이 있다. 그것은 복음을 전하는 자들이 올바르게 할 때에 참으로 하나님을 기쁘시게 한다는 것이다. 그들은 그리스도의 종이기 때문에 하나님께만 충성하려고 힘써야 한다(갈 1:10). 하나님께서는 충성된 종들의 발까지 아름답게 보신다(참조. 롬 10:15; 사 52:7). 바울은 충성된 하나님의 종을 가리켜 "하나님 앞에서 그리스도의 향기"라고 하였다(고후 2:15).

**14 선물한다고 거짓 자랑하는 자는 비 없는 구름과 바람 같으니라.** 이 구절의 히브

리어를 개역하면 다음과 같다. "거짓된 선물로 자랑하는 자는 비 없는 구름과 바람 같으니라." 구름과 바람이 함께 움직일 때에는 고요하지 않고 요란하다. 당장 비를 쏟을 것처럼 보인다. 그럼에도 불구하고 거기서 비가 내리지 않는 경우가 많다. 저자는 이런 경우를 가지고 말한다. 그와 같이 교회의 거짓 교사들은 당장 교회에 큰 유익을 줄 듯이 말을 많이 하며 자기를 자랑한다. 그러나 그들은 마침내 교회에 유익을 주지 못할 뿐 아니라 도리어 해를 끼친다. 유다서 1:12-13이 이와 같은 거짓 교사들에 대하여 알려 준다. 거기서 말하기를 "그들은 기탄 없이 너희와 함께 먹으니 너희의 애찬에 암초요 자기 몸만 기르는 목자요 바람에 불려가는 물 없는 구름이요 죽고 또 죽어 뿌리까지 뽑힌 열매 없는 가을 나무요 자기 수치의 거품을 뿜는 바다의 거친 물결이요 영원히 예비된 캄캄한 흑암으로 돌아갈 유리하는 별들이라"고 하였다. 거짓 교사들의 이와 같은 행동 원리는 마귀를 원천으로 한다. 마귀는 인류의 조상에게 거짓말로 약속하기를, 선악과를 먹으면 눈이 밝아져서 하나님처럼 선악을 알게 된다고 하였고(창 3:5), 또한 예수님을 향하여 거짓으로 약속하기를 "만일 내게 엎드려 경배하면 이 모든 것(천하만국과 그 영광)을 네게 주리라"고 하였다(마 4:9).

**15-17 오래 참으면 관원도 설득할 수 있나니 부드러운 혀는 뼈를 꺾느니라 너는 꿀을 보거든 족하리만큼 먹으라 과식함으로 토할까 두려우니라 너는 이웃집에 자주 다니지 말라 그가 너를 싫어하며 미워할까 두려우니라.** 여기서는 극기, 혹은 자기 견제에 대하여 세 가지로 말한다. 첫째는, 관원과의 관계에서 오래 참을 것(15절), 둘째는, 꿀을 과식하지 말 것(16절), 셋째는, 이웃집에 자주 다니지 말 것(17절)이다.

1) 관원과의 관계에서 오래 참을 것(15절). 여기서 "관원"(קָצִין)이라는 말은 재판관과 같은 고위층 관리를 말한다.[229] 불의한 재판관에게 옳은 판결을

---

229) Le Livre des Proverbs (1964), 194 : André Barucq: קָצִין; signifie plutôt "chef, prince" que "juge".

청구하는 자는 재판관의 태만함 때문에 분개하기 쉽다. 그러나 그가 끝까지 온유한 태도를 지키면 그 재판관도 감동된다는 것이 본문의 뜻이다. 이와 같은 일은 어떤 집권자에게든지 마찬가지이다. 다윗은 자기를 죽이려는 사울에게 끝까지 온유한 태도를 지켰다. 그는 엔게디 굴에서 사울을 죽일 기회가 있었음에도 불구하고 죽이지 않고, 후에 온유한 말로 사울의 회개를 권면하였다. 그는 땅에 엎드려서 말하였으며(삼상 24:8), 사울에게 "내 아버지여"라고 하였고(삼상 24:11), 자기 자신을 가리켜 죽은 개나 벼룩 같다고 하였다(삼상 24:14). 그가 이렇게까지 온유하게 된 것은 그가 여호와를 재판장으로 믿었기 때문이다(참조. 삼상 24:15; 눅 18:2-5).

"부드러운 혀는 뼈를 꺾느니라." 이것은 부드럽게 오래 참는 것이 굳은 것을 이겨 낸다는 뜻이다. 독일 격언에 "인내는 금강석보다 강하다."라고 한 것도 본문을 설명해 준다. 동양의 옛 철학자 노자도 물을 비유로 들며 부드러운 것이 이긴다는 의미로 말하였다. 그는 말하기를 "천하에 물보다 더 부드럽고 약한 것은 없다. 그러나 굳고 강한 것을 공격하는 데에는 물보다 나은 것이 없다…나라의 온갖 상스럽지 않은 것을 받아들이고 참는 자를 천하의 왕자라고 한다."라고 하였다.[230] 노자가 단지 감추고 드러내지 않는 그의 처세 철학으로도 인내를 존중히 여기며 이런 말을 하였다면, 살아 계신 하나님을 믿는 신자들은 얼마나 더욱 인내하여야 되겠는가?(참조. 잠 15:1)

2) 꿀을 과식하지 말 것(25:16). 여기서 "꿀"은 이 세상에서 가질 수 있는 즐거움(가정의 즐거움과 같은 것)을 비유한다. 우리는 이 세상의 즐거움을 누릴 수 있지만 그것에 치우치지 말고 하나님 제일주의로 살아야 한다. 이 세상의 즐거움을 하나님보다 더 사랑하는 것은 진리에서 탈선하는 것이다. 바울은 신자들에게 권면하기를 그것을 누리지 않는 자와 같이 처신하라고 하였

---

230) 老子,『道德經』, 第78章: "天下莫柔弱於水而攻堅强者莫之能勝以其無以易之…受國不祥是爲天下王."

다(고전 7:29-31).

3) 이웃집에 자주 다니지 말 것(잠 25:17). 이것은 사람의 약점을 염두에 두고 한 말씀이다. 사람은 하나님과 달라서 무제한으로 친절하지 못하다. 이웃집에 자주 다니면, 그것이 그 집 가족의 사생활에 지장을 줄 수 있다. 그러나 우리가 하나님 앞에 나아갈 때에는 도리어 제한이 없는 것이 좋다. 우리가 밤낮 그에게 나아가 부르짖을 때에 그는 더욱 기뻐하신다(참조. 눅 18:7; 약 1:5). 그는 우리가 강청하는 것도 기뻐하신다(참조. 눅 11:8; 엡 3:12; 히 4:16; 10:19-20). 그는 우리를 끝까지 사랑하시며(요 13:1; 마 28:20), 영원토록 사랑하신다(히 13:8).

사람이 이웃집에 자주 다니면 그 집에서 그를 싫어하게 된다는 것은 사람의 경험으로도 잘 알려진 바다. 그러므로 영감되지 않은 세속 문학에서도 말하기를 "오래 머물면 남에게 업신여김을 받고 자주 오면 친분도 성기어진다. 단지 사흘이나 닷새 사이에도 서로 보는 것이 처음과는 같지 않음을 알겠더라"고 하였다.[231]

**18 자기의 이웃을 쳐서 거짓 증거하는 사람은 방망이요 칼이요 뾰족한 화살이니라.** 여기서 "자기의 이웃을 쳐서 거짓 증거한다"는 말은 거짓말로 남을 속이거나 비방하는 것을 가리킨다. 이것이야말로 거짓말로 남을 중상하는 것이므로 거짓말하는 죄악인 동시에 남을 죽이는 죄악이다. 남의 인격을 중상하는 것은 그의 인격의 가치를 말살시키는 것이기 때문에 살인과 같이 악독한 것이다. 거짓말로 훼방을 받는 것이 너무나도 큰 상처이기 때문에 예수님께서는 그런 억울함을 당한 자에게 하늘의 상급을 약속하셨다(마 5:11-12). 거짓말로 이웃을 훼방하는 것은 상대방을 찔러서 죽이는 것처럼 잔인한 행동이기 때문에 본문(잠 25:18)은 그런 죄를 짓는 자를 무서운 살인 무기에 비유하였

---

231) 『明心寶鑑』, 省心篇, 74쪽: "久住令人賤頻來親也疎 但看三五日相見不如初."

다. 즉 그를 가리켜 "방망이", "칼", "뾰족한 화살"이라고 하였다.

　그러나 이처럼 악독한 거짓말로 훼방을 받은 자가 위로를 받을 길도 있다. 그것은 다음과 같은 사실을 기억함으로써 받는 위로이다. ① 까닭 없는 저주는 임하지 않는다는 사실. 잠언 26:2에 말하기를 "까닭 없는 저주는 참새가 떠도는 것과 제비가 날아가는 것 같이 이루어지지 아니하느니라"고 하였다. ② 거짓말로 훼방을 받는 것은 우연한 일이 아니라 하나님이 허락하셨다는 것. 하나님께서는 신자들이 겸손해지도록 하기 위하여 억울하게 훼방받는 일도 허락하신다. 사무엘하 16:5-14을 보면, 다윗이 시므이에게 억울한 저주를 받았다. 신자들이 이런 억울한 일을 당할 때에는 하나님께 자신을 부탁하고 가만히 있는 것이 상책이다. ③ 신자가 억울하게 명예 훼손을 당하였을 때에는 하나님 앞에서 자기 자신의 부족함을 생각할 것. 그는 본의 아니게 자기 잘못으로 하나님의 이름을 더럽힌 일도 많았을 것이다. 그러므로 자기의 이름이 불의한 사람으로 말미암아 더럽혀졌다는 억울한 생각만 하지 말고, 과거에 하나님의 이름이 자기로 말미암아 더럽혀진 사실을 더듬어 회개해야 한다.

**19** **환난 날에 진실하지 못한 자를 의뢰하는 것은 부러진 이와 위골된 발 같으니라.** 사람이 부러진 이로 음식물을 씹으려고 하면 아프기만 하고 성과가 없다. 다친 발을 가지고 걸을 때에도 역시 아프기만 하고 제대로 걷지 못한다. 우리가 환난 때에 거짓된 자를 의뢰하는 것이 그와 같다. 누구든지 어려운 때에 거짓된 도움을 바라보면 일은 해결되지 않고 고통만 당하게 된다. 그 이유는 거짓된 자는 반드시 배신하기 때문이다.

　본문은 신령한 뜻도 가지고 있다. 그것은 환난 많은 이 세상에서 인간을 믿지 말고 하나님만 믿으라는 것이다. 그 이유는 인간은 궁극적으로 모두 다 거짓되기 때문이다(렘 17:9). 로마서 3:4에 말하기를 "사람은 다 거짓되되 오직 하나님은 참되시다 할지어다"라고 하였다. 그러므로 성경 말씀은 신자에게 환난 때에 하나님만 믿으라고 한다. 시편 9:9에 말하기를 "여호와는…환난 때의 요새"라고 하였고, 50:15에는 하나님께서 말씀하시기를 "환난 날에 나를 부르라 내가 너를 건지리니"라고 하셨다(참조. 시 77:2; 81:7; 86:7; 91:15). 하나님께서는 이스라엘이 전쟁 때에 하나님을 의지하지 않고 애굽을 의지하는 것에 대하여 비유로 말씀하시기를, 그들이 "상한 갈대 지팡이"를 의지하는 것과 같다고 하셨다(왕하 18:21).

**20 마음이 상한 자에게 노래하는 것은 추운 날에 옷을 벗음 같고 소다 위에 식초를 부음 같으니라.** 사람이 상심한 자에게는 그의 비애를 체휼함으로써 위로를 줄 수 있다. 그러므로 로마서 12:15에 말하기를 "우는 자들과 함께 울라"고 하였다. 그럼에도 불구하고 누구든지 상심한 자에게 기쁜 노래를 불러 준다면, 그것은 그에게 위로가 되지 않고 도리어 슬픔을 더할 것이다. 그것이야말로 사람이 "추운 날에 옷을 벗음"과 같다. 누구든지 추운 날에 옷을 벗는다면 그 추위로 인하여 괴로움이 더할 것이다. "소다 위에 식초를 부음 같다"고 한 것은 아무 효과가 없다는 뜻이다. 그와 같이 상심한 자에게 기쁜 노래를 불러 주는 것은 그에게 조금도 위로가 되지 못한다.

본문(잠 25:20) 역시 신령한 뜻을 가지고 있다. 그것은 우리가 하나님의 진리대로 행할 때에도 때를 맞추어 행해야 한다는 것이다. 아무리 좋은 일이라도 그것을 행할 적당한 시기를 맞추어야 한다. 그러므로 전도서 3:2-8에서는 스물여덟 가지 때를 말하였다. 그것은 사람이 어떤 일을 행할 때에는 시기를 맞추어야 한다는 사실을 보여 준다. 예수님은 그 모든 행동에 때를 맞추어 행하셨다(참조. 요 7:6). 여기서 두 가지 실례를 들면, 우리가 친구에게 충고하는 것은 귀하지만 적당한 때에 신중하게 해야 한다. 그리고 가족들 사이에서도 서로 의견이 맞지 않는 때가 있을 때에는 충돌을 피하기 위하여 피차 마음이 평안할 때를 기다렸다가 할 말을 하는 것이 좋다. 사람들의 많은 충돌과 다툼은 때를 모르고 덤비는 데서 일어난다.

**21-22** 네 원수가 배고파하거든 음식을 먹이고 목말라하거든 물을 마시게 하라 그리 하는 것은 핀 숯을 그의 머리에 놓는 것과 일반이요 여호와께서 네게 갚아 주시리라. 원수를 사랑하라는 것이 이 부분의 교훈이다. 원수를 사랑하는 것은 하나님의 성품이며, 신자들도 그를 본받아 그렇게 행해야 한다(참조. 마 5:43-48). 하나님께서는 우리가 그의 원수 되었을 때에 그 아들의 죽으심으로 말미암아 우리를 그와 더불어 화목하게 하셨다(롬 5:10). 이같이 고상한 덕은 오직 기독교 성경에만 있다. 동양의 공자는 "곧은 것으로 원한을 갚고, 덕으로 덕을 갚으라"고 하였다.[232] 여기서 "곧은 것으로 원한을 갚으라"는 것은 정의로 원한을 갚으라는 말이다. 이것은 원수를 사랑하고 용서하라는 것이 아니다. 노자는 어떻게 가르쳤는가? 그는 원한을 덕으로 갚으라는 의미에서 다음과 같이 말하였다. "성인은 정한 마음이 없다. 백성들의 마음을 자신의 마음으로 한다. 착한 사람을 나는 선의로 대한다. 착하지 않은 사람도 선의로 대한다. 그렇게 하면 모두 다 선인이 된다. 믿음 있는 자를 나는 믿는다. 그러나 믿음이 없는 자도 나는 믿는다. 그렇게 하면 모두 믿음 있는 사람이 된다."라고 하였다.[233] 노자의 이 교훈은 피상적으로 볼 때에 매우 좋은 듯하다. 그러나 그는 근본적인 문제를 너무 쉽게 해결한다. 예를 들면 "착하지 않은 사람도 나는 선의로 대한다. 그렇게 하면 모두가 선인이 된다."라고 하였는데 이것은 죄악 문제의 구체적인 해결 없이 상상으로 쉽게 하는 말이다. 그 이유는, 이 세상에는 악인이 의인에게 선한 대우를 받았다고 해서 그의 인격이 반드시 변화되는 것이 아니라, 도리어 배은망덕하는 일이 많기 때문이다. 예수님은 악인들의 문제를 노자처럼 상상으로 해결하지 않으셨다. 그는 원수를 사랑하시면서 자기가 친히 그들의 죄짐을 담당하시고 그들의 문제를 근본적으로 해결하여 주

---

232) 『論語』(朝鮮圖書株式會社), 21쪽 : "以直報怨以德報德"
233) 老子, 『道德經』, 第49章: "聖人無常心 以百姓心爲心 善者吾善之 不善者吾亦善之得善 信者吾信之 不信者吾亦信之 得信."

셨다. 그는 인류의 죄악 문제를 어려운 십자가의 고난으로 해결하셨다. 기독교 성경이 말한 대로 원수를 사랑하라는 것은 하나님의 위대한 속죄의 사랑에 근거한다. 그러므로 우리는 다음과 같이 말할 수 있다. 곧 노자의 교훈은 상상적, 또는 이상적인 것으로, 참된 실현을 가져오지 못하는 반면에, 성경의 교훈은 구체적인 속죄에 입각하여 그 성취를 보장한다. 그러므로 우리는 원수를 사랑하라는 고상한 도덕이 진정한 의미에서 기독교 성경에만 있다고 믿는다.

"핀 숯을 그의 머리에 놓는 것과 일반이요." 이 말은 따뜻한 사랑을 받은 원수가 양심에 가책을 받아 부끄러워하는 모습을 말한다(참조. 롬 12:20).

**23 북풍이 비를 일으킴 같이 참소하는 혀는 사람의 얼굴에 분을 일으키느니라**. 팔레스타인에는 북풍으로 비가 오는 것이 아니기 때문에 이 구절은 다소 난해하다. 그러므로 여기서 말한 "북풍"(רוּחַ צָפוֹן)은 단순한 북풍이 아니라 서북풍을 가리킨다고 하는 해석도 있다. 또 어떤 학자들은 북풍을 문자적으로 해석하기를 팔레스타인에는 북풍이 지나간 후에 비를 오게 하는 좋은 바람이 일어난다고 한다.

"참소하는 혀"(לְשׁוֹן סָתֶר)라는 말은 "은밀한 혀"라는 뜻으로, 남을 해롭게 하면서 자기를 유익하게 하려고 아첨하는 자의 말을 가리킨다. 그런 말을 듣는 자가 "얼굴에 분을 일으키는" 것은 정의감 때문이다. 많은 사람이 아첨하는 자의 말을 그대로 듣고 좋아하는 것은 의리를 버리는 슬픈 일이다. 그러나 의인들은 아첨하는 자를 용납하지 않는다. 다윗은 그의 원수인 사울 왕을 죽였다고 보고한 자에게 도리어 노하였고 그를 사형에 처하도록 명하였다(삼하 1:1-16). 그리고 그는 사울의 아들 이스보셋을 죽이고 와서 보고하는 레갑과 바아나 역시 사형에 처하도록 명하였다(삼하 4:5-12). 다윗의 이와 같은 처사는 역사에 영구히 기록되어 의리를 가르친다. 우리는 이 두 사건에 대한 기록을 자세히 읽고 또 가르쳐야 한다.

**24** 다투는 여인과 함께 큰 집에서 사는 것보다 움막에서 혼자 사는 것이 나으니라. 이 말씀에 대하여는 앞에 있는 21:9의 해석을 참조하라. 같은 말이 중복되는 이유는 그 교훈을 특별히 강조하려는 것이다. 사실상 가정이 불안하면 모든 일이 잘못된다. 그러므로 동양의 격언에도 말하기를 "집안이 화목해야 만사가 성취된다"라고 하였다. 이것은 인류가 일반은총으로 깨달은 진리이다. 하나님의 말씀은 인류의 올바른 경험으로도 실현된다.

**25** 먼 땅에서 오는 좋은 기별은 목마른 사람에게 냉수와 같으니라. 여기서 "좋은 기별"(좋은 소식)이라는 말이 중요하다. 이 말씀은, 예수님께서 목말랐을 때에 사마리아 여인에게 물을 좀 달라고 하신 일과, 그 여자에게 복음(기쁜 소식)을 전하신 사실이 생각나게 한다. 복음은 멸망에 놓여 있는 인류에게 찾아온 천국의 기쁜 소식이다. 복음은 영혼에게 참된 만족을 주는 것이기 때문에 성경에서 그것을 물로 비유하였다(참조. 요 4:14; 7:37-39; 계 22:17; 사 55:1).

이 구절에서 우리가 생각해야 할 또 한 가지는 기다림이다. 예를 들면, 가족을 떠나 멀리 있는 사람은 무엇보다도 멀리 고국에서 오는 자기 가족의 편지를 갈망한다. 그 편지가 그에게는 가장 큰 만족을 주는 것이다. 그 이유는 그가 간절히 기다리며 사모하다가 소식을 받기 때문이다. 이같이 우리도 하나님의 은혜를 기다리며 사모하는 태도를 가져야 한다. 그렇게 할 때 은혜를 받고, 또한 은혜로 만족을 얻는다. 그러므로 성경에는 하나님을 바라본다는 말씀이 많이 나온다.[234] 그 구절들 가운데에는 기다린다(바라본다)는 말이 앙망한다는 말로 번역된 것도 있다. 그 두 가지는 결국 마찬가지이다.

**26** 의인이 악인 앞에 굴복하는 것은 우물이 흐려짐과 샘이 더러워짐과 같으니라. "의인"은 많은 사람의 모범이고 소망이다. 그의 교훈은 하나님의 대언인 만큼 그

---

234) 창 49:18; 시 25:3, 5, 21; 33:20; 37:9; 39:7; 40:1; 59:9; 62:1; 69:6; 104:27; 123:1-2; 130:5; 145:15; 사 8:17; 25:9; 26:8; 30:18; 33:2; 49:23; 렘 14:22; 미 7:7; 참조. 시 27:14; 37:34; 62:5; 잠 20:22; 습 3:8.

들에게 생명의 샘과 같다(잠 10:11). 그런 그가 악인의 박해 때문에 굴복하게 된다면 많은 사람들이 실망할 것이다. 이는 마치 많은 사람이 길어 먹던 우물과 샘물이 더러워지는 것과 같다. 브리지스(Charles Bridges)는 이 말씀에 대하여 성경에서 몇 가지 실례를 들었다. 곧 아브라함이 이방의 임금 앞에서 책망을 받은 일(창 12:18-20; 20:9-10; 26:10), 베드로가 여종의 질문 앞에 굴복한 것(마 26:69-72) 등이다.

**27-28** 꿀을 많이 먹는 것이 좋지 못하고 자기의 영예를 구하는 것이 헛되니라 자기의 마음을 제어하지 아니하는 자는 성읍이 무너지고 성벽이 없는 것과 같으니라. 여기서는 "꿀"로 "영예"를 비유한다. 성경의 저자들은 한 가지 비유를 가지고 어떤 때에는 이것을 가르치고 어떤 때에는 저것을 가르친다. 예를 들면 성경에서 사자라는 말로 메시아를 비유하기도 했고(창 49:9; 계 5:5), 마귀를 가리키기도 하였다(벧전 5:8). 잠언에서는 "꿀"로 지혜를 비유하고(잠 24:13-14), 또 영예를 비유하기도 한다(잠 25:27).

### 설교▶ 자기의 분수를 지켜라 (27-28절)

야고보서 1:15에 말하기를 "욕심이 잉태한즉 죄를 낳고 죄가 장성한즉 사망을 낳느니라"고 하였다. 이 말씀을 보면 우리 인생에서 욕심이란 것은 매우 위험하다. 그러므로 우리는 욕심을 반드시 제재해야 한다. 또한 각기 분수를 지켜야 한다. 하나님께서는 우리에게 어떤 것은 주시고, 어떤 것은 주시지 않으셨다. 우리가 받지 못한 것을 억지로 소유하려고 하면 안 된다.

본문에서는 "영예를 구하는 것이 헛되니라"고 하였다. 사람이 물질, 명예, 지식, 자녀, 권세 등을 하나님의 선물로 받을 수 있다. 그러나 그것을 자아 중심으로 탐하면 허영심으로 기울어진다. 다윗은 말하기를 "내가 여호와께 바라는 한 가지 일 그것을 구하리니 곧 내가 내 평생에 여호와의 집에 살면서 여호와의 아름다움을 바라보며 그의 성전에서 사모하는 그것이라"고 하였다 (시 27:4). 사람들이 너무 많은 욕구를 가지기 때문에 그것을 다 이루지 못하고, 평생 불만을 느끼며 신앙생활도 제대로 하지 못한다. 그러나 진실한 성도는 말하기를 "여호와여 내 마음이 교만하지 아니하고 내 눈이 오만하지 아니하오며 내가 큰 일과 감당하지 못할 놀라운 일을 하려고 힘쓰지 아니하나이다 실로 내가 내 영혼으로 고요하고 평온하게 하기를 젖 뗀 아이가 그의 어머니 품에 있음 같게 하였나니 내 영혼이 젖 뗀 아이와 같도다 이스라엘아 지금부터 영원까지 여호와를 바랄지어다"라고 하였다 (시 131:1-3; 참조. 전 12:13).

사람은 여러 가지 방면으로 영광을 구한다. 그러나 누구든지 하나님보다 그것을 더 구할 때에는 그 행동이 죄가 된다. 예수님께서 말씀하시기를 "모든 사람이 너희를 칭찬하면 화가 있도다"라고 하셨고(눅 6:26), 또 "사람 중에 높임을 받는 그것은 하나님 앞에 미움을 받는 것이니라"고 하셨다(눅 16:15). 시편 115:1에는 말하기를 "여호와여 영광을 우리에게 돌리지 마옵소서 우리에게 돌리지 마옵소서"라고 하였다. 영광은 하나님께만 속한 것이다. 두로와 시돈 사람이 헤롯 왕의 말을 듣고 그를 높여 부르짖기를 "이것은 신의 소리요 사람의 소리가 아니라"고 하였다. 이때에 헤롯이 그 영광을 하나님께 돌리지 않고 자기가 받아 누렸으므로 주의 사자가 곧 쳐서 벌레에게 먹혀 죽었다(행 12:22-23). 그러므로 우리는 우리의 마음을 제어해야 한다. "만물보다 거짓되고 심히 부패한 것은 마음"이다(렘 17:9). 잠언 28:26에 말하기를 "자기의 마음을 믿는 자는 미련한 자요"라고 하였다. 우리가 신앙생활을 제대로 하려면 우리 마음을 이겨야 한다. 루터(Luther)는 말하기를, 사람의 지성은 짐승과 같다고 하였다. 그것은 성경 말씀대로 바르게 본 것이다. 유다서 1:10에 불신앙자들을 가리켜서 "짐승 같이 본능으로 아는 그것으로 멸망하느니라"고 하였다. 무디(Moody)는 말하기를 "신앙은 하나님 앞에서 내 지식을 희생하는 것이다"라고 하였다.

## 제 26 장

### ✦ 해석

**1** 미련한 자에게는 영예가 적당하지 아니하니 마치 여름에 눈 오는 것과 추수 때에 비 오는 것 같으니라. 여기서 "미련한 자"(כְּסִיל)라는 말은 죄로 완악하여져서 회개하지 않는 자를 말한다. 이 세상에는 완전한 사람이 하나도 없고 모두 다 허물이 있는 자들뿐이다. 그러나 자기의 허물과 죄를 반성하며 회개할 줄 아는 자들은 고상한 직분("명예")을 맡을 수 있다. 그 이유는, 그들은 잘못된 것을 잘 고쳐서 마침내 일을 바르게 하기 때문이다. 그러나 완악한 자, 곧 회개하지 않는 자는 고상한 일을 맡으면 더 교만하여지고 어두워져서 그 일이 잘못되게 한다. 그러므로 그런 자에게는 고상한 직위(영예)가 합당치 않다. 이는 마치 여름에 눈이 오는 것과 추수 때에 비 오는 것이 농사에 해로운 것과 마찬가지이다. 교회의 직분(영예)도 자격 없는 사람들이 맡을 때에 교회를 해롭게 한다. 특별히 하나님께서 세우시지 않은 자들이 생활 문제로 인하여 영예로운 목사직을 가질 때에는 평생 교회를 해롭게 한다. 그들이 성직자로서 합당하지 않은 증표는 그들의 마음이 완악하여 자신의 허물을 고치지 않는 것으로 드러난다.

**2  까닭 없는 저주는 참새가 떠도는 것과 제비가 날아가는 것 같이 이루어지지 아니하느니라.** 이 말씀은 "까닭 없는 저주", 곧 공의롭지 않은 저주는 그대로 성취되지 않는다는 뜻이다. 성경에 기록된 대로 의인들이 애매하게 원수의 저주를 받을 때가있다. 그러나 그것은 모두 다 헛된 것으로 드러났다. 예를 들면, 골리앗이 블레셋 신들의 이름으로 다윗을 저주하였지만(삼상 17:43-44) 다윗은 도리어 승리하였다(삼상 17:48-50). 그리고 선지자 예레미야도 그의 원수들에게 까닭 없이 저주의 대상이 되었다(렘 15:10하). 그러나 그 원수들의 저주는 하나님의 사람 예레미야에게 그대로 미치지 않았다. 성경이 말한 대로 하나님의 권위로 발설된 종교 윤리적인 저주만이 그대로 상대방에게 성취되었다. 예를 들면, 타락한 아이들이 하나님의 사람 엘리사를 조롱한 죄로 그의 저주를 받아 그들 중 사십이 명이 암곰에게 찢기어 죽었다(왕하 2:23-24). 이 점에서 우리가 한 가지 더 명심할 것이 있다. 하나님께서는 죄악이 가득 찬 여리고성을 멸하시고, 또 그것을 영원히 없앤다는 의미에서 여호수아를 통하여 말씀하시기를, 여리고성을 다시 쌓는 자는 저주를 받을 것인데, 그 기초를 쌓을 때에 맏아들이 죽고 그 문을 세울 때에 마지막 아들이 죽으리라고 하셨다(수 6:26). 그런데 수백 년 후에(아합 시대에) 히엘이라는 사람이 여리고성을 다시 건축하기 위하여 그 터를 쌓을 때에, 여호와께서 저주하신 대로 그의 맏아들이 죽었고 문을 세울 때에 그의 막내아들이 죽었다(왕상 16:34). 이같이 하나님의 권위와 함께 종교 윤리적 동기로 선언된 저주는 언제나 그대로 실현되는 반면에, 까닭 없는 저주는 언제나 헛되다. 이것을 보면 저주는 엄중한 것이며, 죄악이 가득 찬 자에게 하나님의 권위로만 임하는 것이다. 그것은 종교 윤리적 성격을 띤 것이지 마술적인 것이 아니다.

그러나 이교에서 사용하는 저주는 마술적인 것이고, 또한 헛된 것이다. 그것이야말로 까닭 없는 저주이다. 예를 들면 불교의 저주가 그러하다. 곧 석가여래가 선포한 427마디로 된 주문이 있는데, 누구든지 그것을 써서 집 안에 간직해 두기만 해도 한평생 모든 독의 해를 받지 않고, 재앙이 소멸되며, 소위 전생에서부터 지은 모든 죄악이 끓는 물에 녹듯이 없어진다고 한다.[235] 이런 주문은 윤리적 성격을 전혀 가지지 않았고 다만 마술적 성격을 띤 것이다. 그것의 능력이 발휘되는 것은 그것을 가진 자의 선악과 아무런 관련도 가지지 않는다. 이것은 허망한 미신 사상에 속한다.

**3 말에게는 채찍이요 나귀에게는 재갈이요 미련한 자의 등에는 막대기니라.** "말"과 "나귀"는 견제로만 부릴 수 있는 짐승인데, 이것으로 "미련한 자"(거만하고 완악한 자)를 비유한다(시 32:9).

"미련한 자의 등에는 막대기"라는 말은, 하나님께서 거만하고 완악한 자("미련한 자"의 신분)를 벌과 재앙으로 다스리신다는 뜻이다. 이것은 하나님의 공의를 보여 주면서도 그의 자비를 나타낸다. 이같이 생각하는 이유는, 하나님께서 이 세상에서 죄인들을 다 벌하시지 않고 그 가운데서도 가장 큰 죄인, 곧 완악한 죄인(미련한 자)을 벌하시기 때문이다. 이같이 벌을 행하시는 것은 일벌백계주의이다. 이 원리는 잠언 19:25에도 분명하게 나타난다. 거기 말하기를 "거만한 자를 때리라 그리하면 어리석은 자도 지혜를 얻으리라"고 하였다. 여기서 "어리석은 자"(פֶּתִי)라는 말은, 본문(잠 26:3)의 "미련한 자"(כְּסִילִים "완악하고 교만한 자")라는 말과 달리 좌우를 분별하지 못하는 자를 말한다.

하나님께서는 자비하셔서 이같이 일벌백계로 이 세상을 다스리신다. 그러므로 사람들은(성령을 받은 자들 외에는) 하나님이 내리시는 벌을 잘 분별하지 못한다(참조. 롬 2:4-5).

**4-5 미련한 자의 어리석은 것을 따라 대답하지 말라 두렵건대 너도 그와 같을까 하노라 미련한 자에게는 그의 어리석음을 따라 대답하라 두렵건대 그가 스스로 지혜롭게 여길까 하**

---

235) 『首楞嚴經』, 釋耘虛譯(1970), 269-275쪽.

**노라.** 여기서 두 개의 서로 반대되는 듯한 명령은 사실상 모순이 아니다. 이것은 미련한 자를 상대하는 두 가지 지혜로운 태도를 보여 준다. 곧 미련한 자에게 침묵할 경우도 있고 말할 경우도 있다는 것이다.

1) 미련한 자에게 침묵을 지키는 것이 지혜가 될 수 있다(4절). "미련한 자"는 교만하고 완악한 자다. 그는 진리와 사실을 진지하게 알려고 하지 않고 그저 호기심으로만 취급한다. 그것은 일종의 장난거리로 취급하는 것이다. 지혜로운 사람은 그런 말에 대답하지 않는다. 그 이유는, 그가 말하는 경우에는 자신도 상대방의 옳지 않음에 동참하게 되기 때문이다. 예수님은 호기심으로 묻는 헤롯의 질문에 답변하시지 않고 침묵을 지키셨다(눅 23:8-10). 스킬더(K. Schilder) 박사는 예수님의 침묵을 세 가지로 해석하였다. 첫째로, 왕의 침묵이라고 하였다. 그는 만왕의 왕이시므로, 그의 승리는 결코 한 개의 거짓 증거에 대하여 통쾌한 답변을 하시는 데 있는 것이 아니었다. 그가 원수들의 졸렬하고 번잡한 말에 대답하지 않으심으로써 오히려 우주보다 크신 그의 위엄을 보여 주셨다. 높이 날아다니는 학은 참새의 양식인 조를 먹지 않는다. 둘째로, 제사장적 침묵이라고 하였다. 예수님은 많은 사람을 위하여 속죄의 제물로 희생되셨다. 그는 죽이기로 작정된 양과 같으셨다(벧전 2:22-23). 희생자는 말없이 고난당하는 법이다. 셋째로, 선지자적 침묵이라고 하였다. 선지자의 예언 중에는 명확하게 드러나는 것도 있지만 가려진 것도 있어서 때가 이르기 전에는 하나의 수수께끼와 같다. 이것이 하나님의 깊으심을 사람들이 느끼게 한다. 예수님께서 헤롯의 질문에 전혀 대답하시지 않은 것이 선지자적 침묵이다(눅 23:9).

동양의 옛글에도 말하기를 "악인이 선인을 꾸짖거든 선인은 절대로 응답하지 말아야 한다. 응대하지 않는 마음이 맑고 조용한 데 비하여 꾸짖는 이는 입이 끓어오른다. 이는 마치 하늘을 향하여 침을 뱉으면 도로 제 몸에 떨어지는 것과 같다"라고 하였고,²³⁶⁾ 또 말하기를 "만약 남에게 욕설을 듣더라도 귀먹은 체하고 말대꾸를 하지 말라. 비유컨대 불이 허공에서 타다가 끄지 않아도 저절로 사라지는 것과 같다. 내 마음은 허공과 같으므로 그의 입술과 혀만 움직일 뿐이다"라고 하였다.²³⁷⁾ 명심보감의 이 말은 영감된 것이 아니지만, 인류의 경험과 하나님이 주신 일반은총에 의한 깨달음이라고 할 수 있다.

2) 미련한 자의 말에 답변해야 할 경우가 있다. 미련한 자가 단지 무식하기 때문에 무지한 말을 할 때도 있다. 그런 경우에는 그의 영혼 구원을 위하여 대답하며 가르쳐야 한다. 그가 자기의 무지한 말을 스스로 옳은 줄로 생각하면(5하), 그의 영혼은 더욱 어두워질 것이다. 예수님도 무지한 사람들에게 진리를 알리시기 위하여 답변하신 일이 있다(참조. 요 18:19-24, 33-37; 19:11; 딤전 6:13).

**6-10** **미련한 자 편에 기별하는 것은 자기의 발을 베어 버림과 해를 받음과 같으니라 저는 자의 다리는 힘 없이 달렸나니 미련한 자의 입의 잠언도 그러하니라 미련한 자에게 영예를 주는 것은 돌을 물매에 매는 것과 같으니라 미련한 자의 입의 잠언은 술 취한 자가 손에 든 가시나무 같으니라 장인이 온갖 것을 만들지라도 미련한 자를 고용하는 것은 지나가는 행인을 고용함과 같으니라.** 이 부분의 말씀은, 사람이(혹 교회가) 자기 대신 미련한 자를 세우는 것이 좋지 않다는 것이다. 이 구절에 대한 자세한 해석은 다음의 설교로 대신한다.

### 설교▶ 미련한 교역자(6-10절)

"미련하다"는 것은 무엇을 의미하는가? "미련하다"(כְּסִיל)는 것은 저능함

---

236) 『明心寶鑑』, 戒性篇, 7쪽: "惡人罵善人善人總不對不對心淸閑罵者口熱沸正如人唾天還從己身墜."
237) 같은 책, 8쪽: "我若被人罵佯聾不分設譬如火燒空不自然滅我心等虛空總爾翻唇舌."

(imbecile), 우둔함(stupid)을 의미하며, 아라비아어 카쌀(거칠음, 태만함)에 해당된다. 이것은 성경에서 영적 우매를 중점적으로 의미한다.

1) 하나님을 모르는 자를 미련하다고 한다(시 14:1). 사람이 아무리 과학적 지식이 많아도 하나님을 모르면 여전히 저능함을 면치 못한다. 그 이유는 그가 여전히 기계적 지식에 머물기 때문이다. 하나님은 기계적 지식으로 알 수 없다. 그는 영이시기 때문에 사람이 영감을 받아야만 그를 알게 된다. 영감은 받지 못하고 인간적인 기계적 지식에만 의존하는 교역자는 미련한 자이다.

2) 죄를 대수롭지 않게 여기는 자를 미련하다고 한다(참조. 잠 14:9; 잠 26:11). 성경은 우리에게 피 흘리기까지 죄를 대적하라고 한다(히 12:4).

3) 책망을 듣기 싫어하는 자를 미련한 자라고 한다(잠 1:20-33). 성경은 책망을 귀하게 여긴다. 잠언 27:5-6에 말하기를 "면책은 숨은 사랑보다 나으니라 친구의 아픈 책망은 충직으로 말미암는 것이나 원수의 잦은 입맞춤은 거짓에서 난 것이니라"고 하였다.

4) 영혼을 위하여(내세를 위하여) 준비하지 않는 자를 미련하다고 한다(눅 12:16-21). 고린도전서 15:19에는 말하기를 "만일 그리스도 안에서 우리가 바라는 것이 다만 이 세상의 삶뿐이면 모든 사람 가운데 우리가 더욱 불쌍한 자이리라"고 하였다. 잠언에서 미련한 자는 징계의 대상이라고 거듭거듭 말한다(19:29; 26:3).

"기별한다"(שְׁלֹחַ דְּבָרִים)는 말(6절)은 사무적으로 보내는 것을 의미한다. 그러므로 이것은 어떤 세속적인 소식을 전하는 데 국한된 말이 아니다. 이것은 사실상 주인을 대신하는 직무이다. 그러므로 8절에서는 이것이 "영예"(כָּבוֹד)라는 말로 바뀐다. 따라서 이것은 하나님의 말씀을 전하는, 영예로운 대언자의 직책을 가리킨 것으로 생각된다. 그가 하는 일이 "잠언"(7하, 9하), 곧 하나님의 말씀을 전파하는 것임을 볼 때 이 해석이 정당화된다.

미련한 자가 교회의 대리자로 행사하는 것은 참으로 위험하다. 그 이유는, 미련한 자(כסיל)는 앞에 이미 해석된 것같이 자기의 과오를 회개하지 않는 자이기 때문이다. 잠언 1:22 하반절 말씀이 이 해석을 정당화시킨다. 거기서 말하기를 "미련한 자들은 지식을 미워하니"라고 하였다. 곧 미련한 자는 의를 배우거나 자기 허물을 고치는 사람이 아니라는 뜻이다. 사람마다 과오가 있다. 그러나 회개하는(배워서 고치는) 자만이 중책을 맡을 수 있다. 회개하지 않고 자기 잘못을 정당화시키려고 하는 자는 중직을 맡을 자격이 없다. 그는 맡은 일을 그르친다. 이 사실이 본문에서 몇 가지 비유로 진술된다. 곧

① 그와 같이 위험한 인물을 자기 대리자로 세우는 자는 발이 끊어지는 것과 같다(26:6하). 발이 끊어진 자는 걸어 다닐 수 없다. 그것은 아무 일도 할 수 없는 장애인이 된 것과 같다. 성경에서 발로 걸어 다닌다는 것은 행실을 비유한다.

② 마치 다리를 저는 사람처럼, 미련한 자의 진리 교훈은 무력하다(7절). 하나님의 말씀(잠언)을 전하는 자는 확신이 있어야 한다. 그는 청중에게 진리를 힘 있게 심을 수 있어야 한다. 그러나 의를 사모하지 않고 회개하지 않는 완악한 자, 곧 미련한 자는 하나님의 말씀을 전할 때에 무력하다. 그는 자기의 생활 문제 때문에 마지못하여 설교하며 가르친다(빌 2:21).

③ 돌을 물매에 매는 것과 같다(잠 26:8). 돌을 던지려고 할 때에 그것을 물매에 매면 던져지지 않는다. 그와 같이 미련한 자에게 맡긴 성직은 신령한 효과를 거두지 못한다. 그런 자는 게을러서 책임을 이행하지 않는다.

④ 술 취한 자의 손에 잡힌 가시나무와 같다(9절). 술 취한 자가 가시나무를 손에 들면 그것으로 사람들을 상하게 할 것이다. 그와 같이 미련한 자가 성직을 맡으면 그것으로 교회를 해롭게 한다.

⑤ 지나가는 자를 고용하는 것과 같다(10하). 지나가는 자를 채용한다는 것은 일꾼의 자격을 알아보지 않고 등용하는 것이다. 그것은 위험한 일이다.

10절의 히브리어(רַב מְחוֹלֵל־כֹּל וְשֹׂכֵר כְּסִיל וְשֹׂכֵר עֹבְרִים)는 학자들에 따라 여러 가지로 번역되었다. 한글 번역은 미국 표준역(ASV)을 따른 것이다. 그러므로 다음과 같은 번역이 더 낫다고 본다. "높은 자리에 앉은 자들이 모든 일을 그르친다. 그들은 미련한 자도 사용하고 방랑자도 사용한다."[238]

**11** **개가 그 토한 것을 도로 먹는 것 같이 미련한 자는 그 미련한 것을 거듭 행하느니라.** 여기서 미련한 자를 개와 같은 자로 본 이유는 다음과 같다. ① "미련한 자"(כְּסִיל)라는 말의 히브리어는 일반적으로 어리석은 자(유치한 자)와 달리 죄를 업으로 삼는 자이다. 다시 말하면 그는 죄를 짓는데 양심에 가책을 전혀 느끼지 않는다. 불결한 것을 문제시하지 않는 점에서 그는 개와 같다. 예수님께서 "거룩한 것을 개에게 주지 말라"고 하셨다(마 7:6). 그 말씀에는 개가 거룩한 것을 몰라본다는 의미도 가지고 있다. ② 미련한 자는 완악하여 죄를 떠나지 않고 계속 그것을 범한다. 다시 말하면 그는 회개하지 않는 자이다. 그는 바로와 같은 자이다. 바로가 열 가지 재앙을 만날 때에 간간이 회개하는 것 같은 태도를 취하기는 하였다(출 9:27; 10:16). 그러나 그는 다시 완악해졌다(출 8:19, 32; 9:34; 10:20). 그것이 개가 토한 것을 도로 먹는 것과 같은 행동이다.

그러나 이런 자도 진정으로 회개할 수 있는가, 하는 문제에 대하여 절망할 필요는 없다. 그 이유는 잠언 26:12에 어느 정도 소망 있는 말씀이 있기 때문이다(그 부분의 주석을 참조하라). 따라서 그런 자도 하나님의 택한 자녀이면 적당한 시기에 회개할 소망이 있으므로, 진리의 증인들은 낙심하지 말고 끝까지 그를 권면해야 한다. 하나님의 선택만이 인간의 노력에 대한 소망

---

238) The Jewish Commentary for Bible Readers, Book of Proverbs (Union American Heberw Congregations, 1961), 268.

의 동기이다. 어떤 사람들의 말처럼, "그가 하나님의 택한 자녀이면 마침내 회개할 것이니 내버려 두라"고 하는 것은 정당한 논법이 아니다. 그것은 선택의 도리를 심판의 재료로 오용하는 잘못이다. 우리는 다음과 같이 말해야 한다. "예정된 자는 회개할 소망이 있기 때문에 우리는 힘써 복음을 증거해야 한다."

**12** **네가 스스로 지혜롭게 여기는 자를 보느냐 그보다 미련한 자에게 오히려 희망이 있느니라.** 이 구절의 히브리어를 개역하면 다음과 같다. "자기 자신을 자기 눈으로 지혜롭게 여기는 자를 네가 보느냐 그보다 미련한 자에게 오히려 소망을 가지라." 여기서는 스스로 자기 자신이 의롭다고 생각하는 자의 절망 상태를 지적한다. 그런 자는 외적으로 점잖고 행실에서도 "미련한 자"(כְּסִיל "행위가 험악하고 완악한 자")보다 좋아 보인다. 그들 중에는 지도자들, 교사들, 교수들, 과학자들이 많다. 그러나 그들은 스스로 자기를 의롭게 생각하여 구원받기를 원치 않으며 하나님께 나오지도 않는다. 그들은 사실상 자기 자신을 모르며, 또한 하나님을 반역하는 자들이다. 하나님은 그들을 미련한 죄인들보다 악한 자로 보신다. 예수님 당시의 바리새인들이 그런 자들이었다. 그러므로 예수님께서는 말씀하시기를 "내가 진실로 너희에게 이르노니 세리들과 창녀들이 너희보다 먼저 하나님의 나라에 들어가리라"고 하셨다(마 21:31). 종교의식이나 사회도덕을 어느 정도 지킨 것이 늘 자기 눈앞에 있어서 스스로 의롭다고 생각한 제사장은, 강도 맞은 사람쯤은 도와주지 않아도 된다고 생각했다(눅 10:31). 그런 사고방식은 그의 착각이고 하나님 앞의 반역이다. 그는 더러운 옷 같은 자기의 의(사 64:6)만 알고, 하나님을 모시는 것이 참된 의라는 것을 몰랐다. 따라서 그는 주리고 목마른 것처럼 의를 사모하지 않았다(마 5:6). 하나님은 그런 자에게 은혜와 의를 베풀어 주시지 않는다(참조. 눅 18:9-14).

**13-16** **게으른 자는 길에 사자가 있다 거리에 사자가 있다 하느니라 문짝이 돌쩌귀를 따**

라서 도는 것 같이 게으른 자는 침상에서 도느니라 게으른 자는 그 손을 그릇에 넣고도 입으로 올리기를 괴로워하느니라 게으른 자는 사리에 맞게 대답하는 사람 일곱보다 자기를 지혜롭게 여기느니라. 잠언의 저자는 게으름을 경계하는 말씀을 여러 차례 거듭한다(6:6-9; 10:26; 13:4; 19:15; 20:4). 이것은 역설과 강조를 위한 중복이다. 사실상 인류는 게으름 때문에 모든 의를 이루지 못한다.

### 설교 ▶ 인간의 타성과 불신앙(13-16절)

#### 1. 환경에 정복된 인간이 바로 게으른 자이고 불신앙자이다(13절)

하나님은 인간에게 만물을 "다스리라"고 하셨다(창 1:28). 그런데 그가 범죄하여 하나님을 떠난 후에는 만물에게 정복을 당하여, "거리에 사자가 있다"고 하며 공연한 공포의 대상을 만들기까지 한다. 그러나 이제라도 주님께로 돌아오면 만물을 정복할 수 있다. 그는 바울과 같이 "내게 능력 주시는 자 안에서 내가 모든 것을 할 수 있느니라"고 하게 된다(빌 4:13). 베드로와 요한은 성전 미문에 있는 앉은뱅이에게 말하기를 "은과 금은 내게 없거니와 내게 있는 이것을 네게 주노니 나사렛 예수 그리스도의 이름으로 일어나 걸으라"고 하였다(행 3:6).

내 친구 중 목사 한 명은 그의 부친이 뇌암으로 정신을 잃고 세상을 떠나게 되었을 때에 6시간을 계속 기도하고, 시체와 같게 된 아버지가 하나님의 능력으로 고쳐질 것을 믿고 "주여, 믿습니다"라고 기도하였다. 그 후 30분이 지나서 놀랍게도 그의 부친이 깨어났고, 이후 3년 동안 더 사셨다.

#### 2. 쾌락의 종이 된 인간이 바로 불신앙자이다(14절)

인간은 쾌락을 좋아하여 늘 거기 머물려고 한다. 그것은 문짝이 돌쩌귀를 따라서 도는 것같이 그 자리에 머문다. 그러나 성경은 말하기를 "향락을 좋아하는 자는 살았으나 죽었느니라"고 한다(딤전 5:6). 사실상 평안은 사람을 부패하게 만든다. 인류 역사에서 구원과 생명과 진리와 공의를 유지하는 힘은 고난이다. 그러므로 히브리서 11:24-26에 말하기를 "믿음으로 모세는 장성하여 바로의 공주의 아들이라 칭함 받기를 거절하고 도리어 하나님의 백성과 함께 고난 받기를 잠시 죄악의 낙을 누리는 것보다 더 좋아하고 그리스도를 위하여 받는 수모를 애굽의 모든 보화보다 더 큰 재물로 여겼으니 이는 상 주심을 바라봄이라"고 하였다.

### 3. 손안에 들어온 복을 받지 않는 것(15절)

예수님은 십자가의 고난을 받으심으로 우리의 구원을 완성하셨다. 그가 마지막으로 말씀하시기를 "다 이루었다"고 하셨다(요 19:30). 우리가 많이 힘써야 구원받는 것도 사실이다(마 11:12). 그러나 피 흘리기까지 죄를 대적하여(히 12:4) 힘쓰는 것도 하나님 앞에서는 큰일이 되지 못하고, 다만 작은 일에 충성하는 것에 불과하다(마 25:21). 죽은 나사로를 다시 살리실 때에 예수님은 그 일을 혼자서 담당하셨다. 그분은 그곳에 둘러선 사람들에게 "돌을 옮겨 놓으라"고 하셨고(요 11:39), 나사로의 수족과 얼굴을 싼 수건을 풀어 놓으라고도 하셨다(요 11:44). 이러한 일은 다 작은 일이다. 하나님께서 우리가 구원을 받게 하실 때 우리로 하여금 노력하게 하신 것은 우리가 허황해지지 않게 하려는 것이다. 사람이 노력 없이 무언가를 얻으면 그것으로 말미암아 거짓되어지고 허황해진다. 예수님께서 우리에게 명하시는 일은 사실상 기쁜 일이고 먹는 일과 같다. 그것은 음식을 입으로 가져가는 것과 같다. 그것은 믿음이다(요 6:29).

### 4. 스스로 지혜 있다고 하는 자는 불신앙자이다(16절)

하나님을 믿지 않는 자는 사실상 자기가 하나님보다 지혜롭다고 자처하는 자이다. 그는 성경에 있는 어려운 문제들도 알아볼 필요조차 없는 것처럼 그것에 대하여 관심을 가지지 않는다. 그는 그와 같이 교만하고, 어려운 문제 앞에서 믿음으로 처신할 줄 모른다. 그러나 성경은 우리에게 모르는 문제에 관하여 하나님을 믿고 행동하라고 한다. 히브리서 11:8에 말하기를 "믿음으로 아브라함은 부르심을 받았을 때에 순종하여 장래의 유업으로 받을 땅에 나아갈새 갈 바를 알지 못하고 나아갔으며"라고 하였다.

**17** **길로 지나가다가 자기와 상관 없는 다툼을 간섭하는 자는 개의 귀를 잡는 자와 같으니라.** 여기서 깨달을 수 있는 것은, ① 남의 일에 간섭하지 말라는 것이다. 갈라디아서 6:5에 말하기를 "각각 자기의 짐을 질 것이라"고 하였다. 남의 일에 간섭하는 것은 남을 무시하는 죄악이다. ② 다른 사람들의 다툼에 가담하지 말라는 것이다. 남들이 싸울 때에 그들이 서로 화목하게 하는 것은 하나님께 속한 일이지만(마 5:9), 그 싸움을 장려하는 것은 마귀에게 속한 일이다(약 3:14-16). ③ 남의 일에 간섭하거나 남들의 다툼에 가담하는 자는 그 사람 자신이 손해를 본다는 것이다. 개의 귀를 잡는 자는 그 개에게 물릴 수밖에 없다.

남의 일에 간섭하는 것은 싸움에 참여하는 행동이다. 그 이유는, 그것이 이미 남을 침해하는 행동이기 때문이다. 그것은 남과 나 사이에 있는 존엄한 경계선을 알지 못하는 미숙한 행동이다. 이런 행동이 많이 있는 사회에서는 사람들이 서로 단합하지 못하는 병폐가 있다. 그런 사회에서는 사람들이 공연히 남의 말을 하며 남을 폄하한다. 이런 사람들이 사는 사회는 잘될 수 없다.

**18-19** **횃불을 던지며 화살을 쏘아서 사람을 죽이는 미친 사람이 있나니 자기의 이웃을 속이고 말하기를 내가 희롱하였노라 하는 자도 그러하니라.** 여기서 지적하는 것은 남을 기탄없이 속이는 것이 미친 행동이라는 것이다. 즉 그것은 위험한 물건을 마구 던져서 사람을 죽이는 미친 사람의 행동과 같다는 것이다. 그 이유는 여기서 지적한 대로, 남을 속이는 자는 무자비한 마음으로 속이기 때문이다.

그는 남을 속이고도 그것을 후회하거나 한탄하지 않고 도리어 즐거워한다 ("희롱하였노라"고 한다). 그것이 잔인한 태도가 아니고 무엇인가? 이런 태도로 남을 속이는 것은 두말할 것 없이 미친 사람의 행동이다. 그 이유는 그가 자기의 말 때문에 많은 사람이 패망하는 것을 기뻐하기 때문이다. 그것은 마귀의 심리이다. 마귀는 사람들을 속여 넘어뜨리는 것을 자기의 직업으로 삼는다. 사람이 마귀와 똑같은 행동을 한다면 그는 마귀 들린 자이다.

**20-22** 나무가 다하면 불이 꺼지고 말쟁이가 없어지면 다툼이 쉬느니라 숯불 위에 숯을 더하는 것과 타는 불에 나무를 더하는 것 같이 다툼을 좋아하는 자는 시비를 일으키느니라 남의 말 하기를 좋아하는 자의 말은 별식과 같아서 뱃속 깊은 데로 내려가느니라. 말쟁이는 두루 돌아다니며 남의 말을 하여, 사람들 사이를 이간하며(딤전 5:13) 분쟁을 일으킨다. 그러므로 말쟁이의 말은 타는 불의 연료와 같다(약 3:6). 그뿐 아니라 말쟁이의 말은 사람들이 주의 깊게 듣는 경향이 있으므로 매우 위험하다.

하나님은 말쟁이의 말을 심히 미워하신다. 시편 52:1-5에 말하기를 "포악한 자여 네가 어찌하여 악한 계획을 스스로 자랑하는가 하나님의 인자하심은 항상 있도다 네 혀가 심한 악을 꾀하여 날카로운 삭도 같이 간사를 행하는도다 네가 선보다 악을 사랑하며 의를 말함보다 거짓을 사랑하는도다 (셀라) 간사한 혀여 너는 남을 해치는 모든 말을 좋아하는도다 그런즉 하나님이 영원히 너를 멸하심이여 너를 붙잡아 네 장막에서 뽑아 내며 살아 있는 땅에서 네 뿌리를 빼시리로다 (셀라)"라고 하였다(참조. 시 12:2-4).

**23-28** 온유한 입술에 악한 마음은 낮은 은을 입힌 토기니라 원수는 입술로는 꾸미고 속으로는 속임을 품나니 그 말이 좋을지라도 믿지 말 것은 그 마음에 일곱 가지 가증한 것이 있음이니라 속임으로 그 미움을 감출지라도 그의 악이 회중 앞에 드러나리라 함정을 파는 자는 그것에 빠질 것이요 돌을 굴리는 자는 도리어 그것에 치이리라 거짓말 하는 자는 자기가 해한 자를 미워하고 아첨하는 입은 패망을 일으키느니라. 여기서는 외식하는(혹은 아첨하는) 사람에 대하여 말한다.

1) 그는 비열한 자이다(23절). 본문은 그를 비유하기를 "낮은 은을 입힌 토기"와 같다고 하였다. 여기서 "낮은 은"이라는 말은 은의 찌꺼기를 가리킨다. 그의 외모는 고상한 것 같지만 실상은 가짜이고(은의 찌꺼기), 비천한 토기와 같아서 가치 없는 사람이다. 본문의 "온유한"(םיקלד)이라는 말은 "불타는"(burning)이라는 뜻이다. 이것은 그 외식하는 자(아첨하는 자)가 마음에 없는 말을 하면서도 뜨거운 친절함으로 표현하는 것을 가리킨다. 동양의 격언에도 "입에는 꿀이요 뱃속에는 검이로다."라는 말이 있다. 외식하는 자(아첨하는 자)는 사실상 상대방을 사랑하는 것이 아니고 자기의 이익을 위하여 거짓말로 아부하는 것이다.

2) 외식하는(아첨하는) 자의 말을 믿지 말아야 한다(24-25절). 외식하는(아첨하는) 자는 말할 때에 상대방이 듣기 좋게 말하지만 사실상 상대방을 사랑하는 것이 아니고 미워한다. 설령 그가 심리적으로 상대방을 미워할 이유가 없다 할지라도 그가 상대방을 아끼지 않는 것만은 사실이다. 그러므로 그는 상대방에게 해로운 거짓말을 한다. 결과적으로 그가 상대방을 미워한 것과 마찬가지이다(28절). 그러므로 잠언의 저자는 그와 같이 외식하는 자의 말을 믿지 말라고 경고한다. 그럼에도 불구하고 과거의 많은 집권자들이 자기 앞에서 아첨하는 자들의 말만 듣고 일을 하다가 나라를 망쳤고 자기 자신도 망쳤다. 모든 사람은 자기 귀에 거슬리는 말을 좋아하지 않는다. 그것이 그들의 어리석음이다. 왜 자신에게 유익한 옳은 말을 배척하는가?

3) 외식하는 자(아첨하는 자) 자신도 하나님의 벌을 받아 마침내 망한다(26-28절). 그가 상대방에 대한 미움을 감추고 외식으로 친절을 나타낸다 할지라도 그의 죄악이 공적으로 드러날 날이 온다. 본문에 "그의 악이 회중 앞에 드러나리라"고 한 말씀이 그 뜻이다. 그는 남을 망하게 하는 행동을 하였지만, 결국 그 행동 때문에 자기 자신도 망한다. "함정을 파는 자는 그것에 빠질 것이요"라는 말씀(27상)이 그 뜻이다. 그리고 "돌을 굴리는 자는 도리어

그것에 치이리라"(27하)고 한 말씀도 그렇다. 곧 돌을 굴려 내리는 것이 아니고 돌을 굴려 올리다가 사고가 생겨서 그것을 굴리던 자의 머리가 상하게 되는 것을 가리킨다.[239]

---

239) Delitzsch: "It is natural to think of the rolling as a rolling upwards."; cf. Sir. XXVII. 25, ὁ βάλλων λίθον εἰς ὕψος ἐπὶ κεφαλὴν αὐτοῦ βάλλει, i.e. throws it on his own head.

# 제 27 장

## ✤ 해석

**1-2** 너는 내일 일을 자랑하지 말라 하루 동안에 무슨 일이 일어날지 네가 알 수 없음이니라 타인이 너를 칭찬하게 하고 네 입으로는 하지 말며 외인이 너를 칭찬하게 하고 네 입술로는 하지 말지니라. 이것은 자랑과 교만을 금하는 말씀이다. 이 말씀에 대한 해석은 다음의 설교로 대신한다.

### 설교 ▶ 자랑하지 말자(1-2절)

하나님께서는 자랑하는 자를 극히 미워하신다. 시편 12:3에 말하기를 "여호와께서…자랑하는 혀를 끊으시리니"라고 하였다. 하나님께서 왜 이토록 자랑하는 사람을 미워하시는가? 그 이유는, 자랑하는 자는 하나님의 것을 자기의 것인 양 자랑하기 때문이다. 자랑하는 자는 스스로 하나님 노릇하는 외람된 자이다.

### 1. 내일 일을 자랑하지 말 것(1절)

본문 1절에 말하기를 "너는 내일 일을 자랑하지 말라 하루 동안에 무슨 일이 일어날는지 네가 알 수 없음이니라"고 하였다. 여기서 "하루 동안에 무슨 일이 일어날는지" 알 수 없다는 것은 하루 동안에도 불행한 일이 일어날 수 있다는 것이다. 현재는 우리의 생활이 그럴듯해도 조금 있다가 범죄할지도 모른다. 죄는 죽음과 똑같이 끔찍한 것이다. "사망이 쏘는 것은 죄"라고 하였다(고전 15:56). 또 우리가 현재에는 건강하지만 얼마 후에는 병이 날지도 모르고 죽을지도 모른다. 이 세상에는 안전 보장이 없다. 우리는 내일 일을 자랑하지 말고(다시 말하면 "내일도 내 날이라고 생각하지 말고"; 약 4:13-17) 그날그날 주님만 믿고 힘써 일해야 한다. 벨릭스는 바울의 전도를 듣고도 회개하지 않고 후일로 연기하였다. 그는 두려워하여 말하기를 "지금은 가라 내가 틈이 있으면 너를 부르리라"고 하였다(행 24:25). 우리는 그날그날을 하나님이 나에게 주신 마지막 날처럼 생각하고 죽도록 할 일을 해야 한다. 이런 의미에서 바울은 말하기를 "나는 날마다 죽노라"고 하였다(고전 15:31). 우리는 특별히 신앙생활에서 회개하는 것과 거룩하게 사는 책임을 날마다 어김없이 지켜야 한다.

### 2. 자기 자신을 자랑하지 말 것(2절)

2절에 말하기를 "타인이 너를 칭찬하게 하고 네 입으로는 하지 말며 외인이 너를 칭찬하게 하고 네 입술로는 하지 말지니라"고 하였다. 세례 요한은 자신이 그리스도의 신발 끈을 풀기도 감당할 수 없다고 하면서 자기의 무가치함을 고백하였다(요 1:27). 그러나 예수님은 요한을 칭찬하여 말씀하시기를 "여자가 낳은 자 중에 세례 요한보다 큰 이가 일어남이 없도다"라고 하셨다(마 11:11). 백부장은 예수님께 말하기를 "주여 내 집에 들어오심을 나는 감당하지 못하겠사오니"라고 하였다(마 8:8). 그러나 예수님은 그를 칭찬하여 말씀하시기를 "내가 진실로 너희에게 이르노니 이스라엘 중 아무에게서도 이만한 믿음을 보지 못하였노라"고 하셨다(마 8:10). 그러므로 우리가 우리 자신을 스스로 칭찬하는 것은 미련한 일이다. 독일 격언에도 말하기를 "사람이 스스로 자기를 칭찬하는 것은 더러운 냄새나는 행동이다."라고 하였다(Eigenlob stinkt). 우리는, ① 언제든 우리의 과오를 고백하는 것이 아름답고, ② 다른 사람을 나 자신보다 낫게 여겨야 한다(빌 2:3). 우리가 만일 남보다 재주가 많다고 해도 그 재주를 가지고 남을 돕는 책임을 다하지 못하였다면, 도리어 재주 없는 사람보다 못한 처지에 있는 것이다. 하나님께서는 많이 받은 자에게서 많이 찾으신다. 누가복음 12:48에 말하기를 "무릇 많이 받은 자에게는 많이 요구할 것이요 많이 맡은 자에게는 많이 달라 할 것이니라"고 하였다.

**3-4** 돌은 무겁고 모래도 가볍지 아니하거니와 미련한 자의 분노는 이 둘보다 무거우니라 분은 잔인하고 노는 창수 같거니와 투기 앞에야 누가 서리요. "분노는 이 둘보다 무거우니라." 이것은 분노를 품은 사람이 오랫동안 상대방을 유쾌하지 않게 하고, 그를 견딜 수 없게 만든다는 뜻이다. 특별히 미련한 자의 분노가 그러하다. 브리지스(Charles Bridges)는 여기서 압살롬과 다윗을 대조했다. 곧 다윗은 나발에게 큰 분노를 발하였다가 얼른 그쳤지만(삼상 25:32-33) 압살롬은 2년 동안 계속 분노하였다는 것이다(삼하 13:22, 23-29). 사람이 분을 오랫동안 품으면 반드시 죄를 범하게 된다. 에베소서 4:26-27에 말하기를 "분을 내어도 죄를 짓지 말며 해가 지도록 분을 품지 말고 마귀에게 틈을 주지 말라"고 하였다. 기독교 신자들 중에서 일시 동안 작은 충돌로 일어났던 분을 평생토록 품고 풀지 않는 자들이 있다. 그들은 압살롬과 같은 자들이다. 분노를 품는 자는 그 사람 자신의 심령 속에 살인하는 독을 품은 것이므로 그 사람의 심령이 먼저 망한다(요일 3:15).

"노는 창수 같거니와 투기 앞에야 누가 서리요." "창수", 곧 홍수는 잔인하다. 분노가 잔인하지만 "투기", 곧 시기는 더욱 잔인하다. 아가서 8:6에 질투는 스올같이 잔인하다고 하였다. 이것이 분노보다 잔인하다고 할 수 있는 이유는, ① 분노는 일반적으로 일시적으로 일어났다가 가라앉을 수 있다. 그러나 시기는 그보다 끈덕지게 계속된다. 그것은 영구히 상대방을 따라다니며 그를 해치기 때문이다. ② 사람의 분노는 일반적으로 상대방에게서 침해를 받았다는 생각에서 일어나지만 시기는 그렇지 않다. 그것은 사람이 상대방의 번영을 보고 좋아하지 않거나 방해하는 샘트집이다. 그것은 상대방의 패망을 본 후에야 그치기 때문이다(참조. 잠 6:34; 14:30).

**5-6** **면책은 숨은 사랑보다 나으니라 친구의 아픈 책망은 충직으로 말미암는 것이나 원수의 잦은 입맞춤은 거짓에서 난 것이니라.** 여기서 "면책"(תּוֹכַחַת מְגֻלָּה)이라는 말은 노골적인 책망을 의미한다. 이것은 반드시 공중 앞에서 꾸짖는 것이 아니다. 상대방에게만 권면하는 것이다(마 18:15). "숨은 사랑"이라는 것은, 사람이 친구를 어느 정도 중심으로 사랑하면서도 행동으로 돕지 못하는 연약한 사랑을 말한다. 그러나 "면책"은 그것을 달게 받는 자에게 큰 유익을 주므로 숨은 사랑보다 낫다. 그러므로 지혜로운 자들은 친구의 면책을 달게 받는다(시 141:5). 동양의 옛글에도 "충고하여 벗을 선하게 인도하여라"라고 하였고,[240] 노자는 말하기를 "믿음 있는 말은 아름답지 않고, 아름다운 말은 믿음이 없다"라고 하였다.[241] 곧 친구에게 선한 충고를 하는 것이 아첨하는 것처럼 아름다운 말은 아니라는 뜻이다. 공자나 노자가 성령의 감동으로 가르친 것은 아니다. 그러나 그들도 인류의 경험적 지식을 통하여 친구 관계는 충고로만 참되게 성립된다는 사실을 말할 수 있었다.

---

240) 『論語』, 顔淵十二, 23쪽 : "忠告而善導之."
241) 老子, 『道德經』, 81쪽 : "信言不美 美言不信."

"원수의 잦은 입맞춤은 거짓에서 난 것이니라." "잦은 입맞춤"(נַעְתָּרוֹת נְשִׁיקוֹת)이라는 말에서 "잦은"은 풍성함을 의미하고, "입맞춤"은 모든 아부 행위의 친절함을 가리킨다. 사람들은 친절한 것을 좋아하고 책망은 싫어한다. 그러나 그것은 부패한 인류의 근성이다. 인류는 조상 때부터 범죄한 죄인이므로 마땅히 권면을 기쁘게 받아들여야 한다. 베드로는 바울의 책망을 받았으나(갈 2:11-14) 끝까지 그의 친구로 머물러 있었다(벧후 3:15).

**7-8 배부른 자는 꿀이라도 싫어하고 주린 자에게는 쓴 것이라도 다니라 고향을 떠나 유리하는 사람은 보금자리를 떠나 떠도는 새와 같으니라.** 이 말씀은, 언제나 교만하여 불만을 가지고 자기의 소명이나 천직, 또는 하나님이 주신 위치를 떠나서 돌아다니기 좋아하는 사람들을 경계하는 것이다. 이것은 신령한 사명에 충성하지 않고 불만으로 세상 것을 찾아다니는 교회 지도자나 목사도 경계하는 말씀이다. "배부른 자"라는 말은 교만한 자를 비유하는 것인데, 그런 자는 "꿀"과 같이 단 하나님의 말씀을 싫어한다. 반면에 "주린 자", 곧 겸손한 자는 "쓴 것", 곧 고난도 달게 받는다. 시편 119:71에는 말하기를 "고난 당한 것이 내게 유익이라 이로 말미암아 내가 주의 율례들을 배우게 되었나이다"라고 하였다. 이것은 겸손하여 주리고 목마른 것처럼 의를 사모하는 성도(마 5:6)의 찬송이다. 바리새인들은 스스로 인간의 의로 배부른 줄 착각하고(눅 18:9-12) 그리스도를 배척하였다. 그와 같이 오늘날 소위 신학자라는 이름으로 성경을 잘못 취급하는 많은 사람도 스스로 자기의 지식으로 의를 삼아 그것으로 교만해졌다(고전 8:1). 그들은 영적인 배고픔을 느낄 줄 모른다.

우리는 겸손을 생명과 같이 지켜야 한다. 겸손한 자만이 모든 것을 바로 보며 고난 속에 잠재한 진리를 발견할 수 있다. 겸손한 자는 누구에게나 기꺼이 배운다. 독일의 격언도 본문(잠 27:7-8)을 설명해 준다. 곧 "주린 것이 최선의 요리사"(Hunger ist der beste Koch)라는 말이다.

"고향을 떠나 유리하는 사람." 이것은 앞절의 말씀과 같이 교만과 불만으로 자신의 천직이나 위치를 떠난 사람을 비유한다. 그는 하나님의 뜻을 거슬렀으므로 아무리 유리하며 돌아다녀도 평안을 얻지 못한다. 그는 마치 보금자리, 곧 둥지를 떠나서 떠도는 새와 같다. 브리지스(Charles Bridges)는 이 점에 대하여 중요한 해석을 붙였다. 곧 "① 언제나 자기가 이미 받은 사명을 떠나서 무언가가 되려는 사람은 가상의 난관을 피하려다가 실제 난관에 봉착하는 결과를 가져온다.[242] 성경적인 근거 없이 자기의 천직을 떠나는 것은 하나님을 떠나는 것과 마찬가지이다. 요나는 자기의 사명을 떠나서 도망가다가 바다에서 큰 환난을 당하였다(욘 1장). 우리는 우리가 할 일이 무엇인지 분명히 알고 그것을 끝까지 해야 한다. ② 영적 확신이 없는 신학자들과 신자들도 보금자리를 떠난 새와 같다. 그들은 옛날부터 전승되는 신학으로는 만족하지 않고 사상적으로 유리하고 있다. 그들은 바른 교훈을 받지 않고 자기 사욕을 좇을 스승을 많이 둔다(딤후 4:3)."라고 하였다.[243] 고린도전서 15:58에 "그러므로 내 사랑하는 형제들아 견실하며 흔들리지 말고 항상 주의 일에 더욱 힘쓰는 자들이 되라"고 하였다.

**9-10** 기름과 향이 사람의 마음을 즐겁게 하나니 친구의 충성된 권고가 이와 같이 아름다우니라 네 친구와 네 아비의 친구를 버리지 말며 네 환난 날에 형제의 집에 들어가지 말지어다 가까운 이웃이 먼 형제보다 나으니라. 여기서 "충성된 권고"(עֲצַת־נֶפֶשׁ)라는 말의 히브리어는 "영혼의 권고"라는 뜻이다. 참된 친구의 권고는 말뿐이 아니라 영혼으로(간절하게) 권면하는 사랑이다. 그것을 받는 자는 기름과 향처럼 즐겁게 받아야 한다. 그런데 많은 사람이 그것을 싫어하며 멀리한다.

"네 친구와 네 아비의 친구." 이 말의 히브리어 뜻을 해설하면, "네 친구, 곧 네 부친에게 신실하게 행한 친구"라는 뜻이다. 그는 부친 때부터 신실한

---

242) "Always wanting to be something of somewhere different to what and where he is, he only changes imaginery for real troubles."
243) Charles Bridges, A Commentary on Proverbs (London: The Banner of Truth Trust, 1968), 508-509.

사람으로 인정되었기 때문에 아들 된 자는 그를 귀하게 여기며 버리지 않아야 한다. 빌데부어(Wildeboer)도 말하기를 "옛 친구("아비의 친구"), 곧 신실함의 시험을 통과하고 인정받은 친구는 좋은 이웃이고, 먼 친척보다 낫다."라고 하였다.[244] 이 부분의 말씀은 친구와 형제를 비교하여 친구의 우수한 점을 드러낸다. 여기서 암시하는 것은 사회생활을 하면서 사람들을 가까운 친구로 만들어야 한다는 것이다. 다시 말하면, 혈연관계에서 도의적인 생활로 발전하라는 것이다. 사람은 혈통에 제한된 것이 아니라 그것을 초월한 하나님의 형상이므로 종족주의를 초월하며 하나님의 자녀로서 뭇 사람들을 사랑하여 그들과 혈족보다 가까워져야 한다. 사실상 도의는 혈통보다 강하다. 따라서 도의적으로 사는 사람은 환난 날에 형제에게 의탁하지 않고 도리어 친구들 가운데서 품위 있는 삶을 산다.

"가까운 이웃이 먼 형제보다 나으니라"(10하). 이것은 지역의 원근을 말하기보다 관계의 원근을 말한다고 할 수 있다. 도의적으로 사는 사람, 더욱이 하나님 중심으로 사는 사람은 형제나 친척보다도 뜻이 같은 친구들과 더 가까운 법이다. 그럼에도 불구하고 많은 사람이 혈연을 초월하는 의리의 생활을 버리고 혈통 중심으로 일생을 지낸다. 이와 같은 생활에서는 보다 고상한 의리와 신앙이 희생된다. 이와 같이 안타까운 일을 경계하기 위하여 잠언의 저자는 말하기를 "가까운 이웃이 먼 형제보다 나으니라"고 한다.

**11 내 아들아 지혜를 얻고 내 마음을 기쁘게 하라 그리하면 나를 비방하는 자에게 내가 대답할 수 있으리라.** 이것은 부모 된 자가 자식에게 지혜 있게 행하여(여호와를 경외함으로) 부모를 기쁘게 하라고 부탁하는 내용이다. 자식이 그렇게 할 때에 그의 부모를 비방하는 자들에게 부모로서 할 말이 있게 된다. 이것은 시

---

244) D. G. Wildeboer, Kurzer Hand-Commentar Zum Alten Testament (1897), s. 68 : "Ein alter erprobter Freund, ja ein guter Nachbar, ist besser als ein ferner Blutsverwanter."

편 127:5에 말한 대로, 부모가 그들의 의로운 자식으로 말미암아 원수들 앞에서도 부끄러울 것이 없다는 말씀과 같다.

본문(잠 27:11)의 말씀은 반드시 부모와 자식 사이의 관계에 국한되지 않는다. 스승과 제자의 관계도 마찬가지이다. 제자들이 의롭게 발전할 때에 스승 된 자의 기쁨이 크고, 또 자랑스럽게 된다(참조. 빌 4:1; 살전 2:19).

**12 슬기로운 자는 재앙을 보면 숨어 피하여도 어리석은 자들은 나가다가 해를 받느니라.** 이 구절에 대하여는 앞에 있는 잠언 22:3의 해석을 참조하라.

**13 타인을 위하여 보증 선 자의 옷을 취하라 외인들을 위하여 보증 선 자는 그의 몸을 볼모 잡을지니라.** 여기서 "옷을 취하라"고 한 말씀이나 "볼모 잡을지니라"고 한 말씀은, 남을 위하여 보증이 된 자가 마침내 쓴잔을 받게 된다는 뜻이다. 그러므로 경제적 능력 없이는 남을 위하여 보증을 서지 말아야 한다(잠 6:1-5 해석 참조).

**14 이른 아침에 큰 소리로 자기 이웃을 축복하면 도리어 저주 같이 여기게 되리라.** 여기서 "축복한다"는 것은 칭송하는 것(adulation)을 가리킨다. 이른 아침에 큰 소리로 칭송하는 것이 왜 저주가 되는가? 그것은 다음과 같은 두 가지 이유 때문이다. ① 그것은 지나친 성의를 가지고 아첨하는 행위이다. 그러므로 그것이 상대방에게 유익을 주지 못한다. ② 신이 아닌 사람에게 지나친 칭송을 하는 것은 하나님의 진노를 가져올 수밖에 없다. 예수님께서 말씀하시기를 "사람 중에 높임을 받는 그것은 하나님 앞에 미움을 받는 것이니라"고 하셨다(눅 16:15). 영광은 오직 하나님께만 돌려야 한다. 하나님께서 말씀하시기를 "내 영광을 다른 자에게 주지 아니하리라"고 하셨다(사 48:11). 그러므로 진실한 성도들은 무슨 일에나 자기 자신이 영광을 받을까 봐 두려워한다. 시편 115:1에 말하기를 "여호와여 영광을 우리에게 돌리지 마옵소서"라고 하였다. 헤롯 왕은 하나님께 돌릴 영광을 자기가 받았기 때문에 벌레에게 먹혀 죽었다(행 12:22-23).

**15-16** 다투는 여자는 비 오는 날에 이어 떨어지는 물방울이라 그를 제어하기가 바람을 제어하는 것 같고 오른손으로 기름을 움키는 것 같으니라. 이것은 가정생활에 관하여 가르친 말씀이다. 곧 가정에서 남편과 다투는 아내의 말은 끝나지 않는다는 것이다. 남편에게 대항하는 아내의 말은 막을 수 없다. 이는 마치 사람이 바람을 제어하기 어렵고 기름을 붙잡기 어려운 것과 마찬가지이다. 이와 같은 행동은 여성으로서 지녀야 할 온유와 순종에(딤전 2:11; 벧전 3:4) 어긋나는 것이다. 이와 같이 행하는 것은 그를 여성으로 지으신 하나님을 거역하는 것과 마찬가지이다. 그러나 이 점에서 주의할 것이 있다. 곧, ① 불의에 대하여도 언제나 대항하지 말라는 의미가 아니라는 것. 여기서 금하는 것은 대항할 때에 혈기에 이끌려 격분한 마음으로 다툼을 일으켜서는 안 된다는 것뿐이다. 그는 남편과 의견이 충돌하였을 때에, 마땅히 여성으로서 지켜야 할 온유의 덕으로 일시 동안 말을 멈추고 덕으로 감화시키며 조금씩 남편을 설득해야 한다. 그럼에도 불구하고 악처들은 끝까지 말다툼으로 남편을 이기려고 한다. ② 또 한 가지 생각할 것이 있다. 곧 본문의 말씀이 가정불화에서 남편에게는 언제나 잘못이 없다는 것이 아니다. 다만 그 점에 대하여 여기서는 말하지 않는 것뿐이다. 성경에는 여자들보다 남자들을 책망하는 구절이 더 많다. 특히 가정불화에서 남편은 마땅히 아량 있게 아내를 관용해야 한다. 그럼에도 불구하고 연약한 그릇인 아내(벧전 3:7)를 억압하기만 하는 무지한 남편들도 많다. 잠언 19:13, 21:19, 26:21에 대한 해석을 참조하라.

**17-22** 철이 철을 날카롭게 하는 것 같이 사람이 그의 친구의 얼굴을 빛나게 하느니라 무화과나무를 지키는 자는 그 과실을 먹고 자기 주인에게 시중드는 자는 영화를 얻느니라 물에 비치면 얼굴이 서로 같은 것 같이 사람의 마음도 서로 비치느니라 스올과 아바돈은 만족함이 없고 사람의 눈도 만족함이 없느니라 도가니로 은을, 풀무로 금을, 칭찬으로 사람을 단련하느니라 미련한 자를 곡물과 함께 절구에 넣고 공이로 찧을지라도 그의 미련은 벗겨지지 아니하느니라. 이 부분 말씀에 대한 해석은 다음의 설교로 대신한다.

### 설교 ▶ 교회 봉사의 원리(17-22절)

**1. 서로 도와주는 원리(17절)**

　본문에 "철이 철을 날카롭게 한다"고 하였다. 이는 신자들이 서로 돕는 것을 비유한 말씀이다. "사람이 그의 친구의 얼굴을 빛나게 한다"는 말씀(하반절)이 그 설명이다. 사람이 이웃을 도와주면 그가 더욱 발전하며 빛난다. 전도서 4:9-12에 말하기를 "두 사람이 한 사람보다 나음은 그들이 수고함으로 좋은 상을 얻을 것임이라 혹시 그들이 넘어지면 하나가 그 동무를 붙들어 일으키려니와 홀로 있어 넘어지고 붙들어 일으킬 자가 없는 자에게는 화가 있으리라 또 두 사람이 함께 누우면 따뜻하거니와 한 사람이면 어찌 따뜻하랴 한 사람이면 패하겠거니와 두 사람이면 맞설 수 있나니 세 겹 줄은 쉽게 끊어지지 아니하느니라"고 하였다. 사도들 중에서 가장 유력하게 일한 바울도 다른 사람의 협력을 얻어 사역에 열매를 맺었다. 곧 그가 다메섹에서 복음을 담대히 전할 때에 유대인들이 그를 죽이려고 하였다. 그때에 그의 제자들이 그를 광주리에 담아서 밤에 성에서 달아내려 구출하였다(행 9:23-25). 교회를 핍박하던 그는 사도로 부르심을 받은 후에도 처음에는 예루살렘 교회 사도들의 신임을 받지 못하였으나, 바나바가 그를 사도들에게 잘 소개하여 그들의 의혹을 풀어 주었다(행 9:27-30). 그는 데살로니가 교회 신자들이 굳게 선 것을 보고 "우리가 이제는 살리라"고 하였다(살전 3:8). 그뿐 아니라 그는 지중해에서 파선할 뻔하였고, 상륙하여 로마로 가는 도중에 마중 나온 성도들 때문에 큰 위로를 받고 담력도 얻었다. 그러므로 신자들이 서로 가까이하며 위로하는 것이 피차에 은혜 받는 길이다. 브리스길라와 아굴라도 바울을 많이 도와주었다. 그러므로 바울은 말하기를 "그들은 내 목숨을 위하여 자기들의 목까지도 내놓았나니"라고 하였다(롬 16:4). 바울은 권능 있는 하나님의 종이었지만 그가 모든 큰일을 이루어 나감에 있어서 많은 사람의 도움을 받았다(참조. 빌 4:10, 18; 딤후 4:9, 11, 13, 21). 그렇다면 바울보다 부족한 사람은 더욱이 다른 사람들의 협력을 받아야만 주님의 일을 잘해 나갈 수 있을 것이다.

### 2. 지키는 원리(18절)

무화과는 매우 고상한 열매이다. 무화과나무가 열매를 잘 맺게 하려면 주의 깊게 돌보아야 한다. 어린 무화과나무는 땅을 잘 갈아 주어야 열매를 맺고, 묵은 무화과나무는 잘 가꾸어 주어야 썩지 않는다. 그와 같이 교회도 신자들의 주의 깊은 봉사로만 참되게 유지되며, 또한 열매를 맺는다. 교회를 위한 봉사가 곧 하나님을 섬기는 것이다. 우리가 하나님을 섬기게 된 것이 얼마나 감사한가! 사람이 마귀를 섬기면 마귀와 함께 망하고, 자기 자신을 섬기면 자기 스스로 망하고, 하나님을 섬기면 영원히 하나님과 함께 영생한다.

본문에 "시중든다"는 것은 "지킨다"(שָׁמַר)는 뜻이다. 그것은 자기 주인을 원수가 해치지 못하도록 지키는 파수꾼의 직무를 가리킨다. 그와 같이 우리는 하나님의 영광이 손상되지 않도록 파수꾼이 되어야 한다. 우리가 한두 번 주님을 위하여 옳은 일을 했다고 해서 충성했다고 할 수 있는가? 아니다. 우리는 믿음을 꾸준히 지키는 덕을 지녀야 한다.

### 3. 반성의 원리(19절)

본문에 "사람의 마음도 서로 비치느니라"고 한 말씀은, 우리가 남의 심리를 보고 나 자신의 심리를 깨닫는다는 뜻이다. 그러므로 우리는 남의 죄악을 볼 때에 나 자신의 죄악을 반성할 줄 알아야 한다(갈 6:1-3). 순교자 브래드포드(Bradford)는 자기 집 대문 앞으로 사형수가 끌려가는 것을 보고 말하기를 "저기 브래드포드가 지나간다."라고 하였다. 갈라디아서 6:1에 말하기를 "형제들아 사람이 만일 무슨 범죄한 일이 드러나거든 신령한 너희는 온유한 심령으로 그러한 자를 바로잡고 너 자신을 살펴보아 너도 시험을 받을까 두려워하라"고 하였다.

### 4. 탐심을 금물로 여기는 원리(20-22절)

본문 20절은 탐심의 위태함을 말해 준다. 탐심(눈이 만족할 줄 모름)은 "스올과 아바돈"(멸망)과 같다고 한다. 스올과 아바돈은 끊임없이 빠져들어 가기만 하는 곳이므로, 성경 다른 곳에서는 "무저갱"이라고도 말한다(계 20:3). 본문은 탐심의 예를 한 가지 들었으니, 곧 명예심이다. "칭찬으로 사람을 단련한다"는 말씀(21절)은 사람이 명예를 탐하는 것으로 시험받기 쉽다는 뜻이다. 명예를 탐하는 마음은 사람에게 매우 위태하다.

사람이 어떤 명예를 얻게 되면, 죄인 된 자기의 본래 모습대로 살지 않고 공연히 자기를 그 명예의 주인으로만 높이며 자기가 아닌 자가 되어서 시간을 허송한다. 그렇게 명예를 탐하다가 명예에 미친 자가 되어 탐심에서 벗어나지 못하고 마침내 망한다. 잠언 27:22에 말하기를 "미련한 자를 곡물과 함께 절구에 넣고 공이로 찧을지라도 그의 미련은 벗겨지지 아니하느니라"고 하였다. 탐심이 얼마나 무서운지 알 수 있다. 그것은 바로 "스올"이고 "아바돈"(멸망)이다(20절; 참조. 약 1:15). 우리가 그리스도를 믿을 때에 그의 공로와 능력으로만 탐심에서 벗어난다.

**23-27** 네 양 떼의 형편을 부지런히 살피며 네 소 떼에게 마음을 두라 대저 재물은 영원히 있지 못하나니 면류관이 어찌 대대에 있으랴 풀을 벤 후에는 새로 움이 돋나니 산에서 꼴을 거둘 것이니라 어린 양의 털은 네 옷이 되며 염소는 밭을 사는 값이 되며 염소의 젖은 넉넉하여 너와 네 집의 음식이 되며 네 여종의 먹을 것이 되느니라. 여기서는 사람이 마땅히 부귀와 권세를 의지하여 살지 말고, 다만 자기의 생업에 부지런히 종사하여 생계를 유지해야 한다고 한다. 이 말씀 가운데는 물론 개인의 직업 문제에서

그 시대의 특별한 실정이 반영되어 있다. 그것은 그 시대에 흔히 있었던 목축업이다. 그렇기 때문에 여기에 양이나 염소를 치는 일에 대한 많은 표현이 나왔다. 그렇다고 해서 이 말씀이 후대인들의 다른 직업을 무시하는 것은 아니다. 이 교훈은 어느 시대의 사람들에게나 해당된다.

"대저 재물은 영원히 있지 못하나니 면류관이 어찌 대대에 있으랴"(24절). 여기서 "대저"(יִכּ)라는 말은 "왜냐하면"이라는 뜻을 가진다. 이것은 앞절의 이유를 보여 준다. 곧 부귀영화는 잠깐 있다가 없어지는 것이므로 그것을 의지하지 말고 생업에 부지런히 힘쓰라는 것이다. 이것 역시 성경이 일관성 있게 말하는 노동 신성의 교훈이다. "네가 흙으로 돌아갈 때까지 얼굴에 땀을 흘려야 먹을 것을 먹으리니"(창 3:19)라는 말씀과 "누구든지 일하기 싫어하거든 먹지도 말게 하라"고 한 말씀(살후 3:10)은, 인류 중 한 사람도 예외 없이 모든 사람을 향한 하나님의 명령이다. 성경 말씀은 놀고먹는 자를 정죄한다. 전도서 5:10-12에 말하기를 "은을 사랑하는 자는 은으로 만족하지 못하고 풍요를 사랑하는 자는 소득으로 만족하지 아니하나니 이것도 헛되도다 재산이 많아지면 먹는 자들도 많아지나니 그 소유주들은 눈으로 보는 것 외에 무엇이 유익하랴 노동자는 먹는 것이 많든지 적든지 잠을 달게 자거니와 부자는 그 부요함 때문에 자지 못하느니라"고 하였다.

"풀을 벤 후에는 새로 움이 돋나니 산에서 꼴을 거둘 것이니라"(잠 27:25). 이 말씀은 사람의 노동(그 시대에는 목축업)을 기뻐하시는 하나님의 섭리를 깨닫게 한다. 곧 풀을 벤 후에 새로 움이 돋는 것은 우연한 일이 아니고, 목축을 장려하시는 하나님의 은밀한 역사이다.

# 제 28 장

### ✲ 해석

**1** **악인은 쫓아오는 자가 없어도 도망하나 의인은 사자 같이 담대하니라.** 여기서 말하는 "악인"은 하나님을 믿지 않는 자이고, "의인"은 하나님을 믿는 자이다. 하나님을 믿는 것은 그리스도를 믿음으로 성립된다.

### 설교 ► 담대하자(1절)

"담대"에는 두 가지가 있다. 하나는 천성적으로 특별한 담대함이다. 당나라의 안록산 반란 때에 정부군에는 장흥이라는 장군이 있었다. 그가 적군에게 잡혔을 때에 항복하면 놓일 수 있었지만 끝까지 항복하지 않고 마침내 톱으로 켜서 죽임을 당했다. 그의 담대함은 천성적이었다. 또 하나는 누구나 가질 수 있는 것으로, 사랑하는 마음에서 일어나는 것이다. 예를 들면 어린 아기의 신변이 위험할 때에, 어머니가 그를 구하기 위해 자기의 생명을 돌아보지 않는 것과 같은 것이다. 또한 사람이 하나님을 사랑하여 계명을 지킬 때에 담대해지는 것과 같은 것이다. 이 설교에서 다루려는 것은 이와 같이 사랑으로 말미암는 담대함이다.

### 1. 죄는 비겁함의 어머니이다 (1상)

아담과 하와는 하나님을 거스르고 죄를 범한 후에 동산 나무 사이에 숨었다(창 3:8). 그것은 사람에게 양심이 있기 때문이다. 양심은 하나님의 심판의 경고자이다. 요한1서 3:20에 말하기를 "우리 마음이 혹 우리를 책망할 일이 있어도 하나님은 우리 마음보다 크시고 모든 것을 아시기 때문이라"고 하였다. 현대에 사용되는 거짓말 탐지기는 양심의 고통을 측정한다고 한다. 곧 범죄자에게 전선을 접촉시켜서 그의 피의 고동이 어떤 반응(response)을 보이는지 알아낸다. 이것을 보아도 사람은 양심의 심판을 면할 수 없다. 범죄자가 양심에 순종하기 전에는 그에게 평안이 없다.

여기서 나발의 죽음을 생각해 볼 수 있다. 곧 다윗이 사울을 피하여 자기 군인들을 데리고 이리저리 다니던 때에 있었던 일이다. 그가 광야에 있을 때에 나발의 목자들을 보호해 준 일이 있었다(삼상 25:15-16). 그 후에 다윗이 나발에게 사람을 보내어 음식물을 좀 보내 달라고 청하였다. 그러나 나발은 다윗을 반역자로 몰고 거절하였다. 이 보고를 들은 다윗은 군인 400명을 거느리고 나발을 치려고 나섰다. 그때에 나발의 아내 아비가일이 다윗에게 나와 그에게 간청하여 만류시킨 후 집으로 돌아왔다. 이튿날 아비가일이 전날에 있었던 일을 나발에게 다 고하니, "그가 낙담하여 몸이 돌과 같이" 되었다가 열흘 후에 죽었다(삼상 25:37-38). 그것은 사실상 "그의 심령이 죽어지고 몸이 돌과 같이" 되었다는 뜻이다. 다시 말해 그가 질겁하였다는 뜻이다. 그렇게 된 이유는 그가 범죄하였기 때문이다. 그의 범죄는 다음과 같다. ① 자기 은인 다윗의 도움 요청을 거절하였고, ② 의인 다윗을 역적으로 몰았으며(삼상 25:10), ③ 남을 도와주지 않고 큰 잔치를 베풀며 술에 취한 후 방탕을 일삼았다(삼상 25:36).

### 2. 의인은 사자같이 담대하다

모세는 임금의 진노를 무서워하지 않을 만큼(히 11:27) 담대하였다. 여호수아와 갈렙도 하나님을 반역하는 무리가 돌로 치려고 할 때에 두려워하지 않고 가나안으로 들어가자고 담대히 말하였다(민 14:6-10). 사도들은 핍박 가운데서도 담대하였다(행 5:29-32, 41-42). 바울은 로마로 가던 도중 지중해에서 풍랑을 만나 거의 파선할 위험 앞에서, 담대히 276명의 승객을 권면하며 안심하라고 하였다(행 27:21-37). 이와 같이 기독교 신자가 담대해지는 원인은 무엇인가?

그것은 자기 자신의 강함을 느껴서 생기는 것이 아니다. 도리어 자기 자신의 연약함을 느낀 데서 생긴다. 곧 그가 자기의 연약함을 느끼고 하나님만 믿을 때에 의를 얻고 하나님은 그에게 힘을 주신다. 고린도후서 12:9에 하나님께서 말씀하시기를 "내 능력이 약한데서 온전하여짐이라" 하셨으며, 바울 자신은 말하기를 "내가 약한 그때에 강함이라"고 하였다(고후 12:10). 신자가 자신의 약함을 알기 때문에 주님을 전적으로 믿게 되어 강해진다. 그뿐 아니라 신자는 하나님을 사랑하므로 강하고 담대해진다. 요한1서 4:16-17에 말하기를 "하나님이 우리를 사랑하시는 사랑을 우리가 알고 믿었노니 하나님은 사랑이시라 사랑 안에 거하는 자는 하나님 안에 거하고 하나님도 그의 안에 거하시느니라 이로써 사랑이 우리에게 온전히 이루어진 것은 우리로 심판 날에 담대함을 가지게 하려 함이니"라고 하였다. 하나님은 그를 사랑하는 신자와 함께하여 주신다(요 14:21, 23).

**2** **나라는 죄가 있으면 주관자가 많아져도 명철과 지식 있는 사람으로 말미암아 장구하게 되느니라.** 나라에 당파가 많은 것은 그 나라에 이미 있었던 죄악에 대한 하나님의 징벌이다. 예를 들면 솔로몬이 우상을 섬긴 죗값으로 그의 사후에 그 나라가 남북으로 갈라진 것과 같은 것이다(왕상 11:29-36; 12:15-21).

이 점에서도 그 나라의 분열이 하나님의 벌이었다는 사실이 두 차례나 지적되어 있다(왕상 12:15, 24). 그러므로 어느 나라에서든지 내란이나 당파가 일어나서 평안하지 못할 때에는, 통치자를 비롯하여 모든 국민이 그 나라의 죄악을 깊이 반성하고 회개해야 한다. 옛날에 니느웨 성도 거국적인 회개로 말미암아 구원을 받았다(욘 3장).

"명철과 지식 있는 사람으로 말미암아 장구하게 되느니라." 여기서 "사람"(אדם)이라는 말은 반드시 임금을 의미한다고 할 수 없다. 그 이유는, 성경 말씀에 의하면 나라가 잘되는 것이 의인의 지도를 받는 것에 있다고 하기 때문이다. 이 의인은 선지자일 수도 있고 하나님을 경외하는 일반 백성(예컨대 요셉이 애굽을 도와주었다)일 수도 있다(전 9:13-16). 통치자들이 의인의 교훈을 받아들일 때에 하나님께서 그 나라를 축복하여 주셔서 그 나라가 복을 받는다. 이런 사고방식은 신본주의 국가관이다.

동양의 주역 철학에서는 임금이 철학적 지혜를 정치에 적용할 때에 그 나라가 잘된다고 말한다. 거기서는 하나님을 염두에 두지 않고 다만 인간적인 지혜에 국가의 소망을 둔다. 이것은 인본주의 국가관이다. 예를 들어 천화동인괘에 의하면, 유순하고 온화한 인격자가 나라를 다스릴 때에 있어서 문명과 강건을 중정의 원리로 조절하여 나라를 잘되게 한다고 주장한다.[245] 여기서 문명과 강건을 문인과 무사라고 생각한다면, 임금은 그 두 종류의 사람을 중용적 위치에서 조절하여 문명을 현명한 지성으로, 강건을 과감한 실행력으로 각각 적당한 위치에 사용한다는 것이다. 그러면 나라에 당파가 생기지 않고 통일이 성립된다고 한다.

그러나 주역의 이와 같은 철학이 인간의 수준에서 국가에 유익을 줄지는 몰라도, 하나님 경외하는 것을 지혜로 삼는 신본주의의 생명 있는 정치의 참

---

245) "同人柔得位得中而應乎乾…文明以健中正而應."

된 열매는 거둘 수 없다. 잠언 21:30에 말하기를 "지혜로도 못하고, 명철로도 못하고 모략으로도 여호와를 당하지 못하느니라"고 하였다. 여기서 말하는 지혜와 명철과 모략은 인간의 지혜를 말한다.

**3** **가난한 자를 학대하는 가난한 자는 곡식을 남기지 아니하는 폭우 같으니라.** 이 말은 빈천한 자리에 있던 자가 집권하게 되어 포학한 정치를 행하는 경우에는 극단에 이른다는 의미이다. 빈천한 자리에 있던 자는 과거의 빈곤하였던 체험을 회상하여 재산이 없는 자들을 동정해야 할 것이다(그렇게 행하는 사람들도 있을 것이다). 그러나 어떤 사람은 그렇게 하지 않고 그와 정반대로 행한다. 그렇게 되는 이유는, 인류는 다 아담의 부패성을 받았으므로 어떤 처지에 있든지 악을 행하기 때문이다. 빈천하던 자가 집권하게 되면 과거의 빈곤한 처지를 회상하여 극단적 이기주의로 흐르기도 쉽다. 다시 말하면, 그가 다시는 빈곤한 처지에 빠지지 않기 위하여 현재의 권세를 극도로 이용하려 든다. 근대의 공산주의 정치도 이렇게 기울어진 경향이 있다. 곧 재산이 없는 자로서 그와 같은 처지의 계급을 구원한다고 일어섰다. 그러나 일단 집권한 다음에는 민중의 자유를 완전히 빼앗고, 사람들을 기계 취급하며, 공산주의의 노예로 삼는다. 결국 공산주의는 무서운 독재주의와 전제주의로 나타나고 말았다. 이것을 보면 본문의 말씀은 일종의 예언적 진리이다.

프랑스 혁명 때에도 하층민들이 고위층 관리로 많이 활동하였는데 그들의 압제와 포학이 말할 수 없이 컸다. 프랑스가 그런 환난을 당한 것은 하나님의 징벌이었다. 곧 그 나라에서 위그노파라는 많은 신교도(기독교 신자)들을 학살한 죗값으로 프랑스 혁명이 있게 된 것이다. 하나님께서는 국가들을 벌하시기 위하여 어떤 때에는 다스릴 자격 없는 사람들이 갑자기 권세를 잡도록 허락하신다. 이사야 3:4-5에 말하기를 "그가 또 소년들을 그들의 고관으로 삼으시며 아이들이 그들을 다스리게 하시리니 백성이 서로 학대하며 각기 이웃을 잔해하며 아이가 노인에게, 비천한 자가 존귀한 자에게 교만할 것이며"라고 하였다.

\* \* \* \* \*

{특별참고}
## 유물사관의 오류

무산 계급을 절대화하는 마르크스(Karl Marx)의 사상은 다음과 같이 비평을 받는다.

1. 마르크스에 의하면, 한 시대의 사상은 그 시대의 경제적 생산과 교환 방법에 의하여 절대적으로 좌우된다고 한다. 그는 생각하기를, 중세의 철학과 정치는 농부들의 생산 방법을 기준으로 생긴 결과이며 현대의 인생관은 부르주아(Bourgeois)적 생산 방법에서 결정된 것이라고 한다.

그러나 마르크스주의의 오착은 다음과 같이 지적된다. 곧 우리는 경제적인 요소들이 문화 발전과 어느 정도 관계가 있다고 본다. 그것이 어느 정도는 입법이나, 도덕, 세계관, 많은 사람들의 종교(다만 기독교는 제외한다) 및 예술에도 영향을 준다고 생각한다. 그러나 이와 같이 경제적인 요소가 인류의 사회생활에 어느 정도 영향을 준다는 말은, 인류 생활의 모든 것이 경제적인 요소로 발생되고 결정된다는 마르크스의 주장과는 다른 뜻이다. 경제적 생활 형태에 따라서 인류의 생활 형태가 전적으로 좌우된다는 것은 하나의 착각이다.

칼빈주의 철학자 헤르만 도이어베르트(Herman Dooyeweerd)는 마르크스주의의 요지를 다음과 같이 평한다. 곧 "모든 상층의 문화가 경제 사정으로 결정된다는 것은 잘못이다. 경제 사정이 모든 것에 절대적인 의미를 가질 수는 없다. 우리는 시간 세계의 모든 구성체가 시간의 건너편에서 의미를 가진다고 해야 한다. 곧 그것을 창조하신 하나님으로 말미암아 그것의 의미가 성립된다고 해야 한다."라고 하였다.[246]

2. 마르크스주의자들에 의하면, 계급투쟁(유산 계급과 무산 계급의 투쟁)으로 말미암아 인류의 이상 세계가 온다는 것은 기계적인 정확성을 가진 결론이라고 한다. 따라서 그들은 기존의 모든 문화(유물주의 문화를 제외한 문화)를 그들의 원수로 여겨 무조건적인 파괴를 일삼는다. 그들은 유물주의 사상과 문화에 부합하지 않는 것은 모두 다 죄악시한다. 따라서 기존 사회나 문물을 파괴하는 것이 선이고, 진리이고, 해방이라고 한다. 또한 그들은 하나님의 말씀(성경)에서 금하는 그 어떠한 죄악까지 동원하여, 기성사회 파괴 운동에 사용하는 것을 옳게 여긴다. 그 이유는, 그들은 유물주의 사회나 문물 이외의 것은 하루 속히 파괴하는 것이 이상 사회를 건설하는 것이라고 믿기 때문이다. 이런 주장은 결국 모든 도덕의 파괴를 초래하는 것이다.

3. 그들은 헤겔(Hegel)의 철학을 기준으로, 시간 세계의 역사는 상대주의에 속하고 변증법적 원리에 의하여 계속 달라진다고 생각한다. 그렇다면 왜 그들은 불변의 종말관적 사회, 곧 프롤레타리아(Proletariat)가 승리한 최종적 사회가 올 것을 믿는가? 이것은 모순이다. 그들이 생각하는 대로 계급투쟁이 없는 종말관적 이상 사회가 부동의 것이고, 또한 변할 수 없는 최종적인 것이라면 그것은 절대화된 존재이므로 마르크스주의 철학 원리, 곧 상대주

---

246) Herman Dooyeweerd, A New Critique of Theoretical Thought II (New York: Presbyterian and Reformed, 1955), 38.

의 원리에 모순된다. 여기서 마르크스는 자기의 상대주의를 절대화하는 모순, 곧 상대주의에 대한 반역을 말한 것이다.

**4-5** 율법을 버린 자는 악인을 칭찬하나 율법을 지키는 자는 악인을 대적하느니라 악인은 정의를 깨닫지 못하나 여호와를 찾는 자는 모든 것을 깨닫느니라. 여기서 "율법"(תּוֹרָה)이라는 말은 여호와를 경외하는 진리의 체계를 말한다. 즉 그것은 하나님의 말씀을 가리킨다. 하나님의 말씀을 버린 자는 결국 어두워져서 악을 선이라고 하는 심리로(사 5:20) 악인을 칭찬한다. 사람이 어쩔 수 없이 악인처럼 행동한 것도 죄악이다. 하물며 그를 칭찬하며 따르는 것은 악마적인 행동이다. 그가 이와 같이 악을 좋아하게 되는 것은 진리를 떠난 죗값으로 받은 벌이다(살후 2:10-12). 그가 하나님의 말씀을 버렸기 때문에 하나님도 그를 버리셨다. 즉 하나님께 버림을 받은 자(롬 1:24, 26-28)가 이와 같이 행한다. 로마서 1:32에 말하기를 "그들이 이같은 일을 행하는 자는 사형에 해당한다고 하나님께서 정하심을 알고도 자기들만 행할 뿐 아니라 또한 그런 일을 행하는 자들을 옳다 하느니라"고 하였다.

"율법을 지키는 자는 악인을 대적하느니라." 여기서 악인을 대적한다는 것은 그들과 대립하여 분투하는 것(zealous against them)을 가리킨다. 진리와 비진리 사이에서 중립은 있을 수 없다. 인류 역사의 초기부터 하나님을 경외하는 자들은 불의와 투쟁해 왔다. 에녹은 자기 시대의 부패한 사람들을 꾸짖었고(유 1:14-15), 노아 역시 그리하였다(히 11:7; 벧후 2:5).

의로운 주장이 불의한 주장과 함께 평화적으로 공존(peaceful coexistence)할 수 있다는 것은 선과 악이 이율배반 원리에 속하지 않는다는 오착이다. 그것은 선과 악이 타협의 길을 지녔다는 그릇된 것이다. 이런 주장은, 모든 것이 근본적으로 같다는 진화론 사상이며, 인의를 주장하기 위해 다투지 말고 우주를 혼연일체로 여기며 자연주의로 돌아가라는 노장의 철학 사상과 같다. 노자는 말하기를 "성인은 도무지 다투지 않는다. 그러므로 천하가 그와 맞서서 다툴 수 없는 것이다. 옛날에 휘어지는 나무는 안전하다 한 것이 어찌 빈 말이겠는가?" 하였고(도덕경, 제22장), "성인은 마음에 잡념이 없는 무심의 상태로 천하를 위하여 그의 마음을 혼연일체하게 가진다"고 하였다(도덕경, 제49장). 노자는 이와 같이 대립 없는 생활을 가리켜 어린아이같이 사는 생활이라고 하며 그런 생활을 장려하였다. 그는 말하기를 "덕을 풍부하게 가진 사람은 어린아이 같아서 벌도 전갈도 쏘지 않고 뱀도 물지 않으며 맹수도 덤벼들지 않고 움키는 새도 해치지 않는다"고 하였다(도덕경, 제55장). 이 철학을 본받아 살던 노나라 사람 단표는 평생 바위 속에서 살면서 사람들과 함께 지내지 않았다. 그는 나이 칠십에도 어린아이의 모습을 지녔다. 그러나 그는 굶주린 호랑이를 만나서 먹히고 말았다(장자, 제7권, 달생 제19장). 이 사건 한 가지만 보더라도 노자의 교훈이 틀렸다는 것이 드러난다. 노자의 교훈은 인류의 조상이 타락한 것과 인류가 전적으로 부패한 사실을 알지 못한 무식에서 나온 것이다. 그러므로 그것은 사실과 맞지 않는 하나의 공상이다.

신자들은 영적으로 악인을 대적해야 한다. 물론 그것은 영적인 것이므로 혈기나 악독이나 폭력으로 싸우는 것이 아니다. 그것은 기도와 하나님의 말씀 전파와 핍박을 받는 것과 선으로 이루어지는 투쟁이다(롬 12:21).

"악인은 정의를 깨닫지 못하나 여호와를 찾는 자는 모든 것을 깨닫느니라"(잠 28:5). 이 말씀은 4절의 이유를 보여 준다. 왜 율법을 지키는 자와 율법을 지키지 않는 자의 행동이 서로 달라지는가? 그 차이는 그들이 율법을 깨닫는 여부에 있다. 율법(공의)을 버린 자는 그것을 깨닫지 못하게 되고, 율법을 지키는 자(여호와를 찾는 자)는 그것을 깨닫는다. 하나님의 말씀을 깨닫는 비결은 연구가 아닌 순종이다. 그러므로 본문은 율법을 깨닫는 방법으로 "여호와를 찾는" 생활(순종하는 생활)을 말한다.

**6** 가난하여도 성실하게 행하는 자는 부유하면서 굽게 행하는 자보다 나으니라. 이

구절의 히브리어를 개역하면 다음과 같다. "진실히 행하는 가난한 자는 두 길로 속이는 부자보다 나으니라." 여기서 "두 길"(דְּרָכַיִם)이라는 말의 히브리어에 대하여 빌데부어(D. G. Wildeboer)는 다음과 같이 해석한다. "두 길로 행하는 것은 사실상 그가 악한 길로 행하면서 선한 길을 가는 체하는 것이다."[247]

진실하고 가난한 자는 몇 가지 장점을 지니고 있다. ① 그는 신앙과 도덕이 있다. 사람이 가난하면 일반적으로 겸손하고 하나님을 찾게 된다. ② 현세에서도 그의 생활에 만족이 있다. 전도서 5:12에 말하기를 "노동자는 먹는 것이 많든지 적든지 잠을 달게 자거니와 부자는 그 부요함 때문에 자지 못하느니라"고 한다. ③ 내세에 기업이 있다. "성실하게"(בְּתֻמּוֹ) 행한다는 것은 하나님을 두려워하는 의인의 심령이다. 그는 죽을 때에도 소망이 있다(잠 14:32).

반면에 이중인격으로 행하는 거짓된 부자에게는 몇 가지 단점이 있다. ① 그는 재물을 믿고 하나님을 믿지 않는다(참조. 눅 12:16-21). ② 그는 재물을 더 탐하여 근심하며, 또 그것을 지키느라 근심한다(딤전 6:9-10). ③ 그는 천국에 들어가기가 매우 어렵다. 예수님께서 말씀하시기를 "낙타가 바늘귀로 들어가는 것이 부자가 하나님의 나라에 들어가는 것보다 쉬우니라"고 하셨다(마 19:24).

**7 율법을 지키는 자는 지혜로운 아들이요 음식을 탐하는 자와 사귀는 자는 아비를 욕되게 하는 자니라.** 여기서 "지혜로운 아들"이라는 말은 하나님을 알고, 두려워하는 아들이라는 말과 같다. 그 이유는, 잠언이 말하는 "지혜"는 일반적이고 과학적인 지혜를 가리키는 것이 아니라 영적인 지혜, 곧 하나님을 경외하

---

247) D. G. Wildeboer, Kurzer Hand-Commentar Zum Alten Testament, Die Sprüche (1897), s. 80 : "Der Verkehrte in Bezug auf die Zwei Wege d. h. den schlechten Weg, den er wirklich wandelt, und den guten, den er zu gehen heuchelt."

는 것을 가리키기 때문이다(잠 1:7). 잠언에서 지혜라는 말이 이렇게 사용된 것이 확실하기 때문에 신학 체계가 다른 근대의 신학자들도 이렇게 해석한다. 그들 중 칼 바르트(K. Barth)는 "잠언과 전도서에서 '지혜'는 지혜로운 인물로 인격화되어 어리석은 자와 대조되어 진술된다. 그의 지혜는 실제적이고 하나님을 경외하는 것이다"라고 하였고,[248] 카야츠(Christa Kayatz)는 "잠언에 기록된 대로 지혜를 찾는 자는 결국 여호와에 대한 경외를 찾게 된다"라고 하였다.[249]

그렇다면 지혜로운 아들이 그와 같이 지혜로워진 원인은 무엇인가? 그것은 본문의 말씀과 같이 율법을 지켰기 때문이다. 사람이 하나님을 아는 방법은 계시된 하나님의 말씀, 곧 율법을 지키는 것이다. 그것을 읽거나 연구하는 것만으로 족한 것이 아니라 지켜야 한다. 그것을 지키는 자만이 그 목적대로 열매를 거둔다. 야고보서 1:22-25에 말하기를 "너희는 말씀을 행하는 자가 되고 듣기만 하여 자신을 속이는 자가 되지 말라 누구든지 말씀을 듣고 행하지 아니하면 그는 거울로 자기의 생긴 얼굴을 보는 사람과 같아서 제 자신을 보고 가서 그 모습이 어떠했는지를 곧 잊어버리거니와 자유롭게 하는 온전한 율법을 들여다보고 있는 자는 듣고 잊어버리는 자가 아니요 실천하는 자니 이 사람은 그 행하는 일에 복을 받으리라"고 하였다.

잠언 28:7에서 "탐하는 자"(זוֹלְלִים)라는 말은 방탕하여 재산을 없애 버리는 자를 가리킨다(잠 23:20-21). 이런 자들과 사귀는 아들은 마침내 방탕한 자식이 된다. 사람은 결국 사귀는 친구와 동화된다. 그런 아들은 하나님을 배반한 자이므로 그의 부친에게 영구히 부끄러움을 끼친다. 이와 같이 순종하

---

248) K. Barth, Dogmatik IV/2 (1955), s. 478 : "die jenemin der Gestalt des Weisen, des Klugen, des Verständigen, des Gottesfürchtigen ebenfalls Personifiziert gegenübersteht."
249) Christa Kayatz, Studien Zu Proverbien 1-9 (1966), s. 66 : "Wer Weisheit sucht, findet Jahwefurcht und Gotteserkenntnis."

지 않는 아들은 가정의 큰 재앙이라고 할 수 있다(잠 19:13). 재앙은 사람의 마음대로 피할 수 없다. 그러므로 의인들에게도 불량한 아들이 있었던 것이다. 예컨대 아론의 두 아들(레 10:1), 엘리의 두 아들(삼상 2:12), 사무엘의 두 아들(삼상 8:3), 다윗의 아들들(삼하 13:1-14; 15:1-6)과 같은 경우다. 가정에 이와 같이 옳지 않은 아들이 있게 되는 것은 인력으로 막기 어렵다. 그러나 그런 아들에 대한 부모의 책임이 크기 때문에, 살아 있는 동안 그를 위하여 간절히 하나님께 기도해야 한다. 하나님께서는 그런 사람도 회개시키실 수 있다. 하나님은 돌로도 아브라함의 자손을 만드실 수 있다(마 3:9). 유명한 백스터(Richard Baxter) 목사의 손자는 오랫동안 불량하게 살았지만 마침내 회개하고 외국의 선교사가 되었다.

**8 중한 변리로 자기 재산을 늘리는 것은 가난한 사람을 불쌍히 여기는 자를 위해 그 재산을 저축하는 것이니라.** 옛날 이스라엘 사회에서는 가난한 동포에게 돈을 빌려줄 때에 이자(높은 이자)를 받지 못하게 했다(참조. 출 22:25; 레 25:35-37; 신 23:19; 느 5:7, 10; 시 15:5). 돈을 꾸는 자는 가난한 자인데 그에게서 높은 이자를 받는 자는 재물을 탐하는 자이고, 하나님보다 재물을 의지하는 자이다. 하나님께서는 재물을 의지하는 자에게 재물을 오랫동안 맡겨두지 않으신다. 이사야 3:1을 보면, 주 만군의 여호와께서 예루살렘과 유다가 의뢰하며 의지하는 것을 제하여 버리시겠다고 하셨다. 이것은 사람이 하나님을 의지하지 않고 재물을 의지하기 때문에 하나님께서 그 재물을 취하여 가실 것을 말하는 것이다. 예수님께서 말씀하시기를, 사람이 재물을 모아 가지고 평안히 쉬려고 할 때에 하나님께서 그의 영혼을 도로 찾아가실 수 있다고 하셨다. 재물을 소유한 자는 그것을 가지고 가난한 자를 도와야 한다. 그것이 하나님의 뜻이다. 그럼에도 불구하고 어리석은 부자는 재물을 의지하고 평안히 쉬겠다고 한다. 그러나 하나님께서는 그에게 심판을 내리신다(참조. 눅 12:18-21).

"가난한 사람을 불쌍히 여기는 자를 위해 그 재산을 저축하는 것이니라." 이 말은 불의하게 모은 재산은 그것을 소유한 사람이 쓰지 못하고, 결국 가난한 자를 잘 돌볼 수 있는 사람이 쓰게 된다는 의미이다. 이 말씀을 보면, 사람이 재물을 모을 때에는 정당하게 모아야 그것이 자기에게도 유익이 된다는 것을 알 수 있다. 정당하게 모은다는 것은 선한 노력의 결과로 하나님께서 축복해 주시는 재물을 받게 되는 것을 말한다. 간혹 사람들이 불의한 수단으로 재물을 모으려고 할 때에 일시적으로 크게 횡재하는 경우도 있다. 그러나 횡재가 사람에게 유익하지 않고 도리어 화가 된다는 것은 누구나 깨달을 수 있을 만큼 인류가 경험하고 있는 사실이다. 그러므로 신령한 감동으로 기록되지 않은 옛글에도 말하기를 "아무 까닭 없이 천금을 얻으면 큰 복이 아니라 반드시 큰 화가 있으리라"고 하였다.[250] 높은 이자를 받고 돈을 빌려주어서 큰돈을 모으는 것은 정당한 일이 아니므로 그것 역시 까닭 없이 천금을 얻는 것과 같다.

**9** 사람이 귀를 돌려 율법을 듣지 아니하면 그의 기도도 가증하니라. "귀를 돌린다"는 것은 반역하는 심리를 가지고 순종하지 않는 것이다. 그것은 일시적인 실수가 아니라 고의적인 범죄이다. 하나님의 말씀에 순종이 제사보다 낫다고 하였다(삼상 15:22). 그러므로 반역하면서 기도한다는 것은 하나님 앞에 가증스러울 뿐이다(참조. 시 66:18; 사 1:11-15; 마 15:8; 약 2:14-26).

가증한 기도는 하나님의 응답을 받지 못할 뿐 아니라, 그의 앞에 죄가 되며(시 109:7) 그를 노엽게 하는 위험한 일이다. 그러므로 하나님의 말씀을 뻔뻔하게 반역하면서 순종하지 않는 자들에 대해서는 그들을 위한 기도조차 금지되어 있다(렘 7:16; 11:14). 잠언 15:8에 대한 해석을 참조하라.

**10** 정직한 자를 악한 길로 유인하는 자는 스스로 자기 함정에 빠져도 성실한 자는 복을

---

250) 『明心寶鑑』, 省心篇, 71쪽: "無故而得千金不有大福 必有大禍."

받느니라. 여기서 말하는 "정직한 자"(יְשָׁרִים)는 의인들을 의미한다. 그들이 죄악에 빠지도록 유인하는 공작은 마귀적인 행동이다. 마귀는 언제나 사람들을 유혹하여 범죄하게 하려고 공작한다. 이런 공작을 하는 악인은 극도로 악하기 때문에 그 사람 자신이 어김없이 하나님의 벌을 받는다. 그는 자기가 판 함정에 자기가 빠지는 식으로 교묘하게 해를 당한다(참조. 시 7:15; 9:16). 그와 동시에 그 악인의 유인 대상이었던 의인은 어김없이 하나님의 특별한 간섭으로 구원을 받는다. "성실한 자는 복을 받느니라"고 한 말씀이 그 뜻이다.

그러므로 무죄한 자가 악인의 궤계로 침해를 받을 경우에는 두려워할 것이 없다. 그런 때에 그는 머지않아 하나님의 특별하신 간섭이 있을 것을 내다보고 기뻐해야 한다. 그는 곧 원수의 목전에서 하나님의 특별한 사랑을 받게 될 것이다(참조. 시 23:5).

**11  부자는 자기를 지혜롭게 여기나 가난해도 명철한 자는 자기를 살펴 아느니라.** 이 말은 가난해도 명철한 자가 지혜에 있어서는 교만한 부자보다 낫다는 뜻이다. 그의 눈앞에는 교만한 부자의 어리석은 것이 환하게 드러난다. 곧 그 부자가 자기가 소유한 많은 물질 때문에 교만하여 스스로 지혜롭다고 생각하는 것이 그의 어리석음이다. 교만은 지혜가 아니다.

"가난해도 명철한 자"가 이처럼 사람을 잘 분별하는 원인은 무엇인가? 그것은 그가 "명철한" 자, 곧 하나님을 경외하는 자이기 때문이다.[251] 하나님을 진정으로 경외하는 신자는 진리를 안다(고전 2:10-16). 그뿐 아니라 그는 가난하기 때문에 고난을 많이 체험한다. 그 체험으로 말미암아 하나님의 말씀을 깨닫고(시 119:71), 사람을 잘 알게 된다(잠 20:5).

**12  의인이 득의하면 큰 영화가 있고 악인이 일어나면 사람이 숨느니라.** 여기서 말

---

251) Christa Kayatz, Studien zu Proverbien 1-9 (1966), s. 66: "Heisst das nicht, dass Jahwe suchen und die Weisheit suchen dasselbe ist, weil Jahwe Herr der Weisheit ist, wahre Weisheit nur bei ihm zu finden ist?"

하는 "득의함"(יָעֲלֹץ)은 기뻐하는 것을 의미한다. 곧 하나님께서 그들을 쓰시기 때문에 그들이 기뻐한다는 뜻이다. "큰 영화"가 있다는 것은 하나님의 은혜와 축복이 국가, 혹은 교회에 크게 임한다는 의미이다. 악인이 "일어난다"(קוּם)는 말은 그들의 교만과 압제 행위를 가리킨다.

"사람이 숨느니라." 아합 왕 시대에 많은 의인이 숨었고(왕상 17:2-3; 18:4; 19:3-4), 또 다른 시대에도 그런 일이 있었다(히 11:38). 이 점에서 우리가 명심할 것은 핍박 시대에는 성도들이 숨어서도 사명을 감당한다는 것이다. 곧 그때에는 성도들이 생명을 바치고 기도하며 지하에 숨어서도 하나님의 말씀을 전한다. 이것이 하늘의 생명을 받은 자들의 특징이다. 그들은 때를 얻든지 못 얻든지 말씀을 전파한다(딤후 4:2).

유교의 주역에 있는 돈괘 처세도, 소인들의 세력이 팽창할 때에는 군자가 숨어야 한다고 가르친다. 곧 ① 물러가서 숨는 일에 뒤떨어져 위태하다는 것(초음). ② 세속적인 연고 관계에 얽매여 숨지 못하므로 위태하다는 것(삼양). ③ 높은 지위도 버리고 즐거운 마음으로 물러가서 숨어야 하는데, 군자여야 할 수 있는 일이고 소인은 그렇지 못하다는 것(사양). ④ 물러가서 숨는 태도가 아름답다는 것(오양). ⑤ 만족하고 여유 있는 마음으로 숨어서 변심하지 않아야 한다는 것(상양)이다.

이와 같은 주역의 돈괘 처세의 다섯 가지 해설은 진리를 위하기보다 개인의 안전을 위하는 데 중점을 둔 것이다. 그러나 성경이 가르친 피신은 신자들로 하여금 피신해서도 진리를 증거하도록 하기 위한 것이다. 초대 교회는 핍박 때문에 흩어졌지만 그로 인해 각처에 복음이 전파되었다(행 8:4). 유럽에서는 한때 왈도파(Waldensians) 신자들이 핍박 때문에 피해 다니면서 각국에 복음을 전하였다.

**13-14** 자기의 죄를 숨기는 자는 형통하지 못하나 죄를 자복하고 버리는 자는 불쌍히 여김을 받으리라 항상 경외하는 자는 복되거니와 마음을 완악하게 하는 자는 재앙에 빠지리라.

이 부분의 말씀은 회개의 복을 역설한다(13절). 이와 같이 복된 회개는 하나님을 경외하는 자(14절)만이 할 수 있고 완악한 자는 하지 않는다. 회개하지 않는 자는 화를 초래하는 것이다. 이 말씀에 대한 자세한 해석은 다음의 설교에 포함되었다.

### 설교 ▶ 회개에 대하여(13-14절)

죄가 무엇인가? 그것은 하나님을 모르는 것이고, 또한 그의 뜻을 거스르는 것이다. 사람이 망하는 것은 죄 때문이다. 야고보서 1:15에 말하기를 " 욕심이 잉태한즉 죄를 낳고 죄가 장성한즉 사망을 낳느니라"고 하였다. 오래전에 런던 병원에서 죽어 가는 사람이 있었다. 그때에 기독교 신자 한 사람이 그 죽어 가는 사람에게 묻기를 "당신을 위해서 내가 할 일이 없겠습니까?"라고 하였다. 그러자 그는 "나의 짐을 풀어 줄 수 있습니까?"라고 하였다. 그 말을 들은 기독교 신자는 예수 그리스도의 피를 증거하여 죽어 가는 그 사람의 마음을 평안하게 하였다고 한다. 이와 같이 우리는 죄악의 문제를 해결받아야만 심령에 평안을 얻는다.

**1. 죄를 숨기는 자는 형통하지 못한다**

죄를 숨기려는 자는 여러 가지 이유를 내세운다. ① 불완전한 인간이므로 완전한 율법을 지킬 수 없다고 한다. 이것은 또다시 하나님을 트집 잡는 죄를 범하는 것이다. ② 환경이 좋지 못하여 범죄하였다고 한다. 이것은 하나님의 섭리를 거스르는 죄악이다. ③ 죄를 감추고 자기의 죄책을 부인한다. 이것은 거짓말하는 죄까지 범하는 것이다. 이와 같이 옳지 않은 처세는 마침내 자신을 해롭게 한다. 사람이 죄를 감추면 감출수록 그것으로부터 해를 당한다. 그러므로 회개하지 않은 죄는 마치 몸에 박혀 있는 파편과 같다.

## 2. 죄를 자복하고 버리는 자는 불쌍히 여김을 받는다

우리가 무슨 죄를 지었든지 그것을 하나님께 자복하여야 한다. "자복한다"(מודה)는 말은 "인정함"을 의미한다. 또한 그 죄를 버리는 것이 곧 회개의 열매이다. 열매 없는 회개는 하나마나 한 것이다. 죄를 버리는 것은 죄를 미워하는 데까지 이르는 것이다. 그러므로 예수님은 말씀하시기를 "만일 네 오른 눈이 너로 실족하게 하거든 빼어 내버리라"고 하셨고(마 5:29), "만일 네 오른 손이 너로 실족하게 하거든 찍어 내버리라"고 하셨다(마 5:30). 이 말씀은 실제로 눈을 뽑거나 손을 찍으라는 것이 아니고 비유로 하신 말씀이다. 그러나 어떤 면에서는 손해 입을 것을 각오하고 결단성 있게 죄를 끊어 버리라는 뜻이다. 크랜머(Cranmer)는 진리를 위하여 화형을 받을 때에, 이전에 손으로 지은 죄를 원통히 여기면서 손을 불길 위에 뻗고 "이 무가치한 손"(This unworthy right hand)이라고 하였다. 미국의 한 여인은 35년 전에 수도 요금을 내지 않고 지낸 것이 생각나서 그것을 갚았고, 어떤 사람은 40년 동안 도적질하여 모은 돈을 일일이 찾아다니면서 돌려주었다고 한다.

그렇다면 "불쌍히 여김을 받는다"는 것은 무슨 뜻인가? 그것은 예수님의 피로 씻음을 받는 것이다. 요한1서 1:9에 말하기를 "만일 우리가 우리 죄를 자백하면 그는 미쁘시고 의로우사 우리 죄를 사하시며 우리를 모든 불의에서 깨끗하게 하실 것이요"라고 하였다.

**15-16** **가난한 백성을 압제하는 악한 관원은 부르짖는 사자와 주린 곰 같으니라 무지한 치리자는 포학을 크게 행하거니와 탐욕을 미워하는 자는 장수하리라.** 이 부분의 말씀은 포학한 통치자(혹은 관원)와 청렴한 통치자를 대조한다. 사자가 부르짖는 것은 주려서 먹을 것을 찾는 행동이다(벧전 5:8). 사자도 포악하고 곰도 그렇지만, 그들이 주렸을 때에는 더욱 그러하다. 포학한 통치자들을 이와 같이 주린 짐승들로 비유한 저작자의 의도는, 그들 역시 탐심 때문에 포학해진다는 것

을 보여 주려는 것이다. 물론 그들의 탐심은 물질에 대한 욕심, 오랫동안 권세를 잡으려는 욕심과 같은 것이다. 예를 들면 아합 왕은 나봇의 포도원을 탐하여 무죄한 자를 죽였고(왕상 21:1-16), 사울은 장기 집권을 위하여 다윗을 여러 번 죽이려고 하였다(삼상 18:6-19:1). 그들은 누구보다도 높은 지위에서 권세를 잡고 많은 물질을 소유하였지만 누구보다도 더 탐심을 부렸다. 이와 같이 사람은 탐심을 채우면 채울수록 더욱 욕구 불만을 느끼고 짐승같이 덤빈다. 그러므로 사람이 바르게 되는 것은 탐심을 만족시키는 것이 아니라 탐심을 죽이는 것이다. 탐심을 부리던 많은 왕들은 짐승과 같이 타락하였고 오랫동안 권세를 잡지도 못하였다. 사울도 그의 왕권을 빼앗겼고, 세속 역사에도 폭군 진시황은 만세토록 집권을 꿈꾸었으나 그의 정권은 무너졌다. 본문(잠 28:15-16)에는 이런 폭군의 집권이 짧을 것이라는 말씀이 없지만, 16절 하반절에 청렴한 통치자가 장수하리라는 말씀이 대조되어 그것을 암시하고 있다. 곧 탐욕을 미워하는 통치자의 통치 기간이 긴 것이 특징이라면, 탐심을 부리는 통치자의 집권 기간은 짧은 것이 분명하다.

**17  사람의 피를 흘린 자는 함정으로 달려갈 것이니 그를 막지 말지니라.** 이 구절의 히브리어를 개역하면 다음과 같다. "다른 사람의 피를 흘린 죄책감 때문에 눌린 사람은 함정에 이를 때까지 도망하나니 그를 붙들지 말지니라." 이 말씀에 대하여 빌데부어(Wildeboer)는 다음과 같이 말한다. "17절의 의미를 바르게 파악하기 위해서는 이 구절 끝에 있는 '그를 막지 말지니라'는 말의 뜻을 바로 알아야 한다. 우리가 그것을 '체포하지 말지니라'라는 뜻으로 생각하는 경우에는 보복하지 말라는 의미가 된다. 곧 살인자의 양심의 불안이 사형 대신 공의를 만족시켰다는 의미이다. 그러나 '그를 도와주지 말지니라'라는 의미로 생각될 때에는, 앞의 해석과 정반대되는 것으로서 살인자는 죽어야 한다는 의미가 된다. 여기서는 첫째 해석이 옳다고 생각된다. 왜냐하면 잠언 저자는 보복의 원리를 강하게 주장하지 않기 때문이다(참조. 잠 20:22;

24:17, 29; 25:21)."²⁵²⁾

    그러나 이와 같은 해석은 다 잘못된 것이다. 이 말씀의 의미는 살인자의 양심의 가책으로 사형을 대신하라는 의미도 아니고, 살인자를 보호하지 말고 사형을 받게 하라는 의미도 아니다. 이 구절의 의미에 대하여 나는 다음과 같이 생각한다. 곧 다른 사람의 피를 흘린 죄로 양심에 눌린 자는 도망한다고 해도 마침내 함정에 빠지고 말 것이라는 뜻이다. "그를 막지 말라"는 말씀은 하나의 과장법(Hyperbole)이다. 곧 그 살인자를 체포하려고 하지 않아도 잡힐 것이므로 구태여 잡으려고 할 필요가 없다는 의미이다. 이와 같은 과장법은 실제적으로 관원이 그를 체포하기 위한 노력조차 할 필요가 없다는 의미를 포함한 것은 아니다. 잠언의 저자는 종종 역설하기 위하여 과장법을 사용한다.

    저자가 이 구절에서 강조하는 것은, 남을 살해한 자는 결국 그 사람 자신이 죽임을 당하는 형벌을 받는다는 것이다. 그리고 여기에 더하여 가르치는 것은, 남을 해하는 모든 다른 죄악도 마침내 하나님의 보응을 받는다는 것이다. 그러므로 사람이 범죄한 후에는 자기가 친히 죄책을 지고 회개함으로써 하나님 앞에서 문제를 해결받아야 한다. 사람은 자기의 죄를 찾아내어 그것을 해결하는 것이 상책이다. 그렇게 하지 않고 도피할 경우에는 그의 죄가 그를 따라잡아서 함정에 빠지게 만든다. 하나님께서 살인한 가인에게 "선을 행하지 아니하면 죄가 문에 엎드려 있느니라"(창 4:7)고 하신 말씀이 이 사실을 가리킨다.

---

252) D. G. Wildeboer, Kurzer Hand-Commentar Zum Alten Testament, Die Sprüche (1897), s. 81: "Für das richtige Verständnis von 17 Kommt alles auf die Bed. von %mT in V. 17b an. Übersetzt man greifen, aufhalten, so bezweckt der Vers die Beschränkung der Blutrache: die Unruhe seines Gewissens ist für den Mörder Strafe genug. Aber %mT Kann auch "aufrechthalten, stützen" sein, Ex 17:12; Ps. 41:13; 63:9; Jes. 41:10; 42:1. Ist das Wort hier in dieser Bed. gemeint, so besagt unser Vers das reine Gegenteil. Aber die erstgenannte Bed. passt am besten in den Satz. Unsere Weisen sind keine Anhänger des strengen jus talionis, vgl. 20:22; 24:17, 29; 25:21."

**18　성실하게 행하는 자는 구원을 받을 것이나 굽은 길로 행하는 자는 곧 넘어지리라.** 이 구절의 히브리어를 개역하면 다음과 같다. "순전하게 행하는 자는 구원을 얻을 것이나 이중으로 속이는 자는 한번 넘어지리라." 여기서 "순전하게"(תָּמִים)라는 말은 하나님을 모시고 마음속에서부터 진실하고 옳게 행하는 것을 가리킨다. 이것은 신자가 아브라함처럼 하나님 앞에서 행하는 생활을 가리킨다(창 17:1). 이렇게 사는 자는 현세와 내세에 하나님을 모시게 되며, 그것이 구원이다. 다시 말해 하나님이 곧 신자의 구원이시다. 그에게는 일시 동안의 실패도 마침내 유익이 된다. 그는 그 실패로 인하여 자기의 어두움과 부패성을 발견하고, 하나님밖에 믿을 데가 없다는 것을 알고 다시 신앙생활을 강화시킨다.

　그러나 이중인격으로 행하는 자는 두 주인을 섬기는 자이므로 마침내 완전히 실패할 수밖에 없다(마 6:24). 현세에서는 그가 속임수로 제법 오랫동안 성공하는 것같이 보인다. 그것을 보는 신자들이 실족하기도 쉽다. 곧 "왜 거짓된 자가 성공할까?" 하는 의문이다(시 73:1-16). 그러므로 다윗은 이 점에서 신자들을 경고하며 악인의 형통을 부러워하지 말라고 하였다(시 37:1-10). 잠언 24:16에 말하기를 "대저 의인은 일곱 번 넘어질지라도 다시 일어나려니와 악인은 재앙으로 말미암아 엎드러지느니라"고 하였다. 곧 악인이 오랫동안 악을 쌓으면서도 잘되는 것 같지만, 그가 넘어지는 때가 반드시 있다는 뜻이다. 본문(잠 28:18 끝)의 "한번"(בְּאֶחָת)이라는 말이 그 뜻이다. 티베트(Tibet) 격언에도 말하기를 "표범의 가죽을 입은 나귀가 일 년 내내 남의 밭의 곡식을 다 뜯어 먹은 뒤에 다른 짐승에게 잡혀 먹혔다"고 한다. 곧 나귀가 표범의 가죽을 입었기 때문에 짐승들이 그것을 표범으로 알고 오랫동안 해치지 않았다. 그동안 그 나귀는 마음 놓고 맹수들이 많은 지역의 밭에서 곡식을 뜯어 먹었다. 그러나 나중에는 맹수들이 그 나귀의 정체를 알고 결국 잡아먹었다는 것이다. 이것은 사람이 거짓된 수단으로 오랫동안 잘되는 것처럼 보여도, 그가 완전히 망하는 때를 만나게 된다는 사실을 잘 보여 준다.

**19-22** 자기의 토지를 경작하는 자는 먹을 것이 많으려니와 방탕을 따르는 자는 궁핍함이 많으리라 충성된 자는 복이 많아도 속히 부하고자 하는 자는 형벌을 면하지 못하리라 사람의 낯을 보아 주는 것이 좋지 못하고 한 조각 떡으로 말미암아 사람이 범법하는 것도 그러하니라 악한 눈이 있는 자는 재물을 얻기에만 급하고 빈궁이 자기에게로 임할 줄은 알지 못하느니라. 이 구절은 탐심을 경계한다. 또한 이 구절들의 내용은 다음과 같이 분해된다.

1) 사람이 자기의 산업에 힘써야 잘되고 투기사업을 따라 다니면 궁핍해진다고 하였다(19절). 여기서 "토지를 경작하는" 것은 그 시대의 일반적인 산업이었다. 그러므로 이 말씀 역시 다른 시대 사람들의 다른 산업을 장려하는 것이다. 사람들은 자기들의 건실한 직장을 잘 지켜야 물질적으로 궁핍함이 없다. 그러나 투기사업을 일삼으면 궁핍해진다.

"방탕을 따르는 자"(מְרַדֵּף רֵקִים)라는 말의 히브리어는 "헛된 것들(vanities)을 따르는 자"라고 번역되어야 한다(Delitzsch). "헛된 것들"은 투기사업을 가리킬 수 있다. 그러므로 토이(Crawford Toy)는 이것을 "헛된 영업"(Vain Pursuits)이라고 번역했다. 그것은 사람이 속히 부자가 되려고 하는 투기사업과 같은 것을 의미한다.

2) 사람이 충성스럽게 직업에 힘써야 산업에 축복을 받는다. 속히 부자 되려고 하면 벌을 받는다고 하였다(20절). 속히 부자가 되려고 하는 자는 건실한 업체도 거짓된 수단으로 잘못 운영하기 쉽다. 그는 모든 죄를 범한다(딤전 6:9-10). 그렇게 행하는 자는 자기 죄에 해당되는 벌을 받는다.

3) 공의를 어기게 하는 탐심을 경계하였다(21절). 많은 사람이 물질의 욕심 때문에 공의를 팔아먹는다. 예를 들면 관리들이 뇌물을 받고 공평하지 않게 처사하는 것과 같은 것이다. 물질이 귀하다 해도 공의에 비하면 그것은 아무것도 아니다. 그런 의미에서 잠언의 저자는 "한 조각 떡"이라는 말을 사용한다.

이것은 분명히 그 둘(공의와 물질)을 비교하는 심리에서 표현된 문구이다.

4) 탐심을 품은 자의 눈은 악하다고 하였다(22절). 그의 눈은 ① 물질을 얻으려는 지나친 열심을 반영한다. ② 더욱이 그의 심령의 눈은 어두워져서 죄를 분별할 줄 모르며, 따라서 그가 저지르는 죄(딤전 6:9-10; 골 3:5)의 값으로 그 사람 자신이 곤궁해질 것도 내다보지 못한다. 그뿐 아니라 물질은 하나님의 것인데 사람들은 그것을 자기의 것으로 잘못 보고 덤빈다. 그러나 하나님은 그분의 것을 사람들에게 빼앗기지 않으신다. 사람이 물질을 많이 모아서 그것으로 사리사욕만 채울 때에 하나님은 그들에게서 그것을 빼앗으신다. 그때에 그들이 받게 되는 화는 비참하다. 그들은 마땅히 자신이 소유한 물질을 자기의 것이라고 하지 말고 하나님의 것이라고 해야 되며, 그것을 하나님의 뜻대로 사용해야 한다. 즉 그들은 주는 자가 되어야 한다(행 20:35). 하나님의 것은 우리가 소유한 뒤에도 하나님의 것이다. 그러므로 물질에 대한 우리의 마음 자세는 언제나 냉정해야 되며, 먼저 "그의 나라와 그의 의를 구해야 한다"(참조. 마 6:33). 우리는 물질에 대해서, 하나님이 그것을 주시면 받고 주시지 않으면 그것이 없는 처지에서도 만족할 줄 알아야 한다(참조. 딤전 6:7-8; 욥 1:21; 2:10).

**23** 사람을 경책하는 자는 혀로 아첨하는 자보다 나중에 더욱 사랑을 받느니라. 여기서 말하는 "경책"은 옳은 말로 꾸짖는 것을 말한다. 그런 꾸짖음은 귀에 거슬리지만 나중에는 그것이 옳은 것으로 드러난다. 반면에 "아첨하는 말"은 거짓된 것으로 판명된다. 그러므로 하나님을 경외하는 자와 양심적인 사람은 자기를 책망해 준 자에 대해 고맙게 생각한다. 베드로는 자기를 책망해 준 바울을 끝까지 사랑하였다(갈 2:11-14; 벧후 3:15)(Charles Bridges). 하나님을 믿지 않은 철학자 피타고라스(Pythagoras)도 말하기를 "네게 아첨하는 자보다 책망하는 자를 택하라. 아첨하는 자를 너의 가장 악질적인 원수로 여기

라"고 하였다.[253] 이 세상에는 아첨하는 자의 말을 잘 듣다가 망한 자들이 많기 때문에 심지어 철학자도 이와 같이 경고하였다. 더욱이 영감된 하나님의 말씀은 아첨에 대하여 더 철저하게 경계한다. 잠언 27:5-6에 대한 해석을 참조하라.

현대의 타락한 기독교인들은 아부하는 자를 친구로 삼고 권면하는 자를 도리어 원수로 안다. 그들은 권면해 준 사람에 대하여는 사랑을 끊고, 또 그를 멀리한다. 이것은 주리고 목마른 것같이 의를 사모하는(마 5:6) 참된 신자의 처세가 아니다. 그것은 아합과 같은 악인의 행동이다. 아합은 권면하는 엘리야를 가리켜 "괴롭게 하는 자"라고 하였다(왕상 18:17). 참된 성도 다윗은 말하기를 "의인이 나를 칠지라도 은혜로 여기며 책망할지라도 머리의 기름 같이 여겨서 내 머리가 이를 거절하지 아니할지라 그들의 재난 중에도 내가 항상 기도하리로다"라고 하였다(시 141:5).

**24** **부모의 물건을 도둑질하고서도 죄가 아니라 하는 자는 멸망 받게 하는 자의 동류니라.** 다른 사람의 것보다 부모의 것을 도적질하는 것은 더욱 큰 죄이다. 자식은 부모의 것을 보호하려는 효성이 있어야 한다. 부모의 것을 도적질하는 아들에게는 그런 효성이 깨어졌다. 이와 같은 그의 도적 행위는 불의에 배은망덕의 죄가 더해진 것이다(Charles Bridges). 그럼에도 불구하고 부모의 것을 도적질한 것이 죄가 아니라고 하는 자는 너무도 철면피이다. 그런 자는 멸망하게 하는 자, 곧 마귀의 친구라고 할 수 있다.

**25** **욕심이 많은 자는 다툼을 일으키나 여호와를 의지하는 자는 풍족하게 되느니라.** 탐심이 있는 사람은 늘 만족을 못 느낀다. 그는 그 사회에서 불평하기 때문에(민 11:4) 거기에 다툼이 일어난다. 반면에 여호와를 의지하는 자는 늘 여호와로 만족하기 때문에 마음속에 평안이 있다. 여호와 한 분을 자기의 목자로

---

253) S. C. Malan, Notes on the Proverbs III (1893), 487.

모시고 만족한 다윗은 말하기를 "여호와는 나의 목자시니 내게 부족함이 없으리로다 그가 나를 푸른 풀밭에 누이시며 쉴 만한 물 가로 인도하시는도다"라고 하였다(참조. 시 23:1-2; 시 4:7; 27:4; 131:1-3; 합 3:17-19).

**26** 자기의 마음을 믿는 자는 미련한 자요 지혜롭게 행하는 자는 구원을 얻을 자니라.

"사람의 마음"은 만물보다 거짓되고 심히 부패하므로(렘 17:9), 그것을 믿는 자는 미련한 자이다. 사람은 마땅히 모든 일에서 자기 마음의 지도를 받지 말고 하나님 말씀의 지도를 받아야 한다. 더욱이 신앙 문제, 곧 하나님을 바르게 믿어야 하는 일에는 하나님의 말씀을 따라가야 한다. 그럼에도 불구하고 신학자들 중에도 인간의 자율주의, 곧 마음을 기준으로 하는 자들이 많은 것이 유감스럽다. 사람의 마음을 기준으로 하는 사고방식은 역사적으로 다음과 같은 것들이 있다.

1) 아퀴나스(Thomas Aquinas)의 존재 유비(analogia entis). 아퀴나스는 아리스토텔레스(Aristotle)의 철학과 타협하였다. 아리스토텔레스는 순수형상을 신이라고 하고, 그것은 자신이 동하지 않고 질료로 동하게 만들기(마치 자석이 쇠를 움직이는 것 같은 동력) 때문에 만물이 형성되었다고 한다.[254] 아리스토텔레스는 순수 형상(곧 그의 신)이 의지적으로 만물을 창조하지는 않았다고 한다. 그러므로 그의 신은 피조물의 성격으로 쌓아 올린 결정체에 불과한 것이다. 로마 가톨릭교회의 신학자 아퀴나스는 이 체제대로 신을 말하였으므로 잘못이다. 아퀴나스는 말하기를 "신은 자신 속에 피조물의 모든 속성을 지니고 계신다. 그 사실이 신의 보편적 완전성을 말해 준다."라고 하였고, 그와 같은 존재 추론의 학자 보나벤투라(Bonaventure)는 말하기를 "우리가 신을 잘 알려면 피조물의 모든 이름을 신에게 옮겨서 생각해야 한다."라고 하였다(H. Bavinck). 이와 같은 존재 추론 신학자들은 아리스토텔레스의

---

254) Charles Hodge, Systematic Theology I (1895), 326.

사상과 타협하고 신을 피조물이 지닌 속성의 집적체인 듯이 말한다. 그것은 신을 피조물로 여기는 데 가까운 그릇된 사고방식이다.

2) 유명한 철학자인 칸트(Kant)의 제자들은, 하나님을 하나의 한계 개념(limiting concept)으로만 인정한다. 한계 개념은 현상 세계(과학 세계)에 대치되는 규정 개념(regulative concept)이다. 인간의 지식은 그것을 향하여 노력하고 있지만 알지는 못한다는 것이다. 이것은 하나님을 우주의 구성자로[255] 여기는 구성 개념과 반대된다. 버틀러(Butler)의 추론에서 만족하지 못하는 자들이, 칸트의 사상에서 하나님 신앙의 사상적 위치를 재건하려고 하였으나 그것도 불가능하다. 칸트가 생각한 대로 이와 같이 과학 세계를 신앙 세계에서 분리시켜서 보존하려는 사고방식을 다른 말로 현상주의(phenomenalism)라고 한다. 이러한 사고방식은 참하나님을 믿도록 도와주지 못한다. 그 이유는, 칸트가 만들어 놓은 규정 개념, 곧 비경험적 개념(noumenon/nonempirical concept)은 하나의 불합리(irrational)이기 때문이다. 그러나 성경이 말하는 참하나님의 성품은 합리(rational)이시다. 물론 그 합리는 인간의 합리를 초월한다.

사람들 중에는 하나님을 모르는 자들이 많다. 그 이유는, 사람이 조상 때부터 범죄하여 양심이 어두워졌기 때문이다(고전 1:21). 그러므로 옛날부터 지능 수준이 높은 철학자들도 참하나님을 몰랐다. 아무리 천재라도 성경 말씀을 진실하게 받아 그대로 순종하여 회개하기 전에는 하나님을 알 수 없다.

오늘날 네덜란드에 크라세라는 사람이 있는데, 경찰을 도와서 400여 명의 실종된 어린이를 찾아냈다고 한다. 심지어 어떤 실종된 어린이는 사고로 죽었는데, 크라세가 그 시체가 묻힌 곳까지 찾아내어 세상을 놀라게 하였다. 그는 15세 때 자기 아버지가 별세할 것을 예언하였다고 한다. 그런데 그는 하

---

[255] "God as constitutive creator and interpreter of the facts of the universe."

나님이 없다고 주장한다. 일반인이 알지 못하는 어떤 일을 신기하게 아는 그가 하나님을 모른다고 하였다고 해서 참으로 하나님이 계시지 않는가? 그렇지 않다. 어떤 사람이 보통 사람 이상으로 비상한 지혜를 가졌다고 해서 반드시 그가 하나님을 알게 되는 것은 아니다. 하나님을 아는 것은 인간의 두뇌에 속한 것이 아니다. 두뇌가 아무리 명민하여도 죄 있는 사람인 이상, 그는 자기 지혜로 하나님을 알 수 없다. 사람이 하나님을 모르게 된 원인은 지능의 문제가 아니라 죄악의 문제이다. 하나님을 모르게 되는 원인은 이와 같은 다른 차원에서 생각되어야 한다. 사람이 무언가를 비범하게 알아낸다고 해서 그가 반드시 하나님을 알 수 있는 것은 아니다. 군대에서는 적군을 찾기 위하여 군견을 사용한다. 적군들이 내왕한 곳이나 그들이 숨은 곳을 그 개들이 잘 찾아낸다. 그 점만은 군견들이 사람보다 우수하다고 할 수 있다. 그렇다고 해서 그 개들이 사람이 아는 높은 지식을 가질 수 있는 것은 아니다. 이와 같이 지식이란 것은 엄격하게 구별된다. 사람이 어떤 점에서는 놀랄 만큼 명민하지만, 하나님을 아는 종교적 지식에서는 우둔하기 그지없다(참조. 롬 1:22).

그러나 누구든지 성경 말씀을 믿으면 하나님을 믿게 된다. 이것을 전제적 논법이라고 한다. 이 논법에서는 우리가 만물을 해석할 때에 처음부터 성경 말씀에 입각하여 "하나님은 계시다"라고 전제하고 말한다. 그런 논법이 처음에는 권위적인(authoritarian) 성격이 있다고 하여 거부당할 것이다. 그러나 그 논법이 마침내 참된 것으로 드러난다. 그 이유는, 사람은 피조물이고, 또 하나님 앞에 죄인이기 때문에 자율적으로는 창조자를 알지 못하기 때문이다. 그는 지식 면에서도 창조자의 초자연적인 말씀(성경)에 복종해야만 자기 환경과 경험을 바르게 해석할 수 있다. 태양빛 가운데 있을 때에는 촛불을 사용할 필요가 없다. 그때에 태양빛이 있는지 증명하려고 촛불을 사용할 필요는 더욱 없다. 그 순간 태양빛의 존재는 자명하게 드러난다. 비유컨대 성경 말씀은 태양빛과 같이 자명한 하나님의 말씀이고, 그 말씀은 우리에게 하나님을 계시해 준다. "지혜롭게 행하는 자는 구원을 얻을지니라." 이 말은 잠언 28:26 상반절 해석에서 말한 것같이 자기 마음을 믿지 않고 하나님의 말씀(성경 말씀)대로 믿는 자가 구원을 얻는다는 의미이다. 잠언이 말하는 "지혜"는 하나님의 말씀에 의한 지혜를 가리킨다.

**27** 가난한 자를 구제하는 자는 궁핍하지 아니하려니와 못 본 체하는 자에게는 저주가 크리라. 잠언 14:31, 19:17, 21:13에 대한 해석들을 참조하라.

**28** 악인이 일어나면 사람이 숨고 그가 멸망하면 의인이 많아지느니라. 앞에 있는 12절에 대한 해석을 참조하라.

# 제 29 장

## ✤ 해석

**1** 자주 책망을 받으면서도 목이 곧은 사람은 갑자기 패망을 당하고 피하지 못하리라. "목이 곧은 사람"은 하나님 앞에서 교만하고 불순종하는 사람을 말한다. 그가 자기의 패망을 미리 막지 못하는 이유는 무엇인가? 그것은 다음과 같은 사실 때문이다. 목이 곧은 사람(교만하고 순종하지 않는 자)은 하나님의 말씀을 중심으로 받지 않기 때문에 자신이 잘못하면서도 그것이 잘못이라는 것을 깨닫지 못한다. 그는 자주 책망(재앙)을 받으면서도 자기의 허물을 발견하지 못한다. 따라서 그는 자기의 최후 멸망에 대하여 예감하지도 못한다. 그러므로 그에게는 멸망이 갑작스럽게 느껴진다(참조. 단 5:5-6; 살전 5:2-3).

**2** 의인이 많아지면 백성이 즐거워하고 악인이 권세를 잡으면 백성이 탄식하느니라. 빌데부어(D. G. Wildeboer)는 이 구절에 경건한 자와 불경건한 자에 대한 민중의 태도가 나타났다고 한다.[256]

---

256) D. G. Wildeboer, Kurzer Hand-Commentar Zum Alten Testament, Die Sprüche (1897), s. 82 : "Das Volk gegenüber Frommen und Gottlosen."

"의인이 많아지면"(ברבות צדיקים). 이 말의 히브리어는 "권세를 잡으면"이라고 의역되기도 한다. 이 두 가지 번역은 같은 내용을 보여 준다. 그 이유는 의인이 많을 때에는 의인들이 집권하기 때문이다. 의인들이 나라의 권세를 잡을 때에 민중이 그것을 기뻐하는 이유는 무엇인가? 민중은 언제나 선량한가? 그것을 보장하기는 어렵다. 개인과 마찬가지로 민중도 악화되어 일종의 폭도처럼 움직일 때도 있다. 그러므로 유교에서 말한 대로 민심이 곧 천심이라는 말은 성립될 수 없다. 그렇다면 본문처럼 의인들이 집권할 때에 민중이 기뻐하는 이유는 무엇인가? 그것은 다음과 같이 생각된다. 곧 의로운 집권자들은 하나님을 두려워할 뿐 민중에게 아부하지 않는다. 그러므로 그들은 민중의 좋지 못한 소원을 이루어 주지 않는다. 그렇게 하는 것은 민중이 한편으로는 싫어하지만, 그들의 양심만은 그것을 배척하지 않는다. 양심 세계를 기준으로 삼아서 다스리는 자들은 언제나 승리를 거둔다. 교역자들이 교회를 다스리는 원리도 이와 마찬가지이다. 그들이 교인들에게 아부할 때에는 그들의 권위가 서지 못한다. 그러나 그들이 하나님만 두려워하며 의리를 지킬 때에는 일반 교인들의 양심의 지지를 받게 된다. 거기서 그들의 치리의 권위가 성립된다. 사도 바울의 교역의 원리가 그와 같은 것이다. 고린도후서 5:11에 말하기를 "우리는 주의 두려우심을 알므로 사람들을 권면하거니와 우리가 하나님 앞에 알리어졌으니 또 너희의 양심에도 알리어지기를 바라노라"고 하였다.

"악인이 권세를 잡으면 백성이 탄식하느니라." 악인이 권세를 가지면 사리사욕을 취하면서 민중을 압제하기 때문에 백성들이 탄식하게 된다. 무엇보다도 악한 집권자는 공의를 무시하는 데 너무도 현저하므로 민중이 그것을 싫어한다. 이 점에서 공의로 다스린 사무엘의 정치와 대조할 수 있다. 그는 백성 앞에서 말하기를 "내가 누구의 소를 빼앗았느냐 누구의 나귀를 빼앗았느냐 누구를 속였느냐 누구를 압제하였느냐 내 눈을 흐리게 하는 뇌물을 누구의 손에서 받았느냐"라고 하였다(삼상 12:3하).

**3 지혜를 사모하는 자는 아비를 즐겁게 하여도 창기와 사귀는 자는 재물을 잃느니라.**
"지혜"는 다른 구절에서 해석한 것과 같이 세속적 지혜를 말하는 것이 아니라 하나님을 아는 지혜를 가리킨다. 이 지혜가 하나님이 친히 하시는 것같이 그것을 소유한 사람들을 지키며 인도하며 축복한다. 그것은 하나님께서 그 지혜를 통하여 역사하심으로 나타난다.[257] 그러므로 "지혜를 사모하는 자"는 결국 하나님을 사랑하는 자이다. 그가 하나님을 사모하는 것이 자기 아버지에게 기쁨이 된다. 그것이 성경적 효도이다. 그것은 하나님을 중심으로 하는 것으로, 인간 중심으로 가르친 유교의 효도와 다르다.

"창기와 사귀는 자"는 몸을 음란한 정욕에 내어주는 미련한 자이다. 그는 "몸은 음란을 위하여 있지 않고 오직 주를 위하여 있으며 주는 몸을 위하여 계시느니라"(고전 6:13)라는 진리를 모르는 자이다. 이 진리의 의미는 우리가 몸을 주님께 바쳐야 되고, 주님은 우리의 몸을 받아서 다시 살려 주신다는 것이다(고전 6:14). 사도 바울은 이어서 말하기를 "너희 몸이 그리스도의 지체인 줄을 알지 못하느냐 내가 그리스도의 지체를 가지고 창녀의 지체를 만들겠느냐 결코 그럴 수 없느니라 창녀와 합하는 자는 그와 한 몸인 줄을 알지 못하느냐 일렀으되 둘이 한 육체가 된다 하셨나니 주와 합하는 자는 한 영이니라 음행을 피하라 사람이 범하는 죄마다 몸 밖에 있거니와 음행하는 자는 자기 몸에 죄를 범하느니라 너희 몸은 너희가 하나님께로부터 받은 바 너희 가운데 계신 성령의 전인 줄을 알지 못하느냐 너희는 너희 자신의 것이 아니라 값으로 산 것이 되었으니 그런즉 너희 몸으로 하나님께 영광을 돌리라"고 하였다(고전 6:15-20). 여기서 "음행하는 자는 자기 몸에 죄를 범하느니

---

257) Christa Kayatz, Studien Zu Proverbien 1-9 (1966), s. 66: "Die Weisheit bewahrt und leitet und segnet den Menschen, wie Jahwe es selbsttut."

라"고 한 말씀의 뜻이 무엇인가? 그것은, 음행하는 자는 자기 몸을 부활시키실 주님께 바치지 않고 그것을 망하게 하는 음란에 내어준다는 뜻이다.

"재물을 잃는" 것은 몸을 내버린 결과이다. 창기와 합하는 자는 귀중한 몸을 내어버리는 처지에 빠져서, 재산 같은 것을 버리는 것은 그에게 아무 문제가 되지 않는다.

**4 왕은 정의로 나라를 견고하게 하나 뇌물을 억지로 내게 하는 자는 나라를 멸망시키느니라.** 가정은 혈연으로 성립되고 국가는 법률로 성립된다. 다시 말하면 국가는 국민들이 제정하고, 또 그대로 다스림을 받기로 약속한 법률에 근거하여 성립된다. 법률이 무너지면 국가도 무너진다. 그러므로 통치자는 법률대로 통치해야 한다. 그것이 공의이다.

동양의 주역은 주로 정치 철학을 가르치고 있다. 그 책에서 강조하는 것은 유교에서 나온 정치이다. 그중 한 가지 미제괘를 예로 들면 다음과 같다. 곧 "한결같이 바른 도리를 지키니 길하다. 군자의 덕은 태양과 같이 빛난다. 그 참된 마음이 만민의 신임을 받아서 길하리라"고 하였다.[258] 그러나 이것은 살아 계신 하나님을 근본으로 여기지 않고 인본주의 공의를 가르치는 것뿐이다. 따라서 그것은 피상적이고, 또한 무력하다.

앞에서 말한 것처럼 국가는 공의로운 정치에 의해서 견고해진다. 그러나 뇌물은 공의를 무너뜨린다. 관원들이 뇌물을 받고 불의한 자를 도와주면, 불의가 성하고 공의는 쇠퇴한다. 뇌물이 성행하는 나라에서는 사람들이 불의를 행하고도 그것을 정당화하기 때문에, 공의를 주장하는 역경을 택할 자가 없어진다. 그런 나라에서는 공의를 지키는 자가 도리어 곤경에 빠진다. 그렇게 된 나라는 망하게 마련이다. 그 이유는 하나님께서 그런 나라를 마침내 벌하시기 때문이다.

---

258) 吉無悔君子元光有孚吉, 五陰.

**5 이웃에게 아첨하는 것은 그의 발 앞에 그물을 치는 것이니라.** 여기서 "아첨한다"(מַחֲלִיק)는 말은 매끄러운 것(smooth thing)을 말한다는 뜻이다. 즉 상대방의 죄악된 성품에 아첨하며 듣기 좋게 말하는 것이다. 이 세상에는 언제나 아첨하는 자가 많고, 곧은 말을 하는 자는 적은 법이다. 아합 왕에게 아첨하는 거짓 선지자는 400명이었고, 그에게 곧은 말을 하는 선지자는 미가야 한 사람뿐이었다(왕상 22:6, 8). 그러므로 사람들은 아첨하는 자의 말을 잘 듣는다. 그러나 아첨하는 말은 의에 속한 것이 아니며, 속이는 것이며, 죽이는 것이다. 그것은 상대방이 걸려 넘어지게 하는 그물과 같다. 아합 왕 때에 400명이나 되는 거짓 선지자들이 왕에게 거짓말로 아첨하여, 왕으로 하여금 길르앗 라못으로 올라가 아람과 전쟁하게 하였는데, 결국 왕은 거기서 죽고 말았다(대하 18:1-34). 중국 진나라의 폭군 시황제에게도 아첨하는 자들이 있었고, 그의 아들 호해 황제 때에는 조고라는 사람이 황제 앞에서 아첨하였다. 호해 황제가 평생 쾌락으로 지내고 싶어 하는 것을 본 조고는 그것을 좋은 생각이라고 하면서 황제의 향락 생활에 거리낌이 될 만한 신하들을 모두 축출하였다. 이것이 결국 진나라가 멸망한 원인이 되었다.

**6 악인이 범죄하는 것은 스스로 올무가 되게 하는 것이나 의인은 노래하고 기뻐하느니라.** 여기서 말하는 "악인"은 일반적인 과오를 범하는 사람이 아니라, 악한 일을 직업처럼 일삼는 사람이다. 엄격히 따지면 사람은 다 죄인이다. 그러나 여기서 말하는 "악인"은 특별하게 악을 행하는 자이다. 그는 악을 기탄없이 행하고 그것을 후회하거나 회개하지 않는다. 그러면서도 얼마 동안은 무사하고, 또 잘 지내는 것같이 보인다. 그러나 이런 악인이 패망하게 되는 때가 반드시 온다. 그때에는 자기가 쌓아 놓은 죄악이 올무가 되어 거꾸러진다. 옛날에 로마의 네로 황제는 과도히 죄를 범하면서도 금으로 집을 짓고 일시 동안 잘사는 것처럼 보였다. 그러나 그는 결국 자살하였다. 그것이 그의 모든 죄악의 결말이었다. 제2차 세계대전 때에 유대인을 600만 명이나 죽였다는 아이

히만은 그와 같이 죄악을 쌓는 동안 무사하게 지냈으나, 그도 마침내 자기의 죗값으로 이스라엘 경찰에 체포되어 처참하게 사형을 받았다.

반면에 "의인"은 지금부터 영원까지 기쁨으로 지낸다. 여기서 의인이 왜 기뻐한다고 하였는가? 이것에 대하여 학자들은 몇 가지로 설명한다. ① 악인이 "올무"에 걸려서 망하였기 때문에 의인은 그 악인의 위협에서 해방되어 기뻐한다(Zöckler). ② 하나님이 주시는 번영으로 인하여 기뻐한다(Fleischer). ③ 본문은 이 두 가지 해석을 보장하지 않는다. 의인이 기뻐하는 것은 현세의 어떤 이익 때문이 아니다. 그는 하나님을 진정으로 믿기 때문에, 하나님이 그와 함께하시는 기쁨이 계속된다. 그는 환난 가운데서도 기뻐할 수 있다(롬 5:3). 다시 말하면, 그가 하나님을 믿는 것과 의를 행하는 것이 그에게 이미 상급이고, 또 그의 심령 속에서 하늘의 기쁨이 넘치는 것이다. 시편 4:7에 말하기를 "주께서 내 마음에 두신 기쁨은 그들의 곡식과 새 포도주가 풍성할 때보다 더하니이다"라고 하였고, 하박국 3:17-18에는 말하기를 "비록 무화과나무가 무성하지 못하며 포도나무에 열매가 없으며 감람나무에 소출이 없으며 밭에 먹을 것이 없으며 우리에 양이 없으며 외양간에 소가 없을지라도 나는 여호와로 말미암아 즐거워하며 나의 구원의 하나님으로 말미암아 기뻐하리로다"라고 하였다.

**7** 의인은 가난한 자의 사정을 알아 주나 악인은 알아 줄 지식이 없느니라. 여기서 말하는 "의인"은 하나님을 알고, 또한 믿는 사람이기 때문에 모든 일을 하나님 편에서 생각한다. 가난한 자에 대한 특별한 동정은 하나님께 속한 것이다(시 82:3-4). 잠언 14:31에 말하기를 "가난한 사람을 학대하는 자는 그를 지으신 이를 멸시하는 자요 궁핍한 사람을 불쌍히 여기는 자는 주를 공경하는 자니라"라고 하였다. 또 19:17에는 말하기를 "가난한 자를 불쌍히 여기는 것은 여호와께 꾸어 드리는 것이니 그의 선행을 그에게 갚아 주시리라"고 하였고, 21:13에는 "귀를 막고 가난한 자가 부르짖는 소리를 듣지 아니하면 자기가

부르짖을 때에도 들을 자가 없으리라"고 하였고, 28:27에는 말하기를 "가난한 자를 구제하는 자는 궁핍하지 아니하려니와 못 본 체하는 자에게는 저주가 크리라"고 하였다.

이 점에 관하여 브리지스(Charles Bridges)는 두 가지 실례를 들었다. 하나는, 순교자 리들리(Ridley)가 화형을 받아 순교하면서 영국 여왕에게 청원한 것이 있었는데, 그것은 자기의 교구 지역에 살고 있는 빈민들을 계속해서 거주하게 해 달라는 것이었다고 한다. 그리고 또 하나는, 스코트(Scott)라는 성도가 별세하면서 아들에게 유언하기를, 해마다 빈민에게 구제하기 위하여 심는 묘목을 계속 심으라고 하였다고 한다.[259]

반면에 "악인"은 가난한 사람을 알아줄 지식이 없다. 그 이유는 그들이 하나님을 모르기 때문이다.

**8 거만한 자는 성읍을 요란하게 하여도 슬기로운 자는 노를 그치게 하느니라.** 여기서 "거만한 자"(אַנְשֵׁי לָצוֹן)라는 말은 "조롱하는 사람들"(men of derision)이라고 번역되어야 한다. 그들은 하나님의 말씀을 조롱하며 진리의 권위를 무시한다. "성읍"은 지역 사회나 단체를 가리킨다. 그리고 빌데부어(D. G. Wildeboer)에 의하면, "요란하게 한다"(יָפִיחוּ)는 말은 문자적으로 "불타오르게 한다"는 뜻이라고 한다.[260] 이것은 "선동한다"는 뜻이다. 물론 그들이 성읍을 선동한 결과는 하나님의 진노에서 오는 불안이다. 어떤 학자들은 여기 나오는 "노"(אַף)라는 말이 하나님의 노를 가리키지 않고 사람의 노를 가리킨다고 한다(Delitzsch, Toy). 그러나 본문에 거론된 선동자들이 종교적으로 조롱하는 사람들이므로, 그들의 행동이 하나님의 진노를 격동시켰다고 생각된다.

성경에는 하나님께서 그의 말씀의 권위를 무시하는 무리에게 진노하신

---

259) Charles Bridges, A Commentary on Proverbs (London: The Banner of Truth Trust, 1968), 563.
260) wörtlich: sich blazenan, fachen an sc. das Feuer.

사건이 많이 기록되었다. 한 가지 예를 들면, 바울을 태운 배의 선장과 선주와 백부장이 하나님의 종 바울의 권고를 무시하고 행선하다가(행 27:9-11) 마침내 그 배에 올랐던 276명이 파선의 위기에 빠지게 되었다. 그때에 바울은 하나님의 말씀으로 담력을 얻어서 절망 상태에 있었던 무리를 안심시켰다. 그는 다음과 같이 말하였다. "내가 너희를 권하노니 이제는 안심하라 너희 중 아무도 생명에는 아무런 손상이 없겠고 오직 배뿐이리라 내가 속한 바 곧 내가 섬기는 하나님의 사자가 어제 밤에 내 곁에 서서 말하되 바울아 두려워하지 말라 네가 가이사 앞에 서야 하겠고 또 하나님께서 너와 함께 항해하는 자를 다 네게 주셨다 하였으니 그러므로 여러분이여 안심하라 나는 내게 말씀하신 그대로 되리라고 하나님을 믿노라"(행 27:22-25).

**9 지혜로운 자와 미련한 자가 다투면 지혜로운 자가 노하든지 웃든지 그 다툼은 그침이 없느니라.** 이 말씀은, 지혜로운 자가 미련한 자와 논쟁하는 것은 아무 유익이 없다는 뜻이다. "지혜로운 자가 노하든지 웃든지"(רָגַז וְשָׂחַק)라는 말은 "그가 노하든지 웃든지"라고 번역되어야 한다. 그러므로 한글 번역에서 "지혜로운 자"를 주격으로 표시한 것은 잘못된 것이다. 바른 해석에 의하면 "그가"라는 말은 미련한 자를 염두에 두었을 것이다. 사실상 지혜로운 자는 논쟁할 때에 조용하다(전 9:17). 반면에 "미련한 자"는 감정을 쉽게 표현하며 완악하고 교만하여 진리를 끝까지 받아들이지 않는다.

잠언의 저자가 염두에 둔 "미련한 자"에 대하여 바르트(K. Barth)는 다음과 같이 지적한다. "잠언에 기록된 대로 '미련한 자'는 자기의 마음을 믿는 자이며(잠 28:26), 남에게 배우려 하지 않는 자이다(잠 12:15). 그래서 그는 잘못된 길로 자기를 던져 넣는다(잠 14:16). 어리석음은 그의 즐거움이고(잠 15:21), 그는 그것을 면류관처럼 여긴다(잠 14:24). 또한 그는 자기의 어리석음

을 전파한다(잠 12:23)."²⁶¹⁾

그렇다면 잠언의 저자는 구체적으로 어떤 사람들을 가리켜 "미련한 자"라고 하였는가? 바르트(K. Barth)는 이 점에 대하여 다시 말하기를 "지혜문의 저작자들은 특정 개인이나 단체를 염두에 두고 이렇게 말하였을 것이다. 즉 이스라엘 말기에 부패한 사회의 특징이 될 만한 인물들을 염두에 두었을 것이다."라고 하였다.²⁶²⁾

바르트의 신학 체계는 우리와 다르지만 이 점에 관한 그의 해석은 어느 정도 바르다고 생각된다. 잠언의 저자가 염두에 두고 말한 "미련한 자"는 배교자들이다. 배교자는 종교 문제에서, 성경의 모든 진리를 다 알아보고 내버린 것처럼 언제나 완악하고 교만하여 남에게 배우지 않는다. 그러므로 진실한 성도는 그들과 논쟁을 할 필요가 없다. 예수님께서 말씀하시기를 "거룩한 것을 개에게 주지 말며 너희 진주를 돼지 앞에 던지지 말라 그들이 그것을 발로 밟고 돌이켜 너희를 찢어 상하게 할까 염려하라"고 하셨다(마 7:6).

**10  피 흘리기를 좋아하는 자는 온전한 자를 미워하고 정직한 자의 생명을 찾느니라.**
이 구절의 히브리어를 개역하면 다음과 같다. "피 흘리기를 좋아하는 사람들은 순전한 자를 미워하나 의로운 자들은 그의 생명을 찾느니라." 이 말씀은, 피 흘리기를 좋아하는 자가 하나님을 경외하는 자를 미워하는 반면에 의인들은 그(하나님을 경외하는 자)를 보호하기 위하여 찾는다는 의미이다. 유대인들은 바울을 죽이려고 했지만 그의 제자들은 바울을 피신시켰다(참조. 행 9:23-25; 고후 11:32-33).

---

261) K. Barth, Die Kirchliche Dogmatik IV/2 (1955), s. 478 : "Er ist der Mann, der sich auf seinen Verstand verlässt (Spr. 28, 26), den sein Weg, ohne dass er auf guten Rat zu hören nötig hätte, der rechte zu sein dünkt(12, 15). Und so lässt er sich sorglos auf das Böse ein (14, 16). Seine Torheit macht ihm Freude (15, 21). Er trägt sie wie einen Kranz (14, 24), Er schreit sie aus (12, 23)."

262) Ibid., s. 478 : "Wen meinen die Weisheitsschriften mit dieser Figur? Sicher blicken ihre Sprüche auch auf ganz bestimmte, ihren Urhebern vor Augen stehende Personen und Personen-gruppen, auf gewisse Zerfallserscheinungen der spätisraeli- tischen Gesellschaft."

피 흘리기를 좋아하는 자가 순전한 자(하나님을 경외하는 자)를 미워하는 이유가 무엇인가? 그 이유는 다음과 같다. 그들은 자기 자신을 영화롭게 하고, 하나님을 경외하는 자는 하나님을 영화롭게 하기 때문에 둘 사이에는 날카로운 충돌이 있다. 이와 같은 충돌에 대하여 예수님께서 말씀하시기를 "악을 행하는 자마다 빛을 미워하여 빛으로 오지 아니하나니 이는 그 행위가 드러날까 함이요 진리를 따르는 자는 빛으로 오나니 이는 그 행위가 하나님 안에서 행한 것임을 나타내려 함이라"고 하셨다(요 3:20-21).

피 흘리기를 좋아하는 사람이 순전한 자(하나님을 경외하는 자)를 미워하는 것은, 간단히 말해서 의를 미워하는 것과 마찬가지이다. 그러므로 그것은 마귀의 행동이다. 예를 들면 가인이 아벨을 미워한 것(창 4:4-5), 아합과 이세벨이 하나님의 선지자들을 죽인 것(왕상 19:14), 또한 유대인들이 예수 그리스도를 죽인 것(살전 2:15)과 같은 것이다. 반면에 의인은 순전한 자의 생명(영혼)을 구원하기 위하여 찾는다. 잠언 11:30에 말하기를 "의인의 열매는 생명나무라 지혜로운 자는 사람을 얻느니라"고 하였다. 의인은 이처럼 영혼(생명)을 구원하는 것을 자기의 사명으로 안다. 요나단은 다윗의 생명을 자기 생명과 같이 여겨 보호하였고(삼상 19:1-5; 20:1-17, 35-42; 삼하 1:26), 선지자 오바댜는 아합 왕의 핍박 시대에 선지자 100명을 굴속에 숨기고 먹여 주며 보호하였고(왕상 18:1-4), 에벳멜렉은 예레미야를 죽을 자리에서 살려 주었고(렘 38:1-13), 브리스길라와 아굴라는 바울을 위험한 자리에서 건지기 위해 자기들의 목이라도 내놓을 각오를 하였다(롬 16:4).[263] 이보다 더 중요한 것은 복음 사역자들이 하는 일이다. 그것은 사람들의 영혼을 구원하기 위하여 생명을 바치는 것이다. 바울은 이 일을 위하여 날마다 죽음을 각오한다고 하였다(고전 15:31).

---

263) Charles Bridges, A Commentary on Proverbs (London: The Banner of Truth Trust, 1968), 566.

**11  어리석은 자는 자기의 노를 다 드러내어도 지혜로운 자는 그것을 억제하느니라.**

이 구절의 히브리어를 개역하면 다음과 같다. "미련한 자는 그 온 마음을 드러내어도 지혜로운 자는 그것을 뒤로 진정시키느니라." 빌데부어(D. G. Wildeboer)는 여기서 "마음"(רוּחַ)이라는 말을 "분노"(Zorn)라고 번역하였고,[264] 델리취(Delitzsch)도 그리하였다. 그러나 이것은 일방적인 해석이다. 히브리 원문에는 "분노"라는 말이 없으므로 그렇게 번역할 근거가 없다. 빌데부어(Wildeboer)는 잠언 16:32 하반절의 "마음"(רוּחַ)이라는 말이 상반절의 "노"라는 말을 받은 것이라고 하며, 마음이라는 말을 분노로 해석한 듯하다. 그러나 그것은 잘못이다. 거기서도 "마음"이라는 말은 상반절의 "노"라는 말보다 넓은 함축을 가졌다.

사람이 그때그때 자기 마음에 있는 것을 남에게 다 말할 필요는 없다. 그 이유는, 마음은 만물보다 거짓되고 심히 부패하여(렘 17:9) 늘 남에게 유익한 생각을 가지는 것이 아니기 때문이다. 남에게 유익하지 않은 것을 말할 이유가 무엇인가? 그런 말을 하는 것은 사랑도 아니고 정직함도 아니다. 정직은 사람이 다른 사람들과 사무적인 관계를 가질 때에 요구되는 것이며, 거기 관련된 사실을 그대로 알려 줄 때에 성립되는 것이다. 그러므로 의로운 사람은 말을 많이 하지 않는다. 야고보서 1:19에 말하기를 "내 사랑하는 형제들아 너희가 알지니 사람마다 듣기는 속히 하고 말하기는 더디 하며 성내기도 더디 하라"고 하였다. 그러므로 격언에서도 말하기를 "말하는 것은 은이요, 침묵하는 것은 금이다"(Speech is silver; silence is gold)라고 하였다. 진정으로 아는 사람은 무엇보다도 자기의 부족함과 무식을 발견한 자이다. 그래서 그런 사람은 말이 적다. 그러나 어리석은 사람은 자기가 모든 것을 다 아는 듯이 교만하여 말이 헤프다. 바울은 고린도 교회에 말하기를 "주께서 허락하

---

264)  D. G. Wildeboer, Kurzer Hand-Commentar Zum Alten Testament, Die Sprüche (1897), s. 82.

시면 내가 너희에게 속히 나아가서 교만한 자들의 말이 아니라 오직 그 능력을 알아보겠으니 하나님의 나라는 말에 있지 아니하고 오직 능력에 있음이라"고 하였다(고전 4:19-20). 사람은 마땅히 하지 않아야 될 말은 끝까지 하지 않아야 한다. 삼손은 마땅히 하지 않아야 될 말을 했기 때문에 능력을 잃었다(삿 16:17).

**12 관원이 거짓말을 들으면 그의 하인들은 다 악하게 되느니라.** "관원"(מֹשֵׁל)이라는 말은 통치자를 말한다. 통치자는 국민의 지도자인데 그가 거짓말을 잘 받아들인다면, ① 그를 따르는 사람들, 또는 민중은 거짓될 수밖에 없다. 그 이유는, 그 나라에서는 위에서부터 거짓된 수단으로 일을 해결하기 때문이다. 언제나 지도자가 바로 서지 않으면, 그 아래에 있는 사람들은 그의 악영향을 받아서 더욱 부패한다. 그뿐 아니라, ② 통치자가 거짓말을 잘 따르면 그는 마귀의 종이 된다. 마귀는 거짓말쟁이이고, 거짓의 아비이다(요 8:44). 그런 통치자가 다스리는 곳에는 마귀의 활동이 왕성하기 때문에 죄악이 팽배하다. 예를 들면 아합 왕은 거짓 선지자들을 400명이나 거느리면서 모르는 문제가 있으면 그들에게 물었다(왕상 22:6). 그들은 마귀의 손에 직접 사용되고 있었다(왕상 22:19-23). 아합 왕은 그때에 한 사람밖에 없는 참된 선지자 미가야를 핍박할 정도로(왕상 22:27) 거짓말을 좋아하였다. ③ 사람이 거짓말을 잘 믿게 되는 것은 하나님 앞에 버림받았다는 증거이다. 하나님의 말씀을 듣기 싫어하는 자가 받는 벌이 거짓말이다. 데살로니가후서 2:9-12에 말하기를 "악한 자의 나타남은 사탄의 활동을 따라 모든 능력과 표적과 거짓 기적과 불의의 모든 속임으로 멸망하는 자들에게 있으리니 이는 그들이 진리의 사랑을 받지 아니하여 구원함을 받지 못함이라 이러므로 하나님이 미혹의 역사를 그들에게 보내사 거짓 것을 믿게 하심은 진리를 믿지 않고 불의를 좋아하는 모든 자들로 하여금 심판을 받게 하려 하심이라"고 하였다. 오늘날 교회의 지도자들 중에도 하나님의 말씀(성경)을 바르게 배우지 못하여 그

말씀이 하나님의 말씀인 줄 모르고, 그 말씀의 맛 역시 하나님의 맛인 줄(벧전 2:2-3) 모르기 때문에, 사실상 성경대로 설교하기를 싫어하는 자들이 많다. 그들은 강단에서 설교하기 위하여 성경을 몇 구절 읽기는 하지만 그들의 설교는 본문을 밝히 드러내는 것이 아니라 그들의 인간적인 사상을 전하는 것뿐이다. 인간적인 사상은 사람의 영혼을 구원하는 진리가 아니다. 그들이 끝까지 회개하지 않고 성경의 진리를 싫어하면, 그들도 하나님께 버림을 받을 것이다. 이런 지도자들의 지도를 받는 일반 신자들은 병들 수밖에 없다.

**13 가난한 자와 포학한 자가 섞여 살거니와 여호와께서는 그 모두의 눈에 빛을 주시느니라.** 여기서 "포학한 자"(אִישׁ תְּכָכִים)라는 말은 높은 이자를 받는 자들을 의미한다. 그러므로 그들은 불의한 부자라고 할 수 있다. 잠언 22:2에도 말하기를 "가난한 자와 부한 자가 함께 살거니와 그 모두를 지으신 이는 여호와시니라"고 하였다. 이 말씀과 마찬가지로 본문은 가난한 자나 부자나 다 같이 하나님의 피조물이며 하나님의 권고를 받고 있다고 한다. 하나님께서는 악인과 선인에게 고루 해를 비추어 주시며, 의로운 자와 불의한 자 모두에게 비를 내려 주신다(마 5:45). 그는 모든 사람이 구원을 받으며 진리를 아는 데 이르기를 원하신다(딤전 2:4). 요한복음 1:5에 말하기를 "빛이 어둠에 비치되 어둠이 깨닫지 못하더라"고 하였다. 본문(잠 29:13)에 "그들의 눈에 빛을 주신다"(מֵאִיר־עֵינֵי שְׁנֵיהֶם)고 한 말씀, 곧 모두의 눈을 다 비추어 주신다는 것이 그 뜻이다. "빛"이라는 말은 진리와 생명을 비유한다. 성령께서 진리를 가지고 우리 심령의 눈을 밝히시므로 우리의 영혼이 삶을 얻는다. 그러므로 다윗은 기도하기를 "나의 눈을 밝히소서 두렵건대 내가 사망의 잠을 잘까 하오며"라고 하였다(시 13:3). 하나님께서는 성령의 역사로 불의한 자들의 심령의 눈도 밝혀 주시려고 하지만 그들이 완고하여 순종하지 않는 것뿐이다(참조. 요 12:35-36; 요 3:19-21). 소경은 빛을 모른다. 그러나 빛은 그의 얼굴에도 찾아와서 머문다. 그와 마찬가지로 하나님의 권고하시는 역사는 불의한 자들에

게도 늘 가까이 있다. 누구든지 회개하고 하나님께로 돌아오기만 하면 영생을 얻는다.

**14 왕이 가난한 자를 성실히 신원하면 그의 왕위가 영원히 견고하리라.** 여기서 "신원한다"(שׁפט)는 말은 판단한다는 뜻이다. 이 세상 사람들은 '정의가 힘'(Right is might)이라고 생각하기보다 '힘이 정의'(Might is right)라고 주장하며 행세하므로 가난한 자들이 억울하게 되는 일이 많다. 그러므로 통치자는 자신이 친히 낮아져서 가난한 자들의 어려움을 체휼하면서 그들의 사정을 제대로 파악하여 그들의 사건을 잘 판단해 주어야 한다. 통치자가 가난한 자들의 사정을 잘 돌아보면, 그것이 공의로운 정치이고 하나님을 기쁘시게 하는 것이다. 하나님께서는 그와 같은 정권을 공고하게 하신다. 그러므로 잠언 29:4에 "왕은 정의로 나라를 견고하게" 한다고 하였다.

1) 언제나 약자를 도와주시는 것이 하나님의 일하시는 원리이다. ① 그는 복음사역에서 늘 그렇게 행하신다. 고린도전서 1:28에 말하기를 "하나님께서 세상의 천한 것들과 멸시 받는 것들과 없는 것들을 택하사 있는 것들을 폐하려 하시나니"라고 하였다. ② 이 세상일에 대한 그의 섭리도 그러하시다. 사무엘상 2:6-8에 말하기를 "여호와는 죽이기도 하시고 살리기도 하시며 스올에 내리게도 하시고 거기에서 올리기도 하시는도다 여호와는 가난하게도 하시고 부하게도 하시며 낮추기도 하시고 높이기도 하시는도다 가난한 자를 진토에서 일으키시며 빈궁한 자를 거름더미에서 올리사 귀족들과 함께 앉게 하시며 영광의 자리를 차지하게 하시는도다"라고 하였다.

2) 만왕의 왕이신 예수 그리스도께서도 친히 가난해지심으로써 우리 신자들을 부요하게 하셨다(고후 8:9). 이것을 보면 이 세상의 통치자들도 자신이 영광을 누리는 자리에만 머물지 말고, 친히 낮아지고 희생하며, 또 고난을 받으면서 민중을 체휼해야 그들을 효과적으로 도울 수 있을 것이다. 이 세상의 왕들은 참된 왕이신 예수 그리스도를 본받아야 한다. 인류는 죗값으로

고난에 빠졌으나 그들을 구원하시는 참된 구주 예수님은 하늘의 영광을 버리시고 고난의 구주가 되셨다.

**15 채찍과 꾸지람이 지혜를 주거늘 임의로 행하게 버려 둔 자식은 어미를 욕되게 하느니라.** 여기서 말하는 "채찍"은 징계를 비유하는 시적 표현이다. 바울도 말하기를 "너희가 무엇을 원하느냐 내가 매(채찍)를 가지고 너희에게 나아가랴 사랑과 온유한 마음으로 나아가랴"라고 하였다(고전 4:21). 그가 말한 "매"는 징계를 비유한다. 징계는 꼭 구타로만 이루어지는 것이 아니라 여러 가지 다른 방법이 있다. 물론 그것은 사랑의 권위로 규율 있게 실행되어야 하며, 문란과 악독과 혈기로 하면 역효과를 가져온다. 이 점에 관하여 우리와는 신학 체계가 다른 바르트(Barth)의 견해를 참고해 보려고 한다. 그는 잠언 저자가 말한 채찍을 문자적으로 간주하고, 신약 시대에는 그런 처벌을 중요시하지 말아야 하는 것처럼 말한다. 그는 말하기를 "예수님이 초림하신 당시에 자녀들에 대한 부모의 할 일은 주로 복음 증거이다. 율법적인 것이 아니다."라고 하였다.[265] 바르트(Barth)의 이 말은, 신약 시대에는 구약 시대처럼 자녀들을 율법적으로 엄하게 다스릴 필요가 없다는 의미이다. 이것은 일리가 있는 말이므로 참고할 만하다. 그러나 잠언의 "채찍"이라는 말을 비유적으로 해석할 때에는 그것이 무법한 구타를 의미하지 않으므로, 신약 시대인 오늘날에도 문제될 것이 없다. 잠언 19:18에 대한 해석을 참조하라.

"버려 둔 자식은 어미를 욕되게 하느니라." 여기서 "버려둔다"는 것은, 잘못하는 자식을 징계하지 않고 내버려 두는 것을 의미한다. 잘못하는 자식은 교정되어야 한다. 어떤 사람들은 인간의 자유를 지나치게 신성시하여 자녀들의 잘못을 교정하는 것이 옳지 않다고 한다. 이와 같은 주장은 그릇된 것

---

[265] K. Barth, Die Kirchliche Dogmatik III/4 (1951), s. 317: "In der mit der ersten Parousie Jesu Christi anhebenden Endzeit haben die Eltern den Kindern nicht zuerst und entscheidend das Gesetz, sondern zuerst und entscheidend das Evangelium zu bezeugen."

이다. 그 이유는, ① 인간의 자유는 절대적이지 않기 때문이다. 인간의 존재 자체도 절대적이지 않고 의존적이라는 것은 너무도 명백하다. 그러므로 그의 자유도 제한되어 있다. ② 자녀를 바르게 인도하지 않으면 그들이 악에 사로잡힌다. 그들은 하나님의 형상으로 지음받았으므로(창 1:26), 하나님의 말씀을 받아서 그대로 사는 것이 그들 본연의 삶이다. 그러므로 그들을 하나님의 말씀으로 지도하는 것은 결코 부자연스러운 억압이 아니다.

**16  악인이 많아지면 죄도 많아지나니 의인은 그들의 망함을 보리라.** 이것은 죄악이 가득 찬 시대를 염두에 두고 한 말씀이다(참조. 호 4:7). 극도로 악한 사회는 머지않아 망한다. 그러므로 그 시대의 의인은 그 사회의 멸망을 친히 목도하게 된다. 대부분의 사람들은 이 세상에서 악인들의 멸망을 보지 못하고 별세하는 일이 많다. 아브라함도 가나안 민족들의 멸망을 보지 못하고 별세하였다. 그러나 어떤 때에는 의인들이 악인들의 멸망을 친히 목도하는 일도 있다. 브리지스(Charles Bridges)는 본문 말씀에 적합한 좋은 실례를 들었다. 곧 노아는 그 시대 사람들의 멸망을 보았고(창 7:23), 아브라함은 소돔과 고모라의 멸망을 목도하였고(창 19:27- 28), 이스라엘 백성은 애굽인들의 패망을 목격하였다(출 14:30).

여기서 "의인은 그들의 망함을 보리라"는 것은, 특별히 악인들을 지향한 환난에서 의인은 구원을 받는다는 것도 가르친다. 극악한 시대에 악인들의 죄에 물들지 않고 순결을 지킨 성도는 하나님의 특별하신 간섭에 의하여 기적적으로 해를 면한다. 이것은 성경이 많은 말씀으로 보장해 준다. 한두 가지 예를 들면, 노아는 홍수로 멸망하는 재앙에서 구원받았고(창 7:1; 8:16-19), 롯은 소돔 성에 내린 유황불 재앙에서 구원을 받았다(참조. 창 19:29; 계 18:20).

**17  네 자식을 징계하라 그리하면 그가 너를 평안하게 하겠고 또 네 마음에 기쁨을 주리라.** 앞에 있는 15절 해석을 참조하라. 17절이 말하는 것은 부모가 평안과 기

쁨을 얻기 위해서라도 자식을 징계해야 한다는 것이다. 그 목적은 결코 비루한 것이 아니고 고상하다. 그 이유는, 그 평안과 기쁨은 징계의 결과로 얻은 자식의 경건과 의로 인한 것이기 때문이다. 그것은 신본주의이지 이기주의가 아니다. 부모만이 자식에게 경건과 의를 가르칠 수 있는 권위자이다. 그 이유는, ① 부모가 그의 자녀를 가장 사랑하기 때문에 자녀에게 권위가 있기 때문이다. 교육의 참된 권위는 사랑이다. ② 부모는 그의 자녀가 나기 전부터 세상에 있었으므로 자녀보다 지혜롭고 경험이 많기 때문이다. 부모는 자신들이 나기 전부터 전승되어 온 지식도 자녀에게 가르칠 수 있다. ③ 부모는 자녀에 대한 하나님의 대리자이기 때문이다. 그러므로 부모는 자녀에게 하나님의 말씀을 가르쳐서 그로 하여금 하나님을 순종하도록 증거해야 한다. 부모가 자녀를 징계하는 것도 하나님의 권위와 말씀에 근거하여 실행되어야 한다.

신학 체계가 우리와 다른 바르트(K. Barth)도 이 점에 관하여 우리와 같이 말하기를 "하나님만이 참으로, 또는 근본적으로 아버지이시다. 육신의 아버지는 그의 자식을 창조한 자가 아니며 죽음에서 구원해 주는 구주도 아니다. 다시 말하면 육신의 아버지는 자식의 육신의 생명과 영생의 근원이 아니다. 그러나 육신의 아버지가 피조물 세계에서는 하늘 아버지를 상징한다."라고 하였다.[266]

**18 묵시가 없으면 백성이 방자히 행하거니와 율법을 지키는 자는 복이 있느니라.** 여기서 "묵시"(חזון)라는 말은 계시(revelation)를 가리키며, 성령에 의하여 영적으

---

266) K. Barth, Die Kirchliche Dogmatik III/4 (1951), s. 275 : "Kein menschlicher Vater, sondern allein Gott ist eigentlich, wahrhaftig und zuerst Vater. Keinmenschlicher Vater ist ja der Schöpfer seines Kindes, Keiner der Herr von dessen Dasein, Keiner sein Befreier von Sünde, Schuld und Tod, Keiner durch sein Wort die Quelle seines zeitlichen uud ewigen Lebens. Eben in diesem eigentlichen, wahren und ersten Sinn ist Gott- und er allein-Vater. Er ist es als der Vater der Barmherzigkeit, als der Vater seines Sohnes, des Herrn Jesus Christus. Es ist aber eben dieses Vaters Gnade, dass es, in, Entsprechung zu der seinigen, auch menschliche Vaterschaft gibt. Und dass sie die Vaterschaft Gottes in menschlich- geschöpflicher Gestalt darstellen darf, das ist es, was auch ihr Sinn und Würde gibt, was ihr gegenüber zum Respekt aufruft."

로 보는 것을 말한다. 이것은 예언자들이 하나님 앞에서 받는 것이다. 계시에 의한 예언자의 가르침이 없는 시대는 암흑시대이다(시 74:9; 호 4:6). 이런 시대에도 기존의 율법(하나님의 말씀)을 지키는 개인이 있을 수 있다. 그들은 하나님의 축복을 받는다.

**19  종은 말로만 하면 고치지 아니하나니 이는 그가 알고도 따르지 아니함이니라.** 여기서 말하는 "종"은 애굽 사람의 집에서 종노릇한 요셉과 같은 자가 아니다. 요셉은 주인의 말에 잘 순종하였을 것이다. 그러므로 여기서 말하는 종은 엄격한 감시 아래에서 겨우 직책을 실행하는 자이다. 그러나 이 구절의 말씀은 종을 채찍으로 벌해야 한다는 의미가 아니다. 잠언에 자식을 채찍으로 벌하라는 말씀이 있지만 종을 그렇게 하라는 말은 전혀 없다. 그러므로 이 말씀은 종을 너무 방임해 두지 말고 감시와 규율의 제재 아래 두어야 한다는 뜻이다. 오늘날에는 종의 제도가 없지만 고용 제도는 있다. 본문 말씀에 근거하여 고용주는 고용인을 방임하지 말고 감시하는 것이 정당하다. 그렇게 해야 피차 이익을 거둔다. 인간은 감시를 받지 않으면 일반적으로 직무에 태만해지기 쉽다.

**20  네가 말이 조급한 사람을 보느냐 그보다 미련한 자에게 오히려 희망이 있느니라.** 잠언 26:12을 참조하라. 사람이 말에 조급하면 늘 일을 저지른다. 그런 사람의 별명은 "일을 저지르는 자"라고 할 수 있다. 그리고 그런 사람은 늘 위험한 자로 여겨진다. 차라리 미련한 자가 침묵만 지키면 그보다 낫다. 잠언 17:28에는 말하기를 "미련한 자라도 잠잠하면 지혜로운 자로 여겨지고 그의 입술을 닫으면 슬기로운 자로 여겨지느니라"고 하였다. 말에 조급한 자는 다른 행동에도 조급한 법이며, 그 실수로 인한 불행이 여러 가지로 나타난다. ① 욕을 당한다(잠 18:13). ② 궁핍해진다(잠 21:5). ③ 어리석음을 나타낸다(잠 14:29). ④ 범죄한다(잠 19:2). 그러므로 이스라엘의 위대한 선지자 모세는 어려운 일을 당할 때마다 아무 말도 하지 않고 먼저 하나님 앞에 나가서 기도

하였다(출 14:14; 32:31-32; 레 24:12). 야고보서 1:19에 말하기를 "내 사랑하는 형제들아 너희가 알지니 사람마다 듣기는 속히 하고 말하기는 더디 하며 성내기도 더디 하라"고 하였다.

**21 종을 어렸을 때부터 곱게 양육하면 그가 나중에는 자식인 체하리라.** 이 구절의 히브리어를 개역하면 다음과 같다. "종을 어렸을 때부터 제멋대로 하게 하면 그가 나중에는 완고한 자가 되느니라." 사람이 자기의 어린 자식도 제멋대로 행하도록 버려두어서는 안 되고 잘 다스려야 한다. 그렇다면 어린 종도 그렇게 해야 되지 않을까? 종은 언제나 주인의 제재 아래 있으면서 감사하는 마음으로 봉사해야 한다.

계시 시대에 있었던 종의 제도를 통해, 복음 사역자를 '하나님의 종'이라고 하는 이유를 깨달을 수 있다. 하나님의 종은 하나님의 뜻대로 순종해야 하는 사람이다. 사도 바울은 자기가 하나님의 종이라는 사실을 강조하였다. 현대 교회의 교역자들 중에는 이 사실을 잊어버리고 제멋대로 자유롭게 행하며, 하나님의 영광을 위하기보다 자기의 영광을 찾는 자들이 많다. 그들은 하나님 앞에서 완고한 자들이다.

**22 노하는 자는 다툼을 일으키고 성내는 자는 범죄함이 많으니라.** 이 구절의 히브리어를 개역하면 다음과 같다. "분노의 사람은 다툼을 일으키고 성내는 뜨거움을 소유한 자는 범죄함이 많으니라." "분노의 사람"(איש־אף)이라는 말은 분노에 속하는 사람이며, 어떤 경우에 노하는 사람과 달리 상습적으로 노를 발하는 사람을 말한다. 그리고 "성내는 뜨거움을 소유한 자"라는 말도 상습적으로 성내는 자를 가리킨다. 분노하는 습성은 그들의 특성과 같다. 이런 사람들은 늘 다툼을 일으키고, 또 다른 범죄도 저지른다. 그들은 다투는 것 외에도 많은 죄를 범한다. 즉 ① 원수를 맺으며, ② 시기하며, ③ 당을 지으며, ④ 배반하며, ⑤ 교만하며, ⑥ 훼방하며, ⑦ 원통함을 풀지 않으며, ⑧ 사나우며, ⑨ 악독하며, ⑩ 무정하며, ⑪ 잔인하며, ⑫ 저주하며, ⑬ 미워하며, ⑭ 원

망하며, ⑮ 하나님을 믿지 않으며, ⑯ 화목하지 않으며, ⑰ 살인하며, ⑱ 흉악하다(참조. 롬 1:28-31; 갈 5:19-21; 딤후 3:2-5; 계 21:8).

**23 사람이 교만하면 낮아지게 되겠고 마음이 겸손하면 영예를 얻으리라.** 하나님은 교만한 자를 물리치시고 겸손한 자에게 은혜를 주신다(약 4:6). 그러므로 교만한 자는 낮아질 수밖에 없고, 겸손한 자는 진정한 의미에서 높아진다. 야고보는 말하기를 "낮은 형제는 자기의 높음을 자랑하고 부한 자는 자기의 낮아짐을 자랑할지니"라고 하였다(약 1:9-10). 곧 낮은(겸손한) 형제는 하나님의 은혜로 높아질 것을 내다보기 때문에 자랑할 만하고, 부한 형제는 예수를 믿은 후부터 낮아짐(겸손해짐)을 자랑해야 한다는 뜻이다. 이것은 겸손을 보배롭게 여기는 말씀이다. 겸손은 이처럼 귀하기 때문에 성 에브라임(St. Ephraim)은 성직을 받지 않으려고 거짓으로 미친 체하였고, 크리소스토모스(Chrysostom)는 성직을 받지 않으려고 도망갔다가 사람들에게 붙잡혀서 할 수 없이 받았다고 한다(잠 18:12; 25:6-7 해석 참조).

**24 도둑과 짝하는 자는 자기의 영혼을 미워하는 자라 그는 저주를 들어도 진술하지 아니하느니라.** 여기서 말하는 "도적과 짝하는 자"는 도적과 함께 도적질을 계획하고 그 배후에 앉은 자이다. 나봇의 포도원을 빼앗도록 계획한 아합과 이세벨은 실제로 나봇을 죽인 자들보다 죄가 더 크다고 할 수 있다(왕상 21:1-6).

"자기의 영혼을 미워하는 자." 도둑과 짝하여 그 사건 배후에 숨어 있었고, 또 그러한 사실을 자복하지 않은 영혼은 망할 수밖에 없다. 그러므로 결과적으로 그는 자기 영혼을 미워하는 자와 같이 된 것이다. 매튜 헨리(Matthew Henry)는 그런 사람들에 관하여 말하기를 "그들은 모순되다. 죽음보다 무서운 것이 없는데도 그들은 그것을 사랑하고, 영혼보다 더 아끼고 사랑할 것이 없는데도 그들은 그들의 영혼을 미워한다."라고 하였다.[267] 에스겔 18:31에 말하기를 "너희가 어찌하여 죽고자 하느냐"라고 하였는데, 이 질문이 그들에게도 해당된다.

"저주를" 듣는다는 것은, 이스라엘 나라의 재판정에서 사건을 판결할 즈음에 혐의자나 증인을 불러서 맹세하게 하고 범죄 사건을 진술하라고 하는 것을 말한다(참조. 레 5:1; 마 26:63).

**25-26** 사람을 두려워하면 올무에 걸리게 되거니와 여호와를 의지하는 자는 안전하리라 주권자에게 은혜를 구하는 자가 많으나 사람의 일의 작정은 여호와께로 말미암느니라. 우리는 사람(특히 주권자)을 두려워할 필요가 없다. 그 이유는, 우리가 사람을 두려워하면 도리어 역경에 빠지기 때문이다. 오직 우리는 하나님을 두려워하며 의지해야만 그의 보호를 받는다(25절). 사람들은 주권자의 도움을 받으려고 그를 두려워한다. 그러나 하나님께서 그들을 도와주셔야만 그들에게 참된 유익이 있다(26절). 여기서 "안전하리라"(יְשֻׂגָּב)는 말은 "높여짐", 곧 "보호함을 받음"을 의미한다.[268] 빌데부어(D. G. Wildeboer)는 이 구절의 상반절에 대하여 해석하기를 "인간은 사람을 두려워하기 때문에, 악을 행하고, 혹은 선을 행하는 것을 등한히 한다."라고 하였다.[269] 이 구절들(25-26절)의 뜻을 더욱 분명히 알기 위하여 다음의 설교를 자세히 참고하라.

"주권자에게 은혜를 구하는 자가 많으나." 이 말씀은 앞절에 기록된 대로 사람들이 사람을 두려워하는 동기를 밝혀 준다. 그들이 두려워하는 것은 특히 주권자인데, 그 이유는 그들이 그에게서 보호를 받으려고 하기 때문이다.

---

267) Matthew Henry, Matthew Henry's Commentary III, Job To Song of Solomon (Fleming H. Revell), 962 : "See the absurdities sinners are guilty of; they love death, than which nothing is more dreadful, and hate their own souls than which nothing is more dear."
268) D. G. Wildeboer, "Er wird erhöht d.h. geschützt."
269) D. G. Wildeboer, Kurzer Hand-Commentar Zum Alten Testament, Die Sprüche (1897), s. 83 : "Man kann aus Menschenfurcht böses thun, oder gutes zu thun unterlassen."

그러나 앞에 이미 말한 바와 같이 참된 보호는 하나님께만 받을 수 있다. 일의 작정은 여호와께로 말미암는다(26하).

### 설교 ▶ 신자의 처세(25-26절)

**1. 사람을 두려워하지 말라**

신자가 사람을 두려워하게 되는 이유는 무엇일까? 그것은 그가 복음을 부끄러워하기 때문이다. 복음이 능력이라는 사실을 체험한 자는 복음을 부끄러워할 이유가 없다. 그러므로 우리는 복음의 능력을 깊이 체험해야 한다. 나면서부터 소경 된 자가 예수님께 고침을 받았을 때에 바리새인들은 교권을 가지고 그를 문책하였다. 그때에 그는 끝까지 담대하게 예수님을 증거하였지만, 그의 부모는 예수님을 증거하지 못하였다(요 9:22). 디모데후서 1:7에 말하기를 "하나님이 우리에게 주신 것은 두려워하는 마음이 아니요 오직 능력과 사랑과 절제(마음속에서 죄를 분별하고 멀리함)하는 마음"이라고 하였다. 사람이 의지할 데가 없으면 두려움에 사로잡힐 수밖에 없지만, 복음으로 하나님을 의지하면 두려울 것이 없다.

사람들 중에는 본래 천성적으로 겁이 많은 자들이 있다. 그러나 그들은 겁이 많은 만큼 하나님을 더 의지할 소질이 있다. 그러므로 그들도 신앙생활을 할 때에 핍박자들에게 위협을 당해도 그 믿음으로 이겨 나갈 수 있다. 루터(Luther)는 본래 겁이 많은 사람이었다. 젊었을 때에는 우레 소리가 무서워서 기도하였다고 한다. 그러나 후에 믿음으로 바로 선 다음에는 교황도 두려워하지 않았고 찰스 5세 황제도 두려워하지 않았다. 만일 신자가 복음보다 사람을 더 두려워한다면, 그는 진리를 주장하지도 못하고 사랑하지도 않게 된다. 복음을 사랑하는 뜨거움은 그것을 위하여 굳게 서는 신자에게 하나님께서 주시는 선물이다. 그러나 그가 복음과 함께 고난을 받지 않으면 그 진리가 그의 마음속에서 생명의 역사를 일으키지 않으므로 그는 진리를 떠난 자와 같이 된다. 따라서 그는 마귀의 이용물이 된다. "올무에 걸리게 된다"는 말이 그 뜻이다.

### 2. 여호와를 의지하라

여호와를 의지하는 것은 하나님의 선물이다. 데살로니가후서 3:2 하반절에 말하기를 "믿음은 모든 사람의 것이 아니니라"고 하였다. 그러나 하나님께서는 이 선물을 구하는 자에게 주신다. 그러므로 우리는 이 선물이 금보다 귀하다는 것을 알고 하나님께 구해야 한다. 믿음을 구하는 자는 믿으려고 힘쓴다. 하나님은 책임 의식이 없는 자에게 그분의 귀한 선물을 주시지 않는다. 우리는 주님을 의지하는 생활을 하기 위하여 모든 면에서 힘써야 한다. 루터는 로빈이라는 새를 한 마리 기르면서 그것에게서도 믿음을 배웠다고 한다. 그는 말하기를 "나는 땅 위의 어느 설교자보다 로빈을 더 사랑한다. 내가 밤마다 작은 떡 조각을 놓아주면 그 새는 그것을 먹고 노래한다. 그리고 아무 염려도 하지 않는다"라고 하였다. 영국 크롬웰(Cromwell)의 대사가 다른 나라에 가던 도중 여관에서 잠을 이루지 못했다. 그러나 그의 사환은 그 옆에서 잘 잤다. 이튿날 종이 대사에게 물었다. "하나님께서 우리가 태어나기 전에 이 세상을 다스리셨나요?" 그러자 대사는 "다스리시고말고."라고 대답하였다. 종이 또 묻기를 "우리가 죽은 뒤에도 하나님은 이 세상을 다스리실까요?" 하였다. 대사가 다시 대답하기를 "암! 물론 다스리시지."라고 하였다. 그러자 종은 "그러면 하나님께서 현재에도 이 세상을 다스리시지요?"라고 하였다. 대사는 그 말을 듣고 믿음에 힘을 얻었다고 한다.

지난 제2차 세계대전 때에 런던 도시가 크게 폭격을 당하였다. 그때 6시간 반 동안 무너진 집 속에 묻혔다가 구출된 여자가 있었다. 그의 어린 딸은 죽었고 그녀는 병원에 수용되었다. 입원한 지 5주 후에 그의 눈은 완전히 실명되었다. 그를 돕던 간호사가 그를 불쌍히 여기며 울었다. 그러나 그는 도리어 간호사를 위로하면서 말하기를 "나에게는 소경 된 것이 문제가 되지 않습니다. 나에게는 예수를 보는 영안이 있습니다. 이것이 얼마나 귀한지 모릅니다!"라고 하였다.

**27** 불의한 자는 의인에게 미움을 받고 바르게 행하는 자는 악인에게 미움을 받느니라. "불의한 자"는 여호와를 믿지 않는 자이고, "바르게 행하는 자"(יָשָׁר)는 여호와를 경외하는 자이다. 둘의 대립은 인류 역사 초기부터 있어 왔다(창 3:15). 그것은 여인과 마귀의 대립에 근거한다. 예수님께서도 이와 같은 대립이 영적 배경에 속한 것임을 지적하셨다(요 8:38-44). 이 점에서 신자들이 받을 위로가 있다. 그것은 예수님이 그들 편에 계시다는 사실이다(요 15:18; 16:33).

## 제 30 장

### ✤ 해석

**1** 이 말씀은 야게의 아들 아굴의 잠언이니 그가 이디엘 곧 이디엘과 우갈에게 이른 것이니라. 여기 나오는 "야게"(יָקֶה)는 누구이며 "아굴"(אָגוּר)은 누구인가? 베르돌트(L. Bertholdt)는 "야게"라는 말이 집합자, 곧 제자들을 모으는 사람이라는 뜻이라고 하면서, 솔로몬이 그 사람이라고 하였다.[270]

그러나 "야게"나 "아굴"은 역사에 분명하게 알려지지 않은 지혜의 사람들이라고 하는 것이 정당한 견해이다. "이디엘"과 "우갈"은 그의 제자들이다. "아굴"이 누구인지는 정확하게 알 수 없지만 옛날부터 유대인의 엄격한 전통이 그를 지혜의 사람으로 여겼고, 또 그의 말씀이 영감된 말씀이라고 전승되어 내려왔다.

**2-3** 나는 다른 사람에게 비하면 짐승이라 내게는 사람의 총명이 있지 아니하니라 나는 지혜를 배우지 못하였고 또 거룩하신 자를 아는 지식이 없거니와. 이것은 아굴의 겸손이

---

270) L. Bertholdt, Historisch-kritische Einleitung in Sämmtliche Kanonische und Apokryphische Schriften des Alten und Neuen Testaments, 5. Theil (Erlangen, 1815-1816), s. 2193 : "Der name "Sammler" sei dan symbolisch aufzufassen und bezöge sich auf keinen anderen als den Salomo selbst."

다. 그는 자기를 다른 사람들의 수준에도 미치지 못하는 자로 여긴다. 곧 그는 자기를 짐승과 같이 부족한 자로 간주한다. 그가 이와 같이 겸손하기 때문에 하나님께서는 그를 세우셔서 참된 지혜(하나님을 아는 지혜)의 교사로 사용하셨다. 그는 자기에게 "거룩하신 자를 아는 지식"이 없다고 한다. 곧 그가 그의 육적인 지식으로는 하나님을 모른다는 뜻이다. 이것은 계시에 의존하는 사색이며 성경이 강조하는 사상이다. 고린도전서 2:14에 말하기를 "육에 속한 사람은 하나님의 성령의 일들을 받지 아니하나니 이는 그것들이 그에게는 어리석게 보임이요, 또 그는 그것들을 알 수도 없나니 그러한 일은 영적으로 분별되기 때문이라"고 하였다(참조. 고전 2:10-16).

모든 위대한 성도들은 이와 같이 특별한 겸손을 소유하였다. 아브라함은 자기를 가리켜 "티끌이나 재와 같"다고 하였고(창 18:27), 바울은 자기를 가리켜 "만삭되지 못하여 난 자" 같다고 하였으며(고전 15:8), 또한 "죄인 중에 괴수"라고 하였다(딤전 1:15).

**4** 하늘에 올라갔다가 내려온 자가 누구인지, 바람을 그 장중에 모은 자가 누구인지, 물을 옷에 싼 자가 누구인지, 땅의 모든 끝을 정한 자가 누구인지, 그의 이름이 무엇인지, 그의 아들의 이름이 무엇인지 너는 아느냐. 진리에 대한 이런 질문식 교수법은 욥에게 도전하신 하나님의 교수법과도 같다. 그것은 욥기 38:1-41:14에 많은 질문으로 기록되어 있다. 거기서도 우주 만물의 구조의 신비를 언급한다. 특히 욥기 38:4-6, 9-11, 18, 22, 25의 말씀은 실질적으로 본문의 말씀과 유사한 내용이다. 우주의 신비는 하나님만이 아시고 사람은 모른다. 사람은 그 앞에서 자기의 무식함과 또 자신이 아무것도 아니라는 사실을 자백할 것밖에 없다. 그가 입이 막혀 겸손해질 때에 하나님께로 돌아오게 된다. 현대인은 과학을 통하여 만물에 대한 지식을 많이 갖게 되었다. 그렇다고 해서 더 이상 무식하지 안다고 할 수 있는가? 그렇지 않다. 우리가 많이 알수록 지식의 분량에 비례하여 미지 세계의 분량이 더 많이 드러난다. 그러므로 우리는 교만해질 수

없고 도리어 우주의 신비를 더 느끼고 겸손해져야 한다. 그럼에도 불구하고 현대인은 과학 발달에 따라 더 교만해지고, 인본주의와 자율주의로 미친 듯이 덤빈다. 개인의 신앙은 타락하고 교회들은 어두워진다. 그러나 현대인들에게 아굴의 질문(잠 30:4)은 여전히 도전하고 있다. 현대인들도 그 질문을 궁극적으로 해결하지는 못한다. 우주의 신비는 아직도 하나님을 믿지 않는 인류에게 수수께끼로 남아 있다. 오직 하나님의 말씀을 믿는 믿음만이 그것을 해결해 주기 때문에, 아굴은 5-6절에 하나님의 말씀의 위대하심을 보여 준다. 이런 사고방식은 계시에 의존하는 사색이다.

**5-6 하나님의 말씀은 다 순전하며 하나님은 그를 의지하는 자의 방패시니라 너는 그의 말씀에 더하지 말라 그가 너를 책망하시겠고 너는 거짓말하는 자가 될까 두려우니라.** 여기 기록된 대로 하나님의 말씀은 그 어느 부분이나 순결하지 않은 것이 없고 모두 다 순결하다. "순전하다"(צְרוּפָה)는 말은 은이나 금을 녹여서 불순물을 제거하고 순수하게 한 것을 가리킨다. 그러므로 이것은 성경 말씀에 불순물(하나님의 말씀이 아닌 것)이 섞여 있지 않다는 것이다. 시편 12:6이 이 뜻을 더욱 밝혀 준다. 거기서 말하기를 "여호와의 말씀은 순결함이여 흙 도가니에 일곱 번 단련한 은 같도다"라고 하였다(참조. 딤후 3:16).

"하나님의 말씀은 다 순전하며"(כָּל־אִמְרַת אֱלוֹהַּ צְרוּפָה). 이 문구의 히브리어는 "하나님의 모든 말씀은 순결하며"라고 번역되어야 한다. 성경 말씀은 우리로 하여금 하나님을 알게 한다. 또 그렇게 알려진 하나님이 진정한 하나님이라는 것은, 그에게 피하여 숨는 사람마다 보호를 받는 사실로 증명된다. 본문의 "의지한다"(חָסָה)는 말은 숨는다(to hide oneself)는 뜻이다. 어렵고 위태한 때에 하나님께 전적으로 의지하는 신앙을 가리켜 하나님 속에 숨는다(혹 피한다)는 말로 표현한 것은 시편에도 있다(시 2:12하; 11:1). 그러므로 히브리서 6:18에는 신자를 가리켜 "피난처를 찾은 우리"라고도 하였다. 언제든지 역경 가운데서 진정으로 성경의 하나님을 믿는 자들은 구원을 받는다. 그렇게 믿는다고 한 자가 구원을 받지 못한다면 그것은 그의 불신앙 때문이다.

그렇다면 본문은 이 점에 관하여 무엇을 가르치는가? 그것은 다음과 같다. 아굴 자신을 비롯한 인류에게는 거룩하신 하나님을 알 만한 지혜가 없다(잠 30:2-4). 그러나 인류는 하나님의 말씀(성경)으로 그를 알게 된다. 그렇게 알려진 하나님을 믿는 자마다 목적(그의 보호를 받음)을 이룬다. 간단히 말하면, 진정한 하나님은 그의 말씀과 그의 말씀대로 믿는 신앙에 의해 알려진다는 것이다. 이 질문(4절)에 대하여 슈트라크(Hermann Strack)도 말하기를 "아굴은 대답한다. 곧 우리가 하나님에 대하여 어느 정도 알게 되는 것은, 첫째로, 그의 명백하고도 참된 말씀으로 말미암는 것이고, 둘째로는, 그를 믿는 자들에 관한 그의 역사로 말미암는다"라고 하였다.[271]

"그의 말씀에 더하지 말라." 이 문구를 보면, 아굴이 여기서 하나님의 기록된 말씀을 염두에 두고 말한 것이 분명하다(참조. 계 22:18-19).

"거짓말하는 자가 될까 두려우니라." 누구든지 하나님의 말씀에 무언가를 더하면 그것은 하나님의 말씀이 아닌 것을 하나님의 말씀 자리에 두는 것이다. 그것은 거짓된 주장이다.

**7-8 내가 두 가지 일을 주께 구하였사오니 내가 죽기 전에 내게 거절하지 마시옵소서 곧 헛된 것과 거짓말을 내게서 멀리 하옵시며 나를 가난하게도 마옵시고 부하게도 마옵시고 오직 필요한 양식으로 나를 먹이시옵소서.** 그가 "죽기 전에" 그의 기도를 이루어 주시기를 구한 것은, 그가 그 기도를 오랫동안 계속하고 있다는 사실과 그 기도의 응답을 간절히 기다린다는 것을 보여 준다. 그는 죽기 전에 반드시 하나님을 영화롭게 하는 사람이 되기를 소원한다. 그것이 그의 평생 소원이다. 그가 그런 사람이 되려고 하는 것에 방해가 되는 것은, ① "헛된 것"(שָׁוְא)과 "거

---

[271] D. H. L. Strack, Kurzergefasster Kommentar, Die Psalmen und Die Sprüche Salomos (Nördling, 1888), s. 387: "Agur antwortet: Wir wissen wohl etwas von Gott und Zwar erstens durch sein Klares und wahres Wort, zweitens durch sein Verhalten gegenüber denen, die an ihn glauben."

짓말"(דְּבַר־כָּזָב)이다(8상). 이것은 이 세상과 속이는 정욕이다(요일 2:15-17). ②
물질 문제이다(잠 30:8하). 물질이 너무 많으면 일반적으로 그것이 신앙생활
에 거치는 것이 되고, 물질이 너무 없으면 시험을 받기 쉽다.

"필요한 양식으로 내게 먹이시옵소서." 여기서 말하는 "필요한 양식"(חֹק
לֶחֶם)은 하나님께서 사람에게 정하여 주신 적당한 분량의 양식을 말한다(D.
G. Wildeboer). 그가 이와 같이 기도하는 목적은 9절의 설명과 같이 하나님
을 영화롭게 하는 생활을 하기 위해서이다. 그의 기도는 이처럼 하나님 중심
의 기도이고, 자기의 사욕을 위한 것이 아니다. 예수님께서 가르쳐 주신 기도
의 내용이 실질적으로 아굴의 기도와 유사한 점을 가지고 있다(참조. 마 6:9-
13).

**9 혹 내가 배불러서 하나님을 모른다 여호와가 누구냐 할까 하오며 혹 내가 가난하여 도둑질하고 내 하나님의 이름을 욕되게 할까 두려워함이니이다.** 이와 같은 기도를 하는
사람은 다른 것은 염려하지 않고 오직 자기가 하나님 앞에서 범죄할까 봐 두
려워하는 자이다. 그는 육신의 행복보다 성결을 구하는 자이다.

**10 너는 종을 그의 상전에게 비방하지 말라 그가 너를 저주하겠고 너는 죄책을 당할까
두려우니라.** 누구든지 종을 상전에게 훼방하면, 그것은 그에 대한 상전의 사랑
을 끊는 악한 짓이다. 종의 생계가 그의 상전에게 달려 있는데, 만일 그 상전
이 그를 미워하게 된다면 비참해진다. 그러므로 누구든지 그를 상전 앞에서
훼방하는 것은, 훼방의 죄뿐만 아니라 약자를 짓밟아 버리는 잔인한 죄까지
범하는 것이다. 신명기 23:15-16을 보면, 주인을 피하여 도망해 온 자를 보
호해 주고 압제하지 말라고 한다. ① 사람들이 부주의하면, 권세 있는 사람
들의 허물은 가려 주고 약자들의 작은 허물은 과장하여 훼방하기 쉽다. 약
자가 대항하지 못하는 처지를 업신여겨서 그를 압박하는 것은 악독한 행동
이다. 그런 악은 하나님께서 심판하신다(잠 22:22-23). ② 까닭 없이 개인적인
감정 때문에 남을 훼방하는 것은 더욱 악하다. 까닭 없는 저주는 그에게 미

치지 않을 것이고(잠 26:2), 그를 훼방한 자가 도리어 하나님의 벌을 받을 것이다.

**11-14절.** 이 부분에는 네 가지 죄악이 진술된다. ① 부모 거역, ② 스스로 의롭다고 생각하는 것, ③ 교만, ④ 탐심이다. 이 네 가지 죄악이 각각 한 세대(דוֹר; "무리"란 말로 번역되었음)에 속한다. 이와 같이 죄악은 어떤 때에 유행병과 같이 한 세대와 대중을 지배한다. 하나님께서는 이와 같은 네 가지 악인의 무리를 특히 미워하신다(참조. 잠 6:16-19).

**11** **아비를 저주하며 어미를 축복하지 아니하는 무리가 있느니라.** 여기서 "무리"(דוֹר)라는 말은 세대(generation)를 의미한다. 이 말이 이 부분(11-14절)에 네 번 나온다. 부모를 저주하는 것은 하나님과 사람이 함께 노를 발할 만한 큰 죄악이다. 부모의 권위를 무시하는 것과, 그들의 교훈을 업신여기는 것과, 그들을 잘 봉양하지 않고 천대하는 것 등은 무언중에 부모를 저주하는 것에 가까운 죄악이다. 또한 이것은 배은망덕의 죄악이며 반역의 죄악이다(사 45:9-10).

**12** **스스로 깨끗한 자로 여기면서도 자기의 더러운 것을 씻지 아니하는 무리가 있느니라.** 이것은 종교적으로 스스로 의롭다고 하는 자들을 말한다. 곧 바리새인 무리와 같은 자들이다. 이들의 특징은, ① 종교의 외적 규례에 치중하고 심령의 상태를 등한히 하며(마 23:25-27), ② 한두 가지 잘한 것을 가지고 자기들의 인격 전체가 완전해진 듯이 높아지며(눅 18:12), ③ 다른 사람들을 자기보다 못한 자로 여기고 차별하며(눅 18:11), ④ 스스로 옳다고 생각하기 때문에 교만해져서 속죄하여 주시는 그리스도를 전적으로 믿지 않는다. "자기의 더러운 것을 씻지 아니"한다는 말씀이 그 뜻이다.

**13** **눈이 심히 높으며 눈꺼풀이 높이 들린 무리가 있느니라.** 이것은 교만한 자들에 대한 진술이다. 그들은 낮은 자리에 겸손히 처할 줄 모르고 언제나 높아지기

를 원한다. 그것이 "눈이 심히 높다"는 말씀의 의미이다(참조. 시 101:5).

**14** 앞니는 장검 같고 어금니는 군도 같아서 가난한 자를 땅에서 삼키며 궁핍한 자를 사람 중에서 삼키는 무리가 있느니라. 이 말씀은 탐심을 채우는 자들의 착취 행위를 비유한다. 그들의 이빨이 "장검"이나 "군도"와 같다는 것은 그들의 잔인성을 비유하는 시적 표현이다. 이와 같은 자들은 종교인들 중에도 시대마다 나타난다. 곧 진실한 성도들을 무정하게 해치는 교권자들이다. 시편 14:4은 그런 자들을 가리켜 "떡 먹듯이 내 백성(성도들)을 먹"는 자들이라고 하였다.

**15-16절.** 여기서 저자는, 14절에 기록된 탐심을 채우려는 자들의 불타는 탐욕에 대하여 다시 비유로 해설한다.

**15** 거머리에게는 두 딸이 있어 다오 다오 하느니라 족한 줄을 알지 못하여 족하다 하지 아니하는 것 서넛이 있나니. "거머리"(עֲלוּקָה)라는 말이 지옥을 상징하는 명칭이라고 하는 학자도 있다. 그러나 이것은 단순히 거머리를 의미한다는 것이 일반적인 견해다. "두 딸"은 거머리의 혀가 갈라진 두 조각을 의미한다고도 하고(Grotius), 혹은 "다오 다오"라고 두 번 거듭한 것을 비유한다고도 한다(C. B. Michaelis). 우리는 그 의미를 확정하기 어렵다. 다만 이 구절이 만족할 줄 모르고 달라고만 하는 탐심을 비유로 진술한다는 것만은 확실하다. 탐심은 이토록 위험한 것이다. 누구든지 탐심으로 말미암는 멸망을 피하려면, 그 소원을 들어주는 것이 아니라 그것을 제재하며 죽여야 한다. 그것의 소원을 들어주면 들어줄수록 그것은 불만을 느끼며 더 일어난다(참조. 골 3:5; 약 1:15).

**16** 곧 스올과 아이 배지 못하는 태와 물로 채울 수 없는 땅과 족하다 하지 아니하는 불이니라. "스올"은 죽은 자를 삼키고 또 삼켜도 차지 않고, "아이 배지 못하는 태"는 늘 잉태하기를 원하고, "땅"은 물을 붓는 대로 다 스며들고, "불"은 연료를 계속 공급해도 그것을 다 연소시키며 더욱 일어난다. 이 모든 것이 인간의 탐심을 비유하는 데 적합하다. 저자가 이와 같이 탐심을 비유로 진술하는 목적

은, 독자들로 하여금 그것의 위험성을 느끼게 하려는 것이다. 잠언 28:16 하반절에 말하기를 "탐욕을 미워하는 자는 장수하리라"고 하였다.

**17** **아비를 조롱하며 어미 순종하기를 싫어하는 자의 눈은 골짜기의 까마귀에게 쪼이고 독수리 새끼에게 먹히리라.** 이 말씀에 대한 해석은 다음의 설교로 대신한다.

### 설교▶ 부모에게 순종하는 것에 대하여(17절)

하나님을 공경하는 일과 부모를 공경하는 일은 서로 관련되어 있다. 부모의 권위를 존중하는 것은 바로 하나님의 대리자를 존경하는 의미가 된다. 사실상 보이는 사회에서 부모 이상으로 높은 자는 없다고 할 수 있다. 그러므로 하나님께서는 그의 백성을 가르치실 때에 부모를 공경하라는 말씀과 하나님을 경외하라는 말씀을 서로 관련시켜 사용하셨다. 레위기 19:32에도 말하기를 "너는 센 머리 앞에서 일어서고 노인의 얼굴을 공경하며 네 하나님을 경외하라"고 하였다.

#### 1. 부모에게 순종하지 않는 것은 여러 가지로 죄가 된다

부모에게 순종하지 않는 것은 간단히 말해서 하나님의 법에 순종하지 않는 종교적 죄악이다(참조. 출 20:12). 이 죄가 여러 가지 방면으로 하나님의 법을 거스른다.

1) 자연법을 어기는 모순이다. 자연법도 하나님께서 내신 것이다. 자식 된 자가 부모를 공경해야 하는 것은 인생의 자연적 원리에서 결론지어져야 할 것이다. 가지가 뿌리를 모른다고 할 수 없다. 사람이 자연법을 어길 때에는 거기에 대한 기계적 보응을 받는다. 기계적 보응이 무엇인가? 예를 들면 사람이 높은 데서 떨어지면 몸에 상처를 받는 것과 같은 것이다. 부모를 거스르는 것은 부모 없이 살기를 원하는 행동이다. 그것은 그 사람 인격의 정상적인

발달에 지장을 가져온다. 부모의 사랑을 받지 못한 인격은 기형적이다. 공산주의 국가에서는 가족 제도를 없애기 위하여 갓난아기들을 부모에게서 떼어 국가 기관에서 기르려고 한다. 그러나 그것은 인간의 본연을 해치는 이단적인 정책이다. 부모 없이 자란 아이들에게는 대부분 성격상 결함이 생긴다.

2) 부모에게 순종하지 않는 것은 권위를 무시하는 죄이다. 권위를 무시하는 죄악은 이단자들이 하는 행동이다. 유다서 1:8에 말하기를, 이단자들은 "권위를 업신여기며 영광을 비방하는도다"라고 하였다. 부모는 자식에 대하여 위에 있는 자이므로, 자식으로서 부모를 거스르는 것은 모순이다. 이사야 10:15에 말하기를 "도끼가 어찌 찍는 자에게 스스로 자랑하겠으며 톱이 어찌 켜는 자에게 스스로 큰 체하겠느냐 이는 막대기가 자기를 드는 자를 움직이려 하며 몽둥이가 나무 아닌 사람을 들려 함과 같음이로다"라고 하였다.

3) 부모에게 순종하지 않는 것은 배은망덕의 죄가 된다. 배은망덕의 죄는 극히 악독한 것이다. 선지자 이사야는 그런 죄를 범하는 자는 짐승보다도 못하다는 의미로 탄식하였다. 그는 말하기를 "하늘이여 들으라 땅이여 귀를 기울이라 여호와께서 말씀하시기를 내가 자식을 양육하였거늘 그들이 나를 거역하였도다 소는 그 임자를 알고 나귀는 그 주인의 구유를 알건마는 이스라엘은 알지 못하고 나의 백성은 깨닫지 못하는도다"라고 하였다(사 1:2-3). 부모의 사랑은 하나님의 사랑을 비유한다고 할 수 있다. 그러므로 부모의 사랑을 배척하는 자는 어떤 면에서 하나님의 사랑을 배척한다고 볼 수 있다. 이사야 49:15에 말하기를 "여인이 어찌 그 젖 먹는 자식을 잊겠으며 자기 태에서 난 아들을 긍휼히 여기지 않겠느냐 그들은 혹시 잊을지라도 나는 너를 잊지 아니할 것이라"고 하였다. 배은망덕의 죄는 크기 때문에 잠언 17:13에 말하기를 "누구든지 악으로 선을 갚으면 악이 그 집을 떠나지 아니하리라"고 하였다. 유교의 시경(詩經)에 말하기를 "아버지 나를 낳으시고 어머니 나를 기르시니…그 은혜 하늘같이 끝이 없는 것"이라고 하였다.

4) 부모에게 순종하지 않는 죄는 가장 큰 배신행위가 된다. 부모는 자식을 기르는 동안 그 자식에게 많은 기대를 가진다. 그런데 그 자식이 장성하여서 부모에게 순종하지 않으면 부모는 실망하게 된다. 가장 많은 사랑을 받은 자로서 사랑하는 부모를 실망하게 하였으니 그보다 큰 배신이 없다.

**2. 부모에게 순종하지 않는 자가 받을 보응**

본문에 말하기를, 부모에게 순종하지 않는 자의 "눈은 골짜기의 까마귀에게 쪼이고 독수리 새끼에게 먹히리라"고 하였다(잠 30:17). 이 말씀은 그가 하나의 인간으로서도 삶에서 실패하고 유리하는 자가 되어 외롭게 죽기 때문에, 그 죽은 시체의 눈알이 까마귀나 독수리에게 먹힌다는 의미이다.

1) 불효자는 부모의 왕국이라고 할 수 있는 가정에서 파괴자가 되었으므로 부모의 기업을 누리지 못한다. 따라서 그는 가정적으로 의지할 데가 없다. 가정을 파괴하는 자는 언제나 의지할 데가 없어서 떠돌아다닌다. 가정을 파괴한 가인이 그러하지 않았는가? 하나님께서는 그런 자를 떠돌아다니게 만드신다(창 4:12).

2) 불효자는 자기를 가장 사랑해 주는 부모여도 배신하는 자이므로, 다른 사람들에게는 더욱 그리할 것이다. 그러므로 그는 가인처럼 사회에 나가서도 발붙일 곳이 없고 신임을 받지 못한다. 누가 그런 사람을 도와주겠는가? 결국 그는 어느 사회에도 용납되지 못하고 떠돌아다니는 자가 될 수밖에 없으며, 그렇게 다니다가 외롭게 죽으면 까마귀나 독수리가 그의 눈알을 뽑아 갈 것이다.

그와 반대로 부모에게 신의를 지키는 자는 그가 사는 사회에서도 신의를 지키기 때문에 그의 생활이 안정되고 유리하지 않는다. 그러므로 출애굽기 20:12에 말하기를 "네 부모를 공경하라 그리하면 네 하나님 여호와가 네게 준 땅에서 네 생명이 길리라"고 하였다.

**18** 내가 심히 기이히 여기고도 깨닫지 못하는 것 서넛이 있나니. 여기서 "기이히" 여긴다는 것은 도무지 이해되지 않는 모순이라는 뜻이다. 요한복음 9:30을 보면, 예수님의 권능에 의하여 기적적으로 눈이 열린 소경 되었던 자가 바리새인들의 불신앙에 대하여 "이상하다"고 하였다. 이상하다는 말은 사람들의 모순된 행동을 지적하는 데에도 사용된다. 잠언의 저자는 여기서 사람들이 자기들의 범죄의 자취를 잘 숨기는 것이 이상하다고 한다. 그렇게 숨길 바에야 왜 범죄하는가? 다시 말하면 왜 그들은 부끄러운 짓을 하는가? 그것이 기이하다는 것이다.

**19-20절.** 여기서 잠언의 저자는 범죄의 자취를 감쪽같이 숨기는 것을 지적하면서 몇 가지 비유로 진술한다.

**19** 곧 공중에 날아다니는 독수리의 자취와 반석 위로 기어 다니는 뱀의 자취와 바다로 지나다니는 배의 자취와 남자가 여자와 함께 한 자취며. 이 구절의 히브리어를 개역하면 다음과 같다. "하늘에 독수리의 길, 반석 위에 뱀의 길, 바다 가운데 배의 길이니, 남자가 처녀와 함께한 길이 또한 그러하니라." 저자의 마음에는 여기서 맨 나중 것, 곧 넷째가 요점이고, 그 앞에 있는 세 가지는 이 요점(남자가 여자와 음행한 사실이 감쪽같이 숨겨진 것)을 비유적으로 묘사하는 것뿐이다. 잠언의 저자는 여기서 박물학(natural history)이나 역학을 가르치는 것이 아니라, 종교 윤리적 사실을 가르친다. 그는 남자가 여자와 음행한 죄가 숨겨진 한 가지 대표적인 실례를 들며, 인류가 무슨 죄든지 범한 후에는 그것을 잘 숨긴다고 지적한다. 특히 구약에서는 음행 죄를 영적 음행(우상숭배)에 비유한다. 신약에서도 하나님보다 다른 것을 더 위하고 사랑하는 행위를 영적 음행이라고 한다(참조. 약 4:4; 골 3:5). 많은 기독교 신자들(특히 지도자들)이 하나님보다 다른 것을 더 좋아하는 죄를 범하면서도 그렇지 않은 것처럼 자신을 경건한 자로 나타낸다. 그들의 경건한 모양에는 부족함이 없다. 그러나 그

것은 회칠한 무덤과 같다(마 23:27).

**20 음녀의 자취도 그러하니라 그가 먹고 그의 입을 씻음 같이 말하기를 내가 악을 행하지 아니하였다 하느니라.** 이 구절의 히브리어를 개역하면 다음과 같다. "그가 먹고 자기 입을 닦은 후에 말하기를 내가 악을 행하지 아니하였다 하느니라." 이 말씀은 19절 끝에 있는 "남자가 여자와 함께한 자취"라는 문구를 해설하는 것뿐이다. 이 부분(18-20절)에서 그 문구가 요점이다. 브리지스(Charles Bridges)가 인용한 대로 암브로시우스(Ambrose) 교부는 이 부분(18-20절) 말씀을 다음과 같이 해석하였다. 곧 "하늘에 있는 독수리의 자취는 승천하신 그리스도를 비유하고, 반석 위에 있는 뱀의 자취는 마귀가 그리스도를 시험한 것을 비유하고(그리스도가 승천하셨기 때문에 그를 시험한 흔적이 없다는 것), 바다 가운데 있는 배의 자취는 교회가 세상에서 핍박받은 것을 비유하고(교회가 핍박을 이기기 때문에 아무런 자취도 없다는 것), 남자가 여자가 함께한 자취는(70인역과 같이 소년 시대의 남자라고 번역하여) 소년 시대의 그리스도를 가리킨다."라고 하였다.[272]

그러나 이와 같은 해석은 본문의 문맥을 잘 살피지 못한 억지스러운 해설이다. 잠언의 저자가 15-16절에서 한 가지(탐심의 위험성)를 지적하기 위하여 다른 것들(거머리, 스올, 아이 배지 못하는 태, 땅, 불)로 묘사한 것처럼, 여기서도 한 가지(사람이 범죄한 후에 그것을 숨기는 것)를 지적하기 위하여 다른 것들(공중에 날아다니는 독수리의 자취, 반석 위로 기어 다니는 뱀의 자취, 바다로 지나다니는 배의 자취)로 설명한 것뿐이다.

**21-23 세상을 진동시키며 세상이 견딜 수 없게 하는 것 서넛이 있나니 곧 종이 임금된 것과 미련한 자가 음식으로 배부른 것과 미움 받는 여자가 시집 간 것과 여종이 주모를 이은 것이니라.** 여기서는 인류 사회의 견디기 어려운 고통거리 네 가지를 말한다. 그것

---

[272] Charles Bridges, A Commentary on Proverbs (London: The Banner of Truth Trust, 1968), 607.

은, ① 종이 임금이 된 것. 요셉 같은 하나님의 사람이 소년 시절에 남의 종으로 있다가 후에 하나님의 섭리로 높여지는 것은 예외이다. 여기서 말하는 것은, 언제나 남의 지도를 받을 자로서 사실상 자격이 없는데도 국가의 혼란으로 인하여 왕이 된 것을 가리킨다. 일이 이렇게 된 때에는 그 나라에 고통이 더하여진다(참조. 사 3:4-5). ② 미련한 자가 배부른 것. 이것은 미련한 자가 부자가 된 것을 가리킨다. 그는 물질이 풍부하기 때문에 더욱 교만해지고 방탕해진다(Delitzsch). ③ 미움 받는 여자가 시집간 것. 그가 미움을 받는 이유는 여성답지 못하여 온유하지 않고 싸우기를 잘하는 말쟁이이기 때문일 것이다. 그런 자가 시집을 가면 그의 남편은 견디기 어려울 것이고 그가 처한 사회도 불안할 것이다. 혹은 어떤 도덕적인 허물 때문에 시집갈 수 없는 자가 시집간 것을 의미했을 것이다. ④ 여종이 주모를 이은 것. 곧 여종이 주모를 내쫓고 자기가 그 자리를 차지한 것이다. 여종으로서 주모의 자리를 취한 것 자체가 이미 그의 부도덕함을 증명한다.

이 네 가지는 모두 다 자격 없는 자가 높은 지위에 앉는 것을 비유한다. 이것은 질서가 거꾸로 된 상태이다. 이 네 가지는, 이 외에도 자격 없는 일꾼들이 높은 지위를 차지하게 되는 것을 대표적으로 가리킨다. 곧 자격 없는 자로서 교회의 여러 가지 봉사직(교사, 집사, 장로, 전도사, 목사)을 맡는 것과 같은 것이다. 그러므로 인물을 등용할 때에는 적재적소의 원리가 무엇보다 귀하다.

**24-28** 땅에 작고도 가장 지혜로운 것 넷이 있나니 곧 힘이 없는 종류로되 먹을 것을 여름에 준비하는 개미와 약한 종류로되 집을 바위 사이에 짓는 사반과 임금이 없으되 다 떼를 지어 나아가는 메뚜기와 손에 잡힐 만하여도 왕궁에 있는 도마뱀이니라. 이 부분에서는, 미약한 것들도 하나님이 주신 본능적 지혜로 잘 사는 것을 지적한다. 이 세상은 호랑이나 사자같이 강한 것들만 살 수 있는 것이 아니라, 미약한 것들도 하나님의 지혜를 받아 살도록 되어 있다. 미약한 것들은 도리어 많이 퍼지며 살아간다. 그러나 강한 것들은 그렇지 못하다. 코끼리같이 큰 짐승은 평생 새

끼 한 마리밖에 생산하지 못한다고 한다. 인류 중에도 강한 민족만 생존하는 것은 아니다. 옛날의 아낙 족속을 지금은 찾아볼 수 없이 다 멸절되었다. 미약한 민족들도 지혜롭게 살면 잘 살 수 있는 것이다. 그들이 개미같이 근면하고(25절), 사반과 같이 위험을 내다보고 거처를 견고하게 하고(26절), 메뚜기같이 단결하고(27절), 도마뱀같이 재빠르고 꾀 있게 행하면(28절) 잘 살 수 있다. 더욱이 그리스도의 구원은 미약한 자들이 더 잘 받을 수 있는 여건을 지니고 있다(참조. 고전 1:27-28). 잠언의 이 말씀(30:24-28)은 미약한 사람들을 위로하며 그들에게 소망을 주기 위한 것이다.

"사반"(שָׁפָן)이라는 짐승은 벼랑 오소리(cliff badger)이다(Delitzsch). 그리고 "도마뱀"(שְׂמָמִית)으로 번역된 히브리어를 "거미"(spider)로 번역하는 학자도 있다. 그러나 델리취(Delitzsch)는 이것을 도마뱀이라고 번역하였다.

**29-31** 잘 걸으며 위풍 있게 다니는 것 서넛이 있나니 곧 짐승 중에 가장 강하여 아무 짐승 앞에서도 물러가지 아니하는 사자와 사냥개와 숫염소와 및 당할 수 없는 왕이니라. 여기서는 지도자(왕)의 자격을 가르치기 위하여 동물 중에서 세 가지 실례를 든다. 지도자는 여기에 언급되는 세 짐승의 재주처럼 당당하고 위엄 있는(מֵיטִבֵי צָעַד / מֵיטָבֵי) 덕을 소유해야 한다. 본문의 "위풍"이라는 말이 이것을 가리킨다. 지도자의 당당함과 위엄은 그의 얼굴이나 신체의 모습에서 나오는 것이 아니라 그의 신앙과 덕행으로 말미암는다. 곧 그는 "사자"와 같이 후퇴하지 않는 투지를 지녀야 하고, "사냥개"와 같이 솔선하여 앞장서서 문제를 파악해야 되고, "숫염소"처럼 선두에서 보호자의 역할을 해야 한다. 31절 끝에 있는 "왕"이라는 말은 이 부분에서 교훈하려는 목적을 드러낸다. 곧 지도자(왕과 같은 일꾼)는 이 세 가지 동물에게서 배울 점이 있다는 것이다. 의리를 굳게 지키며 당당하고 위엄을 갖는 것이 지도자의 아름다움이다.

**32-33** 만일 네가 미련하여 스스로 높은 체하였거나 혹 악한 일을 도모하였거든 네 손으로 입을 막으라 대저 젖을 저으면 엉긴 젖이 되고 코를 비틀면 피가 나는 것 같이 노를 격동하

**면 다툼이 남이니라.** 여기서는 스스로 높은 체하는 생각(미련한 생각)을 품었던 사람도 즉시 마음을 돌이켜서 미련하게(자존심으로) 말을 토할 뻔한 입을 막으라고 한다. 스스로 높은 체하여 토하는 말은 언제나 일을 저지른다. 곧 그것은 분쟁을 가져온다(잠 13:10).

## 제 31 장

### ✣ 해석

**1** 르무엘 왕이 말씀한 바 곧 그의 어머니가 그를 훈계한 잠언이라. "르무엘"(לְמוּאֵל) 이라는 말은 "하나님께 속한 자"라는 뜻이다. 그가 누구인지는 모르지만 매우 경건한 왕이었다. 특히 그의 어머니가 여선지자로서 그에게 하나님의 말씀을 부탁하였다.

**2** 내 아들아 내가 무엇을 말하랴 내 태에서 난 아들아 내가 무엇을 말하랴 서원대로 얻은 아들아 내가 무엇을 말하랴. 여기서 같은 내용을 세 번이나 거듭 말한 것은, 그가 사랑하는 아들에게 가장 중요한 교훈을 주려고 강조하는 것이다. "서원대로 얻은 아들"(בַּר־נְדָרָי)은 하나님께 기도해서 얻은 아들이라는 뜻이다.[273] 이 구절은 어머니로서 마땅히 하나님의 뜻을 그의 아들에게 가르쳐야 될 것을 알려 준다.

**3** 네 힘을 여자들에게 쓰지 말며 왕들을 멸망시키는 일을 행하지 말지어다. 어진 왕들도 타락하면 여자들에게 정력을 소모하다가 잘못되는 일이 허다하다. 다

---

273) D. G. Wildeboer, Von Gott erbetenes Kind, I Sam. 1:11.

윗이나 솔로몬도 그렇게 되었다(삼하 12:9, 10; 왕상 11:11). 신명기 17:17에 하나님께서 장차 일어날 왕들을 경계하시기를 "아내를 많이 두어 그의 마음이 미혹되게 하지 말 것이며"라고 하셨다. 여자들에게 미혹되는 자는 사실상 자기 정욕에 미혹되는 자이다. 정욕의 노예가 된 약자가 어떻게 나라를 다스릴 수 있겠는가? 통치자가 정욕의 노예가 되면 모든 관리들도 그렇게 되고 백성도 그렇게 된다. 그런 경우에 그 나라는 더러운 짐승 같은 자들로 가득 차서 마침내 멸망할 것이다.

**4-9** 르무엘아 포도주를 마시는 것이 왕들에게 마땅하지 아니하고 왕들에게 마땅하지 아니하며 독주를 찾는 것이 주권자들에게 마땅하지 않도다 술을 마시다가 법을 잊어버리고 모든 곤고한 자들의 송사를 굽게 할까 두려우니라 독주는 죽게 된 자에게, 포도주는 마음에 근심하는 자에게 줄지어다 그는 마시고 자기의 빈궁한 것을 잊어버리겠고 다시 자기의 고통을 기억하지 아니하리라 너는 말 못하는 자와 모든 고독한 자의 송사를 위하여 입을 열지니라 너는 입을 열어 공의로 재판하여 곤고한 자와 궁핍한 자를 신원할지니라. 이 부분에서는 임금으로서 술에 취하면 안 된다고 강조한다. 그 이유는, 임금은 공의대로 나라를 다스려야 되기 때문이다(8-9절). 임금이 술에 취하면 법을 잊어버리고 곤궁한 백성에게 억울한 재판을 하기 쉽다(5절). 술은 악을 조장하는 것으로 오용되는 것이 아니라, 불쌍한 자들을 돕는 데 써야 한다.

1) 죽게 된 자를 위하여 쓸 것(6상). 예를 들면 누가복음 10:34에 기록된 대로, 중상을 입고 죽게 된 자의 상처를 치료하기 위하여 사용한 것과 같은 경우이다(참조. 딤전 5:23).

2) 마음에 근심하는 자에게 줄 것(잠 31:6하). 곧 구약 시대에는 절제할 줄 아는 자들이 근심을 멈추기 위하여 간혹 술을 사용한 듯하다. 그렇다면 여기서 난제가 생긴다. 즉 신약 시대에도 근심 있는 자는 취하도록 술을 사용할 수 있느냐, 하는 것이다. 이 문제에 관하여 다음 두 가지 해석 중 어느 하나로 해결을 받아야 한다.

① 어떤 윤리 문제에서는 구약과 신약이 세대적으로 변천되었다. 그것은 계시의 진전(진화가 아니라 진전)에 따라 달라진 윤리적 형태이다. 예를 들면 구약 시대에는 중혼을 금하는 것에 대하여 신약 시대처럼 엄격하지 않았다(참조. 마 19:3-9). 술에 대한 절제에서도 구약의 교훈이 신약의 교훈과 크게 다른 것은 아니지만, 본문(잠 31:6-7)의 교훈 같은 것은 신약 시대의 신자로서 그대로 따를 수 없다. 그 이유는, 신약 시대의 신자들은 구약 시대의 신자들보다 하나님의 은혜를 더욱 많이 받았으므로 술보다 은혜(진리와 성령)로 근심을 이겨야 하기 때문이다(엡 5:18). 근심하는 자가 술을 취하도록 사용하면 결국 그것이 습성이 되어 알코올 중독자가 되어 버린다. 술을 금하는 것은 술이라는 물질 자체를 죄악시하는 것이 아니라, 상습적으로 취하는 것을 막기 위한 것이다.

② 본문의 말씀이 근심하는 자에게 술을 주라고 하였으므로, 신약 시대의 신자들도 그대로 할 수 있다. 곧 근심하는 자들이 그 근심의 해독을 면하기 위하여 약을 쓸 수 있다는 뜻이다. 비록 술이라도 약으로 쓰는 것은 허용되었다(딤전 5:23). 근심이 많은 사람은 불면증에 걸리기도 쉬우므로, 그런 경우에는 그가 수면제 같은 약을 사용하듯이 술을 조금 사용할 수 있다는 것이다. 오늘날 불면증으로 고생하는 사람들이 종종 약을 사용하는데, 그것도 사람을 취하게 만드는 것이다. 그러므로 그것을 절제 있게 사용해야 한다. 그 약을 상습적으로 사용하면 도리어 해를 받는다. 근심으로 인하여 불면증에 걸린 자가 술을 사용할 경우에도 부득이하게 조심히 사용해야 하며, 그것에 사로잡히지 않도록 각별히 주의해야 한다. 언제나 마취성 있는 것은 사람이 잘못 쓰는 경우에 위험하다.

이 부분(잠 31:4-9)에서 우리가 주목해야 할 것은, 임금은 언제나 불쌍한 자들을 잊어버리지 말고 돌보아야 한다는 것이다. 지위가 높은 자는 늘 교만해져서 약자들을 잊어버리기 쉽고, 고위층 사람들과 교제하느라 빈천한 서민들의 문제는 뒤로 미루기 쉽다. 그러므로 통치자는 빈천한 서민들을 가까이하며 그들을 돕는 것을 첫 번째 정치로 행해야 한다. 그것이 나라를 견고하게 하는 데 필요한 일이다. 그 이유는, 그렇게 하는 것이 하나님께서 기뻐하시는 일이기 때문이다. 잠언 20:28에 말하기를 "왕은 인자와 진리로 스스로 보호하고 그의 왕위도 인자함으로 말미암아 견고하니라"고 하였다(참조. 잠 16:15).

**10-12** 누가 현숙한 여인을 찾아 얻겠느냐 그의 값은 진주보다 더 하니라 그런 자의 남편의 마음은 그를 믿나니 산업이 핍절하지 아니하겠으며 그런 자는 살아 있는 동안에 그의 남편에게 선을 행하고 악을 행하지 아니하느니라. 이 구절들은 덕 있는 아내가 어떤 자인지 알려 준다.

1) 그는 현숙한 여인이다(10상). "현숙한 여인"(אֵשֶׁת־חַיִל)이라는 말은 문자적으로 "능력 있는 여인"을 의미한다. 그것은 도덕과 예의 실행력 있는 여자를 가리킨다.

2) 그런 아내는 찾기 어렵다(10상). "누가…찾아 얻겠느냐"(מִי יִמְצָא)라는 말은 찾는 것이 불가능하다는 의미는 아니다. 이것은 그런 여인을 찾아서 만날 수 있는 자의 자격을 말한다. 육체의 아름다움만 찾는 자는 이같이 능력 있는 여자를 만나기 어렵다. 오직 하나님께 기도하며 찾는 자만이 이처럼 능력 있는 여자를 만난다. 그런 아내는 하나님의 선물이다. 잠언 18:22에 말하기를 "아내를 얻는 자는 복을 얻고 여호와께 은총을 받는 자니라"고 하였고, 19:14에는 말하기를 "슬기로운 아내는 여호와께로서 말미암느니라"고 하였다.

3) 그 값은 진주보다 더하다(31:10하). "진주보다 더하다"는 것은 시적인 표현으로, 천하의 모든 보물보다 귀하다는 의미이다. 이것은 결코 여자를 매매하는 것을 암시하는 말이 아니다.

4) 남편에게 신임을 받는다(11상). 그런 여자는 언행에서 집 안에서나 밖

에서 실수하지 않는다. 그러므로 그의 남편은 모든 일에서 그를 신뢰한다. 부부는 합하여 한 몸이므로, 서로 신뢰하는 것이 생명같이 귀하다. 그 둘 사이에 서로 신뢰가 없으면, 그들은 서로 괴로움을 느끼게 되고, 그 괴로움은 멀리 있는 원수로 인한 것보다 더하다.

5) 산업이 핍절하지 않는다(11하). 여기서 "산업"(שָׁלָל)이라는 말은 부정하게 얻는 수확을 의미한다. 그리고 "핍절하지 아니하겠으며"(לֹא יֶחְסָר)라는 말은 요구하지 않는다는 뜻이다. 현숙한 여인을 아내로 맞은 사람은 가정으로 만족하고, 그의 사회생활에서도 탐심으로 행하지 않는다. 명심보감에도 "현처는 좋은 남편을 만든다"는 말이 있다.[274]

6) 남편에게 선을 행하고 악을 행하지 않는다(12절). 남편에게 한편으로는 선을 행하면서 다른 한편으로는 악을 행하는 아내들이 있다. 예를 들면 미갈이 한때 다윗의 생명을 보호한 일이 있었지만(삼상 19:11-17), 다윗을 업신여긴 때도 있었다(삼하 6:20-22).

**13-19** 그는 양털과 삼을 구하여 부지런히 손으로 일하며 상인의 배와 같아서 먼 데서 양식을 가져 오며 밤이 새기 전에 일어나서 자기 집안 사람들에게 음식을 나누어 주며 여종들에게 일을 정하여 맡기며 밭을 살펴 보고 사며 자기의 손으로 번 것을 가지고 포도원을 일구며 힘 있게 허리를 묶으며 자기의 팔을 강하게 하며 자기의 장사가 잘 되는 줄을 깨닫고 밤에 등불을 끄지 아니하며 손으로 솜뭉치를 들고 손가락으로 가락을 잡으며. 이 부분에서는 덕 있는 아내의 노동에 대하여 진술한다. 아내는 가정에서 놀고 있는 자가 아니다. 덕 있는 아내는 노동의 아름다움을 소유하였다. 놀고먹는 자는 어느 사회에서나 역겨운 존재로 취급된다. 이 부분(13-19절)에 진술된 덕 있는 아내는 부지런히 사업을 운영한다.

1) 직물 생산에 종사한다(13, 18, 19절). 이것은 가내 수공업을 귀하게 여

---

274) 『明心寶鑑』, 婦行篇, 3쪽 : "賢妻令夫貴."

기는 말씀이다. 아내 된 자는 가정을 지켜야 한다. 그 이유는 그가 모든 자녀를 직접 대하고 사랑하며 가르쳐야 되기 때문이다. 오늘날 서양에서는 주부들이 가정을 떠나 직장에서 많은 시간을 보낸다. 따라서 그의 자녀들이 부모를 여유 있게 접촉할 기회가 없다. 그들은 각기 제멋대로 자라서 개인주의자들이 되고 만다. 그런 사회에서는 가정을 통해서만 이루어지는 도의 교육이 실행되기 어렵고, 전통적인 진리 전승이 성취되기 어렵다.

2) 가정생활을 잘 운영한다(14-15상). 그가 양식을 먼 곳에서 구입하는 목적은 좋은 물건을 싼 값으로 구입하기 위해서이다. 이와 같이 그는 가정의 식량 살림을 민첩하게 한다. 그리고 가족들에게 직접 음식을 만들어서 제공한다. 그 가정의 식탁은 이와 같이 정성스럽게 준비되며, 거기에 가정의 따뜻함이 있고 기쁨이 있다.

3) 산업을 발달시킨다(15하-19). 그는 혼자서만 일하지 않고 일꾼들을 사용한다. 이와 같이 근면한 자의 산업은 확장되는 법이다. 그뿐 아니라 그는 밭과 포도원도 사서 재배한다. "밭을 살펴 보고 사며"라는 문구에서 "살펴보고"(זָמְמָה)라는 히브리어는 "깊이 생각하고"라고 번역되어야 한다. 그는 이와 같이 토지를 살 때에 신중히 행하여 유익을 얻는다. 그리고 포도원을 사는 데에도 신중히 행한다. 그는 남의 돈을 빌려서 포도원을 사는 것이 아니라 자기 손으로 번 돈을 가지고 산다. 그만큼 그는 자립정신이 강하다.

그는 수입을 늘리기 위해 자기가 만든 물건을 먼 곳에까지 수출하려고 노력하며 산업을 발전시킨다(17-19절). 덕 있는 여자는 이와 같이 경제적인 능력이 있다. 그것은 그의 근면에서 비롯된 것이다. "밤에 등불을 끄지 아니하며"라는 말씀이 이 사실을 보여 준다. 하나님은 근면히 일하는 자를 축복하시며 번성하게 하신다. 하나님을 경외하는 것은 직업을 떠나 산중의 수도원에 머무는 것이 아니라 그의 거룩하신 뜻대로 사업을 근면히 일구는 것에서 실현된다. 유교의 영향으로 오랜 세월 동안 안일주의를 숭상하며 그것을 고

상한 것으로 여겨 온 한국인들은, 아직도 노동을 천하게 여기는 그릇된 인식과 풍습에서 떠나지 못하고 있는 안타까운 실정이다.

**20-24** 그는 곤고한 자에게 손을 펴며 궁핍한 자를 위하여 손을 내밀며 자기 집 사람들은 다 홍색 옷을 입었으므로 눈이 와도 그는 자기 집 사람들을 위하여 염려하지 아니하며 그는 자기를 위하여 아름다운 이불을 지으며 세마포와 자색 옷을 입으며 그의 남편은 그 땅의 장로들과 함께 성문에 앉으며 사람들의 인정을 받으며 그는 베로 옷을 지어 팔며 띠를 만들어 상인들에게 맡기며. 이 구절들은, 덕 있는 여자가 그 가정에서 부지런하게 일한 결과를 보여 준다. 그것은, ① 가난한 자들을 구제할 능력이 있게 되었다(20절). 사람들은 자기 노력으로 모은 돈을 사랑하기 쉽다. 그러나 덕 있는 여자는 자기의 수입을 가지고 너그럽게 구제한다. "손을 내밀며." "손을 내밀며"라는 말은 멀리 있는 가난한 자들에게까지 친절하게 구제하는 물질을 보내는 것을 가리킨다(Matthew Henry)(참조. 엡 4:28). ② 그의 가족들은 생활에 걱정이 없다(21-22; 참조. 살전 4:11-12). ③ 그의 남편은 가정에 대하여 안심하고 국가의 공사에 종사한다(잠 31:23). 옛날에는 도시나 기타 지방에서 그곳 주민들의 사건을 처리하는 지도자들이 "성문"에 자리하고 있었다(욥 31:21). ④ 자기가 만든 물건으로 수입을 올린다(잠 31:24). 신용 있는 그의 생산품은 여러 상인들에게 환영을 받는다.

**25-29** 능력과 존귀로 옷을 삼고 후일을 웃으며 입을 열어 지혜를 베풀며 그의 혀로 인애의 법을 말하며 자기의 집안 일을 보살피고 게을리 얻은 양식을 먹지 아니하나니 그의 자식들은 일어나 감사하며 그의 남편은 칭찬하기를 덕행 있는 여자가 많으나 그대는 모든 여자보다 뛰어나다 하느니라. 이 부분에서는 그 여자의 영적 권위에 대하여 말한다. 그것은 다음과 같다. ①그에게 능력과 존귀가 있다(25절). 하나님의 뜻에 순종하여 사명을 다 실행하는 자에게는 영적 능력과 존귀가 함께하는 법이다. ② 능히 다른 사람들을 진리로 가르친다(26절). 누구든지 하나님의 뜻대로 자신이 바르게 살지 않으면 다른 사람들을 하나님께로 인도할 힘이 없다. ③ 그

는 노동의 신성함을 주장하는 데 모본을 보인다(27절). 그는 부지런히 가정 일을 돌보며 자기 노력의 대가로 가정을 유지하는 강한 생활 철학을 가졌다. 그뿐 아니라 그러한 철학을 직접 실천하면서 노동의 신성함을 주장한다. (4) 그의 자녀들과 남편도 그에게 감동되어 그를 칭찬한다(28-29절). 사람이 자기 가족을 감화시키는 것은 매우 어렵다(참조. 마 5:15-16).

**30-31** 고운 것도 거짓되고 아름다운 것도 헛되나 오직 여호와를 경외하는 여자는 칭찬을 받을 것이라 그 손의 열매가 그에게로 돌아갈 것이요 그 행한 일로 말미암아 성문에서 칭찬을 받으리라. 사람들이 아내를 택할 때에 육체의 아름다움만 보고 결정하면 실패한다. 여기서 "고운 것도 거짓되다"는 것은 그런 경우를 염두에 두고 한 말씀이다. "아름다운 것도 헛되다"라고 한 것 역시 그런 경우일 것이다. 그러나 "여호와를 경외하는 여자"만은 하나님 앞에 칭찬을 받으며 사람들에게도 칭찬을 받는다. 그뿐 아니라 여호와를 경외하는 여자는 자기 노력의 열매를 받는다. 그의 수고는 헛되지 않다. 그 이유는 하나님께서 그의 수고를 알아주시기 때문이다.

"그 행한 일로 말미암아 성문에서 칭찬을 받으리라." 이 점에 대하여 빌데부어(D. G. Wilderboer)는 주석하기를 "그 여자는 자기 남편과 마찬가지로 공적으로 칭찬을 받는다(23절). 그녀는 그 남편의 종이 아니다. 그와 동급이다."라고 하였다.[275]

---

[275] D. G. Wildeboer, Kurzer Hand-Commentar Zum Alten Testament, Die Sprüche (1897), s. 92: "Sie muss ebenso wie ihr Mann, vgl. v. 23, öffentlich gepriesen werden. Sie ist mehr als die Sklavin ihres Mannes, sie ist ihm ebenbürtig."

# 참고문헌

Aalders, G. Ch. Bijbelsche Spreuken En De Onderwijzing Van Amen-em-ope. 1934.

Appleton. On the Eightfold Path. New York: Oxford University Press, 1961.

Barth, K. Die Kirchliche Dogmatik IV, 2. Zürich, 1955.

Bavinck, H. Gereformeerde Dogmatiek I-IV. Kampen: Kok, 1911.

Beal, S. Texts from the Buddhist Canon. Boston: Osgood & Company, 1878.

Bridges, Charles. A Commentary on Proverbs. London: The Banner of Truth Trust. 1968.

Conze, Edward. Buddhist Texts. New York: Philosophical Library, 1954.

Dhorme, E. A Commentary on the Book of Job. Leiden: E. J. Brill, 1967.

Dooyeweerd, H. A New Critique of Theoretical Thought I-III. Translated by David Freeman. Ontario: Paideia Press.

_____. A New Critique of Theoretical Thought II. New York: Presbyterian and Reformed, 1955.

Ehrlich, A. B. Randglossen Zur Hebraischen Bibel. Sechster Band, 1968.

Ellicott, C. J. Ellicott's Commentary III-IV. Grand Rapides: Zondervan, 1959.

Fohrer, G. Das Buch Hiob, Kommentar zum Alten Testament. Gütersloher: Gerd Mohn, 1963.

Fritsch, T. and Schloerb, W. The Interpreter's Bible, Proverbs. New York: Abingdon, 1955.

Gemser, B. Handbuch Zum Alten Testament, Sprüche Salomos. Tübingen: J. C. B. Mohr, 1963.

Gispen, W. H. Korte Verklaring Der Heilige Schrift, Spreuken. Kampen: Kok, 1954.

Goddard, Dwight. A Buddhist Bible. Vermont, 1932.

Henry, M. Matthew Henry's Commentary III, Job To Song of Solomon. New Jersey: Fleming H. Revell.

Hodge, C. Systematic Theology I. n.p., 1895.

Kayatz, Christa. Studien Zu Proverbien 1-9. 1966.

Keil & Delitzsch. Commentaries on the Old Testament, Proverbs I. Grand Rapids: Eerdmans, 1950.

Kroeze, J. H. Het Boek Job, Commentaar op het Oude Testament. Kampen: Kok, 1961.

Linssen, Robert. Living Zen. New York: the Macmillan Company, 1960.

Malan, S. C. Notes on the Proverbs Ⅰ-Ⅲ.

Marti, D. K. Hand-Commentar Ⅴ, Die Sprüche. 1897.

_____. Hand-Commentar, Die Sprüche. Tübingen, 1899.

_____. Kurzer Hand-Commentar zum Alten Testament. Tübingen: J. C. B. Mohr, 1901.

Mckane, William. Proverbs. Philadelphia: Westminster Press, 1970.

Meeter, H. The Basic Ideas of Calvinism. Grand Rapids: Kriegel, 1956.

Oesterley, W.O.E. The Wisdom of Egypt and the Old Testament. New York: The Macmillan Co., 1927.

Ridderbos, H. N. Paulus en Jezus. Kampen: Kok, 1952.

Ringgren, H. Das Alte Testament Deutsch, Sprüche. 1962.

Russell, B. Why I am not a Christian, and Other Essays on Religion and Related Subjects. Edited by P. Edwards, New York: Simon and Schuster, 1957.

Stob, Henry. The Christian Concept of Freedom.

Strack, D. H. Kurzergefasster Kommentar, Die Psalmen und Die Sprüche Salomos. Nördling, 1888.

_____. Kurzgefasster Kommentar zu den Heiligen Schriften, Die Sprüche Salomos. 1888.

Stuart, M. A Commentary on the Book of Proverbs. New York: M. W. Dodd, 1852.

The Chinese Classics. Translated by James Legge, D. D., Vols. II-V.

Toy, C. A Critical and Exigetical Commentary on The Book of Proverbs. The International Critical Commentary. Charles Scribner's Sons, 1916.

Van Til, C. The Defense of the Faith. Philadelphia: Presbyterian and Reformed, 1955.

Von Rad, Gerhard. Josephsgeschichte und Altere Chochma in Supplements to Vetus Testamentum. Congress Volume, Copenhagen.

_____. Supplements To Vetus Testamentum. Leiden, 1953.

Wildeboer, D. G. Kurzer Hand-Commentar Zum Alten Testament, Sprüche. 1897.

_____. Von Gott erbetenes Kind, Ⅰ Sam. 1:11.

William, Arnot. Laws from Heaven for Life on Earth. London; Edinburgh; New York, 1864.

『新譯四書 1 大學中庸』. 서울 : 玄岩社, 1971.

『新譯四書 2 論語』. 서울 : 玄岩社, 1971.

『新譯四書 3 孟子』. 서울 : 玄岩社, 1971.

『新譯三經 1 詩經』. 서울 : 玄岩社, 1970.

『新譯三經 2 書經』. 서울 : 玄岩社, 1971.

『新譯三經 3 周易』. 서울 : 玄岩社, 1970.

『明心寶鑑』. 서울 : 玄岩社, 1969.

『孫子兵法』. 서울 : 玄岩社, 1969.

『原本小學集註』. 鄕民社, 1967.

『세계고전전집 十八史略』Ⅰ-Ⅱ. 1970.

『老子道德經』.

『莊子』.

『부다고사의 비유』. 랭군판.

『首楞嚴經』. 釋耘虛譯. 1970.

金山泰洽.『佛敎正典』. 佛敎時報社, 1933.

金呑虛.『六祖法寶壇經』. 佛書普及社.

鄭慧淳.『불교요의경』. 內藏社.

釋龍夏.『수릉엄경』. 通度寺.

申韶天.『심경, 금강경 강의』. 弘法院.

西田啓治.『禪』第八卷.

金東華.『佛敎倫理學』.